本书受中国历史研究院学术出版经费资助

学术出版资助

明代锦衣卫制度研究

张金奎 著

中国社会科学出版社

图书在版编目（CIP）数据

明代锦衣卫制度研究 / 张金奎著 . —北京：中国社会科学出版社，
2022.8（2022.9 重印）
ISBN 978 - 7 - 5227 - 0246 - 9

Ⅰ.①明… Ⅱ.①张… Ⅲ.①厂卫—研究—中国—明代
Ⅳ.①K248.205

中国版本图书馆 CIP 数据核字（2022）第 088729 号

出 版 人	赵剑英	
责任编辑	刘 艳	
责任校对	陈 晨	
责任印制	戴 宽	

出 版	中国社会科学出版社	
社 址	北京鼓楼西大街甲 158 号	
邮 编	100720	
网 址	http://www.csspw.cn	
发 行 部	010 - 84083685	
门 市 部	010 - 84029450	
经 销	新华书店及其他书店	

印 刷	北京君升印刷有限公司	
装 订	廊坊市广阳区广增装订厂	
版 次	2022 年 8 月第 1 版	
印 次	2022 年 9 月第 2 次印刷	

开 本	710×1000 1/16	
印 张	43.75	
字 数	613 千字	
定 价	228.00 元	

中国历史研究院学术出版资助项目
出版说明

为了贯彻落实习近平总书记致中国社会科学院中国历史研究院成立贺信精神，切实履行好统筹指导全国史学研究的职责，中国历史研究院设立"学术出版资助项目"，面向全国史学界，每年遴选资助出版坚持历史唯物主义立场、观点、方法，系统研究中国历史和文化，深刻把握人类发展历史规律的高质量史学类学术成果。入选成果经过了同行专家严格评审，能够展现当前我国史学相关领域最新研究进展，体现了我国史学研究的学术研究水平。

中国历史研究院愿与全国史学工作者共同努力，把"中国历史研究院学术出版资助项目"打造成为中国史学学术成果出版的高端平台；在传承、弘扬中国优秀史学传统的基础上，加快构建具有中国特色的历史学学科体系、学术体系、话语体系，推动新时代中国史学繁荣发展，为实现"两个一百年"奋斗目标、实现中华民族伟大复兴的中国梦贡献史学智慧。

中国历史研究院

2020 年 4 月

序

    中国有悠久的史学传统。但中国的史学又不仅仅是记账、记录事实，而是为了史鉴。以史为鉴，是无论官方还是民间治史的共同出发点。所以中国史学，也是经世致用之学。官方治史，辨明前朝治乱兴衰之道，作为自己执政的鉴戒，同时以历史述说申明其统治的合法性；在民间则要通过写史表达对统治者的劝诫，以表达自己的意志。史家提倡史德，鼓吹秉笔直书，但秉笔之际，直笔曲笔却是一个颇费周章的事。大的环境，政治环境、社会环境，个人的立场，执笔者的学养，都在影响着对历史的书写。并不是所有的当权者都希望直书历史。当直书历史违背当权者意志的时候，当权者就会横加干预或予以压制。此时一些史家坚守史德，不怕坐罪；一些史家可能会屈服于强权，违心书写，放弃历史的真实；还有一些史家仍然要顽强地表达自己的意见，但可能选择曲笔，隐晦真意，在微言大义中仍然可见风骨，也堪称堂堂正正，彪炳青史。但如果执笔者借写历史以古讽今、借古喻今、旁敲侧击乃至指桑骂槐，就失却了史学的本意，而陷于影射史学了。所以，毋宁说影射史学是史学经世传统之歧出，是经世史学之衍生物。在专制统治下，言论不能自由表达时，影射史学就不得已地成为一种表达方式。但是，显而易见，尽管影射史学有时也颇有声势，但在实际上发挥不了多少作用。而且，影射史学是极容易识别的，所以，在文网严密的时代，搞影射史学的人依然无所逃其身。然而，影射史学对于历史本身的伤害却是致命的。搞影射史学，势必要一意寻找那些可以用来影射的内容，那些不能用以影射的材料则可能被忽略或故意弃而不用，甚至，为了影射，要对一些史事进行"修改"，对一些史事加以突出或渲染，使之可供影射之用。那么，这样书写的历史作品就违背了历史的真实性。不实的、被歪曲的、被用作现实工具的历史书写，公然昭示世人，传之后代，是遗患无穷的。

锦衣卫是明朝的一项重要制度，也是曾经发生重大影响的一个社会存在，在明史研究和明史叙述上都是重要的话题。但是，对于锦衣卫的研究和叙述，就有过长期被利用、被误读、被曲解的遭遇，一度成为影射史学的工具和牺牲品，从而影响了对锦衣卫的普遍认知。甚至在号称严谨、严肃的学术界，也不免积非成是；殃及社会阅读层面，锦衣卫的面貌更是不清不白，被认为是神秘的、残暴的、丑陋的。

锦衣卫曾经广泛影响了明代的政治和社会生活。在明代，人们身处其中，锦衣卫关乎自身命运，自然不免从自身立场出发对锦衣卫加以评判。

明代政治形势很复杂，明朝人对锦衣卫的认识见仁见智，已经不无偏颇。加之晚明时代政坛党争激烈，党派立场影响了是非的判断。东林党号称清流，占据了道德高地，与所谓阉党互相水火，凡与宦官沾边的，都予以鄙视贬损。恰恰锦衣卫与宦官机构东厂纠缠不清，明人往往将锦衣卫与东厂并谈，因而影响到对锦衣卫的书写。这种舆论风向，一直延续到明朝灭亡以后。

南明弘光时右金都御史祁彪佳上言："洪武十五年，改仪鸾司为锦衣卫，崶掌直驾侍卫等事，未尝令缉事也。永乐间设立东厂，始开告密门。凶人投为厮役，赤手钜万，飞诬及于善良，招承出于私拷，怨愤满乎京畿。欲绝苞苴，而苞苴弥盛；欲清奸宄，而奸宄益多，此缉事之弊也。"① 清初查慎行模棱叙述，锦衣卫的面貌已经不

① 《明史》卷二七五《祁彪佳传》，中华书局标点本第23册，第7053页。

清了："二百年阁与卫皆厂之私人。卫附厂以尊，而阁又附卫以重。"①

　　新史学滥觞，锦衣卫自然也进入了研究者的视野。老一辈学者如孟森先生，秉持朴学传统，实事求是，但其《明清史讲义》也只是在流弊"阉祸"之后讲到锦衣卫镇抚司狱，引《明史·刑法志》说："太祖时，天下重罪逮至京者，收系狱中，数更大狱，多所断治"，没有对锦衣卫作更多的介绍。

　　吴晗先生于1934年曾经撰写《明代的锦衣卫和东西厂》，其时写作立足于学术，还没有特别的政治诉求。但后来，1944年，政治形势复杂，吴晗对这篇文章加以改写，锦衣卫就有幸服务于当下的政治斗争了②。重写后关于锦衣卫的记述和评论，同时反映在所著《明太祖》和《朱元璋传》中。其文有曰：（明政权）"为图权威和利益的持续，他们不得不想尽镇压的法子。公开的律例和刑章、公开的军校和法律制度不够用，他们还需要造成恐怖气氛的'特种'组织、'特种'监狱和'特种'侦探，来监视着每一个可疑的人和可疑的官吏。他们用秘密的方法侦伺、搜查、逮捕、审讯、处刑。在军队中，在学校中，在政府机关中，在民间，在集会场所，甚至交通孔道，大街小巷，处处都有这样人在活动。执行这些任务的'特种'组织，在汉有'诏狱'和'大谁何'，在唐有'丽景门'和'不良人'，在宋有'诏狱'和'内廷巡院'，在明初则有锦衣卫。"③锦衣卫的功能因此就只剩下"侦伺人民"④一项了。在通过修改《明太祖》而完成的《朱元璋传》中，更列有"特务网"专节，而且说"直驾侍卫是锦衣卫形式上的职务，巡查缉捕才是工作的重心，对象是'不轨妖言'，不轨指政治上的反对者或党派，妖言

---

　　①　查慎行：《人海记》卷下，北京古籍出版社1989年9月版。
　　②　原文载1934年12月24日《大公报·史地周刊》第13期。修改后收入《灯下集》。文末署"民国二十三年十二月旧稿，三十三年五月为纪念甲申三百周年重写于昆明"。见《吴晗史学论著选集》第一卷，人民出版社1988年6月第一版，第505页。
　　③　《明太祖》，1943年重庆胜利出版社出版，见《吴晗史学论著选集》第四卷，第182页。
　　④　《明太祖》，1943年重庆胜利出版社出版，见《吴晗史学论著选集》第四卷，第187页。

指要求改革现状的宗教集团，例如弥勒教、白莲教和明教等等"①。文中"在军队中，在学校中，在政府机关中，在民间，在集会场所"，"政治上的反对者或党派"云云，用语极为现代化，作者的政治指向是明显的，但同样明显的是，这样的叙述令史实受到了伤害。以吴晗先生的学术地位和社会影响，他的著作一时成为风向所指。

　　在此之后，一部关于明代历史的著作，丁易著《明代特务政治》，把锦衣卫说成是特务政治的一部分。作者写作的政治目的很明确，他直言不讳地说："一九四五年初正是中国人民对日抗战接近胜利的时期，这时候在蒋管区一方面是蒋介石的反动统治和勾结敌人的卖国行为的变本加厉；一方面则是人民民主运动蓬蓬勃勃日益高涨起来，而蒋帮特务的镇压、逮捕、屠杀也就越发来得厉害。在那时想要写文公开攻击他们的罪行，是没有办法发表出来的。于是我就想到利用历史事实绕个弯儿来影射……这样就系统地撰写，编成了这本书。"② 尽管作者一再表白，说："虽然用历史事实来攻击蒋帮反动政治，但绝不牵强附会夸张叙述"，而且"史料尽量称引原文，这样的好处是'信而有征'"。但是，由于作者做了"特务政治"这一主观前提设定，就不可避免地影响了他的研究，于是就有了这样的概括："锦衣卫就是这样的成为明代的一个巨大的特务机关，和东厂遥遥相对，而并称'厂卫'。""锦衣卫正式特务总是在几万人以上。"更有甚者，作者甚至以此对整个明史做了如下的概括和总结："总括起来，我们可以做一个结论：明代帝王自身就是特务头子，司礼监是这特务头子的参谋本部，东西厂是它的二位一体，派出去的特务宦官也和它一鼻孔出气，锦衣卫又和东西厂分不开，而司礼监又是全国政治最高指挥者的'真宰相'，所以明代的政治就是这么彻头彻尾的特务化了"③，他已经被自己设置的前提绑架了。明代二百七十余年的政治史，岂可以"特务政治"一言以蔽之！

---

① 《吴晗史学论著选集》第四卷，第392页。
② 丁易：《明代特务政治》"自序"，文末署1949年1月2日。
③ 丁易：《明代特务政治》，第29—30页。

史学影射之风延续很久，20世纪60年代诞生的《三家村札记》《燕山夜话》等都有很强的影射史学的痕迹。吴晗《海瑞罢官》的遭遇是尽人皆知的，斗争双方都举起了史学影射的工具。十年动乱结束，影射史学并没有结束。声势浩大的对封建传统的反思和对专制主义的批判，仍然在很大程度上延续了影射史学的模式。在这种情况下，锦衣卫仍然是其中一个显而易见的靶子。

在对历史的述说中，文艺作品，特别是通俗文艺，担任了添油加彩、推波助澜的角色。一般地说，通俗文艺作品的写手并不对历史进行深入研究，而通常是引用史学界的研究成果，又对其论点加以渲染放大。刻画锦衣卫的神秘、暴力，成为重要噱头。文艺作品之打动人心，感染受众，是学术著作无法相比的，而大众印象一旦形成就难以改变。通俗文艺作品表述的观念，又远较学术研究为滞后，不能及时地吸收学术界的最新研究成果，一些学术界已经解决的问题，或已经改变的观点，却在通俗文艺作品中仍作老生常谈。

客观地研究锦衣卫，恢复其本来面目，纠正人们对锦衣卫的固定印象，面临着诸多挑战，甚至是一件很奢侈的事。

近年来，随着社会环境的好转，一些学者着手对锦衣卫进行深入的研究，取得了不少成绩，锦衣卫的历史真实正在逐渐被揭开。但研究成果多为短章散篇，还缺少一部全面、系统的著作。全面还原锦衣卫的历史面貌，清扫锦衣卫上面的附加物，为锦衣卫在历史上彻底正名，是学术界和广大社会读者的期待。张金奎的这部《明代锦衣卫制度研究》是作者多年研究的总结，也可以说是对各方面期盼的回应，是应运而生。这是一个在学术上的突进，作者所进行的是抄底式的、一网打尽式的研究，它对前人的研究成果进行了彻底的梳理，对许多成说提出了驳正，更多的是对锦衣卫制度具体深入的开掘。

本书回顾了近八十年锦衣卫研究的历史，认为锦衣卫研究在经过20世纪30年代的拓荒阶段的争鸣，到40年代反独裁统治背景下的日渐标签化，到改革开放后又回归到了争鸣状态，近年则呈现多点开花的研究局面。"但附着在锦衣卫头上的黑色面纱尚未被彻底揭掉，特权、恐怖、屠夫等黑色标签依然没有远离锦衣卫，明朝总体上的黑暗形象也因此未能获得根本性的改观。"这正说明了对锦衣卫深入研究之必要，也正是本书研究的出发点。

本书在追溯锦衣卫的源头上下了很大的功夫，提出作为维护皇权和专制统治的工具，类似锦衣卫的功能设置远在明朝以前就存在了。锦衣卫是在历代制度的基础上长期演化出来的。作为九五至尊，皇帝的排场和保卫工作向来是重中之重。朱明王朝经历了一个从仿效前朝分别设置专职机构到集中于一个部门的变化过程；从立国之前的"多头"禁卫，到仪鸾司，到锦衣卫。

作者认为，"作为禁卫制度体系的核心组成部分，锦衣卫吸收了大量前朝制度营养。这其中，对其影响最明显的无疑是宋代的皇城司制度和元代的怯薛及侍卫亲军制度"，而宋朝的皇城司是锦衣卫制度的第一源头。本书缕析了宋朝从武德司到皇城司的过程，解剖了皇城司的诸项职能：察事、禁卫以及皇城司属下的入内院子、快行、司圃、曹司等附加职能。分析了哪些职能为锦衣卫所延续，哪些职能又在具体执行上与皇城司有很大的差异。比如，锦衣卫在参与刑狱事务时权力更大，锦衣卫要受到都察院、六科等官员的监督，抓捕要犯成为锦衣卫的重要任务，锦衣卫是亲军卫的一部分，名义上由皇帝直接统率，不受大都督府（五军都督府）管辖，等等。作者认为，蒙元怯薛与亲军是锦衣卫制度的直接源头。作者分析了蒙元从那可儿到怯薛的演变，分析了元朝怯薛军的职能。作者引用《元史》说："夫属橐鞬，列宫禁，宿卫之事也，而其用非一端。用之于大朝会，则谓之围宿军；用之于大祭祀，则谓之仪仗军；车驾巡幸用之，则曰扈从军；守护天子之帑藏，则曰看守军；或夜以之警非常，则为巡逻军；或岁漕至京师用之以弹压，则为镇遏军。"至元元年（1264 年）十月，忽必烈下令"改武卫军为侍卫亲军"，与怯薛军同为自己的护卫队。但是，以"驱逐鞑虏，恢复中华"为立国口号的明朝，在标榜上承唐宋旧制、切割和金元胡习时，打造一套既能顺利衔接前朝，又不被指责为承接胡风的制度体系，是有相当难度的。锦衣卫制度就是在这一背景下诞生的。洪武十三年，胡惟庸案爆发。朱元璋随即对政权组织模式做出重大调整，同时恢复设立亲军卫。两年后，朱元璋整合仪鸾司等机构，组成锦衣卫，成为亲军卫之首。所以，"从总体上讲，锦衣卫制度是一项广泛吸收了元代怯薛、侍卫亲军制度，宋代皇城司制度以及宋、金、元礼仪制度、仪仗制度、宿卫制度、宫廷制度等多重制度资源基础上形成的职能广泛、影响深远的'新'制度"。

揭示锦衣卫的运行机制、功能实践，是本书写作的重点。作者指出，锦衣卫虽然具有多重职掌，但作为一个"以保卫皇帝为核心任务的特殊军事机构"，遂行军事任务，包括侍卫君王、出京作战，维护京城治安等，是其最基本的职能。

锦衣卫还具有"体外监察"的职能，包括秘密侦缉和公开监察，是整个监察体系的一部分。在这方面，锦衣卫与由宦官组成的东厂发生了错综复杂的关系，而这种关系，也是锦衣卫广受诟病的原因之一。作者通过细致的考证，仔细研究了锦衣卫秘密侦缉的规模与权限，研究了锦衣卫与东厂秘密监察职权的消长与交叉，同时也分析了官僚队伍对厂卫缉事爱恨交加的矛盾状态。作者写道："在文官政治高度发达的明代，锦衣卫以侦缉为主要手段的监察职能的存在对于克服文官间因裙带关系等因素导致的体内监察机制不健全无疑具有相当的弥补作用，只是由于过多的负面行为而遭遇较大的阻力。加之明代中后期锦衣卫主动被动地与宦官势力结合在一起，违背了文官集团的传统价值观，导致锦衣卫的形象在掌握着历史话语权的文人士大夫笔下很难获得较为平实、正面的记述，进而给后人观察锦衣卫的真实面目制造了诸多的困难甚至陷阱。"锦衣卫北镇抚司掌管的"诏狱"，也是其形象不佳的原因之一。北镇抚司拥有刑讯权，廷杖及京城死刑的执行等均由锦衣卫执行。《明史·刑法志》说，"刑法有创之自明，不衷古制者，廷杖、东西厂、锦衣卫、镇抚司狱是已。是数者，杀人至惨，而不丽于法。踵而行之，至末造而极。

举朝野命，一听之武夫、宦竖之手，良可叹也"，特别是明末，厂卫几乎是无恶不作的代名词。

本书还仔细地辨析了锦衣卫的一些具体史实：锦衣卫的官兵来源，镇抚司主官的地位与来源，锦衣卫的带管与优给，锦衣卫内的特殊群体侍卫将军，以及北镇抚司理刑规范及其御用身份，锦衣缇骑的法警职能，以及驾帖制度、精微批制度，等等，一些历史真相是首度揭示和澄清了，一些模糊笼统的概念得到了纠正。

锦衣卫是一个直接听命于皇帝的、职能广泛的设置，它服务于皇室，连接内廷与社会，担负征战和保卫，传宣诏命、出使外邦、监察百官、参与司法和城市管理的任务，又要体察民间实态等，随时接受皇帝的差遣。锦衣卫是明朝所特有，对锦衣卫的深入研究，无疑有助于对明史的解读。同时，对锦衣卫的深入研究，也具有普遍的制度史、政治史的意义。至于为锦衣卫正名，纠正对锦衣卫的误读和形象的扭曲，其意义又在其次了。

锦衣卫是一个真实的历史存在，但在历史的书写中却常常不那么真实。通过对锦衣卫历史的研究复原，也明了了锦衣卫形象被扭曲的原因。这是一个可以进入史学史的案例。它对治史者的教训是，不能把历史作为工具谋求眼前的功利。功利主义地对待历史，不仅达不到功利的目的，也败坏了历史本身，致使历史不能成为信史。以史为鉴可以知兴替，但这个"鉴"必须是洁净平正的，所反映的历史必须是真实的。鉴之不明，何以为鉴！前人称史学有两大功夫：考据和义理。无考据，不足以谈义理；无义理，则考据无意义。只有通过精密考证、还原真实的历史，才能为思考提供坚实的基础，才能推导出有根有据、合乎逻辑的义理。否则所谓义理将会成为无根之谈。治史者可不诚慎哉！

祝贺金奎《明代锦衣卫制度研究》的问世。

毛佩琦

2021 年 6 月 15 日于北京昌平之垄上

目　　录

绪 论

一 选题缘起

锦衣卫是一个在明朝历史上有着广泛影响的特殊权力机构，因而在借鉴了西方史学观点、方法的现代明史学科诞生不久，即被纳入研究者的视野。不幸的是，现代意义上的明史学科诞生于中华民族正处于水深火热之中的 20 世纪初，特定的历史环境使明史研究长时间带有时政化的色彩。在特定的学术氛围中，锦衣卫这个历史上有着广泛政治资源的强力机构，很早即同东、西厂等机构一起，被贴上"特务"的黑色标签，成为有良知的史学家们批判当权者法西斯式统治的有力武器。

此后，基于明、清两朝处于封建社会晚期的认定，人们开始有意无意地寻找这一时段处于没落的封建社会晚期的证据并加以批判，其中，专制极权统治是主要批判对象，锦衣卫作为直接参与最高层权力运作的皇权的衍生物，自然难逃"法网"。20 世纪六七十年代，随着港台，特别是香港影视产业步入黄金发展阶段，锦衣卫和东、西厂一起成为大量低成本影视作品的优选题材，脸谱化的创作方式使锦衣卫的特务形象在广大群众中被大力"弘扬"，直到完全固化，几乎成了明朝黑暗统治的代名词。

另外，锦衣卫作为明代中前期长期隔绝于文官士大夫群体的"体外"机构，无论其在权力的巅峰曾经多么风光，在以儒家思想为主导的传统社会中，终究是个异类，在士大夫群体掌握历史书写权的条件下，锦衣卫很难获得客观的记录与评述。由于长时期处于对立的位置，士大夫们甚至可能利用历史审判权，对其进行巧妙的报复。这使得有关锦衣卫的记载不免零散、有缺漏乃至讹误，给后人的研究带来诸多不便。20世纪早期的历史学家们虽然掌握着新的研究方法和手段，但不可能与传统文化思想做彻底切割，因而不可避免地会受到一点点儒家传统道德评价的影响。

　　锦衣卫作为一个权力广泛的特权机构，肯定会有大量的历史污点，这一点毋庸置疑。但是，它是一个一无是处、必须彻底否定的历史存在吗？如果真的是被一帮流氓、无赖掌控最高权力，明王朝能延续近三个世纪并曾创造一系列文明奇迹吗？素有战斗精神的士大夫们能容忍它持续欺压自己260余年吗？这在逻辑上显然是说不通的。可以想见，特务的标签肯定有片面、偏颇之嫌。要对锦衣卫做出全面、客观的评价，需要暂时抛开脸谱化的旧观念，从头开始，对其组织结构、成员来源、职责范围、运作方式等做系统的动态研究，这也是本书的立意所在。

二　章节设计

　　作为一项重要的制度，首先需要从制度史角度探讨其基本样貌、运行机制和源流等问题。锦衣卫制度不是无源之水，也不是明朝人的凭空创造，因为拥有着异常复杂的职能和人员组成，在前朝的诸多制度成果中都能找到供锦衣卫制度借鉴的制度文明因子，如果要对这些"源头"逐一分析，未免篇幅过大，迟迟不见锦衣真容，有喧宾夺主的嫌疑，如果跳过去直接分析锦衣卫制度本身，又显得不太符合"游戏规则"。经过反复思考，最后决定采取一种折中的方式，对于那些比较明显，无须过多笔墨介绍的前朝制度源头，直接略过，将其放到具体探讨锦衣卫某项职能时再具体分析，比如对前朝仪鸾司制度、拱卫司制度的借鉴，直接在分析锦衣卫制度形成过程一节穿插分析，不再单列章节。对于影响很大，前人研究又关注明显不足，且枝节较多的制度渊源，则列专节予以介绍和分析。在这一思路下，本书正文部分一共分为七章。

首先是绪论，主要介绍选题目的、章节设置，并对学术史上的相关成果予以分析和评述。

宋代皇城司制度、蒙元怯薛制度对锦衣卫的出现有深刻影响，前人研究重视不足，本书在第一章中将结合分析锦衣卫制度的曲折形成过程，对这两个制度源头进行具体的介绍和对比分析。

锦衣卫的职能异常广泛，无法在一章内讲清楚，本书将在第二、三、四章中对其进行尽可能细致的探讨。第二章分析其各类军事职能及其衍生品——京城治安管理职能。第三章重点介绍充满争议的监察职能和司法职能。其中备受士大夫注目的驾帖和精微批制度因为和锦衣卫的这两项职能联系紧密，本书将在第三章中一并探讨。在此之外，锦衣卫还拥有出使外邦、管理京城公用房屋、服务皇室等一系列琐碎职责，对此，本书将在第四章中予以介绍和分析。

诸多的职能需要不同的人群去具体落实，第五章将对卫内除一般军士之外的侍卫将军、校尉、力士、舍人等特殊群体进行具体探讨。

明代处于传统中国社会演变的末端，明中后期的社会形态和明初有很大的不同，其中还夹杂有诸多质变的因素。面对纷繁复杂的社会变化，从统治核心层到乡野村夫，都不可避免地要卷入其中并做出自己的抉择。锦衣卫作为国家机器中的核心部件，同样要应对社会变化。本书第六章将对此进行具体讨论。

按常理，分析了晚明锦衣卫制度之后，需要对明末，即天启、崇祯两朝的锦衣卫做最后的探讨。本书没有这么做，一方面锦衣卫在明末的状态，无论是职能履行还是人员结构，都已经和明初有巨大的变化，而这些变化同中前期的运行实态有密切联系，为保持连续性，在此前的章节中，对涉及明末的诸般变化已经做了具体探讨，没必要再重复；另一方面，锦衣卫的诸般劣迹和运行过程中出现的一系列缺陷在弘光朝以及南明时期表现得更为充分，本书第七章将专门对这一时段的锦衣卫做介绍和分析。

　　另外，出于稳定统治的需要，清廷在入关之后，暂时保留了锦衣卫，但对其具体运行进行了零敲碎打式的修正，直到设立銮仪卫取而代之。但在"清承明制"的大背景下，锦衣卫制度的影响并没有随着銮仪卫的出现宣告彻底终结，而是不断曲折地"复活"，迫使清廷需要继续进行调适和修正。在第七章中，对这一问题将列专节予以分析。

　　最后，是全书总结，力求用尽可能简短的文字归纳全书内容，并展示个人观点。

三　学术史回顾

　　用现代史学方法对锦衣卫进行研究已经持续了八十多年，研究进程大致可以分为四个阶段。

（一）拓荒阶段的争鸣

　　吴晗《明代的锦衣卫和东西厂》[①] 是笔者所见第一篇专门讨论锦衣卫及相关问题的文章。文中提出锦衣卫是明朝皇室用来制造恐怖气氛的特种组织、特种监狱、特种侦探，"担任猎犬和屠夫的双重任务"，并研讨了与锦衣卫有关的两项恶政——锦衣卫狱和廷杖，对锦衣卫的侦缉职能的作用、演变及其与东、西厂的关系亦作了重点分析[②]。

　　联系吴晗在本文前后发表的《胡惟庸党案考》（《燕京学报》1934 年总第 15 期）、《明初的恐怖政治》（《中建》1938 年第 1 卷第 2 期）等文章可知，强调明初的高度集权专制是其这一阶段史学思想的主流，对锦衣卫做出完全负面的评价，也应是这一思想指导下的产物。

　　吕思勉在其 1939 年完稿的《中国通史》一书中也对锦衣卫的侦

---

　　① 《大公报·史地周刊》第 13 期，1934 年 12 月 14 日。
　　② 本文在 1944 年为纪念甲申三百周年曾重写，内容变化不大，题目修改为《民族活力的毁灭：论明代的特务组织——锦衣卫和东西厂》，于当年 10 月发表在《自由论坛》第 3 卷第 2 期。

缉、刑讯职能做出了反面评价。他认为"司法事务，最忌令军政机关参预。而历代每将维持治安及侦缉罪犯之责，付之军政机关，使其获得人犯之后，仍须交给治民之官，尚不易非理肆虐，而又往往令其自行治理，如汉代的司隶校尉，明代的锦衣卫、东厂等，尤为流毒无穷"①，而设立锦衣卫，则是朱元璋"私心太重"②的结果。

与之不同，孟森在20世纪30年代初在北京大学历史系明清史课上所用的讲义中提出明初的严刑峻法"于约束勋贵官吏极严，实未尝滥及平民。且多惟恐虐民，是以谨于守法而致成诸案"，"民权不张之国，不能使官吏畏法，则既豢民膏，复以威福肆于民上，假国宠以殃民，则国家养千万虎狼以食人耳。故非有真实民权足以钤束官吏，不能怨英君谊辟之持法以慑其志也。刑乱国用重典，正此之谓，岂谓对民众用法外之刑哉？"③

同时，孟森对锦衣卫拥有的侦缉职能也做出了不同的评价。他认为：

　　锦衣卫之制，仿古司隶校尉、执金吾等官，职掌都城内外地方各事，以辇毂之下人众稠密，不免宵小混杂，故有缉事员役以靖奸慝。近世各国都市皆有警察侦探，在清谓之步军统领衙门，古今中外大略相类，原不得为弊政。明以诏狱属锦衣卫镇抚司，遂夺法司之权，以意生杀，而法律为虚设。盖弊在诏狱，尚不在缉事也。至设东厂而以宦官领缉事，是即所谓皇家侦探，其势无可抵抗……此所以为明代独有之弊政也。然细按之，皆凌蔑贵显有力之家，平民非其所屑措意，即尚未至得罪百姓耳。④

---

①　吕思勉：《中国通史》第十章《刑法》，上海古籍出版社2009年版，第167—168页。
②　吕思勉：《中国通史》第四十七章《明朝的盛衰》，第425页。
③　孟森：《明史讲义》第二编第一章第四节，时代文艺出版社2009年版，第59—60页。
④　孟森：《明史讲义》第二编第三章第六节，第133页。

可见，孟森认为对锦衣卫的侦缉职事和锦衣卫诏狱需要作适当切割，不能混为一谈。对于明代的弊政，孟先生认为"无过于信用宦官"，其次才是锦衣卫镇抚司狱和廷杖。后者与吴晗的观点大体一致。

大致在同一时期，也出现了探讨锦衣卫非核心问题的文章，如周肇祥《明锦衣卫指挥使马顺牙牌》[①] 一文扼要介绍了马顺牙牌的形制、图样和文字。

1937 年，中华书局出版了金兆丰所著《中国通史》一书，在其第八章中的《明京营卫所之制·上直卫亲军》一节，作者只是客观介绍了锦衣卫"掌侍卫及缉捕刑狱之事"，未作具体评价。在该书的版权页上，明确标注本书是"大学用书"。在高等院校教材中没有出现对锦衣卫明确的负面评价，从一个侧面间接说明在 20 世纪 30 年代，对锦衣卫的讨论大体维持着争鸣状态。

（二）反独裁统治背景下的日渐标签化

进入 20 世纪 40 年代，史学界对锦衣卫的认知开始出现明显一边倒的现象。1946 年，叶鼎彝用笔名丁易发表了《明代的特务机关》[②] 一文，文中在分析了锦衣卫的人员组成、权力范围、运作方式以及与东、西厂的关系的同时，明确将锦衣卫定性为一个无恶不作的"巨大的特务机关"。

次年，杨震川发表《从铲头说到廷杖、东厂和锦衣卫》[③]，介绍了与锦衣卫有关的多种酷刑，认为这是统治者患有"虐杀狂"精神病的表现。陈务去《厂卫与明代政治》[④] 一文分析了锦衣卫的组织结构，但把重点放在其罪恶和流毒方面，指出它是专制政治淫威的体现。

---

① 《艺林月刊》1939 年总第 111 期。
② 《中华论坛》1946 年第 2 卷第 5—6 期。
③ 《论语》总第 135 期。
④ 《新中华》1947 年，复刊第 5 卷第 16 期。

1949 年，姚雪垠先后发表《明初的锦衣卫》①、《明代特务重心的移转》② 两篇文章，前者重点分析了锦衣卫在明成化朝之前的表现，认为它是明朝统治者"复活了古代的野蛮主义，以一切手段去摧残臣民的生命和人格"的产物，是大规模的特务组织。后者重点在介绍成化一朝东、西厂的罪恶，兼及锦衣卫与东、西厂的关系。

抗日战争胜利后，国民党政府急于建立一党专制，大肆推行白色恐怖统治，特务机构大行其道，对文化界和知识分子尤其"重点关注"，李公朴、闻一多等民主战士先后遇害，因而这一时期的学术文章大多带有影射现实政治的意味。杨震川在文中强调政府在定重典之前"要有公平正直的执法精神"，陈务去在文后介绍东林名节，义不帝秦，强调"正义的种子是不会灭绝的"，无一不是其真实心态的反映。

除了上述文章外，武伯伦用笔名适夷发表的《朱明政府的特务政治》③ 等文章也带有明显的影射现实的目的，文中述及锦衣卫时，自然不会有正面评价。

不仅明史学者发表了一系列影射文章，研究其他断代的学者也有类似的作品。如吕思勉《千五百年前的特务》④ 一文介绍了三国时期魏、吴两国的校事制度，并明确指出即便确定"反对我者系属捣乱之徒，我们对他，仍不宜过于压制"，"近代法西斯主义者之所为，专为维持一己的威权地位"，指向非常明显。

尽管带有明确的现实目的，前辈学者们还是在文中给我们留下了很多精神财富。如姚雪垠在《明初的锦衣卫》一文中提出在明中叶以前东厂的势力始终不大，不如锦衣卫，景泰年间特务机构比较消沉，特务头子也曾不止一次地打过"老虎"等观点都值得后人重视和借鉴。

---

① 《中国建设》1949 年第 7 卷第 6 期。
② 《春秋》1949 年第 6 卷第 4 期。
③ 《文萃》1946 年总第 24 期。
④ 《中国建设》1945 年第 2 卷第 1 期。

　　1949 年中华人民共和国政府成立后，影射文章失去继续存在的土壤，但受惯性影响，对锦衣卫的负面评价并没有消除。1950 年，叶鼎彝（丁易）在此前研究的基础上，出版了《明代特务政治》一书（中外出版社）。在《自序》中，作者明确指出撰写该书的目的是"用历史事实来攻击蒋帮反动统治"。尽管他强调"决不牵强附会，夸张叙述"，但在"绕个弯儿来影射"的大前提下，锦衣卫依旧佩戴着反动特务机构的面纱。

　　1954 年，陈鸣钟发表《明代的厂卫》[①]，文中具体分析了锦衣卫和东、西厂不同的沿革、编制和职权以及二者的关系，但开篇即说"厂卫这一名词，提起来并不陌生，大家都知道是明代的特务机构"。

　　1955 年，吕振羽修订出版了《简明中国通史》，书中提到"世宗以原来的特务都是武宗家奴，即位后，第一次革去锦衣卫三万余人，第二次又革去锦衣卫、所、监、局、寺、厂、司、库旗校军士等十四万八千余人"[②]。可见，他也把锦衣卫定性为特务机构。

　　1964 年，吴晗修订后的第四版《朱元璋传》出版，尽管他在《自序》中称当年撰写该书时"由于当时对反动统治蒋介石集团的痛恨，以朱元璋影射蒋介石，虽然一方面不得不肯定朱元璋应有的地位，另一方面却又指桑骂槐，给历史上较为突出的封建帝王朱元璋以过分的指责"，现在已发现这一问题并需要予以纠正，但依旧保留了锦衣卫是特务机构的提法。可见，20 世纪 40 年代特定历史环境中产生的史学思想依旧在发挥着作用。30 年代孟森先生提出的不同看法一直没有引起重视。

　　（三）改革开放后回归争鸣状态

　　十年动乱，新中国的各项事业遭到严重摧残。党的十一届三中全会之后，历史学重新焕发了勃勃生机。"文革"期间，"四人帮"

---

　　①　《新史学通讯》1954 年第 4 期。
　　②　吕振羽：《简明中国通史》，人民出版社 1955 年版，第 778 页。

疯狂推行法西斯式的专政，表明封建专制的残余仍然存在，出于借古鉴今的目的，大批学者把目光投射到对历史上的封建专制的批判上。1979 年，中华书局出版了韦庆远的《明代的锦衣卫和东西厂》一书。本书是吴晗倡议并主编的"中国历史小丛书"中的一种，也是"文革"后第一部涉及锦衣卫问题的专著，但因其读者对象主要是非专业人员，所以大体维持了此前学界的观点，依旧强调锦衣卫是无恶不作的特种镇压机构。此后，陈梧桐《论朱元璋强化封建专制中央集权的统治》①、栾成显《论厂卫制度》②、陈世昭《朱元璋集权政治的历史作用之我见》③、怀效锋《明代中叶的宦官与司法》④、孙志江《明代特务政治发达的原因》⑤ 等文章都在述及锦衣卫时，不约而同地将其视为极端封建专制主义高度发展的产物，是不受法律约束、恶贯满盈的特务机构。

　　类似的观点到 20 世纪 90 年代仍不断有人提出。如晁中辰《明初封建制的再强化》⑥ 称锦衣卫特务机构是封建政权机体上的恶性肿瘤，蜀石《试论明代厂卫对资本主义萌芽的抑制》⑦ 认为厂、卫特务机构破坏了生产关系的演进，徐晓庄《试析朱元璋法律实践的矛盾性》⑧ 认为锦衣卫的出现是法律遭到践踏的表现，等等。

　　以上论著虽然在不同层面推动了对锦衣卫的研究，但总体上没有摆脱 20 世纪中叶锦衣卫研究的框架，而且普遍把锦衣卫与东、西厂放在一起讨论，忽视了二者的区别，甚至在批判"四人帮"大搞影射史学的同时，在各自的研究中也自觉不自觉地夹杂了一定的情

---

① 《中央民族学院学报》1980 年第 2 期。
② 《明史研究论丛》第 1 辑，江苏人民出版社 1982 年版。
③ 《武汉师范学院学报》1984 年第 1 期。
④ 《中国社会科学》1985 年第 6 期。
⑤ 《渤海学刊》1987 年第 1 期。
⑥ 《辽宁师范大学学报》1991 年第 2 期。
⑦ 《四川文物》1995 年第 6 期。
⑧ 《史学月刊》1996 年第 4 期。

绪化因素甚至歪曲的成分①。

不过，在 20 世纪七八十年代，也出现了一些非"主流"的声音。1979 年，翦伯赞主编的《中国史纲要》出齐。由许大龄执笔的明代部分虽然也把厂、卫视为极端专制主义中央集权政治的产物，但并未将其作为特务机构对待，而是称之为"保卫皇帝，并从事侦缉活动的军事机构"②。史途《锦衣卫究竟是一个什么性质的机构》一文更是明确判定锦衣卫的本职是侍卫，"并不是一个专门为镇压人民和监视官吏而设立的机构"③。

此前，锦衣卫具有的监察职能虽然不时被提及，但多被视为不受任何限制的监察。游伟《论明代监察和监察系统的变异》④ 一文则提出明代的监察是条块结合、明察暗访并用的多元体系，厂、卫与都察院等文官监察机构是并列的监察系统，并分析了两个系统在不同时段的地位和作用。钞晓鸿《试析明初监察机制》指出明初存在文官监察、民众监督、厂卫监视三个系统，在三者之间以及各自设施内部各元素之间，"均存在着一定的制约关系及反馈渠道，从而构成一个复杂的监察机制"。所有监察人员，包括厂卫，"既是监察者，也是被监察者"⑤。

徐连达《明代锦衣卫权势的演变及其特点》⑥ 指出"明不亡于流寇而亡于厂卫"的说法存在偏激和简单化之嫌，并将锦衣卫权势

---

① 如晁中辰在《明初封建制的再强化》一文中将察言司视为特务制加强的例证，"顾名思义，'察言'即侦察言论舆情的意思"。事实上，察言司是通政司的前身，"通政使司者，古纳言之遗也，历唐宋为银台司。我朝洪武三年初，置察言司，设司令，掌受四方章奏，寻革。十年始置通政使司，正三品衙门，设通政使……职掌出纳帝命，通达下情，关防诸司，出入公文，奏报四方臣民实封建言、陈情、伸诉及军情声息、灾异等事"（见明人雷礼撰《国朝列卿纪》卷八一《通政使司》，四库全书存目丛书影印本，齐鲁书社 1996 年版，第 115 页）。《明太祖实录》卷五〇，洪武三年三月条（台北中研院史语所 1964 年校勘本，第 989 页）亦记载察言司的职能仅仅是"掌受四方章奏"，和侦查民间言论舆情毫无瓜葛。

② 翦伯赞主编：《中国史纲要》，人民出版社 1983 年版，第 202 页。

③ 《历史教学》1983 年第 6 期。

④ 《云南教育学院学报》1989 年第 4 期。

⑤ 《陕西师大学报》1993 年第 4 期。

⑥ 《复旦学报》1992 年第 6 期。

的演变过程分成六个时段进行了具体分析，认为锦衣卫发挥何种作用取决于皇帝的态度和各派力量之间的较量结果，卫与厂之间也存在相互监察的关系，锦衣卫中人也并非都是恶徒，不可一概而论。

除了政治史领域的讨论之外，还有部分学者探讨了与锦衣卫相关的一些话题，如居史成《驯象·宫廷象仪》① 介绍了锦衣卫所属驯象所和演象所的职能及相关问题，李荣庆《明代武职袭替制度述论》② 一文中涉及锦衣卫武官的世袭问题，等等。

从以上归纳可以发现，在"文革"结束后到 2000 年这一时段内，由于特定研究环境的影响，对锦衣卫的研究总体上并未突破 20 世纪中前期的框架，不仅主要集中于政治史领域，而且仍以单向的负面评价为主。进入 20 世纪 90 年代，随着社会大环境和学者视野的变化，对锦衣卫的评价开始出现相对客观的趋势，在一定程度上回到了 20 世纪 30 年代不同观点争鸣的状态。

（四）多点开花的新世纪锦衣卫研究

进入 21 世纪，中国的历史学获得前所未有的发展机遇，对锦衣卫的研究也呈现多点开花的趋势。

在卫与厂的关系方面，张德信《明代的法外用刑》③ 一文指出东厂和锦衣卫之间存在互相制约的关系，二者权势的走势取决于各自在皇帝心目中的地位。廖元琨《锦衣卫与明代皇权政治》④ 分析了锦衣卫在不同历史时期的表现，指出司礼监和内阁势力的消长对锦衣卫的权势变化有实质性的影响，进而影响到明朝的政治走向。胡丹《明代东厂新政三说》⑤ 分析了东厂缉事权在永乐至成化年间逐渐提升的过程以及其与锦衣卫相关事权的消长变化。汪红亮、陈

---

① 《故宫博物院院刊》1981 年第 4 期。
② 《郑州大学学报》1990 年第 1 期。
③ 中国明史学会、南京大学历史系、南京中山陵管理局编：《第十届明史国际学术讨论会论文集》，人民日报出版社 2005 年版。
④ 《北方论丛》2008 年第 4 期。
⑤ 《西南大学学报》2010 年第 5 期。

刚俊《论明成化"妖言例"——兼论成化时期的国家控制力》① 则提出成化年间强化对"妖言"的打击带有转移厂、卫机构工作重心和方向，营造清新政治空气的目的。

　　锦衣卫的侦缉和司法权长期为人诟病，在 21 世纪，学者们依旧将其列为重点关注对象。陈晓辉《明朝特别警察制度——厂卫的研究》② 将厂卫定性为特别警察，指出在对其总体否定的同时应承认其体现了一定的分权制衡思想，且有侦查效率高的优势，在一定程度上遏制了腐败。李文军《论明代中央司法权力的划分》③ 明确判定厂卫司法权是明代中央司法的一部分，是皇帝分割三法司权力，贯彻个人意志的手段。崔航《厂卫系统与明代监察制度》④ 认为厂卫系统是明代监察制度中最具特色的部分，但因权力过大，陷入了不断增设新的特务机构又反复撤并的"怪圈"。王森威《论明前期的锦衣卫》⑤ 则指出明初的锦衣卫存在有权不越权，侦伺范围广但牵涉人数少等特点。此外，张宜《明代文官犯罪检举路径初探》⑥ 通过统计指出，厂卫特务机关检举的腐败案件虽然总量有限，但仅次于都察院等法定机关的举劾数量。刘长江在《明代风闻监察述论》⑦ 一文中则述及厂卫风闻监察与科道风闻言事的区别。魏天辉《简论明代诏狱的管理》⑧ 探讨了锦衣卫北镇抚司监狱的管理机构、囚犯来源、审理与生活状态等问题。廖元琨《锦衣廷杖与明代官僚心态》⑨ 指出廷杖的实质是皇权政治在无效制衡情况下对官僚阶层的暴力钳制。这些文章中提出的观点与此前一味全盘否定厂卫的看法有明显的区别。与此同时，重复旧观点，强调锦衣卫是专制皇权膨胀的产

① 《江西社会科学》2013 年第 7 期。
② 《湖北警官学院学报》2006 年第 4 期。
③ 《河南科技大学学报》2009 年第 6 期。
④ 《法制与社会》2010 年第 7 期。
⑤ 《文艺生活·文海艺苑》2013 年第 2 期。
⑥ 《法学杂志》2012 年第 6 期。
⑦ 《信阳师范学院学报》2005 年第 2 期。
⑧ 《河南师范大学学报》2010 年第 6 期。
⑨ 《南华大学学报》2009 年第 1 期。

物，锦衣卫介入司法侵夺了法司司法权，破坏法制的文章依旧存在，如张欣《锦衣卫与司法审判》①、万竹青《论明代的厂卫、太监干预司法》②，等等。

随着研究范围的扩展，此前被忽视的锦衣卫的诸多职能陆续引起学者们的重视。廖元琨《锦衣卫与明朝北京治安》③ 分析了锦衣卫在维护北京城内治安方面的具体职能及其与五城兵马司等相关机构的关系。韦占彬《论明代京城治安管理的机制与措施》④ 则提出锦衣卫主要通过"密缉"方式参与北京城内的治安管理。高寿仙《明代北京街道沟渠的管理》⑤ 一文则对锦衣卫在京城城建、环境卫生等方面的相关职能作了讨论。魏天辉《明代登闻鼓制度》⑥ 述及锦衣卫官兵在管理登闻鼓方面的职责。于小秦《明代锦衣卫冗员考》⑦ 分析了锦衣卫容纳"带俸"列衔人员和寄禄官员的职能对明朝中后期锦衣卫冗员现象的影响。聂卉《明代宫廷画家职官状况述略》⑧ 对大批画家带有锦衣卫官身份的研究触及锦衣卫在不触动祖制的前提下容纳"特殊人才"的职能。张金奎《锦衣卫职能略论》⑨ 则以诏令为基本史料，系统分析了锦衣卫的军事、扈从侍卫以及缉事、"捕盗"、司法、外交等方面的职能。

此外，另有多篇文章涉及锦衣卫的相关话题。如周松《明代南京的回回人武官——基于〈南京锦衣卫选簿〉的研究》⑩ 介绍了被安插于南京锦衣卫的 12 个归附回回家族的来历及其发展状态。高寿

---

①　《法制博览》2012 年第 11 期。

②　《衡阳师范学院学报》2004 年第 2 期。

③　田澍、王玉祥、杜常顺主编：《第十一届明史国际学术讨论会论文集》，天津古籍出版社 2007 年版。

④　《邯郸学院学报》2006 年第 4 期。

⑤　《北京社会科学》2004 年第 2 期。

⑥　《广播电视大学学报》2009 年第 2 期。

⑦　《黑龙江生态工程职业学院学报》2010 年第 3 期。

⑧　《故宫博物院院刊》2007 年第 2 期。

⑨　《明史研究论丛》第 8 辑，紫禁城出版社 2010 年版。

⑩　《中国社会经济史研究》2010 年第 3 期。

仙《明代用于禁卫的符牌》① 涉及锦衣卫有关符牌的使用与管理。卜永坚《从墓志铭看明代米氏锦衣卫家族的形成与演变》② 介绍了锦衣米氏家族的婚姻网络及其在明代中后期的发展历程。朱志刚《北京新出土明锦衣卫北司建伏魔祠记碑考释》③ 一文为锦衣卫研究提供了新的材料。秦智雨《飞鱼服与绣春刀——明代锦衣卫制服速写》④ 则对锦衣卫官兵的服装与装备作了初步研究。

纵观这十余年来的锦衣卫研究，可以发现有如下特点：

第一，研究领域大为拓展，呈现全面开花的良好态势，在一些几乎已经形成定论的问题上出现了不同的看法。但因为相关文章大多发表于影响力相对较小的刊物上，加之作者大多进入史学界时日尚短，因而这些观点尚未引起学术界的足够重视。相反，由于传统观点的惯性影响，重复旧话，一味否定锦衣卫这一特勤机构的观点依旧存在。锦衣卫是一个无恶不作的特务机构的观念依旧占据在非专业历史爱好者与普通民众心目中，与史学界的这一研究状态有着十分密切的关系。

第二，对一些已经深入人心的成说尚未提出质疑。比如，人们通常说明代的诏狱即锦衣卫狱，但弘光朝权臣马士英曾公开说自己在崇祯年间"及任宣抚，止五十日，被逮诏狱，锢刑部者将三年"⑤。这里的诏狱似乎不能和锦衣卫狱画等号。尽管尚不能直接否定旧说，但可证明对类似产生于特定研究背景下的成说有重新检讨的必要。

第三，锦衣卫与东、西厂是不同的机构，但长期以来，大部分学者已经习惯于将二者相提并论，致使对二者的单独研究明显不足。

① 张显清主编、中国明史学会编：《第十三届明史国际学术研讨会论文集》，湖南人民出版社2011年版。

② 《明清论丛》第12辑，故宫出版社2012年版。

③ 《文物春秋》2012年第1期。

④ 《贵阳文史》2013年第6期。

⑤ （清）黄宗羲：《弘光实录抄》卷一，见《黄宗羲全集》第二册，浙江古籍出版社1985年版，第8页。

这一现象在 21 世纪虽然有一定的改观，但改变幅度依然有限，进而限制了相关研究的深入。

　　总体上看，经过八十余年的发展，对锦衣卫的研究在 21 世纪彻底回到了 20 世纪 30 年代的争鸣状态，但附着在锦衣卫头上的黑色面纱尚未被彻底揭掉，特权、恐怖、屠夫等黑色标签依然没有远离锦衣卫，明朝总体上的黑暗形象也因此未能获得根本性的改观。

第 一 章

锦衣卫的出现及其制度渊源

明代的典章制度较之汉唐有很大的改变，其中一大特点是简省化，即将前朝诸多的机构、职能予以整合。在这一大背景下，职能空前广泛的锦衣卫制度应运而生。单就臭名昭著的"特务"职能而言，西汉绣衣使者、三国校事制度、唐代丽景门乃至宋代的皇城司都曾对其产生或多或少的影响。前朝的仪鸾司、拱卫司、怯薛等制度同样可以在锦衣卫中找到自己的影子。即便是锦衣卫本身，其成立过程也是一波三折。由于锦衣卫制度的源头过多，集中在一章中介绍不免纷乱，而且很难说清楚具体的沿袭或发展点，因而本章拟先就锦衣卫制度的出现及其与宋、元两朝旧制的联系做重点分析。

第一节 锦衣卫的形成过程

锦衣卫制度在明朝立国之前并不存在，它的出现经历了一个较为复杂的变化过程。

一 立国之前的"多头"禁卫

锦衣卫并非从朱明王朝立国伊始就存在。按照《实录》的记载：洪武十五年四月，"改仪鸾司为锦衣卫，秩从三品。其属有御椅、扇手、擎盖、旛幢、斧钺、銮舆、驯马七司，秩皆正六品"①。万历朝官修《大明会典》亦称"锦衣卫，本仪銮司"②。晚明名士王世贞在其《锦衣志》一文中也记载"高皇帝初即位，置司曰仪鸾，掌侍卫、法驾、卤簿，使冠文冠。十五年罢置司，改设锦衣卫，指挥使一人……冠武冠，所统曰将军、力士、校尉"③。可见，明朝官私史著都将仪鸾司视为锦衣卫的前身。

关于仪鸾司，《实录》这样记述：

> 洪武三年六月乙酉，置亲军都尉府及仪鸾司。初设拱卫司，正七品，管领校尉，属都督府。后改为拱卫指挥使司，秩正三品。寻以拱卫司似前代卫尉寺，又改为都尉司。至是，乃定为亲军都尉府，管左、右、中、前、后五卫军士。设仪鸾司隶焉。④

按照这一记载，仪鸾司应该设置于洪武三年。但同样是在《实录》当中，仪鸾司已经在此前出现过多次。如吴元年（1367年）十二月，中书省左相国李善长在呈进的即位礼仪中提到：

> 前期，侍仪司设表案于丹墀中……宿卫镇抚二人位于东西陛下，护卫百户二十四人位于宿卫镇抚之南，稍后……其丹陛上，设殿前班指挥司官三员，侍立位于陛上之西，东向。宣徽院官三员侍立位于陛上之东，西向。仪鸾司官位于殿中门之左

---

① 《明太祖实录》卷一四四，洪武十五年四月乙未条，中研院史语所1962年校勘本，第2266页。

② 万历《大明会典》卷二二八《锦衣卫》，"元明史料丛编"（第二辑）影印本，台北文海出版社1984年版，第3001页。"仪鸾司"在很多史籍中被写作"仪銮司"，实为同一机构。

③ （明）王世贞：《锦衣志》，《中国野史集成》编委会、四川大学图书馆编"中国野史集成"丛书影印《纪录汇编》本，巴蜀书社1993年版，第283页。

④ 《明太祖实录》卷五三，洪武三年六月乙酉条，第1055页。

右，护卫千户八人位于殿东、西门之左右，俱东西相向……①

可见，仪鸾司在明朝立国之前就已经存在，洪武三年应该只是调整了它的隶属关系。《实录》洪武三年六月这条记载中提到的拱卫司同样成立于朱元璋称帝之前。史载：

> 甲辰年十二月乙卯，置拱卫司，以统领校尉。属大都督府，秩正七品。②

从其隶属大都督府来看，拱卫司应属武官系统。不过，在即位大典时，拱卫司的职责与仪鸾司类似。"是日清晨，拱卫司陈设卤簿，列甲士于午门外之东西，列旗仗于奉天门外之东西……皇帝衮冕，升御座。大乐鼓吹振作。乐止，将军卷帘，尚宝卿以宝置于案。拱卫司鸣鞭，引班引文武百官入丹墀拜……"③ 不仅如此，在其他礼仪活动中，也曾出现拱卫司的身影。如拜将出师礼中规定："前期，拱卫司设大将军次于午门外。兵部官备节钺，陈于奉天殿内架上。内使监设御座于殿中，侍仪司设大将军拜位于丹墀中道稍西，又设受节钺位于御前，俱北向。"④

从名称上看，拱卫司应该是皇帝的保卫部门，怎么会频繁用于礼仪活动呢？这要从前朝制度中寻找答案。

皇帝作为帝国的最高统治者，盛大的仪仗是其至尊身份的体现。庞大的仪仗队及其道具势必需要设置专门的机构进行管理。就笔者目前所见，仪鸾司的称谓最早出现在五代时期。后晋开运三年（946年），契丹大军南下，后晋皇帝石重贵被废黜。次年正月，契丹太宗耶律德光入主，石重贵等被强行迁往黄龙府安置，"以宫嫔五十人、

---

① 《明太祖实录》卷二八上，吴元年十二月辛酉条，第434页。
② 《明太祖实录》卷一五，甲辰年十二月乙卯条，第211页。
③ 《明太祖实录》卷二八上，吴元年十二月辛酉条，第434页。
④ 《明太祖实录》卷三三，洪武元年闰七月庚戌条，第585页。

内官三十人……仪鸾司三人、军健二十人从行"①。

宋代，仪鸾司隶属卫尉寺。卫尉寺"掌凡幄帟之事，大礼设帷宫，张大次、小次，陈卤簿仪仗。长、贰昼夜巡徼，察其不如仪者"。"旧制，判寺事一人，以郎官以上充。凡武库、武器归内库，守宫归仪鸾司，本寺无所掌。元丰官制行，始归本寺。"② 由于皇帝仪仗中包含众多兵器，所以宋代的卫尉寺下辖内弓箭库等四个部门，"掌藏兵杖、器械、甲胄，以备军国之用"，仪鸾司则专"掌供幕帟供帐之事"③。

卫尉寺在宋室南渡后撤销，并入工部，不过仪鸾司因为客观需要一直存在，且在元代继续履行礼仪职能，如皇帝即位接受朝贺时，"前期二日，仪鸾司设大次于大明门外，又设进册案于殿内御座前之西，进宝案于其东，设受册案于御座上之西，受宝案于其东"④。

从宋代卫尉寺的组成来看，相当一部分任务需要军士来完成。北宋灭亡后，入主中原的金朝在宋制基础上结合自身民族传统建立了一套新的政治体制，在礼仪方面，仪鸾司得到保留，卫尉寺则没有重建，而是新设了一个拱卫司。

拱卫司的前身是龙翔军，正隆二年（1157 年）更名为神卫军，大定二年（1162 年）定名为拱卫直使司，简称拱卫司。拱卫司设都指挥使、副都指挥使等官，"掌总统本直，谨严仪卫"⑤。拱卫司还有一支番号为威捷军的直属部队，不过其上级单位是"掌朝会、燕享，凡殿廷礼仪及监知御膳"的宣徽院。宣徽院也统辖一部分军士，

① （宋）薛居正等：《旧五代史》卷八五《晋书十一·少帝纪五》，中华书局 1976 年标点本，第 1126 页。

② （元）脱脱等：《宋史》卷一六四《职官四·卫尉寺》，中华书局 1977 年标点本，第 3892 页。

③ （元）脱脱等：《宋史》卷一六四《职官四·卫尉寺》，第 3892—3893 页。

④ （明）宋濂等：《元史》卷六七《礼乐一·群臣上皇帝尊号礼成受朝贺仪》，中华书局 1976 年标点本，第 1671 页。

⑤ （元）脱脱等：《金史》卷五六《百官二·宣徽院》，中华书局 1975 年标点本，第 1258 页。

"所隶弩手、伞子二百三十九人，控鹤二百人"①。可见，金代的拱卫司是一个兼具礼仪和保卫职能的机构，但参与宫廷各类礼仪应是主要职能。拱卫司及宣徽院分别统辖一部分军队既是宫廷礼仪中包含大量军礼或类似形态礼仪的需要，也是民族习惯使然。

元代的拱卫司设置于至元三年（1266 年）②，在忽必烈统治期间曾有多次变动，成宗元贞元年（1295 年）最终定型为正三品武职机构，且不再隶属于宣徽院③。虽然成为独立机构，但主要职责仍是参与礼仪活动。如崇天卤簿中的控鹤第一队、第二队即分别由两个拱卫司指挥使、指挥佥事主持④。元人起自朔漠，性格粗犷，对繁文缛节并不重视，因而拱卫司虽为专设机构，但主官却不一定是专职，如朵尔直班即曾以资政院使的身份，在提调宣文阁、知经筵的同时，"兼海西辽东道哈思罕等处打捕鹰房怯怜口万户府达鲁花赤，提调拱卫司事"⑤。类似例子很多，恕不枚举。

朱元璋夺取集庆（南京），独立发展后，出于稳定的需要，在官制上暂时沿用元朝制度，没有做大的改动，拱卫司因此和仪鸾司一样，继续履行和前朝类似的礼仪职能。不过从本节开篇所征引的洪武三年《实录》记载来看，拱卫司虽然初设时只是正七品衙门，但很快恢复为正三品的指挥使司，而且是后来统辖五卫军士的亲军都尉府的前身，似乎不仅仅是个礼仪机构。事实是否如此呢？

在朱元璋称帝的大典中，陛下站有两个宿卫镇抚和 24 名护卫百户。从名称上看，宿卫镇抚及其后站立的护卫百户应是皇帝禁卫部队的重要成员。在洪武三年六月成立亲军都尉府之前，当年二月，

① （元）脱脱等：《金史》卷五六《百官二·宣徽院》，第 1257 页。
② （明）宋濂等：《元史》卷六《世祖本纪三》，至元三年六月戊寅条，第 111 页。
③ 参见《元史》卷一八《成宗本纪一》，元贞元年二月丁亥条，第 391 页；《元史》卷一五《世祖本纪十二》，二十五年六月壬申条，第 313 页。
④ 参见《元史》卷七九《舆服二·仪仗·崇天卤簿》，第 1979、1982 页。
⑤ （元）黄溍：《朝列大夫金谷政院事赠荣禄大夫河南河北等处行中书省平章政事柱国追封鲁国公札剌尔公神道碑》，见氏著《金华黄先生文集》卷二十五，续修四库全书丛书影印本，上海古籍出版社 2003 年版，第 343 页。

明廷决定设立留守卫指挥使司。史载：

> 国初，尝设都镇抚司，总领禁卫。后隶大都督府，秩从四品，统率各门千户所，寻改宿卫镇抚司。至是，升为卫，专领军马守御各城门及巡警皇城与城垣造作之事。①

可见，留守卫的前身是宿卫镇抚司，宿卫镇抚司的前身则是都镇抚司。都镇抚司设置于元至正十六年（1356 年）。当年七月初一，朱元璋自立为吴国公，在事实上脱离小明王政权，走上独立发展道路。称公当日，朱元璋宣布设置江南行中书省并置百官，"置省都镇抚司，以孙养浩为镇抚"②。

按照元朝的制度，皇帝"内立五卫，以总宿卫诸军，卫设亲军都指挥使。外则万户之下置总管，千户之下置总把，百户之下置弹压，立枢密院以总之。遇方面有警，则置行枢密院，事已则废，而移都镇抚司属行省"③。朱元璋称吴国公的同时宣布"兼总省事"，都镇抚司在元代是行省的下属机构，朱元璋设置都镇抚司符合当时人们对都镇抚司职能的认知，这也是政权在创立之初避免因更定官制引起混乱的一个手段。

不过都镇抚司并不是朱元璋政权内的最高军事机构。在称公当日，朱元璋还下令设置了帐前总制亲兵都指挥使司和各翼元帅府等军事机构。1364 年正月初一，朱元璋自立为吴王。同日，建百司官属，其中"都镇抚司都镇抚，正五品"④。

当年三月，更定大都督府等衙门官制：

> 都镇抚司都镇抚，从四品，副镇抚，从五品，知事，从八

① 《明太祖实录》卷四九，洪武三年二月丁亥条，第 972 页。
② 《明太祖实录》卷四，丙申年七月己卯条，第 46 页。
③ （明）宋濂等：《元史》卷九八《兵一》，第 2507—2508 页。
④ 《明太祖实录》卷一四，甲辰年正月丙寅条，第 176 页。

品。金吾侍卫亲军都护府都护，从二品，经历正六品，知事从七品，照磨从八品。统军元帅府元帅正三品，同知元帅从三品，副使正四品，经历正七品，知事从八品，照磨正九品。各卫亲军指挥使司指挥使，正三品，同知指挥，从三品，副使，正四品，经历，正七品，知事，从八品，照磨，正九品。①

从品级上看，都镇抚司官员的级别虽然上升了一级，但仍明显低于亲军指挥使司和元帅府官员。据此推断，1356 年设置的都镇抚司的级别应该也在亲军都指挥使和各翼元帅府之下。

1358 年，朱元璋任命外甥李文忠为"帐前总制亲军都指挥使司左副都指挥，兼领元帅府事。迁元帅康茂才为营田使兼帐前总制亲军左副都指挥"②。总制亲军的副都指挥可兼任元帅府长官，显示帐前总制亲军都指挥使司才是朱元璋政权内最高级别的军事机构。1363 年，康茂才由亲军副都指挥使升任金吾侍卫亲军都护③。金吾侍卫亲军都护府在朱元璋 1364 年称吴王更定官制时被定为从二品衙门，仅次于从一品的大都督府。在更定官制的当月，朱元璋下令"置武德、龙骧、豹韬、飞熊、威武、广武、兴武、英武、鹰扬、骁骑、神武、雄武、凤翔、天策、振武、宣武、羽林十七卫亲军指挥使司"，南京以外地区原设的各翼统军元帅府，亦"悉罢诸翼而设卫焉"④。从品级上看，金吾侍卫亲军都护府应该是这 17 个亲军卫的上级主管部门，而康茂才在此前一年由亲军副都指挥使调任亲军都护府都护则显示都护府是由此前设立的帐前总制亲军都指挥使司更置而来。

皇帝或诸王拥有直属亲军是蒙古人带入中原的制度，朱元璋亦继承了这一制度。在创业阶段，直属亲军既是朱元璋的禁卫军，也是一支可以随时调动的战略预备队，对政权发展壮大有重要意义。

---

① 《明太祖实录》卷一四，甲辰年三月戊辰条，第 183 页。
② 《明太祖实录》卷六，戊戌年二月乙亥条，第 62—63 页。
③ 《明太祖实录》卷一二，癸卯年正月壬寅条，第 147 页。
④ 《明太祖实录》卷一四，甲辰年三月庚午条，第 185 页。

1364 年，朱元璋一次性设置了 17 个亲军卫，实力远高于外卫，显示其对亲军部队非常重视。

1364 年是朱元璋整合官制、兵制的关键年份。当年四月，他下令行部伍法，废弃混乱的枢密、平章、元帅等职位，按诸将实际统辖军数，分别出任指挥、千百户等军职，"令既下，部伍严明，名实相副，众皆悦服，以为良法"①。同月，"改各门总管府为千户所，设正副千户各一员"②。

当年十月，参议府臣僚进言：

> 初，设省都镇抚以制辖行省军马，总禁卫之司。今行省既改为中书，而大都督府并掌戎机，若以都镇抚属本府，则事归于一。上以为然，遂以都镇抚为大都督府镇抚，秩从四品，掌调各门守御千户所。③

都镇抚司在朱元璋自任江南行省长官时名义上是行省的主要军事机构，参议府说它是"总禁卫之司"，道理上说得通。不过随着控制区域的扩大，都镇抚司并不能管辖行省以外的区域，其地位势必日渐下滑。而朱元璋身份的日渐提升，低级别的都镇抚司显然也承担不了繁重的保卫任务。朱元璋采纳参议府的建议，将都镇抚司降格为只管辖南京各门守御千户所的大都督府从属机构，也是形势使然④。

不过在同年十月，朱元璋下令"革金吾侍卫亲军都护府、统军元帅府、万户府，并都护府断事官、知事于大都督府"⑤，则是一项

---

① 《明太祖实录》卷一四，甲辰年四月壬戌条，第 193 页。
② 《明太祖实录》卷一四，甲辰年四月甲辰条，第 192 页。
③ 《明太祖实录》卷一五，甲辰年十月乙卯条，第 205 页。
④ 据《明太祖实录》卷四九，洪武三年二月丁亥条（第 972 页）记载，都镇抚司并入大都督府后，"寻改卫镇抚司"，后又于洪武三年升格为留守卫。宿卫镇抚司的设置时间不明，但从其出现在登基大典来看，至迟在吴元年，宿卫镇抚司已经存在。
⑤ 《明太祖实录》卷一五，甲辰年十月条，第 206 页。

意义非凡的举措。这一政令将其个人直接统率的亲军部队在形式上转交给了大都督府管理。虽然此时的大都督是他的侄子朱文正，无须担心他的忠诚度，但从长远上看，无疑是对君权的削弱。这一政令显示来自草原的异质政治文化因子尚不足以从根本上拦阻中原传统政治文明的巨大惯性。加之无论是支持小明王政权"重开大宋之天"①的政治宣传，还是后来自身宣扬的"驱逐胡虏，恢复中华"②都和沿袭元代政治制度相矛盾，朱元璋废置亲军都护府，不排除有证明自己在切实实践政治主张的目的。

都镇抚司品级过低，亲军部队又承担着繁重的战斗任务，朱元璋难道没有独立的保卫部队？答案无疑是否定的。按《实录》记载，早在至正十八年（1358 年）十二月，朱元璋即曾"选宁越七县富民子弟充宿卫，名曰御中军"③。这支番号为"御中军"的部队即是朱元璋的专职禁卫军。

关于朱元璋创业阶段的禁卫军，史籍中有这样的记载：

> 太祖国初时，立君子、舍人二卫。君子卫居文官子弟，舍人卫居武官子弟，以宣使李谦安子中领焉；昼则侍从，夜则直宿，以为心腹。登报后，总兵官家眷俱要京中居住，谓同享富贵，二者虽若宠之，实防之也。④

君子卫、舍人卫的记载在明代官方著述中难觅踪影，但在私家笔记、野史中则频繁出现⑤。武官子弟以舍人身份进入禁卫队伍的例

①（明）钱谦益：《国初群雄史略》卷一，中华书局1982 年点校本，第16 页。
②《明太祖实录》卷二六，吴元年十月丙寅条，第402 页。
③《明太祖实录》卷六，戊戌年十二月条，第75 页。
④（明）郎瑛：《七修类稿》卷十四《二卫》，《中华野史》丛书"明朝卷一"，泰山出版社2000 年版，第838 页。
⑤ 如（明）顾起元《客座赘语》卷六《君子舍人二卫》，中华书局1987 年点校本，第189 页；（明）刘辰：《国初事迹》，四库全书存目丛书影印本，齐鲁书社1996 年版，第16 页；（明）王世贞：《弇山堂别集》卷十二《皇明异典述七·更定旧官》，中华书局1985 年点校本，第224 页；等等。

子很多，如定远县人陈玺，"乙巳年充宿卫舍人，洪武四年钦除百户"①（乙巳年即 1365 年，是朱元璋称吴王后的第二年）。由于牵涉明初的舍余使用制度，这里暂不做细致讨论②。君子卫是否真的存在过则令人怀疑。不过，文官子弟入选侍卫队伍的个案确实存在。如广西人陶梁民，"以父布政司，赐籍为新会人。由锦衣卫舍人，授广州左卫左所试百户"③。布政司官员显然是文职。陶梁民出身于锦衣卫舍人，锦衣卫洪武十五年才成立，说明洪武中后期仍然存在文官子弟进入禁卫队伍的现象。类似的例子还有兵部尚书唐铎的弟弟唐鉴，洪武二十五年十月，"以唐鉴为散骑舍人，随直宿卫"④。从这些事例来看，顾起元提出的二卫是"此勋卫之所由始也。后不复用文官子侄"⑤，至少是不准确的。

至正十八年十二月，朱元璋将新占领的婺州路更名为宁越府，"以儒士王宗显为知府，帐前总管陈从贵兼知东阳县事，总兵三百戍之。义兵元帅吕兼明兼永康知县，帐前总管王道同为义乌知县，杨苟为武义知县"⑥。当月即从当地富民子弟中抽选御中军，很大程度上应是展示对新附地区社会上层人众的信任，客观上兼有人质的性质。从这一点来看，史籍中"虽若宠之，实防之"的提法无疑是正确的。在确定存在武官子弟及社会上层人士子弟以禁卫军身份入质的情况下，文官子弟想必也难以逃脱入质的命运。因此，上文中陶梁民等的例子虽然不足以证明明朝立国之前存在文官子弟入选禁卫队伍的现象，但君子卫不能轻易否定。

御中军兼具多重职能，未必真的能成为朱元璋的心腹。史载，

---

① 《（南京）羽林左卫选簿》，见中国第一历史档案馆、辽宁省档案馆编《中国明朝档案总汇》第 72 册，广西师范大学出版社 2001 年版，第 188 页。

② 详见本书第五章第四节。

③ 光绪《广州府志》卷五二《选举表二十一·武职》，中国方志丛书影印本，台北成文出版社 1966 年版，第 821 页。

④ 《明太祖实录》卷二二二，洪武二十五年十月乙卯条，第 3240 页。

⑤ （明）顾起元《客座赘语》卷六《君子舍人二卫》，第 189 页。

⑥ 《明太祖实录》卷六，戊戌年十二月丙戌条，第 73 页。

攻取婺州不久，朱元璋亲自到当地巡视。一次，微服夜行，以小先锋张焕从行①。此前，朱元璋曾"选精壮军于帐前守御，名曰金陵、横舟、铁甲、交枪、皇五等把都儿，帐前亲兵都指挥使司领之"②。把都儿是蒙古语 баатар 的汉语音译，在元代汉文史籍中也写作"八都儿"、"拔都儿"、"把都儿"、"八都鲁"等，清代音译为"巴图鲁"，是英雄、勇士的意思。在称帝之前，先锋军是朱元璋军队中精锐部队的称号。把都儿是先锋军中的一部分。先锋和把都儿等名号混用，是当时尚未统一政令的表现。随朱元璋出行的张焕估计是帐前亲军先锋之一。创业阶段需要不时离开南京出巡甚至亲自领兵出战的朱元璋需要强有力的保卫力量，帐前亲兵既是精锐又是直属部队，较之名义上的御中军，显然更具优势，张焕护卫他微服私访即是证明。吴元年（1367年）四月，朱元璋"命江西行省选精兵二千人充宿卫"③。此时金吾侍卫亲军都护府已经裁撤，亲军诸卫已经划归大都督府统辖，朱元璋依旧从地方抽选精兵充当自己的禁卫军，说明富有实际战斗力才是禁卫部队的首选标准，展示信任和充当人质只是入选御用禁卫的附加功能。

从上述分析可以发现，在称帝之前，朱元璋的禁卫任务呈现为多头分担状态。仿效前朝先后成立的仪鸾司和拱卫司虽然负有保卫职责，但主要是仪仗队，仪鸾司更是干脆属于文官系统。都镇抚司作为政权初创时名义上的最高军事机构对朱元璋的保卫工作负有领导职责，但过低的级别以及随着疆域扩大导致的权限萎缩使之逐渐退化为宫邸和南京城的守卫军，尽管曾一度享有宿卫镇抚司的名号，但未能改变其与朱元璋距离越来越远的现实。御中军虽然出现较早，但附带的笼络与人质职能以及入选者不具备实战经验的先天缺陷使之只能充当名义上的禁卫军，实际履行关键时刻保卫职责的则是侍卫亲军中的佼佼者。

---

① （明）刘辰：《国初事迹》，第17页。
② （明）刘辰：《国初事迹》，第13页。
③ 《明太祖实录》卷二三，吴元年四月壬申条，第336页。

　　1364 年是朱元璋实现政权统一、事权划一的关键一年。估计是看到大局已定，前途一片光明，当年十月，金吾侍卫亲军都护府被裁撤，原来担负保卫和战略预备队职能的亲军诸卫划归大都督府统一管理。十二月，名义上承担宿卫职责的武职衙门拱卫司成立。但过低的级别和不断从地方抽取大量精兵进入禁卫队伍的现实使拱卫司不可能实际担负起护卫全责。种种现实预示着朱元璋的护卫力量仍将面临新的调配和整合。

二　从仪鸾司到锦衣卫

　　按照《实录》的记载，1364 年底拱卫司初设时只是正七品机构，负责"管领校尉，属都督府。后改为拱卫指挥使司，秩正三品。寻以拱卫司似前代卫尉寺，又改为都尉司"①。拱卫司什么时间升格为正三品指挥使司，《实录》中没有明确记载。不过我们从江陵人叶茂的履历中可以大致推断出来。

　　　　（叶茂），吴元年以军功除拱卫司副使，寻升大使。洪武五年改仪鸾司副使，七年升大使。②

　　洪武四年四月，仪鸾司被定为正五品衙门，设大使一人、副使二人③。叶茂在洪武五年晋升为仪鸾司副使，品级不会高于从五品，那么他此前曾担任的拱卫司大使一职的级别肯定在五品以下，也就是说，至少在吴元年（1367 年），拱卫司尚未升格为指挥使司，朱元璋的禁卫军尚没有一个与之规格、规模匹配的领导机构。从吴元年到洪武三年六月短短四年多的时间里，朱元璋的禁卫机构经历了从拱卫司到拱卫指挥使司，再到都尉司、亲军都尉府的三次大的变动。

---

① 《明太祖实录》卷五三，洪武三年六月乙酉条，第 1055 页。
② 《明太祖实录》卷一一一，洪武十年四月癸亥条，第 1851 页。
③ 《明太祖实录》卷六四，洪武四年四月庚寅条，第 1215 页。

亲军都尉府的职能有几点需要注意。一是亲军都尉府仍然处于大都督府管辖之下。二是拱卫司原本只负责统率校尉，校尉虽然也可参与护卫，但主要任务是"专职擎执卤簿、仪仗及驾前宣召官员、差遣干办"①，与承担礼仪职能的仪鸾司接近，而亲军都尉府下辖五个卫的士兵，显然不是仪仗部队，而是禁卫军。亲军都尉府虽然统辖五个卫的军士，但仅是三品衙门，和普通卫的指挥使平级，在体统上仍然没有捋顺。其时是否通过给都尉府高配长官的方式解决这一问题，因为资料缺乏，暂时不清楚。三是亲军都尉府转化成专职禁卫机构后，原来拱卫司承担的礼仪职能以及其下属的校尉群体需要一个单位来接手。职能接近的仪鸾司无疑是最合适的选择，叶茂能从拱卫司大使调任仪鸾司副使也证明了这一点。

《明太祖实录》记载：洪武十二年四月，

> 遣仪鸾司典仗陈忠往浙江杭州诸府募民愿为校尉者，免其徭役。凡得一千三百四十七人。校尉、力士之设，签民间丁壮无疾病过犯者为之。力士隶旗手千户所，专领金鼓旗帜，随驾出入及守卫四门。校尉隶拱卫司，专职擎执卤簿、仪仗及驾前宣召官员、差遣干办，三日一更直。立总小旗以领其众，由总旗而升为百户及各王府典仗，择年深者为之。其余有阙，则依例佥充。至是，隶仪鸾司。以数少，持诏募民为之。后罢仪鸾司，置锦衣卫；罢旗手千户所，置旗手卫。校尉隶锦衣，力士隶旗手。②

由仪鸾司官员负责召募校尉，说明至迟到洪武十二年，明廷已经完成仪鸾司和拱卫司的职能整合。可见，明廷在亲军都尉府成立之际即把仪鸾司置于其下，早就有合并两个机构的目的。洪武四年

---

① 《明太祖实录》卷一二四，洪武十二年四月戊午条，第 1990 页。
② 《明太祖实录》卷一二四，洪武十二年四月戊午条，第 1990—1991 页。

将仪鸾司升级为五品衙门，也是整合过程的一部分。

不过上面引用的这条史料有两点需要特别注意。一是陈忠的身份是仪鸾司典仗。按照明朝的制度设计，"仪鸾司设司仗，改亲王仪卫司司仗为典仗"①，典仗应该是亲王仪卫司属官，不是仪鸾司属员。受元朝怯薛制度影响，明代校尉的服侍对象不仅是皇帝，也包括亲王。亲王之国时，"例拨校尉六百名"②，设亲王仪卫司统率之。这些校尉要从皇帝的校尉中划拨。如宣德四年，明宣宗曾谕令兵部："曩分拨锦衣卫多余校尉于各王府，今后有告愿还原卫报效者，勿听。"③ 又如弘治七年，兵部奏准："比以雍王出府，奉旨于京卫拨仪卫司并群牧所随侍臣共二十七员，校尉六百名，军士一千一百名……先拨校尉三百名，暂令在京随侍，待之国时再行奏请，于本府附近卫分拨军士五百名补充群牧所之数，三百名改充仪卫司校尉之数。"④ 朱元璋有 26 个儿子，去掉太子朱标，如果每个之国的儿子都由仪鸾司足额拨给 600 名校尉的话，至少要 15000 名校尉。陈忠奉命到浙江召募校尉，正是因为"以数少，持诏募民为之"，估计是为部分亲王之国做准备。如前引史料所示，校尉的晋升是从小旗、总旗直至百户或典仗。陈忠的身份是典仗，估计前往浙江之前已经被调到某亲王仪卫司，他召募来的校尉事先可能已经有了具体的配给对象。

二是校尉原属于军队系统，从设总小旗、百户等各级职务来看，划归仪鸾司后，依然保持了军事化的编制，这和仪鸾司主官大使、副使"冠文冠"⑤，属文官系统依旧不是很匹配。仪鸾司司仗，明初"秩比百户"，是正六品。洪武四年和王府仪卫司作区分后，典仗升

① 《明太祖实录》卷六十，洪武四年正月庚寅条，第 1172 页。

② （明）项笃寿：《题为比例折解班银以苏民困事》，见氏著《小司马奏草》卷一，续修四库全书丛书影印本，上海古籍出版社 2002 年版，第 522 页。

③ 《明宣宗实录》卷五四，宣德四年五月壬戌条，第 1296 页。

④ 《明孝宗实录》卷九三，弘治七年十月壬戌条，第 1704 页。

⑤ （明）王世贞：《锦衣志》，第 283 页。

格为从五品①。按理，原来同级别的司仗应该也上升到从五品。这样，司仗就和仪鸾司副使平级了。虽然在体统上并没有超越大使，但在明初重武轻文的大背景下，仪鸾司大使要正常履行职责，势必要面对很多意想不到的困难。另外，皇帝的校尉远多于亲王，仅仅设几个百户、司仗，很难有效管束，客观上需要更高层级的军官来主持日常事务。

亲军都尉府的级别和属下军士数量不匹配，仪鸾司长官和属下校尉不属于一个系统、品级缺乏足够权威，这种种现实的缺陷预示着明朝的禁卫系统仍将迎来新的调整。

洪武十三年，胡惟庸案爆发，对朱元璋产生极大的刺激，明廷开始大幅度调整政治体制。在先后宣布废除宰相制度、大都督府一分为五的同时，朱元璋宣布各卫指挥使司降半级，"皆为从三品，都指挥使司正三品"，同时恢复设立亲军卫，"以金吾、羽林、虎贲、府军等十卫职掌守卫宫禁。凡有支请，径行六部，不隶五军"②。从1364年废置金吾侍卫亲军都护府开始，历经大约17年时间，朱元璋终于又重新掌握了一支直属于自己的禁卫部队。

亲军卫脱离都督府管辖，原本隶属大都督府的亲军都尉府自然更要有所变动。洪武十五年三月，朱元璋宣布"改仪鸾司为锦衣卫，秩从三品"②。这里没提及都尉府，估计此前已经撤并。为体现锦衣卫的特殊地位，洪武十七年三月，"改锦衣卫指挥使司为正三品"④，高于其他卫指挥使。至此，居亲军卫之首，对明朝历史有着深远影响的锦衣卫制度正式登上历史舞台。

锦衣卫成立后，禁卫机构地位不突出，文、武官混置的弊病不复存在，不过原有体制下遗留的问题并没有一次性解决。第一，校尉群体在拱卫司撤销后已并入仪鸾司管辖，致使仪鸾司的仪仗队伍

---

①　（清）张廷玉等：《明史》卷七六《职官五》，中华书局1976年标点本，第1865页。
②　《明太祖实录》卷一二九，洪武十三年正月甲辰条，第2054页。
③　《明太祖实录》卷一四四，洪武十五年四月乙未条，第2266页。
④　《明太祖实录》卷一六〇，洪武十七年三月己卯条，第2486页。

规模、使用范围大大扩张，并入锦衣卫后，仪仗队伍彻底脱离文官系统，但在卫所体制下，并没有一个合适的下属机构来接管这一职能。第二，校尉群体原本是独立存在的，锦衣卫成立后，首先要履行的是以禁卫为主的军事职能，和校尉的职责有明显的差别，怎么协调二者的关系也是个不大不小的问题。

三　十四所还是十八所？

按照《实录》的记载，锦衣卫成立之初，"其属有御椅、扇手、擎盖、旛幢、斧钺、銮舆、驯马七司，秩皆正六品"①。从名称上看，御椅、扇手等七司执行的无疑是仪仗职能。洪武三十年，朱元璋下令"置锦衣卫前千户所十司。曰銮舆、曰擎盖、曰扇手、曰旌节、曰幡幢、曰班剑、曰斧钺、曰戈戟、曰弓矢、曰驯马"②。对比可知，銮舆、扇手、擎盖、斧钺、驯马五个司没有变动，增设了旌节、班剑、戈戟、弓矢四司，"幡幢"与"旛幢"相比，音同字不同，从《大明会典》等史籍均写作"旛幢"来看，应是《实录》在传抄过程中产生的讹误，御椅司则完全不见了踪影。从正德《大明会典》的具体记载来看，锦衣卫下属五所，"各所官分领军士与诸卫同，而各所又分十司，统领校尉，掌卤簿仪仗及值驾、拿人、直宿等事"③，可见，在锦衣卫设立之初，明廷已经决定在卫下五个千户所内单设若干专职履行仪仗职能的司，以承接仪鸾司的职能，这些司的成员依旧是校尉，洪武三十年的变化，只是这几个司职能的细化和调整。

上文提到，明朝的亲王之国时，所属仪卫司要由中央划拨600名校尉。校尉还不时用于其他环节。如洪武二十七年，"命韩王松、沈王模往省秦王、晋王、今上、周王、齐王……二王之行，从官各

---

① 《明太祖实录》卷一四四，洪武十五年四月乙未条，第2266页。
② 《明太祖实录》卷二五〇，洪武三十年三月壬子条，第3627页。
③ 正德《大明会典》卷一八〇《上二十二卫·锦衣卫》，景印文渊阁四库全书本，台湾商务印书馆1986年版，第759页。

十一人……百户二员，率校尉二百人扈从"①。不仅亲王需要校尉，作为亲王子嗣的郡王也享有配给校尉的待遇。如永乐帝取得地位不久，即"选校尉五千于江西，补各郡王从人之缺"②。永乐四年，"命兵部给秦府兴平、永寿二郡王各典仗一员、校尉一百名。今后给郡王典仗、校尉悉循此例"③。因为所需数量众多，亲郡王之国、受封时间又不相同，皇帝的校尉队伍常常处于不足用状态，以至于明廷要不时从民间选拔校尉。这在个案资料中有诸多反映。如顺天府宛平人刘宽，"（洪武）四年取充校尉"④；直隶吴县人朱颙，"（洪武）十八年充南京锦衣卫校尉，随侍蜀府，充仪卫司典仗所小旗"⑤；四川安岳县人陈赵保，"（洪武）十八年充校尉，二十一年拨蜀王仪卫司典仗所，充小旗"⑥，等等。

在校尉之外，明廷还曾从民间大量选拔力士。"较（校）尉、力士，皆择四方绝技绝力者充之"⑦。地方官选拔不力，要受惩罚。如洪武十五年，"上海知县王瑛以选力士不称旨，刑官以欺诳不敬论之。给事中刘递驳以为贡举非人，律有定条。选力士不称而坐以不敬，太重，不当律意。上是其言……于是瑛得从轻论"⑧。

"校尉、力士之设，佥民间丁壮无疾病过犯者为之。力士隶旗手千户所，专领金鼓旗帜，随驾出入及守卫四门……后罢仪鸾司，置锦衣卫；罢旗手千户所，置旗手卫。校尉隶锦衣，力士隶旗手"⑨，力士的组织方式大体与校尉相同，也是军事编制，只是力士明确负

---

① 《明太祖实录》卷二三二，洪武二十七年三月甲寅条，第3390—3391页。
② 《明太宗实录》卷一四，洪武三十五年十一月癸巳条，第259页。
③ 《明太宗实录》卷五三，永乐四年四月戊寅条，第793页。
④ 《镇番卫选簿》，《中国明朝档案总汇》第57册，广西师范大学出版社2001年版，第172页。
⑤ 《成都左护卫选簿》，《中国明朝档案总汇》第57册，第233页。
⑥ 《成都左护卫选簿》，第275页。
⑦ （明）陆世仪：《禁卫议》，见（明）冯梦龙《甲申纪事》卷十二，中国野史集成丛书影印本，第331页。
⑧ 《明太祖实录》卷一四四，洪武十五年四月戊戌条，第2267页。
⑨ 《明太祖实录》卷一二四，洪武十二年四月戊午条，第1990—1991页。

有随圣驾出行和守卫宫门的职责，禁卫军的色彩更浓一些。

从民间选取力士的例子在个案资料中大量存在。如山东莱芜人丘原，"洪武三年力士，十七年充小旗"①；河南确山县人侯显，"洪武十三年充仪鸾司力士"②；顺天府固安县人毕能，"洪武十三年本县举充力士赴京，拨前仪鸾司，升充小旗。后改锦衣卫"③；河南新野人赵忠，"（洪武）十三年举力士，拨羽林右卫。十七年选充锦衣卫后所小旗"④；山西忻州人马弘，"洪武十五年举充锦衣卫力士，选充小旗，升充总旗，十八年调成都中护卫"⑤；陕西甘泉县人王铭，"（洪武）十八年充锦衣卫力士，当年调成都左护卫中所军"⑥，等等。上述例子不仅显示明廷曾在民间广泛征召力士，而且锦衣卫成立之前的仪鸾司也统辖一部分力士，如侯显、毕能；力士不仅存在于锦衣、旗手二卫，在其他卫所中也存在，如羽林右卫的赵忠。

洪武十八年是入选力士大量到京的年份。当年六月，"天下府州县金民丁充力士者万四千二百余人至京。命增置锦衣卫中左、中右、中前、中后、中中、后后六千户所分领之。余以隶旗手卫"⑦。这一记载显示"力士隶旗手"仅仅是笼统的说法。由于是面向全国选拔，总量上自然难以控制。上述个案中的马弘、王铭在这一年被调往蜀府护卫，说明入选力士的数量已明显超过需求，即便增设了六个千户所，依然无法全部容纳，只能适当分流。

六个千户所的设置，是锦衣卫第一次大规模扩编。

关于锦衣卫的编制，史籍中主要有 14 个千户所和 18 个千户所两种说法。前者如万历《大明会典》：

---

①　《成都左护卫选簿》，第 246 页。

②　《成都左护卫选簿》，第 300 页。

③　《（南京）豹韬左卫选簿》，《中国明朝档案总汇》第 74 册，第 54 页。

④　《成都左护卫选簿》，第 222 页。

⑤　《成都左护卫选簿》，第 322 页。

⑥　《成都左护卫选簿》，第 278 页。

⑦　《明太祖实录》卷一七三，洪武十八年六月丙午条，第 2640 页。

（洪武）十五年，罢府及司，置锦衣卫，统军与诸卫同。所属有南北镇抚司、十四所。①

后者以王圻所著《续文献通考》为代表。该书提出"卫凡十八所"，并明确指出这十八所包括"锦衣中、左、右、前、后五所，领军士五所，各分銮舆、擎盖、扇子、旌节、幡幢、班剑、斧钺、戈戟、弓矢、驯马十司，分领将军、校尉。上中、上左、上右、上前、上后、中后、亲军，分领将军、力士、军匠。驯象所领象奴养象"②。

实际上，王圻所列锦衣卫下属各所在《大明会典》中也曾出现，为何总量上却不同呢？

如前所述，到洪武十八年时，锦衣卫已经下辖左、右、中、前、后五个千户所以及中左、中右、中前、中后、中中、后后六千户所，共计 11 个千户所。大象是古代皇家重大礼仪活动中必不可少的动物，在吴元年李善长等拟定的即位礼仪中已经出现。"虎、豹各二，驯象六，分左右"③。不过专职养象的驯象千户所成立较晚。史载，洪武二十四年三月，"置锦衣卫所属驯象、屯田、马军左右千户所"④。当年六月，又增设"锦衣卫马军前、后二千户所"⑤。

洪武年间锦衣卫存在专门的马军千户所，在个案资料中可以得到佐证。如直隶寿州人合宁，洪武二十四年"升锦衣卫马军前所副千户，当年授世袭"⑥。直隶怀远县人殷礼洪武二十五年六月承袭时，拨锦衣卫"管操小马军"⑦。不仅有专门的马军千户所，其他千户所中也有马军，如河南祥符县人孟智，洪武二十二年由羽林左卫右所

① 万历《大明会典》卷二二八《锦衣卫》，第 3002 页。

② （明）王圻：《续文献通考》卷九五《职官考·锦衣卫》，《续修四库全书》丛书，上海古籍出版社 2002 年影印本，第 590 页。文中的"扇子"，应为"扇手"之误。

③ 《明太祖实录》卷二八上，吴元年十二月辛酉条，第 435 页。

④ 《明太祖实录》卷二〇八，洪武二十四年三月辛丑条，第 3095 页。

⑤ 《明太祖实录》卷二〇九，洪武二十四年六月丁巳条，第 3110 页。

⑥ 《安东中护卫选簿》，《中国明朝档案总汇》第 56 册，第 354 页。

⑦ 《锦衣卫选簿》，《中国明朝档案总汇》第 49 册，第 225 页。

调升"锦衣卫中后所马军总旗"①，所以上述之殷礼未必隶属某个专职马军所。

为增强马军所的后勤自给能力，明廷还于洪武二十四年十一月命在京卫所设草场，"于是锦衣卫、旗手、虎贲左右……并府军中左右前后凡二十卫各置牧马草场于汤泉及滁州、全椒、贾涧诸处，以牧放焉"②。

明初定都南京，地处水乡，因而在京各卫大都设有水军千户所，锦衣卫也不例外。如直隶颍州人李青，"洪武元年归附，充颍州卫军，选充小旗，二十年升充锦衣卫水军所总旗"③。又如直隶和州人张福，"（洪武）二十三年调锦衣卫中前所，二十四年时除典仗，七月调本卫水军所管屯百户"④。

王圻《续文献通考》中提到的亲军千户所在个案资料中也有显示。如山东高苑人高成，洪武三年充青州卫军，二十六年正月选充锦衣卫带刀总旗，"四月除锦衣卫亲军所世袭百户"。其子高贵，洪武二十七年袭职，"仍锦衣卫亲军所世袭百户"⑤。按《实录》记载，洪武二十年，朱元璋曾"命锦衣卫选精锐力士五千六百人随驾"⑥。亲军所或与新增中左等六所雷同，是在这次精选力士的过程中创建的。

至于屯田所，在现存《（南京）锦衣卫选簿》中保留了大量屯田所官员的袭替资料⑦，可以证明其在明代始终存在。

可见，在洪武年间，锦衣卫下辖千户所有左右中前后五所，马军前后左右四所，中左、中前等六所，亲军所、水军所、屯田所、驯象所，共十九个千户所，既不是十四所，也不是十八所。考虑到

①　《（南京）锦衣卫选簿》，《中国明朝档案总汇》第 73 册，第 143 页。
②　《明太祖实录》卷二一四，洪武二十四年十一月己亥条，第 3159 页。
③　《天津右卫选簿》，《中国明朝档案总汇》第 68 册，第 25 页。
④　《安东中护卫选簿》，第 358 页。
⑤　《苏州卫选簿》，《中国明朝档案总汇》第 61 册，第 127 页。
⑥　《明太祖实录》卷一八六，洪武二十年十月丁卯条，第 2789 页。
⑦　参见《（南京）锦衣卫选簿》，第 146—174 页。

明成祖迁都北京时曾对亲军卫及京军做过较大幅度的调整，这两种说法指的应是迁都后的锦衣卫。

对比万历《大明会典》和王圻《续文献通考》可知，二者对锦衣卫存在左右中前后五所以及上中、上左、上右、上前、上后、中后、亲军所、驯象所等八所不存在争议，且均未再提及水军所、屯田所和马军四所。水军所和屯田所有相对固定的活动区域，没有随着迁都北上是可以理解的。马军四所的建制在现存《锦衣卫选簿》和《（南京）锦衣卫选簿》中都没有出现，应该是随着锦衣卫在迁都后职能有所调整而被裁撤掉了。

现在需要解决的问题是：第一，万历《大明会典》所说的十四所，缺的是哪一个所？第二，王圻所说十八所，另外五个所是哪些？第三，朱元璋在洪武十八年新设的中左、中右、中前、中后、中中、后后六所，只有中后所出现在北京，而《（南京）锦衣卫选簿》中仅出现了中左所，那中右、中前、中中、后后四个所哪儿去了？

查继佐在《罪惟录》中记述明宪宗朝的锦衣卫后，加了如下一段按语：

> 按：是时校尉五所，约八九千人。二十四监催事二百人。五城巡城五百人，东西厂共二百人，巡店三十人。其上直力士，五所将军，一所清军，所为达官是也。[1]

这段文字选自齐鲁书社的标点本《罪惟录》，但文义颇有些不通，笔者以为"其上直力士，五所将军，一所清军，所为达官是也"一句的标点应该改为"其上直力士五所，将军一所，清军所为达官是也"。

类似的记载另出现在明人陆钱所著《病逸漫记》中：

---

[1] （清）查继佐：《明书（罪惟录）》志卷二四《锦衣志》，齐鲁书社 2014 年标点本，第 976 页。

锦衣卫校尉五所，约八九千人。二十四监催事二百，五城巡城五百。东西厂共二百，朱指挥一百，袁指挥一百。巡店三十名。上直每番连官共五百二十。力士五所，将军一所，清军所达官。①

二者的文字大体一致，所以笔者以为个人对《罪惟录》标点的修改是说得通的。从这两处记载来看，不约而同地提到了一个将军所，一个清军所。明代安置到锦衣卫的达官，大多由镇抚司带管，如天顺元年，"迤北鞑靼奄克不花、塔歹乃、来忽来归，俱命为头目，隶锦衣卫镇抚司带管，给房屋、器物"②。正统元年，"汰锦衣卫带管官校。先是，有小技者及各王公主守庄墓者、四夷降附老弱者，皆于锦衣卫带俸。至是，行在户部奏：近制，事从搏节，此辈坐食，亦宜汰之。上令有技者自食其技，守庄墓者自食其力，四夷老弱就食于南京"③。在现存《锦衣卫选簿》中"镇抚司"项下的上百名达官资料也证明了这一点④。可见，并不存在一个独立的统辖达官的清军所。

至于将军所，锦衣卫的侍卫将军确实是集中管理和使用的，但从未单独成立千户所⑤，在《大明会典》中也没有相关记载。不过万历年间成书的《大明一统文武诸司衙门官制》中也提到了将军所⑥。按照四库馆臣的分析，该书"因照《会典》、《一统志》及现行事宜采辑成编，以广其传。末署'新喻县丞陶承庆校正，庐陵县末学叶时用增补'，乃江西书贾刊行之本也。所列官制，大抵以万历

　① （明）陆钎：《病逸漫记》，《中华野史》丛书"明朝卷一"，泰山出版社2000年版，第354页。

　② 《明英宗实录》卷二八四，天顺元年十一月壬戌条，第6083—6084页。

　③ 《明英宗实录》卷二一，正统元年八月辛卯条，第418页。

　④ 《锦衣卫选簿》，第305—495页。

　⑤ 详见本书第五章第一节。

　⑥ （明）陶承庆、叶时用：《大明一统文武诸司衙门官制》卷一，《四库全书存目》丛书，齐鲁书社1996年影印本，第21页。

初年为断"①。可见，在万历时代的明人眼中，将军所是一个客观的存在，或者说是一个约定俗成的说法。万历《大明会典》所记十四所，估计也是加进了将军所，但因其并未出现在官制体系中，《会典》编者才采用了这样含糊的处理方式。

上文中提到锦衣卫五所各有十司，每个司的长官"秩皆正六品"②，与百户相同，因而"十司者，即十百户所司"③。按照明代的卫所编制，十个百户所已经等同于一个千户所。由于这十个司承接的是原仪鸾司的职能，统辖的也是不同于一般军士的校尉，将其附在锦衣左右等五个千户所之下，在管理上有很多不便。上引《罪惟录》《病逸漫记》等史籍中都提到"校尉五所"，似乎在明中叶这些原本处于挂靠状态的十个司已经分别单独立所。为表述方便，这里先罗列几条个案资料。

①梁暄，静海县人……（永乐）二十□年，调锦衣卫锦衣中所（正千户）。④

②倪旻，仁和县人。父倪璋，成化六年充锦衣卫左所銮舆司校尉，七年故。⑤

③（河南遂平人）王信，洪武十八年本县以力士保送赴京，拨锦衣卫左所……充总旗。三十五年，以年深，除锦衣卫衣中所扇手司百户。⑥

④吴二，合肥县人，系御用监太监王瑾下家人，正统十三年福建征剿贼寇……景泰元年升总旗，锦衣卫衣中所旌节司带管食粮。⑦

---

① （明）陶承庆、叶时用：《大明一统文武诸司衙门官制》附录，第 156 页。
② 《明太祖实录》卷一四四，洪武十五年四月乙未条，第 2266 页。
③ （明）王圻：《续文献通考》卷一六二《兵考·禁卫兵》，第 229 页。
④ 《锦衣卫选簿》，第 169 页。
⑤ 《锦衣卫选簿》，第 369 页。
⑥ 《锦衣卫选簿》，第 288 页。
⑦ 《锦衣卫选簿》，第 287 页。

⑤正德十三年四月，陆锦，年三十二岁，大兴县人，系锦衣卫锦衣中所擎盖司冠带舍人，山东、河南军前卫执旗牌，升冠带总旗。①

例②显示至少在成化年间，锦衣卫初建时的五所中仍有校尉存在，例③、④、⑤中提到的扇手司、旌节司、擎盖司等都隶属于衣中所这个洪武年间未曾出现过的千户所，例①和例⑤在言及梁暄或陆锦身份时，都明确说是锦衣卫锦衣中所，梁暄还是正千户，如果两人隶属于锦衣卫中所，有必要用"锦衣卫锦衣中所"这么复杂、啰唆的称谓吗？唯一合理的解释是这个锦衣中所是一个有着正千户主官的新的千户所。而该所存在扇手司、擎盖司等十司则说明该所脱胎于原来挂靠的十司，即锦衣卫锦衣中所是由原锦衣卫中所所属十司合并组建的。校尉们主要承担礼仪性工作，服饰自然与普通士兵有别，因而称为"锦衣×所"，"衣×所"则是其简称。这从明代档案中也可以得到证明。崇祯三年三月初四，北镇抚司呈报了一份立功应升级人员的名单，其中包括"傅作揆，系衣右所旌节司总旗。徐文燿，系衣右所旛幢司力士。顾发德，系衣后所戈戟司力士。黄印，系上右所力士"②。衣右所、衣后所和上右所并列，说明它们是独立的千户所。

在《大明一统文武诸司衙门官制》中，锦衣卫的下属机构，作者先后罗列了"经历司、镇抚司、左右中前后千户所、亲军千户所、中后千户所、锦衣左右中前后五千户所"③，可见锦衣左右等五所确实和左右等五所已经脱钩，而前面罗列的例子①、③则显示至迟到永乐年间锦衣五所已经是客观存在。其实万历《大明会典》中也罗列了这五个所，但为什么没有计算到十四所内，原因尚不明了。朱

<hr />

① 《锦衣卫选簿》，第 252 页。

② 《锦衣卫北镇抚司为开送傅作揆等应升官员名单事手本》，《中国明朝档案总汇》第 7 册，第 57—58 页。

③ （明）陶承庆、叶时用：《大明一统文武诸司衙门官制》卷一，第 21 页。

元璋在《祖训》中有"后世有言更祖制者，以奸臣论"① 的规定，锦衣五所在洪武年间并不存在，或许是这一祖训限制了《会典》编者的手脚。相比之下，王圻的《续文献通考》是私家著述，并不受体制限制，反而自由得多。加上这五个所，正好是十八个。

如前文所述，锦衣五所统率的是校尉，中左所等七所统率的是力士，但明后期的档案显示，锦衣五所中也出现了力士。比如崇祯三年三月十一日成文的《锦衣卫经历司为有功官旗遵例三年升叙事手本》中提到如下人员：

> 李培寅，系衣中所正千户；
> 曹邦济，系衣中所銮舆司实授百户；
> 宋尊陞，系衣左所正千户。
> ……
> 吴朝卿，系衣中所銮舆司卫尉；
> 冯镇，系衣中所擎盖司卫尉；
> 王汝第，系衣右所驯马司卫尉；
> 王应举，系衣右所扇手司力士；
> 殷仲魁，系衣中所銮舆司力士。②

因为天启皇帝的名字是朱由校，为避讳，崇祯年间的校尉改称卫尉，不便改称时则将"校"书写为"较"。这一档案中的王汝第、王应举一个是校尉，一个是力士，但同时服役于衣右所，吴朝卿、冯镇、殷仲魁则同时出现在衣中所，证明锦衣五所已经是校尉和力士并存。李培寅、宋尊陞等正千户的存在则进一步证明锦衣五所已经独立。

校尉和力士虽然承担的职责类似，但存在等级上的差异。如嘉

---

① （清）张廷玉等：《明史》卷三《太祖本纪三》，洪武二十八年九月庚戌条，第53页。
② 《锦衣卫经历司为有功官旗遵例三年升叙事手本》，《中国明朝档案总汇》第7册，第103—105页。

靖二十四年，明廷规定"选退将军儿男，查系应役十年以上者，许充校尉。不及年分者，止与力士。著为定规"①。万历二年修改制度，规定"锦衣卫将军千百户，侍卫三十年以上者，儿男许替冠带总旗。将军侍卫二十年以上者，许替校尉。二十年以下者，止与力士。俱止准一辈。其应役三年五年，照旧查革。永行遵守"②。从上述规定可以看出，力士的地位低于校尉。也正因为有这样的差异，明后期才会出现把调所作为一种奖励的现象。如万历三十四年，"上徽号礼成"，明廷下诏，宣布"东宫直宿巡缉旗校量照舍人例，给以冠带。如原系后七所者，量改前五所"③。天启三年，为庆祝皇子诞生，明廷也曾奖励东宫直宿、巡缉旗尉，"量炤舍人例，给以冠带，如原系后七所者，量改前五所"④。后七所指的是上中、上左、中后、亲军等主要由力士组成的所，前五所无疑指的是锦衣五所。

其实，不仅各千户所之间有客观上的等级差异，即便是十司之间也有不同，"仪銮上五司尤亲而重之，盖其为上殿司，弓箭而下则已略云"⑤。

上中、上左等所在诏书被称为后七所，在《客窗偶谈》等笔记史料中一般称为"上七所"⑥。永乐迁都时，并没有把当时驻扎在南京的亲军卫所全部北迁，而是各抽调了一部分到北京。与明初曾大规模整体规划建设南京城不同，北京城的街巷布局在元代已经大体固定，并不具备大规模拆建的条件，因而迁都后的各级政府机构只能见缝插针，分散布置，之所以只保留了中后所和亲军所的番号，把中左等五所改称上左、上右等五所，或许和这五个所的衙门迁都

---

① 万历《大明会典》卷一三四《兵部十七·将军营》，第1911页。
② 万历《大明会典》卷一三四《兵部十七·将军营》，第1911页。
③ 《明神宗实录》卷四一八，万历三十四年二月丁巳条，第7908页。
④ 《明熹宗实录》卷四〇，天启三年闰十月壬寅条，第2083页。"炤"本应为"照"，系避武宗朱厚照名讳而改。
⑤ （明）王圻：《续文献通考》卷一六二《兵考·禁卫兵》，第229页。
⑥ （清）陈僖：《客窗偶谈·锦衣卫》，见氏著《燕山草堂集》卷四，《四库未收书辑刊》丛书，北京出版社1998年影印本，第571页。

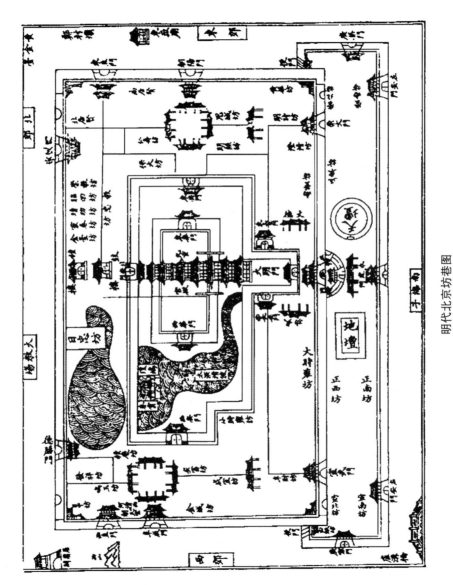

明代北京坊巷图

资料来源：选自（明）张爵：《京师五城坊巷胡同集》续修四库全书丛书处书影印本，第 179 页。

后设在锦衣卫衙署上方（即北方）有关。因为史料缺乏，暂时无法搞清楚各所衙署的准确位置，只能暂时存疑。

　　翻阅嘉靖年间成书的《京师五城坊巷胡同集》可知，锦衣卫的衙署设在正阳门内、大明门西侧的大时雍坊。该书中查到两个校尉营，一个在中城正阳门内、大明门东侧的澄清坊，一个在南城正南坊，总体上都处于皇宫正南方。该书中只提到一个力士营，在南城崇文门外、左安门内的崇南坊。校尉属于锦衣五所，力士基本在上左等七所。按理，校尉营和力士营的位置和相关千户所的衙署不会距离太远。据此推断，上左等七所的驻地较之锦衣五所，明显要远离锦衣卫的衙署，较之紫禁城，无疑更远一些。作为禁卫部门，是否靠近皇宫，和本部门的地位有直接关系，七所力士无疑愿意调到锦衣五所，明廷将调所作为一种奖励方式顺理成章。

结　语

　　作为九五至尊，皇帝的排场和保卫工作向来是重中之重。与前朝相比，朱明王朝经历了一个从仿效前朝分别设置专职机构到集中于一个部门的变化过程。朱明政权在初建过程中存在着表面政治宣传与实际主张不符的现象，禁卫体制的演化与这一现象搅和在一起，不免充斥着变数，但总体上是朝着化繁为简的方向运行，但也因此使作为多项职能整合成果的锦衣卫成为一个有史以来职能最为繁杂的禁卫部门。多重职能在短时间内的迅速集合预示着洪武十五年锦衣卫的成立并不是整合的终点，而是一个新的起点，十四所和十八所之争，并不是关键性的话题，未来的锦衣卫还会经历多重阵痛，并因此对明代历史的发展产生重要影响。

第二节　颇受诟病的皇城司
——锦衣卫制度的第一源头①

　　作为禁卫制度体系的核心组成部分，锦衣卫吸收了大量前朝制度的营养。这其中，对其影响最明显的无疑是宋代的皇城司制度和元代的怯薛及侍卫亲军制度。清人朱奇龄在批评明朝禁卫制度时曾提出"宜悉罢诸卫名目，略仿宋人皇城、殿前之制，立为二司，每司设兵二千五百人，以都指挥领之，仍分卫立所如前法，带领校尉、力士等若干名。皇城司以守卫皇城及巡警非常，殿前司以守卫宫城及侍从奔趋，番上宿卫。如此则职有专司，而兵无滥设矣"②。宋代负责守卫皇城、宫城的皇城司受到朱奇龄如此青睐，那么，锦衣卫制度对其有何借鉴呢？

　　据宋人林駉记述：

　　　　国朝有皇城司，有殿前司。皇城始于梁之乾化，国朝因其名，置亲从官数千人，入内内侍省都知与副同主判之。殿前司始于周世宗显德元年，国朝循其旧，有马军、步军，独殿前得统之。是故皇城一司，于内庭宿卫无不预者，而独宿直诸班禁卫，无所统摄。至亲从之官，复命武臣同主其事，又非专出于

---

　　① 目前宋史学界对皇城司的研究已经有很多成果，如（日本）佐伯富《论宋代的皇城司》（见《日本学者研究中国史论著选译》第五卷《五代宋元》，中华书局1993年版）；程民生：《北宋探事机构——皇城司》（《河南大学学报》1984年第4期。程民生另在朱绍侯主编，河南大学出版社1994年出版的《中国古代治安制度史》一书中分析了皇城司的治安职能）；赵雨乐：《试析宋代改武德司为皇城司的因由——唐宋之际武德使活动的初步探索》（见张其凡、陆勇强主编《宋代历史文化研究》，人民出版社2000年版）；范学辉：《从崩溃到重建：论宋太祖时期的武德司》（《郑州大学学报》2006年第5期）；等等。河南大学汪辉同学的硕士论文《两宋皇城司制度探析——以其探事职能的拓展及人员的管理为主》（2005年）亦以皇城司为研究对象。本书在撰写过程中对这些成果有不同程度的借鉴，恕不一一注明。

　　② （清）朱奇龄：《续文献通考补》卷三八《武备补一·亲军》，清抄本。

宦者之手。殿前一司虽统摄诸班禁卫，而皇城之司亦判然不相
关，亦汉南北军相统之意也。而皇城、殿前直相维持，寔是周
人之遗制，不特此尔。①

为防止出现晚唐、五代武将擅权现象，宋代将全国军队中的精
锐调至京城及周边地区，组成禁军，以守卫京师，兼备征戍。禁军
又分别由殿前司、侍卫亲军马军司和侍卫亲军步军司统领，合称
"三衙"。按林駉的说法，皇城司是与殿前司平行的机构，管辖内廷
宿卫，是专职保卫皇室的部队，与殿前司有相互制约的关系。皇城
司所部称为亲从官，由属于宦官系统的入内内侍省主官和外廷武官
共同统辖，估计暗含有避免晚唐宦官专权现象再现的目的。

宋仁宗时，名士张方平曾在奏疏中提到："国初循周制，置诸班
直，备爪牙士，属殿前司，又置亲从官，属皇城司。其宿卫之法，
殿外则相间设庐，更为防制，殿内则专用亲从，最为亲兵也。"② 这
一说法与林駉的记载大体一致。另外，宋人谢维新在《古今合璧事
类备要后集》中记载："皇城司亲从官数千人，乃命武臣二员，同两
都知主之，而殿前复不预，此祖宗处军政深意也。"③ 可见皇城司主
官共有四人，宦官和武将各二人。这一记载可以补林駉记述之不足。

宋朝皇帝出行时，禁卫部队大体呈环形配置，"凡五重：亲从官
为一重，宽衣天武官为一重，御龙弓箭直、弩直为一重，御龙骨朵
子直为一重，御龙直为一重"④。诸班直是宋朝禁军中最精锐的部队，
御龙弓箭直、御龙直等都属于诸班直，但在皇帝出行时却只能处于
第三到第五重，可见亲从官的地位远高于禁军。据此推断，亲从官

　　① （宋）林駉：《古今源流至论续集》卷一《卫兵下》，景印文渊阁四库全书本，台湾商务
印书馆 1986 年版，第 340 页。
　　② （宋）李焘：《续资治通鉴长编》（以下简称《长编》）卷一六三，庆历八年二月甲寅条，
中华书局 1979 年标点本，第 3927 页。
　　③ （宋）谢维新：《古今合璧事类备要后集》卷五二《环卫官门·干办皇城司》，景印文渊
阁四库全书本，第 184—185 页。
　　④ （宋）李焘：《长编》卷一一六，景祐二年四月辛巳条，第 2729 页。

的军事素质应该和诸班直接近。因此，皇城司所部虽然数量有限，但战斗力却在宋军中居于翘楚地位。

林駉说皇城司并非宋人首创，后梁时即存在。宋人高承在《事物纪原》中又称皇城司本名武德司，"太平兴国六年十一月，改武德司为皇城司"①，似乎皇城司和武德司之间又存在一定的继承关系。因此，在研讨皇城司之前，需要先将二者的关系理清楚。

一　从武德司到皇城司

林駉在《古今源流至论续集》中称"皇城始于梁之乾化"，依据是"五代梁乾化六年，诏曰：端门，正门也，宜以时开敞，夺阳气，委皇城使"②。这一记载存在问题，因为有史料表明皇城使一职至少中唐时期就已经出现了。《资治通鉴》胡三省注文中记载："唐开元以前，以城门郎掌皇城诸门开阖之节。中世之后，置皇城使。"③可见，唐代的皇城使主要掌管皇城的保卫工作。

唐代的宫城和皇城职能不同，前者是皇帝及其家人的居住地，后者是中央政府各部门的办公场所，因而皇城使保卫的是中央政府而不是皇室。五代时期各政权主要以汴梁为首都，宫城和皇城没有明显的分别，皇城使的职责因此逐渐从保卫中央政府转向保卫大内，上文中提到的后梁皇城使负责开闭端门，亦显示了这一点。因为职掌有变，皇城使因此不时被称为大内皇城使。如后唐天成元年（926 年）七月，"以捧圣严卫左厢马步军都指挥使李从璋领饶州刺史，充大内皇城使"④。名将李从璨也曾出任大内皇城使，后唐明宗李嗣源曾在诏书

①　（宋）高承：《事物纪原》卷六《东西使班部第二十九·皇城》，中华书局 1989 年点校本，第 297 页。

②　（宋）林駉：《古今源流至论续集》卷一《卫兵下》，第 340 页。

③　（宋）司马光：《资治通鉴》卷二二八，唐德宗建中四年十月庚戌条，胡三省注，中华书局 1956 年标点本，第 7356 页。

④　（宋）薛居正：《旧五代史》卷三六《唐书十二·明宗本纪二》，"天成元年七月辛巳条"，中华书局 1976 年标点本，第 503 页。

中明确提到"皇城使从璨，朕巡幸汴州，使警大内"①，可见，此时的皇城使已经成为皇室安全的主要负责人。《东京记》记载宋代的皇城司"掌皇城管钥、木契及命妇朝参显承殿内取索事"②。其中掌管宫门钥匙、宫门出入凭证这一项，显然是延续了前朝的旧有职责。

皇城使职责的变化虽然是首都城市格局变化的结果，但却与另一个岗位的职责发生了冲突，这就是武德使。据赵雨乐研究，武德使至少在唐肃宗时期就已经存在，是宦官使职的一种，初始时主要负责管理兵器库，后来随着宦官势力的坐大，逐渐成为宫中要职，手握重兵，统筹管辖宫城防务③。

五代时期的武德使依旧是皇帝的近臣，且仍负有保卫大内的职责，如后晋天福年间，"命皇子承训，武德使李晖大内巡检"④，但不再由宦官出任，如后唐武德使史彦琼，"以伶官得幸，帝待以腹心之任，都府之中，威福自我"⑤，后汉时的武德使李业则是太后的弟弟。

皇城使和武德使都负有保卫皇室的职责，且都是皇帝的心腹，不时由皇室成员或外戚出任，但地位不同。后晋时，大将焦继勋"授皇城兼宫苑使，迁武德使"⑥，可见武德使的地位高于皇城使⑦。

---

① （宋）薛居正：《旧五代史》卷五一《唐书二十七·宗室三·李从璨传》，第695页。

② （宋）高承：《事物纪原》卷六《皇城司》，第333页。

③ 参看赵雨乐《试析宋代改武德司为皇城司的因由——唐宋之际武德使活动的初步探索》，见张其凡、陆勇强主编《宋代历史文化研究》，人民出版社2000年版，第275—276页。

④ （宋）薛居正：《旧五代史》卷一〇〇《汉书二·高祖本纪下》"天福十二年夏五月甲午条"，第1331页。

⑤ （宋）薛居正：《旧五代史》卷三四《唐书十·庄宗本纪八》"同光四年二月丙申条"，第469页。

⑥ （元）脱脱等：《宋史》卷二六一《焦继勋传》，中华书局1977年标点本，第9042页。

⑦ （宋）薛居正：《旧五代史》卷一二九《李晖传》载：李晖因在后汉建国时立下大功，"授检校司徒、大内皇城使。未几，迁宣徽南院使"（第1701页），似乎皇城使可以越过武德使，直接晋升到宣徽使。同书卷一〇一《汉书三·隐帝本纪上》"乾祐元年四月甲辰条"亦载当日"以皇城使李晖为宣徽南院使"（第1347页）。另外，同书卷一〇〇《汉书二·高祖本纪下》"天福十二年夏五月甲午条"记载后晋时李晖已经是武德使。可见，李晖是由武德使晋升宣徽使的。李晖帮助刘知远称帝，不可能降级，本传的记载有误，不过不排除在后汉初，李晖以武德使兼任皇城使的可能。

皇城使和武德使的职能接近，为日后的合并提供了可能。另外，焦继勋以皇城使兼任内廷权力系统的宫苑使，显示此时的皇城使已经由中晚唐时期外廷武官系统转到以宫廷安全为主导的使职系统，皇帝的私属化色彩日渐浓重。

晚唐时，内廷使职大多是高级宦官的囊中物，笔者在现有史料中尚未发现五代时宦官出任皇城使的记录，但皇城使逐渐成为皇帝私属，客观上为宦官进入皇城系统提供了可能。这种可能在北宋初落到的实处。史载，宋太祖建隆三年（962 年），"遣皇城使窦思俨迎劳孟昶"①。这个窦思俨，"五代时为内侍，宋初皇城使"②。宦官出任皇城司长官，显示这一机构在北宋初已经彻底沦为为皇帝个人服务的机构。

在皇城司"沦落"的时候，原本出自宦官系统的武德司却迎来了自己的高光时刻。赵匡胤取得政权后不久，即任命幕府旧臣王仁瞻、刘知信先后为武德使。赵宋政权对军队的控制极为严格，赵匡胤称帝不久，即通过任命心腹赵普掌枢密院、"杯酒释兵权"等方式削弱军队对政府的影响，同时通过制度设计，在军队内部实行多层面的制衡。据范学辉研究，武德司在赵匡胤统治期间，一度拥有数万军队。宋太宗即位后，武德司的兵力虽然有所削减，但编制固定化，拥有亲从官五指挥和亲事官六指挥，总兵力在六千左右③。武德司"于内庭宿卫，无不预者，而独宿直诸班禁卫，无所统摄……殿前一司虽统摄诸班禁卫，而皇城之司亦判然不相关，亦汉南北军相统之意"，"此祖宗处军政深意也"④。

在拥有了可以与殿前司抗衡的兵力的同时，武德司的另一项职能更为人瞩目，这就是察事权。司马光在《论皇城司巡察亲事官札子》中曾提到"祖宗开基之始，人心未安，恐有大奸阴谋无状，所

① （元）脱脱等：《宋史》卷二《本纪·太祖二》"建隆三年二月甲辰条"，第 21 页。
② （元）脱脱等：《宋史》卷四六六《宦者一·窦神宝传》，第 13600 页。
③ 范学辉：《从崩溃到重建：论宋太祖时期的武德司》，《郑州大学学报》2006 年第 5 期。
④ （宋）林駉：《古今源流至论续集》卷一《卫兵下》，第 340 页。

以躬自选择左右亲信之人，周流民间，密行伺察。当是之时，万一有挟私诬枉者，则斧钺随之，是以此属皆知畏惧，莫敢为非"①。司马光针对的是皇城司探事军卒，但"祖宗开基之始"，包括太祖时期，因而"左右亲信之人"应涵盖武德司军卒。熙宁五年（1072年），宋神宗在和王安石等谈及皇城司探事军时曾称"此辈本令专探军中事，若军中但事严告捕之法，亦可以防变"②，太祖时期是防范军队再次左右政权更迭的关键时期，能执行刺探军中动静任务的非同样出身于军队的武德司军卒莫属。

在侦探军中动静的同时，赵匡胤把侦查的范围扩展到了民间。史载："上初临御，欲周知外事，令军校史珪博访。珪廉得数事，白于上，案验皆实，由是信之。"③ 这个史珪，估计也出自武德司。

确切记载武德司负有察事职责的是李焘。他在《长编》卷二十二中记载：

（太平兴国六年十一月）甲辰，改武德司为皇城司。上尝遣武德卒潜察远方事，有至汀州者，知州王嗣宗执而杖之，缚送阙下，因奏曰："陛下不委任天下贤俊，而猥信此辈为耳目，窃为陛下不取。"上大怒，遣使械嗣宗下吏削秩。既而怒解，嘉嗣宗直节，令迁其官。④

按照李焘的记载，宋太宗改武德司为皇城司似乎是因为武德司探事不得人心。其实，在两个机构合并之前，皇城司也曾受命出外执行察事任务。如太宗太平兴国二年（977年）：

① （宋）司马光：《论皇城司巡察亲事官札子》，见氏著《增广司马温公全集》卷七九，《宋集珍本丛刊》，线装书局2004年影印本，第737页。
② （宋）李焘：《长编》卷二四〇，熙宁五年十一月戊辰条，第5837页。
③ （宋）李焘：《长编》卷十五，开宝七年二月庚辰条，第316页。
④ （宋）李焘：《长编》卷二二，太平兴国六年十一月甲辰条，第504页。

自江南平，岁漕米数百万石给京师，增广仓舍，命常参官掌其出纳，内侍副之。上犹恐吏概量不平，遣皇城卒变服觇逻，于是廉得永丰仓持量者张遇等凡八辈受赇为奸……悉斩之。监仓右监门卫将军范从简等四人免官，同监内侍决杖。①

因此，武德司与皇城司的合并，根本原因还在于职能的重合。需要注意的是，太祖朝武德司的最后一任长官王继恩是宦官，只是他上任的时间是开宝九年（976 年）十月。没多久，赵匡胤即驾崩，王继恩转任永昌陵使，原武德使刘知信回到原任。太祖朝的武德司和皇城司先后出现宦官主官，在某种程度上既是中晚唐历史的延续，也为合并后的皇城司由宦官和武官共同管理提供了历史依据。

二 皇城司的察事职能

武德司改为皇城司后，原武德使刘知信成为首任皇城使。太平兴国七年（982 年）四月，刘知信晋升为右卫将军②。另据《宋太宗实录》记载，淳化三年（992 年）九月己未日，太宗"命皇城使王继恩召马步兵都虞候傅潜、殿前都指挥使戴兴等饮宴"③。可见，太祖朝的最后一任武德使、宦官出身的王继恩，也"回到"了皇城司。两位长官的回归，预示着武德司的原有职能不仅不会丧失，反而会在皇城司原有职能的基础上进一步发展和延伸，首当其冲的就是曾屡遭人诟病的察事职能。

（一）皇城司察事的范围与外在约束

探查军中事宜，防范军队叛乱是此前武德司的重要工作，皇城司继承了这一职能。北宋末年，金兵入侵，李纲受命前往御敌，皇帝特意派了"察视亲事官二十人，分在五军察视"。据李纲奏报：

---

① （宋）李焘：《长编》卷十八，太平兴国二年七月戊寅条，第408页。
② 事见《宋太宗实录》太平兴国七年四月乙丑条，见（宋）钱若水修，范学辉校注《宋太宗皇帝实录校注》"附录一·辑佚"，中华书局2012年版，第857页。
③ 《宋太宗实录》淳化三年九月己未条，同上书，第910页。

"今月二十二日，有中军察视亲事官闵义一名，饮酒至醉，将把门兵士刘兴趯打……臣为系御前差到之人，具所犯，送皇城司施行，谨具奏知。"皇帝批示："一面处斩，军中不可不肃，却待更差十人亲事官，去与卿使唤。今来有过，委卿一面断遣。"① 据此推断，皇城司察事官兵到军中执行察视任务应是常态化的工作，但并非没有任何约束，一样要遵守军纪，只是由于身份特殊，军中将领并没有直接处分的权力。闵义虽然被判了死刑，但皇帝随即又加派了十名亲事官到前线，说明即便大敌当前，察事工作依旧是皇帝倍加关注的事情。不过这十名察事军官抵达前线时，李纲的"左右军已差往河北，前后军已差往河东，见今中军已有先差到亲事官使之察视"，于是这十个人又以"别无使唤去处"的理由被送回了皇城司②。这一案例说明皇城司探查军中事务时在一定程度上需要军中将领的配合。

皇城司察事军卒的探查范围和武德司一样，并不局限于军队。"先是，每岁运江、淮米四百万斛以给京师，率用官钱僦牵船役夫，颇为劳扰。至是，每艘计其直给与舟人，俾自召募，事良便。既而舟数百艘留河津，月余不得去，上遣阁门卒侦之，计吏自言：有司除常载外，别科置皮革、赤㐆、铅锡、苏木等物，守藏者不即受故也。上大怒，诏书切责度支使，夺一月俸。"③ 这是皇城卒探查官员违规徇私的例子。

"故事，奉使契丹者，遣皇城卒二人与偕，察其举措，使者悉姑息以避中伤。（兵部员外郎刘）随前贺契丹母生辰，以病足痹，不能拜，为皇城卒所诬，有司劾奏夺一官，出知信州，徙宣州。"④ 天圣年间，"有沈吉者，告贾人张化等为契丹间谍"，被皇城司探事卒"捕系本司狱，所连逮甚众"⑤。契丹是北宋最大的外患。由皇城卒

---

① （宋）李纲：《奏知行遣亲事官札子》，见氏著《李忠定公奏议》卷一五，续修四库全书丛书影印本，第582页。

② （宋）李纲：《发回亲事官札子》，见氏著《李忠定公奏议》卷一五，第582页。

③ （宋）李焘：《长编》卷二四，太平兴国八年八月辛亥条，第551页。

④ （宋）李焘：《长编》卷一一四，景祐元年五月癸亥条，第2675页。

⑤ （宋）李焘：《长编》卷一〇三，天圣三年八月戊午条，第2387页。

监视出使官员，缉拿通敌百姓，说明对契丹的防范非常严密。

宋真宗大中祥符三年（1010 年）十月，"皇城司奏，察访御龙直班院副指挥使吕遇日暮醉归，马逸不能制，百姓石谦为马践伤。又言常时本班将士无故不出，今不能禁。上曰：可下开封府按问。因谓王旦等曰：禁军将士，无故不令出班，故每班置市买二人。太祖朝法令严肃，无敢犯者。太宗时稍从宽贷，亦安敢醉酒驰马！旦等言此皆骁勇之士，正当因事戒约。上然之"①。这里的皇城司又充当了宪兵的角色。

英宗治平四年（1067 年），因故出宫的宦官也被纳入察事卒的监督范围。当年六月，诏：

> 入内内侍省今后诸阁分阙使臣，选差谨畏有行止别无过犯者充，仍常切觉察及令开封府、皇城司察探。如有内臣于街市作过，即密具名闻。时侍御史吴申言：乞今后诸阁分祗应内臣并令入内省结罪保明，素有行止，别无过犯，方得差充，仍不得诸阁分指名勾唤及乞下开封府、皇城司常切觉察，应有内臣于街市作过，重行决配，庶使阉寺谨畏，宫闱清肃。因有是命。②

仁宗至和二年（1055 年），"群牧判官、祠部员外郎李寿朋知汝州，坐皇城卒报其游从不检也"③。李寿朋具体的违纪行为，史籍中记载的不是很明确，估计不是大事。不过在此前的大中祥符二年（1009 年）四月，真宗曾赏赐"金明池善泅军士缗钱"。

> 先是，每岁为竞船之戏，纵民游观者一月，车驾必临视之。

----

① （宋）李焘：《长编》卷七四，大中祥符三年十月条，第 1693 页。
② （清）徐松：《宋会要辑稿》"职官三六·入内内侍省"，中华书局 1957 年影印本，第 3079 页。
③ （宋）李焘：《长编》卷一八〇，至和二年六月庚寅条，第 4351 页。

时以酺宴方毕，罢亲幸，故有是赐，仍许群官游赏，御史台、皇城司不得察举。①

由此推断，官员的日常生活也在皇城司察事卒的察视范围内，李寿朋估计就倒在日常生活中的不检点上。

真宗大中祥符三年六月，"以多雨，遣皇城亲从卒八人分往畿县察视民田。还，言积潦广处至五十七步，而苗稼无所伤"②。英宗治平三年（1066 年），"皇城司尝捕销金衣送开封府"③。仁宗庆历五年（1045 年），"皇城司言：访闻在京诸色军人百姓等，讹言云道'四月不戴皂角牙，直到五月脚攞沙'，恐是不祥之言，乞行禁止。诏开封府严切禁止，如敢狂言，依法施行"④。这些是皇城卒访查民情、民间违法行为以及民间"恶俗"的例子。对于这类事务，很多官员颇为不屑。如真宗天禧元年（1017 年）八月，右正言鲁宗道进谏："皇城司每遣人伺察公事，民间细务，一例以闻，颇亦非便。"⑤ 南宋曹彦约在经筵进讲时也称"刺探外事，本非朝廷令典……里巷细务，虽不知，亦可也"⑥。不过，宋真宗对此的回答是"丛脞之事，多寝而不行，有司之职，亦不可不严也"⑦。可见，在皇帝眼中，皇城司监督百官及探察民风民情乃是职责所系。

皇城司作为文官监察系统之外的独立监察力量，在打击官员违纪方面也发挥了很大作用。试举几例。

开封民崔白，家京城，素无赖，凌胁群小，取财以致富。先有满子路者，强很任侠，名闻都下，赵谏以豪横伏法。白尝

---

① （宋）李焘：《长编》卷七十一，大中祥符二年四月丁亥条，第 1599 页。
② （宋）李焘：《长编》卷七三，大中祥符三年六月甲戌条，第 1676 页。
③ （宋）李焘：《长编》卷二〇八，治平三年九月乙丑条，第 5062 页。
④ （清）徐松辑：《宋会要辑稿》"刑法二"，庆历五年五月七日条，第 6509 页。
⑤ （宋）李焘：《长编》卷九〇，天禧元年八月庚辰条，第 2076 页。
⑥ （宋）曹彦约：《经帷管见》卷二，景印文渊阁四库全书本，第 42 页。
⑦ （宋）李焘：《长编》卷九〇，天禧元年八月庚辰条，第 2076 页。

谓人曰："满子路，吾之流辈也。赵谏，吾门人耳。余不足算也。"白与梁文尉邻居，欲强买其舍，文尉未之许，屡加诟辱。会文尉死，妻张与二子皆幼。白日遣人多掷瓦石以骇之，张不得已徙去，即以其舍求质钱百三十万，白因以九十万市之。张诉于府，白遂增钱三十万，因潜减赁课，以己仆为证，诣府讼张，且厚赂胥吏。白素与殿中丞、权大理少卿阎允恭善，遂祈允恭达其事于开封府判官、国子博士韩允。允坐张妄增屋课，杖之。白因大言，自衒于鄽市。皇城司兼知以闻，诏捕白付御史台，鞫问得实。己卯，允除名，授岳州文学；允恭除名，授复州文学；白决杖，配崖州牢城；白子端决杖，配江州本城，仍下诏戒谕都人。①

大理少卿、开封府推官都是司法系统的高级官员，如果没有皇城司的独立访查，张氏一家的冤屈估计很难昭雪。

元丰元年十月壬子，命权同判刑部员外郎吕孝廉，司勋员外郎、权大理少卿韩晋卿于同文馆置司，劾相国寺设粥院僧宗梵等事，令勾当御药院窦仕宣监之。以上批："宗梵缘其主僧行亲擅用官给常住粥钱，推其费钱之状，乃出前知祥符县孙纯借钱文字。案法，贷贷之人各合有罪，而主司以纯联近臣之亲，特为停抑其辞，仍累使人谕纯，止令私偿所负，可送无干碍官司根究。"先是，纯罢祥符县，得梓州路提举常平官，而行亲者，旧为纯主治田产，纯欲之新任，从行亲督钱，行亲自借常住钱百千给纯，而宗梵告行亲辄持百千出，疑有奸。权发遣开封府苏颂曰："宗梵告非干己事，不当治。钱隶常住，非官给，无贷贷法。"然纯闻事觉，即以钱偿行亲矣，宗梵坐决杖。或言纯乃颂女婿堂妹之子，颂故出纯罪，为皇城卒所告。上以为辇

毂之下，近臣敢以情势挠法，审如此，则不可不治，故有
是命。①

苏颂是北宋名臣，虽然孙纯未必真的有罪，但作为亲属，苏颂
应在本案中主动回避。他为孙纯做辩护，无疑是一个污点。皇城卒
予以揭发，没有不妥之处。

皇城司属下官兵虽然数以千计，察事卒的访查范围又非常宽泛，
但实际参与察事的士卒数量并不多。据《长编》记载：

> 先是，皇城司遣亲事卒四十人于京城伺察，月给缗钱，每
> 季代之。凡所察事，悉上本司，本司皆录奏。上虑其恐喝骚扰，
> 于是令枢密院条约之，自今非奸盗及民俗异事所由司不即擒捕
> 者，勿得以闻。②

可见，察事军卒不过40人。

宋真宗规范皇城司察事军卒的活动方式发生在大中祥符三年
（1010年）。在这之前的咸平六年（1003年），右谏议大夫田锡曾在
进言时提到"自来皇城司差人探事，又别差探皇城司，探事人如此
察探，京城民间事，事无巨细，皆达圣聪"③。由此可知，在察事卒
访查时，另有一支力量在监督他们的言行。只是这支力量的具体情
况，由于史籍中记载有限，暂时无法了解内中详情。不过有一部分
官员可以直接纠正或否决察事卒的不当行为，这就是司法官员。为
表述方便，这里先集中征引几条史料：

> ①（王）彬，固始人也。淳化中，为雍邱尉。皇城司阴遣
> 人下畿县刺事，多动民，令佐至与为宾主。彬至，捕鞫之，悉

---

① （宋）李焘：《长编》卷二九三，元丰元年十月壬子条，第7151页。
② （宋）李焘：《长编》卷七四，大中祥符三年八月庚午条，第1687页。
③ （宋）李焘：《长编》卷五五，咸平六年八月癸亥条，第1209页。

得所赂，致之法。自是，诏亲事卒无得出都城。①

②天圣三年八月戊午，东上阁门使、会州刺史王遵度领皇城司，遣卒刺事。有沈吉者，告贾人张化等为契丹间谍，即捕系本司狱，所连逮甚众。命殿中侍御史李纮覆讯，纮悉得其诬，抵沈吉罪……降遵度为曹州都监。②

③治平三年九月乙丑，皇城司尝捕销金衣送开封府，推官窦卞上殿请其狱。会有以内庭为言者，上疑之。卞曰："真宗禁销金自被廷始，今不正以法，无以示天下，且非祖宗立法禁之意。"……诏率如卞请。③

④初，相州有盗劫杀人，州处以死，大理寺以相州断是，刑部用新法引案，问减等，方争论不决，会皇城司奏狱事枉法者，以御史中丞邓润甫、监察御史上官均治其狱……④

⑤天圣三年八月辛酉，时有奸人伪为皇城司刺事卒，恐民以取赇者，权知开封府王臻募得其主名，鞫窜三十余人，都下肃然。⑤

⑥咸平五年五月庚戌，皇城司言亲从第二指挥使马翰称在京有群贼，愿自缉逐收捕。上谓辅臣曰："朕尹京日，闻翰以缉贼为名，乃有三害：都市豪民惧其纠察，常厚赂之，一也；每获贼赃，量以当死之数送官，余悉入己，且戒军巡吏不令穷究，二也；常畜无赖十余辈，俾之侦察，其扰人不下于翰，三也。顾其事未彰败，不欲去之。自今捕贼，止委开封府，勿使翰复预其事。"⑥

例①、例⑤和例⑥显示，皇城司亲卒探事有很大的弊病，但地

---

① （宋）李焘：《长编》卷九七，天禧五年二月戊辰条，第 2243 页。
② （宋）李焘：《长编》卷一〇三，第 2387 页。
③ （宋）李焘：《长编》卷二〇八，第 5062 页。
④ （宋）王偁：《东都事略》卷八〇《蔡确传》，齐鲁书社 2000 年版，第 675 页。
⑤ （宋）李焘：《长编》卷一〇三，第 2387 页。
⑥ （宋）李焘：《长编》卷五二，第 1133 页。

方官员有权予以约束和打击，如果有确切证据，甚至可以直接处治。皇帝对察事军卒也没有一味地偏袒，而是比较及时地调整了有关政策，至迟到真宗年间，皇城司已经不再拥有缉捕盗贼，即参与京城治安管理的权力。例⑤中知开封府王臻处治的对象虽然是冒牌察事卒，但如果抓获的是真正的察事官兵，至少也会被弹劾。例②、例③和例④则显示皇城司虽然有自己的监狱，但并没有审理权，更没有判决权。抓获的嫌疑犯需送到开封府或御史台等部门审讯，如果最后证明抓捕错误，察事卒及其长官还要承担责任，受到处分。这在相当程度上可以避免皇城司滥用察事权。

（二）皇城司察事的弊端

尽管人数不多，且有诸多制度约束，但皇城司的察事毕竟是独立于文官系统之外的一支力量，加之是皇帝的心腹，拥有较多的政治资源，因而不可避免地会出现滥用权力的现象。仁宗庆历八年（1048年）正月，有臣僚进谏："皇城司在内中最为繁剧，祖宗任为耳目之司，勾当官四员，多差亲信有心力人。近年员数倍多，并不选擢。乞今后只差四员，选经历有心力沈厚之人勾当。更不许人指射陈乞。如违，并以违制论。"① 皇城司勾当官出现主动陈乞以及超编现象说明宋廷对皇城司的制度约束已经开始弱化。与之相对应地，势必就是滥权现象的增加。

1. 察事卒滥权谋私

察事卒大权在握，难免会有不逞之徒趁机谋取私利。早在宋初真宗时期，就已发生过察事卒勾结市井流氓敲诈勒索百姓的事件。天禧四年（1020年），

　　　　开封民董德昌并其子利用杖脊、黥面，配沙门岛，遇赦不还。其女决杖，配相州。亲事卒游斌、朱进等决杖，配潭、泉、澧、鼎州……德昌、利用素无赖，结皇城司巡察亲事卒，伺人

---

① （宋）李焘：《长编》卷一六二，庆历八年正月条，第3913页。

阴事，诈欺取财，京城民庶重足累服，至有"小虫"、"大虫"之号。①

神宗时期，"皇城司亲事官奏报有百姓杀人，私用钱物休和，事下开封府推鞫，皆无事实，欲勾元初巡察人照勘，其皇城司庇护，不肯交付"，逼得时任御史中丞的司马光上书皇帝，才将诬陷良民的"亲事官决杖，配下军"②。亲事官"妄执平民，加之死罪"，显然是为了私利。

仁宗时，盐铁副使陈贯得罪了属下奸猾胥吏，遭其暗算，诬陷他逼迫属下卖孩子筹钱宴客，"结皇城司密逻，俾潜以闻"③，致使陈贯被贬为刑部郎中，出知相州，这还是"赖宰臣辨解"，不然结果会更糟糕。察事卒徇私严重到可以左右朝中官员去留的地步，可见危害之大。前文中提到了大量京城无赖假冒察事卒害人的现象正是在正牌察事军卒以权谋私现象日渐严重背景下产生的。

2. 宦官势力滥用察事权

宋代惩前代之弊，严格限制宦官的使用，但宦官主持军务的恶习却没有被完全剔除，在一定范围内保留了下来，从宋初的王继恩、窦神兴、窦神宝等，到北宋末的童贯，宦官掌兵的现象层出不穷，皇城司由外廷武官和宦官共同主持也是宦官参与军务的表现之一。

为避免五代军阀擅权乱象再现，宋朝政府对武官群体持明显的不信任态度，严格限制兵权。宦官作为皇权塔尖上的奴仆，比较容易成为皇帝的心腹，受信任程度反而高于武官。这估计是宋代宦官延续了晚唐宦官掌握部分兵权现象的原因之一。但身体的畸形，难免会带来心理的变化，故很多宦官对财富的贪欲极为强烈。权力广泛的皇城司，不免因此成为其谋利的工具。

---

① （宋）李焘：《长编》卷九六，天禧四年闰十二月辛未条，第2232页。
② （宋）司马光：《论皇城司巡察亲事官札子》，见氏著《增广司马温公全集》卷七九，第737页。
③ （宋）李焘：《长编》卷一二〇，景佑四年五月壬寅条，第2830页。

元丰六年（1083 年），入内内侍省东头供奉官甘师颜被除名，"坐私使钩容直兵、皇城司亲事卒也"①。其实，宦官首领私自调用皇城司军卒的行为在很早以前即已出现，如仁宗嘉祐年间，左骐骥使、入内都知史志聪因为"市后苑枯木，私役亲从官。木仆，折足而死"②，遭到殿中侍御史韩缜的弹劾。史志聪因此罢职。

入内内侍省是最接近皇帝的宦官机构，皇城司的四名勾当官，有两个由入内内侍省的都知兼任。由于接近皇帝，这两个都知的权力实际上高于另两个外廷武官出身的勾当官。都知公然侵害属下军卒的利益，只会损害皇城司的正常运行。

私役军卒还只是侵犯皇城司本身的利益，更有甚者，借管理国家仓储的机会，公然贪腐。如大中祥符五年（1012 年）十一月，"诏入内内侍省遣亲事卒伺察仓廪，因缘乞取财物者，令开封府捕劾痛惩之"③。次年正月，真宗又下诏："如闻入内内侍省遣亲事卒于京城察事，因缘骚扰，并止绝之。"④

仁宗朝，"从贾昌朝议，置五辅郡，属畿内，号为拱辅京师。而论者谓宦官谋广亲事、亲从兵，欲取京畿财赋赡之，因以收事柄"⑤，御史范师道等极力反对，仁宗这才下诏裁撤京畿转运使及提点刑狱，恢复旧制。陈、许等州县划归京城直管，一方面扩大了皇城司的活动范围，一方面增加了财源。如果没有这些好处，宦官们想必不会有此动议。

其实，宦官主持的察事不仅干扰了京城民众的正常生活，还直接威胁到大宋朝廷的统治根基，在统治集团内部制造了大量混乱。真宗天禧年间，"（入内副都知张）继能主往来国信，有国信司吏陈诚者，颇巧黠，继能欲援置群牧司，而诚先隶群牧，坐事停职。至

---

① （宋）李焘：《长编》卷三三六，元丰六年闰六月己卯条，第 8093 页。
② （宋）李焘：《长编》卷一九五，嘉祐六年十一月庚申条，第 4730 页。
③ （宋）李焘：《长编》卷七九，大中祥符五年十一月癸卯条，第 1804 页。
④ （宋）李焘：《长编》卷八〇，大中祥符六年正月庚子条，第 1814 页。
⑤ （宋）李焘：《长编》卷一八一，至和二年十月己丑条，第 4378 页。

是，群牧吏左宗抉其宿负，白制置使曹利用，故诚不遂所求。继能怒宗之沮己，密遣亲事卒侦宗。会宗弟元丧妻，宗尝为假教骏军校马送葬，及还，元抵饮肆，与酒保相殴，系府中，而假马事未发。诚即白继能，请属府并劾之"①。时任知开封府的乐黄目受张继能嘱托，准备锻炼成狱。好在群牧副使杨崇勋及时出面，才救下左宗。张继能和乐黄目因此被降职。

并非所有人都有左宗这样的好运气，秘书丞、知陈留县王冲即是例证。"初，内臣罗崇勋就县请官田不得，使皇城卒虚告冲市物有剩利事，太后令崇勋劾，冲不能自明"②，结果被发配到雷州编管。

类似的恶行到南宋时期依然存在。如左朝请大夫孙畋在任时，"中贵人诣公请事，公不答。俄领皇城司嗾逻卒，摘县吏之受赇者以闻，欲并诏送廷尉，卒不得公毫毛罪"③。

北宋时期，最招人愤恨的内都知是神宗元丰年间的石得一。名臣刘挚将他列为四害之一：

> 夫皇城司之有探逻也，本欲周知军事之机密，与夫大奸恶之隐匿者。而得一恣残刻之资，为罗织之事，纵遣伺察者，所在棋布，张穽而设网，家至而户到，以无为有，以虚为实，上之朝士大夫，下之富家小户，飞语朝上而暮入于缧绁矣。有司无古人持平守正之心，以谓是诏狱也，成之则有功，反之则有罪，故凌辱箠讯，惨毒备至，一无所问，而大小臣被其阴害，不可胜数。于是上下之人，其情惴惴，朝夕不敢自保，而相顾以目者殆十年，皆得一发之。④

---

①　（宋）李焘：《长编》卷九二，天禧二年八月乙卯条，第2124页。

②　（宋）李焘：《长编》卷一一〇，天圣九年四月己巳条，第2558页。

③　（宋）孙觌：《宋故左朝请大夫致仕孙公墓志铭》，见氏著《鸿庆居士集》卷三五，景印文渊阁四库全书本，第374页。

④　（宋）李焘：《长编》卷三七五，元祐元年四月乙巳条，第9107页。

皇城司严重干扰官民生活固然与宦官勾当官的政治品格有关，但与察事卒的考核方式也有一定的关联。史载，熙宁五年（1072年）十一月，

> 冯京言："皇城司近差探事人多，人情颇不安。"上曰："人数止如旧，探事亦不多，蓝元震又小心，缘都不敢乞取，故诸司不安。"佥言："外间以为若十日不探到事即决杖，故多揸撼细碎。"上曰："初无此处分。此辈本令专探军中事，若军中但事严告捕之法，亦可以防变。"安石曰："专令探军中事即无妨，若恃此辈伺察外事，恐不免作过。孙权、曹操用法至严，动辄诛杀，然用赵逹、吕壹之徒，皆能作奸乱政。陛下宽仁，不忍诛罚，焉能保此辈不作奸……细碎事纵不闻，何损于治体？欲闻细碎事，却致此辈作奸，即所损治体不细。"上以为然。①

可见，神宗时期曾规定察事卒每十天必须查探到一件不法事，否则要受杖刑，因此即便是口碑不错的蓝元震主持皇城司，也不免"揸撼细碎"。蓝元震之后勾当皇城司的苏利涉"循故事，厢卒逻报不皆以闻。后石得一代之，事无巨细悉以奏，往往有缘飞语受祸者，人始以利涉为贤"②。苏利涉能改弦更张，固然是为人宽厚的结果，但与神宗此前接受了王安石、冯京等人的谏言，应有一定的关系。

不过成也萧何，败也萧何，接替苏利涉，在元丰年间勾当皇城司的石得一能大行恐怖之道，和王安石同样有密切关系。

3. 权臣与察事权的下移

权相擅政是宋朝历史上的一个特殊现象，蔡京、秦桧、丁大全、史弥远、贾似道等都是著名的权相。王安石以富国强兵为目的，主持变法，虽然不能称为权相，但他为顺利推进改革，也采取了很多

---

① （宋）李焘：《长编》卷二四〇，熙宁五年十一月戊辰条，第5837—5838页。
② （元）脱脱等：《宋史》卷四六八《苏利涉传》，第13654页。

极端手段，其中之一就是利用皇城司的察事特权。

熙宁五年，有军士诋毁新法，"上欲得诋毁军士主名，枢密院谓责殿前、马、步三帅，安石请委皇城司。上曰：不如付之开封府"①。

《长编》的作者李焘在记录这件事时，特地在本条之下引用了一段林希《野史》中的文字：

> 初，司马光贻书王安石，阙下争传之。安石患之，凡传其书者，往往阴中以祸。民间又伪为光一书，诋安石尤甚，而其辞鄙俚。上闻之，谓左右曰："此决非光所为。"安石盛怒曰："此由光好传私书以买名，故致流俗亦效之，使新法沮格。异论纷然，皆光倡之。"即付狱穷治其所从得者，乃皇城使沈惟恭客孙杞所为。惟恭居常告杞时事，又语常涉乘舆，戏令杞为此书以资笑谑。狱具，法官坐惟恭等指斥乘舆，流海岛，杞弃市，以深禁民间私议己者。其后，探伺者分布都下。又明年，曾孝宽以修起居注侍上，因言民间往往有怨语，不可不禁。安石乃使皇城司遣人密伺于道，有语言戏笑及时事者，皆付之狱。上度其本非邪谋，多宽释之。保甲民有为匿名书揭于木杪，言今不聊生，当速求自全之计，期诉于朝。安石大怒，乃出钱五百千，以捕为书者。既而村民有偶语者曰："农事方兴，而驱我阅武，非斩王相公辈不能休息。"逻者得之付狱，安石以为匿名书者必此人也，使锻炼成狱。民不胜榜掠，而终不服。法官以诟骂大臣，坐徒三年。上笑曰："村民无知。"止令臀杖十七而已。开封挂官叶温叟在府不及一岁，凡治窃议时事及诟骂安石者三十余狱。②

王安石在林希的笔下颇为不堪，以至于李焘也不敢全信，只是

---

①　（宋）李焘：《长编》卷二二九，熙宁五年正月丁未条，第5580页。

②　（宋）李焘：《长编》卷二二九，熙宁五年正月丁未条，第5580—5581页。

说"须细考之"。在司马光的日记中，也曾记载熙宁五年正月"命皇城司卒七千余人巡察京城，谤议时政者收罪之"①。整个皇城司系统也不过六七千人，不可能全部派出察事，司马光的记录明显有问题，不过王安石主张用皇城司察事卒打击变法反对派一事应无疑议。

用高压手段推行新法，王安石无疑是开了一个恶例。史载，元符三年（1100 年）正月，"罢绍圣后八厢所增探事人"②。宋哲宗绍圣年间正是章惇等变法派陆续恢复新法的时期，这一时期新增的探事人员，不出意外，也是针对反对派而设。如果这个推断没有问题，说明利用皇城司察事权，通过高压打击反对派已经是变法派的惯用手段。

熙宁五年闰七月，王安石准备在河东地区推行保甲法，"皇城司察保丁以教阅不时及买弓箭、衣着劳费，往往讪訾"③，引起皇帝注意，下令开封府进行调查。王安石对此的回答是：

> 若论不易，则三丁、二丁各有不易者，然府界已累约束毋得抑勒买弓箭。向者冬阅及巡检下上番，惟就用官弓箭，不知百姓何故至于典作袄？又云六月使人教阅，条贯亦初无此，不知何故云尔，恐皇城探报与开封所劾情实未可知。盖陛下于所闻易知之事，尚多非实，则探报口语难辨之事，岂可必信？④

王安石的解释明显含有皇城司探报不实的意思。皇城司探事卒采集的信息完全不是变法派所需，甚至明显对立，说明王安石虽有心利用皇城司，但皇城司仍是皇帝手中的利器，是否配合变法派，仍取决于神宗的态度。估计是看到皇城司并不能为己所用，在前文中提到的冯京批评皇城司探事人过多时，王安石才没有站到皇帝一

---

① （宋）李焘：《长编》卷二二九，熙宁五年正月条，第 5583 页。
② （宋）李焘：《长编》卷五二〇，元符三年正月戊子条，第 12380 页。
③ （宋）李焘：《长编》卷二三六，熙宁五年闰七月辛酉条，第 5741 页。
④ （宋）李焘：《长编》卷二三六，熙宁五年闰七月辛酉条，第 5741 页。

边，反而附和冯京，反对滥用察事军卒。

王安石虽然不能掌控皇城司，但恶例一开，即难以收拾，到南宋时，皇城司察事卒几乎成了权相的私器。如秦桧掌权时，"命察事卒数百游市间，闻言其奸者，即捕送大理寺狱杀之。上书言朝政者，例贬万里外。日使士人歌诵太平中兴圣政之美，故言路绝矣"①。当时人批评说"皇城逻卒，旁午察事，甚于周之监谤"②。皇城司察事权由皇帝下移到权相手中几乎已成不可逆转之事。

需要说明的是，皇城司察事之所以能对宋廷的统治造成很大的伤害还与另一项特权有关。南宋高宗绍兴三年（1133 年），殿中侍御史常同进言：

> 皇城司顷以郓王提领，而不隶台察。阁门客省、四方馆以内侍邓文诰提举，而不隶台察。秘书省以新置，而不隶台察。若谓要近之司不当察，则三省、枢密院尚有分察之法，岂有官司在六部之下，而不隶台察之理？望复旧制。时阁门、皇城司皆援靖康诏旨，依祖宗法隶属中书省，而秘书省亦以未尝隶台察为言。同复奏御史台格吏察，三馆秘阁礼察，阁门客省、四方馆兵察，皇城司乃诏并隶台察。③

不过高宗的诏旨一出，干办皇城司冯益等马上提出反对意见："本司旧吏张祐等供，自祖宗至今，并无隶台察指挥。"④ 高宗随即撤回诏书，并御笔亲批：

> 皇城司系专一掌管禁庭出入，祖宗法不隶台察，已降指挥，

---

① （宋）李心传：《建炎以来系年要录》卷一六九，绍兴二十五年十月丙申条，中华书局1956 年标点本，第 2772 页。
② （元）脱脱等：《宋史》卷三〇七《王十朋传》，第 11884 页。
③ （宋）李心传：《建炎以来系年要录》卷七〇，绍兴三年十一月乙丑条，第 1181 页。
④ （宋）李心传：《建炎以来系年要录》卷七〇，绍兴三年十一月壬申条，第 1183 页。

更不施行。自今臣僚不得妄有陈请，更改祖宗法度。如违，重行黜责。①

可见，皇城司从设立伊始即不受御史台监察。拥有大权，却不受监察机关的制约，出现滥用权力，徇私非公等不良现象也就不足为奇了。

三　皇城司的禁卫职能

察事职能虽然恶名在外，但从察事卒不过 40 名可以看出，察事只是皇城司的附加职能，并非其本职。五代时期兵制的一大变化是皇帝的侍卫亲军转化为禁军，并一跃成为禁军中的主力。宋代，禁军成为国家军队系统中最主要的部队，虽然名义上仍然是"天子之卫兵"，但出于防范军阀作乱的需要，侍卫亲军马军司和侍卫亲军步军司虽然仍顶着"侍卫亲军"的名号，但其军事主官都指挥使的级别仅为正五品，远低于从后周时期地位开始不断跃升的从二品的殿前司都指挥使，另外过分庞大的数额也使侍卫亲军马、步二司所属部队失去了作为禁卫部队的可能，禁军中之"最亲近扈从者，号诸班直，其次总于御前忠佐军头司、皇城司、骐骥院。余皆以守京师、备征伐"②。御前忠佐军头司隶属于入内内侍省，负责便殿警卫等工作，骐骥院则负责牧养官马。

仁宗庆历年间，名士张方平曾提到"国初循周制，置诸班直备爪牙士，属殿前司，又置亲从官，属皇城司。其宿卫之法，殿外则相间设庐，更为防制，殿内则专用亲从，最为亲兵也"③，可见《宋史》作者称为"最亲近扈从"的诸班直隶属殿前司，但仅能在大殿外宿卫，大殿内的保卫工作则由皇城司承担。由此可见，真正承担皇室保卫工作的部门是殿前司诸班直、皇城司和御前忠佐军头司所

---

① （宋）李心传：《建炎以来系年要录》卷七〇，绍兴三年十一月壬申条，第 1183 页。
② （元）脱脱等：《宋史》卷一八七《兵一》，第 4570 页。
③ （宋）李焘：《长编》卷一六三，庆历八年二月甲寅条，第 3927 页。

属部队，这其中，负责殿内守卫工作的皇城司地位尤其重要。

皇城司的具体职掌，《宋史》作者将其归纳为"掌宫城出入之禁令，凡周庐宿卫之事、宫门启闭之节皆隶焉。每门给铜符二、铁牌一，左符留门，右符请钥，铁牌则请钥者自随，以时参验而启闭之。总亲从、亲事官名籍，辨其宿卫之地，以均其番直。人物伪冒不应法，则讥察以闻。凡臣僚朝觐，上下马有定所，自宰相、亲王以下，所带人从有定数，揭榜以止其喧哄"①。

对于出入宫门者，皇城司官兵要严格盘查，即便是皇帝出入，也需要查验勘契。

> 凡勘契，皇城司主之。契有左、右，各长尺有一，博二尺八寸，厚六分，以香檀木为之，刻鱼形，为凿柄，相合镂金为交文。凡左契，雄，刻云某门左，木契藏内中；右契，雌，刻云某门右，木契藏本司。皆金填字韬，以绛罗销金囊髹漆，匣中以帕褥覆籍。匣有衣，亦绛罗销金。本司勘契官二人，赞引声亲事官二十人，每车驾至门，勘契官执右契称门仗官来，前赞声官皆和应之。即奏云大内皇城司勘契官，具官臣姓名来。敕勘契。阁门使降左契，言准敕行勘。勘契官跪受左契，以左手持右契，以右手持所勘毕，奏云：内外契合。即问云从此北来者何人？阁门使答皇帝大驾。复问云是不是？赞声官齐言是。又问合不合？赞声官齐言合。又问同不同？赞声官齐言同。勘契官奏：某年月日，皇帝宿斋于某殿；某日出某门，诣某所行礼。右契留本司收掌。左契谨付阁门使奉进引声绝，赞声官并和，乃起居，三呼万岁毕，开门，车驾乃出。其还入门，即云行礼毕。若亲郊，出入朱雀门，亦并勘契如仪。②

---

① （元）脱脱等：《宋史》卷一六六《职官六》，第3932—3933页。
② （宋）欧阳修：《太常因革礼》卷二一《勘箭勘契》，续修四库全书丛书影印本，第432页。

这一制度虽然礼仪性质更浓，实际意义不大，但亦反映出宋廷对门禁制度非常重视。

勘契制度到南宋时发生了一些变化。高宗建炎三年（1129 年），皇城司守门官兵佩戴的铜符被改为虎符。"其制，以铜为之，长六寸，阔三寸，刻篆而中分之。以左契给诸路，右契藏之。"①

对于需要出入宫城的普通臣民，真宗景德二年（1005 年）十一月诏令：

> 今后差上番亲从亲事官，于未开内门前，于门外编栏。合入殿庭之人，先门道内守门，以次趋，朝官排马即于后排立，依次入门。若不系殿庭排立祗应人，须趋朝前入绝，方得放入。所有从内者，亦差补宿。亲从官约栏于门里空处，候入门人静，方得放出。即不得拥并占先奔走。②

对于不同人员进出哪个门，宋初规定得不是很详细。哲宗元符元年（1097 年）九月，对此进行了补充：

> 上批：在内诸门出入，如因人请纳官物、呈报公事、投送文字，并御厨、翰林、仪鸾司非次祗应，听于近便门出入。若不依所定门户出入者，并以阑入论。应差办人物入皇城内应奉者，并前一日具职次、姓名、人物数、合经由门，报皇城司。除军器头刃外，其依令合入及投送文书、请纳官物，谕在内诸司差人将带。头刃火烛往来别地分祗应，每前一日具姓名数及经历处所关皇城司。③

南宋时，对需要出入宫城的臣民实行门符制度。门符"以缯裹

---

① （元）脱脱等：《宋史》卷一五四《舆服六》，第 3597 页。
② （清）徐松辑：《宋会要辑稿》"职官三四"，第 3047 页。
③ （宋）李焘：《长编》卷五〇二，元符元年九月甲戌条，第 11966—11967 页。

纸版，谓之号，皇城司掌之"①，"凡四等，岁一易之。敕入禁卫，
三千道，黄绫、八角。入殿门，二千道，黄绢、方。入宫门，八千
道，黄绢、圆。入皇城门，三千道，黄绢、长。（绍兴）三年十一月
壬申，更宫门号，以绯红绢、方；皇城门，以绯红、绢圆。自后不
复易"②。

需要指出的是，并不是所有官兵都负有保卫职责。皇城司官兵
中实际承担保卫职责的是所谓的"亲从官"。神宗熙宁元年（1068
年），枢密院在奏报中曾提到"治平三年（1066 年）八月内，皇城
司亲从官四指挥，元额共二千二百七十人，今来见阙长行二百九十
六人，乞招填"③。另据《宋会要》记载，宋徽宗政和五年（1115
年）十一月，诏："皇城司亲从每遇大礼及行幸出郊，并在内诸门地
分。今阙人守把，止差亲事官充代廝役，可创置亲从第五指挥，以
七百人为额，仍以五尺九寸一分六厘为等。候来年八月等拣招填数
足。其将校十节级、曹司、营门子等，并应合行事件，并比亲从第
四指挥及见行条贯施行。"④ 可见每个亲从指挥约有六百多人，上限
不超过七百人。另从政和五年的诏书来看，宋廷对亲从官的身高有
很苛刻的要求，显示经常护卫皇帝出行的亲从官，似乎同时兼有仪
仗队的功能。

亲从官之外，另有"亲事官指挥三，元丰五年增置一，守奉景
灵宫"⑤。亲事官与亲从官承担的职事不同，"亲从官任大内诸门诸
殿宿卫之事，亲事官任皇城内巡铺、守把及景灵宫等处宿卫"⑥。

仁宗康定元年（1040 年），参知政事宋庠上言改革车驾出行规
制，指出按现行出行仪礼，"其常日导从，惟前有驾头，后拥伞扇而

① （元）脱脱等：《宋史》卷一五四《舆服六》，第 3597 页。
② （宋）王象之：《舆地纪胜》卷一《皇城司》，续修四库全书丛书影印本，第 24 页。
③ （清）徐松辑：《宋会要辑稿》"职官三四"，第 3053 页。
④ （清）徐松辑：《宋会要辑稿》"职官三四"，第 3054 页。
⑤ （元）脱脱等：《宋史》卷一八八《兵二》，第 4627 页。
⑥ 咸淳《临安志》卷一四《行在所录·禁卫兵·皇城司》，景印文渊阁四库全书本，第
170 页。

已，殊无礼典所载公卿奉引之盛。其侍从及百司官属，下至厮役，皆杂行道中。步辇之后，但以亲事官百余人执梃以殿，谓之禁卫。诸班劲骑，颇与乘舆相远"①。据《长编》记载，皇帝出行，保卫部队"凡五重：亲从官为一重，宽衣天武官为一重，御龙弓箭直、弩直为一重，御龙骨朵子直为一重，御龙直为一重"②。宋庠称亲事官紧跟在皇帝步辇之后，这个位置本来应由亲从官负责，如果宋庠所记无误的话，至少在皇帝出行时，亲事官也应负有保卫职责，且位置十分靠前。《宋史》中曾详细记录皇帝出行时皇城司人员的随驾人数：

> 崇政殿祗应亲从四指挥共二百五十二人，执擎骨朵，充禁卫；崇政殿门外快行、祗候、亲从第四指挥五十四人，车驾导从、两壁随行亲从亲事官共九十六人，并于驾前先行，行幸所到之处，充行官司把门、洒扫祗应。③

可见，亲事官在皇帝外出时的确承担保卫职责。在京城察视奸究的40名察事卒从亲事官中拨出，与此职责应有密切关系。另从上文中曾引用的政和五年诏令来看，在亲从官不敷用时，亲事官也会被用于宫城内的守卫工作。

皇城司亲从官在武德司与皇城司合并之前即存在。史载："太平兴国四年，分亲事官之有材勇者为之，给诸殿洒扫及契勘巡察之事。"④ 那么，亲事官又从何而来呢？

按《宋史》记载，枢密院下属之支差房"掌行调发军……迁补殿侍，选亲事官"⑤。支差房是神宗即位后改革枢密院官制体系后的

---

① （元）脱脱等：《宋史》卷一四四《仪卫二》，第3387—3388页。
② （宋）李焘：《长编》卷一一六，景祐二年四月辛巳条，第2729页。
③ （元）脱脱等：《宋史》卷一四四《仪卫二》，第3387页。
④ （元）脱脱等：《宋史》卷一八七《兵一》，第4601页。
⑤ （元）脱脱等：《宋史》卷一六二《职官二》，第3798页。

产物，此前枢密院只有兵、吏、户、礼四房，由哪一房负责选拔亲事官兵，暂不得而知。但可以肯定的是，亲事官的选拔是枢密院的分内事务。

宋代实行募兵制度，军队的绝大部分来自召募。庆历年间，张方平在上书中曾批评皇城司："然募置之法，则异于古，皆惰游无根蒂，莫容其身者，乃来应募。前此变故，卒生意外，臣恐当有以惩创之。若于诸班直中选其年劳久次者，至于东西下班殿侍有门阀家业者，及诸军中死事者之孤稍有材力胜兵者，严立保委之法，选取千人，以充殿内之卫，仍领属皇城司。令枢密院、殿前司立定选补格式、岁月更代之法。岁满则优迁之，愿留者令皇城司保任，委是壮愿谨良，则听留。"① 按张方平的说法，亲事官兵应来自召募。

由于事关皇室安危，宋廷对亲从亲事官有严格的管理制度。如真宗大中祥符五年（1012 年）正月，"诏皇城司亲从亲事官十将已下，依旧五人为保，递相觉察，不得饮酒、赌博。其指挥使、都头，亦须递相觉察钤辖画"②。仁宗天圣元年（1023 年）十二月，"诏皇城司亲从亲事官，有饮、博、逃亡及别为过恶，合该移配六军并京畿县镇下军者，自今并相度情理，配外州军本城或边远牢城"③，处罚较一般官兵要重得多。

调用亲从官兵更是有严格的程序。如仁宗天圣七年（1029 年）六月，"诏入内内侍省：自今抽差亲从、亲事官，须凭皇城司文字抽差，不得令使臣直行勾取。先是，有内侍邓德用传宣亲从第一指挥勾抽副校黄遂以下二百六十人赴昭应救火，无文字关本司，上以为非便，故有是诏"④。

尽管如此，还是不断出现意外。真宗天禧元年（1017 年）十二月，"皇城亲从官魏美、何斌夜宿长春门，袖刃穿壁，盗天书法物珠

---

① （宋）李焘：《长编》卷一六三，庆历八年二月甲寅条，第 3927 页。
② （清）徐松辑：《宋会要辑稿》"职官三四"，第 3048 页。
③ （清）徐松辑：《宋会要辑稿》"职官三四"，第 3049 页。
④ （宋）李焘：《长编》卷一〇八，天圣七年六月甲寅条，第 2518 页。

金。断手示众三日，斩之。其本部将校并降黜，皇城司官罚铜释之"①。庆历八年（1048年）闰正月更是发生了崇政殿亲从卒颜秀等四人夜闯宫闱谋乱的恶性事件。史载，四人"夜入禁中，焚宫廉，斫宫人，伤臂。三人为宿卫兵所杀，一人匿宫城北楼，经月方得，即支分之，不知所以始谋者"②。另据《宋史》记载，"卫士有相恶者，阴置刀衣篋中，从勾当皇城司杨景宗入禁门，既而为阍者所得，景宗辄隐不以闻"③。身为长官的杨景宗对属下如此失察，皇城司之军纪松懈可见一斑，而一名作乱军士在严密保卫的皇宫内竟能隐藏了一个月都没被找到，更是凸显出皇城司履职能力之差。

对这一恶性事件，张方平将其归咎于募兵制度。在此前的天圣四年（1026年），仁宗修改了从亲事官中选拔亲从官的方式，"诏皇城司亲从官阙，自今选神勇以下步军补之"④。神勇军隶属殿前司，殿前司军士系从基层选拔。张方平的判断如果没有问题的话，只能说宋代整个军事体系都出了问题。

募兵的体制不便改动，宋廷只能从细节上进行补救。仁宗皇祐四年（1052年）四月，"诏皇城司：今后内中宿直臣僚等，更不得似日前饮酒、聚会，如违，重真之法"⑤。此诏令显然意在整顿皇城司军纪。英宗治平元年（1064年），"阅亲从官武技，得百二十人以补诸班直。乃诏：自今亲从官，限年三十五以下者充"⑥。亲从官作为皇帝最主要的护卫部队，战斗力自不待言，这120人能补进诸班直，说明即便被淘汰者，军事素质依旧很强。英宗要求亲从官不得

----

① （宋）李焘：《长编》卷九〇，天禧元年十二月乙酉条，第2089页。
② （清）徐松辑：《宋会要辑稿》"职官三四"，第3049页。
③ （元）脱脱等：《宋史》卷二九七《郭劝传》，第9893页。
④ （宋）李焘：《长编》卷一〇四，天圣四年九月丙辰条，第2422页。
⑤ （清）徐松辑：《宋会要辑稿》"职官三四"，第3051页。
⑥ （元）脱脱等：《宋史》卷一九四《兵八》，第4830页。元丰元年九月，"诏：……诸班直枪弩手阙，依旧例人数，于亲从亲事官简填外，余并简捧日、龙卫弓箭手"。这一诏令与治平元年的诏令有相同功效。一方面显示亲从亲事官军事素质过硬，一方面也是为超龄或军事技能下降的皇城司官兵安排出路。本条见《长编》卷二九二，元丰元年九月庚子条，第7143页；另见《宋史》卷一九四《兵八》，第4836页。

高于 35 岁，显然也是出于维护亲从官整体战斗力的需要。神宗熙宁五年（1072 年），"诏转员亲事、亲从官阙指挥使，差副指挥使权管勾。旧制：亲从、亲事官各于本军转补，以入殿宿卫，欲其互相检察，不令衮转，所以防微也"①。

不过，张方平提出的不从民间召募的建议似乎并未被采纳。宋徽宗崇宁五年（1106 年）二月十五日，知入内内侍省事阎安奏准："招子弟刺填亲从亲事官阙额。自祖宗以来，止是招刺在京军班子弟。后来准朝旨，许招在京诸班直军民换受前班，并品官之家子弟及在京禁军减充剩员子弟亲属。窃缘百姓子弟非土著人，其所从来不能尽知，杂行会问，亦虑不实。恐奸恶之人窜名其间，乞自今不许招收百姓。"② 可见，从百姓中召募亲从官的方式一直沿用到了北宋末年。

四　其他职能

除亲从、亲事官外，皇城司属下还有入内院子、快行、司圊、曹司等职事官，因而在禁卫、察事之外，还有很多附加职能。

（一）储备将才

按宋制，皇城司由两员武将和两名入内内侍省都知、副都知共同管勾，但大多数时候的实际主持者是宦官副都知。武将领皇城司者，大多没有实权，因而时常成为环卫官的掌中物。"环卫官者，唐有之，领宿卫兵，若今之三衙。祖宗时，其官不废。元丰官制，改外臣皆不除，惟宗室则如故。"③ "亲卫官以后妃嫔御之家有服亲及翰林学士并管军正任观察使以上子孙；勋卫官以勋臣之世、贤德之后有服亲，太中大夫以上及正任团练使、遥郡观察使以上；翊卫官以卿监、正任刺史、遥郡团练使以上，并以为等"④，简单说即皇亲

① （清）徐松辑：《宋会要辑稿》"职官三四"，第 3054 页。
② （清）徐松辑：《宋会要辑稿》"职官三四"，第 3054 页。
③ （宋）王象之：《舆地纪胜》卷一《禁卫所》，第 24 页。
④ （元）脱脱等：《宋史》卷一六六《职官六》，第 3934 页。

和高级官员子弟。这些环卫官被大量安置到皇城司，一方面体现皇帝对高级官员的信任，一方面也暗含有质子的性质。因为地处清要，"国朝以皇城使比文臣少卿，选人才优长者一员供职，谓主管皇城司也"①。宋徽宗政和改制之后，皇城司"依旧以横行或御带二员主管"②。

皇城使任期满后，可以外放为地方更高级武官。南宋时，"环卫官皆为戎帅之储"③，因而皇城司也具有了储备将才的功能。

（二）维护环境卫生职能

皇城司官兵平时守卫宫城，宫门、宫墙是随时要巡视的地方。如果另外安排人力管理宫城卫生，势必要不断与皇城司巡视官兵发生关系。反复稽查既浪费人力，也容易产生懈怠，被叵测之徒利用，因而类似工作被直接交给了皇城司。如真宗大中祥符元年二月，"以汲水器赐宿卫诸班，充皇城内扫洒所用。初，事材场以退材造成汲器，真宗曰：此细物尔，以给宿卫诸班供用。或致亡失，则官司必责备偿。可特赐之，勿附账籍"④。大中祥符五年，"诏乾元门至朱雀门及皇城四面，每岁植木。自景德四年至今，尚未得茂盛。可委勾当皇城司刘承珪，专切管勾"⑤。仁宗皇祐元年三月十七日，"诏皇城司：在禁中外城墙正不点检，至生青草。轮差勾当皇城司使臣躬亲，将带里外巡城人员兵士划削，并管常令洁净"⑥。南宋高宗绍兴元年，准皇城司"将皇城周回山坡并皇城脚下系属皇城界至，分明置牌摽识，设置笋椿青索，令中军禁止，不得牧放羊马，并令人过椿索。诏犯人从杖一百科罪，羊马过椿索，收放人依此"⑦，等等。

―――――――――――

① （宋）谢维新：《古今合璧事类备要后集》卷五二《环卫官门·干办皇城司》，第185页。
② （宋）谢维新：《古今合璧事类备要后集》卷五二《环卫官门》，第185页。横行又称横班，是比诸司使更高的武阶，包括内客省使、引进使等，大体在正五品到从七品官之间。御带指可以佩剑上殿侍卫的武官，即最亲信的武职近侍。
③ （宋）王象之：《舆地纪胜》卷一《禁卫所》，第24页。
④ （清）徐松：《宋会要辑稿》"职官三四"，第3048页。
⑤ （清）徐松：《宋会要辑稿》"职官三四"，第3048页。
⑥ （清）徐松：《宋会要辑稿》"职官三四"，第3050页。
⑦ （清）徐松：《宋会要辑稿》"职官三四"，第3055页。

不仅物化的宫城卫生要由皇城司监管，出入皇城的臣民之仪表卫生也在监督之列，如大中祥符四年五月，勾当皇城司刘承珪奏准："皇城内诸门出入人多，袒衫下领，不甚端谨。自今乞降宣示谕，有违犯者，送所司，量从惩责。"①

（三）杂差

宋太祖建隆三年（962 年），设冰井务，负责采集和储存冰块，"以荐献宗庙、供奉禁庭及邦国之用"②。冰井务由皇城司带管。如熙宁六年十二月，皇城司上言："奉旨，为今年冰消溶过数，令候琼林苑、金明池收外，依去岁更于冰井务收三井。本司看详，乞就本苑更增收贮，不应两兴井窖。欲圻移冰井务砖石，就营造供进。"③

宋代礼仪、祭祀事务繁多，有关用具、祭品需提前送到指定地点，大体"于祀前二日，太常寺供官请领，仍差皇城司亲事官抬擎前去"④。宋真宗、徽宗等崇信道教。神宗元丰五年（1082 年），"诏皇城司选募亲事官一指挥，以五百人为额，守奉景灵宫"⑤，守卫道教宫观因此成为皇城司的日常事务。

在皇城内办公的部分机构也配备有一定数量的皇城司人员。如绍兴元年四月，秘书省报告："本省旧有把门亲事官五人。内节级一名，长行四人。内识字一名，充抄上；搜检二名，诸案投送文字一名，同节级抄上、搜检、把门。下皇城司，差半年一替。愿再住者，听，预报本司。今乞下皇城司，止差二人。"⑥

文思院承担大量工程，确保物尽其用，防范贪污、偷盗是重要工作，因而从仁宗天圣年间即"诏皇城司差人搜检出入"⑦。

以上这些杂务，有的是和皇城内事务相关，皇城司兼管比较方

①　（清）徐松：《宋会要辑稿》"职官三四"，第 3048 页。
②　（元）脱脱等：《宋史》卷一六六《职官六》，第 3934 页。
③　（清）徐松：《宋会要辑稿》"职官三四"，第 3054 页。
④　（宋）陈骙：《南宋馆阁录》卷一〇《职掌》，景印文渊阁四库全书本，第 464 页。
⑤　（宋）李焘：《长编》卷三二五，元丰五年四月庚辰条，第 7832 页。
⑥　（宋）陈骙：《南宋馆阁录》卷一〇《职掌》，第 466 页。
⑦　咸淳《临安志》卷八《行在所录·文思院》，第 100 页。

便，有的则是利用其善于察事的"优势"。与皇城司察事卒经常搅乱京城官民生活一样，兼理这些杂务的皇城卒亦难免利用其强势地位徇私。如南宋淳熙十二年（1184 年），将作监朱安国在建言修改文思院有关制度时，提出："皇城司差亲从官一名，充本院监作，动辄胁持，邀取常例，乞罢差。"① 司马光在批评皇城司察事时，言辞更是激烈：

> 今海内承平已逾百年，上下安固，人无异望，世变风移，宜有厘革，而因循旧贯，更成大弊。乃至帝室姻亲，诸司仓库，悉委此属廉其过失，广作威福，公受货赂，所爱则虽有大恶掩而不问，所憎则举动语言皆见掎撼。②

可见，在介入这些杂务时，皇城司的恶名依旧没有改观。

五　锦衣卫与皇城司制度的同与异

如前所述，皇城司是一个职能广泛但主要服务于皇室的特殊的准军事机构。之所以说它特殊，是因为在正常的保卫皇帝、守卫宫禁等军事职能之外，皇城司还要履行诸如打扫皇城、储备冰块乃至清理马桶（司圊）等近似勤务和保洁机构的职能，但其重要性又是不言而喻的。

靖康之难后，康王赵构在南下期间曾设置禁卫所、御营司等作为护卫力量，但称帝不久即着手恢复皇城司。如建炎四年（1130年）五月，"诏御前中军差赴禁卫所，充亲兵祗应，共三百四十八人，并特令改刺，充皇城司亲从，五指挥收管。如内有不及等三路

---

① （宋）留正：《皇宋中兴两朝圣政》卷六二，北京图书馆出版社 2007 年版，第 1964—1965 页。
② （宋）司马光：《论皇城司巡察亲事官札子》，见《增广司马温公全集》卷七九，第737 页。

人，亦令改刺"①。同年，"改御前五军为神武军，御营五军为神武副军，并隶枢密院"，"兵柄始一"②。绍兴元年二月，正式改行宫禁卫所为行在皇城司③。绍兴十二年（1142 年），以"非祖宗法"，全面裁撤宿卫亲兵，"内有三路人，并改刺充皇城司亲从亲事官"④。宋高宗重建皇城司既是恢复祖制，宣示政权合法性的需要，同时亦显示出皇城司在宋代的政权体系中有着不可或缺的作用。

与之类似，锦衣卫同样是一个职能广泛、以服务皇室为核心职责的机构，只不过军事色彩更为浓重。朱元璋在称帝前后，一直以"恢复中华"为政治口号，距离最近的宋朝无疑是首先要学习的对象。虽然锦衣卫制度的形成是多重因素共同作用的结果，但皇城司制度对其的影响是不能忽视的。

宋代处于中国传统社会转型的重要阶段，在制度层面同样发挥着承上启下的作用。以保密手段获取情报是此前历代统治者惯用的手段，如隋朝即设有左右虞候，"各置开府一人，掌斥候伺非"⑤，因而皇城司的察事职能并非宋人首创，实际上是一种惯性的存在。锦衣卫的秘密侦缉形式上与皇城司察事没有大的区别，同样是统治者掌控全局的秘密武器。锦衣卫的监察职能，下文会详细讨论，这里仅做粗略介绍。对比可知，二者在以下方面存在相似之处。

首先，都是独立于外廷监察系统，由皇帝直接控制，具有"体外监察"色彩的秘密缉查，且在一定程度上起到了弥补文臣台谏官察事手段不足的缺陷。皇城司的察事以监控军队为起点，逐渐扩展到监督百官履职乃至日常生活，最终扩大到收集民生资料和情报。锦衣卫的秘密缉查范围基本与之一致。不同之处在于宋代对军队的察事是公开的，军中察事亲事官在履职时需要得到军队主官的配合，

---

① （清）徐松辑：《宋会要辑稿》"职官三四"，第 3055 页。
② （元）脱脱等：《宋史》卷一八七《兵一》，第 4582 页。
③ （元）脱脱等：《宋史》卷二六《高宗三》，绍兴元年二月庚午条，第 485 页。
④ （宋）李心传：《建炎以来系年要录》卷一四七，绍兴十二年十二月壬午条，第 2373 页。
⑤ （唐）魏徵、令狐德棻：《隋书》卷二十八《百官下》，中华书局 1973 年标点本，第 780 页。

且以遵守军纪为前提。锦衣卫的秘密侦缉虽然发端于立国之前朱元璋对敌对势力谍战的熟练运用，但对军队的缉查并不是大部分时段的工作重点，侦缉"大奸大恶"才是首要任务，对于百官的缉查则是明代中前期的另一个工作重点。因为侵犯了文官士大夫集团的利益，皇城司和锦衣卫的秘密缉查都遭到了士大夫们的大力鞭挞，但宋朝士大夫的批评远没有明朝士大夫那么激烈，虽然其中原因很多，但明朝中前期锦衣卫一直把监察百官作为工作重点之一，无疑是一个重要因素。

其次，二者的秘密缉查队伍都有相对固定的编制，皇城司察事卒只有40人，锦衣卫东司房有秘密侦缉权的行事校尉翻了一倍，达到了80人，如果加上主要负责维护京城安全，以秘密察访为手段之一的西司房捕盗校尉，也不过180人。但二者不约而同地都出现过扩编现象。如宋哲宗绍圣年间的"八厢所增探事人"①，明嘉靖年间锦衣卫主官陆炳"所募缇骑之骁黠者以数千计"②。不同的是，皇城司的察事卒一般在扩编后不久就能被终止，回到原来的标准，锦衣卫自陆炳从民间大肆召募后即一发不可收，呈持续增长状态，"万历四十八年，锦衣卫官旗等项仅一万七千七百六十余员名。自逆珰乱政以来，三四年间，增至三万六千三百六十余员名"③，给中央财政造成巨大压力。虽然其中大部分没有侦缉权，但侦缉队伍扩编的恶性影响是显而易见的。

另外，皇城司察事卒由于编制有限，活动范围一般局限于京城及周边地区，除非奉有皇帝特旨。锦衣卫行事校尉的活动范围则大得多，边远省份也能发现他们的踪影。

在分工上，二者也有近似之处。总体上，皇城司亲从官负责保

---

① （宋）李焘：《长编》卷五二〇，元符三年正月戊子条，第12380页。
② （明）姜埰：《因事陈言疏》，见氏著《敬亭集》卷七，华东师范大学出版社2011年版，第204页。
③ 汪楫：《崇祯长编》卷三，天启七年十一月庚寅条，中研院史语所1962年校勘影印本，第145—146页。

卫皇帝，亲事官则执行包括察事在内的保卫工作以外的"杂差"。南宋时略有变化，"亲从官任大内诸门诸殿宿卫之事，亲事官任皇城内巡铺、守把及景灵宫等处宿卫"①。亲事官也担负了一定的保卫职责，但承担杂差仍是他们的主要任务。锦衣卫侍卫皇室及外出作战的职责基本由五所军士和七所力士执行，锦衣五所校尉较少参与。相反，包括秘密侦缉在内的诸多任务则由校尉们来执行。

晚唐时，宦官专权是一大毒瘤。宋朝统治者虽然力图避免重走前朝旧路，但在制度上仍大量吸纳了前朝的制度因子，不论是武德司还是皇城司，都能在前代找到影子，且都与宦官有千丝万缕的联系。宋朝统治者严格限制宦官，唯独皇城司"以武臣、宦者兼掌"，"今宦者掌兵，而以武臣参之，此又以制殿前都指挥之兵也"②。

以皇城司制衡殿前司，这个判断没有问题，不过似乎忽视了另一个因素。五代时骄兵悍将层出不穷，赵宋皇室对此十分忌惮，千方百计削夺兵权。但不管怎么限制，军队终究还是要由武将统率。要彻底消除隐患，唯有皇帝亲自统辖一支军队，职掌宿卫的皇城司无疑是最合适的私属化队伍，但皇帝设置私兵，亲自统领在当时的政治文化下有诸多的障碍。控制军队和防止宦官弄权乱政都很重要，但在宋朝皇帝眼中，控制军队无疑是第一位的，既是心腹，又与文官、武将群体联系不紧密的宦官因此就成了一个重要选择。于是，拥有特殊地位的皇城司形成了由宦官和武将共同管理，但客观上宦官掌握的部分影响力更高一些。比如察事军卒，虽然也曾由王遵度等武将调遣，但石得一等宦官主持的时间明显更长一些。另外，王遵度出自真宗潜邸，是东宫旧臣，本身就是皇帝的心腹，和一般武将不能相提并论。

同样值得皇帝信任的还有皇亲贵族，因而皇城司中也掺杂了大批皇室成员，且相当一部分曾直接出任皇城使，如北宋末期的嘉王

---

① 咸淳《临安志》卷一四《行在所录·禁卫兵·皇城司》，第170页。
② （宋）章如愚：《群书考索别集》卷二一，景印文渊阁四库全书本，第981—982页。

赵楷①、南宋明懿大长公主之子钱恼②、孝宗蔡贵妃之父蔡霁③等，都曾提举皇城司。这些皇族都是以武职主官的面目出现的，无形中又挤压了普通武将的位置。

对于宦官，赵宋皇帝们则采取了隐性的控制方式。入内内侍省长官是都知，掌握察事权的苏利涉、石得一等人则只是副都知，这就在皇城司内形成了都知地位最高但不掌握关键权力，副都知有实权却只能屈居次席，宦官和皇族"合力"制约武将，两个宦官头子又通过分权互相制约的微妙平衡状态。

锦衣卫是纯粹的军卫，只有一个主官，明中叶，大批勋戚和宦官弟侄通过恩封、传奉等方式进入锦衣卫，但以带俸为主，不干涉主官工作，似乎和皇城司没有可比之处。但从英宗、宪宗时起，原本处于幕后的东厂逐渐走上前台。在本书后面的章节中会提到，因为东厂活动公开化，锦衣卫对百官的秘密侦缉职能逐渐转移给东厂，工作重心改以缉查恶性案件和维护京城治安为主，"厂卫"从此成为缉查主体，宦官势力从一个侧面介入锦衣卫事务。明代宦官机构以司礼监地位最高，司礼监中则以掌印太监为至尊，提督东厂太监次之，秉笔太监又次之。提督东厂太监有时与秉笔太监由一个人兼任，如天启朝的魏忠贤，但地位始终居于掌印太监之下，"内廷故事，监印与厂，必两人分掌。盖以东厂领敕给关防，提督官校，威焰已张，不宜更兼枢密耳"④。这种格局和皇城司内两个入内内侍省都知的分工非常相似，不排除受到皇城司主官体制影响的可能。

作为皇帝最信任的一支部队，皇城司和锦衣卫都会不时接到一些临时性的差遣任务。如宋真宗崇信道教，皇城司要参与祭祀和运

---

①　（清）徐松辑：《宋会要辑稿》"职官三四"载："政和六年十一月十九日，诏嘉王楷差提举皇城司，整肃随驾禁卫所，兼提举内东门崇政殿等门。"见第 3055 页。

②　（宋）李心传：《建炎以来朝野杂记·甲集》卷一《秦鲁国贤穆明懿大长公主》："庶子恼，德庆军节度使、开府仪同三司、提举皇城司"，中华书局 2000 年标点本，第 51 页。

③　（宋）李心传：《建炎以来朝野杂记·甲集》卷一《重华妃嫔》："父霁，历带御器械、干办皇城司"，第 43 页。

④　（明）沈德符：《万历野获编》卷六《东厂》，第 154 页。

送祭品。明世宗有类似爱好，锦衣卫也有相似差遣，如嘉靖四十年（1561 年）四月，"遣锦衣卫千户任恩等六人分建万寿醮典于玄岳、鹤鸣、龙虎、齐云、三茅、王屋六山"①。

不仅制度本身锦衣卫对皇城司有诸多借鉴，就连二者败落过程中的表现都很近似。

首先，都出现了人员膨胀现象。皇城司对武职而言是清要之选，自然会有大量皇亲贵戚想方设法混迹其中，时间一长，官员超过正常编制几乎不可避免。宝元二年（1039 年）正月，侍御史知杂事段少连谏言："三班院、皇城司、群牧司、三司衙司等处，比多额外增员，或许令再任，此皆起于权要侥幸之人。请检用真宗朝逐司所置定员，悉罢所增置者。"仁宗回复，"诏所增员候岁满更无差人"②。从诏令中可以看出，对超员现象，宋仁宗同意段少连的意见，但却不能立刻罢免富余官员，说明这些冗员的背后牵扯到多方的利益，势力之大，即便是皇帝也不能断然行事。

按宋制，官员可以按等级配备不同数量的随员，皇城司由于大量冗员的存在，带来另一个弊端，即占役军士。南宋初，吏部尚书韩元吉在讨论官员雇募问题时曾提到"百官中，合破四五人，恐无可减，十人以上，则犹可议。如皇城司、军头司干办官属之类，既已占破人兵，有雇募至二三十人者，则宜裁定"③。所谓占破，即在编制内却不能正常尽职守者。皇城司内的占破官员，显然应归入冗员行列。冗员大多背景复杂，所带随员未必真的来自雇募。建炎二年（1128 年）四月九日，高宗赵构曾下诏皇城司：

> 亲事官等日前应逃亡之人或辄投他处及影占私役，许指挥到日，限一年，所在州县出首，特与免罪，不理过名支破请给，

---

① 《明世宗实录》卷四九五，嘉靖四十年四月戊午条，第 8218 页。
② （宋）李焘：《长编》卷一二三，宝元二年正月戊申条，第 2893 页。
③ （宋）韩元吉：《南涧甲乙稿》卷十一《议节财赋十事·雇募》，景印文渊阁四库全书本，第 158 页。

押送皇城司，依旧职名收管。限内不首，依先降，依军法从事。容蔽及影占私役官员，亦科违制之罪。人吏决配二千里。[①]

可见，有大量皇城司军卒被"影占私役"。皇城司亲从官在宋初有2270人，中叶曾有部分缺额，但南宋初的绍兴年间已经激增到3370余人。尽管宋徽宗时曾增加了一个700人的指挥，但编制人数也不会超过3000人。不仅如此，"至嘉泰、开禧，增至四千八百三十余人。续又增一千余人"[②]。亲从官数额的不断增加，除了建炎、绍兴年间曾归并了部分御营司士兵的原因外，其他都属于正常扩编。之所以扩编，和大量军卒被占役，无法正常履职应有密切关系。

锦衣卫的情形类似，自陆炳改变政策，锦衣卫官兵不再完全来自世袭军户和明中叶日渐世袭化的校尉、力士，而是由民间大量召募之后，锦衣卫的编制即一再扩张。"查天启七年锦衣卫造册，军士四万五千二百一十五名"，崇祯帝登基后虽有一定削减，但崇祯元年（1628年）锦衣卫在编军士仍有"四万四千五百五十六名"[③]。军官数字增长更快，"洪武初年，锦衣卫官二百五员，今一千七百余员……嘉靖八年春，詹事霍韬奏云"[④]。军士激增源于无序召募和有意识的投托、买闲，军官增加则是明中叶大批皇亲贵戚、宦官弟侄以及晚明士大夫子弟恩荫入卫和传奉现象不间断的恶果。

明中后期的锦衣卫同样存在大量占役现象。孝宗即位伊始，就在诏书中指出"锦衣卫校尉专为直驾而设，非臣下所得役使。近来内外官员多有奏讨、投托、滥占、跟用，因而令其干办私事，挟势

---

① （清）徐松辑：《宋会要辑稿》"职官三四"，第3054—3055页。

② （宋）王应麟：《玉海》卷一三九《太平兴国皇城司》，景印文渊阁四库全书本，第664页。

③ （明）毕自严：《度支奏议·堂稿卷四·进缴圣谕锦衣军粮布花疏》，续修四库全书丛书影印本，第170页。

④ （明）李乐：《见闻杂记》卷一，《中华野史》丛书"明朝卷三"，泰山出版社2000年版，第2648—2649页。

害人"①。正德年间，奏带现象更加严重，"如镇守官奏带，例该五名，分守等官奏带，例该三名。今则七八十名者有之，五六十名者有之。其领兵奏带，至三四百名者有之。如锦衣卫官校旗舍，俱系侍卫直驾人员，与大京营操备官旗例无奏带之例，今则公然违例奏带，而前项人员独多，盖以各处镇守太监类皆出自权门援引，是以彼此互相结纳，遇有地方用兵，则以所带之人尽隶报功之籍，往往安居京师，寄名边方，故有一人而数处奏带，一时而数处获功"②。万历十六年（1588年），兵部上题本：

> 近外戚纷请尉、军。伏睹《会典》：皇亲奏讨尉、军，行锦衣、府军二卫拨给三十人，此外不得妄乞。由此推之，帝室懿亲，隆以殊典，名额有限，妄乞有禁，未有都督以上锦衣卫给三十人，府军前卫给三十人之例，亦未见有先授指挥给四十人，再升都督许请加给之例。不知始自何年，皇亲都督以上至六十人，以下四十人，一家而兄弟并给，一人而升任增给，计其数役，三十人岁费米三百六十石，十官费三千六百石矣。况官不止十也。十年之费三万六千石矣。况年不止十也。此犹以财用言也。旗尉原以备直驾、充仪卫，《会典》：公主出府，锦衣卫拨尉三人、军三十七人；郡王不拘新封、旧封，俱以二十四名为额。而皇亲顾反过之，可乎？近至拨用既尽，直驾取诸旗尉之余丁，私役用正，直驾用余，可乎！③

可见，锦衣卫的冗员、占役现象，严重程度远远超过皇城司。

宋朝政府重视皇城司官兵的选拔，仁宗天圣四年甚至改变了从

---

①　《明武宗实录》卷一，弘治十八年五月壬寅条，第22—23页。

②　（明）夏言：《查革正德中滥授武职疏》，见（明）陈子龙等编《明经世文编》卷二○二，第2104—2105页。

③　《明神宗实录》卷二○○，万历十六年闰六月甲申条，第3747—3748页。

亲事官中选拔亲从官的制度，改由殿前司下属"神勇以下步军补之"①，英宗治平元年又规定亲从官不得超过35岁，但日渐松散的军纪抵消了这方面的努力，庆历八年甚至发生了崇政殿亲从卒颜秀等四人夜闯宫闱谋乱的恶性事件。锦衣卫作为明朝皇帝最接近的保卫力量，同样出现过类似问题。万历十年（1582年），刑科给事中田畴上言：

> 近日门禁疏虞，卫官懈弛。每见杂员冗职出入各禁门者，前呼后拥，不辨其为何官？厮贱庸流往来禁地者，逐队随行，不审其系何役？连肩接袂，十百为群，不曰内府官身，则曰里面答应，以致奇技淫巧，视为渊薮，无赖亡命，倚为窟宅……乞敕锦衣卫督令旗尉严加缉访，并行兵部严谕守卫官军谨守门禁。②

门禁松散，迟早会发生恶性事故。天启元年（1621年）二月，"上视朝毕，有妄男子张道安诡充较尉，从西班狂呼趋出"③。朝堂上居然有闲杂人等混入，门禁制度形同虚设。万历年间震惊朝野的"梃击案"，其实也是利用了锦衣卫门禁松懈的机会。

秘密缉查是一把双刃剑，用好了可以震慑宵小，维护国家安全，但如果太阿倒持，也会成为政权根基的巨大威胁。宋代察事卒不时被权相利用来打击异己就是皇权没有有效控制察事权力的恶果。明代的锦衣缉查在大部分时段没有脱离皇帝的控制范围，但刘瑾、魏忠贤等宵小集团为数不多的几次掌控厂卫，虽然加起来不过十几年，对政治生态、社会发展的破坏却是十分剧烈，影响深远。

秘密缉查需要强大的政治资源做后盾，如果控制不力，缉查参与者难免会以权谋私。在宋人笔下，类似"恣残刻之资，为罗织之

---

① （宋）李焘：《长编》卷一〇四，天圣四年九月丙辰条，第2422页。
② 《明神宗实录》卷一三一，万历十年十二月癸卯条，第2444—2445页。
③ 《明熹宗实录》卷六，天启元年二月乙卯条，第295页。

事，纵遣伺察者，所在棋布，张罦而设网，家至而户到，以无为有，以虚为实"① 的记载层出不穷，假冒察事卒的现象也不少。明代亦然。《问刑条例》中即规定"凡诈冒锦衣卫校尉、巡捕名色，占宿公馆，妄拏平人，吓取财物，生事扇惑，扰害军民者，除真犯死罪外，其余俱枷号一个月，发边卫充军。所在军卫、有司、驿递等衙门，阿从故纵者，各治以罪"②。《问刑条例》相当于《大明律》的实施细则，开始编订于弘治年间。诈冒锦衣校尉的条款在《大明律》中尚未提到，《问刑条例》中补充进来，说明当时类似的现象已很严重。事实正是如此。如正统五年（1440 年）二月，户科给事中舒曈即曾报告"迩来徒流逃犯刁诈百端，或冒勋戚家人……或假作行事校尉，到处州县，说诱官吏，扰害良善，诓骗财物，强占田地，索娶子女"③。天顺年间，因明英宗过度使用锦衣卫，"校尉所至，总兵、镇守、巡抚、巡按、三司、有司官无不畏恐，多具酒肴，选声伎以乐之，且馈金祈免，虽亲藩亦然"，"在京城内外居止者，亦占民田、揽粮税、嘱公事，莫敢谁何。以故人多假称校尉，出入乘传，纵横往来，诈取财物。良善受害，无所控诉"④，最后连行事校尉的头子逯杲都担心激起民变，不得不主动奏请由都察院出榜严禁假校尉行事害人。

　　不过，毕竟间隔了百余年，锦衣卫制度不可能完全照搬前朝，二者的差异还是很明显的。最关键的差异有三点。一是宋代的察事卒权力仅限于缉查，发现问题或抓到嫌疑犯后要移交司法部门审理，明代的锦衣卫则配置有镇抚司，可以先行审讯，出现北镇抚司之后尤其如此。由于北镇抚司权力过大，经其审讯并加了"参语"的案子，移交法司后，如果没有强大的精神支持，法司官员往往不敢推

　　① （宋）李焘：《长编》卷三七五，元祐元年四月乙巳条，第 9107 页。
　　② （明）雷梦麟著，怀效锋、李俊点校：《读律琐言》卷二四《刑律·诈称内使等官》，法律出版社 2000 年版，第 442—443 页。
　　③ 《明英宗实录》卷六四，正统五年二月戊寅条，第 1216 页。
　　④ 《明英宗实录》卷三一八，天顺四年八月己未条，第 6631—6632 页。

翻，另拟结论。

二是皇城司享有"不隶台察"的特权，即不接受监察官员的监督，锦衣卫则本身就有监察权，且经常和都察院、六科等监察系统的官员一同出行，执行监察任务，相互之间互相监督。明代史籍中锦衣卫和科道官员互相弹劾的例子不胜枚举。

三是皇城司只在宋初的一段时间内参与过京城治安工作，锦衣卫则从宣德年间开始即公开参与京城巡逻，对京城治安负有重要责任，稍有失职就可能被处以"锁项"、罚俸，相应地，抓捕要犯也成了明中后期锦衣卫官兵升迁、受赏的重要途径，甚至逐渐把负责秘密缉查的厂卫缉事校尉、行事校尉的注意力也吸引了过去。

另外，皇城司有储备将才的职能。"国朝宿卫禁旅迁补之制，以岁月功次而递进者，谓之排连。大礼后次年，殿庭较艺，乘舆临轩，曰'推堆子'。其岁满当去者，随其本资，高者以正任团练使、刺史补外州总管、铃辖，小者得州都监，当留者于军职内升补，谓之转员。"① 但大批皇亲加入皇城司之后，不免会恃恩宠突破这一制度规定，谋求超升。如南宋时，潘师稷皇城司任满，赏带遥郡刺史，李孝友"以皇城司任满，赏并堆堆子，赏共两官，于正任上转行"。宁宗皇后的侄子夏允言任满，"四月间方以堆堆子，赏授正任刺史"，不久又转任团练使②，都明显违反了正常程序。

锦衣卫是明代卫所制度的一部分，卫所武官以世袭为主，锦衣卫中虽然有大量的带俸军官，但大多属于过渡性质，虽然也有一定的储备将才的色彩，但并非其本来目的。

上文中曾提到皇城司亲从官从宋英宗时开始有年龄限制，锦衣卫官兵由于总体上处于世袭军户制度的涵盖范围内，因而无法设置明确的退出机制，这也是明中后期锦衣卫员役日渐冗滥的一个原因。

① （宋）洪迈：《容斋随笔·三笔》卷一五《禁旅迁补》，中华书局 2005 年标点本，第610 页。
② （宋）蔡幼学：《缴夏允言转团练使旨挥状》，见氏著《育德堂奏议》卷二，北京图书馆出版社 2003 年版。

锦衣卫是亲军卫的一部分。亲军卫所不受大都督府（五军都督府）管辖，名义上是皇帝直接统率的部队，这和此前汉、唐等王朝的御林军有明显的区别，因此，皇城司制度对锦衣卫可以有诸多的影响，但不可能是其最直接的仿效对象。朱元璋以"恢复中华"为旗帜，却采用了一套与唐、宋等朝有巨大差异的宿卫制度，究竟是时势变化的产物，还是另有制度渊源呢？

第三节　蒙元怯薛与亲军
——锦衣卫制度的直接源头

一套"新"制度的产生，往往有其内在的演变路径，并不完全受制定者个人主观意志左右。明代的亲军卫制度在传统中原"汉法"中找不到踪迹，那就只能把追根溯源的目光转向周边，而首选无疑是长期与中原农耕文明互动的北方草原。

一　从那可儿到怯薛

在氏族社会末期，原有的公有制度逐渐瓦解，私有制成分日渐增加，伴之而来的是产生了一系列维护这些私有财产的保护性机制，其中之一即扈从队制度。所谓扈从队，即由氏族或部落中的军事首领直接掌控的侍从部队。对此，恩格斯在《家庭、私有制和国家的起源》一书中曾有精辟阐释：

> 有一种制度促进了王权的产生，这就是扈从队制度。我们在美洲红种人中间就已经看到，与氏族制度并行，还形成了一种独立自主地从事战争的私人团体。这种私人团体，在德意志人中间，已经成为经常性的团体了。博得了声誉的军事首领，在自己周围集合一队贪图掠夺品的青年人，他们对他个人必须效忠，而他对他们亦然。首领养活他们，奖赏他们，并且按等

级制来组织他们。对于小规模的征战，他们充当卫队和战斗预备队；对于大规模的征战，他们是现成的军官团。不管这种扈从队必然是多么弱小，像后来在意大利奥多亚克麾下所表现的那样，但是他们仍然包含着古代的人民自由走向衰落的萌芽；在民族大迁徙时期和迁徙以后，他们也表明自己的作用正是这样……在罗马帝国被征服以后，国王们的这种扈从兵，就同非自由人和罗马人出身的宫廷奴仆一起，成了后来的贵族的第二个主要组成部分。①

尽管恩格斯的研究重点是欧洲日耳曼人，但其中关于扈从队的私属性、扈从队在处于原始社会的人群走向文明社会的过程中的作用以及其在未来阶级政权中的地位等的论述对我们研讨其他地区的人群在走出原始社会、迈进文明社会过程中的种种表现无疑具有指导意义。

中国北方草原民族的生产形态长期以畜牧业为主，辅以季节性的狩猎活动。在生产工具非常简陋的条件下，狩猎活动必须以团队合作的方式进行，团队指挥的作用非常重要。在这样的生产形态基础上诞生的权力机构，首领的地位非常突出。在草原地带氏族社会解体的过程中，军事首领在大多数情况下和部落酋长是合一的，而是否拥有一支忠诚的、接近职业化的军队则是这些首领们能否履行职责以及壮大本部落的基础，这就为扈从部队的产生提供了条件。中原地区由于进入文明社会较早，文明程度高，是否存在过扈从队性质的武装不得而知，即便曾经存在，也已早早地退出了历史舞台，被正规化的、成熟的禁卫军取代。草原民族社会演进的步伐相对缓慢，因而在中原汉地的史籍中保留了大量反映其原始社会实际形态的记录。据前人研究，匈奴、鲜卑、柔然、突厥等民族的首领都有一支不同称谓、不同规模的侍从部队，尽管其职能各有不同，但保

---

① 【德】恩格斯：《家庭、私有制和国家的起源》，人民出版社1972年版，第142—143页。

卫首领及随之征战均是其核心职能[1]。

在 8 世纪前，北方民族政权大多与中原王朝处于对峙状态，或在中原王朝的控制之下，因而其社会制度对中原的影响相对较小。但在唐朝灭亡之后，北方民族政权逐渐在与中原政权的竞争中取得均势地位，甚至凌驾于中原政权之上，其特有的社会形态、制度也因此在不断的冲突和碰撞中为中原所熟悉，进而在有意无意中被采择和吸收。

以禁卫军为例。公元 907 年，耶律阿保机继任契丹可汗。为改变部落联盟旧制，阿保机在原有亲兵的基础上，组建了自己的御帐亲军——皮室军，时称"腹心部"。皮室军平时护卫君主宫帐，战时随帝出征，在阿保机称帝建"国"过程中发挥了至关重要的作用。完成建"国"大业后，皮室军进一步扩充，逐渐演化为中央直辖的机动部队，部分皮室军甚至转化为地方镇戍部队，御帐亲军的职能由宫分军取代。造成这一变化的原因，关树东认为与契丹内部政治较量有关。"辽太宗扩建皮室军，其将领当为太宗亲信，而辽景宗、圣宗为太宗政敌耶律倍之后。铲除太宗派势力就必然要求改组皮室军，并移置于外。以宫分军充当行宫宿卫，一方面保证了可靠性，另一方面也是辽朝政治、经济发展的需要。大量的宫分人作为皇室属民，不承担国家赋役，专为皇家服务。由宫分军宿卫行宫，客观上减轻了部民和州县民的负担，有利于国家赋役的合理分配。"[2]

对于皮室军，南宋人叶隆礼在《契丹国志》中有如下记载：

> 晋末，契丹主投下兵，谓之"大帐"，有皮室兵约三万人骑，皆精甲也，为其爪牙。国母述律氏投下，谓之"属珊"，有众二万。是先，戎主阿保机牙将半已老矣，每南来时，量分借

---

[1]　参看晓克《北方草原民族侍卫亲军制初探》，《内蒙古社会科学》2007 年第 5 期。

[2]　关树东：《辽朝的中央宿卫军》，《内蒙古社会科学》1995 年第 6 期。

得三五千骑，述律常留数百兵，为部族根本。其诸大首领太子伟王、永康、南北王、于越、麻荅、五押等，大者千余骑，次者数百人，皆私甲也。①

对于大部分时段担任契丹君主亲军的宫分军，叶隆礼则没有记载，只是提及"十宫各有民户，出兵马"② 而已。《契丹国志》是奉敕编纂，按道理可参考两宋政府收集的所有契丹资料。牙兵是唐五代时期割据军阀私属亲兵的称谓，叶隆礼称皮室军是"投下兵"，称其将领为牙将，可见其对皮室军的私属性质有准确判断。至于其未记载宫分军的原因，或与宋人不掌握契丹中后期的内部变化有关。

继契丹而起的女真族金政权是一个迅速膨胀的政权。1115 年完颜阿骨打建立金国，10 年后即灭辽，随即又覆灭北宋，短短 12 年间即走出白山黑水，入主中原。由于兴起过于迅速，没有充分的时间吸收和消化契丹及中原文化，因而其制度建设带有明显的囫囵吞枣式的汉化色彩。金国亦有亲军，"合扎者，言亲军也，以近亲所领，故以名焉。贞元迁都，更以太祖、辽王宗幹、秦王宗翰之军为合扎猛安，谓之侍卫亲军，故立侍卫亲军司以统之"③。设置亲军应是其"祖制"，但其军事主官称都指挥使、副都指挥使则明显借鉴自宋制。

与契丹的御帐亲军不同，金朝的亲军不仅承担护卫皇室的职责，也执行一般军事任务。如金章宗承安元年（1196 年），"诏选亲军八百人戍抚州"④。由于是皇帝心腹，亲军享有很多特权，如金世宗大定二十六年（1186 年）明确规定："亲军虽不识字，亦令依例出职，

---

① （宋）叶隆礼：《契丹国志》卷二三《兵马制度》，上海古籍出版社 1985 年版，第 223 页。
② （宋）叶隆礼：《契丹国志》卷二三《宫室制度》，第 225 页。
③ （元）脱脱等：《金史》卷二四《兵志·禁军之制》，中华书局 1975 年标点本，第 1001 页。
④ （元）脱脱等：《金史》卷十《章宗本纪二》"承安元年十月丙午条"，第 240 页。

若涉赃贿，必痛绳之。"① 亲军不仅可以出任武职，还可担任高级文职。如皇统八年（1148 年），"以侍卫亲军都指挥使阿鲁带为御史大夫"②；天德二年（1150 年），侍卫亲军步军都指挥使完颜思恭升任尚书右丞③，等等。

　　如果说女真人是把北方民族私属化的亲军制度带进中原的始作俑者，对中原制度的演变起到了一定的示范作用，那么，真正发挥了承上启下作用，对后世王朝产生深远影响的无疑是首次成为中原汉地统治核心的蒙古人。

　　在成吉思汗统一蒙古各部之前，蒙古社会已经开始进入私有制时代，各部首领、贵族为了维护自己的财富和统治权，普遍流行收揽那可儿。"那可儿"是蒙古语的音译，汉语翻译为"伴当"。"那可儿"在 12 世纪、13 世纪是专有名词，特指各部贵族招揽而来的护卫亲兵。那可儿平时负责保护主君，并按照主君的命令从事放牧、狩猎等生产活动，也承担一定的杂役，战时则随主君出征④。对于那可儿和主君的关系，学界争议颇多，有的认为是平等的，有的认为是主从关系，但有一点是共识，即那可儿是以个人为单位，大多数来自其他氏族，且专属于主君，对本部其他成员不承担任何义务⑤。那可儿对主君必须无条件的忠诚，否则将受到最严厉的惩罚。例如札木合的五个那可儿在其战败后将他擒获，送给了成吉思汗。尽管札木合在成吉思汗统一蒙古各部的战争中多次制造麻烦，成吉思汗仍下令"把下手擒拿札木合的那些人全部斩杀"，理由是不能"容忍这种侵犯本主的人"⑥。札木合在被抓后曾这样形容五个那可儿，

---

① （元）脱脱等：《金史》卷八《世宗本纪下》"大定二十六年八月丁丑条"，第 194 页。

② （元）脱脱等：《金史》卷四《熙宗本纪》"皇统八年七月乙亥条"，第 84 页。

③ （元）脱脱等：《金史》卷五《海陵王本纪》"天德二年七月己丑条"，第 95 页。

④ 参看赛青白力格《蒙古语"那可儿"词义的演变》，《青海民族大学学报》2010 年第 1 期。

⑤ 参看萧启庆《元代的宿卫制度》，原刊于《（台湾）政治大学边政研究所年报》第 4 期（1973 年 7 月），后收入氏著《内北国而外中国：蒙元史研究》，中华书局 2007 年版，第 216—255 页。

⑥ 余大钧译注：《蒙古秘史》第 200 节，第 321 页。

"乌鸦捕捉了紫鸳鸯，下民（合剌出）、奴婢擒拿了他们的汗"，"低能的贱鸟捕捉了蒲鸭，奴婢、家丁围捕了本主"①。在主君眼中，那可儿是贱民、奴婢，尽管其中可能有泄愤的成分，但从中亦能看出那可儿与主君的关系并不平等。

那可儿不仅有贵族招揽而来的，也有主动投附的。如"四犬"之一的者勒蔑，即由其父札儿赤兀歹主动交给铁木真。

> 札儿赤兀歹说："你帖木真在斡难河边的迭里温·孛勒答黑山出生时，我曾给过一个裹幼儿用的貂皮襁褓。我也曾想把我这个儿子者勒蔑给你，但因为还小，就带回去了。如今让者勒蔑为你备马鞍、开门户吧。"说着，就把他留给（帖木真）了。②

者勒蔑后来始终陪伴在成吉思汗身边，是蒙古帝国的主要缔造者之一。成吉思汗曾降旨给他：

> 者勒蔑（幼年）在摇车中时，札儿亦兀歹老人背着鼓风皮囊……送给初生的朕一件貂鼠皮襁褓。从那时做朕的同伴以来，就做了门限内奴婢、守门的私仆。者勒蔑有很多功劳，他与朕一同生长。有貂鼠皮襁褓的缘由，有福有吉庆的者勒蔑，九次犯罪不罚。③

对这样主动投附而来的"同伴"（那可儿），成吉思汗依旧视其为"奴婢"、"私仆"，可见，认定主君和那可儿之间是主从乃至主奴关系应更为接近事实。

其实，蒙古贵族同样视他们的大汗为主人。1189年，乞牙惕部

---

① 余大钧译注：《蒙古秘史》第200节，第321页。
② 余大钧译注：《蒙古秘史》第97节，第104页。
③ 余大钧译注：《蒙古秘史》第211节，第359页。

阿勒坛、忽察儿等贵族共同拥立铁木真为成吉思汗。他们在誓词中说道：

> 我们立你做汗！帖木真你做了汗啊，众敌在前，我们愿做先锋冲上去，把美貌的姑娘、贵妇（合屯），把宫帐（斡儿朵）、帐房（格儿），拿来给你！我们要把异邦的百姓、美丽贵妇和美女，把臀节好的骟马，掳掠来给你！围猎狡兽时，我们愿为先驱前去围赶，把旷野的野兽，围赶得肚皮挨着肚皮，把山崖上的野兽，围赶得大腿挨着大腿！做战时，如果违背你的号令，可离散我们的妻妾，没收我们的家产，把我们的头颅抛在地上面去！太平时日，如果破坏了你的决议，可没收我们的奴仆，夺去我们的妻妾、子女，把我们抛弃在无人烟的地方！①

可见，可汗与下属各级贵族之间同样是主从关系，这和草原民族特有的生产方式是一致的。随着蒙元帝国的建立与发展，这种主从关系逐渐强化为主奴关系，元代的蒙古以至汉族官员在上奏时经常自称奴婢，主奴观念明显泛化，对此后中原政治文化的发展产生了深远影响②。

在被推举为蒙古本部可汗后，铁木真根据个人的才能，给追随自己的那可儿们做了分工：斡歌来、合赤温、者台、多豁勒忽等做箭筒士，汪古儿、雪亦客秃、合答安三人司膳（宝儿赤），迭该牧羊，古出古儿整治帐房、车辆，忽必来、赤勒古台、合儿孩、合撒儿佩刀，别勒古台、合剌勒歹掌管骟马，忽图、抹里赤、木勒合勒忽放牧马群，阿儿孩·合撒儿、塔孩、速客该、察兀儿罕充当远箭

---

① 余大钧译注：《蒙古秘史》第123节，第149—150页。
② 参见姚大力《蒙元制度与政治文化》，北京大学出版社2011年版，第166—174页。

士、近箭士，等等①。

据《元史·兵志》记载，元代的宿卫军称怯薛，"怯薛者，犹言番直宿卫也"，"其怯薛执事之名：则主弓矢、鹰隼之事者，曰火儿赤、昔宝赤、怯怜赤。书写圣旨，曰扎里赤。为天子主文史者，曰必阇赤。亲烹饪以奉上饮食者，曰博尔赤。侍上带刀及弓矢者，曰云都赤、阔端赤。司阍者，曰八剌哈赤。掌酒者，曰答剌赤。典车马者，曰兀剌赤、莫伦赤。掌内府尚供衣服者，曰速古儿赤。牧骆驼者，曰帖麦赤。牧羊者，曰火你赤。捕盗者，曰忽剌罕赤。奏乐者，曰虎儿赤。又名忠勇之士，曰霸都鲁。勇敢无敌之士，曰拔突。其名类盖不一，然皆天子左右服劳侍从执事之人"②。对比可知，成吉思汗 1189 年给那可儿们的分工，实际已经具备了后世怯薛制度的雏形③。

怯薛制度最终确立于 1204 年前后。当时，成吉思汗刚刚攻灭克烈部，急需休整。乃蛮部塔阳汗联合汪古部，准备趁着蒙古部虚弱

①　余大钧译注：《蒙古秘史》第 124 节，第 151—152 页。余大钧在注释中指出，其父余元盦先生在《元秘史远箭近箭官号新释》（《西北民族文化研究丛刊》第一辑，上海永泰祥书店 1949 年 5 月出版）一文中已经指出远箭士、近箭士实际上即后来负责传达命令的急递使臣，"质言之，即距离较远之地，应于限期内到达，较近之地，则应飞行疾驰如快马逐猎也"。元代有所谓的贵由赤，"贵由赤者，快行是也。每岁一试之，名曰放走。以脚力便捷膺上赏，故监临之官，齐其名数而约之以绳，使无后先参差之争，然后去绳放行。在大都，则自河西务起程。若上都，则自泥河儿起程。越三时，走一百八十里，直抵御前，俯伏呼万岁。先至者，赐银壹饼，余则赐缎疋有差"【（元）陶宗仪：《南村辍耕录》卷一《贵由赤》，见氏著《陶宗仪集》，浙江古籍出版社 2014 年版，第 200—201 页】。笔者认为强调奔跑速度的贵由赤，与怯薛军中的远箭士、近箭士有一定的联系，在形态上和宋代皇城司系统的"快行"类似，与明代锦衣卫系统的锦衣快行亦有一定的继承关系。

②　（明）宋濂等：《元史》卷九九《兵志二·宿卫》，第 2524—2525 页。

③　对于怯薛制度，前人研究颇多。如（日本）箭内亘《元朝怯薛及斡耳朵考》（山西人民出版社 2015 年再版本）、萧启庆《元代的宿卫制度》（《（台湾）政治大学边政研究所年报》第 4 期）、叶新民《关于元代的"四怯薛"》（《元史论丛》第 2 辑，中华书局 1983 年版）、李治安《怯薛与元代朝政》（《中国史研究》1990 年第 4 期）、吴柏春、谢云峰《试述蒙古汗国时期的怯薛制》（《内蒙古民族师院学报》1991 年第 2 期）、李治安《元代"常朝"与御前奏闻考辨》（《历史研究》2002 年第 5 期）、洪金富《元朝怯薛轮值史料考释》（《中研院史语所集刊》74 本 2 分，2003 年）、屈文军《元代怯薛新论》（《南京大学学报》2003 年第 2 期）、刘晓《元代怯薛轮值新论》（《中国社会科学》2008 年第 4 期），等等。本节在撰写时对这些成果多有参考，如无特殊需要，下文中恕不再一一注明。

之机，火中取栗。经商议，成吉思汗采纳了别勒古台等人的建议，决定不等到秋高马肥，提前与乃蛮部决战。

为避免因大部分军队仍听命于本部首领，容易发生临阵抗命的现象，在大战来临之前，成吉思汗已经开始打破部族壁垒，全面整编军队，组建完全听命于自己的亲军是其中最为重要的任务之一。史载：

> 编组了千户、百户、十户之后，又设置了八十名宿卫（客卜帖兀勒）、七十名侍卫（土儿合兀惕）。在那里挑选轮番护卫士（客失克田）入队时，选拔千户长、百户长的子弟和白身人（自由氏）子弟入队，选拔其中有技能，身体、模样好的人入队。
>
> （成吉思汗）降恩旨给阿儿孩·合撒儿说："选取一千名勇士，做战时站在我的面前厮杀，平时做我的轮番护卫中的侍卫！"又说："七十名侍卫由斡格列·扯儿必担任首长，与忽都思·合勒潺共同商议行事。"①

客卜帖兀勒的意思是夜间卧宿卫士。土儿合兀惕，《蒙古秘史》旁注为"散班"，即白天执勤的卫士。轮番护卫士（客失克田），即轮流值班的卫士，《元史》中译作"怯薛歹"（单数）或"怯薛丹"（复数）。这一千多名卫士以及成吉思汗身边负责家事工作者，共同组成了怯薛。

对怯薛的工作方式，成吉思汗明确规定：

> 箭筒士、侍卫、轮番护卫、司膳、门卫、管战马人（阿黑塔赤），白天进入值班，在日落前交班给宿卫，骑自己的战马出去住宿。宿卫夜间让宿卫士卧在帐庐周围。应守门的，可轮流

---

① 余大钧译注：《蒙古秘史》第191节，第292页。

站立守门。箭筒士、侍卫在第二天早晨咱们喝汤时，向宿卫说了（后接班）。箭筒士、侍卫、司膳、门卫都要在自己的岗位上执事，就位而坐。值班三夜三天后，依例住宿三夜后更替。夜间有宿卫，可卧于（帐庐）周围值宿。①

怯薛中的轮番护卫来自千百户长的子弟及白身人子弟，既是草原民族传统的主从关系的产物，也是加强大汗与部属联系的一种方式。由于与中原历史上的质子有一定的雷同之处，因而中原史籍中常常称之为质子军，如《元史》中记载："或取诸侯将校之子充军，曰质子军，又曰秃鲁华军。"②

1206 年，成吉思汗统一蒙古各部，建立蒙古帝国。对于在统一战争中发挥了重要作用的怯薛，成吉思汗倍加珍视，称之为吉庆的老宿卫、老勇士，"在汹涌而来的敌群中，朕的忠诚可靠的宿卫们，在朕的有地㹠的帐庐周围，不眨眼地保卫着。朕地（疑为'的'字——引者注）桦皮箭筒稍一响动，朕的动作利索的宿卫们，就马上赶来。朕的柳木箭筒稍一响动，朕的健步如飞的宿卫们，就立刻赶到"③。为巩固统治，在建国不久，成吉思汗即大规模扩充怯薛。

以前朕只有八十人做宿卫，七十名侍卫做轮番护卫。如今依靠长生天的气力，天地的佑护，平定了全国百姓，都归朕独自统治。如今，可从各千户中挑选人到朕处进入轮番护卫队、侍卫队中。选入的宿卫、箭筒士、侍卫，共满万人。④

通过扩充，夜间宿卫士增加到八百名，后来又递增到一千名，散班卫士则增加到八千人，原有的四百名箭筒士也增加到一千名。

① 余大钧译注：《蒙古秘史》第 192 节，第 295 页。
② （明）宋濂等：《元史》卷九八《兵志》，第 2508 页。
③ 余大钧译注：《蒙古秘史》第 230 节，第 383 页。
④ 余大钧译注：《蒙古秘史》第 224 节，第 371 页。

"箭筒士与侍卫一同轮番进入（值班，分为四班）：也孙·帖额为一班箭筒士长进入，不吉歹为一班箭筒士长进入，火儿忽答黑为一班箭筒士长进入，剌卜剌合为一班箭筒士长进入。箭筒士与侍卫按各班（轮值），箭筒士由上述各班箭筒士长率领（轮流）入值……以也孙·帖额为首长。"①

也孙·帖额是老那可儿者勒蔑的儿子，可见成吉思汗对老宿卫及其后人们非常信任。不仅者勒蔑家族受到重用，其他侍卫也由旧臣掌握。

> 以前与斡格列·扯儿必一同进入的侍卫，可增加满一千名，由孛斡儿出的亲族斡格列·扯儿必管领。一千名侍卫，由木合黎的亲族不合管领。一千名侍卫，由亦鲁该的亲族阿勒赤歹管领。一千名侍卫，由朵歹·扯儿必管领。一千名侍卫，由多豁勒忽·扯儿必管领。一千名侍卫，由主儿扯歹的亲族察乃管领。一千名侍卫，由阿勒赤的亲族阿忽台管领。一千名侍卫，由阿儿孩·合撒儿管领，由他管领（以前）选取的勇士们，平时为侍卫，做战时在（朕）前面站着为勇士。②

这一万名轮番护卫士，被成吉思汗视为"朕的大中军"③，其地位远高于一般士兵，"朕的轮番护卫士的地位，高于在外的各千户长；朕的轮番护卫士的牵从马者（阔脱臣）的地位，高于在外的各百户长、十户长。在外的千户长，若想攀比到与朕的轮番护卫士同等地位互相斗殴，则应惩罚该千户长"④。成吉思汗明确规定："朕不亲自出征，宿卫不得离开朕出征。这是朕的旨意。"⑤

---

① 余大钧译注：《蒙古秘史》第 225 节，第 373 页。
② 余大钧译注：《蒙古秘史》第 226 节，第 375 页。
③ 余大钧译注：《蒙古秘史》第 226 节，第 375 页。
④ 余大钧译注：《蒙古秘史》第 228 节，第 378 页。
⑤ 余大钧译注：《蒙古秘史》第 233 节，第 386 页。

与初组怯薛时相同，扩充的怯薛侍卫同样来自各级军官以及白身人儿子中"有武艺，身体、模样好的人"，区别在于这一次带有一定的强迫性，"选为朕的轮番护卫士而躲避者，不愿到朕处效力而以他人代替者，应予惩罚，流放到眼不见的远方"①，显示扩编怯薛带有一定的质子化的趋势。这和帝国刚刚成立，新归附的部族中尚有一定离心因素是相适应的。

另外，本次扩编明确要求入选的侍卫不能只身前来。

> 千户长的儿子被选入时，带伴从者（那可儿）十人、其弟一人同来。百户长的儿子被选入时，带伴从者（那可儿）五人、其弟一人同来。十户长的儿子、白身人的儿子被选入时，带伴从者（那可儿）三人、其弟一人同来，从其原居地准备好所骑的马和必需物品前来。来到朕面前效力的千户长的儿子及其伴从者十人，所需之物，应从其所属千户、百户征给；如果他有其父分给的家产，或自己有马匹、人夫，则除其私产外，仍应依照朕的规定（从其本千户、百户中）征给其余所需之物。百户长的儿子及其伴从者五人，十户长的儿子、白身人的儿子及其伴从者三人，也依此例，除其私产外，（从其本百户、十户中）征给其余所需之物。②

蒙古民族全民皆兵，出征时自己准备鞍马、器械等是惯例，成吉思汗要求入选者本人及家族解决后勤补给符合民族习惯，在1204年初步组建怯薛时估计也有类似要求。至于要求本人所在百户、十户协助解决，补齐不足，应是民族习惯向新的经济、社会形态延伸的产物。携弟及那可儿同来，可以确保本人因故不能服役时随时有人替补，也是民族传统，但在客观上使怯薛的总量远远超过了一万

---

① 余大钧译注：《蒙古秘史》第 224 节，第 372 页。
② 余大钧译注：《蒙古秘史》第 224 节，第 371—372 页。

人。这在维持草原游牧经济形态时尚不是问题，但在进入中原汉地之后，不免会产生一系列的不适应，为日后怯薛制度的败坏埋下了伏笔。

上万名怯薛不可能同时执勤，于是成吉思汗将其分成四班，由四大功臣博尔忽、博尔术、木华黎、赤老温分别管领，且"世领怯薛之长"。"凡宿卫，每三日而一更。申、酉、戌日，博尔忽领之，为第一怯薛，即也可怯薛。博尔忽早绝，太祖命以别速部代之，而非四杰功臣之类，故太祖以自名领之。其云也可者，言天子自领之故也。亥、子、丑日，博尔术领之，为第二怯薛。寅、卯、辰日，木华黎领之，为第三怯薛。巳、午、未日，赤老温领之，为第四怯薛。赤老温后绝，其后怯薛常以右丞相领之。"①

叶新民提出《元史》中"赤老温后绝"的记载有问题，赤老温后裔没有继续担任第四怯薛怯薛长的原因是其后裔在成吉思汗幼子托雷死后，被可汗窝阔台从托雷一系中剥离，转给了自己的儿子阔端。后来托雷一系虽然夺回大汗宝座，但因阔端和托雷系宗王的友好关系，他名下的部队并没有被遣散，赤老温一系因而继续留在了阔端帐下，且长期出任阔端系宗王的怯薛官②。

叶先生的考证澄清了一段历史真相，也带出了另一个问题，即黄金家族的其他成员，似乎也可以拥有自己的怯薛队伍。翻检史料可知，这一判断是完全成立的。如赤老温的后人逊氏实理，"由裕宗皇帝位下怯薛官，为资善大夫，同知徽政院事"③。裕宗指忽必烈的太子真金。又如名臣脱脱，15 岁时，"为皇太子怯怜口怯薛官"④。可见皇太子有怯薛。元仁宗时，"仁宗旧纪皇庆元年夏四月壬午，敕

①　（明）宋濂等：《元史》卷九九《兵志二·宿卫》，第 2524 页。

②　叶新民：《关于元代的"四怯薛"》，《元史论丛》第 2 辑，中华书局 1983 年版，第 79—80 页。

③　（元）黄溍：《朝列大夫金通政院事赠荣禄大夫河南河北等处行中书省平章政事柱国追封鲁国公札剌尔公神道碑》，见氏著《金华黄先生文集》卷二五，续修四库全书丛书影印本，上海古籍出版社 2003 年版，第 344 页。

④　（明）宋濂等：《元史》卷一三八《脱脱传》，第 3341 页。

皇子硕德八剌置四宿卫。时硕德八剌才十二岁，并非出阁之年，安用宿卫，此实微示朝臣欲立为皇太子也"[①]。硕德八剌在被立为太子之前即置四怯薛，说明一般的皇子也有怯薛。屠寄认为这是元仁宗准备立太子的前兆有一定道理，但仁宗这么做其实并不意外。

蒙古帝国建立不久即走上对外扩张的道路，朝鲜半岛上的高丽王朝很快成为征服对象。在被压迫了一段时间后，高丽王室表示屈服，放弃自己的内婚制传统，与黄金家族联姻，高丽国王因此成为蒙古帝国的驸马，得与黄金家族的成员享受同样的礼遇。高丽恭愍王二十年（1371 年）七月时，罗州牧使李进修上疏，对国王的宿卫制度提出改革建议：

> 侍卫之于宫阙，犹四支之于身体。仁义识理者为最，勇敢者次之。宜置四怯薛官，各那演若干人，不拘文武耆德，其有八上将军、十六大将军、四十二都府、忽赤忠勇各四番，均分属之，训炼士卒，严明器械，更日侍卫，禀行军令，又兼管中外帅府，则其于军国重事者，身之使臂，臂之使指，身安而事举矣。[②]

李进修提出的四怯薛，兼有最高军事机构的身份，这是结合蒙元制度和本国实际做出的改革。这不是重点。重要的是高丽王作为驸马，可置四怯薛，说明黄金家族成员的怯薛和大汗（皇帝）怯薛是一样的，同样是四怯薛[③]。元仁宗给皇子硕德八剌置四怯薛本身应是这一传统的延续，至于是否暗含立太子的目的，需要臣下去揣摩。

大汗的怯薛由自己组织，王子们的怯薛来自何处呢？史载，"宽

---

① （清）屠寄：《蒙兀儿史记》卷一二《硕德八剌可汗本纪》，民国武进屠氏刊本。

② 【朝】郑麟趾：《高丽史》卷八二《兵二·宿卫》，韩国奎章阁藏本。

③ 恭愍王二十年即明洪武四年。此时元朝已经覆亡，但北元残余势力尚在。高丽王室尚在北元和明朝之间摇摆不定。此时李进修提出设置四怯薛的建议，说明元朝对高丽的影响还非常大，明朝的典章制度尚未得到高丽统治群体的认可。

彻普化，世祖之孙，镇南王脱欢子也。泰定三年，封威顺王，镇武昌，赐金印，拨付怯薛丹五百名，又自募至一千名"①。可见，宗王们的怯薛主体应由其自己组建。

另需说明的是，怯薛虽然带有强烈的私属性质，但大汗（皇帝）作为黄金家族的大家长，有权调用宗王们的各类资源，包括怯薛。例如曲也怯祖、阿波古父子从蒙古帝国建立伊始就被拨给亲王察合台，做扎鲁火赤，长期生活在西域。至元十年（1273 年）时，忽必烈"择贵族子备宿卫"，阿波古之子亦力撒合被招至阙下，"以为速古儿赤，掌服御事，甚见亲幸。有大政时以访之，称之曰秀才而不名"②。上文中提到的赤老温后裔逊氏实理，估计也是通过类似渠道回到大都的。

二　怯薛的职能

（一）护卫职能

怯薛的职能非常广泛，但最重要的职能无疑是护卫。蒙古帝国初创时只有 95 个千户，一万之众的怯薛占有相当大的比重，加上大量子弟、伴从等准军事力量的存在，足以威慑任何一支离心力量，确保大汗的安全。另外，成吉思汗准许贵族子弟主动投身于怯薛，"有愿到朕身边效力，愿来朕处学习者，不可阻挡他前来"③，这既增进了贵族们与大汗的联系，也进一步扩充了怯薛。

怯薛数量上的巨大优势，使之天然地拥有了军事中枢的职能。这一点不仅存在于蒙古帝国，甚至也影响到了附属国。如高丽国恭愍王二十年七月，罗州牧使李进修议准："盗贼四起，国家军务一无统纪。仓卒临时，何时而可？宜四怯薛外别置军帅府，仍令左右前后军各有将帅僚佐，以管时散。文武品官受约束于都统使。都统使

---

① （明）宋濂等：《元史》卷一一七《宽彻普化传》，第 2910 页。
② （明）宋濂等：《元史》卷一二〇《亦力撒合传》，第 2957 页。
③ 余大钧译注：《蒙古秘史》第 224 节，第 372 页。

受约束于怯薛官。怯薛官事无巨细，闻奏施行。"①

受游牧生产方式影响，蒙古帝国时期仍然沿用宫帐制度，没有定居的城市与宫廷，怯薛保卫大汗的方式也比较简单，只要维护好大汗宫帐（斡耳朵）内外的安全即可。入主中原后，受汉地文化的影响，逐渐复杂化。《至正条格》中记载：

（元仁宗）延祐四年十一月二十九日，中书省奏，节该："世祖皇帝时分，诸王驸马每、各衙门官人每，都在主廊里坐地，商量了勾当，有合奏的事呵，先题了入去奏有来。如今若不严切禁治呵，不便当的一般有。御史台官奏，奉圣旨：'俺内苑里的勾当，入怯薛的怯薛官人并怯薛丹、扎撒孙、各爱马的头目每、留守司官人每、八剌哈赤每等，是他每合管的勾当有。俺众人商量了，写定奏目听读呵，怎生？奏呵，那般者。么道，有圣旨来。'四怯薛的怯薛官、中书省官、枢密院官人商量来：'入怯薛的怯薛官、次着的官，各扫邻里坐地着，教入怯薛的扎撒孙各门头守把着，不教空歇了，禁治闲人休入去者。正门上，在先各爱马里也教人坐地有来。如今依先例，各爱马里教差拨人一同守把。又东门里，在先除女孩儿、火者外，其余人每不教行。如今依先例，除女孩儿、火者之外，不教其余人每行呵，怎生？又有怯薛的官人每，有奏的事呵，题了教入来呵，入去者。有怯薛的人每，不该入怯薛时分，非奉宣唤，休入去者。无怯薛并无勾当的人每，入红门去行呵，怯薛丹及各爱马的人每，初犯打柒下，再犯打拾柒，闲人并阔端赤每，初犯打拾柒，再犯打贰拾柒。大官人每入去呵，各引两个伴当，其余官人每入去呵，各引一个伴当者。又马妳子房里，有文字支酒的人每根底里，头下卸了的酒内，不教支与，教大酒务里支者。这般省会了。依着这般向前整治的人每根底，与赏，不依着这般严

---

① 【朝】郑麟趾：《高丽史》卷八一《兵志·五军》。

切禁治的，打着整治呵，怎生？又在先四怯薛里各＜安＞［委］
壹个人，教常川整治有来。如今依先例，怯薛里各委壹个好人，
教常川整治呵，怎生？将这文书入怯薛时分交割着，只依这体
例里省会了，整治呵，怎生？'商量来。"听读奏目文书呵，奉
圣旨："那般者。教伯苔沙明日聚着各怯薛官、扎撒孙每省会
了，依这文书体例，好生整治者。"①

从这段记载中可以发现，元世祖忽必烈时期，虽然大量采用汉
法，但古风犹在，黄金家族成员和各衙门官员均可在大殿主廊坐地
议事，没有明显的等级差别。有事，通报后即可面奏皇帝。到仁宗
时，中书省认为这样不妥，提出严肃宫禁的建议，并议准：皇帝在
大都时，当值怯薛官等可在主廊内坐地，当值扎撒孙等负责守把宫
城各门，严禁闲杂人等出入。东门（东华门）除宫女、宦官外，其
他人不得出入。当值怯薛，如有事面奏，通报后可以进宫；不当值
怯薛，未经皇帝传唤，严禁入宫，否则将受鞭刑。官员（大官人）
入宫奏事，可带一到两名伴当。四怯薛各派一人对此进行监督。这
里没有提及皇帝驻跸上都时的仪制，估计依然保持着帝国古风。

另据陶宗仪记述，怯薛中有云都赤，"乃侍卫之至亲近者。虽官
随朝诸司，亦三日一次，轮流入直。负骨朵于肩，佩环刀于腰，或
二人四人，多至八人。时若上御控鹤，则在宫车之前；上御殿廷，
则在墀陛之下，盖所以虞奸回也。虽宰辅之日觐清光，然有所奏请，
无云都赤在，固不敢进"②。这些带刀侍卫的云都赤，估计就是大殿
主廊内当值的怯薛官。

成吉思汗时期，怯薛军仅承担宿卫和随大汗出征的任务，进入
中原之后，受汉地文化的影响，怯薛也执行一般的军事任务。如世

---

① 《至正条格》卷一《断例·卫禁·肃严宫禁》，韩国学中央研究院 2007 年校注本，第
167—169 页。
② （元）陶宗仪：《南村辍耕录》卷一《云都赤》，见《陶宗仪集》，浙江古籍出版社 2014
年版，第 200 页。

祖至元二十五年（1288 年）五月，"以左右怯薛卫士及汉军五千三百人从皇孙北征"①；八月，"诏安童以本部怯薛蒙古军三百人北征"②。至元二十二年二月，"赐合刺失都儿新附民五千户，合刺赤、阿速、阿塔赤、昔宝赤、贵由赤等尝从征者，亦皆赐之。以民八十户赐皇太子宿卫臣尝从征者"③。元顺帝至正十五年（1355 年）六月，"以怯薛丹泼皮等六十名从江南行御史台大夫福寿守御集庆路"④，等等。可见，怯薛军在进入中原后有些许从皇帝亲军向常规部队转化的趋势。

蒙元时期怯薛的另一变化是大量汉族军士进入怯薛队伍，如至元十四年（1277 年）五月，"选蒙古、汉军相参宿卫"⑤。这和每征服一地，即征召被征服地区王公贵族子弟充当秃鲁华军士的蒙古传统是一致的。不过，随着政局的发展，元朝皇帝对汉人的信任度不断降低，汉族军士进入怯薛的机会越来越少，如英宗至治二年（1322 年）三月，皇帝下诏，"敕四宿卫、兴圣宫及诸王部勿用南人"⑥。

（二）行政、司法职能

蒙古帝国初创时，政治文化不发达，唯一可以视为文职机构的是札鲁忽赤（断事官），首任札鲁忽赤是成吉思汗的母亲诃额仑的养子失吉忽秃忽。

> 国初未有官制，首置断事官，曰札尔古齐，会决庶务。凡诸王、驸马投下蒙古、色目人等所犯一切公事及汉人奸盗诈伪、

---

① （明）宋濂等：《元史》卷一五《世祖本纪十二》"至元二十五年五月己丑条"，第312 页。

② （明）宋濂等：《元史》卷一五《世祖本纪十二》"至元二十五年八月丙辰条"，第314 页。

③ （明）宋濂等：《元史》卷一三《世祖本纪十》"至元二十二年二月壬戌条"，第 274 页。

④ （明）宋濂等：《元史》卷四四《顺帝本纪七》，第 925—926 页。

⑤ （明）宋濂等：《元史》卷九《世祖本纪六》"至元十四年五月乙卯条"，第 190 页。

⑥ （明）宋濂等：《元史》卷二八《英宗本纪一》"至治二年三月己巳条"，第 620 页。

蛊毒魇魅、诱掠逃驱、轻重罪囚及边远出征、官吏每岁从驾、分司，上都存留住冬诸事，悉掌之。①

从这段记载来看，札鲁忽赤既有司法职能，又兼具一定的中央最高行政机构的性质。不过，札鲁忽赤虽然权力广泛，但并不是没有任何制约。按照成吉思汗的设计，"失吉忽秃忽审判案件时，由宿卫参加听审。由宿卫保管和分发箭筒、衣甲、器械、弓箭。由宿卫在军马上用网索装行李驮载而行。宿卫与女侍官一起掌管、分发缎匹"②。保管军械是蒙古军队最重要的后勤保障工作之一，分发缎匹则是帝国草创阶段粗放型财政的重要组成部分。加上可以听审案件，显然怯薛在行政和司法领域发挥的作用不亚于札鲁忽赤。据萧启庆考察，怯薛中的必阇赤，"不仅掌理文书，而且负有全国中央行政的责任"③。从这一角度看，把怯薛和札鲁忽赤（断事官）视为蒙古帝国初创时期的中央行政中枢应该是没有问题的。

随着政治文化的提升，蒙古帝国的政权机构开始分化，札鲁忽赤的地位有所弱化，出现与怯薛合并的趋势。"断事官，秩三品，掌刑政之属。元初，尝以相臣任，其名甚重。其员数增损不常，其人则皆御位下及中宫、东宫、诸王各投下怯薛丹等人为之。"④ 至元十七年（1280 年），按照阿合马的建议，元廷设立大宗正府，"以诸王为府长，余悉御位下及诸王有国封者，又有怯薛人员奉旨署事，别无领受宣命"⑤，与中书省、枢密院并列，独立审理宗室及涉及蒙古、色目人案件，不受御史台监察。不过断事官依旧存在，而且常常由怯薛长兼任。如巴哈（不花），"宪宗朝集赛丹（怯薛丹）长，领断

① （清）嵇璜、曹仁虎等：《钦定续文献通考》卷五五《职官考·大宗正府》，第 522—523 页。"札尔古齐"是清代对"札鲁忽赤"的另一种音译。
② 余大钧译注：《蒙古秘史》第 234 节，第 387 页。
③ 萧启庆：《内北国而外中国：蒙元史研究》，中华书局 2007 年版，第 229 页。
④ （明）王圻：《续文献通考》卷八六《职官考·中书省掾属》，续修四库全书丛书影印本，第 445 页。
⑤ （清）嵇璜、曹仁虎等：《钦定续文献通考》卷五五《职官考·大宗正府》，第 523 页。

事官"①，等等。由怯薛长兼任断事官，说明二者共同职掌最高行政、司法事务的传统并没有被抛弃，只是断事官的权力范围发生了变化。明人王圻把断事官置于"中书省掾属"的地位，显然是把蒙古帝国时期的大断事官和元代诸多军政机构中的断事官混淆了。

据《高丽史》记载，高丽国权臣、曾做过元朝御史的崔濡归国后，"宰臣赵芬妻马氏新宴，服未阕，濡强淫之。芬弟、宦者院使伯颜不花在元闻之，诉中政院。帝遣怯薛旦驴女等鞫问，以豪富获免，止杖五十"②。这一案例显示，怯薛在蒙古入主中原后已经具有独立的司法权。这和怯薛长兼领断事官，断事官的权责与怯薛合并应有密切的关系。

进入中原后，受汉地文化影响，元代的政权架构发生了很大变化，逐渐形成一种蒙汉杂糅的体制。尽管出现了中书省、枢密院、御史台等中央文职机构，但怯薛参与中央政治的局面并没有改变。高级怯薛官不仅可以在当值时参与大政方针的讨论，而且常常兼任丞相等高级文职，甚至绕开文官政府，直接以皇帝的名义发号施令。如大德九年（1305年），中书省臣上疏："近侍自内传旨，凡除授赏罚皆无文记，惧有差违，乞自今传旨者，悉以文记付中书。"③ 大德十一年，中书省再奏："旧制，金虎符及金银符，典瑞院掌之，给则由中书，事已则复归典瑞院。今出入多不由中书，下至商人，结托近侍奏请，以致泛滥，出而无归。"④ 汉族世侯严实最初跋扈，凡事不经过中书省，"每令人请事于朝，托近侍奏决"⑤，以致与丞相耶律楚材交恶。这些事例说明怯薛无论是在蒙古帝国时期还是元朝，始终是中央决策层的重要组成部分，甚至可以说是一个相对独立的决策机构。这不是对文官政府的非正常职权侵夺，而是蒙元政治体

---

① （元）王恽：《中堂事记·中》，见氏著《秋涧集》卷八一，景印文渊阁四库全书本，第187页。

② 【朝】郑麟趾：《高丽史》卷一三一《崔濡传》。

③ （明）宋濂等：《元史》卷二一《成宗本纪四》"大德九年二月癸未条"，第462页。

④ （明）宋濂等：《元史》卷二二《武宗本纪一》"大德十一年十二月壬辰条"，第491页。

⑤ （明）宋濂等：《元史》卷一五九《宋子贞传》，第3735页。

制的常态。对此，前辈学者多有论列，此不赘述。

（三）承担皇室家务事

怯薛在初创时就包括大量为大汗个人服务的人员，如厨师、牧马者等，"其分番更直，亦如四怯薛之制，而领于怯薛之长"①。随着政权建设的日趋复杂化，主管皇室成员家务事的怯薛不仅没有消失，反而进一步的专业化。如元朝时期的仪鸾局，"掌殿庭灯烛张设之事，及殿阁浴室门户锁钥，苑中龙舟，圈槛珍异禽兽，给用内府诸宫太庙等处祭祀庭燎，缝制帘帷，洒扫掖庭，领烛刺赤、水手、乐人、禁蛇人等二百三十余户"②。可见仪鸾局管辖的事务非常琐碎，但其主官大使却是由四名怯薛轮值，到延祐七年（1320 年）才增补了两名宦官大使。

因为大量"内府执役"之怯薛的存在，元人在日常生活中经常将其作为仆从的代称。如"杜清碧先生本应召次钱唐，诸儒者争趋其门。燕孟初作诗嘲之，有'紫藤帽子高丽靴，处士门前当怯薛'之句。闻者传以为笑"③。

不过，以怯薛为主管理皇室家事，无形中帮助蒙元王朝避免了一个政治误区，即中原王朝历史上不断出现的宦官专权。对此，《元史》作者分析：

> 盖自太祖选贵臣子弟给事内廷，凡饮食、冠服、书记，上所常御者，各以其职典之，而命四大功臣世为之长，号四怯薛。故天子前后左右，皆世家大臣及其子孙之生而贵者，而宦官之擅权窃政者不得有为于其间。虽或有之，然不旋踵而遂败。④

---

① （明）宋濂等：《元史》卷九九《兵志二·宿卫》，第 2525 页。
② （明）宋濂等：《元史》卷九〇《百官志六》，第 2282 页。
③ （元）陶宗仪：《南村辍耕录》卷二八《处士门前怯薛》，第 667 页。
④ （明）宋濂等：《元史》卷二〇四《宦者传》，第 4549 页。

（四）宣召与出使

成吉思汗创建怯薛伊始，即设置了负责传达命令的远箭士和近箭士。由于分工比较粗放，这些远、近箭士客观上也肩负起使者的职责。如铁木真被拥立为本部落可汗后，即派遣答孩、速客该二人为使者，去告知克烈部的王罕①。其中的速客该即是刚刚被任命不久的远箭士、近箭士。此后，宣召或出使发展为怯薛的基本职能之一并延续到入主中原之后。如高丽忠烈王二十一年（1294年），"元遣怯薛歹帖里迷、失老里等来颁诏"②。

（五）入元后的新增职能

随着元朝的建立，进入中原的蒙古贵族开始在大汗忽必烈的率领下尝试接受中原先进文化，原有的粗线条的政权结构开始细化。基于维护民族传统、维系大汗（皇帝）与贵族间主从关系等的需要，怯薛制度并没有被元朝的统治者废除，而是完整地保留了下来，且根据实际需要，衍生出一系列的新职能。

1. 秘密监察

史载，忽必烈曾秘密派遣"近侍夜出伺察，为逻卒所执，近侍以实告，卒曰：'军中惟知将军令，不知其他。'近侍以闻，帝赏以黑貂裘"③。忽必烈的帝位来之不易，难免对臣下的忠诚产生怀疑，只是这样的秘密监察似乎只是临时起意，暂时没有史料可以证明是常态化的举动。

2. 参与祭祀大典

蒙古民族的宗教信仰较为原始，因而对其他民族的宗教信仰持开放态度。元朝建立后，大体接受了前朝的祭祀对象和仪制。怯薛官作为皇帝最亲近的属从，很快成为代表皇帝参与祭祀大典的合适人选。如至元十二年（1275年），"命怯薛丹察罕不花、侍仪副使关

---

① 余大钧译注：《蒙古秘史》第126节，第155页。
② 【朝】郑麟趾：《高丽史》卷三一，乙未二十一年九月甲戌条。对此职能，可参阅苗冬《元代怯薛遣使初探》，《云南师范大学学报》2009年第4期。
③ （明）宋濂等：《元史》卷一五一《王善传》附"王庆端传"，第3574页。

思义、真人李德和，代祀岳渎后土"①。致和元年（1328 年），御史邹惟亨上言："时享太庙，三献官旧皆勋戚大臣，而近以户部尚书为亚献，人既疏远，礼难严肃。请仍旧制，以省、台、枢密、宿卫重臣为之。"② 据邹惟亨的言论可知，怯薛官参与祭祀已经被广大汉族官员认可，不出席反而成了不重视祭祀大典的表现。

3. 科举监试

蒙元官员的来源与唐宋两朝迥异，"仕途自木华黎王等四怯薛大根脚出身分任省台外，其余多是吏员，至于科目取士，止是万分之一耳，殆不过粉饰太平之具"③。按照元仁宗皇庆二年（1313 年）制定的科举规章，在御试阶段，"三月初七日，前期奏委考试官二员、监察御史二员、读卷官二员，入殿廷考试。每举子壹名，委怯薛歹壹人看守……"④。作为皇帝近侍的怯薛被用于科举监考，至少在形式上展示了元廷对科举的重视。

4. 用于工役

世祖中统元年（1260 年），"堂议：中书出政之地，人杂还莫能禁。奏准，令集赛丹（怯薛丹）二人监约省庭间。自是中省之务颇清肃焉"⑤。至元二十八年（1291 年），"都水使者请凿渠西导白浮诸水，经都城中，东入潞河，则江淮之舟既达广济渠，可直泊于都城之汇。帝亟欲其成，又不欲役其细民，敕四怯薛人及诸府人专其役，度其高深，画地分赋之，刻日使毕工"。时任宣徽使的怯薛太官月赤察儿亲率部属，"著役者服，操畚锸，即所赋以倡。趋者云集，依刻而渠成，赐名曰通惠河，公私便之"⑥。元顺帝至正十六年（1356 年），"赐定住笃怜赤、怯薛丹三十名，给衣粮、马匹、草料"⑦。

---

① （明）宋濂等：《元史》卷八《世祖本纪五》"至元十二年二月庚午条"，第 163 页。
② （明）宋濂等：《元史》卷三〇《泰定帝本纪二》"致和元年正月乙亥条"，第 684 页。
③ （明）叶子奇：《草木子》卷四下《杂俎篇》，中华书局 1959 年标点本，第 82 页。
④ 《通制条格》卷五《科举》，方龄贵校注本，中华书局 2001 年版，第 221 页。
⑤ （元）王恽：《中堂事记·中》，见氏著《秋涧集》卷八一，第 185 页。
⑥ （明）宋濂等：《元史》卷一一九《博尔忽传》附"月赤察儿传"，第 2950 页。
⑦ （明）宋濂等：《元史》卷四四《顺帝本纪七》"至正十六年二月己卯条"，第 930 页。

怯薛本是大汗亲军，原本仅为大汗服务，入元后却不断被用于杂役，甚至被赏赐给臣下（尽管受赏之定住也是怯薛官，中书省长官也不时由怯薛长兼任），显示怯薛的总体地位在发生微妙的变化。

对于元廷对怯薛的使用，《元史》作者曾做过一定的归纳：

> 夫属櫜鞬，列宫禁，宿卫之事也，而其用非一端。用之于大朝会，则谓之围宿军；用之于大祭祀，则谓之仪仗军；车驾巡幸用之，则曰扈从军；守护天子之帑藏，则曰看守军；或夜以之警非常，则为巡逻军；或岁漕至京师用之以弹压，则为镇遏军。①

这一归纳虽然有些粗犷，但大体上反映了入元后怯薛职能不断增加的事实。

三　怯薛与侍卫亲军的关系

1259 年，大汗蒙哥意外崩逝于合州城下，由于此前未对继承人做出安排，奉命留守和林，坚持蒙古旧习的阿里不哥与支持行汉法的忽必烈先后称帝（汗），黄金家族内部再次爆发争夺汗位的斗争。

蒙哥死后，他的怯薛军一部分护送大汗灵柩北返和林，一部分留在军中，随军撤退，只有少部分脱离队伍，投到忽必烈麾下。忽必烈有自己的怯薛，但数量有限，不足以发挥大中军的作用。当时，忽必烈的军事力量主要依靠东道蒙古诸王和中原汉族世侯的武装，并以后者为主体。如果组建以汉族军士为主体的怯薛，显然不利于争取蒙古各系力量的支持；若以蒙古或色目人为主，不仅备选资源十分有限，且不利于强化与汉族世侯们的联系。迫于形势，忽必烈接受了姚枢的建议，着手组建符合中原传统的禁卫武装。

中统元年，董文用等开始从汉军中选拔士兵赴京师宿卫。次年，

---

① （明）宋濂等：《元史》卷九九《兵志二·宿卫》，第 2523 页。

正式组建了武卫军①，设都指挥使、副都指挥使以统之，亲信董文炳和世侯史天泽的姻亲李伯佑同时出任都指挥使。"卫"是唐代君王护卫部队的编制称谓，都指挥使、副都指挥使则源自宋制。不过武卫军的编制与蒙古传统的万户制相同，亦采用十十编制，设千户、百户等军职。可见，武卫军从建立伊始就是蒙汉制度杂糅的产物。

中统二年十一月，忽必烈亲征阿里不哥。部分武卫军随其行动，抵驻潮河川。可见，此时的武卫军临时代行了怯薛的护卫亲军职责。中统四年，阿里不哥战败，被迫投降。

在与阿里不哥的竞争大局已定的情况下，忽必烈于中统四年二月发出一道诏书：

> 诏："统军司及管军万户、千户等，可遵太祖之制，令各官以子弟入朝充秃鲁花。"其制：万户，秃鲁花一名，马一十匹，牛二具，种田人四名。千户见管军五百或五百已上者，秃鲁花一名，马六匹，牛一具，种田人二名。虽所管军不及五百，其家富强、子弟健壮者，亦出秃鲁花一名，马匹、牛具、种田人同。万户、千户子弟充秃鲁花者，挈其妻子同至，从人不拘定数，马匹、牛具，除定去数目已上复增余者，听。若有贫乏不能自备者，于本万户内不该出秃鲁花之人，通行津济起发，不得因而科及众军。万户、千户或无亲子、或亲子幼弱未及成人者，以弟侄充，候亲子年及十五，却行交换。若委有亲子，不得隐匿代替，委有气力，不得妄称贫乏，及虽到来，气力却有不完者，并罪之。②

这道诏令和成吉思汗当年征召千百户和白身人子弟入充怯薛大体相同，唯一不同的是伴当换成了种田人，同时要求携带耕牛，这

---

① 参看史卫民《忽必烈与武卫军》，《北方文物》1986 年第 2 期。
② （明）宋濂等：《元史》卷九八《兵志一·兵制》，第 2511—2522 页。

显然是进入农业区的客观需要。这道诏令的发出，说明忽必烈开始重建自己的怯薛队伍。重建怯薛既是维护蒙古传统的需要，也给了曾经反对自己的怯薛官们一个体面回到皇帝身边的机会，有利于维护本族团结。同时，这道诏令中并没有族群的限定，只要求是万户、千户子弟，也就是说，汉族出身的高级武官子弟同样可以进入怯薛，获得"大根脚"。这样做既可适当弥合内乱带来的本族内的隔阂，又巩固了自己的统治基础。只是，曾经一度代行怯薛护卫职能的武卫军该如何安置呢？

至元元年（1264 年）十月，忽必烈下令"改武卫军为侍卫亲军"①，与怯薛军同为自己的护卫队。至元十六年，侍卫亲军扩编到五个卫，"以象五方"②。此后，侍卫亲军又陆续扩编，到元末时已达 34 个卫。在侍卫亲军不断扩编的同时，其他民族的军士也不断充实进来。李璮叛乱发生后，忽必烈对汉军、汉将信任度下降，博罗欢、囊加歹、床兀儿等蒙古、色目将领随着扩编不断占据侍卫亲军的主要领导岗位，到元代中后期，汉族将领已经基本失去侍卫亲军的领导权。

侍卫亲军和怯薛同时存在，必然面临着分工。重建的怯薛与侍卫亲军相比，人数上明显处于劣势。随着控制区域的不断扩大，军队的规模也在不断扩大，一万余人的怯薛显然无法再承担独当一面、控遏全军的"大中军"职能。如大规模扩充由皇帝直接掌控的怯薛，必须改变以贵族、高官子弟为主体的组织模式，这既不符合传统，也会招来对汉法改革充满期待的中原士大夫群体的反对。于是，怯薛护卫的范围退到宫城之内和皇帝斡耳朵附近地区，其他地区的保卫工作则转给了员额不断扩充的侍卫亲军。由于汉军遭到猜忌，元代中后期宫城（斡耳朵）之外的守卫工作主要交给色目亲军卫，如后至元六年（1340 年），"降钞万锭，给守卫宫阙内外门禁唐兀，

---

① （明）宋濂等：《元史》卷五《世祖本纪二》"至元元年十月戊辰条"，第 100 页。
② （明）宋濂等：《元史》卷九九《兵志二·宿卫》，第 2523 页。

左、右阿速，贵赤，阿儿浑，钦察等卫军"①。

元代的侍卫亲军守卫的区域大体涵盖两都及其附近地区。为防止出现防区空白，在二者的结合部实行交叉管理。如大都城由侍卫亲军守卫，但掌管 11 座城门"门禁启闭管钥之事"的城门尉，在至元二十年初置时则"以四怯薛八剌哈赤为之"，二十四年，"复以六卫亲军参掌"②。

在管理体制上，怯薛继续由皇帝直辖，侍卫亲军则明确归属中央政府中源于宋制的枢密院。元代实行行省制度，各省内驻防的军队，作为行省长官的丞相和平章有权调度，但日常管军的都镇抚则由枢密院任命。由于数额庞大，且驻扎于京畿，侍卫亲军在事实上取代了怯薛的"大中军"职能，同时亦符合中原传统的"居重驭轻"军事集权理念。

既然名为亲军，蒙古旧制不可能不对侍卫亲军的建设产生影响。怯薛并非皇帝专有，黄金家族的宗王、驸马等都有自己的四怯薛。估计是受此影响，至元十六年，"世祖以新取到侍卫亲军一万户，属之东宫，立侍卫亲军都指挥使司"③。二十一年，又增设了东宫蒙古侍卫亲军都指挥使司。二十二年，太子真金病死。三十一年，忽必烈去世，真金之子铁穆耳即位，是为元成宗，但原属于太子东宫的两个卫的侍卫亲军并没有撤销，而是予以保留，交由真金的王妃、成宗之母伯蓝也怯赤管理，改东宫为隆福宫，两个卫更名为左都威卫、右都威卫。真金虽然没有当过皇帝，但根据汉制，被尊为裕宗。蒙元皇帝死后都会保留斡耳朵及其宿卫人员，真金的两个亲军卫被保留，估计是受了这一传统的影响。

元武宗海山是在弟弟爱育黎拔力八达的帮助下取得帝位的，因此称帝不久，即册立其为"皇太子"。至大元年（1308 年），武宗

---

① （明）宋濂等：《元史》卷四〇《顺帝本纪三》，"后至元六年五月辛未条"，第 856 页。
② （明）宋濂等：《元史》卷九〇《百官志六》，第 2280 页。
③ （明）宋濂等：《元史》卷九九《兵志二·宿卫》，第 2526 页。

"命以中卫兵万人立卫率府，属之东宫"①。太子护卫部队称"率"是唐朝的制度，给太子置侍卫亲军则是忽必烈的创造。武宗建卫率府，在汉化的道路上又进了一步。但是爱育黎拔力八达却认为"世祖立五卫，象五方也，其制犹中书之六部，殆不可易"。武宗同意，于是"命江南行省万户府，选汉军之精锐者一万人，为东宫卫兵，立卫率府。延祐四年，改为中翊府，未几复改为御临亲军都指挥使司，又以御临非古典，改为羽林。六年，英宗立为皇太子，复以隶东宫，仍为左卫率府"②。

英宗硕德八剌立为皇太子的时间是延祐三年（1316 年），但到延祐六年才被授予玉册。在授予玉册之前，原左卫率府的军队一直在爱育黎拔力八达的掌控中，和其私属的怯薛并无二致。另外在延祐五年时，元仁宗已经下令"以詹事秃满迭儿所管速怯那儿万户府，及迤东、女直两万户府，右翼屯田万户府兵，合为右卫率府，隶皇太子位下"③，大有为太子另组侍卫亲军的势头。这和为太子置四怯薛，几乎没有什么区别。

四　怯薛的特权及其败坏

世袭制度是草原民族带进中原的重要遗产。与中原皇室及高级贵族利用世袭维护血脉纯洁及家族长远利益不同，金、元时期的世袭制度是游牧（渔猎）民族在跨进文明门槛后仍保留了大量氏族社会的陈旧因子的产物，同时客观上也是固化主君与部属主从关系的一种方式。汉族士大夫不谙内情，因而得出很多似是而非的结论。如元代士人在解释军官世袭制度的时候，一方面强调"我国家之初，任人惟其材能"，一方面又说"方天下未定，军旅方兴，介胄之士莫先焉，故攻取有功之士，皆世有其军而官之"④。

---

① （明）宋濂等：《元史》卷九九《兵志二·宿卫》，第 2528 页。
② （明）宋濂等：《元史》卷九九《兵志二·宿卫》，第 2528 页。
③ （明）宋濂等：《元史》卷九九《兵志二·宿卫》，第 2528 页。
④ （元）苏天爵：《元文类》卷四〇《入官》，景印文渊阁四库全书本，第 495 页。

怯薛作为成吉思汗的"大中军",其各项职掌同样要世袭,"四怯薛子孙世为宿卫之长,使得自举其属"①。作为历代大汗(皇帝)最信赖的心腹劲旅,怯薛不仅享有高于一般军户的地位,同样拥有其他部队难以匹敌的特殊待遇。这其中,最为重要的特权无疑是可以做官。

上文中说过,怯薛无论在蒙古帝国时期还是在元代,都是中央决策层的重要组成部分,因而随着政权架构的逐渐细化,大批怯薛出身的人士出现在各级政府机构中。在军中,"旧制:四宿卫各选一人参决枢密院事"②。在中书省、御史台等文职机构中,也有大量怯薛的身影。"及得中原,损益古今之制度而行之,而用人之途不一,亲近莫若禁卫之臣,所谓怯薛者。然而任使有亲疏,职事有繁易,历时有久近,门第有贵贱,才器有大小,故其得官也,或大而宰辅,或小而冗散,不可齐也。国人之备宿卫者,浸长其属则以自贵,不以外官为达……故自宰相百执事皆由此起,而一时号称人才者亦出于其间,而政治系之矣"③。

达鲁花赤相当于皇帝派驻在各地的代理人,在元代官制系统中享有特殊地位,作为心腹的怯薛是达鲁花赤的重要候选。如至正六年,"诏选怯薛官为路、府、县达鲁花赤"④。

散官是中原政治文化中的一个特色,元初,这一制度也被引入怯薛。至元年间,监察御史王恽上疏建议:

> 切惟自古殿庭之间,内而近侍,外而宿卫,凡有职掌,俱带散阶,理无一概白身领官披之事者。今伏见朝廷一切侍从、宿卫、集赛台(怯薛丹)等官员多系功臣子孙及历年深远辛勤劳绩人员,据见掌职事,就中固分轻重上下,终是朝家,未曾

① (明)宋濂等:《元史》卷八二《选举志二·铨法上》,第2037页。
② (明)宋濂等:《元史》卷一三《世祖本纪十》"至元二十二年正月癸巳条",第272页。
③ (元)苏天爵:《元文类》卷四〇《入官》,第495—496页。
④ (明)宋濂等:《元史》卷四一《顺帝本纪四》"至正六年七月癸巳条",第875页。

普覃加带勋散阶号，使宠异其身名……今后合无将内外一切近侍、环卫等官，据见掌职事，依验色目，普加散官，如龙虎、骠骑、金吾、奉辅国、昭安、怀定、明武将军之官，下至丞昭忠尉之号……①

至元二十年，元廷定议："（怯薛官）久侍禁闼、门地崇高者，初受朝命散官，减职事一等，否则量减二等。"② 这一针对高级怯薛官员的规定虽然未必是王恽直接建议的结果，但和其恢复散官的建议应是有联系的。授予散官，进一步巩固了怯薛的社会地位。

官职的高低与怯薛歹的出身有关。元人称之为"根脚"。木华黎等四大怯薛长的后裔被称为"大根脚"③。中书省、枢密院、御史台及各行省的高官，大多都拥有这样的好根脚出身。不过即便官职再高，他们的怯薛身份是不变的，很多高级官员在履职的同时还要继续执行宿卫任务，"虽以才能受任，使服官政，贵盛之极，然一日归至内庭，则执其事如故"④，"诸省部官名隶宿卫者，昼出治事，夜入番直"⑤。至大四年（1311 年），元武宗诏敕省部官："勿托以宿卫废职。"⑥ 这一诏令显示怯薛官们很清楚自己的"奴婢"身份。

按照游牧民族的生活习惯，蒙元军士出征一律自备鞍马甲杖。但在入主中原之后，原有的生产生活方式很难继续，必须在接受农业文明的基础上构建一个新的后勤保障体系。曾经被中原王朝在边境地区反复试用过的屯田制度成为元朝政府解决危机的法宝，大批田土被分配给军士，军屯制度由此在全国范围内大面积铺开。

---

① （元）王恽：《乌台笔补·论集赛台（怯薛歹）加散官事状》，见氏著《秋涧集》卷八四，第 222 页。

② （明）宋濂等：《元史》卷八二《选举志二·铨法上》，第 2037 页。

③ （明）叶子奇：《草木子》卷四下《杂俎篇》，第 82 页。

④ （明）宋濂等：《元史》卷九九《兵志二·宿卫》，第 2524 页。

⑤ （明）宋濂等：《元史》卷一〇二《刑法志一》，第 2616 页。

⑥ （明）宋濂等：《元史》卷二四《仁宗本纪一》"至大四年九月丙寅条"，第 547 页。

至元十八年，忽必烈下令"给怯薛丹粮，拘其所占田为屯田"①。至元二十年，"敕权贵所占田土，量给各户之外，余者悉以与怯薛带等耕之"②。至元二十二年，又"诏括京师荒地，令宿卫士耕种"③。怯薛被纳入军屯系统，且不断被授田，元廷的基本出发点应该也是为了维护其自我保障的能力。

草原民族很难迅速适应农耕定居生活，在战争中被其掳掠的"驱口"以及大量附属人口（怯怜口）成为耕种的主力。为确保怯薛从土地上有收益，元廷还曾多次赏赐给他们大批怯怜口。如至元二十二年，"赐合剌失都儿新附民五千户，合剌赤、阿速、阿塔赤、昔宝赤、贵由赤等尝从征者，亦皆赐之。以民八十户赐皇太子宿卫臣尝从征者"④。

按蒙古旧俗，大汗登基或重大节庆活动时要举行大规模宴会，同时给予相关人员大量赏赐，怯薛作为心腹，自然也在受赏之列。这类赏赐不仅赐予大汗（皇帝）怯薛，有时也惠及诸王爱马之怯薛。如至元十九年，"赐西平王怯薛那怀等钞一万一千五百二十一锭"⑤；至元二十一年，"赐皇子爱牙赤怯薛带孛折等及兀剌海所部民户钞二万一千六百四十三锭，皇子南木合怯薛带、怯怜口一万二百四十六锭"⑥，等等。

尽管有土地、怯怜口和不时的赏赐，依然有部分怯薛陷入生活困境。至顺三年（1332 年），元廷下诏："百官及宿卫士有只孙衣者，凡与宴飨，皆服以侍。其或质诸人者，罪之。"⑦按照元代的服制，百姓服装有等第之分，但"蒙古人不在禁限，及见当怯薛诸色

---

① （明）宋濂等：《元史》卷十一《世祖本纪八》"至元十八年八月壬辰条"，第 233 页。
② （明）宋濂等：《元史》卷一二《世祖本纪九》"至元二十年二月庚子条"，第 251 页。
③ （明）宋濂等：《元史》卷一三《世祖本纪十》"至元二十二年正月癸巳条"，第 272 页。
④ （明）宋濂等：《元史》卷一三《世祖本纪十》"至元二十二年二月壬戌条"，第 274 页。
⑤ （明）宋濂等：《元史》卷一二《世祖本纪九》"至元十九年正月丙戌条"，第 239 页。
⑥ （明）宋濂等：《元史》卷一三《世祖本纪十》"至元二十一年六月甲戌条"，第 267 页。
⑦ （明）宋濂等：《元史》卷三七《宁宗本纪》"至顺三年十月甲子条"，第 812 页。

人等，亦不在禁限，惟不许服龙凤文"①。只孙衣是内廷大宴时的官服，怯薛中却有人将其典质与他人，很难想象不是生活陷入困境的结果。对于类似生活困难的怯薛，元廷会及时给予赈济。如后至元六年（1340 年）三月，"四怯薛役户饥，赈米一千石、钞二千锭。成宗潜邸四怯薛户饥，赈米二百石、钞二百锭"②。

拥有良好的后勤保障以及根据根脚任官的特权，怯薛理应成为蒙元政权的坚决捍卫者，事实上却恰恰相反。一方面，入主中原后的皇帝们很少御驾亲征，怯薛参战的机会越来越少③，加上宿卫体制的变化，怯薛在国家军事体系中的地位日渐下滑；另一方面，受传统主从关系的影响，元朝的皇帝们对自己"奴婢"们给予了过度的信任，缺少适度的约束，致使统治阶级内部纷争不断，作为近侍的怯薛因此成为各派力量拉拢和利用的对象，进而陷入频繁的政变当中，大批怯薛从皇帝最可信赖的保卫者变成了埋伏在皇帝身边最危险的敌人。如色目人倒剌沙"常侦伺朝廷事机，以其子哈散事丞相拜住，且入宿卫。久之，哈散归，言御史大夫铁失与拜住意相忤……"④ 倒剌沙又与出任宣徽使的怯薛官探忒要结，最终发动政变，杀害了元英宗。后至元六年，元顺帝废黜丞相伯颜，命令"所有元领诸卫亲军并怯薛丹人等，诏书到时，即许散还"⑤。显然，伯颜管领的怯薛军，在顺帝眼中是重大威胁。

政变毕竟不是常态，因而怯薛带给元廷最大的困扰不是干政，而是沉重的财政负担。成吉思汗的怯薛定额为一万名，但同时允许

---

① （明）宋濂等：《元史》卷七八《舆服志一·服色等第》，第 1942 页。

② （明）宋濂等：《元史》卷四〇《顺帝本纪三》"后至元六年三月癸亥条"，第 855 页。

③ 这里仅指皇帝的怯薛，不包括诸王名下的怯薛。事实上，由于很多宗室负有镇守地方的职责，他们的怯薛倒是不时被用于地方军事活动。如元贞二年（1296 年），"元江贼舍资杀掠边境，梁王命怯薛丹等讨降之"（《元史》卷一九《成宗本纪二》"元贞二年九月戊寅条"，第 406 页）；至正十二年（1352 年），诸王宽彻不花"统领怯薛丹、官军、丁壮人等驾船迎敌"，参与镇压红巾军（事见元人刘孟琛《南台备要·剿捕反贼》，浙江古籍出版社 2002 年版，第 253 页）；等等。

④ （明）宋濂等：《元史》卷二九《泰定帝本纪一》，第 637 页。

⑤ （明）宋濂等：《元史》卷四十《顺帝本纪三》"后至元六年二月己亥条"，第 854 页。

贵族子弟主动投身于怯薛，这就为后来的投充开了方便之门。

　　成宗大德七年（1303 年），郑介夫上《太平策》，在涉及宫禁部分，指出怯薛"之名数视古颇简"，但"古者分以职役，定以等差，用当其人，人当其任……今则不然。不限以员，不责以职，但挟重赀，有梯援投门下，便可报名字，请粮草，获赏赐，皆名曰怯薛耳。以此纷至沓来，争先竞进，不问贤愚，不分阶级，不择人品，如屠沽下隶、市井小人及商贾之流、军卒之末，甚而倡优奴贱之辈，皆得以涉迹宫禁"。不仅如此，这些出入秋门的怯薛名隶禁庭，实则"效奔走于车尘马足之下，实当怯薛者十无二三。是各官门下之怯薛，非天子根前之怯薛也"，"今各色怯薛除近行人外，其余投入者但知怯薛官、排子头为使长，岁时馈遗，朝夕跟随，给假还家，去来原路，所请粮草，分要过半。四怯薛轮当三日，例闲九日，而三日之内未尝执役，但早晚诣各门下见面呈身而已。富者财力一到，便可□别里哥，早得名分；贫省苟焉，栖身以叨鹰□□□□幰下，莫甚于此"①。这些混进怯薛队伍的人员，估计有相当一部分是借着学习的外衣，"合法"投充进去的。

　　另外，按照蒙古旧俗，大汗立，"设一帐房，极金碧之盛，名为斡耳朵。及崩，即架阁起。新君立，复自作斡耳朵"②。"自太祖以后，累朝所御斡耳朵，其宿卫未尝废。是故一朝有一朝之怯薛，总而计之，其数滋多，每岁所赐钞币，动以亿万计，国家大费每敝于此焉。"③ 斡耳朵的宿卫不动，新君自然不能全额继承先君的怯薛，只好重新召补。

　　按照成吉思汗的设计，在帝国扩张过程中并入的政权，除了要履行正常的义务外，还需要像蒙古贵族一样派遣一个儿子担任大汗的散班侍卫。随着帝国的膨胀，通过这一方式进入怯薛队伍的人员

---

①　（元）郑介夫：《论私役卫兵》，见（明）唐顺之辑《荆川先生右编》卷三十七《兵一》，续修四库全书丛书影印本，第452—453 页。

②　（明）叶子奇：《草木子》卷三下《杂制篇》，中华书局 1959 年标点本，第 63 页。

③　（明）宋濂等：《元史》卷九九《兵志二·宿卫》，第 2525 页。

越来越多，以至于没有合适的岗位安置，于是很多人被分配到诸王怯薛当中，如至正十年十一月，元廷"以高丽沈王之孙脱脱不花等为东宫怯薛官"①。征召被征服地区贵族子弟为秃鲁华，带有一定强制性，但随着帝国的扩大，拥有大量特权的怯薛的吸引力倍增，《元典章》中收录了这样一份文件：

至元十七年七月，枢密院：

准扬州行省咨："淮东道宣慰司备高邮军管军万户府申：'总管姚荣祖、刁遘，千户高增、晁荣祖等申：自围困襄阳、樊城，渡江相杀，节次获功，升充总管、千户职名，见管军人不敷，止请百户俸给。若令应当侍卫军一名，实是生受。'本省参详：姚荣祖等元系请俸百户，渡江有功，新升总管、千户职名，正管元管军人，支请百户俸给。若与旧管全奕军人全支俸给官员一体，户下另起侍卫军一名，委是生受。请定夺"事。本院议得：千户以上官员军役，若系新升创设，帮旧职俸秩，或未支俸人员，拟千户俸给，至日起遣，千户上职起遣侍卫军一名，前来应役施行。②

枢密院的决定是否得到皇帝批准不得而知，但从其并未全盘接受扬州行省的意见来看，至少在至元年间，遣子入卫已经成了需要努力争取的一种"福利"。

以上几种因素共同铸就了一个结果，即怯薛队伍日益庞大。

如果说贵族、官吏子弟进入怯薛为的是做官或进一步提升家族地位，普通百姓混进怯薛队伍的目的则比较简单。至元三年，中书省报告："照得系官当差人户，往往投充诸王位下曳剌、祗候，恃势搔扰百姓。"忽必烈批示："今后应有系官当差人户，非奉朝省文面，

---

① （明）宋濂等：《元史》卷四二《顺帝本纪五》"至正十年十一月丙辰条"，第889页。
② 陈高华等点校：《元典章》兵部卷一"侍卫军"，中华书局、天津古籍出版社2011年版，第1182页。

不得擅便投属随诸王并投下官员勾当。如却有投属根随诸王并投下官员勾当的，不有罪过那甚么？随路遍行文字者。"① 这里虽然没有提到投充怯薛，但进入怯薛同样拥有提升地位、免除诸多差役的好处。

按蒙古旧制，"蒙古军每十人月食粮者，惟拔都二人"②，其他人是没有薪俸的。但在郑介夫的表章中却说"今一人岁支粮十石，表里段定，双马草料，或三年四年，散钞一百三十锭……诸王公子例皆如此"③。史载：至元十一年，怯薛官合丹等因为在审核拔都名数时多报了 2670 名，涉嫌吃空饷，遭到逐出怯薛的严厉处罚。据此推断，怯薛领俸支粮至少应是至元十一年之后才制定的政策。至元二十九年二月，"命宿卫受月廪及蒙古军以艰食受粮者，宣徽院仍领之"④。这一记录显示至少在世祖末年，已经有一部分怯薛士享受了月俸。进入怯薛队伍可以领俸支粮无疑又鼓励了大批百姓加速投附。

对于怯薛队伍迅速膨胀的现象，元廷并非没有发觉。早在成宗元贞元年（1295 年），元廷即曾下令分拣，即淘汰投充人员⑤。大德七年（1303 年）二月二十四日，中书省上奏：

> 四怯薛里怯薛歹人数明白有。近年以来内外城子里的百姓内，回回、畏兀儿、汉儿、蛮子人等，投充昔宝赤、阿察赤、怯怜口，各枝儿里并诸王、驸马、公主、妃子位下投入去了的多有"做了怯薛歹也"。么道，支请钱粮、马疋草料，此上多费耗了系官钱粮有。更似这般，壹、贰年不敷支持。在先曾有圣旨来，"到上都呵，木八剌沙平章根底不商量了，休教入去者，到大都呵，省官每根底不商量了，休交入去者"。有圣旨来。那

① 《通制条格》卷二《冒户》，方龄贵校注本，中华书局 2001 年版，第 102 页。
② （明）宋濂等：《元史》卷八《世祖本纪五》"至元十一年五月乙未条"，第 155 页。
③ （元）郑介夫：《论私役卫兵》，第 453 页。
④ （明）宋濂等：《元史》卷十七《世祖本纪十四》"至元二十九年二月丁卯条"，第 359 页。
⑤ 事见陈高华等点校《元典章》圣政卷一"重民籍"，第 64 页。

言语不曾行。可怜见上位有严切圣旨呵，省、院、台里各枝儿里，摘委着不觑面皮的人好生分间呵，多省减钱粮也者。①

对此，成宗批复："您说的是。那般行者。街市汉儿人每也'投入去行'，么道，说有，委好人严切分间者。"②

郑介夫在进言中说："近睹朝省有严行分拣之令，私窃自喜，遭遇圣朝行此善政，虽被斥逐，实所甘心。岂谓各官头目顾为私谋，不恤大体，其势必不可行矣。若去一人，虽国家得省一名之虚费，而各官未免失一户之供给。取办于公而归利于私，宜其百端阻当也。今遽改前令，停罢分拣，固见圣德之宽容，然以为不当分拣，则宜拒绝于闻奏之初。如以为必合分拣，岂宜变易于已准之后？王言如丝，涣号犹汗，使既出而可以复反，百姓观瞻不可掩也。"③ 郑介夫提到的分拣，估计指的就是大德七年二月中书省奏准的分拣。不过从上文中可以发现，这次分拣遇到了很大的阻力，以至成宗收回了成命。

郑介夫建议做两项改革，一是"限以名数，择其人品，又以所职贵贱高下定其出身之例，遇有名阙，方许选补"；二是打击"避役投充以希望粮草赏赐"之百姓，具体方案是归并皇帝、宗室名下的怯怜口，统一"收作投下户计，各令还家办课，通隶位下总管府管领"，同时放散"皇太后位下各色怯薛"，"使之各务本业"，"自可免分拣之多事也"④。

撤销皇太后怯薛、归并怯怜口牵涉蒙古旧制和黄金家族内部利益分配，显然不会被成宗接受。至于限定名数，从笔者掌握的史料来看，实际被元廷采用，要迟至文宗至顺元年（1330 年）。当年八月，中书省、枢密院、御史台上言：

---

① 《通制条格》卷二八《分间怯薛》，第 653—654 页。
② 《通制条格》卷二八《分间怯薛》，第 654 页。
③ （元）郑介夫：《论私役卫兵》，第 453 页。
④ （元）郑介夫：《论私役卫兵》，第 453 页。

臣等比奉旨裁省卫士，今定大内四宿卫之士，每宿卫不过四百人；累朝宿卫之士，各不过二百人。鹰坊万四千二十四人，当减者四千人。内饔九百九十人，四怯薛当留者各百人。累朝旧邸官分饔人三千二百二十四人，当留者千一百二十人。媵臣、怯怜口共万人，当留者六千人。其汰去者，斥归本部著籍应役。自裁省之后，各宿卫复有容匿汉、南、高丽人及奴隶滥充者，怯薛官与其长杖五十七，犯者与曲给散者皆杖七十七，没家赀之半，以籍入之半为告者赏。仍令监察御史察之。制可。[1]

此前的天历二年（1329年）五月，文宗循例"给皇子宿卫之士千人钞，四番宿卫增为万三千人，至是又增千人"[2]。估计这一年的赏赐费用超过了文宗预想，这才换来次年的定额之举。

对于怯薛队伍泛滥的现象，元廷在此之前也曾采取过一些整顿措施。比如元武宗在即位当年，即在《改元诏书》中规定：

近为汉人、南人军、站、民、匠等户，多有投充怯薛歹、鹰房子等名色，影占差徭，滥请钱粮，靠损其他人户。已自元贞元年为始分拣，今后除正当怯薛歹蒙古、色目人外，毋得似前乱行投属。其怯薛歹、各枝儿官员亦不得妄自收系。违者，并皆治罪。监察御史、廉访司严加体察。[3]

同年十二月又诏敕"禁投属怯薛歹、鹰房避役，滥请钱粮"[4]。此后，武宗朝又曾多次分拣。如至大二年（1309年）六月，"以宿卫之士比多冗杂，遵旧制，存蒙古、色目之有阀阅者，余皆革去"[5]。

①　（明）宋濂等：《元史》卷三四《文宗本纪三》"至顺元年八月壬申条"，第765页。
②　（明）宋濂等：《元史》卷三三《文宗本纪二》"天历二年五月乙丑条"，第734页。
③　陈高华等点校：《元典章》圣政卷一"重民籍"，第64页。
④　（明）宋濂等：《元史》卷二二《武宗本纪一》"大德十一年十二月庚申条"，第493页。
⑤　（明）宋濂等：《元史》卷二三《武宗本纪二》"至大二年六月甲戌条"，第512页。

四年四月，"诏分汰宿卫士，汉人、高丽、南人冒入者，还其元籍"①。另外，在大德十一年（1307年）十一月，中书省还曾议准：

> 昨日特奉圣旨："为阙少草料的上头，世祖皇帝时分，入怯薛来的人每根底，与草料者；完泽笃皇帝时分，入怯薛来的汉儿、蛮子军站、民、匠等怯薛里不合入去的人每根底，休与草料者。"②

在散官制度上也有一定修订。如至大四年，"诏蒙古人降一等，色目人降二等，汉人降三等"③。等次降低，朝廷支出的薪俸相应也能减少一些。

以上诏令都把清理对象指向汉人、南人等低等人群，带有明显的民族歧视色彩，主要目的是提高怯薛队伍的整体忠诚度，减负实际是附带功能，因而分拣效果十分有限。

对于投附痼疾，武宗也给予了一定的打击。如至大三年四月，《上皇太后尊号诏》中规定："诸色户计各已占籍。其有妄投各枝儿、怯薛歹等名色，规避差役，冒请钱粮者，并行禁治。"④

此后历朝也曾采取类似措施。如仁宗延祐二年（1315年）十月，中书省议准："今年俺商量来，怯薛里宿的请俸钱的每根底，依年例与草料也者。各衙门里行的人每请俸钱，月日满了呵，与勾当有。说称应当怯薛，怯薛里不宿，支请草料有，那般人每根底，不教与呵。"⑤ 又如文宗至顺元年（1330年）闰七月，中书省奏准：

---

① （明）宋濂等：《元史》卷二四《仁宗本纪一》"至大四年四月壬寅条"，第541页。
② 《通制条格》卷十三《马疋草料》，第393页。
③ （明）宋濂等：《元史》卷八二《选举志二·铨法上》，第2037页。
④ 陈高华等点校：《元典章》圣政卷一"重民籍"，第64页。
⑤ 《通制条格》卷十三《马疋草料》，第394页。

各怯薛、各枝儿里，将无体例的汉人、蛮子并［高丽］人的奴婢等夹带着行呵，将各怯薛官、各枝儿头目每，打伍拾柒下。孛可温、亦里哈温夹带行的人每，打柒拾柒下。将不应的人，看觑面情，不分拣教出去，却将合行的分拣扰害呵，将各怯薛官、各枝儿头目每，并孛可温、亦里哈温，只依这例，要罪过。有体例行的怯薛丹、各枝儿每，元支请的钞定、草料，依验分拣来的数目，均减钞定、草料外，分拣出去的人每内，不应行的汉人、蛮子、高丽人每的奴婢，并冒名数目等有呵，怯薛官、各枝儿头目尽数分拣出去。其有体例合行的根底，依旧与衣粮，不依体例行的，教监察御史每好生用心体察者。各怯薛、各枝儿里晓谕。①

以上措施显然没有收到预期效果，不然元文宗也不会推出确定怯薛名数的政策。问题是在至顺元年八月之后，仍然可以见到削减怯薛人数的记载。如顺帝至正三年正月，"沙汰怯薛丹名数"②。至正七年正月，"诏以怯薛丹支给浩繁，除累朝定额外，悉罢之"③。七年十一月，"中书、户部言：'各处水旱，田禾不收……而各位怯薛冗食甚多，乞赐分拣。'帝牵于众请，令三年后减之"④。从这几条记载来看，削减怯薛肯定遭到了诸多的抵制，从顺帝公开同意三年后再分拣来看，此前的分拣对象尚处于消极抵抗状态，顺帝时则已经形成强大的反对势力，连皇帝也徒呼奈何。在黄金家族成员各自的小算盘影响下，削减怯薛名数及其依附群体的努力，始终难以落到实处，元朝政府只好背负着巨大的财政压力，艰难度日，直到被赶回草原。

---

① 《至正条格》卷一《断例·卫禁·分拣怯薛歹》，第 170 页。
② （明）宋濂等：《元史》卷四一《顺帝本纪四》"至正三年正月庚寅条"，第 867 页。
③ （明）宋濂等：《元史》卷四一《顺帝本纪四》"至正七年正月丙寅条"，第 877 页。
④ （明）宋濂等：《元史》卷四一《顺帝本纪四》"至正七年十一月乙巳条"，第 879 页。

五　锦衣卫中的"怯薛"因子

宋代是中国古代军政管理制度的转折时期，来自草原的蒙元帝国则为这一转折注入了全新的民族因子，对明清时代产生了深远影响。从草原那可儿发展而来的怯薛制度带有鲜明的民族历史和文化特征，但在进入中原后，由于对汉法的理解不足以及维护本族传统的需要，怯薛制度并没有成为维护统治的利器，反而由于家国不分，暴露出一系列的弊病。"大根脚"怯薛官纷纷到中央政府任职，却又不脱离怯薛职役，宫、府的效能都受到影响。下级怯薛歹则勤于谋私利，甚至"平明立在白玉墀，上直不曾违寸晷"，"黄昏偷出齐化门，大王庄前行劫夺"①，公然以身试法。原本被中原士大夫寄予厚望的侍卫亲军也因为民族隔阂，未能演化为纯粹汉化的御林军，反而被注入了大量的蒙古、色目"血统"，甚至有向怯薛靠拢的倾向。这种蒙汉杂糅的政治产物自然无法被后世王朝全盘接受，于是代之而起的明王朝不得不在"恢复中华"的旗号下，在唐宋旧制和金元制度之间寻找契合点，艰难打造一套既能顺利衔接，让百姓理解、接受，又不至于被指责为胡化的制度体系。锦衣卫制度就是在这一背景下诞生的。

元至正十六年（1356 年）七月，朱元璋自称吴国公。在称公的同时，朱元璋下令设置帐前总制亲兵都指挥使司。既然称为亲兵，自然要由朱元璋直接指挥。而且正如本章第一节所述，帐前总制亲军都指挥使司是当时朱明政权内最高级别的军事机构。

侍卫亲军在元代名义上是皇帝的直属部队，负责保卫皇帝、京城以及京外重要战略地区。侍卫亲军在汉化过程中虽然划归了中央政府系统内的枢密院，但枢密使通常由皇太子兼任，加之侍卫亲军系统内的大量蒙古卫、色目卫组成方式、隶属关系复杂，枢密院并不能对其进行有效节制，充其量控制一下几个由汉军为主组成的卫，

---

① （元）张宪：《玉笥集》卷三《怯薛行》，景印文渊阁四库全书本，第 407 页。

即侍卫亲军在实质上并未脱离黄金家族的掌控。总体上，皇帝的怯薛军和侍卫亲军的关系和宋朝皇城司与殿前司的关系有些类似。如前所述，忽必烈称元朝皇帝后，侍卫亲军在事实上接管了怯薛军的"大中军"职能。另外，元代地方镇戍部队一般以万户府为编制称谓，"卫"是皇帝和少量黄金家族核心成员所属军队的专有名称。

朱元璋在自立为吴国公的同时，设置直属亲军，明显是采用了元人的制度，而直接称之为"卫"，在强调名实相副的传统文化氛围下，似乎已经隐晦指明了未来的发展目标。事实上，朱元璋的亲军卫确实在其发展过程中发挥了"大中军"的作用，是一支可以随时调动的战略部队。1364 年，亲军卫已发展到 17 个，总体实力远远高于地方上设置的卫所。亲军卫统一由金吾侍卫亲军都护府管理，则说明它们仍是朱元璋的"私属"部队。

1364 年正月，朱元璋自称吴王，政权发展进入一个新的阶段。当年十月，"革金吾侍卫亲军都护府、统军元帅府、万户府，并都护府断事官、知事于大都督府"①。这一举措意义非凡，它宣告朱元璋把亲军部队至少在形式上转交给了大都督府管理。放弃私属部队符合中原传统典章制度，客观上可以起到深度笼络江南士大夫和宣示政权合法性的作用。

洪武十三年，胡惟庸案爆发。朱元璋随即对政权组织模式做出重大调整，废除宰相制度，废置中书省和大都督府，将大都督府一分为五，同时恢复设立亲军卫，"以金吾、羽林、虎贲、府军等十卫职掌守卫宫禁。凡有支请，径行六部，不隶五军"②。亲军卫的恢复，既是形势使然，也是金元制度文化顽强生命力的体现。两年后，朱元璋整合仪鸾司等机构，组成锦衣卫，成为亲军卫之首，负责皇城各门内的保卫工作。对于锦衣卫与其他亲军卫的关系，明人习惯比拟前朝。如大学士邱濬指出：

---

① 《明太祖实录》卷一五，甲辰年十月条，第 206 页。
② 《明太祖实录》卷一二九，洪武十三年正月甲辰条，第 2054 页。

臣按：三代兵有定制，见于《周官》者可考也……抑考古制，王前朝后市而王宫在南，故汉卫宫之兵在城内者为南。宫城之军既谓之南，则京城之军谓之北，所以别也。本朝设锦衣、旗手等十二卫亲军指挥使司，即汉南军卫宫之意；立中、左、右、前、后五军都督府，即汉北军卫京之意。①

其实，单纯从守卫格局来看，锦衣卫与其他亲军卫的关系，与皇城司和殿前司、怯薛军与侍卫亲军之间的关系非常类似，都是以皇城为分界。皇城外的诸军功能单一，基本只承担保卫任务，皇城以内的部队则在禁卫任务之外，又附加了诸多的职能。就锦衣卫而言，由于亲军卫制度直接承袭于元朝，因而吸取的怯薛制度因素肯定会多一些。

怯薛是蒙元大汗（皇帝）的御中军，既是护卫部队，也是诸多战役中的关键力量。在护卫方面，锦衣卫虽然没有一分为四，但沿用了怯薛三日一轮值的制度，"凡管锦衣卫将军及管义刀官，每日侍卫。管红盔将军官，锦衣卫官，勋卫，散骑舍人，府军前卫、旗手卫官，各色把总及将军、官军、旗校等，俱三日一更番"②。怯薛中承担最重要保卫任务的是云都赤，"乃侍卫之至亲近者。虽官随朝诸司，亦三日一次，轮流入直。负骨朵于肩，佩环刀于腰……虽宰辅之日覲清光，然有所奏请，无云都赤在，固不敢进"③。明代可接近皇帝的护卫官兵也称为"带刀"，如洪武二十二年正月，朱元璋下诏："自今凡遇大朝会，除已习仪及具服官员许入班，其余便服人员止于午门外行礼，执事官于华盖殿行礼，挂甲带刀侍卫之人免拜。"④能否带刀护驾是衡量锦衣卫官兵军士素质、卫内地位的一个重要尺

---

① （明）邱濬：《大学衍义补》卷一一七《治国平天下之要·严武备·军伍之制》，海南出版社 2004 年版，第 1834 页。

② 万历《大明会典》卷一四二《兵部二十五·侍卫》，第 2001 页。

③ （元）陶宗仪：《南村辍耕录》卷一《云都赤》，见《陶宗仪集》，浙江古籍出版社 2014 年版，第 200 页。

④ 《明太祖实录》卷一九五，洪武二十二年正月壬申条，第 2923 页。

度，入选带刀意味着进入了下层军官的行列，前景光明。如永宁伯谭广，"洪武初为府军卫伍长，从征金山亦迷河，升锦衣卫队长，带刀宿卫。寻授燕山中护卫百户"①。直隶泰州人杨保，"洪武二十三年赴京比箭，已中，钦依锦衣卫带刀……二十七年除世袭百户"②。类似例子不胜枚举。带刀有时甚至是一种恩遇。如永乐十三年正月，"命张轨为散骑舍人，令带刀宿卫。轨，英国公辅之弟也"③。相反，行止有亏者会被剥夺带刀资格。如天顺二年正月锦衣卫指挥佥事逯杲奏准："勋卫郭璟乃坐罪削爵都督佥事郭登弟，不宜带刀侍卫，合令锦衣卫镇抚司带俸。"④

　　甚至连怯薛军士穿着的只孙衣，明代也继承了下来，如直驾校尉"著团花红绿衣，戴饰金漆帽，名曰只孙鹅帽"⑤。万历时，皇帝还曾下令制造"只逊八百副，皆不知只逊何物。后乃知为上直校鹅帽锦衣也"⑥。

　　成吉思汗的怯薛在统一蒙古各部的战争中发挥了关键作用，此后亦是历代大汗（皇帝）手中的王牌。在朱元璋眼中，亲军卫同样是嫡系部队，不仅能日常护卫，也要能随时外出参战。锦衣卫兵力雄厚，专职的马军千户所就有四个，明初出京参战的例子更是不胜枚举，这些无一不是前朝怯薛军的特点。

　　怯薛初创时，既是王牌军，同时兼有为大汗服务的职能，且服务范围非常广泛，以至于被后来的汉族士大夫作为仆从的戏称。明代继承汉唐宫廷制度，绝大部分服务项目由宦官或女官完成，但锦衣卫依旧保留了一部分纯粹为皇室生活服务的功能，最典型的就是以管理三婆（奶婆、医婆、隐婆）为主要工作的礼仪房官兵⑦。

---

① 《明英宗实录》卷一二二，正统九年十月甲子条，第 2451 页。
② 《大罗卫选簿》，《中国明朝档案总汇》第 59 册，第 451 页。
③ 《明太宗实录》卷一六〇，永乐十三年正月甲辰条，第 1816 页。
④ 《明英宗实录》卷二八六，天顺二年正月庚辰条，第 6127 页。
⑤ （明）陆容：《菽园杂记》卷八，中华书局 1985 年点校本，第 100 页。
⑥ （明）蒋一葵：《长安客话》卷一《皇都杂记·只孙》，第 11 页。
⑦ 详见第四章第二节。

成吉思汗即将统一蒙古之际，曾强令各级将领送孩子到怯薛服务，一方面充实怯薛力量，一方面以之为人质。朱元璋未称帝之前也曾有类似要求，且明初的护卫军中有君子卫和舍人卫的说法。

虽然锦衣卫成立时，大明帝国的统治已经稳固，不再需要刻意遣送质子，但卫中大量的勋卫和主要为勋臣子弟预备的散骑舍人在一定程度上可以理解为这种质子制度的变异版本。

蒙元不仅皇帝有怯薛，宗王们也有自己的怯薛，且怯薛的一部分要自己召募。明初承袭元朝宗王出镇制度，亲王不仅有类似亲军的护卫军，还有供其随时差遣的校尉。亲王校尉最初从锦衣卫中全额调拨，后来也改为部分调拨，部分召募。如弘治七年十月，兵部上言："比以雍王出府，奉旨于京卫拨仪卫司并群牧所随侍臣共二十七员，校尉六百名，军士一千一百名。但近年所拨军校，多由召募以充，虑之国时多中道亡去。先拨校尉三百名暂令在京随侍，待之国时再行奏请，于本府附近卫分拨军士五百名补充群牧所之数，三百名改充仪卫司校尉之数。"[1] 个案史料中也有相关记载。如浙江湖州德清人戴景春，"成化丁酉，先皇帝将大封诸王，募人充仪卫，公以良家子应募，事先皇帝于西馆。弘治甲寅，从之安陆"[2]，后其孙戴良齐随嘉靖帝入京，并成为锦衣卫指挥佥事。

怯薛有服务皇室的义务，明代藩府中的校尉也类似勤务兵。明末，甚至外戚也享受校尉的服侍。

蒙古帝国初创时，政治文化不发达，唯一可以视为文职机构的是札鲁忽赤（断事官）。从职能上看，札鲁忽赤既是大法官，也是中央政府权力广泛的大总管。按照成吉思汗的设计，札鲁忽赤审判案件时，"由宿卫参加听审"[3]，即怯薛有监督司法审判的权力，这和锦衣卫（包括后来的东厂）的"听记"权是一样的。

<hr>

[1] 《明孝宗实录》卷九三，弘治七年十月壬戌条，第1704页。
[2] （明）张居正：《素庵戴公墓志铭》，见《张居正集》卷三十三，湖北人民出版社1987年版，第3册第329—330页。
[3] 余大钧译注：《蒙古秘史》第234节，第387页。

随着疆域的扩大，蒙元帝国的政权架构也日渐复杂，札鲁忽赤在至元十七年被大宗正府取而代之。大宗正府与中书省、枢密院等并列，独立审理宗室及涉及蒙古、色目人案件，不受御史台监察，且在和刑部的分工上有多次变动，时常介入汉人案件的审理，可谓是蒙元帝国内最具权威的司法机构。大宗正府成立后，怯薛的司法权并没有丧失，因为札鲁忽赤的变体——断事官制度依旧存在，且"其人则皆御位下及中宫、东宫、诸王各投下怯薛丹等人为之"①，有时还由怯薛长兼任。高丽人崔濡归国后犯法，"帝遣怯薛旦驴女等鞫问，以豪富获免，止杖五十"②。这一案例说明，不仅怯薛中的高官可以出任司法系统的大员，一般怯薛军士也有断案和判决的权力。不过元代的杖刑一般不会由怯薛来执行，且驴女等杖责崔濡应属特例。

相比之下，锦衣卫的司法权尽管是不完整的，也没有怯薛那么高的司法权威，但由于明代的君臣关系相对紧张，所以镇抚司特别是北镇抚司的刑讯权带有的弊病往往会被士大夫群体有意无意地放大，特别是明末，几乎是无恶不作的代名词。另外一个较大的变化是明代的廷杖及京城死刑的执行等均由锦衣卫执行，没有设立独立的行刑机构，这也是锦衣卫形象在士大夫眼中糟糕透顶的一个诱因。

怯薛中的远箭士、近箭士是后来负责传达大汗（皇帝）命令的急递使臣的前身，功能上和宋代皇城司系统的"快行"类似。锦衣卫也有传宣诏命的职责，且同样设有"快行"这一兵种。需要说明的是，蒙元帝国疆域广阔，怯薛传宣诏命的对象基本都在帝国范围内，很少有执行外交任务的机会。明朝疆域较之元代有很大退缩，加之中原传统文化中视周边少数民族为四夷，所以外交或准"外事"事务颇多，锦衣卫具有的外交出使、巡视边方职能和传宣诏命的职能分离，在很大程度上可以理解为疆域缩小的结果，而不是对怯薛

---

① （明）王圻：《续文献通考》卷八六《职官考·中书省掾属》，续修四库全书丛书影印本，第445页。

② 【朝】郑麟趾：《高丽史》卷一三一《崔濡传》，韩国奎章阁藏本。

固有职能的人为取舍。

　　入主中原后，怯薛的职能进一步延伸。对比发现，元代怯薛增加的职能在锦衣卫身上几乎都能找到影子。比如监督科举考试，锦衣卫完整继承下来。怯薛时常参与大型祭祀活动，锦衣卫参与的祭祀活动也不少，且逢年过节经常代皇帝祭祀前代帝王、后妃及重要皇室成员的陵墓。忽必烈曾多次令怯薛参与开挖运河等重大工役，锦衣卫军官不仅时常和工部官员一道主持重大工程建设，而且本卫镇抚司即管辖和带管着数以千计的工匠，是京城重大工程项目的主力军。另外，怯薛中有专职的"主弓矢"的火儿赤、书写圣旨的扎里赤、负责捕盗的忽剌罕赤等，这和锦衣卫中拥有大批军匠、参与文书房工作以及设置专门的捕盗校尉等，不能说没有丝毫联系。

　　元人尚武，怯薛中有号称霸都鲁的忠勇之士，有勇敢无敌的拔突（拔都）。这些军中精锐享有特殊待遇，"蒙古军每十人月食粮者，惟拔都二人"①。朱元璋起兵后，在军中大体沿用元制，一度也设有拔都。如六合周成旺，"乙未年充义兵。丙申年归附，充把都儿"②。六安州人陈名，"丙申年归附，充帐前铁甲把都儿"③。临淮县人周禄，"乙未年归附，虎贲右卫交枪把都儿"④，等等。

　　在设把都儿之前，朱元璋已在军内设置了先锋军种。如盱眙人侯林，"甲午年选充先锋"⑤。在自立为吴国公后，朱元璋整合军力，曾设置专门的"五部都先锋，以陶文兴、陈德等为之"⑥，将军中分散的先锋集中使用。这在个案资料中也有所显示。如和州人耿成，"丙申年充先锋"⑦，宁国府刘福，"丙申年归附，充先锋。戊戌年充

① （明）宋濂等：《元史》卷八《世祖本纪五》"至元十一年五月乙未条"，第155页。
② 《金山卫选簿》，《中国明朝档案总汇》第61册，第268页。
③ 《平越卫选簿》，《中国明朝档案总汇》第60册，第95页。
④ 《振武卫选簿》，《中国明朝档案总汇》第71册，第121页。
⑤ 《金山卫选簿》，第149页。
⑥ 《明太祖实录》卷四，丙申年七月己卯条，第46页。
⑦ 《西安左卫选簿》，《中国明朝档案总汇》第56册，第92页。

都先锋"①，等等。此后不久，朱元璋在护卫队伍中也设置了先锋。如定远人李山，"甲午年归附从军，戊戌举保帐前先锋"②。江都县李成，"先系军丁，乙巳年杀退张氏，选充帐前带刀先锋"③。在先锋独立成军之后，"把都儿"名号逐渐从史籍中淡出，估计是朱元璋出于宣传的需要，把这一明显带有"胡虏"色彩的称号有意识地抛弃了。从把都儿和先锋都是军中精锐，执行最关键军事任务来看，估计朱元璋军中的把都儿是和先锋合二为一了。

不仅称帝之前有先锋，锦衣卫成立后，卫中也保留了先锋军。如河南林县人崔智，"先系头目，洪武八年拨羽林左卫，九年选充寄牌先锋。十一年改金吾前卫，故。十七年，将兄崔均用补，充先锋。二十一年调锦衣卫带刀先锋，二十二年除本卫左所世袭所镇抚"④。锦衣卫中保留先锋，既是其保持野战功能的表现，和怯薛中的"霸都鲁"、"拔突"（拔都）也应有一定的继承关系。

朱明政权毕竟是以汉族士大夫为统治主体的政权，对金元制度不可能全面继承，锦衣卫和怯薛之间也存在一些明显的差异。受原始氏族制度影响，蒙古大汗具有至高无上的地位，和属下贵族亦是主从甚至主奴关系。因为这样的关系，帝国最高领导权不可能落到黄金家族之外，大汗（皇帝）们对其属下因而非常信任，监察系统在蒙元早期官制体系中并不重要，怯薛也没有明确的监察权，但作为最忠实的心腹，怯薛可以出任各级高官，对元代政治有深刻影响。明代则不同，出于传统典制影响，锦衣卫官兵不可能兼任政府文职，但享有和文官系统近似的监察权，发挥着"体外监督"的作用，且和科道官存在相互监督的关系⑤，这应是锦衣卫制度对怯薛制度最重要的扬弃。

---

① 《云南后卫选簿》，《中国明朝档案总汇》第 59 册，第 360 页。
② 《平越卫选簿》，《中国明朝档案总汇》第 60 册，第 13 页。
③ 《义勇后卫选簿》，《中国明朝档案总汇》第 66 册，第 337 页。
④ 《镇虏卫选簿》，《中国明朝档案总汇》第 71 册，第 387 页。
⑤ 详见本书第三章第一节。

另外，锦衣卫和怯薛在发展过程中都出现了人员上的扩张和投充等不良现象，而且都通过"沙汰"或"分拣"的方式予以裁减，效果也都是不好，区别在于怯薛人员冗滥基本是因为利益吸引，锦衣卫的冗员则夹杂着社会演进过程中的诸多制度无奈。

第 二 章

锦衣卫的职能（上）

　　中华文明源远流长，制度文明更是丰富多彩。之所以制度文明充满活力，在很大程度上是因为不断地有北方草原异质文明因子向南渗透。朱元璋从很早就打出了"恢复中华"的旗号，也不断地在从前朝历史中汲取营养，锦衣卫和其他亲军卫的分工与皇城司、殿前司之间分工的高度类似就是其中一个表现，察事卒秘密缉查制度、门禁制度等更是直接为锦衣卫制度提供了养分。但制度文明的发展有其特定的内在轨迹，唐宋典章制度经过金、元两朝的吸收和改造，已经打上了浓重的北方民族的烙印，并深深地影响了几代中原人民和汉族士大夫群体。

　　从总体上讲，锦衣卫制度是一项在广泛吸收了元代怯薛、侍卫亲军制度，宋代皇城司制度，以及宋、金、元礼仪制度、仪仗制度、宿卫制度、宫廷制度等多重制度财富基础上形成的职能广泛、影响深远的"新"制度，因而其职能也是异常复杂的。从本章开始，我们将对这些职能及相关制度做具体的分析。

第一节　锦衣卫的军事职能

　　锦衣卫的职能非常繁杂，《明史》卷七六《职官五》言："锦衣卫，掌侍卫、缉捕、刑狱之事……恩荫寄禄无常员。"① 刘献廷在《广阳杂记》中则将其归纳为四大职掌："护卫，一也；缉访，二也；刑名，三也；直房司□，四也。"② 不管怎么划分，作为一个以保卫皇帝为核心任务的特殊军事机构，遂行军事任务无疑都是其最基本的职能。

一　侍卫君王

锦衣卫由亲军都尉府和仪鸾司整合、发展而来，侍卫君王无疑是其最主要的军事任务。史载：

> 国朝最重门禁，洪武间，太祖自定法令，凡守卫皇城四门，自指挥至军士，各依其伍，全队上直，不得使人代替。如一所数缺，则以别所全队易之，勿以不足之伍分豁补数，违者处重刑，有告言者赏。不依原伍因而纵令在卫者，指挥以下杖一百，各递降调边卫，受贿者治重罪……凡上直，各守本门，不许从别门往来，违者执获，虽国戚，亦闻奏区处，执获者赏。凡朝参，先放直日都督、将军及带刀指挥等官，然后文武百官以次而入，不许换越。凡内官、内使、小火者出，须比对铜符，无符辄放行者，守门官军治重罪。有公差带金银缎疋出者，凭勘合照验，仍明白附写往某处公干及记所服衣服颜色件数，回日照对，有不同者，即时闻奏。工匠人等出门有夹带钞物者，许执奏。惟官民军人有事入奏，不许阻遏及问其事情，违者坐罪。③

明代的皇城范围很大。洪武年间的宫城最初只有四座城门，洪武十年增加到六座。永乐迁都之后，皇城与宫城成为一个防卫整体，

---

① （清）张廷玉等：《明史》，第1862页。
② （清）刘献廷：《广阳杂记》卷一，中华书局1957年标点本，第18页。
③ （明）余继登：《典故纪闻》卷五，中华书局1981年点校本，第92页。

需要重点守卫的城门包括承天门、长安左门、长安右门等七座城门。无论是南京的六门还是迁都后的七门，都需要庞大的守卫力量，锦衣卫兵力有限，显然无法独立承担如此重任。据叶盛收录的正统十三年兵科揭帖显示，皇城守门卫军士分两班，"前班官旗军较（校）尉四千三百二十四员名，后班少十名。东中门七，玄武门一，北安门二，俱只从本门旗军并随伍内转。午等四门除东华、玄武依前后班于随伍旗军内增减十名，余皆定数。各门除东中、玄武、北安如前增减，余亦皆定数，官少则以随伍军旗补之。官军三日一点，揭帖三日一进"①。具体履行守卫任务的军士来自羽林前、金吾前、虎贲左、燕山前等 21 个亲军卫。洪武时期的亲军卫只有 12 个，永乐年间陆续扩大到 22 个。正统十三年的明廷以北京为首都，皇城各门守卫军士遍及 21 个亲军卫，唯独没有锦衣卫。另外，按照叶盛的记载，21 卫军士执勤时需要定期"点闸过数目，奏本送科，备照留守"，以便监察，唯独锦衣卫"例不点闸"②，可见锦衣卫执行的守卫任务与另外 21 卫有明显的区别，且不受兵科监督，更具神秘性。

宣德年间，府军后卫有题进本在夜间送达北中门，需要连夜送达御前，但遭到守卫官兵的阻挠。按照上文中的记载，官民有事入奏，守门军不得拦阻，更不能探问入奏内容。题本在北中门受阻，明显违背有关制度。为此，宣宗对锦衣卫官员说：

> 祖宗成法：朝罢，外廷有事急奏者，不问晨夜，即具本进，守门者即为上达，所以通警急，绝壅蔽。今敢若此，不可宽贷，其执付法司罪之。③

---

① （明）叶盛：《水东日记》卷二十二《守卫四城官军揭帖》，中华书局 1980 年标点本，第 220 页。

② （明）叶盛：《水东日记》卷二十二《守卫四城官军揭帖》，中华书局 1980 年标点本，第 220 页。

③ （明）余继登：《典故纪闻》卷九，第 166 页。

是否惩罚阻挠军士不是重点，这条史料的关键是宣宗严厉警告的对象不是北中门守卫军士，而是锦衣卫。锦衣卫作为皇帝重要的保卫力量，不可能无辜受责，肯定在这次失误中存在重要责任，唯一合理的解释是其他 21 卫守卫的其实是皇城各门及城墙外的区域，城门内的防卫任务是由锦衣卫负责的。

城门内主要是皇帝办公和生活的场所，保卫工作是重中之重。与其他卫所官兵基本来自世袭军户不同，锦衣卫军官"不以世而以能"[1]，属下的校尉、力士、将军等群体也是按照一定的标准由民间定期选拔而来，身体素质、军事素质总体上要好于一般卫所军士，由其来负责城门以里的保卫工作，无疑是最合适的。至于不参与点闸，则说明锦衣卫执行的保卫工作自成一个体系，不允许外廷知晓，这既是保密的需要，也是其地位高于其他亲军卫的一个表现。

"禁卫皆天子之军，而锦衣尤为亲近"[2]，皇帝对锦衣卫的军士素质自然十分重视。洪武十三年四月，"诏仪鸾司：凡随驾校尉尝犯罪有杖瘢者，悉放为民"[3]，这一诏令在锦衣卫成立后应该依然有效，可见，锦衣军士不得有犯罪记录。明人常将锦衣卫所属校尉、力士和周朝禁卫军作类比，"锦衣独领校尉、力士，即周之虎贲、旅贲也"[4]，"勇而疾走曰虎贲，又愤怒也"，"旅贲者，主膂力而言，亦犹今制"[5]。校尉"专职擎执卤簿、仪仗及驾前宣召官员、差遣干办"，力士"专领金鼓旗帜，随驾出入及守卫四门"[6]，前者既需要勇力，也需要办事干练、高效。在冷兵器时代，力气大无疑占有优

---

① （明）邱濬：《大学衍义补》卷一一八《治国平天下之要·严武备·宫禁之卫》，第1853 页。

② （明）陆世仪：《禁卫议》，见冯梦龙《甲申纪事》卷十二，江苏古籍出版社 1993 年版，《冯梦龙全集》第 17 册，第 240 页。

③ 《明太祖实录》卷一三一，洪武十三年四月甲子条，第 2077 页。

④ （明）邱濬：《大学衍义补》卷一一八《治国平天下之要·严武备·宫禁之卫》，第1853 页。

⑤ （明）邱濬：《大学衍义补》卷一一八《治国平天下之要·严武备·宫禁之卫》，第1849—1850 页。

⑥ 《明太祖实录》卷一二四，洪武十二年四月戊午条，第 1990—1991 页。

势，后者的称谓是"力士"，估计力量是重要的选拔标准。从这个角度看，将二者比作周代的虎贲、旅贲，倒是比较贴切。即便是从民间专门挑选上来的优秀军士，明廷仍不是很放心。洪武二十年，朱元璋命"锦衣卫选精锐力士五千六百人随驾"①。此前的洪武十八年六月，由于地方选送的力士达一万四千余名，明廷决定在锦衣卫内增设中左等六个千户所，"余以隶旗手卫"②。洪武二十年的这次挑选实际上是对这批力士的第二次选拔。反复拣选，足见明廷对锦衣卫内执行侍卫任务的军士素质倍加重视。

除了守卫禁廷，皇帝的日常上朝以及外出参加的各种礼仪活动也需要重点保护。"凡上大朝贺、宴群臣，指挥自使而下，得刃介侍，左右廷列其从校五百人，夜则杀十之九，入围宿，候指使。"③"天子御座则夹陛而立，天子御辇则扶辕以行，出警而入跸，承旨而传宣，皆在所司也。"④

很多笔记史料都曾记载这样一个故事：

> 今制，每旦常朝御奉天门，其御座谓之金台。即升座，锦衣力士张五伞盖、四团扇，联翩自东西升，立座后左右。两内使一执盖升立座上，一执夹武备二扇立座后正中。盖武备出兵仗局所供，一柄三刃而圈以铁线，裹以黄罗袱，如扇状。用则线圈自落，三刃齐出，所以防不虞也。天顺间，命力士执伞扇夹立于金水桥南，止留座上之伞及夹武备二扇耳。座上之伞，遇风劲时则去之。⑤

---

① 《明太祖实录》卷一八六，洪武二十年十月丁卯条，第2789页。
② 《明太祖实录》卷一七三，洪武十八年六月丙午条，第2640页。
③ （明）王世贞：《锦衣志》，中国野史集成丛书影印本，第283页。
④ （明）邱濬：《大学衍义补》卷一一八《治国平天下之要·严武备·宫禁之卫》，第1853页。
⑤ （明）蒋一葵：《长安客话》卷一《皇都杂记·御伞》，北京古籍出版社1982年标点本，第10页。

伞盖、团扇等本是皇帝仪仗的组成部分，表面上看就是一些道具，很难想象这些中看不中用的东西里面会藏有利器，可以随时应对突发事件。夹武备的要害不经意为外人所知，估计其他仪仗道具中还会有类似的设计。这些两用道具的存在，说明对皇帝的保护非常细致。

深居九重需要保护，御驾亲征时，锦衣卫同样是重要的保卫力量。如永乐六年，明成祖在北征之前下令"锦衣卫仍选将军五百人、校尉二千五百人、力士二千人"[1]随驾出征。

洪武年间，锦衣卫曾下辖四个马军所。在专职的骑兵千户所之外，其他千户所中也有骑兵。如河南祥符县人孟智，"洪武六年拨羽林左卫中前所军，十七年升充本卫右所小旗，二十二年升充锦衣卫中后所马军总旗"[2]。朱元璋和其子朱棣一样是马上皇帝，虽然称帝后不曾远离南京，但数以千计，远远超过礼仪性出行保卫需要的骑兵的存在，不排除预留有充当御驾亲征时直属骑兵卫队的目的。

不仅皇帝本人，皇亲也可以享受锦衣卫的保护。如万历四十七年四月，"文书房传旨：惠王妃搬移诸王馆，合用五城兵马司火夫五十名扫除巡逻，巡捕官军二十员名昼夜巡缉，锦衣卫官旗校一千五百员名接扛，沿途摆路关防"[3]。

为了自己的安全，皇帝们对这些贴身侍卫也是恩遇有加。明廷规定：

> 军士当直，有死丧疾病嫁娶生产诸事者，准所告。父母病，无丁男者，许侍疾，不限月日，妻病无男女者，亦如之。亲戚庆吊，不出百里外者，许给假，留难及不实者，治以罪。若本身暴疾，不准所告，致病甚者，本管官治以罪。其力弱，子侄

---

① 《明太宗实录》卷八二，永乐六年八月己卯条，第1096页。
② 《（南京）锦衣卫选簿》，《中国明朝档案总汇》第73册，第143页。
③ 《明神宗实录》卷五八一，万历四十七年四月丙子条，第11051页。

愿代者，听。①

以上规定适用于守卫皇城、宫城的全体禁卫军士，锦衣卫也不例外。除此之外，锦衣军士还有额外恩遇。如直驾校尉可以戴只孙鹅帽②，只孙衣原本是元代臣子参加御宴时的礼服，"今所赐绛衣是也。贯大珠以饰其肩背膺间，首服亦如之"③。明代对前朝制度多有继承，只孙衣虽然不再是宴服，但供校尉穿着，也是礼遇的表现。万历时，皇帝下令工部造"只逊八百副"，时人大多不知是何物，"后乃知为上直校鹅帽锦衣也"④。虽然随着时代的演变，只孙衣已经不再是高贵的象征，甚至已经淡出人们的视野，但由官方提供，且仅由校尉群体穿着，依然是宠遇的表现。

除了服装，还有不时之赐。如北方冬月，为了御寒，"以肉及杂味置大碗中，注热酒递客，名曰头脑酒……考旧制，自冬至后至立春，殿前将军、甲士皆赐头脑酒。祖宗之体恤人情如此"⑤。

明成祖朱棣夺权后，对原属于建文帝亲军的锦衣卫不可能完全信任，因而采取了一系列调整措施，其中之一即扩大禁卫军的来源。"永乐中，置五军、三千营，增红盔、明甲二将军及义刀、围子手之属，备宿卫。"⑥尽管如此，锦衣卫的地位并没有改变，相反，为笼络军心，锦衣军士的待遇又有所提高。如洪武十九年规定："锦衣卫将军，月支本色一石，余折钞。旗军、力士、校尉人等有家小者，月支本色米六斗，无者四斗五升，余折钞。"⑦洪武二十二年，户部

---

① （明）余继登：《典故纪闻》卷五，第92页。

② （明）陆容：《菽园杂记》卷八，中华书局1985年点校本，第100页。

③ （元）陶宗仪：《南村辍耕录》卷三十《只孙宴服》，中华书局1959年标点本，第376页。

④ （明）蒋一葵：《长安客话》卷一《皇都杂记·只孙》，第11页。

⑤ （明）朱国祯：《涌幢小品》卷一七《头脑酒》，《中华野史》丛书"明朝卷四"，泰山出版社2000年版，第3659页。

⑥ （清）嵇璜、曹仁虎等：《钦定续文献通考》卷一二六《兵考·禁卫兵》，景印文渊阁四库全书本，第516页。

⑦ （明）刘斯洁：《太仓考》卷五之十《岁支》，北京图书馆古籍珍本丛刊影印本，书目文献出版社1998年版，第776页。

题准；"锦衣卫将军、总小旗，每月添支粮五斗。力士、校尉人等有家小者四斗，无者一斗五升"①。将军、总小旗的月粮本色有所增加，军士、校尉人等的本色月粮反而有一定的削减。朱棣登基后，很快就在永乐二年下令："锦衣卫将军月粮并全给米。"② 由于迁都北京后后勤补给仰仗于江南，京卫军士的月粮需要不时改折发放。"在京官军，惟锦衣卫不支折色，其余官军俱支米折两月，原系祖制"③，京卫军士"每年放折色二月，支通粮四月，支京粮六月，而锦衣卫三万余人不在放折支通之例"④。不支折色，不到通州仓领粮的待遇始于何时，史籍中没有明确记载，但从其系祖制来看，估计也是开始于永乐年间。不仅如此，锦衣卫还有"拣厫"的特权，即可以自行选择某一仓厫领粮，尽可能选择新米好米。"其所谓拣厫者，专为锦衣而言。盖锦衣拣厫之说，祖制不载，创起于弘治年间，最甚于天启年间。任其此仓一厫，彼仓数千，即方进未晒之米，预行拣定，此厂卫擅权之滥觞也。"⑤ 这些特权的存在，无一不是为了强化其对君王的效忠。

二　出京作战

本书第一章第一节曾经提到，洪武年间的锦衣卫下辖千户所有19个之多，既有常规千户所，也有专职的马军所、水军所、屯田所，等等。如此庞大的兵力配置，仅用于侍卫皇室，似乎有些多余。从编制上看（不考虑驯象所），锦衣卫的兵种配置和一般军卫没有太大的区别。按照居重驭轻的原则，明代的京卫总兵力远远超过地方。

---

① （明）刘斯洁：《太仓考》卷五之十《岁支》，北京图书馆古籍珍本丛刊影印本，书目文献出版社 1998 年版，第 776 页。

② 《明太宗实录》卷三三，永乐二年八月癸巳条，第 591 页。

③ （明）毕自严：《覆营闻缺额扣粮还仓疏》，见氏著《度支奏议·堂稿卷二十》，续修四库全书丛书影印本，第 240 页。

④ （明）毕自严：《覆南台吴善谦漕粮半佐军兴疏》，见氏著《度支奏议·云南司卷五》，第 279 页。

⑤ （明）毕自严：《进缴圣谕锦衣军粮布花疏》，见氏著《度支奏议·堂稿卷四》，第 169 页。

发生大的战事时，京军是主要的参战力量。那么，配置和京卫近似的锦衣卫是否也承担出京作战的职责呢？

洪武二十年，锦衣卫镇抚李志诚奏请给其外家完聚，"上曰：朝廷之于武臣，凡其伯叔兄弟，皆许完聚，然亦有等差，未尝及外家也。尔方从征，未能竭力趋事而即私于妻党之亲……此不忠所事。罢其职"①。可见，锦衣卫有"从征"的义务。类似的例子还有洪武二十八年十一月，"命……锦衣卫指挥刘智往镇江训练军马"②。次年四月，晋升锦衣卫指挥佥事童胜为都指挥同知，"初，征广西，上命总兵官都督杨文待寇平日，于诸将中选其材智可任者署都司事"③，童胜位列其中，显然是参战者。洪武三十年九月，命锦衣卫指挥使河清、凤阳卫指挥使宋忠为参将，辅佐总兵官杨文征讨西南叛乱苗民④。这些都是锦衣卫军官出京参战的例证。

建文元年十二月，靖难军势头凶猛，建文君臣不得不选募谋勇之士应对。河南中牟人杨本和湖广沅州人周拱元先后入选，前者出任锦衣卫卫镇抚，后者成为所镇抚。杨本参战，"常持三十斤铁棒临阵，北军披靡，无敢前，屡取胜"⑤，后因主帅李景隆拒不援助而被擒。周拱元也曾"从征，引步兵防饷有功"⑥，后不知所终。

永乐元年四月，锦衣卫指挥陈敬充副总兵，辅助总兵、襄城伯李濬"往江西操练军民，镇守城池，节制江西都司并护卫官军"⑦。

---

① 《明太祖实录》卷一八一，洪武二十年四月壬午条，第2734页。

② 《明太祖实录》卷二四三，洪武二十八年十一月乙亥条，第3530页。

③ 《明太祖实录》卷二四五，洪武二十九年四月戊子条，第3559页。

④ 《明太祖实录》卷二五五，洪武三十年九月乙亥条，第3680页。宋忠原为锦衣卫指挥使，洪武二十九年十一月因为替属下陈情，连续遭到御史们的弹劾。朱元璋无奈，于次年正月将其外放到凤阳中卫（事见《明太祖实录》卷二四八，洪武二十九年十一月甲戌条，第3599页；《明太祖实录》卷二五九，洪武三十年正月庚午条，第3608页）。此次命其一道出征，不唯有给其制造立功机会，为将来召回作铺垫的目的。

⑤ （明）陈建：《皇明通纪法传全录》卷十二《建文皇帝纪》，建文元年十二月条，续修四库全书丛书影印本，第200页。

⑥ （明）陈建：《皇明通纪法传全录》卷十二《建文皇帝纪》，建文元年十二月条，续修四库全书丛书影印本，第200页。

⑦ 《明太宗实录》卷一九，永乐元年四月甲戌条，第351页。

永东五年，朱棣敕谕锦衣卫指挥程远："广西柳、浔等处蛮寇未平……命广东、湖广、贵州三都司调军二万，期十月初一日至广西，付尔率领，分道并进。预报尔知之。"① 次年六月，敕令潼关卫指挥使姚厚等人："已命锦衣卫指挥张桢调荆州卫官军三千往陕西行都司补伍。今闻潼关卫兵少，就留守御潼关。"②

　　杨本、陈敬等事例均说明建文、永乐年间锦衣卫军官依旧有领命出征的职责。军官不时出京参战，或许只是个人行为，要证明锦衣卫整体负有出京作战的职责，还需要从普通士兵身上寻找答案。为表述方便，这里先罗列几个事例。

　　①陕西鄜县人田志通，"洪武十三年本县以力士举保赴京，充小旗，改锦衣卫。十六年升充本卫右所总旗，十七年收复江西泰和，十八年钦调成都中护卫右所"③。

　　②河南封丘人刘矗，"洪武十三年选充仪鸾司小旗。十四年征云南普定等处，杀败贼寇。十五年攻罗罗、佛光等寨，与贼对敌，射伤。十七年调锦衣卫小旗。十八年升总旗。二十五年征建昌有功，二十六年升仪（卫）司典仗"④。

　　③陕西渭南县人杜均儿，"洪武八年军，充锦衣卫力士。二十二年建昌斩首获功，升小旗。二十五年复征建昌，擒获功，升总旗"⑤。

　　④直隶太平县人姚仪，"洪武十八年充锦衣卫力士，十九年并充小旗，二十五年升总旗，二十七年阶、文州蒲子山阵亡"⑥。

　　⑤扬州人高一，洪武年间"从御马监太监刘某出讨云贵夷之梗化者，以功赐银牌二，宝锭万缗，仍隶尺籍锦衣，寻升总

①　《明太宗实录》卷六八，永乐五年六月戊戌条，第960页。
②　《明太宗实录》卷八〇，永乐六年六月甲申条，第1066页。
③　《成都左护卫选簿》，《中国明朝档案总汇》第57册，第208页。
④　《成都左护卫选簿》，第350页。
⑤　《成都左护卫选簿》，第252页。
⑥　《成都左护卫选簿》，第277页。

旗……掌文案事"①。

⑥旧选簿查有：洪武二十六年十月，鱼渊，旧名改住，系锦衣卫中前所故流官百户鱼仲温嫡长孙。祖父七年以闲良头目起取，除巡检。十七年收集军士，除流官百户。征南至白崖。为选拣稻种事，被指挥李逮打迄二十下，自缢身故②。

⑦洪武二十五年四月，高圹，旧名真童，系故散骑舍人高宣嫡长男。父由官下弟侄钦除散骑舍人，征南病故……③

以上七个个案都是锦衣卫军士参战的例子，参战地点分布在江西、云南、甘肃等地，参战时间从洪武十七年延续到洪武二十七年。从时空分布来看，洪武年间的锦衣卫和其他京卫一样，同样负有出战的职责。元代皇帝的御中军既是护卫部队，也是直属的作战部队。朱元璋在江南发展时，诸卫亲军一直也是其东征西讨的主力部队。锦衣卫不断出外作战的事实证明，朱元璋称帝后重建的12个亲军卫依然保持着侍卫亲军的原有特色。此外，不断征战是提高士兵军事素质的最直接、最有效的途径，让锦衣卫军士参战对于提高其保卫皇室的能力，无疑也是有帮助的。

洪武十四年收复云南之役是明朝立国，稳定北部局势后发动的规模最大的一次南征。上文中的例②、例③、例⑤、例⑥、例⑦都与这次南征有关，唯一不同的是，刘燾、高一、杜均儿等都在战后随军回卫，例⑥中的鱼渊则留在了当地。从其因"选拣稻种"失误被罚来看，应是承担了屯田任务。

傅友德等平定云南后，原准备从当地旧军户中征兵填充新立卫所，但当地"屡经兵燹，图籍不存，兵数无从稽考"④，明廷不得不

---

① （明）朱冕：《明故恩荣官锦衣蓬庵胡先生墓志铭》，见中国文物研究所、北京石刻艺术博物馆编《新中国出土墓志·北京·壹》（下册），文物出版社2003年版，第198页。

② 《宣府左卫选簿》，《中国明朝档案总汇》第69册，第508页。

③ 《营州中屯卫选簿》，《中国明朝档案总汇》第69册，第154页。

④ 《明太祖实录》卷一四三，洪武十五年三月丁丑条，第2258页。

下令从征的江西、浙江、湖广、河南四都司兵留镇云南①。此后，又不断从内地调兵过去驻守，如洪武二十一年，命长兴侯耿炳文抽调陕西土军三万三千人屯戍云南②。鱼渊的例子显示不仅外卫军士大量留在云南，即便是京卫，也有官兵被调到了云贵地区。

由于云南的局势一直没有稳定，明廷不得不于洪武二十一年再次调遣大军前往镇压并大量增设卫所以巩固战争成果。史载：洪武二十三年十一月，"置景东、蒙化二卫……以锦衣卫指挥佥事胡常守景东，府军前卫指挥佥事李聚守蒙化"③。从个案资料中可以看出，胡常并非是只身上任。例如：福建清流县人魏荣，"洪武十七年举保力士，调云南景东卫。二十九年充小甲，调云南后卫后所"④；浙江仁和县叶胜保，"洪武十三年充力士。开设景东卫，拨本卫充军"⑤；广东怀集县黎亚章，"洪武十八年充力士，二十三年开设景东卫"⑥；等等。可见，景东卫初创时，锦衣卫官兵是重要班底。

在其他卫所中也不时发现锦衣卫的影子。例如：直隶和州人张嘉，洪武十八年由西安右卫中所百户升任锦衣卫中所副千户，"二十一年十一月为力士执扇不齐，调临安卫左所副千户"⑦；河南遂平县人陈兴，洪武二十三年升任锦衣卫马军所世袭副千户，"二十四年降总旗，二十五年复职，调安南卫前所世袭"⑧；河南信阳县人于高，"随父征南，钦依替职，授锦衣卫中所世袭百户，调临安卫前所"⑨。陈兴不会无缘无故从副千户降级为总旗，估计是违犯了军纪。按惯例，锦衣卫不会留用有犯罪记录的官兵，陈兴和张嘉被调往云南有个人履历存在瑕疵的因素，于高的例子则说明锦衣卫军官调职到云

---

① 《明太祖实录》卷一四三，洪武十五年三月丁丑条，第2258页。
② 《明太祖实录》卷一八八，洪武二十一年二月癸丑条，第2819页。
③ 《明太祖实录》卷二〇六，洪武二十三年十一月乙卯条，第3071—3072页。
④ 《云南后卫选簿》，《中国明朝档案总汇》第59册，第438页。
⑤ 《云南后卫选簿》，第442页。
⑥ 《云南后卫选簿》，第443页。
⑦ 《临安卫选簿》，《中国明朝档案总汇》第59册，第271页。
⑧ 《安南卫选簿》，《中国明朝档案总汇》第60册，第237页。
⑨ 《临安卫选簿》，第193页。

南卫所是常态，陈兴和张嘉不过是给这一常态化的调动增加了一份额外的理由。

上文中提到的府军前卫也是亲军卫，该卫佥事李聚奉命前往开设蒙化卫，估计也和胡常一样携带了大批本卫官兵。大量亲军卫官兵调往云南的事实说明，至少在洪武年间，包括锦衣卫在内的亲军卫依然保持着立国前的特点，和其他卫所一样肩负遂行常规军事任务的职责。

另外，魏荣等人不约而同的都是力士出身。力士参与云南战事，在第一次南征时即存在。如山东益都县人王麟，"洪武十三年选充力士，当年选充小旗。十四年云南等处杀贼获功。十七年升成都中护卫中所总旗"①。洪武二十年，朱元璋曾下令"选精锐力士五千六百人随驾"②。按常理，南征立功乃至升职的力士应该是首选，魏荣等人不排除是此次选拔的失败者或新选送力士。如果这一推测成立的话，则此次集中调往云南开设新卫，本身亦带有安置被淘汰者的目的，这在客观上为锦衣卫维持内部竞争，保持战斗力提供了一个途径。

例⑦中的高宣身份特殊，并不是普通军士，也不是军官，而是散骑舍人。明初非常重视对后备军官的培养，大量现役军官的未来袭替候选人被以名目繁多的舍人名义招入军中，承担不同的职责。舍人数量较多的卫所甚至有专门的编制③。散骑舍人即是附着在锦衣卫内的一个特殊群体。洪武九年正月，"以勋臣子弟有才者置勋卫、散骑舍人。诏都督府择公侯伯都督及各卫所指挥嫡长子才可试用者为之，佩弓刀，充宿卫"④。

洪武十七年四月，明廷赏赐南征回还将校，其中立功"散骑舍人，钞三十锭"，"病故官与见在同伤残……散骑舍人，钞十七

---

① 《成都左护卫选簿》，《中国明朝档案总汇》第 57 册，第 326 页。
② 《明太祖实录》卷一八六，洪武二十年十月丁卯条，第 2789 页。
③ 详见本书第五章第四节。
④ （清）嵇璜、曹仁虎等：《钦定续文献通考》卷一二六《兵考·禁卫兵》，第 515 页。

锭……军士赏钞布……其舍人、力士、军吏、兽医，各以所至之地给赐"①。可见，在第一次南征时，散骑舍人和锦衣力士等一样已经参战。舍人参战既是一种历练，客观上也是对兵力的补充。

建文年间锦衣卫是否曾大规模出京作战，难以准确判断，但在个案资料中有所反映。如湖广衡山县人汤全，"（洪武）十七年除太仓卫右所百户，二十一年授世袭，三十二年调锦衣卫亲军所，三十四年西水寨阵亡，无儿男。（弟）汤成残疾，广系嫡长男亲侄，三十五年仍袭锦衣卫亲军所世袭百户"②。洪武三十二年即建文元年，当时朱棣尚未夺得皇位，汤全隶属的锦衣卫亲军所无疑是建文帝的锦衣卫。

永乐时期锦衣卫官兵不时出京参战的证据很多。如山东昌邑人陈雄，"洪武三十三年为顺民起取（赴）京，选充锦衣卫力士，永乐元年并充小旗，四年征进安南等处，十四年并升本所总旗。二十一年随征迤北，升锦衣卫前所百户，老疾"③。北直隶迁安县人何林，洪武二十九年充燕府仪卫司校尉，"三十五年克金川门，钦除锦衣卫中后所百户。永乐二年钦与世袭……永乐七年迤北征进阵亡"④。

永乐六年七月，明廷犒赏参加安南战役的将士：

> 奇功者……旗甲、军人、力士、校尉、舍人、土兵、象奴、军伴、余丁、户丁、鞑官子弟及军吏钞四十锭、布三匹。头功者：……巡检、头目、旗甲、军人、力士、校尉、土兵、象奴、军伴、余丁、户丁、鞑官子弟及军吏，钞二十锭、布二匹……⑤

其中的校尉无疑都出自锦衣卫，力士除锦衣卫外，可能部分来

---

① 《明太祖实录》卷一六一，洪武十七年四月癸未条，第2499—2500页。
② 《天津右卫选簿》，《中国明朝档案总汇》第68册，第52页。
③ 《武骧右卫选簿》，《中国明朝档案总汇》第53册，第148页。
④ 《献陵卫选簿》，《中国明朝档案总汇》第53册，第355页。
⑤ 《明太宗实录》卷八一，永乐六年七月癸丑条，第1085—1086页。

自旗手卫。锦衣卫官兵参加安南战役在个案资料中也有所体现，如锦衣力士刘均，"永乐四年从征安南有功，擢锦衣卫百户"①。

永乐年间，除安南战役和几次大规模北征外，在郑和下西洋期间，也曾发生多次较大规模的战事。宣德元年六月，行在礼部上奏：

> 锦衣卫军杜子忠等四人，永乐中从太监郑和使西洋。至锡兰山，遇寇，四人被掠。今自苏门答剌国附朝贡船来归。上曰：四人以王事流离远夷，父母妻子莫知存亡，情甚可悯。其赐衣服、钞布，俾还乡省亲，而后复役。②

可见，部分锦衣卫官兵参与了下西洋的外交活动。永乐九年，礼部、兵部制定了下西洋官军锡兰山战功升赏例，其中"小旗、校尉、力士、军人、火长、带管舵工、稍班、碇手、军人奇功，不问存亡，俱升总旗，头功俱升小旗。舍人、余丁、老军、养马小厮，奇功、头功悉如校尉、军人之例。不愿升者，加倍给赏"③。永乐十三年十二月，"升千户徐改、汪海为府军右卫指挥佥事。小旗张通为锦衣卫指挥佥事，以使西洋有劳也"④。可见，锦衣卫军士同样参与了下西洋期间的多次战斗。

除了参加大规模野战，锦衣卫官兵还不时参加一些小规模的"特种"战斗。如洪武二十六年，"散骑舍人刘昌捕劫盗王天锡，斩其首，献京师。王天锡，真定元氏县人。聚众劫掠，出没山谷间。或变服潜入城市，踪迹诡秘。自广平、顺德、辽、沁，山东、山西、河南诸郡皆被其害。是年五月，命昌率力士、官军分诣诸县捕之"⑤。

---

① 民国《福山县志稿》卷七《宦绩》，民国二十年烟台福裕东书局铅印本。
② 《明宣宗实录》卷一八，宣德元年六月丙戌条，第480页。
③ 《明太宗实录》卷一一八，永乐九年八月甲寅条，第1499页。
④ 《明太宗实录》卷一七一，永乐十三年十二月条，第1907页。
⑤ 《明太祖实录》卷二二九，洪武二十六年八月甲戌朔条，第3350—3351页。

永乐年间，苏州地区倪宏三等"啸聚为盗"，苏州卫"有曹百户者，巡捕追至枫桥，为贼所杀，由是贼势益猖獗"。永乐帝命大批校尉出京，配合原锦衣卫官，已调任苏州卫右所百户的阎俊捕拿。"时贼杀人，夺其舟，由太湖渡扬子江，俊追抵宿迁，贼方赛神于庙，俊诈为丐者，视其祷殊默默，心知其贼，遂擒之舟中，凡十九人，其首果宏三也，即械系京师，皆剐之，朝廷赐俊光禄酒馔、钞两锭、衣四袭而还。"①

王天锡、倪宏三等虽然是小规模的盗匪，但活动范围很大，地方治安官员受制于权限，难以有效镇压。如果不及时处置，有可能演变为更大规模的变乱甚至叛乱。锦衣卫作为皇帝亲军，兵力雄厚，且没有辖区约束，反而更容易成功。

锦衣卫军出京参战的职责在正统年间开始出现变化。正统二年，成国公朱勇等上奏：

> 奉命选拔三千大营、五军、神机等营精锐官军十五万一千有奇。欲将续选行在锦衣等七十卫官军，与之相兼编伍训练。然于内有守陵、守卫、供役、上直者，乞为处之。上命守陵、守卫各存其半，供役、上直旗校，隶锦衣卫官督操，其余俱听训练备用。②

锦衣卫出京作战的前提是作为京军的一部分，现在大批军士不再参与京营训练，预示着参战的机会和规模在缩小。正统十四年十月，"锦衣卫官旗士校征进还京，奏请给赏银、布。命本卫验实见操者给之"③。景泰元年十一月，"赏在京并南京锦衣等卫所征南有功

① （明）都穆：《都公谭纂》卷上，《中华野史》丛书"明朝卷二"，泰山出版社2000年版，第1948页。
② 《明英宗实录》卷三七，正统二年十二月辛未条，第716页。
③ 《明英宗实录》卷一八四，正统十四年十月辛亥条，第3617页。

官军银绢有差"①。南直隶华亭县人陶盛，顶替叔父、锦衣卫将军陶忠军役，"为身力不及，充总甲。天顺元年征进……升（中所擎盖司）试百户"②。天顺三年五月，"赐锦衣等卫官军李鉴等银两、纻丝、绢布等物有差，以随定远伯石彪大同等处杀贼功也"③。这些史料显示虽然参战比例在萎缩，但锦衣卫官兵出京作战仍处于常态化。

这一状态发生根本性改变是在弘治年间。弘治十二年，兵部奏准，"以锦衣卫及腾骧等四卫军旗、勇士、校尉六万八千余人选补团营之缺"，但御马监太监宁瑾等很快奏请"宿卫禁兵乞免清查"。这一请求获得孝宗批准，并明确谕令"今后各衙门查理戎务，不许以五卫混同开奏"④。虽然给事中蔚春及兵部先后提出反对意见，但都没有能让皇帝收回成命。团营是土木之变后明廷选汰京军的产物，是京军承担出京作战的主体。锦衣卫官兵不再参加团营选拔，等于在事实上免除了出京作战的职责。

尽管事实上不再担负出征任务，但锦衣卫毕竟是和皇帝最为接近的军事部门，所以，一些重要的、文官系统无力独立承担的涉军事务还需要锦衣卫来完成。大致从宣德年间开始，明廷开始改变对北元蒙古残余势力的进攻态势，转入战略防御。为了尽可能减少因为在北部边境大量驻军带来的财政压力，明廷开始大规模修建长城及其附属设施。但要使长城切实发挥及时传递讯息、阻滞敌军以密集队形大规模进攻的作用，保持长城上的各处关隘完好无损，装备、人员配置到位是先决条件。为此，中央政府不得不时常派出风宪官员前往巡视，以免边防军人怠惰渎职。宣德七年，明廷"命新建伯李玉择武职一员、锦衣卫官一员同御史二员"一同前往巡视居庸关

---

① 《明英宗实录》卷一九八，景泰元年十一月丙寅条，第4214页。此次"征南"，指南下镇压叶宗留、邓茂七起义。北京锦衣卫参与了这次战事。如南直隶合肥县人吴二，"系御用监太监王瑾下家人，正统十三年福建征剿贼寇……景泰元年升总旗，锦衣卫衣中所旗节司带管食粮"。见《锦衣卫选簿》，第287页。

② 《锦衣卫选簿》，第187页。

③ 《明英宗实录》卷三〇三，天顺三年五月戊申条，第6420页。

④ 《明孝宗实录》卷一五五，弘治十二年十月辛亥条，第2782—2783页。

外烟墩隘口①。派锦衣卫官同行，显然与其熟悉军事事务有关。

英宗即位，三杨秉政。此时明朝一切右武的政策取向已经开始发生改变。史载：

> 宣德十年二月乙巳，命监察御史、给事中巡视边关。先是，每季遣官巡视居庸、山海等处关隘，有设置未备、器械未精、军士未足、守卒年久未更者，逐一理之。既而罢不遣。至是，行在兵部尚书王骥复请遣行，故有是命。②

此次巡视边关只令御史、给事中出行，排除了锦衣卫官，估计与三杨当政，有意压制锦衣卫有关。因为就在英宗即位的当月，兵部尚书兼华盖殿大学士杨士奇等人还上疏抨击锦衣卫行事校尉"多有在外假公营私、诬枉平人、挟制官府、瞒昧朝廷"，并建议"宜减其数，令锦衣卫公正指挥一员提督禁约"③。

不过情况很快发生了变化。正统四年，当成国公朱勇奏报"居庸等关虽设烽堠，近多坍塌，恐虏寇乘隙为患"时，明廷的回应是"命锦衣卫指挥及监察御史各一人往各关隘同总兵镇守官整饬之"④，锦衣卫官重新回到了巡视官的行列。此时的国家大政基本仍由文臣掌控，为什么会改弦易辙呢？显然与巡视边关需要很多专业知识，文官系统的风宪官员力不从心有关。此后，巡视边关的人员配置、数量多次变化，但锦衣卫官始终侧身其中。如正统九年，锦衣卫指挥佥事刘勉、监察御史郑观共同奏准，"奉敕巡视蓟州等处关隘，其密云地方山势平坦，烟墩离远，宜增设墩台六十三座，益军守哨"⑤。类似的例子还有很多，恕不赘引。

---

① 《明宣宗实录》卷九一，宣德七年六月己亥条，第 2078—2079 页。
② 《明英宗实录》卷二，第 40 页。
③ 《明英宗实录》卷一，宣德十年正月庚子条，第 33—34 页。
④ 《明英宗实录》卷五二，正统四年闰二月己亥条，第 1003—1004 页。
⑤ 《明英宗实录》卷一一七，正统九年六月丙申条，第 2368 页。

弘治十四年，蒙古部落活动频繁，明廷急于了解敌情，但从五月至闰七月，边镇呈送的军情报告才三至，兵部为此很着急，"急请□便核其事"，于是明廷令锦衣卫千户牟斌前往采探①。正德元年，兵部又报：从上年十二月以来，蒙古骑兵已经多次深入到固原等处，为摸清敌情，希望朝廷选"锦衣卫千户一人星驰赴彼访探……具实还报"。② 千户屠璋因此领命出行。这次出行本身也负有巡查"防边诸务"的职责，但并没有风宪官员随行，其原因除了文官不具备快速反应能力，无法及时赶到甘肃外，锦衣卫官熟悉军务应该是主因。更需要引起注意的是，弘治十四年，牟斌出巡是由中央决策层决定的，兵部并没有主动提出。这次屠璋出行，则是由文官系统的兵部主动提出来的，说明在文官系统眼中，锦衣卫官已经是到边镇访查敌情的不二人选。

进入明中叶，募兵的地位和作用日渐提高。为尽可能避免领兵官自行召募带来的弊病，锦衣卫开始介入募兵事务。如隆庆五年，应蓟镇总督戚继光的要求，明廷召募南兵。南兵来自浙江，其统领军官参将王如龙，游击金科、杨文，都司金书朱珏与戚继光或多或少都有一定关系，但奉命前去选募的却是锦衣卫官③。

可见，随着国防形势的变化，锦衣卫在军事方面的职能还有重新强化的趋势。

三　锦衣卫的官兵来源

明代卫所军官职务世袭，"一惟其世，独锦衣之任则不以世而以能"④，以确保其廉干，军官如此，普通士兵是否也和卫所世袭军士有别呢？答案是肯定的。请看下列个案。

---

① 《明孝宗实录》卷一七九，弘治十四年九月甲申条，第3297页。
② 《明武宗实录》卷九，正德元年正月戊戌条，第280页。
③ 《明穆宗实录》卷六一，隆庆五年九月乙酉条，第1496页。
④ （明）邱濬：《大学衍义补》卷一一八《治国平天下之要·严武备·宫禁之卫》，第1853页。

①河南陈留人曹聚，"旧名李三保……洪武十六年充军，二十三年比试，已中三箭，复中二箭，钦依锦衣卫带刀……二十七年除龙江卫后所世袭百户"①。

②浙江宁海人董停，"（洪武）二十三年比试中箭，钦送锦衣卫带刀。二十七年钦除骁骑右卫后所世袭百户"②。

③江西清江县人张隆，"甲辰年充军，洪武二十三年赴京比试中箭，钦送锦衣卫带刀。二十七年除温州卫平阳所世袭百户"③。

④直隶寿州人王成，"除授镇江卫后所试百户。比试箭中，起取试百户赴京，钦除锦衣卫总旗"④。

⑤顺天府霸州人蒋福，"洪武中以惯战头目隶锦衣卫，遂居京师"⑤。

⑥山西大同人陈大，"前王保保下军。洪武二十二年钦选锦衣卫带刀旗手。二十六年钦除府军前卫左所世袭百户"⑥。

⑦山东莱阳人季旺，"洪武二十四年充锦衣卫后所力士。二十八年，将（妹）改奴进送内府。二十九年充女户、带刀，五月钦除试百户"⑦。

朱元璋非常重视军队的日常训练，专门制定了比试制度，即定期召一部分军士进京，现场考校技艺。如洪武二十二年下诏：

　　凡至京比试军士，射中三箭者赏钞十锭，二箭者八锭，一

---

①　《保安卫选簿》，《中国明朝档案总汇》第70册，第200页。
②　《骁骑右卫选簿》，《中国明朝档案总汇》第54册，第196页。
③　《定海卫选簿》，《中国明朝档案总汇》第54册，第405页。
④　《（南京）鹰扬卫选簿》，《中国明朝档案总汇》第74册，第292页。
⑤　佚名：《明（蒋钦）□暨配封太孺人前旌表节妇赵氏合葬墓志铭》，见《新中国出土墓志·北京·壹》（下册），第201—202页。
⑥　《宁夏前卫选簿》，《中国明朝档案总汇》第56册，第428页。
⑦　《锦衣卫选簿》，《中国明朝档案总汇》第49册，第239页。

箭者五锭，仍各赐钞三锭为道里费。不中者亦赐钞三锭遣还，仍令明年再至比试，射不中者，军移戍云南，官谪从征，总小旗降充军伍。①

对于长途跋涉进京的军士，明廷另有赏赐。如洪武二十九年二月，赏赐陕西绥德卫比试得胜总旗江有孙等九十人绵战袄袴、皮裘、狐帽等衣物，"先是，上谕都督府臣曰：北平口外及山西雁门关外苦寒之地，守边士卒其来比试者，虽夏月亦给以衣帽，俾归为御寒之具。其陕西所属绥德、庆阳、宁夏、临洮、巩昌、甘肃亦如之。故有是赐"②。

上文中的曹聚、董停、张隆等人都是在比试后被调入锦衣卫的，其中曹聚的档案中更是明确记载了他的比试成绩，可见，从比试合格者抽取优等军士是锦衣卫的重要途径。例④中的王成入选锦衣卫后，职务从试百户降为总旗说明锦衣卫对军士的选拔非常严格，达不到标准者会被降格使用，不能把原有职务直接带进锦衣卫。例①、例②、例③、例⑥中的几个人入选后的身份都是"锦衣卫带刀"，随后不约而同地晋级为百户，说明锦衣带刀可直接享受总旗的待遇，例④中的王成降级为总旗，估计也和这一制度有关。类似的例子还有很多，恕不枚举。朱棣夺取政权当年，即下令"五军十三卫选银牌杀手，有膂力、胆量，身长五尺以上者，充将军，备宿卫"③。这一命令虽然和比试制度无关，但从侧面说明，锦衣卫军士的确需要一定的标准和选拔程序。

"惯战头目"是明廷对原敌对势力中军事技艺较高的中下级军官的称谓，例⑤中的蒋福估计是通过"收集"回到军户队伍的。他能入选锦衣卫，说明在国家机器已经进入正常运转状态后，明廷已不再对这些从前的异己分子另眼看待。例⑥中的陈大，情形类似。

---

① 《明太祖实录》卷一九七，洪武二十二年九月甲戌条，第2959页。
② 《明太祖实录》卷二四四，洪武二十九年二月辛卯条，第3543—3544页。
③ 《明太宗实录》卷一三，洪武三十五年十月乙亥条，第244页。

　　例⑦中的季旺是特例，他是女户，即家中有女眷被皇帝选中入宫。与之类似的还有山东长山县王兴。他在吴元年即从军，洪武二十六年才升为小旗。洪武二十八年因为"选充女户，拨锦衣卫带刀。二十九年除留守卫中中所试百户"①。成了皇亲，忠诚度自然不会有问题，也需要给予一定的优待，仅选为锦衣带刀，说明朱元璋对皇亲的恩赐非常克制。这是进入锦衣卫的一个特殊途径，不具备普遍性。

　　通过比试选拔效率未免过低，不利于迅速形成战斗力，锦衣卫需要另外的选材途径。直隶含山县人杜贵，洪武二十一年入伍，"二十三年征以都山，二十四年征鸦寒山、黑山等处，举保赴京，钦送锦衣卫带刀，二十七年钦除神策卫右所世袭百户"②。直隶宣城人徐辉，"丁酉年从军，戊戌年充小旗。洪武十年调定辽右卫后所总旗，十二年升锦衣卫右所试百户"③。直隶当涂县人韦原佑，洪武二十三年直接从西安后卫总旗，"送锦衣卫带刀随侍，升实授百户"④。这几个例子中，杜贵曾多次参战，有足够机会在实战中展示军事技能。辽东在洪武年间曾是明廷与北元势力反复争夺的地区，西北一带为防止北元势力南侵也曾大量驻军，不出意外的话，徐辉和韦原佑应该也富有战斗经验。韦原佑能在进入锦衣卫后很快晋职，估计此前有战功尚未升赏。以上三个个案说明，从富有实战经验的外卫官兵中抽选，是锦衣卫选材的另一重要途径。

　　需要注意的是，不管是从外卫直接抽选还是比试选拔，入选后都是下级军官而不是军士。洪武时期的锦衣卫下辖 19 个千户所，除中左等七所系主要由地方选送的力士组成，其他千户所的大部分军士和普通卫所军士并没有什么区别。这万余名士兵不可能一一考校后入选。军士的战斗技能除了参战可以提高外，日常训练是主要途

---

①　《汀州卫选簿》，《中国明朝档案总汇》第 65 册，第 35 页。
②　《建宁左卫选簿》，《中国明朝档案总汇》第 64 册，第 439 页。
③　《平越卫选簿》，《中国明朝档案总汇》第 60 册，第 80 页。
④　《卢龙卫选簿》，《中国明朝档案总汇》第 67 册，第 366 页。

径，主要承担日常训练任务的下级军官就显得非常重要了。明廷高度重视下级军官的选拔，无疑是一条迅速提高锦衣卫战斗力的"捷径"。

不过，在洪武年间，有一批锦衣带刀身份比较特殊。如广东南海人何真，"洪武十七年，同胡大海收集，占籍金吾前卫后所军。征车蓬、夹石等峒有功。二十六年三月，以密告逆党刘瑄变功，授总旗，拨锦衣卫带刀校尉，旋升锦衣卫百户。四月，升锦衣卫中所镇抚、世袭。二十七年，赐武毅将军、飞骑尉。后以靖难兵起，殁于国事，谥忠武，子孙世袭"①。直隶兴化县人朱通，洪武十九年入伍，"二十六年首拿本所千户陈铭党逆事，升带刀总旗。六月升汀州卫左所世袭百户"②。湖广桃源县人张惟，"（洪武）二十六年首本卫百户王铭结交蓝玉，饮酒造反，惧怕在逃，同总旗金忠等拿首。当月钦升总旗，拨锦衣卫带刀。六月除授羽林左卫水军所世袭百户"③。直隶嘉定县人季忠，"二十六年为首蓝玉谋反事，升锦衣卫带刀总旗。六月，钦除羽林右卫中所世袭百户"④。山东高苑县人高成，"洪武三年充军，拨青州卫。八年，选马军。二十四年并枪充小旗。二十六年首本卫千户王保子等党逆，当月钦充带刀总旗，四月除锦衣卫亲军所世袭百户。二十七年，故。（子）高贵，本年七月袭，仍锦衣卫亲军所世袭百户"⑤。类似的例子还有很多，恕不枚举。

洪武二十六年二月，蓝玉案爆发，大批军官被牵连处死。由于朱元璋要深挖蓝党根源，在军中兴起一股举报热潮，大批军官被属下举报谋逆甚至直接拘捕。对这些举报者，明廷必须给予一定的奖励。何真、朱通等人都是借着这个机会成为锦衣卫带刀总旗的。这些举报者对皇帝的忠诚度无须怀疑，但军事素质未必符合锦衣卫的

---

① 光绪《广州府志》卷八七《古迹略五·顺德》，台北成文出版社"中国方志丛书"本1966年版，第497页。

② 《汀州卫选簿》，第22页。

③ 《福州右卫选簿》，《中国明朝档案总汇》第64册，第353页。

④ 《长陵卫选簿》，《中国明朝档案总汇》第53册，第222页。

⑤ 《苏州卫选簿》，《中国明朝档案总汇》第61册，第127页。

要求。另外，过多提拔带刀官也会产生一系列负面连锁反应，如官兵比例失衡、军饷支出骤增等。因此，这些举报者大多像朱通等人一样，在锦衣卫短暂过渡后，即被升职调往他卫，像何真、高成这样能长期留在锦衣卫内并获得世袭资格的应该非常少。

朱通、张惟、季忠等人在锦衣卫服役的时间不过数月，估计尚未分配到具体的百户所。这牵扯出另一个话题，即锦衣卫的带管职能。

四　带管与优给

所谓带管，指尚未安排具体卫所或虽安排但尚不具备马上到伍的官兵暂时安置于其他卫所并接受其管理的制度。理论上，任何卫所都具备带管的资质，锦衣卫也不例外。如成安县人孟恂，"先系完平章头目，洪武七年起取凤阳左卫，充参随。九年，选充寄牌先锋。二十一年征捕鱼儿海子、哈喇哈地面，还，除驾前都先锋，拨锦衣卫带管。追赶达军至凤县连云栈，钦除成都中护卫左所世袭百户"①。浙江松阳县人叶敬铭，洪武二十五年升小旗，"送锦衣卫带管，三十一年除安东中护卫"②。直隶合肥县人高仪，洪武十五年"除潭府仪卫司典杖，未任，拨锦衣卫带管。二十二年做百户，管领蕲州三户垛集土军，调平溪卫后所"③。

与带管类似，锦衣卫还不时接收一些临时进京的寄籍官兵。如景泰元年，"命惯熟牌刀手、交趾舍人陈孝顺等五十四人赴神机营教演牌刀。仍命孝顺等于锦衣卫寄籍，从安远侯柳溥奏请也"④。

无论是带管还是寄籍，名义上都不属于锦衣卫，只是临时代为管理，所以尽管像叶敬铭、高仪等人在锦衣卫的时间比较长，但最终都要离开。

---

①　《成都左护卫选簿》，《中国明朝档案总汇》第57册，第220页。

②　《安东中护卫选簿》，《中国明朝档案总汇》第56册，第368页。

③　《平溪卫选簿》，《中国明朝档案总汇》第64册，第23页。

④　《明英宗实录》卷一九〇，景泰元年三月甲寅条，第3906页。

　　不过凡事总有例外。如浙江松阳县陈兰芳，"洪武二十五年充校尉，二十六年调仪卫司，三十二年升小旗，永乐二年锦衣卫镇抚司带管。五年，往（爪）哇等国公干。七年，升总旗。九年，复往西洋公干。十三年，升试百户。本年年老"。其子陈熙替补后，于"正统二年钦准替授试百户，仍于锦衣卫镇抚司带俸"①。《选簿》中没有写明陈兰芳洪武二十六年分配到了哪个王府的仪卫司，从永乐二年由锦衣卫带管来看，估计是燕王府仪卫司成员。由于朱棣成了皇帝，原仪卫司官兵自动转为锦衣卫成员并由此造成锦衣卫兵员激增，必须进行一定的淘汰，陈兰芳估计暂时没有被安排好而列入带管范围。只是这一临时性安置变成了终身制。《选簿》中记载："旧选簿查有：正统二年七月，陈熙，年十九岁，系锦衣卫镇抚司带支俸试百户陈兰芳嫡长男。父原系总旗，因下西洋公干回还，□除前职。钦准本人仍替试百户。"② 可见，陈兰芳在带管期间还曾立功升职，最后转变身份，成为"带支俸"军官，而且其子陈熙替役后依旧保持了带俸官的身份。

　　带俸与带管虽然形式上类似，但存在本质差别，最大的区别就在于前者是该卫所编制内的正式成员。笔者目前所见锦衣卫内最早的带俸官出现在洪武十五年。史载，直隶武进人陈俊，"祖陈德，丙申年归附，后因征伤，洪武七年取父卫镇抚司带管。十五年钦除试百户，锦衣卫带俸。宣德七年擒拿强盗，升锦衣中所副千户。八年又因捉获强盗，升本卫所正千户。十年授流官，附选"③。陈俊父亲姓名，史籍中缺载，但可以很明显地看出他也是通过从带管、立功升级到带俸的途径进入锦衣卫的。从这一角度来看，收纳带管官兵，经过实际考验再转为本卫成员也是锦衣卫选拔人才的一个途径。至于带俸，在一定程度上可以理解为储备军官，随时可以转为管事实职。比如直隶高邮人周福，"吴元年归附充军。当年充小旗，洪武四

---

① 《（南京）锦衣卫选簿》，《中国明朝档案总汇》第 73 册，第 63 页。
② 《（南京）锦衣卫选簿》，第 64 页。
③ 《锦衣卫选簿》，第 298 页。

年升总旗。二十三年钦除世袭百户，锦衣卫带俸。十二月钦授本卫右所世袭百户"①；浙江丽水县人王兴，"庚子年充军，乙巳年充小旗，洪武元年充总旗，贰拾叁年拨锦衣卫带俸，钦除世袭百户"②，等等。带俸官在锦衣卫中是一个庞大的群体，来源、职责差异很大，牵涉众多问题，因大多与军事职能无关，本节从略。

设置大批带俸官既可以储备人才，对现有军官也是无形的压力，可提升其竞争意识。正统六年，兵部尚书王骥上奏，指出贵州一带卫所官兵生活困苦、官员"又不矜恤，剥削万端"，请求"照陕西例，于行在锦衣卫管事官选调一员，署贵州都司事。使其提督卫所，镇抚蛮夷，经理屯田，询察贤否"③，获得批准。王骥援引的陕西例最早出现在洪武二十八年。当年三月，"以锦衣卫指挥佥事杨嵩为四川行都指挥使司都指挥同知，石玉为陕西行都指挥使司都指挥佥事"④。此后，指挥同知陈敬于永乐三年调任陕西行都司都指挥佥事⑤。永乐十八年升指挥使费瑾为陕西都指挥佥事⑥。永乐二十二年，"升锦衣卫指挥佥事林观、刘俨俱为陕西都司都指挥佥事。观掌绥德卫，俨掌延安卫"⑦。正统元年，"升行在锦衣卫指挥同知任启为指挥使，署都指挥使事，掌陕西行都司事"⑧。

不仅有调过去的，还有召回来的。如永乐十八年六月，"召陕西都指挥佥事马麟赴京侍卫，于锦衣卫给月俸"⑨。

可见，锦衣卫高级军官调往陕西任职确有成例可循，而且在一定程度上和陕西都司、行都司高级军官保持着对流。

陕西行都司所属卫所基本都在明朝与蒙古部众对抗的前线。高

---

① 《镇虏卫选簿》，《中国明朝档案总汇》第 71 册，第 393 页。
② 《西安左卫选簿》，《中国明朝档案总汇》第 56 册，第 105 页。
③ 《明英宗实录》卷八〇，正统六年六月壬午条，第 1594—1595 页。
④ 《明太祖实录》卷二三七，洪武二十八年三月己亥条，第 3459 页。
⑤ 《明太宗实录》卷四五，永乐三年八月壬申条，第 704 页。
⑥ 《明太宗实录》卷二二一，永乐十八年闰正月庚寅条，第 2191 页。
⑦ 《明仁宗实录》卷一下，永乐二十二年八月甲子条，第 30 页。
⑧ 《明英宗实录》卷一三，正统元年正月丙子条，第 231 页。
⑨ 《明太宗实录》卷二二六，永乐十八年六月壬戌条，第 2217 页。

级军官不断调往该地主持军务，说明锦衣卫不仅担负着野战职能，而且是皇帝眼中的一张王牌。不仅在职军官不断调往前线，带俸官也有出外主持军务的例证。如正统九年正月，"命锦衣卫带俸都指挥佥事陈友充游击将军，往宁夏出境巡哨"①。联系马麟从陕西进京，随即转入带俸状态来看，锦衣卫内的带俸制度，的确包含了储将职能。王骥奏准在贵州安置锦衣卫军官，客观上为他们在西南边疆增加了一个锻炼的区域。明廷也确实是这么做的。例如，正统十四年九月，"升锦衣卫指挥使李鉴为署都指挥佥事，往贵州地方领兵杀贼"②。天顺三年三月，升"锦衣卫带俸都指挥佥事咬哈为都指挥同知，以贵州杀贼功也"③。宪宗即位之初，将文官群体深恶痛绝的锦衣卫掌卫事都指挥同知门达等人调往贵州，"皆带俸差操"④，应该也是遵循了这一成例。

前面曾提到朱元璋非常重视军队后备力量的培养，大批军官的适龄候补儿男弟侄被以舍人名义招入军中。其实，即便是年幼的男丁，明廷一样重视提前培养，这就是优给制度。所谓优给，指对因阵亡、伤残或年迈的军官尚未成年的替补儿男按一定标准进行抚恤的制度。洪武四年三月，朱元璋下诏：

> 凡大小武官亡没，悉令嫡长子孙袭职。有故则次嫡承袭，无次嫡则庶长子孙，无庶长子孙则弟侄应继者袭其职。如无应继弟侄而有妻女家属者，则以本官之俸月给之。其应袭职者，必试以骑射之艺。如年幼，则优以半俸。殁于王事者，给全俸。俟长袭职。著为令。⑤

---

① 《明英宗实录》卷一一二，正统九年正月己巳条，第2255—2256页。
② 《明英宗实录》卷一八三，正统十四年九月癸巳条，第3575页。
③ 《明英宗实录》卷三〇一，天顺三年三月戊子条，第6385页。
④ 《明宪宗实录》卷一，天顺八年正月壬午条，第30页。
⑤ 《明太祖实录》卷六二，洪武四年三月丁未条，第1199页。

　　锦衣卫设置较晚，但开始执行优给制度的时间并不晚。笔者见到的最早的例证出现在洪武十八年。如袁州卫小旗余来孙于洪武十五年在云南去世，其子"余英年幼，十八年起取赴京，拨锦衣卫纪录，出幼，调云南后卫中所"①。宁川卫前所小旗张成，洪武十六年十月在云南阵亡，其子张观音保于洪武十八年"拨锦衣卫优给。二十一年钦调金吾后卫水军所充总旗"②。余英和张观音保的父亲都不是锦衣卫官旗，儿子却拨到锦衣卫优给，说明洪武年间的优给对象是统一安置。类似的例子还有青州卫百户谢子实。他在洪武二十二年去世，"二十四年，钦取家小赴京，拨骁骑右卫镇抚司支半俸优给"。次年，其子谢泰出幼，"袭除营州后屯卫世袭百户"③。洪武时期，卫所武官世袭制度已经确立，但调卫频繁，尚未确定相对固定的卫所，谢泰、余英等人出幼后任职的卫所都不是父亲的原属卫所也间接证明了这一点。频繁地调卫是明廷统一安置优给对象的政策基础之一，那么，锦衣卫在其中扮演什么角色呢？为表述方便，这里先罗列几个例子。

　　　　①龙虎卫所镇抚王德，洪武十七年亡故。其子王勉"于二十年敬与世袭副千户俸优给，拨锦衣卫关支"④。
　　　　②广州右卫前所流官百户张清之子张斌，洪武二十年"总旗优给，拨锦衣卫中左所关支。二十六年袭除怀远卫前所世袭百户"⑤。
　　　　③永宁卫左所流官百户李成，洪武十四年故，其子李林于当年"拨水军右卫中所带支优给。二十年调锦衣卫，关支百户全俸优给。二十五年袭职，与袭授蔚州卫世袭百户"⑥。

---

①　《云南后卫选簿》，《中国明朝档案总汇》第 59 册，第 405 页。
②　《留守左卫选簿》，《中国明朝档案总汇》第 54 册，第 49 页。
③　《滁州卫选簿》，《中国明朝档案总汇》第 61 册，第 445 页。
④　《宣府前卫选簿》，《中国明朝档案总汇》第 69 册，第 162 页。
⑤　《怀远卫选簿》，《中国明朝档案总汇》第 62 册，第 402 页。
⑥　《义勇后卫选簿》，《中国明朝档案总汇》第 66 册，第 337 页。

④湖广江夏人周文，洪武十五年罗雄州阵亡。其子周安"十八年，拨留守中卫带支总旗优给，二十年调锦衣卫"①。

⑤宛平人王马子，洪武十七年赴京替役，"因年幼拨骁骑右卫带支总旗粮优给。二十年调拨锦衣卫中左所优给。二十一年调豹韬卫右所总旗"②。

⑥靖州卫所镇抚余英，洪武十四年故。其子余集，"十八年敬与世袭所镇抚，优给。二十年调锦衣卫支俸。二十七年袭授黄州卫右所世袭所镇抚"③。

⑦彭城卫指挥佥事袁安，洪武四年亡故。其子袁狮"于七年取京，拨鹰扬卫寄支优给。二十七年袭职"④。

例①中的王勉享受的优给级别远高于乃父，例⑥中的余集先直接承袭了乃父的所镇抚职务再予以优给，和明廷的政策明显有差异，显示优给政策在明初具体执行时有诸多的变量。不过这不是关键。真正的关键是洪武二十年这个看似平常的年份，不仅例①、例②、例⑥中的王勉、张斌被安置到了锦衣卫，即便是例③、例④、例⑤中已经在其他卫所享受优给待遇的李林等也被改拨到了锦衣卫，而且基本在中左所关支饷粮。李林、周安、王马子三人及例⑦中的袁狮开始优给时的卫所都是京卫，但不是亲军卫。据此推断，洪武二十年明廷曾将大批优给对象集中调拨到了锦衣卫，并具体由中左所承担拨付粮米等优给物资的任务。⑤《实录》记载，正统十一年七

---

① 《(南京) 羽林右卫选簿》，《中国明朝档案总汇》第 72 册，第 392 页。

② 《(南京) 豹韬卫选簿》，《中国明朝档案总汇》第 73 册，第 320 页。

③ 《黄州卫选簿》，《中国明朝档案总汇》第 63 册，第 196 页。

④ 《献陵卫选簿》，《中国明朝档案总汇》第 53 册，第 298 页。

⑤ 类似的例子还有很多。如滁州人钟鸣，洪武十八年"钦与百户全俸优给，二十年拨锦衣卫中左所关支"（《永定卫选簿》，《中国明朝档案总汇》第 64 册，第 136 页）；豹韬卫中所百户夏福之子夏瑀，"于二十年锦衣卫优给"（《苏州卫选簿》，《中国明朝档案总汇》第 61 册，第 86 页）；横海卫百户朱亮子朱敬，"二十年调锦衣卫中左所优给"（《承天卫选簿》，《中国明朝档案总汇》第 64 册，第 252 页）；南直隶定远县人赵春儿，"二十年升锦衣卫优给"（《献陵卫选簿》，《中国明朝档案总汇》第 53 册，第 399 页）；等等。恕不一一列举。

月，"驸马都尉赵辉掌南京锦衣卫优给营，索取百户子当优给者贿。南京刑部请究其状。上命宥辉，但收鞫其所连者"①。永乐迁都后，锦衣卫留在南京的部分地位已经和一般卫所区别不大，这里提到的优给营应该不是迁都后出现的新机构，而是洪武年间集中安置优给对象的产物。

明初百废待兴，各地的财政水平参差不齐。南京作为首都，又处在东南财富之区，财政收入比较有保证，将未来的各级军官接到首都供养，有助于把优给政策落到实处。锦衣卫作为亲军卫之首，在诸多方面享受优待，把优给对象集中调拨到锦衣卫既方便后勤安排，同时也能充分利用各种优待政策，并对这些未来的军官进行考察和培养，顺带还可展示皇帝对他们的关爱，培养忠君观念，一举多得，这应是洪武二十年锦衣卫成为承担优给任务之主体单位的政策出发点。

有资料显示，由中左所集中安置优给对象的政策并不是一时兴起，而是作为一项祖制，长期坚持了下来。如《选簿》中记载："永乐十三年五月，黄安，旧名蛮儿，系会川卫后所为事充军故世袭所镇抚黄忠嫡长男。先因年幼，于锦衣卫关支优给。今出幼送到，钦准袭，授青州左卫中所。"②　"成化四年九月，高玉，年七岁……父高兴已与试百户，半俸于南京锦衣卫中左所优给。出幼，间患残病，具告优养，遇例实授。"③　"成化十八年八月，赵辅，年十六岁，高邮州人，系永平卫中所革职世袭正千户赵通嫡长男。伊父原在南京鹰扬卫左所带俸。本人先因年幼，送南京锦衣卫中左所优给。今出幼袭职，仍回原卫所。"④

正统十四年九月，兵部奏准："养兵之要，必先足食。宜将京卫优给、优养官舍愿回南京及原籍者，俸粮就彼关支；其不欲回者，

---

① 《明英宗实录》卷一四三，正统十一年七月戊辰条，第2822页。
② 《青州左卫选簿》，《中国明朝档案总汇》第55册，第86页。
③ 《长陵卫选簿》，《中国明朝档案总汇》第53册，第253页。
④ 《永平卫选簿》，《中国明朝档案总汇》第67册，第284页。

俸粮折与银布。"① 可见，迁都北京后，京卫继续承担着优给任务。北京城的物资补给长期仰仗于漕运，不具备集中优给的条件。同时，随着卫所设置渐趋稳定，待袭职幼官在本卫优给的条件基本成熟，北京锦衣卫中未再见到大规模安置优给对象的记载，估计与此有关。成化十二年，守备南京的成国公朱仪建议："各卫故官优给儿男及老疾无倚优养官员例于锦衣卫带俸，人不以为便。自后宜听于本卫带俸。"② 可见，南京锦衣卫依旧在集中优给。

　　明代武职世袭，每一次战争都会使一批军士进入武官行列，以至于没有足够的位置安插。为了减轻军饷压力，明廷于正统四年下令："今后多余军职，止许于有粮去处添注，庶几供给便利。运粮供给去处不许添注。"③ 南京处于经济繁荣地带，因此成为多余军官云集之所。南京锦衣卫中也不可避免地安插了大量带俸差操军官。如果继续接收各卫送来的优给人员，势必给该卫的管理带来诸多困难，所以朱仪建议终止这一政策。对此，兵部议准："令锦衣卫带俸各卫故官优给幼男、老幼无依官属于原卫带俸。"④ 至此，锦衣卫集中安置优给幼官的政策才告终结。

结　语

　　明朝立国之前的亲军卫既是明军中的精锐，也是关键时刻的战略预备队，侍卫君王的职能反而是次要的。洪武十三年恢复亲军卫制度后，这一传统得到延续，这在锦衣卫身上体现得尤为明显。锦衣卫不仅马、步、水、屯等兵种配置齐全，而且频繁外出征战，足迹遍及西北、西南、东南等各战区。与此同时，大批军官袭替候选人以散骑舍人等名目进入锦衣卫，16 岁以下者则在洪武二十年前后以优给名义集中到锦衣卫中左所，对后备军官力量的培养发挥了积

---

① 《明英宗实录》卷一八三，正统十四年九月丙申条，第 3581 页。
② 《明宪宗实录》卷一五五，成化十二年秋七月戊申条，第 2881 页。
③ 《明英宗实录》卷五六，正统四年六月戊戌条，第 1076 页。
④ 《明宪宗实录》卷一五五，成化十二年七月丁巳条，第 2828 页。

极的作用，和带俸制度一样，在明初发挥着特定的储将职能。无论是作战，还是储将，都是锦衣卫先天带有的军事职能的体现。

作为最主要的禁卫力量，侍卫皇室无疑是锦衣卫最主要的军事职责。为此，明廷一方面进行消极防御，制定了严格的门禁制度，"官一日一代，士卒三日一代"①，并为其准备了各式各样的号牌，"凡在内府出入者，贵贱皆悬牌，以别嫌疑。如内使、火者乌木牌，校尉、力士、勇士、小厮铜牌，匠人木牌，内官及诸司常朝官牙牌"②，以供查验；一方面通过实战检验、进京比试等途径，为锦衣卫配备高素质的官兵，"其官则用其能，而不用其世，所以待武臣之超出群类者也"③。宣德七年六月，明宣宗曾作《御制官箴》，以示百官。其中《锦衣卫箴》曰：

> 自古建国，皆重环卫。尔维厥官，朝夕廷陛。予所服御，咸尔攸秩。出入先后，以警以跸。左右骏奔，亦戒不虞。亦有匪人，尔诘尔袪。尔其懋密，勿纵于私。宜廉宜慎，宜勤宜祗，惟义之遵，惟善之迪，敬恭勿渝，用保终吉④。

短短80字的官箴中，前40个字讲的都是锦衣卫的禁卫职责，足见明廷高度重视其侍卫职能。

虽然制度制定得很详细，但随着明朝政治的逐渐败坏，锦衣卫的各项军事职能也日渐颓怠。早在仁宗即位之时，指挥使王节即曾上奏："比来校尉上直，屡失所悬铜牌。铜牌，所凭关防出入者，请治之以惩。"⑤宣德三年，明宣宗也曾直接批评"比年掌卫事者不知所重，玩愒苟且，渐习成风。军士逃亡者不补，器仗敝坏者不修。

---

① （明）余继登：《典故纪闻》卷三，第40页。
② （明）陆容：《菽园杂记》卷二，第21页。
③ （明）邱濬：《赏功之格二》，见（明）陈九德《皇明名臣经济录》卷一四，四库禁毁书丛刊影印本，北京出版社1998年版，第233页。
④ 《明宣宗实录》卷九二，宣德七年六月条，第2102页。
⑤ 《明仁宗实录》卷一下，永乐二十二年八月乙未条，第26页。

队伍十虚六七，军容殊无可观。以此守卫防闲，何由振作警肃"①！
尽管不时督促，侍卫队伍败坏的状态却始终未能得到改善，"成化以
来，勇士精壮者少，其数乃至九千之上。每郊祀驾出，勇士盔甲与
各营无异，禁兵渐至废弛。此外，虽有将军、围子手，不过早朝侍
卫，退朝即散回家。皇城之内，防奸者无几，其守卫皇城各门官军，
疲弊尤甚"②。晚明时期梃击等恶性案件频发，正是侍卫制度败坏的
直接结果。

在侍卫职能弱化的同时，锦衣卫的野战功能也在明中叶沦为具
文，即便有少量官兵参战，大多也是传达诏命等辅助人员，相反，
倒是以奏带名义混入军中，试图通过参战，冒功获取升赏的不良现
象成为锦衣卫野战职能的另类继承者。如大兴县人陆锦，"系锦衣卫
锦衣中所擎盖司冠带舍人，山东、河南军前卫执旗牌，升冠带总
旗"③，类似例证比比皆是，不胜枚举。

虽然日渐败坏，但锦衣卫的军事职能始终存在，以至于到南明
时期，当权者仍在试图强化。如隆武皇帝制定的锦衣卫建军方案中
规定：

> 卫有军有尉。军则其中先选旗尉二千五百名，为擎捧卤簿，
> 所谓王之爪牙，务要人人精壮。其衣帽俱察照两京制度，并分
> 中、前、后、左、右五所，每所五百名……郑芝豹挑选四千名，
> 督练成一劲旅，名曰锦衣卫禁军……分作五营，每营八百，设
> 正、亚营将指挥二员。设千户四员，每员管军二百；百户八员，
> 每员管军一百。再另定名目曰大管旗，每旗管五十名；又曰小
> 管旗，每旗管二十五名。五名中立一伍长，以次统率，总于郑
> 芝豹……该卫捕官及十堂专管，止任旗尉之事。其禁军四千，
> 止令于各堂官行属礼。惟有锦衣卫印官，则兼管锦衣军、尉。

① 《明宣宗实录》卷三九，宣德三年三月丙戌条，第967页。
② （明）余继登：《典故纪闻》卷一六，第288—289页。
③ 《锦衣卫选簿》，第252页。

其佐练之官，则又管军不管尉也……①

这一方案中的五营禁军承担的无疑是锦衣卫的外出征战职能。禁军五营和旗尉五所的人为区隔也和校尉群体主要承担随机差遣任务，较少出京参战的旧例保持一致。这一方案的出台，有力地证明了锦衣卫的军事职能始终存在，尽管某些时段的表现方式颇具讽刺意味。

第二节　锦衣卫维护京城治安职能

京城是国家的政治中心，是首善之区，其治乱直接关系到最高统治集团的安危，也影响着全国的稳定，故历朝历代都十分重视京城建设，治安管理则是其中重要的一环。明代京城治安最初由兵马指挥司（简称兵马司）负责，迁都北京后，锦衣卫和巡城御史等才陆续加入进来。

一　从缉捕强盗到分区巡逻

1356 年，朱元璋自立为吴国公，以金陵为首府，"置兵马指挥司，讥察奸伪，以达必大为指挥"②。明朝建国后，兵马司制度被保留下来，且权限有所扩大。如洪武元年十二月，"诏中书省：命在京兵马指挥司并管市司，每三日一次校勘街市斛斗秤尺，稽考牙侩姓名，时其物价。在外府州各城门兵马司一体兼领市司"③。对于兵马司的职能，朱元璋曾在敕书中明确：

---

① （清）陈燕翼：《思文大纪》卷二，中国野史集成丛书影印本，巴蜀书社 1993 年版，第142 页。

② 《明太祖实录》卷四，丙申年七月己卯条，第 46 页。

③ 《明太祖实录》卷三七，洪武元年十二月壬午条，第 744 页。

今之兵马司，即宋军巡使。其为职也，御风火，察奸盗，禁城人众，谨关键，验出入，使真伪俱分，余无狂暴，以康善良之居。若膺是任，非机智速疾、人莫可测者，岂轻授焉。[1]

朱元璋自称兵马司制度承袭于宋，其实，它的直接源头来自元朝。元世祖忽必烈至元年间，在大都路设置兵马都指挥司，"秩正四品，掌京城盗贼、奸伪、鞫捕之事，都指挥使二员，副指挥使五员，知事一员，提控案牍一员，吏十四人。至元九年，改千户所为兵马司，隶大都路。而刑部尚书一员提调司事，凡刑名则隶宗正，且为宗正之属。二十九年，置都指挥使等官，其后因之。一置司于北城，一置司于南城"[2]。从职能上看，明代的兵马司与元代大都路兵马司没有太大的区别。最大区别在于职级。洪武十年，明廷定兵马指挥司为正六品[3]，远低于元代。

洪武二十三年十月，明廷"更兵马指挥司治所。以旧南城兵马指挥司改为中兵马指挥司，聚宝门外为南城兵马指挥司，正阳门里为东城兵马指挥司，清凉门里为西城兵马指挥司，惟北城兵马指挥司仍旧。每司设指挥一人，正六品；副指挥四人，正七品；吏目一人，杂职。以京师内外地方分隶之"[4]，正式形成京城五个兵马司分片共管的制度。在京城设五个兵马司，较之元代多了三个，管辖区域缩减，级别自然下降，这或许是明代兵马司较元代降了四级的原因之一。

朱棣夺取政权后，着手进行迁都准备。永乐七年，"设北京五城兵马指挥司"[5]。成化年间，吏部尚书姚夔等在奏报中说："兵马之

---

① 钱伯城、魏同贤、马樟根主编：《全明文》（一）卷九《朱元璋九·兵马指挥敕》，上海古籍出版社1992年版，第129页。

② （明）宋濂等：《元史》卷九〇《百官志六》，第2301页。

③ 《明太祖实录》卷一一四，洪武十年八月丁巳条，第1879页。

④ 《明太祖实录》卷二〇五，洪武二十三年十月丙子条，第3064页。

⑤ 《明太宗实录》卷九五，永乐七年八月乙巳条，第1257页。

设，职专防察奸宄、禁捕贼盗、疏通沟渠、巡视风火，其责颇重。"①
单从文字上看，北京兵马司的职责除增加了"疏通沟渠"外，其他
方面和洪武时期一致，没有变化。

　　洪武十五年，明廷设置了锦衣卫。锦衣卫西司房的职责是"缉
捕京城内外盗贼。本卫指挥一员，奉敕专管，领属官五员，旗校一
百名"②。从职责上看，西司房官兵应该对京城治安负有重要责任，
但在《实录》中，宣德以前并没有出现锦衣卫参与京城治安事务的
例子。笔者认为，这或许和其工作方式有关。

　　宣德六年七月，明宣宗微服私访到杨士奇宅。杨士奇以"万一
有冤夫怨卒窥伺窃发，诚不可不虑"为由，劝阻皇帝不要微行，宣
宗不以为然，"后旬余，锦衣卫获二盗焉。盖盗尝杀人，官捕之急，
遂私结，约候车驾之玉泉寺，挟弓矢伏道傍林莽中作乱。时有捕盗
校尉，亦变服如盗，入盗群之中。真盗不疑，竟以其谋告之，遂为
所获"③。成化六年，大学士彭时奏准："近闻房山县强盗四五十人
潜住金主陵内，不时出没。乞命锦衣卫密察虚实，早加缉捕，庶免
贻患于人。"④由此可见，锦衣卫缉捕盗匪主要是通过秘密侦查乃至
化装潜伏等方式，且有个专门的称谓——捕盗校尉。由于这种方式
非常隐蔽，不便公开，所以在前几朝的《实录》中没有留下印迹。

　　不过，锦衣卫参与捕盗的事例并不罕见。洪武十九年，丽水县
大户陈公望等五十七人被人举报聚众谋乱，朱元璋派出锦衣卫千户
周原前往抓捕。知县倪孟贤"密召父老询之"，"又微服往察，见其
男女耕织如故"，于是"具疏上闻，复令耆老四十人诣阙诉其妄"⑤，
陈公望等得以逃过一次大劫。值得注意的是，知县倪孟贤采用的也
是秘密调查的方式。

　　①　《明宪宗实录》卷八一，成化六年七月戊子条，第1578页。
　　②　万历《大明会典》卷二二八《锦衣卫》，第3004页。
　　③　（明）陈建：《皇明通纪法传全录》卷一八，宣德六年七月条，续修四库全书丛书影印
本，第299页。
　　④　《明宪宗实录》卷八三，成化六年九月己亥条，第1623页。
　　⑤　《明太祖实录》卷一七八，洪武十九年五月甲申条，第2694页。

　　笔者见到的锦衣卫切实参与捕盗的事例来自朱元璋御制的《逆臣录》。《逆臣录》记录的都是所谓的蓝玉一党的供词。其中的锦衣卫指挥陶幹供述曾于洪武二十五年四月初四，带领力士曲连、薛才等"前往河南捉贼，至九月内回还"。①《明太祖实录》亦载次年五月，散骑舍人刘昌率领力士、官军分别前往广平、顺德、辽、沁等地缉捕聚众劫掠、行踪诡秘的大盗王天锡②。

　　明廷所谓的强盗，既包括小规模揭竿起义的被统治者，也包括一般意义上的刑事罪犯。这些人行动相对诡秘，难以正面打击，需要准确的情报支持，而秘密侦查正是锦衣卫的长项。上述两个捕盗的例子都远离京师，说明锦衣卫的捕盗负责区域非常广阔，在一定程度上也说明洪武年间的南京治安状况尚可，暂时没有多少供锦衣卫发挥作用的空间。

　　宣德四年，户部左侍郎李昶奏报："江南官吏率民运粮至者，京师力士、军校、工匠之无亡赖者多端诈伪，强索财物及揽纳诓骗，扰害非小，乞严禁止。"自迁都以后，通过运河或沿河陆路输送进京的江南物资成为明廷维系京城正常运转的主要后勤补给源，因而维系运道安全是重中之重，在得到李昶的奏报后，宣宗皇帝很快下令"行在都察院揭榜禁戒，锦衣卫遣人缉捕"③。这是笔者见到的锦衣卫第一次在京公开执行缉捕任务的明确记载。

　　此前的宣德二年，兵部曾奏准：

　　　　曩者，霸州、固安盗贼为患，皇上命御史监锦衣卫官巡捕。令所在军民编为什伍，置巡警铺，严察慎防，盗用屏息。比者，通州等处盗贼复作，请如故事遣官巡捕，申明其禁。④

---

① 《逆臣录》卷三《锦衣卫指挥陶幹等》，北京大学出版社 1991 年点校本，第 174 页。
② 《明太祖实录》卷二二九，洪武二十六年八月甲戌朔条，第 3350—3351 页。
③ 《明宣宗实录》卷五二，宣德四年三月乙亥条，第 1260—1261 页。
④ 《明宣宗实录》卷三四，宣德二年十二月丙子条，第 869 页。

　　这一决定有几点需要注意。一是文中称"故事"，即锦衣卫在此之前曾派官兵到通州等处捕盗。二是首次出现了御史的身影。到霸州等地捕盗需要地方政府的配合，职掌风宪的御史随行，便于督促地方政府及时、有效地配合，同时对锦衣卫也是个监督，因为已经出现过锦衣校尉"假禽（擒）贼为名扰人"①的不良现象。三是要求当地设置巡警铺。巡警铺是明朝政府用于维护地方治安的固定设施，主要供在附近巡逻的治安人员使用。如果铺内有取暖设备，可供巡逻人员在冬季睡眠或临时休息，则称为火铺，反之称冷铺。史载："（国初）于五城各设兵马司，设立弓手，专以巡徼京城内外，即《周官》修闾氏之职也。又于各坊里巷立为火铺，支更守夜。"②可见，巡警铺在洪武年间既已存在。

　　北京地区建巡警铺似始于宣德元年。当年正月，"时京城多盗，都御史刘观等议于五城兵马司各增官军一百人，与同捕捉。每五十家置巡更铺，一遇夜，以十人守之。有盗贼及违夜禁者，皆听捕以闻。上从其议。命英国公张辅同五军都督府按地方遣军助之，若所辖之地有盗不能捕者，领军头目及兵马司官皆论罪"③。明廷在霸州等地推广设置巡警铺，说明北京在设置巡更铺后收到了一定的效果。

　　宣德五年，行在通政司右参议何怀辉上言："通州张家湾至北京中途花园等处，每有强盗劫掠，甚至杀伤人命。请于人烟稀少之处，或六里，或十里，设冷铺，置兵巡捕。"④在通州人烟稀少处设冷铺，也是在推广京城的经验。

　　不过以上还都是锦衣卫执行缉捕任务的例子，真正的转折点出现在宣德七年。当年正月，兵部报告："兵马司巡警不严，盗于都城内诈称校尉，拘絷都督谭广家属，劫财而去，请付法司责令捕盗。"⑤

---

　　① 《明宣宗实录》卷六八，宣德五年七月戊申条，第1597页。
　　② （明）邱濬：《大学衍义补》卷一三六《治国平天下之要·严武备·遏盗之机上》，第2116页。
　　③ 《明宣宗实录》卷一三，宣德元年正月甲子条，第371页。
　　④ 《明宣宗实录》卷六八，宣德五年七月戊申条，第1597页。
　　⑤ 《明宣宗实录》卷八六，宣德七年正月丙子条，第1982页。

当月月末，锦衣卫百户陈俊、朱喜等侦查后抓获罪魁——谭广的表侄女婿、济阳卫指挥佥事王斌，"悉得所劫赀物以闻"①。本案虽破，但皇帝以为这是京城治安恶化的表现，于是在当年三月下令：

> 比来京畿屡有盗贼，锦衣卫常差官校于京城内外分派地方，令昼夜巡捕。如所分地方内被盗，不即擒获者，所差官校及该管兵马司官一体论罪。兵马司仍常严督巡警铺，不许怠慢。②

锦衣卫被命令划拨官兵分区域巡捕盗贼，等于为京城增加了一支巡捕军。据《会典》记载："国初捕盗，在外无专官。惟在京设五城兵马指挥司，以巡逻京城内外地方为职。其后在京添用锦衣卫官校。"③《会典》中没有记载添用锦衣官校的起始时间。结合《实录》记载来看，这个时间节点应该就是宣德七年三月。

与西司房缉捕校尉有固定编制一样，参与京城巡逻的官校也有编制。"凡五城兵马司地方，每季委千户一员，百户十员，旗校二百五十名分管。城外地方，千户五员，百户十员，旗校二百五十名分巡。各缉捕盗贼。"④另据刑部右侍郎何文渊奏报："五城兵马指挥司所送窃盗多因巡捕校尉在于街市遇见擒获，就于各家搜检财物，拷逼虚招，不无冤滥。"⑤可见，负责巡逻的锦衣卫士兵的番号是"巡捕校尉"。巡捕校尉擒获犯罪分子后并不直接处置，而是移交给兵马司，再送到刑部等法司审问、判决。

巡捕校尉因为只在城内活动，又被称为"坐城校尉"。时人马愈曾记录了这样一件事：

---

① 《明宣宗实录》卷八六，宣德七年正月己丑条，第 1995 页。
② 《明宣宗实录》卷八八，宣德七年三月庚申条，第 2022 页。
③ 万历《大明会典》卷一三六《兵部十九·巡捕》，第 1921 页。
④ 万历《大明会典》卷二二八《锦衣卫》，第 3005 页。
⑤ 《明英宗实录》卷六五，正统五年三月辛亥条，第 1243 页。

　　京师明时坊朱段子家，一夕，有偷儿自天窗中下，检其细软，仍从屋上逸去，门户扃钥如故。坐城校尉俗所谓"皮条"者，日来看视，略无形迹。朝阳门外东岳庙庙门南，一碑相对，高二丈余，文字乃赵孟𫖯所书。有一白衣少年，着皂靴在碑下与群小戏剧，自以两手板碑蹑靴，缘左而上，跨碑题坐。少顷，循右而下，二三皮条在旁私谓曰："此何人，有此伎能？"心即疑之，遂觇其行止。

　　日已晡，少年入酒家饮。至暮，入庙去。一皮条尾之，至殿西庑，忽失所在。出与众议，入庙踪迹之，一无所见。夜已昏暗，众出庙门，坐石滚上，疑未决，望见西松林下白衣者出，遂散伏地所觇之，果少年也，尾至庙后一娼家宿焉。明旦执之，诘以朱段子家事，一一承服。云自某处上屋，至本家天窗缝下，后开室门上屋，复至某处下地，故不经由本家门户。问其所盗之物，云在庙中大殿内天花板上。众从之至殿庑角门，于腰间取一钥，启门入殿内，登神床，蹑象膝，登肩蹋冕，顶上直立，托开天花板兀上藻井，平昔凡盗之物咸在。送之官，论之如法。①

　　这个故事虽然近似小说家语，但大体应能反映校尉们巡逻时的工作状态。从中可以发现，发生案情后，校尉要到案发现场检视，但不是在第一时间。校尉巡逻时着便衣，否则不会被白衣窃贼无视，这应是吸取了捕盗校尉的经验。无事时巡捕校尉也不能休息，而是在辖区内反复游走，因而获得了"皮条"的绰号。

　　拨军参与京城日常巡逻后，锦衣卫出京捕盗的职能并没有丧失。如宣德八年，四川成都府郫县儒学训导王敏上书，称当地盗贼纵横，请求中央派员治理。皇帝于是命"行在都察院副都御史贾谅、锦衣

---

　　①　（明）马愈：《马氏日钞·奇盗》，《中华野史》丛书"明朝卷一"，泰山出版社 2000 年版，第 179 页。

卫指挥佥事王裕同内官兴安往，会四川三司调军捕之"，同时"就于四川巡视军民利病"①。次年，"命行在锦衣卫指挥王裕、监察御史张琦往安庆等处巡捕盗贼。敕裕等曰：近闻安庆及湖广、江西缘河有劫盗。今命尔等率官校往捕，须密访盗所在，用计禽之。如盗多，则令军卫有司、巡检司发官兵同捕。既获，则会巡按御史及卫、府官审验。无冤，就彼处决枭首示众，具奏来闻。仍究问所管军卫、有司官，治以钤束不严之罪"②。正统三年，陕西巡抚陈镒奏准："河南卫辉府获嘉等处岁屡不登，居民就食他所，其田地多为宁山卫屯卒所占，因而劫掠，其势渐盛。臣经过其地见之，请遣锦衣卫官同监察御史督领旗校缉捕。"③ 可见，出京捕盗仍是锦衣卫的重要职责，且"密访"仍是重要手段。

二　锦衣卫治安职责的延展

在被用于城内分区巡逻的同时，锦衣卫在京城周边地区捕盗的范围和时间也出现了固定化的趋势。宣德四年，"上以河冻，天下朝觐官及往来之人俱由陆路，虑有盗贼，遣监察御史张政、白圭、唐琛同锦衣卫官校分往巡捕，仍命缘途军卫、有司并严巡警"④。成化十四年八月，兵部议准："良乡、固安、通州河冰既合，例遣御史及锦衣卫千百户往督所司捕盗。今三路水灾尤甚，宜视常早遣一二月为便。"⑤ 同年九月，都察院亦提出"旧例：每岁河冻时始遣御史、锦衣卫官各三员分投捕盗，迨春而还"⑥，于是派出三名御史前往良乡、固安、通州三路迤南捕盗。宣德四年派出御史和锦衣卫官兵在朝觐路上巡捕时并没有确定是常态化巡捕，成化十四年兵部和都察院先后提出按旧例派员巡捕，似乎明廷已经把宣德四年这一决定作

---

① 《明宣宗实录》卷一〇一，宣德八年四月丙午条，第2274页。
② 《明宣宗实录》卷一〇九，宣德九年三月癸卯条，第2457页。
③ 《明英宗实录》卷四一，正统三年四月乙卯条，第791页。
④ 《明宣宗实录》卷五九，宣德四年十一月丁卯条，第1420—1421页。
⑤ 《明宪宗实录》卷一八一，成化十四年八月戊戌条，第3255页。
⑥ 《明宪宗实录》卷一八二，成化十四年九月己未条，第3279页。

为固定的差遣。另据《会典》记载："宣德四年，以冬月河冻，选差御史、锦衣卫官各三员，往良乡、固安、通州三路，督令军卫有司，各照地方设法捕盗。"① 可见，运河封冻后锦衣卫官兵前往良乡等三路巡捕确实已经是成例，成化十四年兵部的建议只是把巡捕的时间又提前了两个月。成化四年六月，朱骥曾同巡城御史胡靖等建议增设军马，"京城之外东抵通州，南至张家湾，西抵良乡，北至昌平四路，截路强贼多系骑马，巡捕官军因是步行，不能追捕。今欲于四路各差千百户一员，率领马军三四十名，分为二班，轮流巡视"②。结合成化十四年兵部的奏报来看，朱骥增设昌平一路巡捕官兵的建议并没有获得批准。

对于冬季南下巡捕，罗玘曾有一段具体的描述：

> 岁聿云、莫、燕、赵之间，恶子弟食饮博奕费且尽，思为寇偷益急，每伺朔风尘起，跃马突出周道上，矢声搜然，虽有贲育千夫，而手足瘃饥虚困悴之余，亦不免战惧失色，伏而献囊，免患于瞬息间，诚畏之也。况南人素绵，道远而疲，三尺童子，可以制之。其所携者，固其物也，亦何择于公私哉？当是之时，悬人之命于手，壮哉，翼虎也。而国门南出三涂，视他域尤多，盖河冰不舟，天下贡道出焉。故令甲三涂，岁遣锦衣支帅三人，握符提卫士，分出于逻。其出必以子月望日。又出三侍御并临之。凡兵民之司，皆受檄指麾从事，期以靖寇宁民，足国阜财而已。③

京杭大运河是北京物资供应的大动脉，但因通惠河长时间淤塞，大批物资只能在通州张家湾一带卸下，再通过陆路运到北京城内。

---

① 万历《大明会典》卷二一〇《都察院二·奏请点差》，第2801页。
② 《明宪宗实录》卷五五，成化四年六月庚子条，第1113页。
③ （明）罗玘：《送锦衣卫张侯出逻序》，见（明）黄训编《名臣经济录》卷四三，景印文渊阁四库全书本，第313页。

由于商贸活动频繁，不免成为不法分子的目标。正统三年，明廷派出"锦衣卫指挥佥事刘勉、监察御史萧銮带领官校往通州，直抵东昌捕盗"①，力图维护运道安全。正统五年，明廷得报："通州张家湾军余邵斌等九人各立郎头、铁脸阎王、太岁、先锋、土地等名号，往来上下码头，欺侮良善，吓骗财物，肆恶恃强，莫敢谁何。"② 无奈之下，只好再派锦衣卫官兵前往缉捕。景泰六年，副都御史王竑又报告"沿漕河盗贼横甚，漕军为有杀掠者"，明廷再命监察御史王用同锦衣卫官严捕之③。成化二年，给事中金绅又议准："即今沿河道路阻涩，京师米价腾踊，欲绝二者之患，当除盗贼、去游食。乞自通州至临清，敕镇守都指挥同御史一员；自临清至仪真，敕锦衣堂上官同御史一员，专一督捕贼盗。"④

这种头痛医头，临时打击终归不是长久之计。元顺帝至正十三年，元朝政府为维护京城南大门的安全，曾"命南北兵马司各分官一员，就领通州、潞州、直沽等处巡捕官兵，往来巡逻，给分司印，一同署事，半载一更"⑤。长时间被盗匪骚扰，使明廷不得不开始考虑恢复前朝旧制。

成化四年，兵科给事中陈鹤上言："张家湾抵京城裁六十里，不逞之徒往往肆行劫掠。甚至京城内外暮夜亦有强盗突发，明火持杖抢掠。请敕所司计议，于城外起至张家湾一路，每五里置一铺，每铺拨军十名守之。每三铺设一官总之，而以指挥更相轮替。置铜锣、军器，时行巡逻。其在城地方乞敕锦衣卫多拨旗校分管各城。每城设千百户二员而总之以指挥一员，亦更相轮替，各随地方分守。该管官员往来提督，遇有强盗，捕获一次者赏劳，二次三次者升迁。疏虞一次者罪罚，二次三次者降黜。"⑥ 兵部会议后建议参酌举行。

---

① 《明英宗实录》卷四九，正统三年十二月乙亥条，第 952—953 页。
② 《明英宗实录》卷六五，正统五年三月乙巳条，第 1238 页。
③ 《明英宗实录》卷二五八，景泰六年九月庚子条，第 5551 页。
④ 《明宪宗实录》卷二九，成化二年四月壬寅条，第 565 页。
⑤ （明）宋濂等：《元史》卷四三《顺帝本纪六》，至正十三年四月戊戌条，第 909 页。
⑥ 《明宪宗实录》卷五三，成化四年四月癸丑条，第 1080 页。

陈鹤的建议究竟被采纳了多少，《明宪宗实录》没有明确记载。但《会典》中记载：

> 嘉靖十一年议准：通州张家湾一路，锦衣卫每季择委的当谨慎官校缉捕盗贼、奸细、妖言及机密重情，不许干预词讼，嘱托公事，及比较打卯、用强夺功，违者听该地方抚按、巡仓等官指实，参奏挐问。若缉获贼犯，即便挐送分守或州卫官处鞫审明白，解送该卫施行。①

《会典》中另外记载"凡通州张家湾、河西务地方奸盗，每季委千户一员，百户一员，旗校五十名缉捕，俱支给口粮"②。据此推断，明廷针对陈鹤的建议采取了在通州设千户驻扎巡捕的政策，千户及其属下每个季度轮换一次。万历九年，锦衣卫曾请求裁撤"五城及通州坐季千户二员、百户二员"③，可见，驻扎通州的锦衣卫官兵又被称为"坐季"。

上文提到给事中金绅于成化二年议准运河沿路以临清为中点，分两段派员巡捕。这一建议在《会典》中也可以查到④。能载入《会典》的都是需要长期遵奉的定例。可见，金绅的建议已成为长期执行的政策。虽然沿运河分段捕盗和通州坐季巡捕不同，只是锦衣卫捕盗区域的相对固定化，但直接关系到北京城的后勤补给，因而也可视为锦衣卫在参与京城治安管理方面的职能扩展。

在固定的差遣之外，锦衣卫还有不少临时的任务。如正统十年，因京城内外多盗，"命锦衣卫指挥佥事陈端捕盗于顺天、保定二府"⑤。景泰元年十一月，"户部言直隶松江府运折粮官银十万余两，

---

① 万历《大明会典》卷一三六《兵部十九》，第1922页。
② 万历《大明会典》卷二二八《锦衣卫》，第3005页。
③ 《明神宗实录》卷一一二，万历九年五月丙戌条，第2146页。
④ 万历《大明会典》卷二一〇《都察院二·奏请点差》："成化二年奏准，选差监察御史二员，各请敕，一自通州直抵临清，一自临清直抵仪真，与巡仓御史，提督捕盗。"见第2801页。
⑤ 《明英宗实录》卷一三五，正统十年十一月丙申条，第2692页。

比因河冻，自清县陆运赴京，恐途中有盗贼，请令锦衣卫遣官领军校驰往防护"①，等等。

与锦衣卫东、西司房的缉捕相比，参与京城治安巡逻可谓苦差事。前者即便无功也不会受罚，后者则不同。宣德二年，明廷规定："凡军官于所辖地方擒获强盗，即系应捕人员，不准升赏。若不系该管地方及公差在外擒获者，指挥，四名以上；千户、卫镇抚，三名以上；百户、所镇抚，二名以上，照例升赏。旗校军民匠役等，不限地方。"② 换言之，在辖区内即便捉获强盗，也是分内工作，没有任何奖励，除非是基层军旗。相反，如果辖区内出现大案，还可能受罚。如正统五年，因缉盗拖延，巡捕旗校被"锁其项，限缉获以赎"③。天顺五年，宦官闵魁家被抢劫，"锦衣卫官校、兵马司官俱锁项捕贼"④。成化五年二月，"时京城盗贼滋蔓，同夜强劫两家"，不仅要"锁项捕贼"，连主管巡捕的锦衣卫指挥佥事朱骥，御史张进禄、何纯也被停俸各三月⑤。不仅要承受锁项的屈辱，有时还可能失财。如景泰七年，礼部尚书胡濙被盗，皇帝诏命严捕，"即不获，各偿所盗"⑥。

或许是担心处罚过于严厉影响士气，明廷偶尔也会降低处罚力度。如成化八年，锦衣卫千户吴宁等奏准："巡捕京城千户屠洪、百户王昶因失盗事觉逮问。窃见近例许带锁夺俸，责限一月不获者降秩一级。但比者廷臣会议四方灾伤盗起，其分巡分守等官止令夺俸戴罪，缉捕得获者免，与京城巡捕论拟不同。今洪等乞准此例。"⑦

正德十五年，兵部上言：

---

①《明英宗实录》卷一九八，景泰元年十一月丁未条，第4203页。

②万历《大明会典》卷一三六《兵部十九·巡捕·赏罚》，第1925页。

③《明英宗实录》卷七一，正统五年九月丁未条，第1377页。

④《明英宗实录》卷三三五，天顺五年十二月戊辰条，第6846页。

⑤《明宪宗实录》卷六三，成化五年二月庚寅条，第1279页。

⑥《明英宗实录》卷二六二，景泰七年正月戊寅条，第5595页。

⑦《明宪宗实录》卷一一一，成化八年十二月戊寅条，第2163页。

近例，三月不获，始夺俸，罚太轻。请自今五城并锦衣卫、团营捕盗官，盗起限外不获者，如千户姚安例，各夺俸两月，把总、巡捕官一月。总甲、校卒俱逮治。若一月内贼三四发者，参奏逮问。①

可见，处罚政策在正德年间有进一步松动。

虽然巡捕是个苦差事，但也促使锦衣卫关注有关民生问题。如成化六年七月，指挥朱骥等奏："京畿及山东地方旱涝相仍，以故京城内外饥民多将子女牛畜减价鬻卖，其势必至于攘窃劫掠。又访得各处屯营达官人等亦随处群聚，强借谷米，或行劫夺……"② 锦衣卫作为近侍之臣，可以相对容易地见到皇帝。其汇报相关民情固然有为属下捕盗不力脱罪的因素，但在客观上可以使皇帝尽可能准确、及时地了解皇宫之外的情况，对决策层做出正确的决策，无疑会有一定帮助。

三 京军巡捕营与三方分工

前引兵部奏疏中提到了团营捕盗，这是怎么回事呢？关于京军参与京城治安管理，查继佐有这样一段描述：

国初置兵马指挥司，讥察奸伪。登极后，每夜发巡牌，旗士领之。已，复改命卫所镇抚官，而掌之中府。永乐中，填置五城指挥司。宣庙初立，增候卒五百人，兵马司给卒百人，相兼夜巡。成化中，始令锦衣卫指挥同御史督兵马缉捕。久之，拨团营二百人协捕。孝庙初立，严里甲之法，家给悬牌，悬之门，具书籍贯、丁口、名数。有异言异服者，听摘发。寻设把总都指挥，职巡捕。正德中，增选团营军多至四千人，而特置

---

① 《明武宗实录》卷一九一，正德十五年九月辛未条，第3604页。
② 《明宪宗实录》卷八一，成化六年秋七月丙戌条，第1576页。

参将员名，请敕提督。初制，官军三千六百人，巡逻京城内外，南至海子，北至居庸，西过芦沟挢，东抵通州……嘉靖中，增巡捕官军至五千人。未几，额定一万一十八名，马半之。①

这段记载过于简略，很多时间节点不明确，需要具体分析。首先是洪武年间军队参与京城治安巡逻的起始时间。据清代官修《续文献通考》记载："（洪武）二十八年九月，命卫所镇抚发夜巡铜牌。初置兵马司，夜发巡牌，旗士领之，核城门扃钥及夜行者。至是，改命卫所镇抚官。每夜，镇抚一员发牌分锁，二员领军旗巡警，而掌于中军都督府。"② 可见，京军全面参与京城巡逻开始于洪武二十八年。

北京城使用京军参与治安管理始于宣德元年，这在《实录》中有明确记载。当年正月，都御史刘观等议准："时京城多盗……于五城兵马司各增官军一百人，与同捕捉。"③

成化末年"拨团营二百人协捕"一事，按照《会典》的记载，应始于成化二十一年。④ 弘治以后的变化，正德年间的兵部尚书王琼在奏疏中提供了如下信息：

弘治元年，为因盗贼生发，奏准于三千营选拨官军一百员名，于彰义门外义井儿及良乡县并清河、高碑店四处，每处二十五名，堤备盗贼。正德初年，京城内添设把总官二员，委官八员，各分地方。每委官一员，管领马军二十四名，步军二十五名，共四百员名。京城外添设把总官二员，每员领有马官军五十员名。委官七员，每员管领马军六十名，共四百二十名。

① （清）查继佐：《明书（罪惟录）》卷二〇《兵志·京城巡捕》，第 947—948 页。
② （清）嵇璜、曹仁虎等：《钦定续文献通考》卷一二六《兵考·禁卫兵》，景印文渊阁四库全书本，第 517 页。
③ 《明宣宗实录》卷一三，宣德元年正月甲子条，第 371 页。
④ 万历《大明会典》卷一三六《兵部十九·巡捕》记载："（成化）二十一年奏准，团营摘拨精壮马队官军二百员名，随同官校，并力拿贼。" 见第 1922 页。

正德十年会议，京城内每委官一员，各添马军二十五名、步军二十五名，共军七百九十二名，马四百匹。京城外每委官一员，各添一百名，共军一千一百二十名，马一千一百二十匹。把总并委官，俱一年一换。①

弘治元年京营出兵的数据，《会典》的记载和王琼的奏疏略有差异。前者记载："弘治元年，令三千营选委指挥千百户四员，各管领精壮马军三十名，于京城外高密店、义井儿、良乡、清河，四处地方驻札，堤备盗贼。一年更替。又令锦衣卫委官十五员，并旗手等十五卫委官各一员，选带旗军各二十名，分定地方，相兼缉捕巡警。"② 虽然数据有些差异，但不影响总体判断，即在正德以前，京营虽多次派出官兵参与京城治安管理，但都是和兵马司、锦衣卫"相兼缉捕、巡警"，真正独立分区巡捕始于正德初年，且城内外兵力合计超过 800 名。正德十年进一步增加到了近 2000 名。由于当时的京军已按营制管理，所以这两千余官兵统一纳入了巡捕营。

与锦衣卫一样，巡捕营成立后，兵员也处在不断增加状态，到万历中叶，额定官兵已经达到 10018 名，马 5641 匹，"今见在三千四百六十匹"③，数量远远超过锦衣卫和兵马司。不过巡捕营编制超过一万不是发生在万历年间。史载，"嘉靖元年题准，添设城外巡捕把总指挥一员，及添拨官军一千员名。城内分东边、西边。城外分西南、东南、东北，共把总指挥五员，官军五千余名。南至海子，北至居庸关，西至芦沟桥，东至通州，分投巡捕。又于内拣选精锐五百员名，立为尖哨，加给行粮……俱自置盔甲什物，遇警调用"④。嘉靖二十一年，"令巡捕官军，每二员名，给雨帽毡衫一副，计五千

---

① （明）王琼：《为传奉事》，见氏著《晋溪本兵敷奏》卷一，四库全书存目丛书影印本，第 15 页。

② 万历《大明会典》卷一三六《兵部十九·巡捕》，第 1921 页。

③ 万历《大明会典》卷一三六《兵部十九·巡捕》，第 1921 页。

④ 万历《大明会典》卷一三六《兵部十九·巡捕》，第 1922 页。

三百二十一副"①，据此推算，当时应已经有官兵 10642 名。

兵马司、锦衣卫、巡捕营都负有巡捕盗贼的职责，如果不进行必要的分工，很容易形成相互推诿的现象。万历十二年，明廷规定：

> 凡京城内外，遇有盗贼窃发，自卯至申，责成兵马司，属巡城御史参究。自酉至寅，责成巡捕营，属巡视科道参究。但遇失事之时，立刻申报，不许迟延隐蔽。贼情重大，仍要协力捕剿，毋以昼夜推诿。应缉盗贼，查自何官捕获，各论功叙录。②

可见，巡捕营在此后只负责夜间巡逻，白天归属兵马司。这里没有提及锦衣卫，估计是由于擅长侦探，工作时间不限。

在不断增加巡捕力量的同时，锦衣卫等负责巡捕的范围也在不断扩大。正统十一年正月，英宗敕谕锦衣卫指挥同知王山、千户邓宣：

> 比闻在京口外官员军民人等，往往通诸匠作，私造军器等物。俟瓦剌使臣回日，于闲僻之处私相交易，甚至将官给军器俱卖出境，该管官司纵而不问。又所在头目有假以送礼为名，将箭头贮于酒坛、弓帐里，以他物送与使臣。此等论罪，悉当诛戮。今使臣将回，特命尔等领旗校自居庸关至宣府、大同，凡使臣经过去处巡缉，敢有似前潜将军器与之交易者，即擒解京。有干应奏官员，具实奏闻逮问。如尔巡捕不密，事发，皆重罪不宥。仍须严禁带去旗校人等，不许依势作威，诓索官民财物。但有犯者，即尔之罪。③

---

① 万历《大明会典》卷一九三《工部十三·军器军装二》，第 2629 页。
② 万历《大明会典》卷一三六《兵部十九·巡捕》，第 1924 页。
③ 《明英宗实录》卷一三七，正统十一年正月戊子条，第 2725—2726 页。

私卖军器本属于东、西司房查禁的范围，现在巡捕校尉们也开始参与其中。

同年三月，大兴县知县马聪上言：

> 京城内外有造诸色伪银以绐人者，贫民被其绐，往往窘忿致死。又有号风流汉子者，专以赌博致钱酬花酒费，或失意，费无所出，遂去为盗。又有醉卧于道者，往往冻死。其贪饕固无足惜，但死有可悯。凡此皆风化所系。臣请概命锦衣卫、五城兵马严警察之。敢有造伪银者，重罪之。其锻银，必张铺临通衢，毋得于私僻处。炉头毋得有梅矾、玉田沙。官军、民家、娼妓院毋得有双陆、骨牌、纸牌、骰子。道有醉卧者，令铺火夫举置铺内，伺其醒，枷示之。①

对此，法司讨论后奏准："造伪银者，宜发充边卫军；赌博者，运粮口外。但枷示醉人，非旧典，不可行。"②伪造白银属经济犯罪，赌博、醉酒属于一般治安问题，总之都不属于捕盗的范畴，对锦衣卫而言，都属于新增的任务。

成化六年，京城涌入大量饥民，明廷决定开仓赈济，但大批粮食被"奸贪之徒买去高价要利"，明宪宗于是传令锦衣卫官校缉访，"但有停积在家不依原定价数粜卖者，俱枷项示众，追来入官"③。由此，锦衣卫又增加了一项打击囤积居奇的职责。

不断增加的任务和惩罚条规的存在，使参与治安管理的各方不约而同地开始寻找推卸责任的方法。三方中，巡捕营属于京营系统，地位相对超脱，且万历后主要负责夜间巡捕，与锦衣卫和兵马司的交集相对较少。锦衣卫和兵马司的关系则比较微妙。

成化六年七月，明宪宗指责五城兵马司多不称职，于是吏部、

---

① 《明英宗实录》卷一三九，正统十一年三月癸未条，第2759页。
② 《明英宗实录》卷一三九，正统十一年三月癸未条，第2759页。
③ 《明宪宗实录》卷八五，成化六年十一月己丑条，第1650页。

兵部奉命会同锦衣卫"选指挥张宁等八员堪任，其傅润等二十二员不堪任"，同时为其叫屈，"迩来内外官及诸势要不循旧制，凡事无分公私大小，皆属干理，又从而凌辱之。且占役夫甲，弊非一端，乞严禁前弊，稍重其权"①。数日后，皇帝又批评兵马司、锦衣卫不用心捕盗。兵马司指挥张宁等回复：

> 内外官家属并勇士、匠作人等往往恃势不肯坐铺，兵马、火甲为杂差所扰。如刑部检尸、锦衣卫分拨房屋、市曹决囚、南海子巡视及神木厂、惜薪司、大慈仁寺各处守门、巡厂、扫除，皆有事其间。至于内官放河灯之类，往往追呼兵马，急于星火。稍不如意，辄市辱之。一日之内，奔走无时，官少事多，不得职专巡捕。乞每城增吏目一员、弓兵二十名，容令各官朔望朝参，专理巡街、巡夜。②

皇帝随即批准了这一建议。但《实录》作者在记录了这一建议后附了一段评语：

> 时议者以京城坐铺一事甚为居人之害，盖每铺立总甲一人，以丁多者充之，率三月一更。每旦受事官府，至晚不得息。一月之间，所经衙门二十七处，谓之打卯。官中供应皆取之更夫，谓之纸笔灯烛钱，不足，总甲辄出私钱补之。锦衣卫旗校夜巡需索酒食，即不得，辄加棰楚，害甚于盗。贫民苦之，多卖屋傥居，以图免坐铺，而中外有势者，各庇其私人，当坐铺者，尽为奏免。守更之夫，皆雇丐者充之。夜闻盗起，皆反关不敢出。明日，止报某处有盗，或劫财，或伤人与否而已。虽曰因宁言其弊故在，今则愈甚矣。③

---

① 《明宪宗实录》卷八一，成化六年七月戊子条，第 1578 页。
② 《明宪宗实录》卷八一，成化六年七月戊子条，第 1579 页。
③ 《明宪宗实录》卷八一，成化六年七月戊子条，第 1579—1580 页。

可见，锦衣卫一方面为兵马司被势要肆意差遣鸣不平，一方面自己也在做着欺压兵马司直属总、火甲的事情。

嘉靖五年，御史朱辰在上疏中"极言京师总甲大为民害"，"言京师总甲，本以提防火盗，非为杂差。自役使浩繁，编审益众。夜则与火夫摇铃击柝，昼则同小甲打卯报事。及诸下夜，坐季官校等互有科索，民至夤缘投托，竭财鬻产以规避。虽先朝数禁，而蠹弊益深。诚如御史言禁之便。自今地方有事，第诣东厂、西司房及坐城御史白之。事关街道者，诣报所属。其打卯月二次皆可罢……总甲、火夫，第令于各铺巡更，听兵马点阅，御史稽察"①。可见，对兵马司所属总、火甲的扰害一直存在，始终没有减轻。

万历十一年，巡视南城御史黄钟上言："锦衣卫与兵马司各有巡缉之责，原非以兵马司隶之锦衣卫，而使为千百户、为旗校者，皆得以奔走而奴隶之也。乞亟赐禁革，俾各循职守，毋得相侵，以滋扰害。"皇帝的批复却是"锦衣卫严督五城兵马昼夜巡逻等项事宜，原开载敕内，如何说职守相侵"②，黄钟反遭斥责。皇帝明确五城兵马司要受锦衣卫节制，兵马司自然再无机会摆脱锦衣卫的侵害了。

不过，重压之下，京城居民也要想办法转移伤害。"土著之家多不乐应役。不得已，移之流寓之民，而彼实又多豪有力，托之城社，无敢问者。于是乎城内外总甲、保甲非无籍少年，则卑琐乞流已耳。"③ 由于治理不当，流民原本就是京城治安的不稳定因素之一，其中的"豪有力"者更是窃盗之渊薮。设立火甲、总甲的目的是保证巡警铺正常发挥职能，现在反而由流民中容易转化成巡捕对象的"豪有力"者承担，无异于与虎谋皮。基层败坏，就是增加再多的巡捕力量也是恶性循环、本末倒置。

---

① 《明世宗实录》卷六〇，嘉靖五年正月辛丑条，第1413—1414页。
② 《明神宗实录》卷一三八，万历十一年六月乙卯条，第2572页。
③ （明）沈榜：《宛署杂记》卷五《街道》，北京古籍出版社1983年版，第42页。

结　语

锦衣卫从成立那一刻起，就在通过秘密缉查参与维护京城治安，西司房更是以缉捕盗匪为本职。宣德七年，锦衣卫正式结束地下状态，与兵马司一道负责京城地面的公开巡逻，锦衣卫的队伍里也由此在"捕盗校尉"之外又增加了一个"坐城校尉"的番号。

但是锦衣卫的公开介入，并没有令京城治安状况有根本性的好转，对盗贼横行的抱怨依旧不绝于耳，皇帝也不时予以申斥，乃至对巡逻官兵施以锁项、罚俸和降级的处罚，但依旧没有起色，最后不得不调派京营官兵，组成专职的巡捕营参与京城治安巡逻，而且人数越来越多，迅速成为京城巡防的主体。

在维护京城治安的队伍中，另有一支不可忽视的力量，即由民间百姓组成的由总甲牵头的火甲队伍。火甲们管理和使用着散布于城乡的数以千计的巡警（更）铺。基于使用方式的不同，巡警铺又有火铺和冷铺之分，前者设于人烟密集，需要随时有警戒力量之所在，后者设于人烟稀少之处，大体仅在白天使用。在普通的巡警铺之外，皇城内外还设有大量的红铺。"皇城重围内墙外曰内红铺（前九铺象九翟，左、右、前共廿八铺，象廿八宿，隶五府勋臣）。外墙外曰外红铺（计七十二铺，象七十二候，隶留守等指挥，铜牌为信，铃箭为警。有太监提督，科道巡视，车驾司查点）"①，与之相对应，城内外各衔巷的更铺又称为"白铺（总小甲，计日钱，更隶五兵马司）"②。这些星罗棋布的铺舍构成治安巡逻网中的各个节点。与此同时，兵马司的力量也在增加。弘治元年，因"五城兵马司相去辽远，不便巡逻"，命"各择地方立二分司，以为夜巡官往来止息之所。每夜，小甲率火夫会巡，亦至此暂憩"③。又命"五城兵马司家给一小由帖，揭之外门，各填卫所、府县军民、年甲、人丁、邻里。

---

① （明）沈榜：《宛署杂记》卷十一《驾相》，第87页。
② （明）沈榜：《宛署杂记》卷十一《驾相》，第87页。
③ 《明孝宗实录》卷二一，弘治元年十二月丁酉条，第490页。

如有异言、异服者，自能觉察。法司问理盗贼，务令招出由帖、事理，以凭追究"①。由此，明廷构建起保火甲—兵马司—锦衣卫—巡捕营—巡城御史，五位一体的京城治安管理体系。在五个体系中，除了巡城御史以监督为主要职责，很少有机会受到处罚外，其他四个体系都有各自的奖惩制度。尽管体系完备，人马众多，但京城的治安状况始终没有明显改善，这不得不让人怀疑明廷是否发力发错了方向。②

不论巡防体系如何健全，都属于消极防御，治标不治本，解决不了"盗贼"生发的难题。明王朝从建国伊始，就处在不断的战争当中，完全处于和平状态，与民休息的时间并不长。朱元璋一去世就爆发了百万大军参与的靖难之役，随后又有大规模的北征、安南之役、七下西洋，等等，国力严重消耗。百姓的生活也不免受到严重的冲击，大批农民失去土地，变成流动人口，成为社会不安定因素，这是在号称治世的宣德年间京城及周边地区就频繁出现猖獗盗匪的重要原因。

从气候变化上讲，明代大体上处于小冰河期，自然灾害较多，水旱频仍。每次灾害都会产生一定数量外出逃荒的流民。明廷虽然也不时赈济，甚至直接救济在京流民，如成化六年，分遣给事中、御史、锦衣卫及户部官属、兵马司官在京城勘察大雨冲毁房舍情况，"冲倒者，与米一石，损伤人口者，与米二石"③。也曾采取以工代赈方式减少流动人口，如嘉靖三十九年三月，在开仓直接放粮赈济饥民的同时，"凡年力少壮者，取具年籍，工部酌量顾觅，给与工价，勿令转徙"④，但总体效果并不好。

除了被动流徙者，明中叶还产生了一品"职业"流民，其中备

---

① 《明孝宗实录》卷二一，弘治元年十二月丁酉条，第490页。
② 万历《大明会典》卷一三六《兵部十九·巡捕》记载：成化十九年，"官校捕盗官兵百名以上，提督官升一级"。到弘治十年，变成了"捕盗至四百名以上者，提督官升一级"。捕盗奖励门槛的提升，从侧面说明所谓的盗匪数量上有不断增加的趋势。见第1925页。
③ 《明宪宗实录》卷八〇，成化六年六月庚午条，第1565页。
④ 《明世宗实录》卷四八二，嘉靖三十九年三月丁亥条，第8055页。

受瞩目的就是僧侣。正统五年，进士张谏上言：

> 僧道之数，已有定额。近因希求请给，数千百众奄至京师。非寄迹寺观，即潜住民间。黄冠缁服，布满街市。究其所学，无益于国，而所食，悉出于农。且今饥馑之年，尤宜痛加裁抑。其中亦有犯奸及为盗贼者，耗损民财，伤败风化，莫此为甚者。乞令锦衣卫、五城兵马司挨查，除原隶在京寺观者仍旧存留，其余悉令勒回本土。①

景泰二年，僧录司上言："京城诸寺皆奉敕建，各有住持，而御史等官往来巡视，点阅纷然。僧流或赴斋会，间有不在者，辄被笞辱，以致惊怖不安。乞行停罢。"② 这里提及的御史巡视寺院的政策不排除就是张谏上言后的产物。

成化十二年，锦衣卫报告："京城内外盗贼生发，前后已捕获七百余人。其中强盗多系僧人。今岁例该开度，如僧行道童不给有司文凭，先期来京者，缉出，俱发边徼居住，并罪其所主之家。或四方无籍之人至京，假名潜踪，放恣为非者，亦宜治之。其军士、达官、舍余因操练往回，每肆劫掠，自后非操练之日，不许骑马挟兵，群行途中。又京城尤多恶少，沿街索食，号为化子。夜遇盗贼招引，即从劫掠，并宜治之。凡擒获强盗，非应捕人，宜分首从，定其多寡，量为升赏。但以雠嫌妄指，冒功图利者，俱治以罪。"③ 可见，游方僧侣已经和恶少、游荡军士并列成为京城贼盗的三大来源之一。

僧道众多的原因一方面是官方因为财政不敷滥发度牒，如"天下僧道额数不过三万有余，而成化年间所度已该三十五万有余"④，一方面是因为妖言妖书现象的泛滥。土地兼并、官府压榨、频繁的

---

① 《明英宗实录》卷六四，正统五年二月壬午条，第1220页。
② 《明英宗实录》卷二〇九，景泰二年十月辛未条，第4490页。
③ 《明宪宗实录》卷一五〇，成化十二年二月戊子条，第2736页。
④ （明）倪岳：《止给度疏》，见（明）陈子龙等编《明经世文编》卷七七，第666页。

水旱灾害制造了大批失业人口。在生活无着状态下，绝望的人们很容易借助虚幻的谶言来自我安慰，进而成为传播谣言、妖书的载体。而妖言、妖书大多以宗教形式表现出来，大批僧道因此成为妖言、妖书的传播者。明中叶锦衣卫一度把缉捕妖言、妖书作为主要职责和传播妖言、妖书的僧道群体大量增加有一定关联。

大量生发的流民、四处游荡的僧侣要讨生活，自然会向经济发达地区靠拢，商贸活动频繁，相对富裕的京城和运河两岸因此成为流动人口的目标聚居地。对此，明人有清醒的认识。如成化十六年兵部尚书余子俊上奏："臣等切惟京师乃宸居所在，四方万国所归，人烟辏集，买卖繁华，实有一等不务生理，各处逃往军匠、囚徒，心腹相结，三五成群，为非作歹，人号喇虎。迨至家业荡尽，却乃赌博、扶牌、下棋、打双陆、踢气球，赢者得财，仍恣所欲，输者丧气，袖手无为，遂至饥寒迫切，发起盗心，往往京师肆行劫掠。防微杜渐，诚不可缓。"但他给出的处置方法却是全城查点，"果有容留赌博，不务生理，来历不明军、匠、囚徒等项，许于各官处出首。系民者，送户部；系军者，送兵部；系匠者，送工部。递发原管官司收候。无籍贯者，送五城兵马司监候"①。简单地说，就是赶走了事。类似方法嘉靖间锦衣卫主官陆炳也曾提出过，"凡寓京邑者，概责屏出"②。这还是"头痛医头，脚痛医脚"的方法，丝毫无助于铲除流民的根源。

更糟糕的是，随着政治生态的日趋恶化，腐败加重，统治阶层还在培育着新的盗贼生发的土壤。由于处罚制度的存在，负责巡捕的官兵开始利用手中的权力谋求私利，堤内损失堤外补，"其后生事图利之人，营求差委，驯至今日，遂为地方之害"③。有的干脆钓鱼

---

① （明）余子俊：《严捕盗贼事》，（明）黄训《名臣经济录》卷四〇，第196页。

② 《明世宗实录》卷三二九，嘉靖二十六年十月己未条，第6055—6056页。

③ （明）张原：《论锦衣卫朱宸等罪状》，见氏著《玉坡奏议》卷三，景印文渊阁四库全书本，第382页。

执法，"豫设逻卒于乡村，诱引愚民为非，寻以妖言发之，文致以法"①，或者胡乱判断，制造冤狱。一些非应捕旗校则利用较高的奖励政策，主动介入，抓捕一些所谓的强盗。如腾骧右卫纳粟指挥使白锦"偶遇盗二人，率其家人白庆等擒之"，白锦因此晋升为署都指挥佥事，但"所获实非真盗"②。时人提出"近缘听人报效，贪冒功赏，名器太轻，宜掣回，令供本役。止责成东厂、锦衣卫并义井各官军旗较（校）分地巡捕"③ 的建议正是针对这一现象。至于贪功、冒功的现象更是层出不穷。如万历年间引起朝野轩然大波的妖书案，"奉旨，令厂卫城捕缉捕奸人。厂卫不闻有所扰，而巡捕武弁与五城兵马之势张甚。事罢，官与役皆富不赀。然终得奸人者，厂卫也，而城捕又与之同受赏焉。后虽以考功法罢之，犹不失为富翁也"④。

不过，有时士大夫们的批评也会成为巡逻官兵脱困的借口。如万历年间张原提出通州坐季官兵扰害地方，建议撤回⑤，锦衣卫马上于万历九年五月主动要求"裁五城及通州坐季千户二员、百户二员以省冗散"，同时又指责"本卫以缉访为职，间有不能悉知者，多由五城兵马司密行申报。近来往往隐匿，容臣等行五城兵马司，以后密报不得仍前怠玩"⑥，暗示巡捕不力，责不在本卫。

兵马司工作不力，在很大程度上是因为他们依靠的基层火甲制度遭到破坏。自成化年间开始，就不断有臣僚抱怨专以备盗的火夫、民壮、快手、机兵等被势要群体私役，且屡禁不止。火甲们为脱困，纷纷把出巡驻铺任务推给熟识的流民中之有力者。这些人又再次转嫁祸水，"苟可螫搏，无所顾恤。每民间有事，应与拘送，则有鞋脚钱；或已就拘执，两愿和息，则有酒饭钱；奉檄踪迹奸宄，未得而株连之，则有宽限钱；已得而墨覆之，则有买放钱；城内每月每家

---

① 《明武宗实录》卷一七六，正德十四年七月丙辰条，第3440页。
② 《明宪宗实录》卷二八八，成化二十三年三月辛酉条，第4871—4872页。
③ （明）许进：《兴革事宜》，见（明）陈子龙等编《明经世文编》卷六八，第577页。
④ （明）王肯堂：《郁冈斋笔麈》卷四，续修四库全书丛书影印本，第123—124页。
⑤ （明）张原：《论锦衣卫朱宸等罪状》，见氏著《玉坡奏议》卷三，第382页。
⑥ 《明神宗实录》卷一一二，万历九年五月丙戌条，第2146页。

有灯油钱；买卖房契有画字钱；各巷搭盖披檐有隐报分例；相验有被犯法物；每初金及，年终置酒邀会，每家银三五分，则曰打网、曰秋风；催收房号，展转支吾，则曰那上趱下；送赂以分计者，则曰几厘，以钱计者，则曰几分；巧立名色，莫可枚举。无论大利小害，即以一醉饱故，至囊头福堂，警迹邮置，亦所甘心。彼岂独无人心哉！其饥寒所迫，势则然也"①。

　　发展到明末，干脆出现了事先豢养盗匪的丑恶现象。清代话本《豆棚闲话》中有这么一段话：

　　　　在下向在京师住了几年，看见锦衣卫、东厂及京营捕盗衙门管着禁城内外地方，奉旨严缉贼盗。属着锦衣卫、东厂的，叫做伙长、当头，俱是千百户官儿出身。属着东、西、南、北、中五城兵马司的，叫做番子手。逢着三、六、九日，立限比较。若官府不甚紧急，那比较也是虚应故事。如地方失事，上边官府严追，不消几个日子，那盗贼一一的捉将来了，却象瓮中捉鳖，手到拿来，不知甚么神通。偶然相会一个番子，无心间请问着他。那番子倒也口直，说道这强盗多没有真的。近日拿来的，都是我们日常间种就现成的。所以上边要紧，下边就有。在下一闻此言，不觉十分惊骇，道怎么盗贼也象瓜儿菜儿种得就的？那番子道：我们京城里伙伴不下万人，日常里伙长、当头出些盘费，吩咐小番子三两个一伙，或五六个一伙，走出京城四五百里之内外，到了村头镇脑，或大集大会所在，寻个庵堂寺观居住。逢着赌场、妓店，挨身进去，或帮嫖促赌，大手花费，妆着光棍模样，看得银子，全不在心，逢人就拜弟兄，娼妓就拜姊妹，自然有那不肖之子亲近前来，日日酒肉，夜夜醋歌。遇着有钱的子弟，乘空就骗他的钱财，无钱的小伙，就损来做了龙阳，到处花费。看见他身边没了银子，故意哄他输

———————————

① 　（明）沈榜：《宛署杂记》卷五《街道》，第43页。

了赌钱。人上与他吵打，然后伙中替他代应，自从得他应了银子，只当这身子卖与他的一般。过了几日，变转脸来，要他本利算还，却无抵手。一边就挽几个积贼，暗地哄说钱财便利，手到拿来。不知不觉，勾到空闲之处，做了一账两账，手便滑利，心便宽闲，吃得肥肥胖胖，也就像个好汉。设或北京城上某处失事，比较得紧，即便暗地捉他顶缸。虽然赃物不对，说不得也冤屈了他。那些小伙子亦拼送这条性命，绝无怨心，所以绑在法场之上，还要唱个歌儿，正经那大伙打劫人的本根老贼，倒在家中安享。每月每季，只要寻些分例进贡他们。若把本贼缉获尽了，这班番子、当头所靠何来？这都是京城积年的流弊，惟有番子心里知道，外边人却不晓得。[①]

　　虽说是小说家语，但颇能反映当时的实态。治安管理系统败坏到如此地步，不能不说是明廷在御盗政策上长期本末倒置的必然结果。

---

　　①　（清）艾衲居士：《豆棚闲话》第九则《渔阳道刘健儿试马》，上海古籍出版社 1983 年版，第 95—96 页。

第三章

锦衣卫的职能（中）

第一节　锦衣卫的"体外监察"职能

锦衣卫是否拥有监察职能是一个有争议的话题。在 20 世纪上半叶，锦衣卫的形象基本上是负面的，是"造成恐怖空气的特种组织，特种监狱和特种侦探，来监视每一个可疑的人，可疑的官吏……处处都有这类人在活动"[①]。"任何人他们都可以直接逮捕，根本不必经过外廷法司的法律手续……锦衣卫就是这样的成为明代的一个巨大的特务机关，和东厂遥遥相对。"[②] 所谓特务，指采用特殊手段执行特别任务的人，原本没有贬义，但在那个特定的年代里，特务无疑是个贬义词。既然被视为特务机关，自然和监察扯不上关系。这一观念在 20 世纪 80 年代开始有所松动。如栾成显《论厂卫制度》一文中提出"以主侦缉、典诏狱为根本职责的厂卫，其职能主要有二，一是监察，二是镇压……它是以特务活动方式进行超越封建法

[①] 吴晗：《明代的锦衣卫和东西厂》，原刊于《大公报·史地周刊》第 13 期，1934 年 12 月 14 日。另见北京市历史学会主编《吴晗史学论著选集》第一卷，人民出版社 1984 年版，第 495 页。

[②] 丁易：《明代的特务机关》，《中华论坛》1946 年第 2 卷第 6 期。

制的不受任何限制的监察和镇压"①。尽管仍在强调不受任何限制，但至少已开始正视其监察职能。钞晓鸿则更近了一步，提出明代的监察存在文官监察、民众监督和厂卫监视三个系统，"无论是构成监察的监视、监督以及狭义的监察这三者之间，还是三者各自所含各种设施之间，抑或是各种设施内部各元素之间，均存在着一定的制约关系及反馈渠道，从而构成一个复杂的监察机制"②。

一　锦衣卫秘密侦缉的规模与权限

不论是否承认锦衣卫存在监察职能，都会触及锦衣卫的秘密侦缉问题。丁易认为嘉靖年间享受国家俸粮供养的十五六万锦衣卫军士都是直接间接的特务③，也就是都有秘密侦缉的权力，这一观点值得怀疑。我们先来看几条《明实录》中的史料：

①景泰二年正月癸亥，初，行事校尉缉监察御史林廷举与盐运司同知郑崇同里。崇受太监金英家人贿，多支官盐事露，令男以白金赂廷举为之求解。法司鞫廷举……④

②景泰七年九月戊寅，复刑部员外郎刘杰、华显、李启，主事刘玭、王琳、赵京、顾瑾官。杰等因诣国子监陪祭先师孔子，途遇人邀饮，有乐工及八岁乐女歌唱。行事校尉发之。命执付锦衣卫，鞫成。都察院坐杖赎罪，罢职为民。既而遇钦恤例，法司言杰等事情颇轻，请裁决。故有是命。⑤

③天顺三年九月辛卯，义勇后卫指挥邹叔彝尝往来忠国公石亨家，讲论遁甲兵法及太乙书数，被行事校尉缉知以闻。⑥

④天顺七年七月癸卯，命锦衣卫执福建金事包瑛至京鞫罪，

①　《明史研究论丛》第一辑，江苏人民出版社1982年版，第232页。
②　钞晓鸿：《试析明初监察机制》，《陕西师大学报》1993年第4期。
③　丁易：《明代特务政治》，群众出版社2008年第2版，第26页。
④　《明英宗实录》卷二〇〇，第4264页。
⑤　《明英宗实录》卷二七〇，第5725页。
⑥　《明英宗实录》卷三〇七，第6466页。

以行事校尉廉其受财枉法也。①

⑤天顺七年闰七月戊午，行事校尉言贵州佥事徐宗为同年主事周英造进士牌，接受指挥李信等科敛银二十五两入己。四川都指挥张英索所部指挥等官白金二百五十两及奸淫事。②

⑥正统元年三月戊辰，锦衣卫卒皇甫经冒称校尉行事，取人财物。事觉，下法司，词连兵部侍郎李郁、陕西参政李约、备边都指挥徐政。云约尝为兵部郎中，受经略，编其伍于锦衣卫。郁以经乡人，当政署事锦衣卫时，嘱遣经捕亡卒于陕西。法司以闻。③

从前五条史料中可以发现，承担侦缉职责的锦衣卫军士被称为"行事校尉"。而例⑥中锦衣卫卒皇甫经为敛取财物冒充行事校尉则说明并非所有军士都是行事校尉。对于行事校尉的编制，明廷有明确规定，《会典》记载：

凡缉访京城内外奸宄。本卫掌印官奉敕专管，领属官二员，旗校八十名。其东厂内臣奉敕缉访，别领官校，俱本卫差拨。④

可见，加上三名军官，有权秘密缉事的锦衣卫成员不过83人。

晚明名士王世贞的记载与《会典》略有差异。他在《锦衣志》中写道：

前是锦衣帅理纂者，一人所统缇骑百人，颛司察京邑不轨、亡命、盗奸机密大事。巡捕一人，统缇骑倍之，职专贼曹，号

---

① 《明英宗实录》卷三五四，第7081页。
② 《明英宗实录》卷三五五，第7091—7092页。
③ 《明英宗实录》卷一五，第278页。
④ 万历《大明会典》卷二二八《锦衣卫》，第3005页。

东、西司房。①

王世贞这里提到的"前"指的是明孝宗即位之前，这里记载的
"百人"或是虚数，并非实际数量。另外，锦衣卫还承担着"捕盗"
职责。"凡缉捕京城内外盗贼，本卫指挥一员，奉敕专管，领属官五
员，旗校一百名。"② 明中叶，锦衣卫的侦缉和捕盗职能有混同的趋
势（本节下文中会具体讨论），王世贞在这里东、西司房并提，不排
除有混淆了二者编制额度的可能。

不论是 83 名，还是 100 余名，总之是有具体数额限制的。当
然，行事校尉在工作时不可避免地要发展一些外围人员做眼线，明
廷对此也持支持态度，如万历皇帝即曾明确说："厂卫系缉事衙门，
非广布耳目，何由摘发幽隐？"③ 即便把这些编外人员都计算在内，
按平均每人有眼线 10 名计算，也不过千把人，远不是丁易所说的数
以十万计。

行事校尉不仅数量有限，而且在服饰上与一般军士也有区别。
据沈德符《万历野获编》记载，校尉群体中的"白靴者为缉事人，
有功则升黑靴，以至小旗、总旗、千百户"④。不过，这应该是行事
校尉不值勤时的服饰特征。天顺六年，南城兵马副指挥张佑在巡视
沟渠时发现一个人开挖的沟渠深度不够，"叱弓兵欲笞之"。不料此
人是锦衣卫的百户。张佑因此被安上欺侮殴打军职的罪名，"枷示五
城各一月，更处之"⑤。按理，开挖沟渠这种工役不会派到锦衣卫现
役军官头上，此人估计是故意隐藏在工役者之中以探查情报。如果

① （明）王世贞：《锦衣志》，中国野史集成丛书影印本，第 287 页。
② 万历《大明会典》卷二二八《锦衣卫》，第 3004 页。
③ 《明神宗实录》卷一一二，万历九年五月丙戌条，第 2146 页。
④ （明）沈德符：《万历野获编》卷二一《禁卫·舍人校尉》，第 540 页。
⑤ 《明英宗实录》卷三三七，天顺六年二月甲午条，第 6886—6887 页。

他穿着黑靴，张佑不可能看不出他的身份①。可见，为保密需要，行事校尉工作时会做相应的伪装。

上引《会典》资料中提到了行事校尉侦缉访查的目标是"京城内外奸宄"，这未免有些笼统，有没有更明确的范围呢？

景泰三年三月，锦衣卫指挥同知毕旺受命"采访事情"。皇帝谕示：

> 今后但系谋逆反叛，妖言惑众，窥伺朝廷事情，交通王府、外夷，窝藏奸盗及各仓场库务虚买实收，开单官吏受财卖法有显迹重情，方许指实奏闻，点差御史复体得实，方许执讯。其余事情止许受害之人告发，不许挟仇受嘱，诬害良善，及将实事受财卖放。法司亦不许听从胁制嘱托，致有冤枉违法重情，罪不宥。②

可见，锦衣卫的缉事范围非常宽泛，既包括危害政权安全的叛乱、勾结外敌，也包括窝藏奸盗等严重刑事案件，甚至涵盖盗卖太仓粮米等腐败问题。成化年间，西厂势力恶性膨胀，招致群臣不满，大学士商辂等在集体弹劾汪直时提到"旧设行事人员，专一缉访谋反、妖言、强盗人命及盗仓库钱粮等大事"，和景帝的谕旨内容大体一致，但商辂等人的奏疏中另提到的"职官有犯，缉访得出，请旨拿送，经该衙门问招明白，有罪者奏请发落，供明者请旨还职，系是定制"③，即官员犯罪也在锦衣卫侦缉范围，但并未明确出现在景帝的谕旨当中。这是后来增加的职责吗？

行事校尉的首要职责是防范谋反、叛乱等严重危害政权安全的

---

① 明代对百姓服饰有严格规定。洪武二十五年七月，"申明靴禁。先是，尝禁民间制靴，不许裁为花样，及以金线装饰……校尉、力士遇上直，乐工当承应，许穿，出外不许"（《明太祖实录》卷二一九，洪武二十五年七月壬午条，第3213—3214页），普通百姓是不能穿靴的。虽然天顺年间有关制度在执行过程中已经大打折扣，但兵马司官员应该还是能区分官与民的。

② 《明英宗实录》卷二一四，景泰三年三月甲辰条，第4608页。

③ 《明宪宗实录》卷一六六，成化十三年五月丙子条，第3004—3005页。

现象，他们也确实履行了这一职能，比如叶宗留等起义之前，校尉们已经发现了他和陈善恭等人的秘密活动①，促使明廷及时调兵镇压。不过，史籍中反映出来的行事校尉们的主要"功绩"却另有指向。为表述方便，这里先罗列几个例子。

①正统三年正月丁未，中都留守司都指挥田增岁帅所部军赴京操备，役数百人入山采薪作炭，有跌伤致死者，托言病死。锦衣卫廉得以闻。上以增贪虐欺罔，姑宥其死。命以教场枷号一月，发遣戍边。②

②正统七年五月辛酉，刑部左侍郎包德怀闭其妾及义女数人于一室，累杖之。一夕，自缢死者三人。为侦事者所发……言德怀初任河南按察使时，数与周王通馈遗，诸妇时时窃议其非。德怀恐语泄，拘闭之。三人者怨怼，故缢死。于是六科十三道交劾之。狱具，当为民，上命充威远卫军。③

③景泰二年二月己丑，都督同知卫颖、范广、陶瑾，都督佥事郭瑛、张义各奸宿乐妇于瑛及瑾家，并索都指挥穆晟设晏。校尉廉其实以闻。六科十三道因交章劾其罪，特命宥之。④

④天顺三年八月壬申，修武伯沈煜、刑科给事中王俨下锦衣卫狱。煜等奉命持节册封藩王。既行，上命锦衣卫校尉蹑其后觇之，尽得其受王馈遗状。煜等还，六科十三道劾之，遂下狱。⑤

⑤天顺三年十月壬申，养大马千户张名数同奉御严杰、内使潘显等盗饲犬马豆及用吉种印马接送妓者。校尉廉得之，下锦衣卫，俱论当赎斩还职。上命诛名，枭首以徇。杰等俱倍征

---

① 《明英宗实录》卷九九，正统七年十二月辛亥条记载："锦衣卫校尉陈以节言：浙东丽水县贼陈善恭等僭拟名称，纠结青田县贼叶宗留等，有众二千……"见第2004页。

② 《明英宗实录》卷三八，第742页。

③ 《明英宗实录》卷九二，第1855—1856页。

④ 《明英宗实录》卷二〇一，第4301—4302页。

⑤ 《明英宗实录》卷三〇六，第6455页。

所盗，完日释之。①

⑥天顺四年七月己卯，户部主事刘永通为校尉发其索输草者赂，且同郎中张勉于五里屯携妓饮燕（宴）。锦衣卫鞠送刑部，论永通当充军，勉当为民。上曰：勉行检不端，亦发充边卫军。②

⑦天顺七年六月壬戌，锦衣卫廉得陕西佥事李观受赂为人脱死罪。上命锦衣卫遣官往执之。③

以上七个例子反映的都是行事校尉们侦缉到的官员违法问题。其中例②、例④涉及交通王府，例⑤、例⑥与仓场管理有关，明确属于行事校尉侦缉的范围，但例②、例④只是接受藩王馈赠，尚未上升到危害皇权的地步，有小题大做之嫌。例①中的田增私役军士致死，确属严重违纪行为，考虑到锦衣卫兼有宪兵职能，如宣德三年八月，宣宗巡边时严令诸将不得侵扰百姓，"命锦衣卫遣官巡察"④。正统六年二月，锦衣卫举报山东都指挥佥事张安装病，拒不参加南征麓川⑤，等等，行事校尉举报田增也在情理之中。例③中的范广等人聚众宴饮并奸宿乐妇牵涉官员们的居家私生活。宣德四年，"以皇太子千秋节，下宽恤之令"，大批在押囚犯获减免，但"挟妓饮酒者，仍罚俸三年"⑥。可见挟妓饮酒是明廷严格禁止的行为，另从例⑥中的张勉被从重处理来看，英宗对此类行为也非常反感，但这显然不属于行事校尉需要缉查的大奸大恶。例⑦的情形与此类似。另外，例③、例④、例⑦显示行事校尉的活动范围已经远离京师，并渗透到了官员的私密生活当中。

为防止专擅，行事校尉缉拿到嫌犯，只有讯问权，没有判决权，

---

① 《明英宗实录》卷三〇八，第 6489 页。
② 《明英宗实录》卷三一七，第 6609 页。
③ 《明英宗实录》卷三五三，第 7067 页。
④ 《明宣宗实录》卷四六，宣德三年八月丁未条，第 1137 页。
⑤ 《明英宗实录》卷七六，正统六年二月甲戌条，第 1485 页。
⑥ 《明宣宗实录》卷五九，宣德四年十一月壬子条，第 1416—1417 页。

案件侦查完毕，要移交刑部或都察院依律论断，"稽察所获，必下部议，皆所以绳其专也"①。两法司对锦衣卫的侦讯结果可以提出质疑，乃至彻底推翻。明廷对这一制约机制非常重视，不时重申，如弘治十三年，孝宗下诏："凡法司遇一应称冤调问及东厂、锦衣卫奏送人犯，如有冤枉及情可矜者，即与辩理，具奏发落，无拘成案。若明知冤枉不与辩理者，以故入人罪论。"② 又如隆庆元年，诏命"如有缉获真正奸细及妖言者，不许私自讯考，径送刑部，多方审究。果有的据，备取招由奏请。系奸细者，照例升级。系妖言者，事大量升，事小量赏。其余子杀父母之类自有亲族具告，法司受理，旗校人等不许罗织无辜，希图升赏"③。

穆宗诏旨中强调的"法司受理"涉及对锦衣卫的另一项制约政策。万历十一年，兵科给事中孙玮上言时弊四事，其一为厂卫受词，"言厂卫当遵照敕书察访不轨妖言、人命、强盗重事，其军民词讼不宜干预"。刑部答复："厂卫之设，畀之缉访。非惟不当受词，抑亦无所用其词矣。高皇帝特设通政司以司封驳，三法司亦不敢擅受一词，况其他乎？"④ 可见，锦衣卫尚有不得接受官民诉讼的限制。

不过，由于锦衣卫是皇帝亲信，拥有一般衙门没有的政治资源，两法司轻易不敢否定锦衣卫的侦讯结论，"凡锦衣卫官校所廉得者，莫敢议"⑤。前引例⑥显示，至少调查后交法司定案这一程序在当时还是被尊重的。

例②、例③、例④中都出现了六科十三道的身影。校尉们在侦缉期间显然不会让科道官员提前介入，应该是有了确定的结果后通报给了科道，这说明景泰皇帝谕旨中的"御史复体得实"大体还是

---

① （明）王圻：《续文献通考》卷一百六十二《兵考》，续修四库全书丛书影印本，第229页。

② 正德《大明会典》卷一三二《刑部七·伸冤》，景印文渊阁四库全书本，第342页。

③ 万历《大明会典》卷一三六《兵部一九》，第1931页。

④ 《明神宗实录》卷一三七，万历十一年五月甲条，第2549—2550页。

⑤ （明）萧镃：《都察院右金都御史陆君矩墓志铭》，见（明）焦竑《国朝献征录》卷六三，续修四库全书丛书影印本，第433页。

第三章　锦衣卫的职能（中）　　201

得到执行的。

官员的一般性违法本不在行事校尉的侦缉范围内，从上文中先后列举的十几个例子来看，至少从正统年间开始，行事校尉对外廷官员轻、中度违法行为的秘密监察已经是客观存在的事实①，虽然景帝没有在谕旨中挑明，但从成化年间商辂等人的上奏来看，文官群体对此已经默认接受。

其实，秘密监察并不是锦衣卫的专利，都察院系统也采用这一方式。如明初，苏州知府魏观"以府治隘弗称，且卫治处其右，不欲为之下，即士诚废址迁之。卫帅密疏于朝。遣御史张度混迹畚锸中，廉得其实，官置极典"②。不过，秘密监察既需要充足的资源保障，又要有足够的牺牲精神，士大夫出身的御史们讲究脸面，即便愿意去化装私访，也很难做到位，所以在使用频率上，应该远远低于锦衣卫。

朱元璋起事时，群雄环伺，必须时刻保持警惕，因而对情报工作非常重视。1356 年自立江南行省时即设立了兵马指挥司，以"讥察奸伪"③。此后，曾多次派遣手下卫士前往敌对阵营，成功获取重要情报，并培养出诸如何必聚等王牌间谍④。由于叛服无常，朱元璋对手下将领也不是很信任，不仅要留家属在京，同时要派亲信予以

① 英宗即位之初，大学士杨士奇曾在上言中提到"在京行事校尉多有在外假公营私，挟制官府，欺骗平人，瞒昧朝廷……及官员军民实有罪犯者，皆得以财买免"（杨士奇：《诏初即位事宜》，（明）黄训：《名臣经济录》卷一二，景印文渊阁四库全书本，第 221 页）。可见，在宣德年间，官员犯罪已经是行事校尉的访查目标，只是奏疏语焉不详，无法判断是否包括中轻度违法行为。

② （明）王禹声辑：《续震泽纪闻·编修槎轩高公》，见吴建华点校《王鏊集》附录，上海古籍出版社 2013 年版，第 655 页。

③ 《明太祖实录》卷四，丙申年七月己卯条，第 46 页。

④ 如 1359 年，"上以群雄角力，凡地里人情，不知动静虚实，遣帐下卫士何必聚往江西，至袁州。守将欧平章年已老，其动静侦知之，遂回"，"上选卫士三十人侍左右，另（令）各具所生八字以进。上命术士推得造化高者十三人，各赏银五十两，驾快船一只，佯称得罪于上，私降张氏于苏州。士诚甚喜，配以妻，抚之甚厚"，"上欲知齐鲁燕冀兵力强弱，地理险易，复遣何必聚阳为毛平章烧饭食，欲以探中原虚实。小毛平章年幼聪敏，必聚至数月，待之甚厚，以金盒盛玉带一条谢之"，等等。见（明）俞本撰，李新峰笺证《纪事录笺证》卷上，中华书局 2015 年版，第 113、117 页。

监督。史载:

> 太祖于国初以所克城池专用义子作心腹,与将官同守。如得镇江用周舍,得宣州用道舍,得徽州用王驸马,得严州用保儿,得婺州用马儿,得处州用柴舍、真童,得衢州用金刚奴、也先,得广信用(周)舍,即沐英也。①

　　明朝建立后,对臣下的不信任并没有减轻,反而有变本加厉之势,"用高见贤为检校,尝察听在京大小衙门官吏不公不法及风闻之事,无不奏闻太祖知之"②。对地方官员,也曾采取类似手段,如耿忠,"初与毛骧等参随太祖,以心腹亲信,特命浙江等处访察官吏,问民疾苦。时绍兴、金华、衢州秋旱,农民无收,有司不准告。疾回京奏,太祖怒,提问官吏"③。可见,在锦衣卫成立之前,明廷已习惯运用秘密监察手段对付不法官员。至于是派锦衣卫还是御史,要看具体案情。比如上文中提到的魏观案,由于是苏州卫军官举报,派军队系统的锦衣卫校尉去访查,不易让文官群体信服,于是派同为文官的御史私访。如果是纯粹的军内案件,则会由锦衣卫出面。如洪武二十年六月,"降广西都指挥使耿良为驯象卫指挥佥事。初,良在任多不法,军士薛原桂诉之。既而镇抚张原复言其不法二十余事。上命锦衣卫廉问得实,故贬之"④。可见,在展开监察的同时,明廷充分考虑到了文武群体之间的利益均衡。
　　这种状态在明中叶还有一定的遗存。如天顺初年,副都御史年富被大同守将石彪陷害,逮捕回京。大学士李贤称其"行事公道,在彼能革宿弊",英宗判断"此必石彪被富沮其行事,不得遂其私耳",于是命镇抚司门达仔细讯问,"已而进状,果多不实"。为确

---

① (明)刘辰:《国初事迹》,四库全书存目丛书影印本,第11页。
② (明)刘辰:《国初事迹》,第16页。
③ (明)刘辰:《国初事迹》,第22页。
④ 《明太祖实录》卷一八二,洪武二十年六月甲申条,第2745页。

保公正，英宗接受李贤建议，派遣给事中和刑部郎中前往"体勘，庶不枉人"。为体现公正，英宗要求"再遣武职一人同往。不然，纵得其实，彼必以为回护"。"勘回，果无实状，富遂致仕而归。"① 刑部、都察院、六科是明代文官系统中最主要的监察和司法力量。年富是副都御史，都察院需要回避，派出给事中和刑部郎中，等于文官系统主要的监察部门都派了代表。石彪是石亨的侄子，石亨在夺门之变中立下大功，石氏家族势力庞大，不宜轻动。英宗加派锦衣卫官员前往，等于军队系统也出了代表，这样的实地调查队伍得出的结论，自然更有权威。英宗此举即是斟酌文武两大群体关系的需要，同时也向我们揭示出锦衣卫在秘密监察之外，还有公开的监察权。

二　锦衣卫的公开监察权

锦衣卫具有和科道官类似的监察权，在正史中有明确的记载。如宣德三年年底，"敕行在锦衣卫指挥任启、参政叶春、监察御史赖瑛同太监刘宁往镇江、常州及苏、松、嘉、湖等府巡视军民利病，殄除凶恶，以安良善。凡军卫、有司、官吏、旗军、里老并土豪大户、积年逃军、逃囚、逃吏及在官久役吏卒，倚恃豪强，挟制官府，侵欺钱粮，包揽官物，剥削小民，或藏匿逃亡、杀伤人命，或强占田产人口，或污辱人妻妾子女，或起灭词讼、诬陷善良，或纠集亡赖在乡劫夺，为军民之害者，尔等即同大理卿胡概体审的实。应合擒拿者，不问军民官吏，即皆擒捕，连家属拨官军防护解京。有不服者，就本都司及所在卫所量遣官军捕之，仍具奏闻"②。

在这次出巡的队伍里，刘宁是内官，赖瑛是都察院属员，参政叶春则在此前多次参与巡视江浙地区，并在宣德二年三月奉命前往

---

① （明）李贤：《天顺日录》，《中华野史》丛书"明朝卷一"，泰山出版社 2000 年版，第 190 页。

② 《明宣宗实录》卷四九，宣德三年十二月丁酉条，第 1189 页。

江浙催征秋粮，熟悉当地情况，大理卿胡概当时正在巡抚苏松任上①。此前明廷也曾多次派员到地方巡视，但从未有内官和锦衣卫官员随行，如洪熙元年正月，"遣布政使周幹、按察使胡概、参政叶春巡行应天、镇江等八府"②。锦衣卫官员和内官是首次出现在巡视队伍中。内官被视为皇帝家下人，在很大程度上代表皇帝。任启随行估计和巡视内容包括擒捕亡命无赖有关，毕竟缉捕盗匪是锦衣卫的拿手戏，在调动地方军队配合方面，锦衣卫也比文官有先天的优势。虽然可能有工作侧重点，但皇帝的敕谕是同时面向所有人的，所以诸如强占田产等纯粹的民政事务也在任启的巡查范围内。

宣德五年十一月，锦衣卫指挥王裕又领命同都察院副都御史贾谅、参议黄翰及奉御张义、兴安前往江西，"巡视军民利病"③，巡视内容、方式大体与宣德三年镇江等府之行一样。连续的出行证明锦衣卫已经正式和科道官站到了同一起跑线，成为大明帝国监察系统的一部分。在此背景下，对外廷官员展开秘密监察也就在情理之中了。

在祝枝山所著《野记》中有这样一句话："洪武中，御史与校尉同居官舍，重屋，御史在上，校尉在下，欲其互察纠也。"④《野记》内容庞杂，很多内容近似小说家语，致使该书的史料价值一直被人怀疑。这段以同居来促使监察御史和锦衣校尉互相监察的记载同样让人怀疑其是否真实存在过，不过诸多史料显示，御史和锦衣卫之间确实存在互相监督的关系。如宣德三年，工部尚书吴中被告发"私取官木等物以遗太监杨庆"，锦衣卫指挥王裕知情不举，"命

① 《明宣宗实录》卷二六，宣德二年三月癸巳条记载："行在户部奏浙江等布政司、直隶苏松等府秋粮应纳淮安、徐州仓者为数甚多，恐催征稽缓，有妨攒运，请分遣廷臣督之。上命都察院右金都御史李濬，通政司左通政朱侃，鸿胪寺少卿刘顺、王勉及巡抚苏松大理寺卿胡概，参政叶春分督。"见第 675 页。
② 《明仁宗实录》卷六下，洪熙元年正月己亥条，第 226 页。
③ 《明宣宗实录》卷七二，宣德五年十一月庚子条，第 1677 页。
④ （明）祝允明：《野记》，《中华野史》丛书"明朝卷一"，泰山出版社 2000 年版，第 432 页。

法司及群臣鞫问，有验。法司论中监守盗官物，结交内官，当斩。裕不奏，当连坐"，吴中因此被剥夺少保头衔，王裕则进了监狱①。吴中位列三公，参与审问的法司应该包括都察院堂上官。王裕被举报，估计也少不了科道官的功劳。

正统五年，王裕再遭牢狱之灾。"时内使张能告内官僧保违法事，逮能下锦衣卫狱，死于拷掠。裕等以病死闻。上疑之，命御史徐郁验得其情……狱具，命锢禁之。"②御史奉命查验锦衣卫监狱因犯死因来自明廷的"相视"制度。洪武二十五年七月，明廷立相视原告病故之法：

> 刑部若遇有原告病故者，监察御史同锦衣卫官相视；都察院原告病故，刑部主事同锦衣卫官相视。取获批张，附卷备照。如有欺弊，从相视官闻。③

洪武二十年，为缓解政治领域的恐怖气氛，朱元璋下令焚毁锦衣卫刑具，"以所系囚，送刑部审理"④，估计锦衣卫监狱因此暂时空置，所以上述法令中没有提到锦衣卫监狱。按《会典》的记载："凡锦衣卫囚人病故，监察御史、刑部主事同往相视。其有奉钦依相视者，次日早，赴御前复命。"⑤可见，锦衣卫监狱恢复使用后，一样要接受监督，王裕就是因此再遭外廷监察官员弹劾。

① 《明宣宗实录》卷四四，宣德三年六月己亥条，第1084页。
② 《明英宗实录》卷六五，正统五年三月己巳条，第1259页。
③ （明）佚名：《秘阁元龟政要》卷一五，洪武二十五年七月丁未条，四库全书存目丛书影印本，第808页。
④ 《明太祖实录》卷一八〇，洪武二十年正月壬子条，第2722—2723页。
⑤ 万历《大明会典》卷二二八《锦衣卫》，第3003页。（明）施沛：《南京都察院志》卷八《职掌一》记载："刑部囚人病故，会同监察御史相视。都察院囚人病故，会同刑部主事相视，锦衣卫官不预。若锦衣卫囚人病故，则用监察御史、刑部主事同往相视。洪武间，刑部原告病故，御史同锦衣卫官相视。"（见第224—225页，四库全书存目丛书补编影印本）鉴于是为南京都察院修志，这里提到的无权相视刑部和都察院监狱的锦衣卫，估计是迁都后遗留下的南京锦衣卫。因为地位和一般南京卫所差不多，所以丧失了监督南京刑部和都察院监狱狱政的权力。

在王裕之后，又先后有多位锦衣卫高官遭到科道弹劾。如正统六年，"锦衣卫指挥佥事倪正居母丧娶妾。六科十三道交章劾之。法司拟正赎杖还职。上以正行止既亏，难居近侍，调边卫差操"①。正统十二年，锦衣卫指挥佥事陈端"违禁纵孙索债，为给事中、御史所劾"②，改调至大同威远卫操备。

科道官遭到锦衣卫检举后被处罚的例子也不少。如监察御史时纪在外出巡按回京途中，私自回家，长垣县丞萧节之为之强娶民女殷氏为妾。不料时纪的妻子妒忌，虐待殷氏，"致殷父母忿怒，扬言挟娶己女。为锦衣卫所发。刑部比强夺良家子女为妾律，坐绞。遇赦，当为民"。英宗下令严惩，将其谪戍，并为此敕谕三法司、锦衣卫：

> 朝廷以纪纲为首，御史职纪纲之任，不可不慎择也。如监察御史时纪，因差往陕西，枉道回家。及与长垣县县丞萧节之夤缘交结，挟势娶民间女子为妾，背违礼法，有玷风纪，已付法司问罪。自今尔等差官出外，必精选知礼义廉耻，明达大体，无贪污淫秽之行，然后遣之。仍严加戒饬，庶几纪纲以正，不辱朝廷之使命。如所遣及在任敢有不遵戒饬，违礼犯法者，尔堂上官即具实举奏，以凭降黜。若堂上官徇情党比，以致贤否混淆，旷职废事，并罪不宥。③

在敕谕中，锦衣卫和三法司一样负有正纪纲的责任，可见，锦衣卫的监察权是明确且公开的。

锦衣卫和科道官不仅互相监察，合作监察的例子也很多。如正统八年，监察御史李玺及锦衣卫千户共同考究刑部积年强、窃盗案，"玺等奏案内有径释不奏请者、有沉没不追捕者、有不推窃盗三犯

---

① 《明英宗实录》卷八五，正统六年十一月辛丑条，第1704页。
② 《明英宗实录》卷一五一，正统十二年三月庚辰条，第2967页。
③ 《明英宗实录》卷九八，正统七年十一月甲申条，第1981—1982页。

者、有脱真犯死立功充军者，请治其罪"①，刑部和大理寺因此遭到英宗切责。景泰五年，广东巡抚揭稽和巡按御史盛昶不睦，互相揭发奏劾。景帝于是"诏都察院、锦衣卫各遣官覆之"②。巡按御史是都察院官员，派出都察院官到广东调查，相当于部门内查，锦衣卫则属于"体外"核查，因此景帝要求锦衣卫与都察院各自派员，分头调查，避免互相干扰。

次年十一月，揭稽"下都察院狱，以故勘死平人论，当死"。揭稽不服，多次上疏指责新任广东巡按彭信包庇盛昶，"而左都御史萧维祯亦右昶，不与理。今反移覆于有隙右都御史马昂。请调刑部同锦衣卫官辩之"③。揭稽的本职是兵部右侍郎，明廷派都察院官审理他与盛昶的纠纷，确有不妥，揭稽请求改由刑部和锦衣卫审理，符合回避原则，同时也揭示出锦衣卫和三法司拥有同样的职权。本案中负责到广东调查的锦衣卫官及其调查结果，史籍中没有记载，景帝最终的处理方案也仅仅是"令三法司会鞫之"④，没有让锦衣卫出现，其中原因不得而知，但不影响对锦衣卫职权的判断。

天顺年间，河南按察使王概进京朝觐，"为校尉发其受磁州知州李昭金数百两，为脱其盗粮之罪。下锦衣卫鞫之，诬。既而复有发其纵子侄于所属索赂者。遣锦衣卫官同刑部郎中陈鸿渐往河南案之，亦诬"⑤。从这个例子可以发现，行事校尉的侦缉结果并不能构成对被调查对象的致命打击，在制度上，明廷对行事校尉有多重制约。王概的经历表明，在锦衣卫内也有制约机制，负责审讯的镇抚司可以为其辩诬，出京调查的锦衣卫官员也能为其平反。

镇抚司对行事校尉的监督，在天顺朝体现得尤为明显。

英宗通过政变的方式夺回皇位，对臣僚难免不信任，执政不久

---

① 《明英宗实录》卷一一〇，正统八年十一月乙丑条，第2219页。
② 《明英宗实录》卷二四〇，景泰五年四月乙酉条，第5227页。
③ 《明英宗实录》卷二六〇，景泰六年十一月癸未条，第5571—5572页。
④ 《明英宗实录》卷二六〇，景泰六年十一月癸未条，第5571—5572页。
⑤ 《明英宗实录》卷三一八，天顺四年八月丙寅条，第6634页。

又发生"曹石之变",其戒备心更甚,对锦衣卫不免过度使用,负责侦缉事务的指挥佥事逯杲虽然处事谨慎,平居"杜门绝客,非素厚者不敢干以私",但做事时非常卖力,"于事无所避","屡摭拾群臣细故,滥及无辜,坐罪者甚众,朝野侧目"①。行事校尉拥有丰富的政治资源,英宗又过度使用,因而产生了大量冤假错案。这期间,能对校尉们有所制约的,恰恰是镇抚司。史载:

> 　　上因说校尉行事者亦多枉人,且如行临川王与四尼姑通,及镇抚司指挥门达问之,实无此情。又闻行事者,法司依其所行不敢辨,虽知其枉,付之叹息,惟门达能辨之。贤因言往时行事者挟仇害人,涉虚者治以重罪。上曰:"若如此,又虑其不肯用心访察。今后但令镇抚辨其枉者可也。"②

　　门达向以"谙刑名"③闻名,能得到英宗赏识并在逯杲死后顶替他的位置和他在镇抚司任上的突出表现有直接关系。只是"至天顺七年,锦衣指挥门达总督官校缉事,兼镇抚问刑"④。兼掌缉事和镇抚司,等于自动放弃了镇抚司对行事校尉的制约功能,英宗此举,实为一大败笔。

　　事实上,从英宗即位伊始,批评校尉滥用权力的声音就不绝于耳。宣德十年正月,大学士杨士奇在上疏中即指出"行事校尉多有在外假公营私、诬枉平人、挟制官府、瞒昧朝廷,宜减其数,令锦衣卫公正指挥一员提督禁约"⑤。景泰元年,又有"言锦衣卫官校缉事之弊者,云多为人复私怨,指无为有,诬致人罪,且例不许辩

---

①　《明英宗实录》卷三三〇,天顺五年七月庚子条,第6783页。

②　(明)李贤:《天顺日录》,《中华野史》丛书"明朝卷一",泰山出版社2000年版,第194页。

③　《明英宗实录》卷二四六,景泰五年十月丙午条,第5346页。

④　(明)尹直:《謇斋琐缀录》卷四,《中华野史》丛书"明朝卷一",泰山出版社2000年版,第520页。

⑤　《明英宗实录》卷一,宣德十年正月庚子条,第33—34页。

理"。景泰帝批示："官校本以廉阴谋不轨、大奸大恶，乃今其弊如此！彼有送法司不引伏者，其为辩理之。如肆诬罔，俱重罪不宥。"①

进言人声称校尉缉事"例不许辩理"不符合事实。按明制，行事校尉抓到嫌犯，要送到法司审理，刑部或都察院才是下最终结论的部门，即便是先送交镇抚司拷问，最后也要移交法司。敢于推翻校尉侦办结论的法司官员也不少，如正统年间的刑部四川司郎中陆矩，"时有锦衣卫官校廉得欧荣者为餍魅，连坐十数人，罪当死。矩独察其冤，直之。大理寺劾其议不当，当落职。御史陈克昌论列其事。诏群臣复案之，卒如矩议"②。又如天顺年间的刑部广东司主事毛吉。史载：

> 故事：十三清吏司分理在京诸司刑狱，广东司当锦衣卫。卫卒伺察百官阴事，攟摭得分寸，书片楮以闻，不复核虚实，辄当以罪，公卿大臣皆惴惴奉承之惟谨。公行请托，莫敢违拒，甚至以罪被逮，法司亦不加筆。君在清吏司，有逮至者，一惩以法，略无顾忌。其人至以俚语目君，曰毛葛刺。时长卫者怙宠，大肆罗织，势焰烁人，百官遇诸途，趋避惟恐后。君遇之，独以一手举鞭。彼愕然，顾左右曰：此非刑部毛葛刺耶？益衔之。其徒百计求君短长，讫不可得。适君偶以疾误朝参，命锦衣卫鞠之。其党走报其长曰：毛葛刺来矣。乃预简卒之疆忍者，抡巨杖待君。君至，仅榜十又五，骨见矣。众意君必死。适有僧同在系，见君创甚而无悲容苦，曲事君，得不死。既而随众例，得复职。众咸曰：毛葛刺自此惩创改节矣。及莅职，操法愈严。未几，升广东按察司佥事。③

---

① 《明英宗实录》卷一八八，景泰元年闰正月丁未条，第 3813 页。
② 《明英宗实录》卷二五〇，景泰六年二月壬午条，"陆矩传"，第 5406 页。
③ （明）邱濬：《毛宗吉传》，见氏著《琼台诗文会稿》卷二〇，海南出版社 2004 年版，第 4386 页。

　　按《实录》的记载，毛吉任职时锦衣卫的当权者正是怙宠多时的门达①。天顺年间是锦衣卫独立秘密缉事最风光的时段。此时尚且能产生毛吉这样的秉公执法者，说明制度上对锦衣卫的制约仍然是有效的。只是大多负有监督、制约职责的官员出于个人利益考虑，不敢认真履行职责而已。之所以不敢轻易推翻行事校尉的侦查结论，一方面是因为外廷官员理论上都在锦衣卫的监察之列，畏惧其密察威力，另一方面也和当时的官场状态有关。请先看下面几个例子。

　　①天顺二年八月己卯，神武卫百户罗瑾有衔于刑部主事邓顺，嗾校尉恐顺，以将发其鬻狱之弊。顺惧，厚赂校尉，求泯之。既而有觉其事者。上怒，特谪瑾及校尉充辽东军。②

　　②初，锦衣卫鞫（宁波知府陆）阜擅造大斛，多收粮米。积出附余之数，通同吏胥侵盗卖银入己，又克落木料价银。比事露，用银一千两与首己者……发广西南丹卫充军。③

　　③上复正储位，（倪谦）充讲读官。岁己卯，主考顺天府乡试。举子有不中者，掇拾谦阴事，付行事校尉，发之，谪戍开平。上即位，遇恩例放免。④

　　④御史张智，涞水人，称货于盐商某颇多，因同道御史、陕人刘峣往淮扬，嘱其支盐。刘未允，智乃与盐商谋，置酒于城外郑家花园，请峣饯别，且宿戒。伺酒酣，出妓，令二三光棍作缉事校尉缉出，挟其必从。后如某谋，逼勒要银千两，方免闻官。峣无计，智佯曰："我与某处商人相厚，令其出银，准

---

　　① 《明宪宗实录》卷一九，成化元年七月辛亥条记载，当日，"赠广东按察司副使毛吉等官……吉字宗吉……授刑部广东司主事。司辖锦衣卫，惮其官校有缉访之权，以罪逮者，率不敢加箠挞。吉一惩以法，略无畏忌。时门达大肆罗织，气焰薰天，吉独不为之屈。达百计求其过，不得。会以病误朝参，下锦衣卫狱。达乃拣卒之强忍者抢巨杖搒之十又五，肉溃矣，幸而不死。众谓吉自此必改节。及复任，操法愈励。升广东按察司佥事……"，见第381页。

　　② 《明英宗实录》卷二九四，第6282页。

　　③ 《明英宗实录》卷三五五，天顺七年闰七月庚午条，第7100页。

　　④ 《明宪宗实录》卷一八八，成化十五年三月甲戌条，第3356页。

扬准其支盐就了。"峣以为然，遂出银千两得释。智分其半，商
人至淮倍获，且出入无忌。峣虑有碍前程，遂引刀自刭而死。
科道交章劾其故，乃置智等于法。①

　　以上几个例子分别发生在天顺、成化和弘治年间。进入明中叶，
明代社会发生了很大的变化，官僚群体的腐化现象也日渐严重。例
①、例②中的邓顺、陆阜，如果没有"鬻狱"和贪污的劣迹，想必
不会梦想花钱消灾。例③中的所谓阴事，肯定不是纯粹的个人隐私，
而是很严重的违法行为，否则不会受到充军的严厉惩戒。例④中的
刘峣虽然是遇到了假的行事校尉，但饮宴、嫖妓一直是明廷非常反
感的行为，被查到后果严重，所以才不得不借钱消灾。
　　刘峣的遭遇不是个例。据当时人记述，"时朝政宽大，廷臣多事
游宴。京师富家揽头诸色之人，亦伺节令，习仪于朝天宫、隆福寺
诸处，辄设盛馔，托一二知己转邀，席间出教坊子弟歌唱。内不检
者，私以比顽童为乐，富豪因以内交。予官刑曹，与同年陈文鸣凤
梧辄不欲往，诸同寅皆笑为迂，亦不相约。既而果有郎中黄昕等事
发。盖黄与同寅顾谧等俱在西角头张通家饮酒，与顽童相狎，被缉
事衙门访出拿问，而西曹为之一玷。然若此类幸而不发者亦多矣"②。
　　腐败的官场甚至培养了一些新的"职业"群体。如在选官环节，
"京师有无赖子数十辈，常在吏部前觇听选官吏、监生。或谋略内外
官求美除而贫欲借贷者，辄引至富家借金，遂为之往赂。其实或往
或否，偶得美除，则掩为己功，分有其金，俗呼为撞太岁。既又执
凭与所除官偕往任所，取偿数倍"③。层出不穷的腐败现象无疑为真
假校尉们提供了丰富的资源。
　　更糟糕的是，例①中的邓顺和例④中的张智、刘峣都是与锦衣
卫有业务关联的法司官员，后者还是专职的监察官员。自己身不正，

　　①　（明）陈洪谟：《治世余闻·下篇》卷三，中华书局1985年点校本，第54页。
　　②　（明）陈洪谟：《治世余闻·下篇》卷三，第53—54页。
　　③　《明英宗实录》卷三四二，天顺六年七月乙卯条，第6941—6942页。

还怎么敢去纠正锦衣校尉？行事校尉的秘密侦缉恰恰击中了官僚群体的这个死结。邓顺等人为掩盖己过而行贿校尉，客观上助长了行事校尉的气焰，诱使其加大侦缉力度。这也从反面说明，校尉们的秘密侦缉确实在一定程度上弥补了属于文官系统的科道监察体制的不足，发挥了一定的监察功能。从邓顺案发后，皇帝首先处罚校尉来看，英宗本人也对行事校尉们以权谋私，辜负自己的期望非常不满。

自杨士奇公开批评行事校尉滥用权力后，文官群体对锦衣卫的批评之声不绝于耳。如景泰元年，宛平县丞向先上言："宛平、大兴二县军、民、匠户有奸诈之徒滥结近侍、官豪、校尉，凡遇科差买办，浼其嘱托，务令准免。执法不从者，被其捏词，付行事校尉奏之。法司虽知其枉，又畏权势，依文加罪，是以凡遇嘱托，不敢不从，其弊不可胜言。乞敕都察院禁约。"① 意外的是，明廷的态度不是严旨约束校尉，而是接受刑部尚书俞士悦的建议，命"锦衣卫禁约"②，内部处理。

类似的现象还出现在正统五年。当年二月，户科给事中舒曈上言：

> 迩来徒流逃犯刁诈百端，或冒勋戚家人，或托内外大官亲属，或诈称事故官员，或假作行事校尉，到处州县说诱官吏，扰害良善，诓骗财物，强占田地，索娶子女，宜备榜禁约，俾所在官司，诘无文凭者，即械系问理……事下，行在都察院覆奏，以曈所陈诚有之，但欲出榜，似为繁琐，止行各该官司为便。从之。③

舒曈强调要通过盘查有无文凭来打击假冒行事校尉等恶行，说

明行事校尉秘密办差时携带有身份证明，并非不受任何约束。不过更值得重视的是和前面引用的史料中的刑部一样，本条史料中的都察院一样反对公开发榜文禁约。

正统七年，行人司行人尚褫提出两项建议：

> 一、大臣上为朝廷付托，下为百官取法。有缺固不可轻任，有过尤不可轻辱。是以黥、劓之罪，不及大夫，以其离天子不远也。今文武大臣或被言官弹劾，或被旗校缉访，露顶跣足，束缚奔走若系囚。然事果实验，情犹庶几。或涉虚妄，不免复职。然今日衣冠之大臣，即昨日受辱之囚系。面僚友而统属官，能无愧于心乎？请自今文武大臣有犯未的者，命锦衣卫官召至午门，敕诸大臣以礼会问。踪迹果验，疏其轻重请裁。如其不验，即奏复职。庶大臣知重，而职业愈修。

> 一、旗校缉事，固不可不信，尤不可尽信。间有用心邪枉者，或为他人报雠，或以自平私怨，倒置是非，诬陷平人，其所缉事，能悉出于实乎？请自今旗校缉事，务见实证，然后坐罪。如或不实，所缉者量轻重，以其半坐之，庶不得乘隙报怨，滥及无辜。

> 奏下，刑部尚书魏源等集议，谓褫言可采，但命锦衣卫官召问大臣及坐旗校以折半罪，律例无成令。上从之，命自今旗校所察觉有诉冤者，三法司与之辩。其果为人报雠者，必罪如律。①

刑部尚书魏源等人一方面肯定尚褫的建议可采纳，一方面又以不符祖制为理由予以否定，和事实上否决舒暲、向先的建议一样。按理，约束行事校尉对于彰显刑部和都察院的地位无疑是有帮助的，但两大法司主官先后出面反对直接打压行事校尉，是顾忌同僚的脸

---

① 《明英宗实录》卷九七，正统七年十月丙申条，第1946—1947页。

面，还是另有隐情？

翻阅《明实录》可知，在英宗之前，锦衣侦缉虽然存在，但用于监察百官不法行为的事例非常少见，唯独到了英宗一朝，行事校尉们的出镜率几乎翻了几番。《明英宗实录》是由大学士李贤、陈文、彭时任总裁编纂。李贤等对行事校尉以权谋私的行为非常不满，曾多次进言劝谏，不排除编纂《实录》时有刻意突出行事校尉负面形象的可能，但大批官员的违法行为经行事校尉缉查被发现进而受到惩处的事例在《明英宗实录》中非常多，可见英宗非常重视对锦衣卫的使用。对官员违法，明廷也曾下令科道加大廉察力度，如正统四年，"上命行在六科十三道廉在京诸不法事"①，但被科道举发的违纪官员数量远远少于锦衣校尉，都察院不愿出面禁约锦衣校尉，或有本部门成绩令皇帝不满意的因素，不过根源应该还在英宗身上。

在土木堡被掳后，校尉袁彬始终陪伴在英宗身边，君臣感情深厚。门达掌握锦衣卫大权后，仿效逯杲，大范围使用校尉侦缉，权倾中外，"自计得以进言别是非于御前者，惟李阁老贤与袁指挥彬二人而已，谋排去之。乃捃摭数十事"，准备害死袁彬。按理，英宗应对袁彬予以一定袒护，但事实却是"上欲法行，不以彬沮"②，只要求不要害了袁彬性命即可。可见，在英宗眼里，保证锦衣卫正常发挥职能才是第一要务。对于锦衣校尉的违纪行为，英宗其实心知肚明。天顺二年，"内阁臣李贤言于上曰：今天下百姓颇安，惟有一害。上曰：何害？贤曰：锦衣卫官校是也。因备述其故，且曰：今后被告者非有谋逆重情，不差官校，此害庶几少恩。上疑贤言过实，密令指挥逯杲访之，果然有一人得银三四千两者。上召管卫事指挥门达，戒之曰：今后差官校如有似前求索者，一体重罪不饶"③。英宗虽然强调严惩锦衣官校违纪，但大前提仍是继续使用。在皇帝坚持信用锦衣卫的前提下，外廷官员自然不敢公开支持限制锦衣卫。

---

① 《明英宗实录》卷五七，正统四年七月壬戌条，第1091页。
② （明）尹直：《謇斋琐缀录》卷四，第520页。
③ 《明英宗实录》卷二九六，天顺二年十月乙卯条，第6299页。

要不辜负皇帝的支持，唯有多出成绩。史载：

> 时锦衣卫指挥同知逯杲每遣校尉廉得事情，送指挥使门达，锻炼成狱。校尉所至，总兵、镇守、巡抚、巡按、三司、有司官无不畏恐，多具酒肴，选声伎以乐之，且馈金祈免，虽亲藩亦然。久则以无所馈者塞责。达、杲又立限督并，必欲其多获罪人。是年天下官员朝觐，陷罪者甚众。其遣提勘问者尤凶暴，每至一府卫，辄破数大家。在京城内外居止者，亦占民田、揽粮税、嘱公事，莫敢谁何，以故人多假称校尉，出入乘传，纵横往来，诈取财物。良善受害，无所控诉。至是，杲等恐致激变，乃奏请出榜禁约，且捕假者。①

　　假校尉横行，说明锦衣卫监察的负面作用已经暴露到极致，急需纠正。锦衣卫主动要求出榜禁约，说明事态发展已经到了锦衣卫主官无法控制的地步。逯杲在"曹石之变"中遇害，接替者谢通"一切反杲所为，每事以忠厚为务，时论翕然归之"②。锦衣卫的自我纠正，说明他们对本卫校尉员役的恶行非常了解。

　　不过这样的回缩并没有持续多久，"及通死，达专听其同官吕贵言，以右武为事，始任情张威，大兴罗织，遣官校遍行郡县，缉访事情。有犯者，即遣官属拘逮，所至赃贿狼籍，天下骚然"③。这段记载来自大学士邱濬为南京刑部侍郎金绅所做的传记。"以右武为事"几个字，显示在锦衣校尉横行的背后隐藏着更深层的背景。邱濬的传记后来被焦竑全文录入《国朝献徵录》，但唯独删去了"以右武为事"这几个字④，似乎在有意掩盖这个背景。门达着力打击文

　　① 《明英宗实录》卷三一八，天顺四年八月己未条，第6631—6632页。
　　② （明）邱濬：《金侍郎传》，见氏著《琼台诗文会稿》卷二〇，第4383—4384页。
　　③ （明）邱濬：《金侍郎传》，见氏著《琼台诗文会稿》卷二〇，第4383—4384页。
　　④ （明）邱濬：《南京刑部右侍郎金公绅传》，见（明）焦竑《国朝献徵录》卷四九，四库全书存目丛书影印本，第547页。

官一事，谈迁在《国榷》中的记载更为直白：

> 锦衣卫旗校多诈称缉事，四出胁赂。指挥佥事门达谢罪，上宥之。初，逯杲数捕告谤讪，达嫉之，时论翕然归达。及继杲镇抚，亦效杲以媚上。或语达曰：逯杲激叛武臣，不易察也。公欲行督责之术，则文臣易裁耳。于是分遣官校行缉中外，搜求窗隐，吹毛批根，及于僚庶。上以为能，至与学士李贤并委矣。[①]

明英宗的经历世间罕有，即曾流落草原，也曾枯守南宫，复辟后又遭遇徐有贞、石亨、曹吉祥为代表的文臣、武官、宦官集团的权力较量，不得不在各方势力之间寻找平衡，一时间很难真正掌握政权。这样的经历使之很难信任虽经洗涤但总体仍是景泰皇帝留下来的、当年曾抛弃自己的官僚集团。天顺初，以徐有贞为代表的文官集团迅速退出权力争夺，武官集团是皇权的最大威胁，利用锦衣卫打击武官集团有迫切的需要。主持侦缉队伍的逯杲忠实地履行了皇帝亲军的职责，不仅把石亨及曾推荐自己的曹吉祥集团列入侦缉目标，即便是作为本卫上级的门达也在监控范围。"初，达以都指挥掌锦衣卫诏狱。时逯杲者，专伺百官过失，每攦拾达，达惧甚，不敢恣。"[②] 逯杲与门达的内部斗争既是锦衣卫内自我制衡的制度设计的反映，也是逯杲作为皇帝忠实鹰犬的直观展现。

曹吉祥集团瓦解后，需要对武官集团适当安抚，皇帝的注意力自然要有所改变。门达欲效法逯杲，吕贵提醒他转换目标，"以右武为事"，可谓抓住了时局的关键。如果没有猜错的话，《国榷》中记载的向门达建言者就是吕贵。门达采纳吕贵的意见后，得到皇帝赏识，与大学士李贤并驾齐驱，甚至能逼着英宗忍痛同意对袁彬下手，

---

① （清）谈迁著，张宗祥校点：《国榷》卷三三，天顺七年六月甲申条，中华书局1958年版，第2151页。

② （明）邱濬：《金侍郎传》，第4383—4384页。

说明吕贵确实抓住了皇帝的痛处。

从宋代开始，文官与武将的地位发生了逆转，重文轻武成为社会普遍心态。明初因为特定原因一切右武，武官集团的地位远高于文官，这一格局随着国家逐渐进入和平发展状态后开始变化，"三杨"在正统初年把持朝政客观上加速了这一转变过程。土木之变，武职元勋大批遇难，致使武官群体的话语权大为缩小。虽然"夺门之变"等政治剧变一度延缓了武官集团地位沦落的步伐，但大方向已经不可逆转。英宗一朝正处在这一地位逆转的关键阶段，锦衣卫借侦缉外廷官员不法行为的机会乘机为武官张目，正是这一大背景的副产品。

武官集团总体上行事粗犷，未必会关注文武差异，相比之下，士大夫群体要敏感得多。如明初名士张以宁在谈及文武地位的差别时说："名一在伍符尺籍，则颉颃作气势，视文儒士若敌仇，不媢嫉则姗笑者几希。"① 张以宁的描述显然有夸大的嫌疑，但从中可以看出士大夫群体对这种状态有多么不满。其实，从前面提到的行人司行人尚褫在建言中反复强调文官不可轻辱来看，已经暗含着对皇帝用锦衣校尉打压文臣的不满。

1464 年初，英宗去世，锦衣卫失去依托，文官群体随即展开对门达等人的反击，"诉冤者纷然"②。为平息舆论，成化皇帝在即位诏书中明确宣布："差去各处采办物件头畜及缉访事情等项内外官员旗校人等，诏书到日即便回京。敢有延迟者，治罪不饶"③，随即又将门达免职调往贵州安置，锦衣卫秘密监察最风光的时代宣告结束，对锦衣秘密监察的批评之声迅速占据舆论主流。成化十六年兵科给事中孙博的上疏最为典型。他说："东西二厂缉事旗校多毛举细故以中伤大臣。旗校本厮役之徒，大臣则股肱之任，岂旗校可信反有过

---

① （明）张以宁：《徐清甫三孙字说》，见钱伯城、魏同贤、马樟根主编《全明文》（二）卷四三，上海古籍出版社 1994 年版，第 128 页。

② （明）邱濬：《金侍郎传》，第 4384 页。

③ 《明宪宗实录》卷一，天顺八年正月乙亥条，第 18 页。

于大臣？纵使所访皆公，亦非美事。一或夫实，所损实多。乞严加禁革。"① 斯时，文官群体的地位已经在总体上占据上风，锦衣卫偏偏是一个军事机构。由士大夫眼中的"厮役之徒"来监督自己，在一定程度上掌控自己的命运，当然不能接受。在其眼中，"纵使所访皆公，亦非美事"，完全陷入了党同伐异的状态。

弘治末年的张天祥案可谓士大夫群体完全碾压武官集团的一个标志。弘治十五年十二月，海西女真贡使入京朝贡，路上遭到泰宁卫蒙古部众劫杀，宁远备御都指挥张天祥等率军救援，斩敌首 38 级。辽东镇守太监朱秀、都督佥事杨玉、巡抚都御史张鼐等于次年正月将此次战事联合上报，张天祥等因此获得嘉奖。不料与张天祥父亲张斌有仇的张斌妻弟，也就是张天祥的舅舅杨茂、杨钦父子突然跳出来，伪造了一份文书呈给辽东巡按御史王献臣，说张天祥杀死的是与劫杀贡使无关的蒙古部众，是冒功骗赏。明廷于是派大理寺左少卿吴一贯，锦衣卫都指挥佥事杨玉前往调查。吴一贯等偷懒，没有亲自到现场调查，而是委托给了山东左参政宁举、兵备副使钱承德、兵备佥事王忠、分守山海关指挥佥事赵承文等人。几个月后，吴一贯等得出结论，虽然没有完全认可杨茂父子的举报，但认定张斌、张天祥杀害平民冒功一事成立。都察院认可吴一贯等的调查结果，张斌父子因此被逮捕，张天祥不久死于狱中。张天祥的叔父张洪不服，多次上疏称冤，孝宗于是派出东厂缉事校尉前往辽东秘密调查并由此引发了一场激烈的君臣冲突。

据时任内阁大学士的李东阳记载，弘治十七年七月十五日，孝宗召阁臣至暖阁，问起张天祥一案。刘健等称"此事系御史奏举，法司会勘，张洪诉本又该都察院覆奏，令巡按御史审勘"，即此事法司已有定论。孝宗拿出东厂揭帖，指出"当时御史王献臣止凭一指挥告诱杀情词，吴一贯等亦不曾亲到彼处，止凭参政宁举等勘报，

---

① 《明宪宗实录》卷一九九，成化十六年春正月戊申条，第 3498 页。这里虽然说的是东厂和西厂，但两厂缉事校尉来自锦衣卫，对其的批评同样适用于锦衣侦缉。

事多不实。今欲将一干人犯提解来京，令三法司、锦衣卫于午门前会问，方见端的"。刘健等表面接受，但回去后商议决定以都察院已有定论为理由，搁置东厂揭帖，此后又百般阻止，拒不接受东厂调查结果。十七日，孝宗质问缘由，刘健等人居然说"此事情已经法司勘问，皆公卿士大夫，言足取信"，言下之意，东厂校尉与士大夫不在一个层次，没资格质疑法司结论。李东阳进一步表示"士大夫未必可尽信，但可信者多，其负朝廷者不过十中一二耳"①，把是否接受都察院的结论和是否信任士大夫群体联系起来。此案在孝宗的坚持下，以吴一贯受到贬官处罚，张天祥父子获平反结束。

　　对于本案的实情，当时的人们就有很大争议。比如当时分巡辽阳的李贡就认为张天祥案是冤案，"及张天祥事，曰：冤哉，谁欤白者！乃碑其墓，曰：吾慰死者，且将以激众也。于是大旱，或请用巫，曰：旱以政致，用巫何为？祷医巫闾山。明日，大雨"②。明朝遗民张岱在其《石匮书》中亦称"辽东都指挥张天祥袭杀虏有功"③。

　　张天祥是否冤枉不是本文的重点，关键是刘健等人的态度。孝宗重视文官，"孝宗皇帝仁圣，委法秋官、御史台、廷尉，尝曰：与我共天下者，三公九卿也"④，文官群体的地位迅速上升并形成对武官群体的碾压式优势，孝宗朝也因此被士大夫誉为"中兴"。士大夫自称国之股肱，对待张天祥一案本应以事实为依据，秉公处置，但刘健、谢迁等中兴名臣的态度却是一味地强调士大夫可信，认为"事当从众，若一二人言，安可信"⑤，拒不考虑东厂校尉的调查结果，甚至设置障碍，阻挠皇帝御审，直到孝宗表示"此乃大狱，虽

　　①　（明）李东阳：《燕对录》，《中华野史》丛书"明朝卷一"，泰山出版社2000年版，第441页。

　　②　（明）邵宝：《兵部侍郎李公传》，见氏著《容春堂集·后集》卷七，景印文渊阁四库全书本，第322页。

　　③　（清）张岱：《石匮书》卷一一七《闵珪传》，续修四库全书丛书影印本，第268页。

　　④　（明）王世贞：《锦衣志》，第287页。

　　⑤　（清）嵇璜、曹仁虎等：《钦定续通典》卷一一九《刑·舞案》，第389页。

千人亦须来。若事不明白，边将谁肯效死"①，刘健等人才退却。即便到了最后，众人还在试图以发圣旨的方式代替直接批复东厂揭帖以挽回士大夫群体的些许颜面。刘健、谢迁等人号称一代名臣，尚且如此执着于集团利益，遑论他人？文官士大夫集团的本位思想对其他利益集团不可避免地形成巨大冲击。本案结案于弘治十七年十一月，几个月后，孝宗去世，以刘瑾为代表的宦官集团随即对士大夫群体发起疯狂打击，不排除其中包含着报复此前文官过度压制的因素。

在张天祥一案中，锦衣卫武官杨玉奉命与吴一贯一道前往调查，但在本案中，原本负有制约职责的杨玉几乎没有发挥什么作用。孝宗御审时，杨玉称"臣武人，不知书，不知律，惟一贯是从"②。一句"惟一贯是从"，道出了此刻锦衣卫的尴尬处境。由于文武地位的逆转，社会风气也随之变化。武官们为挽回一定的社会地位，不得不附庸风雅，向士大夫靠拢。

> 本朝武臣，至是一大变，而人欲务文矣。究厥所原，国初以将对敌，举动自由，以渐而制于群珰之出镇，乃设巡抚以制群珰。又以渐而制于巡抚之总督。重臣握兵权，藉巡按以为纠察。又以渐而制于巡按之翻异，随在掣肘，不得不文，以为自御之计。且文臣轻辱鄙陵，动以不识字为诮。及其荐剡，则右文而后武，又不得不文以为自立之途。于是天下靡然从之，莫知其自为武矣，此岂安不忘危之道哉？而为之文学士者，反学射习孙吴之书，玩三式法。然则武士在天下，其终不能自泯，而文之过，于文亦可见矣。③

---

① （明）李东阳：《燕对录》，第 441 页。
② 《明孝宗实录》卷二一八，弘治十七年十一月乙未条，第 4104 页。
③ （明）唐枢：《国琛集》卷下，《中华野史》丛书"明朝卷一"，泰山出版社 2000 年版，第 1113 页。

在这一背景下，锦衣卫的军官们也不可避免地受到影响。明中叶几个比较有名的主官，无一不是以亲近士大夫著称。如朱骥，兵部尚书于谦的女婿，"宪庙时，握卫章十四年。虽柄陟崇要，一务长厚，不少逞。于纠缉有涉诖误者，辄纵舍"①，"凡制狱下锦衣者，所司以巨梃加之，骥独否。宪宗尝命挞忤旨者，恒用小杖"②。牟斌，"博学晓文义，为儒衣冠。其所理恒传经而法"③。即便是大权在握，位列三公的陆炳，也是"折节广交以笼取声誉"，"上数起大狱，炳颇保护无辜，所全活亦众"④。季成、李珍、赵鉴等人虽然不通文墨，但在士大夫地位迅速上升的背景下，也没什么作为，"亦后先逡巡守禄俸而已"⑤。主官如此，杨玉作为僚属，一味听从吴一贯等人的意见，也是很自然的事。

但对皇帝而言，锦衣卫的这种状态无疑是不可接受的。锦衣卫作为皇帝最亲近的亲军卫，本质上是独立于外廷的"体外"力量，直接听命于皇帝。与外廷文武官员保持相当的距离，是其有效执行皇帝下达的各项指令的一个前提。因此，历朝皇帝都非常重视防止锦衣卫官兵与外廷交往。如宣德四年，宣宗敕谕锦衣卫官：

> 朝廷委尔等以心腹。凡机密事务，狱情轻重，必须谨慎严密，纤毫勿泄，乃尔等职分所当为。若泄漏机务，走透狱情而与外人交接，是不知有朝廷矣。近者，纪纲等不遵国法，往往诈传敕旨，擅作威福，颠倒是非，泄漏机密重事，暗结人心。一旦发露，杀身亡家，皆尔等所亲见。今复效其所为，独不念祸及身家邪？往之愆姑置不问，自今常加警省，无负朝廷，以

---

① （明）唐枢：《国琛集》卷下，第 1109 页。

② （明）陈建：《皇明通纪法传全录》卷二五，弘治四年十二月条，续修四库全书丛书影印本，第 426 页。

③ （明）王世贞：《锦衣志》，第 287 页。

④ 《明世宗实录》卷四九一，嘉靖三十九年十二月壬寅条，第 8169 页。

⑤ （明）王世贞：《锦衣志》，第 287 页。

保禄位。如或不悛，国有常宪，朕不尔贷。①

英宗也曾在天顺三年敕谕文武群臣：

> 朕惟正天下莫先于正朝廷……近年以来，公侯驸马伯，五府、六部、都察院等衙门大臣及近侍官员中间多有不遵礼法，私相交往，习以为常。甚至阿附势要，漏泄事情，因而结搆，弊出百端。且如定远侯石彪图谋镇守，私令跟随指挥等官虚捏奏词投进。及至事发被劾，辄有情熟近侍等官潜报消息。官之不正，莫甚于此。此而不禁，何以为治！今后尔文武大臣无故不许互相往来，给事中、御史亦不许私谒文武大臣之家，违者治以重罪。敢有阿附势要漏泄事情者，轻则发戍边卫，重则处死。锦衣卫指挥乃亲军近侍，关系尤重，亦不许与文武大臣交通。如违，一体治罪不宥。②

宪、孝两朝虽然不曾发布如此严厉的敕谕，但从孝宗将杨玉连降五级，发配云南广南卫安置来看③，皇帝对锦衣卫没有独立见解，一味附和文官是非常不满意的。

三　东厂分权与锦衣卫监察重心的转移

锦衣卫监察功能弱化，除了文官地位不断上升的因素外，东厂的出现是另一重要原因。

东厂是明代宦官机构中知名度最高的一个，其权力在大部分时间里仅次于司礼监。东厂出现的时间有一定争议，明人王世贞"以为始于永乐之十八年，引万文康疏为证，意者不谬"④。清人查继佐

---

① 《明宣宗实录》卷五七，宣德四年八月丁亥条，第1360页。
② 《明英宗实录》卷三〇六，天顺三年八月己未条，第6446页。
③ 《明孝宗实录》卷二一八，弘治十七年十一月乙未条，第4105页。
④ （明）沈德符：《万历野获编》卷六《东厂》，第154页。

则称"永乐七年复立东厂，佐锦衣刺事，内官一人主之"①。胡丹经考证认为是永乐十五年之后②。不论东厂是出现在哪一年，在永乐时已经存在是公认的。

　　笔者所见永乐朝存在东厂的实例出自罗玘为锦衣千户李灿之母邬氏所做的墓志铭。铭文中记载李灿的父亲李宗自幼习儒业，因父亲被选入锦衣卫，乃投笔从戎，替父从军。

　　　会文皇帝出中贵人侦天下事，名其署曰东厂，取锦衣士多智善隐者、技绝伦者、良于行者、儒而愿者。君以儒愿荐。久之，益以慎密韬戢见任使。遇有凿空飞语告变者，同事无不欣跃，掠为己功，君独愀然与之。根考蔓究，明争暗沮，苟浮有征者，尽释之。尝从容谓中贵人曰：主上以公肘腋亲臣，柄秘权以弭奸，犹栖鹰隼于密叶中，防兔狐雀鼠之虐嘉谷耳。苟嘉谷无伤，则密叶中，固畏之在。中贵人忽起谢曰：微子言，吾何闻此要妙！故今犹传永乐中无横罹于祸者。③

　　东厂以秘密缉事为主要职责，"与锦衣同诇机密，然其人俱从本卫拨去，以尤儇巧者充之"④，"其办事东厂者，惟总旗至力士可入，而力军不得入"⑤。墓志铭中提到了"多智善隐者、技绝伦者、良于行者、儒而愿者"，前两者好理解，即有智谋善于化装侦缉者和武功高强者。"良于行者"估计指的是锦衣卫中的特殊兵种——快行。快行即擅长快速行进者，在宋代即已出现，"快行、长行，中兴后置，

---

①　（清）查继佐：《明书（罪惟录）》卷二四《锦衣志》，齐鲁书社 2014 年标点本，第974 页。

②　参见胡丹《明代东厂新证三说》，《西南大学学报》2010 年第 5 期；《明前期的"东厂"沿革》，《紫禁城》2010 年第 7 期。

③　（明）罗玘：《锦衣卫千户李君妻邬氏权厝墓志铭》，见氏著《圭峰集》卷一四，景印文渊阁四库全书本，第 183 页。

④　（明）沈德符：《万历野获编》卷二一《锦衣卫镇抚司》，第 533 页。

⑤　（清）陈僖：《客窗偶谈·锦衣卫》，见氏著《燕山草堂集》卷四，《四库未收书辑刊》丛书，北京出版社 1998 年影印本，第 571 页。

一百人"①，主要用于快速传达讯息和奔走使令。元代称贵由赤，明初恢复"快行"称号，如《逆臣录》中记载锦衣卫指挥佥事陶幹供称，一次前去蓝玉家拜望，事先"先使快行总旗魏再兴、力士总旗李伯能去看蓝玉在家时来回话"②，可见锦衣卫中不仅设置了快行，还有独立的编制。"儒而愿者"应是像李宗这样通晓文墨，又愿意到厂服役的旗尉。从人员选择上看，东厂当中确实是集中了锦衣卫中的精华，堪称行事校尉群体中的特种部队。既然是精锐，自然不能轻易动用，李宗关于东厂形如鹰隼、引而不发的观点可谓一语中的。虽然没有证据显示李宗的建言对东厂有关键影响，但东厂在永乐至宣德年间不曾有大的行动却是事实。

东厂首次在官方史籍中亮相是在景泰年间。景泰元年，陕西临洮府同知田旸奏请撤销监军内臣的兵权，皇帝回答："朝廷委任内臣各处镇守、备御、监军、行事，皆是祖宗旧制，不可更改。"③ 锦衣卫的侦缉队伍称行事校尉，景泰帝口中的"行事"，估计指的就是东厂的秘密缉事。更直接的证据来自景泰二年。当年七月，"校尉获万宁寺僧赵才兴等，言才兴自谓能通兵法及气候诸术，与广通寺僧真海、道人谭福通、内使萧保父萧亮刺血誓天，谋欲为乱。谓才兴赵太祖后，推为皇帝。封真海为二王，福通为三王，萧亮为四王，取素与奸者义勇卫百户女为后，立其徒如海为太子。至是，真海诱集无赖数十人，聚饮朝阳门外，事始觉。法司讯问，具伏，命即诛之"④。赵才兴等人的行为显然属于锦衣校尉重点打击的大奸大恶。数日后，因擒反贼赵才兴功，"命内官阮伯山为左少监，锦衣卫官旗刘祥等十九人俱升一级"⑤。如果是锦衣卫侦破的赵才兴一案，宦官没有理由受奖，唯一合理的解释是这次抓捕行动是以东厂为主角。

---

① （元）脱脱等：《宋史》卷一八八《兵二》，第 4627 页。
② （明）朱元璋敕录，王天有、张何清点校：《逆臣录》卷三，北京大学出版社 1991 年版，第 155 页。
③ 《明英宗实录》卷一八七，景泰元年正月甲辰条，第 3805 页。
④ 《明英宗实录》卷二〇六，景泰二年七月己未条，第 4427 页。
⑤ 《明英宗实录》卷二〇六，景泰二年七月壬戌条，第 4430 页。

东厂破获赵才兴谋反案，在个案资料中也可得到证实。弘治年间，名士罗玘曾为锦衣卫千户安顺撰写墓志铭，文中写道：

> 景泰初，额森（也先）未即悔祸，南土弄兵之戎，所在蠡起，一二奔命之臣乘时观望，多其身图，由是奸伏于肘腋间，莫可擿拔。景皇帝赫然震怒，恐有以戚我上皇，遂严侦探之柄，拨锦衣群校置之东厂，使之入微揭深，不以时达。时则有若安君讳顺字子和者，尤杰然复出……扶风人赵才兴从贵将，久无功，怨望，诱妖僧，以星祅煽人，刑牲誓天朝阳门空舍中，约旦夕变。有诏觇之。同事二三不即发，君曰：厝火必焚，焚而沃之，晚也。捕之，得其事状，并党磔于市。阅月，蔚人吴伯通与其党余郭福亦谋踵才兴之为者，亦皆堕于君手，故未期连受赏，自试戈戟司百户至真佰（百）户。①

可见，赵才兴一案的确是东厂所破，受奖的内官阮伯山应是东厂主官。《实录》记载，这个阮伯山曾在正统九年举报"驸马沐昕因阉者及家奴有罪，杖死之"②，沐昕因此受到切责。前面提到侦缉官员违纪是英宗执政期间锦衣卫行事校尉的一项重要职责，东厂的职能与行事校尉类似，很可能这个阮伯山在正统年间已经开始主持东厂工作。

一旦走到前台，很难再退回幕后。英宗复辟后，大规模使用锦衣侦缉，东厂鲜有曝光机会。据安顺的墓志铭记载："皇上复辟，奉迎乘舆，多见任使。会朝廷入廷议，以君九擒剧盗，功最多，授副千户。先皇帝即位初，妖人赵春阴部署伪将、伪拟国号于沧瀛间滦河并边，谋诱敌入。其盗曰王成玉，曰李端，曰傅洞，渊匿机诳，胁民汹汹，且走且惑。君以次擒之以献。进今官。"③

---

① （明）罗玘：《锦衣卫千户安君墓志铭》，见氏著《圭峰集》卷一四，第192页。
② 《明英宗实录》卷一二四，正统九年十二月乙丑条，第2485页。
③ （明）罗玘：《锦衣卫千户安君墓志铭》，第192页。

安顺晋职正千户一事在《实录》中有记载。成化二年八月，"锦衣卫官校副千户安顺等奏：臣等从少监金鉴缉事，屡获妖贼并妖书，乞依例升用。命升顺为正千户，试百户董璋为副千户，总旗李贵、李信俱所镇抚，小旗张远等三名俱总旗，校尉杜旺等六名俱小旗，十名各赐衣一袭、钞一千贯"①。安顺自称"从少监金鉴缉事"，说明他一直在东厂系统。他在天顺朝"九擒剧盗"，说明东厂自景泰年间出镜后一直在活动，并发挥了一定的作用。

在锦衣行事校尉之外另设职能类似的东厂的目的，史籍中说得很清楚，"初，行锦衣卫官校暗行缉访谋逆妖言、大奸大恶等事，恐外官徇情，随立东厂，令内臣提督控制之。彼此并行，内外相制"②，即与锦衣卫是互相监督的关系。沈德符对两者的关系有更具体描述：

> 东厂设有旗校，与锦衣同调机密，然其人俱从本卫拨去，以尤儇巧者充之，彼此侦探，盘结胶固，以故厂卫未有不同心者。然东厂能得之内廷，因轻重上下其手，而外廷间有一二扞格。至本卫，则东、西两司房访缉之，北镇抚司拷问之，锻炼完密，始入司寇之目。即东厂所获大小不法，亦拿送北司再鞠情由，方得到贯城中。法官非胆力大于身者，未易平反也。③

与行事校尉相同，东厂的编制也是"缇骑八十人"，"两千户属锦衣者，为理其牍"④。嘉靖帝即位之初，"东厂太监鲍忠请添拨旗校二十人，如成化、弘治间数。兵部议许之"⑤，可见，明中叶东厂的编制一直维持在80人，部分时段还存在缺编现象。

与锦衣卫不同，东厂的活动范围有一定限制，"东厂之设，专主

---

① 《明宪宗实录》卷三三，成化二年八月丙寅条，第669页。
② （清）谈迁：《国榷》卷一七，永乐十八年十二月"按语"，第1176页。
③ （明）沈德符：《万历野获编》卷二一《锦衣卫镇抚司》，第533页。
④ （清）查继佐：《明书（罪惟录）》卷二四《锦衣志》，第976页。
⑤ 《明世宗实录》卷四，正德十六年七月辛酉条，第179页。

缉访在京奸伪，无受理词状，远差官校拿人之例"①，即只能在京城及附近地区活动。不过，东厂出京缉事的例子并不罕见，如正德二年，"户部郎中刘绎往辽东总理粮储。东厂校尉侦其违例乘轿及滥役人夫，少给粮价，多派添头等事，械系镇抚司狱"②。正德四年，大理寺少卿季春到福建办差，"途次纳妾，又多载私货，为东厂校尉所发，逮系锦衣狱"③。不过此时正是刘瑾擅权时期，朝廷规制紊乱，不宜以常例论。

上文中曾提到，锦衣卫作为特勤机构，权力广泛，很容易产生滥用权力，以权谋私问题，且至少从宣德年间开始，已经不断出现与外廷文武官员私下交往的现象，三法司等文职机构因为多重原因，对锦衣卫难以发挥有效制约功能，明廷确实需要在政权架构上做一些修正。宦官被皇帝视为家里人，故以内官称之，因而永乐时已存在的东厂开始承担这一职责。英宗执政期间，锦衣卫备受重视，从前引安顺的事例来看，东厂的职能还停留在侦缉大奸大恶的范围。从成化朝开始，锦衣卫逐渐成为东厂的监督对象。如成化十五年，"内官蒋琮管海子，尝潜留私宅者二日。东厂太监尚铭发其事，命执付镇抚司鞫问"④，锦衣卫指挥佥事赵璟、卫镇抚李琏没有用心研审，遭到尚铭弹劾。成化十九年，"锦衣卫千户潘旺以勘瑞州民毛凤事被逮。东厂官校因缉其受司府赂遗，又为人请托，赃至银千五百两。坐受财枉法，论死……发充广东边卫军"⑤。同年，锦衣卫千户王臣因跟随太监王敬出使苏、常等府，"陵轹官吏，毒害良善，诈传诏旨，括取奇玩之物，皆出臣所为。臣又多取美女，因为淫乱。既还京，为太监尚铭发其事，下都察院鞫治，得实……枭首于被害州县"⑥。成化二十二年九月，"锦衣卫指挥佥事杨纲等坐差官校押囚

① 《明世宗实录》卷三二，嘉靖二年十月甲辰条，第836—837页。
② 《明武宗实录》卷二四，正德二年三月乙丑条，第660页。
③ 《明武宗实录》卷四六，正德四年正月戊午条，第1055页。
④ 《明宪宗实录》卷一九六，成化十五年闰十月戊午条，第3453页。
⑤ 《明宪宗实录》卷二三六，成化十九年正月丁巳条，第4020页。
⑥ 《明宪宗实录》卷二四四，成化十九年九月壬辰条，第4127—4128页。

追赃，途中纵令与人交接，为东厂缉知。以失于严谨，被责问"①。弘治九年，掌锦衣卫事、都指挥佥事陈云受贿，欲包庇抢劫、轮奸民妇的马纪等人，"东厂缉事官校发其事"②，陈云因此被逐回原卫带俸差操。类似事例还有很多，恕不一一列举。

不过，正如沈德符所言，东厂和锦衣卫之间人员重叠、职能相仿，合作的机会远多于相互防范，如景泰二年，"行事校尉缉监察御史林廷举与盐运司同知郑崇同里，崇受太监金英家人贿，多支官盐。事露，令男以白金赂廷举，为之求解。法司鞫廷举，应徒为民。御史陈价等请命法司同六科会审，勿致冤抑。掌行事者、右少监阮伯山奏价等党廷举，欲释其罪，宜究治。诏法司杖廷举一百，发戍边卫。崇为民，价等姑宥之"③。这个例子牵扯到内官、厂、卫和科道。陈价和林廷举都是御史，主动为林廷举请命，背后或许有大太监金英的影响，东厂阮伯山出面弹劾，一方面可以分担来自宦官方面的压力，另一方面也是对科道的施压。林廷举等最后受到重惩，阮伯山应该功劳不小。

在边合作边监督的同时，通过翻检《实录》等官方史料可以发现，从成化年间开始，东厂的侦缉目标有了些变化。请先看几条史料：

①成化十三年八月壬戌，东厂官校发云南百户左升私事。④

②成化十九年四月乙巳，宥掌鸿胪寺事礼部尚书施纯等罪。有鸣赞王琬者，托疾私归原籍，为东厂缉事校尉所发。上以纯等不能察举，命具实以对。纯等服罪，乃宥之。⑤

③成化二十一年九月壬子，锦衣卫千户安贤公差辞朝失仪。

①　《明宪宗实录》卷二八二，成化二十二年九月癸卯条，第4753页。
②　《明孝宗实录》卷一〇九，弘治九年二月甲子条，第2001页。
③　《明英宗实录》卷二〇〇，景泰二年正月癸亥条，第4264页。
④　《明宪宗实录》卷一六九，成化十三年八月壬戌条，第3070页。
⑤　《明宪宗实录》卷二三九，成化十九年四月乙巳条，第4053页。

纠仪御史俞深、刘让，序班望玘皆不举劾。东厂官校发其事，深等始请罪。上命锦衣卫各杖二十释之。①

④成化二十二年十二月甲申，内官熊保奉命往河南，以鸿胪寺带俸右寺丞黄钺等二十人自随。道出兴济县，怒挽船夫不足，杖皂隶一人致死。又多载私盐，强抑州县发卖，所过辄求索财货。至河南，三司、镇守官及王府馈遗甚厚。保得银五千三百余两、马三十三匹、骆驼一、金玉玩器书画称是。钺得银八百两，余各有所得。还京，为东厂缉事官校所奏，下锦衣卫狱……（熊保）发南海子，充净军种菜。黄钺等五人拨置害人，罪恶尤甚，俱押发辽东铁岭卫充军。②

⑤弘治十三年十二月癸卯，初，义勇中卫舍余张通内交刑部诸司官，常匿乐妓及女尼于其家，每宴集，辄出之行酒，剧饮歌呼，倡优杂处，率至夜分而罢。通因之，请求纳赂。久之，为东厂所发。捕通及优人笪名并女尼、乐妓等鞫问，辞连郎中黄昕、邵庄、顾谧，员外郎晁必登、宗佑、曹镆……是时饮通家者，尚不止此数人。或以夤缘得免，而亦有为通所妄引者。③

⑥嘉靖四年六月辛卯，宁夏总兵官种勋遣人行贿京师，为东厂所缉。锦衣卫百户李镗、御史王官受寄财物，引领过送，并已逮问。刑科给事中解一贯等，浙江道御史张纬等并请穷治所馈遗之人。从之。④

以上都是东厂缉查官员违法的事例，被查对象既有高级军官、京官、内官，也有同样负有监察百官职责的御史和锦衣卫成员，违法行为既有打死人命、行贿索贿、聚众饮宴嫖妓、渎职、居间经纪等严重恶行，也有装病回家等相对琐碎的违纪行为，既涉及在京违

① 《明宪宗实录》卷二七〇，成化二十一年九月壬子条，第4556页。
② 《明宪宗实录》卷二八五，成化二十二年十二月甲申条，第4820—4821页。
③ 《明孝宗实录》卷一六九，弘治十三年十二月癸卯条，第3068—3069页。
④ 《明世宗实录》卷五二，嘉靖四年六月辛卯条，第1300页。

法，也包括出京办差时的罪行，可以说涵盖了官员违法的方方面面。

相比之下，锦衣卫侦缉到的官员违法现象反而少了很多，整个宪宗朝，行事校尉仅出现过两次，一次是上文中提到的成化十五年翰林讲读官倪谦被落地举子联合行事校尉举报案，一次是成化二十年监察御史戴仁私嘱巡视西城试监察御史许潜，诬陷家中奶妈的丈夫为逃民，并杖死"所主者高兴"案①。《明孝宗实录》中则干脆不见了行事校尉的踪影，似乎锦衣卫已经把监察百官的职责完全抛给了东厂。弘治元年，户部员外郎张伦上言：

> 窃见天下民伪日滋，狱讼蜂起，有辄登闻状奏以渎圣听。每差官校人等体勘，以致人心惊疑，地方为之摇动。有盗贼窃发，妖言为幻，每差校尉缉捕，以致妄执平人系谋升赏者往往有之。近年设立东厂，密查臣僚过失，因而黜罚，甚至恩仇分明，致陷无辜者多矣。圣慈今后在外有事，不系机密重情，免差官校，惟责巡抚、巡按等官勘报。其东厂之设，祖宗所无，并宜废罢。命所司知之。②

张伦反对用东厂密查百官，甚至请求罢设之，对锦衣卫则只是批评体勘扰民，只字未提其滥用侦缉权。可见，士大夫群体对密查百官的主体发生转移也有所觉察。那么，锦衣校尉们做什么去了呢？在张伦的进言中提到了缉捕盗贼和侦查妖言是锦衣卫官兵获得升赏的途径。"妖言惑众"、"窝藏奸盗"原本就是锦衣校尉缉访的重要目标③，值得特别提出吗？

所谓妖言，指妄说自己或他人祸福，预测个人未来或国家兴亡的言论。这种以神秘主义方式包装的言论或著作（即妖书——以著作形式呈现的妖言的集合体）很能蛊惑人心，直接威胁政权基础，

---

① 《明宪宗实录》卷二五三，成化二十年六月壬申条，第4280页。
② 《明孝宗实录》卷九，弘治元年正月乙丑条，第201—202页。
③ 《明英宗实录》卷二一四，景泰三年三月甲辰条，第4608页。

所以历代统治者都要予以严厉打击。按《大明律》，"凡造谶纬、妖书、妖言及传用惑众者，皆斩。若私有妖书，隐藏不送官者，杖一百，徒三年"①。除了这一条款，《大明律》中还有诸多相关条款，如"凡阴阳术士，不许于大小文武官员之家，妄言祸福。违者，杖一百"②，"凡师巫假降邪神，书符、咒水、扶鸾祷圣，自号端公、太保、师婆，及妄称弥勒佛、白莲社、明尊教、白云宗等会，一应左道乱正之术，或隐藏图像、烧香聚众、夜聚晓散、佯修善事、煽惑人民，为首者，绞；为从者，各杖一百，流三千里"③，"凡私家收藏玄象器物、天文图谶、应禁之书及历代帝王图像、金玉符玺等物者，杖一百。若私习天文者，罪亦如之。并于犯人名下，追银一十两，给付告人充赏"④，等等。

打击妖书、妖言，在明初就是政府的关注点之一。如永乐元年，"锦衣卫有校尉告人妖言，被告者当死"⑤。永乐八年，"升虎贲左卫千户杨瑞为府军卫指挥佥事。时指挥曹升私蓄妖书，瑞发之，故有是命"⑥。永乐十四年正月，"命行在中军都督金玉为总兵官，蔡福为副，往山西广灵等县征剿山寇刘子进等。子进，广灵县民，居乡无赖。尝自言往石梯岭，遇道人，授以双刀、剑、铁翎神箭，能驱役神鬼，造为妖言，纠集乡民刘兴、余贵、郝景瞻、樊敏等作耗，妄署职名，以皂白旗为号，夺太白王家庄驿马，杀大同等卫采木旗军，所过劫掠人畜，官军不能制。事闻，遂遣玉等剿捕"⑦，等等。

不过，"妖言"的外延在正统年间发生了变化。正统十年，"锦衣卫卒王永为匿名书，数太监王振罪恶，揭之通衢及振侄王山家。

① 怀效锋点校：《大明律》卷一八《刑律一·造妖书妖言》，法律出版社 1999 年版，第135 页。
② 怀效锋点校：《大明律》卷一二《礼律二·术士妄言祸福》，第 95 页。
③ 怀效锋点校：《读律琐言》卷一一《礼律一·禁止师巫邪术》，第 89 页。
④ 怀效锋点校：《读律琐言》卷一二《礼律二·收藏禁书及私习天文》，第 91 页。
⑤ 《明太宗实录》卷八四，永乐六年十月丙子条，第 1118 页。
⑥ 《明太宗实录》卷一一○，永乐八年十一月辛巳条，第 1411 页。
⑦ 《明太宗实录》卷一七二，永乐十四年正月辛酉条，第 1911 页。

缉事者得之，刑部论以造妖言斩罪。诏即磔之于市，不必复奏"①。
王永的匿名信，充其量是妄议、诽谤朝政，刑部定为妖言，明显和
法条不符，背后或有王振的压力存在。天顺初，左副都御史罗绮被
降职为广西右参政，"便道过家，久不赴任。会本州同知龙约还自京
师，过绮饮，谈及朝政之失。其县人有侍侧者，窃听之，奏发其事。
差官械绮并籍其财产、人口至京，命法司会问，拟绮唱造妖言律斩，
监候处决……绮系狱者八年"②，直到宪宗登基大赦才出狱。可见，
刑部曲法判决王永，反而成了后世可以依据的判例。

在罗绮出狱的次年五月，发生了赵春、张仲威妖言案。"春，宁
夏中护卫军余，游食山东及京畿间，自称宋后，与景州人张仲威等
倡造妖言，众颇信之，久而事觉。至是，诛于市，枭其首示众。时
方重妖言之禁，缉捕者例得官、赏。盖自是犯者多矣。"③ 赵春、张
仲威的行为符合《大明律》关于妖言的原始定性，问题是《实录》
在这条记载中强调"时方重妖言之禁，缉捕者例得官、赏"，显得颇
为突兀。

天顺年间，"锦衣卫缉事者遍满天下，媒蘖人过，所至索贿。稍
不如意，辄滥及无辜。百司皆战兢度日"④。宪宗即位后，为缓解政
坛的恐怖气氛，在大学士李贤等人的主持下，采取一系列更新措施，
先是贬斥了门达及其党羽，随后又召回为人厚道的袁彬，"复任锦衣
卫事"⑤。天顺八年三月，为显示明刑慎罚，又拆毁了锦衣卫城西狱
舍，"锦衣卫旧有狱，附卫治。门达掌问刑，又于城西置狱舍以张
威。御史吕洪建言……命毁之"⑥。在政坛刮起宽厚清新之风的时候
出现"重妖言之禁，缉捕者例得官、赏"，似乎在暗示两者之间有某
种联系。袁彬之后，名臣于谦的女婿朱骥成为锦衣卫掌门人，"宪庙

① 《明英宗实录》卷一二五，正统十年正月丙申条，第2504页。
② 《明宪宗实录》卷一，天顺八年正月己卯条，第26页。
③ 《明宪宗实录》卷一七，成化元年五月丁巳条，第361页。
④ 《明英宗实录》卷三五五，天顺七年闰七月甲子条，第7097页。
⑤ 《明宪宗实录》卷二，天顺八年二月辛丑条，第53页。
⑥ 《明宪宗实录》卷三，天顺八年三月丙寅条，第80—81页。

时，握卫章十四年……时重妖言，禁逻卒多钩致微功。有真惠，为妖书株连，百辈坐死，公奏递减戍边。"① 可见，缉捕妖言妖书的确已成为成化年间锦衣校尉们的主攻方向。

《明宪宗实录》中确实记载了很多校尉擒获妖言妖书的例证。上文中提到的安顺，成化二年晋升正千户即是因为多次擒获妖贼和妖书。类似的例子还有成化五年，因"擒获妖贼于文演等"，"升锦衣卫百户田广、总旗胡祯等七人俱一级"②；成化十年，赏擒获妖贼功，副千户孙贤等 14 人各升一级③等等，恕不枚举。

对于锦衣卫的成绩，文官集团似乎乐见其成。如成化七年三月，监察御史左钰上言：

> 近年以来，有无知小人不顾礼法，或因人礼貌疏简，或怪人请托不从，或忌人才德，或嫉人富贵，以至交接语默。少拂其意，辄造谤言及匿名帖子，或撰诗歌以污蔑善良。闻者不审，皆为所惑。妖言之渐端兆于此。乞敕所司申明旧章，及移文锦衣卫严加禁缉。奏入，下所司知之。④

成化十年，左都御史李宾上疏：

> 锦衣卫镇抚司累问妖言罪人，所追妖书图本，举皆妄诞不经之言。小民无知，往往被其幻惑。乞备录其妖书名目，榜示天下，使愚民咸知此等书籍决无证验，传习者必有刑诛，不至再犯。奏可。其书有《番天揭地搜神记经》、《金龙八宝混天机神经》、《安天定世绣莹关九龙战江神图》、《天官知贤变愚神图

---

① （明）唐枢：《国琛集》卷下，第 1109 页。
② 《明宪宗实录》卷六六，成化五年四月辛未条，第 1332 页。
③ 《明宪宗实录》卷一三六，成化十年十二月丁未条，第 2565 页。
④ 《明宪宗实录》卷八九，成化七年三月乙未条，第 1738 页。

经》……①

都察院发榜文开列禁书书目，主观上是劝导百姓远离妖书邪说，但客观上等于给行事校尉们开了一个书单，可以对照抓人，还少了一个鉴别过程，所以此后的妖书妖言案不但没有减少，反而有愈演愈烈的趋势，连锦衣卫主官朱骥也在成化十二年因为"累擒获劫盗、妖言七百余人功"②，领到一千贯宝钞。

对于锦衣校尉痴迷于缉捕妖言妖书的现象，汪红亮、陈刚俊认为英宗年间被激发出来的锦衣校尉们的嚣张气焰如同战争机器，一旦启动，很难轻易停下来，只能改变其工作重心和方向。"限制他们刺探大臣私事，给予一定的官赏引导他们去缉捕妖言，对于消除君臣疑忌、上下相倾的气氛，增强国家对社会的控制力，形成政治清明、社会安定的局面有重要意义。"文官集团这种转移锦衣校尉视线的做法，"也得到了部分内廷宦官的首肯和支持"③。笔者大体同意这一看法。

锦衣卫下设三房，由高级军官分头管理，"堂上官员数不拘，一曰提督东司房官旗办事、锦衣卫掌卫事、某军都督府某都督，或左右，或同知、佥事等……一曰提督巡捕西司房官旗办事、锦衣卫管卫事某官；一曰提督街道房官旗办事锦衣卫管卫事某官"④，有缉事权的80余名行事校尉隶属于东司房。西司房主要负责巡捕盗贼，领"旗校一百名"⑤。

朱骥在成化初"以兵部荐，升指挥佥事。捕盗有功，命掌锦衣卫印。寻奉敕兼理机密纠察之务"⑥，可见要获得缉捕妖言妖书的权

---

①　《明宪宗实录》卷一三六，成化十年十二月甲午条，第2550—2552页。

②　《明宪宗实录》卷一五五，成化十二年七月庚申条，第2829页。

③　汪红亮、陈刚俊：《论明成化"妖言例"——兼论成化时期的国家控制力》，《江西社会科学》2013年第7期。

④　（清）陈僖：《客窗偶谈·锦衣卫》，见氏著《燕山草堂集》卷四，第570页。

⑤　万历《大明会典》卷二二八《锦衣卫》，第3004页。

⑥　（明）陈建：《皇明通纪法传全录》卷二五，弘治四年十二月条，第426页。

力，需要先进西司房，捕盗有功，才有机会转入东司房侦缉。这在个案资料中也有反映。如山东邹平人李春，"弘治间，以人材选充锦衣侍卫……俾理西司房文卷，井井有条。屡以类奏功，升本卫百户。俾理东司房刑名……进秩本卫副千户"①。巡捕盗贼也需要化妆侦查，在工作形式上，与东司房行事校尉有类似之处，某种意义上可以视为进入东司房之前的模拟历练。

捕盗是一项充满危险又费力不讨好的差事。洪武二年，明廷规定："凡常人捕获强盗一名，窃盗二名，各赏银二十两。强盗五名以上，窃盗十名以上，各与一官。名数不及，折算赏银。应捕人不在此限。"②宣德二年，明廷又令："凡军官于所辖地方擒获强盗，即系应捕人员，不准升赏。若不系该管地方，及公差在外擒获者，指挥，四名以上；千户、卫镇抚，三名以上；百户、所镇抚，二名以上，照例升赏。旗校军民匠役等，不限地方。"③应捕官员依旧不在奖赏之列。宣德九年，"以获强盗功，升行在锦衣卫镇抚马顺、徐政，正千户孙福俱为本卫指挥佥事，仍理镇抚司事"④。景泰五年，"锦衣卫镇抚门达路逢处州遗贼逸于京者，达校卒识之，语达，捕以闻。诏升达正千户，仍理镇抚司刑狱"⑤。马顺、门达等能受奖，都是因为他们是非应捕军官，即捕盗只是友情客串，不是他们的本职。

不仅不易获得奖赏，有时还不得休息。如宣德七年，皇帝敕谕："比来京畿屡有盗贼，锦衣卫常差官校于京城内外分派地方，令昼夜巡捕。如所分地方内被盗，不即擒获者，所差官校及该管兵马司官一体论罪。"⑥巡捕官兵因为捕盗不力受罚的例子俯拾皆是。如成化

①　（明）夏子开：《明诰封武略将军锦衣卫副千户一峰李公墓志铭》，见《新中国出土墓志·北京·壹》（下册），第262页。

②　万历《大明会典》卷一三六《兵部十九·巡捕》，第1925页。

③　万历《大明会典》卷一三六《兵部十九·巡捕·赏罚》，第1926页。

④　《明宣宗实录》卷一一三，宣德九年十月辛酉条，第2552页。

⑤　《明英宗实录》卷二四六，景泰五年十月丙午条，第5346页。

⑥　《明宣宗实录》卷八八，宣德七年三月庚申条，第2022页。

五年二月，"时京城盗贼滋蔓，同夜强劫两家"①，结果不仅直接负责官员受处分，指挥佥事朱骥等也因连带责任被罚俸三个月。又如成化八年，千户屠洪、百户王昶因失盗事觉逮问。按照当时的规定：失职官员不仅要罚俸，还要带上枷锁。一个月内仍不能捕获则要"降秩一级"。好在千户吴宁等及时求情，屠、王二人才得以比照京外分巡分守等官，"止令夺俸戴罪，缉捕得获者免"②。

捕盗官不予奖励的政策在正统末、景泰初开始有所变化。正统十一年五月，"时有锦衣卫卒获盗，例不当升赏"③，监察御史周道误请赏赐，结果被罚下狱。景泰元年三月，"锦衣卫官校自陈擒贼于京城内外功，请如敕升赏。帝曰：锦衣卫职掌擒贼，今所擒不多，第令礼部赏之。官人绢二疋，总小旗人棉布二疋，校尉人棉布一疋"④。正统十四年发生土木之变，明廷遭遇百年不遇之困局，京城内外陷入一片混乱，治安状况急剧恶化，急需强力整顿。明廷改变捕盗官不升赏的政策估计与此有关，不过力度有限，赏赐并不优厚。

宪宗即位之初，治安状况依旧不乐观。天顺八年四月，兵部尚书马昂等上言："近良乡、涿州、真定、保定、天津、武清等处直抵南京一带，水陆二路盗贼成群，夜则明火持杖，劫掠居民财物，昼则阻截路道，肆为强劫，商旅不通，甚至杀伤人命，无所忌惮。所在巡捕官略不加意缉捕，禁令废弛，莫此为甚。"⑤ 为缓解治安压力，成化四年，兵科给事中陈鹤言议准："其在城地方乞敕锦衣卫多拨旗校分管各城。每城设千百户二员而总之以指挥一员，亦更相轮替，各随城方分守。该管官员往来提督，遇有强盗，捕获一次者赏劳，二次三次者升迁。疏虞一次者罪罚，二次三次者降黜。"⑥ 同月，又

---

① 《明宪宗实录》卷六三，成化五年二月庚寅条，第 1279 页。
② 《明宪宗实录》卷一一一，成化八年十二月戊寅条，第 2163 页。
③ 《明英宗实录》卷一四一，正统十一年五月乙未条，第 2802 页。
④ 《明英宗实录》卷一九〇，景泰元年三月戊申条，第 3899—3900 页。
⑤ 《明宪宗实录》卷四，天顺八年四月乙未条，第 103 页。
⑥ 《明宪宗实录》卷五三，成化四年四月癸丑条，第 1080 页。

命朱骥"提督五城兵马，缉捕盗贼"①。

提高奖励标准很快显示了效果。成化五年九月，"以锦衣卫官校捕盗功，升千户旗校王英等十人各一级"②。成化十二年，"赏提督巡捕锦衣卫指挥同知朱骥钞千贯，副千户朱远等升授有差。以累擒获劫盗、妖言七百余人功也"③。

看到提升奖赏发挥了一定效果，明廷决定进一步提高奖励力度。弘治元年十二月，兵部奏：

> 旧例，不系应捕而能擒盗者，冠带总旗一名以上，升署一级，余丁给赏。盗未处决者，给赏。今锦衣等卫所副千户并冠带总旗、舍人、校尉、余丁等不系应捕而所擒获盗有已处决者，有瘐死及充军者。方京师盗贼纵横，正欲激励人心。宜以为首擒捕者，升一级，或如旧例止升署一级。其官员擒盗不及数，并为从者，俱给赏。上是之。④

不久，明廷出台新规定："巡捕官军能擒白昼骑马劫财强盗，照依沿边杀贼事例，一名升署一级。"⑤较之以前捕获强盗二次甚至三次才可能获升迁，提升力度非常大。次年，明廷又补充规定："捕获出境妖人，构结夷人，谋为不轨者，为首升二级，为从升一级。应捕人役，若贼众势凶，登时擒获三名者，为首升一级，为从给赏。或被伤害，子孙升实授一级，世袭。"⑥嘉靖二十七年，明廷进一步将捕盗奖励时间规范化，"行令厂卫，每年终将各项获功职役姓名，劳绩缘由，首从的数，备造文册，用印钤盖，开送兵部，附簿登记。候至三年类奏，下部查对相同，仍行法司核实。应升应赏，遵照格

---

① 《明宪宗实录》卷五三，成化四年四月丙辰条，第1084页。
② 《明宪宗实录》卷七一，成化五年九月己丑条，第1392页。
③ 《明宪宗实录》卷一五五，成化十二年七月庚申条，第2829页。
④ 《明孝宗实录》卷二一，弘治元年十二月庚寅条，第483页。
⑤ 万历《大明会典》卷一三六《兵部十九·巡捕·赏罚》，第1926页。
⑥ 万历《大明会典》卷一三六《兵部十九·巡捕·赏罚》，第1926页。

例议拟覆奏。其提督官酌量升赏，取自上裁。间有奇功异绩，优录
出一时特恩者，毋辄援引陈乞"①。

在捕盗奖励不断提级之时，擒获妖言妖书的奖励却开始停顿。
弘治元年二月，兵部奏：

> 凡擒获妖言者，自成化十四年奏准以后，止给赏、不升。
> 然例前得升者，至今世袭，则已过于冗滥；例后有功者，全不
> 得升，又恐无以示劝，宜量为斟酌。其已升者，承袭时但有人
> 文到部，并在优给曾经减革者，须勘当时所获，如情罪深重，
> 已正典刑者，准承袭一辈，以后照例减革；其不曾典刑与罪不
> 至死者，止还原旧职役，不得承袭。继今报功者，亦宜论所获
> 情犯重轻，以为升赏。应袭者，俱照前例。上曰：擒捕妖言，
> 本以止乱。但人利升官，多肆媒蘗，未免滥及无辜，不可不禁。
> 承袭者，照今拟行。以后擒获妖言者，止照十四年例给赏。②

从兵部的上言来看，在成化十四年时，明廷即已经取消了擒获
妖书妖言晋升职级的制度，改为只给予一定的物质奖励。此前的成
化二年，明廷曾规定"缉获妖言，提督官升一级，官校给赏"③。对
照上引史料可以发现，在此之前擒获妖书妖言，不仅可以晋升，还
能世袭。

明廷降低对妖书妖言的奖励力度，还和西厂的突然出现有关。
成化十二年，妖道李子龙混进皇宫，并和很多宦官、宫女打得火热，
据说有刺杀皇帝的目的，宪宗非常恐慌。同年，京城又出现所谓的
妖狐。对锦衣卫能否保证自己安全越发持怀疑态度的成化皇帝决定
另外成立一个由亲信太监汪直主持的西厂。西厂的运作模式虽然和
东厂类似，但规模大得多，加之皇帝信任，所以很快就抢了东厂的

---

① 万历《大明会典》卷一三六《兵部十九·巡捕·赏罚》，第1931页。
② 《明孝宗实录》卷一一，弘治元年二月己亥条，第239—240页。
③ 万历《大明会典》卷一三六《兵部十九·巡捕·赏罚》，第1926页。

风头。由于过于猖狂，遭到士大夫群体的强烈抵制，西厂废了立，立了又废，存在的时间并不长，但破坏力却非比寻常。仅就缉事而言，"旧设行事人员，专一缉访谋反、妖言、强盗人命及盗仓库钱粮等大事。今西厂搜寻细故，凡街市斗殴、骂詈、争鸡纵犬及一时躲避不及者，或加捶楚，或烦渎圣听，置于重法。以致在城军民惊惶不安"①。缉事范围肆意扩大，一方面是立威，另一方面也是属下校尉急于立功升赏的反映。"时西厂行事旗校以捕妖言图官赏，无藉者，多为赝书诱愚民而后以情告行事者捕之，加以法外之刑。冤死相属，无敢言者"②。西厂的介入必然使妖书妖言的"破案率"大大提高，进而引发连锁反应，明廷在次年修改有关奖励制度也是迫不得已。

捕盗的奖励在不断提高，妖书妖言不再是升赏的捷径，因为士大夫集团的坚决反对和文武官社会地位的逆转，秘密监察百官的功能逐渐被宦官掌握的东厂拿去，行事校尉们必须去寻找另外的升赏捷径。在此背景下，东、西司房的官旗校尉们在职能上开始出现混同合一的趋势。

弘治初，都御史马文升奏准："请令巡城御史及兵马司、锦衣卫逐一搜访，但有扶鸾祷圣、驱雷唤雨、捉鬼耳报一切邪术人等，及无名之人，俱限一月内尽逐出京。仍有潜住者，有司执之，治以重罪。主家及四邻知而不举者连坐。"③巡城御史、五城兵马司主要负责京城治安，与锦衣卫西司房职能类似，且有密切往来。扶鸾祷圣等原属东司房校尉的侦缉范围，马文升的奏疏使西司房成员也可以合法地介入其中了。

事实上，不论是谋反等大奸大恶，还是妖书妖言、强盗抢劫，要破案都离不开必要的化装侦查，区别仅在于西司房需要日常巡逻，东司房的侦缉更有目的性。由于工作方式类似，很难把二者截然分

① 《明宪宗实录》卷一六六，成化十三年五月丙子条，第3004—3005页。
② 《明宪宗实录》卷一六四，成化十三年三月乙亥条，第2975页。
③ （明）余继登：《典故纪闻》卷一六，第280页。

开。虽然没有明确的例证，但东司房参与捕盗肯定是客观存在的，毕竟作为不应捕之人，抓获强盗的奖励比西司房还要丰厚。

如南京人奚耘，"嘉靖初，掌卫事都督王松泉佐以君练达，取东司房管事，未几升百户，再升副千户，寻推理西司房事"①。奚耘能在嘉靖年间从东司房转到西司房，说明二者之间在地位上已经没有什么差别。

另据《会典》记载，嘉靖十一年，明廷下令："通州张家湾一路，锦衣卫每季择委的当谨慎官校缉捕盗贼、奸细、妖言及机密重情。"② 通州坐季官校同时负责抓捕奸细和盗贼，说明明廷在制度上已经认可了两司房职能的混同。

对此，王圻在《续文献通考》中曾这样评述：

> 锦衣，天子亲军，不容不盛。只其官置废能关涉本兵，使得持衡之体，按缉捕为升授。朝廷之有亲军，稽不轨大事。今锦衣所缉，乃五城之逻职。以国初事劳甚简，天顺后门达、袁斌、朱冀（骥）等提督，尚以十数为率，奏请一次。正德间，叶广、赵鉴，东厂王岳、郑旺，一时更代，一年奏请四次升赏，后虽定岁终类一奏其劳，则琐矣。③

原本令人敬畏的锦衣卫沦落为和五城兵马司一样的"逻职"，频繁奏请，只为升赏，一方面是因为东厂走上前台挤压了锦衣卫的活动空间，另一方面也是明廷奖励制度使然。

四　面对秘密监察，士大夫群体的两极分化

虽然秘密监察百官的职能逐渐转移到东厂，但锦衣卫的秘密监

---

① （明）孙承恩：《明故武略将军锦衣卫千户奚君墓志铭》，见氏著《文简集》卷五二，景印文渊阁四库全书本，第 615 页。

② 万历《大明会典》卷一三六《兵部一九》，第 1922 页。

③ （明）王圻：《续文献通考》卷一六二《兵考》，续修四库全书丛书影印本，第 230 页。

察权并没有废止，只是工作重心发生了一定的偏移。由于厂、卫都具有秘密监察的权力，所以此后的秘密侦缉，大都是厂卫并称。

对于文官士大夫群体而言，东厂接手秘密监察等于前门拒虎，后门进狼，一样是芒刺在背。因此，批评东厂的声音逐渐多了起来，上文中提到的户部员外郎张伦建议废置东厂即是其一。不过，孝宗皇帝的态度也很明确：

> 朝廷政事，祖宗俱有成宪。今后五府、六部、都察院、通政司、大理寺等衙门，务须遵守，毋得互相嘱托，有亏公道。如内外官敢有写贴子嘱托者，内官连人送东厂，外官送锦衣卫，奏来处治。若容隐不奏者，事发，俱治以重罪。①

隆庆三年，鉴于腐败现象愈演愈烈，明穆宗传谕："近来灾异频仍，多因部院政事不调，假公营私，听信力风，滥受词讼，诬害平人，致伤和气。令厂卫密访来奏。"② 刑科都给事中舒化随即上疏表示反对：

> 皇上以部院政事属厂卫密访，百官惴惴，莫知所措。夫祖宗设厂卫以捕贼盗、防奸细，非以察百官也。驾驭百官乃天子之权，而奏劾诸司责在台谏，厂卫不得与。是以各司其事，政无牵掣。今以暗访之权归诸厂卫，万一人非正直，事出冤枉，由此而开罗织之门神，陷穽之术网……陛下将安从乎？③

兵科给事中邵廉等也责问"台省诸臣，孰非以身备耳目者？而使缇骑、貂珰窃人主权，阴制搢绅，罗织之为何？夫不镜先世汪直

---

① （明）余继登：《典故纪闻》卷一六，第280页。
② 《明穆宗实录》卷四〇，隆庆三年十二月己亥朔条，第985页。
③ 《明穆宗实录》卷四〇，隆庆三年十二月癸卯条，第989页。

事乎?"①

不过，单纯的批评并不解决问题，科道系统的无所作为才是要害。以成化二十一年陈钺案为例。

> 先是，钺镇辽东，同汪太监征剿建州虏寇，因而侵盗边库银两计数十万，私匿俘虏子女多人，父子各占一姝。既罢职家居，其寡嫂孤侄苦其凌轹，潜赴京诉其事。东厂刺事太监即日以闻，遣锦衣官校驰往逮之。执其幼子，考掠具服。所侵库中玉蝴蝶诸异品，占所俘之姝，俱追解赴京，下锦衣镇抚司鞫问，人皆为之危。钺乃洋洋然对于官曰："金银实有之，但当时分送某几千某若干，子女亦有之，但送某几人某几人，同时同事某收几人某收几人，而我所收皆众所弃遗者。"以故大臣曾有所受者，闻之皆胆颤心寒，相与极力营解，遂得无事，仍放为民。②

陈钺自己都已经认罪，又有东厂介入，依旧有大批大臣为之开脱，使之平安过关。这些力保陈钺的大臣，在武官地位已明显下降的时代，十有八九是文臣。同属于文官的科道监察系统在此案中毫无作为，怎么能让皇帝放心使用？因此，这类言论不仅没有让皇帝收回成命，换来的反而是厂卫缉查的不断深化。如嘉靖年间，"以工部尚书李鐩营求得谥，不协公论，并赠官俱革。因诏：大臣家子弟，有托为求文，公行贿赂，营求赠谥荫官者，缉事衙门访实，奏闻处治"③。万历三十一年，"谕内府各衙门各执事官长随小火者知道，迩年以来，多有不守旧规私出禁门交结官员军民各色人等，到处游荡赌博宴会乱谈，甚至依势怙恶随伴奸宄无籍之徒，透露机密重务，致生事端，好生玩法。除已往不究外，今后如有此等情弊，在内着

---

① （明）王弘海：《中顺大夫成都府知府圭斋邵公墓志铭》，见氏著《天池草》卷二〇，海南出版社 2004 年版，第 435 页。
② （明）尹直：《謇斋琐缀录》卷七，第 530 页。
③ （明）余继登：《典故纪闻》卷十七，第 306—307 页。

司礼监严拿奏请，在外着厂卫不时密切访拿具奏”①。万历三十六年，“兵部复陕西巡按王基洪条议禁钻刺以清边备一款。上曰：将军钻刺，势必扣饷剥军粮，事如何不坏？着厂卫城捕衙门严行访拿”②。等等。

大致与此同时，支持皇帝利用厂卫缉查的声音也开始多了起来。如嘉靖十四年，吏部尚书汪铉上疏：

照得嘉靖十四年春，又当朝觐之期，例该吏部会同都察院考察天下司府州县大小官员……考之往年朝觐，虽每有禁例之行，而人心视为虚文，漫不知畏，良由本源之地未能严于检防故耳。又有监生、承差、吏典杂职人员到部听选，被人哄诈贿求美职。有考满起复官员到部，被吏胥作弊刁难，索诈财物。有光棍在外诈冒名色，打点关节，玷辱司属名节，遂使天下有司真谓美官可以贿得，黜罚可以计免，吏部表率之地，真可钻求。臣等职守纪纲，真可干托作弊，是致圣朝清明之化，不能彰信于外。百官何所风励，以坚其节操，贪懦何所惩戒，以修其职业，奸赃肆横，良民受害，太平之效无由而致，灾异之变屡岁频仍，职此之故也。伏望皇上鉴纳臣言，特敕厂卫缉事衙门，多差缉事人役，于京城内外及于臣本部与臣等所居私宅之前后左右，密加体访，但遇有投递书简，馈送贿赂，私通关节及吏胥诓骗，光棍诈冒各项违犯情弊，访缉是实，即便拿送厂卫，审供明白，奏送法司。如所干之人未曾交接容纳，则不得干及。如已交接容纳，则一体参究。其所获财物，不拘多寡，悉赏拿获之人，照强盗事例升级。若有听选、考满、起复人员到部，被人吓诈财物者，缉访得获，止罪吓财之人，被吓者免究。更乞敕下都察院，严行巡抚都御史及五城兵马一体差人缉

①　《明神宗实录》卷三九一，万历三十一年十二月癸未条，第7371页。

②　《明神宗实录》卷四四三，万历三十六年二月戊寅条，第8424页。类似的诏令还见于《明神宗实录》卷三二二，万历二十六年五月辛丑条，第5987页，等等。

拿。仍出给榜文，于京城内外寺观与军民官宦之家，并不得容留前项私通关节之人。事发，一体治罪。其他文武各衙门，凡钱谷、兵马、荫袭、科举、册封、刑名、工作等项政务，但有私通贿赂并诈，缉事人役一体缉拿举发。①

吏部尚书公开奏请厂卫密访朝觐不法行为，说明问题已经非常严重。在厂卫之后才提到都察院，说明在汪铉眼中，科道官能发挥的作用非常有限。《会典》中记载的"凡朝觐官员到京之时。本卫选差千户一员、百户一员，带领旗校三十名，在于吏部门首，访察奸弊"②，这一政令不排除就是汪铉上疏后的成果。

在选官环节之外，汪铉还曾建议利用厂卫打击王府不法人员。"访得各王府差来内使、仪宾、官校人等，俱是积年光棍，熟知诓骗关节。一蒙王府差遣、乞恩等项，即便设计诓受金帛数多，任意花销使用。或又收买土产，往来买卖，填实表文箱扛，分外需索人夫接运，以至累损驿传。及至到京，先投积年窝户，窥探进止，然后报名朝见。或又私自潜住京师，动经年月，往往用计营求打点……许厂卫缉事衙门及五城兵马司访拿，俱各指实参送法司，问以诓骗、打点相应罪名，仍行都察院出榜禁约，则形迹无疑，而弊源可息矣。"③

在汪铉之前，和御史郗元洪一起清查马房钱粮的给事中陆粲也曾提出利用厂卫打击马房人员私相馈遗，"钱多至百数十万"，"跟随识字人役，亦各得分例钱，习以为常"的不法现象④。

嘉靖十九年九月，广西道试御史舒鹏翼奏请"皇上敕令厂卫，严加缉访，果有（结党、抱怨等项）其人，明正典法，以为保全善

① （明）汪铉：《奏为严检防以祛宿弊事》，见（明）黄训《名臣经济录》卷一七，景印文渊阁四库全书本，第323—324页。
② 万历《大明会典》卷二二八《锦衣卫》，第3004页。
③ （明）汪铉：《条陈事宜以重修省疏》，见（明）黄训《名臣经济录》卷二五，第510页。
④ （明）陆粲：《陈马房事宜疏》，见（明）陈子龙等编《明经世文编》卷二八九，中华书局1962年影印本，第3056页。

类，优礼大臣之助"①。嘉靖二十四年五月，巡按福建归来的御史何维柏奏请"陛下严敕吏部申明旧法，重赃吏之诛，严行贿之禁。凡在京文武大小官员有接受赃私并在外官有差遣入京送馈行贿者，缉事衙门拿送法司问理。切责科道等官今后悉心采访，但有实迹，即时指实劾奏，毋得观听顾忌隐避"②。

陆粲、舒鹏翼、何维柏等都是职专监察的科道官员，他们上书提请厂卫缉查，一方面是对厂卫秘密监察能力的客观认可，另一方面也说明科道系统对日益腐败的官场已经无能为力，不得不求助于昔日的寇仇。

厂卫虽然独立于文官系统之外，但在大环境影响下，也难免会同流合污。崇祯年间，社会大坏，"东厂之设，原为访缉事件，而事件之多，无如吏、兵二部，盖文武两途，卖官鬻爵之垄断也。于是二部与东厂约，每一大选，坐银数千，谓之常例饭钱，后加至数万，而内外扶同，不相钩索矣。有败露者，乃同类中受贿不均，而自相攻讦者也。尝见一锦衣，湘人也，为一同省词林解纷一事，而得数万金，东厂不知，此诚中饱之势"③。以致时人哀叹："厂、卫，朝廷耳目，若果得其人，实足以厘奸剔弊。但东厂既属宦官，锦衣卫堂上官率阘茸不肖，非素餐尸位，即黩货招权，称职者无一人，皆犬豕之辈也。"④

结　语

自中国古代文官制度建立以来，监察官就一直是文官体系的一个组成部分。对皇帝而言，士大夫群体既是辅助自己治理天下的伙伴，也是自己"雇佣"的"相"、"臣"。一旦产生龃龉，士大夫群

---

① 《明世宗实录》卷二四一，嘉靖十九年九月辛丑条，第4876—4877页。

② （明）何维柏：《献愚忠陈时务以备采择以保治安疏》，见氏著《天山草堂存稿》卷一，广西师范大学出版社2014年影印本，第95—96页。

③ （明）史惇：《恸余杂记·东厂》，四库禁毁书丛刊影印本，第114页。

④ （明）王世德：《烈皇帝遗事上》，见（清）郑达《野史无文》卷三，中华书局1960年标点本，第16页。

体很容易拧成一股绳，走向自己的对立面，这在入宋以后文臣地位
大幅上升后表现得尤其明显，嘉靖朝的"大礼议"是其典型表现。
要有效控制这群伙伴，常用的办法有两个：一个是利用士大夫"文
人相轻"的弱点，人为制造隔阂，皇帝居间利用，左右逢源；另一
个是另外组织一支力量，对士大夫群体进行体外约束和必要的打击。
脱胎于宋代皇城察事制度的锦衣卫秘密监察就是这样一支独立于文
官士大夫群体，理论上只听命于皇帝的"体外监察"力量。明代的
监察体系因此呈现出二元化倾向，外廷监察官员和锦衣卫及后来的
东厂秘密监察部队共同组成了大明帝国的监察网络。至于锦衣卫享
有的公开巡视、调查等监察权限，一方面是制衡外廷监察部门的第
三者，另一方面也是淡化秘密监察不良观感的调节器。

        士大夫群体向来自诩为道德的楷模，视"万般皆下品"，容易浮
于上层。锦衣卫以市井间活动为主，相对而言，更接近社会中下层。
宣德四年，皇帝问："永清有蝗，未知他县何似？"文官们茫然无措，
唯有锦衣卫指挥李顺徐徐回答："今四郊禾粟皆茂，独□永清偶有蝗
耳。"① 可见，身负家国重任的士大夫高官对民情的了解远不如锦衣
卫，这也是锦衣卫更容易得到皇帝信任的一个原因。

        作为"独立的监察"力量，要维持其高效运转，有两个要求：
一是尽可能不与外廷文武官员发生私人关系；二是如东厂成员李宗
描述的那样，做隐藏强大力量于枝叶当中的鹰隼，引而不发，以
"势能"取胜，靠冥冥中的强大压力，迫使有违法意图者收回邪念。
一旦大规模公开使用，势必产生诸多不良后果。一是神秘感消失，
让监察对象有了相对多的防范目标；二是会引起士大夫群体的强烈
反弹；三是将强力部门容易滥用权力谋取私利的弊病从理论变成现
实。明英宗统治时期同时出现皇帝批评锦衣卫等违规与外廷官员交
往，士大夫批评锦衣卫擅权、媒孽害人，锦衣卫官兵忠实履行职责，
甘做皇帝鹰犬却不断被抛弃充当替罪羊的怪现象正是英宗过度使用

---

① 《明宣宗实录》卷五四，宣德四年五月己酉条，第1289页。

锦衣卫秘密监察的后果。

为了克服锦衣卫监察权力泛化使用的弊病，需要一个新的部门出面来约束它，乃至在必要时顶替它，在永乐年间已经存在，但很少公开"出镜"，由权力塔尖上的奴仆、皇帝亲信内官主持的东厂在成化年间走到台前，在不断检举锦衣卫官员违法行为的同时迅速接管监察百官的职能正是英宗滥用锦衣卫的必然结果。

作为"体外监察"力量，东厂的主体人员依旧来自锦衣卫，皇帝的要求也是一样的。史载：

> 王岳、何文鼎，弘治末年贤宦……岳清介不伍俗。正德初，刘瑾等用事，出岳居东厂，每维持士节，执法认真，诸要门各遣缉之。科道官走谒岳门，岳以正对。瑾因中伤岳，驾言岳授意九卿等官，令论列阉宦，且云请试之，谕岳欲杖朝官，观其解否。武宗如其试，岳果长跪乞宥，武宗怒甚，谪戍孝陵。行至临清，赐死于舟中。[1]

刘瑾能成功陷害王岳，利用的恰恰是皇帝严禁厂卫与外廷官员交往的禁忌。

虽然同为皇帝御用监察力量，相互间的制衡也不可缺失，即便短暂出现的西厂等也是如此。"宪宗设立西厂以宠汪直，不特刺奸之权熏灼中外，并东厂官校，亦得讥察……武宗委政群小，复设西厂，以谷大用兼领，又邱聚掌东厂。两厂对峙，用成化故事。未几，复设内行厂于荣府旧仓，刘瑾躬自领之，军国大柄，尽归其手，东厂、西厂并在诇伺中。"[2] 正德十四年，"左都督、平虏伯朱彬以提督团营总兵官兼督东厂及锦衣卫官校办事……彬兼绾三务，中外大柄悉

①　（明）唐枢：《国琛集》卷下，第 1114 页。
②　（明）沈德符：《万历野获编》卷六《东厂》，中华书局 1959 年标点本，第 154 页。

归之矣"①，这种人为取消厂、卫互相监督的做法终归是特例。

不仅厂与卫要互相监督，在明朝的制度设计上，东厂的上级一样要互相制衡，"内廷故事，监印与厂，必两人分掌。盖以东厂领敕给关防，提督官校，威焰已张，不宜更兼枢密耳"②。天启朝，魏忠贤能祸乱朝政，和其一度兼管司礼监和东厂，人为破坏了二者之间的制衡关系有一定关联。

由于明英宗过度使用，激化了士大夫群体与锦衣卫的矛盾，后继的锦衣主官不得不向后转，在文官地位不断上升的背景下，主动向士大夫群体靠拢成为缓解紧张关系的重要手段。成化皇帝在大学士李贤等人的促使下，也需要朝堂上有一股清新的政治空气。在各方的共同"努力"下，锦衣行事校尉们的监察重点逐渐从违法的士大夫转向以平民百姓为承载主体的妖书妖言以及便于立功受奖的捕盗捉贼。

与此同时，锦衣卫扩展缉查范围的建议不断出现。如成化五年十二月，大学士彭时等汇报："旧例，抽分商货，自有定规。今闻军民买卖供给家用之物，入城者，守门官军辄便拦截抽分，下民甚为不便"，建议由"锦衣卫官校并巡街御史禁约纠察，除常例抽分外，不许妄取一毫"③。嘉靖初，顺天知府王轼奏准"访得运粮入仓，多被门官、歇家、伴当、光棍人等揾留粮袋……乞敕厂卫并西司房缉事衙门拿送法司，照依打搅仓场事例问拟，枷号，发遣充军"④，等等。这类增加锦衣卫监察权限的建议一方面是为了弥补文官监察力量的不足，另一方面不排除有为锦衣校尉加码，消耗其精力的附加目的。至隆、万时，锦衣校尉已堕落为王圻笔下的"五城逻职"，不能不说是士大夫群体长期努力的结果。

---

① （明）王世贞：《皇明异典述》卷四《武臣兼总团营厂卫》。见王世贞著，魏连科点校《弇山堂别集》卷九，中华书局1985年标点本，第166页。
② （明）沈德符：《万历野获编》卷六《东厂》，第154页。
③ 《明宪宗实录》卷七四，成化五年十二月戊辰条，第1427页。
④ （明）王轼：《重开通惠河疏》，《明经世文编》卷一八四，第1882页。

锦衣秘密监察是一把双刃剑，如果过度磨损，也会危及士大夫群体赖以生存的大明帝国的命运，因而对于监察百官之外的功能，士大夫们也会通过建议调整奖励制度等手段尽力予以维持。以锦衣卫军官路森的升迁履历为例，《卫选簿》记载：

> 四辈路森。堂稿□有副千户功次：嘉靖二十五年九月，本部题为访获事。内开锦衣卫官役访获伪造印信违法男子常虎等有功，升一级。实授百户升副千户路森。
>
> 正千户功次：嘉靖三十二年七月，本部题为缉获事。内开锦衣卫官校捉获奸细马钦，即马回子，有功，升一级，衣中所副千户升正千户一员，路森。
>
> 指挥同知功次：嘉靖三十三年十二月，本部题为缉访事。内开锦衣卫官校捉获大逆奸细哈答儿有功，升二级。为首，衣中所升指挥同知一员，路森。①

路森升副千户之前的履历见于其孙辈路如底的档案：

> 六辈路如底。旧选簿查有：嘉靖三十六年八月，路如底，年十五岁，抚宁县人，系锦衣卫衣中所故指挥同知路森嫡长孙。查伊始祖路进，原以校尉，功升总旗。高祖敏。曾祖聪。祖森于正德十六年以缉获强盗功升署试百户，遇例实授。二十四年复以捉获偷盗功升俸一级。二十五年，以访获伪造印信功，升副千户。三十年，已（以）缉获奸细功，升正千户。三十三年，以访获大逆奸细哈答儿功，升指挥同知。②

从上述档案中可以发现，路森由总旗到副千户，都是凭抓获强

---

① 《锦衣卫选簿》，《中国明朝档案总汇》第49册，第206页。
② 《锦衣卫选簿》，《中国明朝档案总汇》第49册，第206页。

盗和伪造印信的犯罪分子而获得。其中抓获伪印是在嘉靖二十五年。嘉靖二十七年，明廷修改制度，"厂卫访获私造伪印、朱符、路引，镇抚司问明，止照例给赏，不许乞升"①，路森赶在这之前立功升职，可谓相当幸运。不管怎么说，路森此前的晋升，干的都是西司房官旗校尉的差事。由副千户到指挥同知，路森凭的是抓获奸细，即蒙古部派出的谍报人员，其中一次还是连升两级。嘉靖时期，由于措置失宜，明朝与蒙古俺答部的矛盾激化，冲突不断。从路森的个案可以发现，明廷此刻已调整奖励政策，希望通过重奖刺激锦衣校尉重视侦缉大奸大恶的本职。

通过奖励吸引校尉转变工作重心的方法对主持东厂的宦官作用不大，因为宦官的晋级空间有限。不过面对东厂接盘的秘密监察，士大夫群体同样需要应对办法。弘治十一年，监察御史胡献上疏：

> 东厂校尉本为缉访大奸弊而设。近来校尉畏避权要，莫敢缉拿。所行之事，但为皇亲、太监报复私怨。如监察御史武衢得罪寿宁侯张鹤龄及太监杨鹏，刑部主事毛广得罪太监韦泰，皆为缉事校尉所发。推求细事，坐以罪名，举朝皆知其情，无敢言者。臣亦知今日言之，后日亦为校尉所发。然忠臣无贰心，宁言之而得罪，不敢不言以尸位也。②

这样的批评和当初批评锦衣卫吹毛求疵、媒孽细故几乎一般无二。可见，士大夫们把对付锦衣卫的手段移植到了东厂身上。

另外，不断上升的社会地位使士大夫们开始有意无意地利用自己的话语权。中国自古没有宗教传统，但对历史充满敬畏，青史留名是人们共同的心愿，但历史的书写权恰恰掌握在士大夫群体手中。通过手中的如椽大笔，士大夫们不断地表彰亲近文臣的儒将，制造

---

① 万历《大明会典》卷一三六《兵部一九》，第 1932 页。
② 《明孝宗实录》卷一四三，弘治十一年十一月癸卯条，第 2490 页。

社会舆论，从而吸引更多的武职向自己靠拢，锦衣卫中的朱骥、王佐等人都是成功的范例。这一手段对东厂宦官同样发挥了一定的效果。如成化末年的陈准，"甚简靖。令缉事官校曰：反逆妖言则缉，余有司存，非汝辈事也。坐厂数月，都城内外安之。权竖以为失职，百计媒孽。准自知不免，一夕缢死"①。

如果说锦衣卫暂时放弃监察百官有调整政坛气氛的客观需要，东厂再放弃这一职责，等于彻底抛弃了体外监察，皇帝无论如何不能接受。陈准虽然是顶不住宦官集团的压力而自缢，但一般来说，宦官是皇帝的忠实奴仆，不大可能违背主子的意愿，陈准之死背后，未必没有皇帝的压力。

士大夫打击东厂行事秘密监察职责的努力难以取得明显效果的原因，除了皇权专制的需要外，和士大夫群体本身日益陷入腐败泥潭有密切关系。一个陈钺案就把士大夫群体自我修饰的公正无私，忠心秉政形象打得粉碎，再强调"公卿士大夫，言足取信"也是枉然。面对厂卫缉事，士大夫群体开始分化也是必然的结果。不过任由厂卫监督自己终归是背有芒刺，于是开始出现新的限制厂卫侦缉范围的努力，比如嘉靖六年兵部侍郎张璁等议准"今后凡贪官冤狱，仍责之法司，提问辨明。然有隐情曲法，听厂卫觉察上闻"②。

不过这种正面限制厂卫的声音得到的响应并不是很多。一方面，朱棣在嘉靖年间"晋升"为成祖，与太祖朱元璋并列，使强调东厂非祖制的舆论彻底失去了法理依据；另一方面，日益败坏的政风、士风也让这种努力显得苍白无力。

真正削弱厂卫秘密监察能力的因素倒也是来自士大夫群体，只不过属于无心插柳。

东厂缉事校尉悉数来自锦衣卫，且二者人员之间还有不时地调换。如南京人奚耘，"正德间，选送东厂缉事。三年升小旗，又二年

---

① （明）郑晓：《今言》卷三，第242条，中华书局1984年标点本，第138页。
② 《明世宗实录》卷八〇，嘉靖六年九月己丑条，第1782页。

升总旗。嘉靖初……取东司房管事……寻推理西司房事"①。锦衣卫东、西司房职能的日渐混同及立功升赏方面的利益不可避免地要对服役于东厂的官旗校尉产生影响。为便于缉查，东厂在正式员役之外雇用了大批编外人员。晚明时，东厂员役已分别配置于东厂写字房、管事房和办事房，负责侦缉的员役主要集中在办事房。"办事房，有十二伙，以子、丑、寅、卯等字定名，曰子字伙、丑字伙云。每伙二三十人……每伙头目一人，曰挡头，而挡头专司缉察，得近中贵。其与刑官掌班等。又各伙分数人动刑，名曰刑上，亦甚凶狞。若恐吓多赀，遂得营充挡头。计挡头之费，辄用千金。外人泛称曰伙长，又或轻之曰挡儿头。"② 这些负责侦缉的员役"多贾竖及中官家厮养或市棍之狞恶者，以锦衣旗尉名色，用二三百金贿，东厂行文取用，拨某伙办事"③。可见，晚明时真正负责侦缉的东厂番役已基本是贿买来的资格。对于他们而言，收回成本是最低要求，因而必须努力寻找立功受赏的机会，锦衣校尉无疑为他们做出了表率。因此，翻阅有关档案就会发现，晚明时期的东厂，侦缉对象和成果已经和锦衣卫的侦缉成果没什么区别，发生在锦衣卫两房间的职能混同已经延伸到厂与卫之间。比如崇祯三年二月，东厂王永祚和锦衣卫刘侨先后汇报了本厂（卫）自天启六年十二月至崇祯二年十一月的缉获成果。东厂捕获罪犯犯罪项目包括打死亲父、强贼、假印、打死人命、私藏贡品、入室抢劫、偷盗、纵火等。锦衣卫汇报项目包括逼死生母、打死人命、酗酒杀人、假印、抢劫强贼、入室劫财、贼僧害师等，性质大同小异，且没有一例涉及反叛、通敌、官员犯法。④

为防止本部门违法行为被厂卫举报，晚明时期的很多官员乃至

① （明）孙承恩：《明故武略将军锦衣卫千户奚君墓志铭》，第615页。
② （清）陈僖：《客窗偶谈·东厂》，见氏著《燕山草堂集》卷四，第567—568页。
③ （清）陈僖：《客窗偶谈·东厂》，见氏著《燕山草堂集》卷四，第568页。
④ 参看《总督东厂官旗办事王永祚为照例三年汇奏请升授有功官旗事题本》和《提督官旗办事刘侨为遵例三年汇奏升授有功官旗事题本》，见《中国明朝档案总汇》第7册，第36—41页和第44—48页。

部门开始谋求主动与厂卫妥协，花钱消灾，吏部每到选官年份主动送银两万两即是明证。厂卫亦以此为发财途径。如南京人史如霖，"于神庙中年为锦衣缉事校尉，官至千户，往来勋戚及诸内官家，致产数十万，因归金陵，为富人"①。崇祯年间的吴孟明"缓于害人，而急于得贿，其子邦辅尤甚，每缉获州县送礼单，必故泄其名，沿门索赂，赂饱乃止。东厂亦然，尝有某知县送银二十四两，求胡编修守恒撰文，时尚未受，亦索千金方已"②。原本是敌对的双方竟因此变成了一体贪腐的合作伙伴。

对于晚明这种乱象，清初拟话本《醉醒石》中有一段精彩描述：

至京师为辇毂之下，抚治有府县，巡禁有五城，重以缉事衙门、东厂、捕营、锦衣卫。一官名下，有若干旗校番役。一旗校番役，身边又有若干帮丁、副手。况且又有冒名的，依傍的，真人似聚蚁，察密属垣，人犹自不怕。今日枷死，明日又有枷的。这案方完，那案又已发觉。总之五方奸宄所集，各省奔竞所聚。如在前程，则有活切头、飞过海、假印、援纳、加纳、买缺、宄选、坐缺、养缺各项等弊。事干钱粮上纳的，有包揽、作伪、短欠、稽延之弊。买办的，领侵、冒破、拖欠之弊。尝见本色起解，比征参罚，不恕些须。及落奸解奸商之手，散若泥沙。况功令森严，本色完纳，极其苛刻，十分所收，不及一二。及至一不堪，驳回，竟如沉水。茶、蜡、颜料、胖衣，拖欠动至数年。买铁、买铜、硝黄，拖欠动至数万，弊窦百出。至刑名，在上则有请托、贿赂；在下则有弄法侮文，都是拿讹头光棍的衣食……③

---

① （明）徐树丕：《识小录》卷二《史如霖》，丛书集成续编本，上海书店出版社 1994 年版，第 933 页。

② （明）李清：《三垣笔记·上·崇祯》，中华书局 1982 年标点本，第 4 页。

③ （清）东鲁古狂生：《醉醒石》第九回《逞小忿毒谋双命，思淫占祸起一时》，上海古籍出版社 1992 年版，第 73—74 页。

　　另外，明中叶开始出现的文官子弟通过恩荫进入锦衣卫的现象在晚明时期已经普遍化。大批士大夫子弟通过考选、世袭等方式成为各级管事军职，致使明初锦衣卫与外廷交往的禁令变成了废纸，"体外监察"已经不可能延续。不仅如此，文官子弟的不断渗入还逐渐改变了锦衣卫的运作方式，在某种程度上使锦衣卫由皇帝的亲信变成了士大夫群体的附属品。从正面来看，大批正直的士大夫因此得到了锦衣卫事实上的保护，比如天启年间的诸多东林人士；从反面来说，士大夫群体的诸多弊病也因此被带进锦衣卫。当时有人建议"京营当用宿将，勿以世禄参之。锦衣当用士人，勿以缇骑为之"，反对者马上提出"用缇骑则武夫跋扈，犹有文臣制之。用士人则贤者少，不贤者多，非作威招权，即委蓍炀灶，有不可胜言之弊"①，可见这些毛病已经是人们公认的士大夫集团无法克服的弱点②。

　　总之，锦衣卫绝不是一个单纯的特务机构，锦衣监察包括秘密监察也不是不受任何约束的胡作非为，它在人员编制、监察范围、逮捕程序乃至后期定案等方面都有着具体的制度约束。锦衣校尉滥用侦查权的时段往往也是上述制度约束被破坏的时候，比如英宗时期的无条件信任，正德、天启朝的一人独享多项大权等。文官士大夫集团出于自身利益考虑低标准履行监督制约权力也是厂卫监察权被滥用的一个重要因素。

　　从本质上讲，锦衣卫包括东厂都是明朝政治体制的一部分，是皇帝对外廷官僚进行体外监察的有力工具。"从管理学视角看，厂卫体制本质上就是企业的内部审计部门……是国家治理体系的重要组成部分，承担着对外朝职业官僚和整个政府运行的监察和内部风险控制职能。"③厂卫缉事校尉和以士大夫群体为主的外廷官僚集团明显处于不同的社会阶层，而这在很大程度上恰恰符合监督主体与监

---

① （明）沈长卿：《沈氏日旦》卷三，续修四库全书影印本，第378页。
② 文官子弟进入锦衣卫的问题，参见本书第六章第三节。
③ 陈伟：《厂卫体制：一个成功的内审制度创新》，《北大商业评论》2015年第8期。

督对象要异质化这一监察体制建设的大原则。

另需注意的是，锦衣监察以及后来合一化的厂卫监察针对的对象都是官僚集团而不是平民百姓，在史籍中广被诟病在很大程度上也是因为士大夫群体把握了历史的书写权。正如孟森先生所言：

> 锦衣卫之制，仿古司隶校尉、执金吾等官，职掌都城内外地方各事，以辇毂之下人众稠密，不免宵小混杂，故有缉事员役以靖奸慝……古今中外大略相类，原不得为弊政……明以诏狱属锦衣卫镇抚司，遂夺法司之权，以意生杀，而法律为虚设。盖弊在诏狱，尚不在缉事也……然细按之，皆凌蔑贵显有力之家，平民非其所屑措意，即尚未至得罪百姓耳。①

姚雪垠先生在《明初的锦衣卫》② 一文中也曾提出特务头子不止一次地打老虎，为民张目。可见，我们在对锦衣卫监察做评价时首先要避免陷入道德评价，更要避免不自觉地站到士大夫群体的立场上。

当然，作为直属于皇帝的"体外监察"机构，锦衣监察能否在合理发挥作用的同时避免因政治资源不对等对社会秩序产生恶性冲击对皇帝的驾驭能力是一个严峻的考验。用好了是国之利器，用砸了也会变成挖自己的墙脚，而这恰恰是皇权专制政体无法破解的难题。锦衣监察在明中后期负面作用越来越明显正是君主专制体制带来的必然结果。

第二节　锦衣卫的司法职能

谈到锦衣卫与明代司法的关系，比较普遍的看法是锦衣卫及后

---

① 孟森：《明史讲义》第二编第三章第六节，时代文艺出版社 2009 年版，第 133 页。
② 《中国建设》1949 年第 7 卷第 6 期。

来的东厂（包括短暂存在过的西厂、内行厂）对司法的介入是背离明代成文法规范，单纯听命于皇帝的法外用刑，其职掌是对正常法司机构（刑部、都察院、大理寺）权力的侵夺，至少也是非正常的司法机构，是明代专制集权统治的一个标志。这在大方向上当然是没错的，连清人在编写《明史》时亦称"刑法有创之自明，不衷古制者，廷杖、东西厂、锦衣卫、镇抚司狱是已。是数者，杀人至惨，而不丽于法。踵而行之，至末造而极。举朝野命，一听之武夫、宦竖之手，良可叹也"①，但在很多细节上仍有辨析的必要。

一　北镇抚司

洪武朝的司法机构经历了一个相对复杂的演变过程，一度包括刑部、都察院、大理寺、五军断事司、审刑司五个部门。其中都察院定型于洪武十五年十月，审刑司于洪武十九年被裁撤，大理寺经历多次裁撤，在建文朝才稳定下来，五军断事司则在建文朝被撤销。②

锦衣卫设置于洪武十五年四月。按照明代的制度设计，卫之下都设有镇抚司，主管本卫司法工作，设从五品卫镇抚二员；千户所下设所镇抚二人，从六品。镇抚司之下设司狱司，主持本卫监狱的管理工作。锦衣卫作为亲军卫，虽然地位特殊，但同样设有镇抚司。所谓锦衣卫狱，实际就是镇抚司监狱。

（一）镇抚司主官的地位与来源

锦衣卫出现在一个特殊时刻。洪武十三年正月，胡惟庸案爆发，御史大夫陈宁、御史中丞涂节先后卷入案中被处死，御史台随即被撤销，作为御史台继承者的都察院在洪武十五年十月才成立，也就是说，锦衣卫成立的时候，中央司法机构只有刑部和五军断事司以

---

① （清）张廷玉等：《明史》卷九五《刑法志三》，第2329页。
② 参见那思陆《明代中央司法审判制度》第一章，北京大学出版社2004年版，第4—7页。

及在洪武十四年十一月才设置的大理寺和审刑司。这其中，刑部的职责，按照洪武十三年三月的诏令，"总掌天下之刑法及徒隶、勾覆、关禁之政令"，其下属有四，"曰总部，掌格律及人命、贼盗、欧詈、称冤、狱具、公式、职制……曰都官，掌配没人口及诈伪、工役、徒流、逋逃屯户、过名、诫谕……曰比部，掌赃赎、勾覆及钱粮、户役、婚姻、田土、茶盐、纸札、俸给、囚粮、断狱诸奸……曰司门，掌门禁及关渡、邮驿、军政、捕亡、孳牧、营造、略诱、杂行"①。比锦衣卫早约半年成立的大理寺和审刑司的职责是"平理庶狱"，"凡刑部、察院、五军断事官、直隶府州县罪囚，左寺理之，十二布政司，右寺理之……凡大理寺所理之刑，审刑司复详谳之"②。五军断事司则只负责处理军内司法事务。可见，刑部等四机构可以审理的案件范围广泛，但唯独不包括官员谋反一类的大案。此时有权管官的机构只有察院，但察院所属监察御史只是负责监察的七品官，虽有揭发举报的职责，但没有审判权。此时追查胡惟庸余党的行动尚在如火如荼地进行当中，朱元璋对清除胡党余孽非常重视，中央机构中又没有专职的、可信赖的部门能独立处理胡案，作为嫡系亲军卫，同时下属拥有完整司法部门的锦衣卫就成了一个重要的选择。可以说，锦衣卫介入卫外司法事务，是因其先天优势而在一个特殊时刻承担的额外工作，谈不上侵夺法司职权。

明初右武，军队经常被朱元璋用于执行非军事任务。事实上，不仅锦衣卫承担过司法工作，其他亲军卫也曾承担过类似职责，比如锦衣卫总旗赵同就曾因"党逆事，提送旗手卫监问"③。

清人在编写《明史》时提出锦衣卫镇抚司"初止立一司，与外卫等。洪武十五年添设北司，而以军匠诸职掌属之南镇抚司，于是北司专理诏狱"④。锦衣卫洪武十五年四月才成立，如果《明史》记

---

① 《明太祖实录》卷一三〇，洪武十三年三月戊申条，第2071页。
② 《明太祖实录》卷一四〇，洪武十四年十一月己亥条，第2202—2203页。
③ 《逆臣录》卷三《锦衣卫指挥陶幹等》，第173页。
④ （清）张廷玉等：《明史》卷九五《刑法三》，第2335页。

载无误的话，锦衣卫应该在成立了镇抚司并可正常履行职能的当年就又成立了一个专理诏狱的北镇抚司。问题是，在不止一个亲军卫在执行皇帝安排的司法任务的时刻，有必要单独设立一个北镇抚司吗？

北镇抚司设置于洪武十五年，目前笔者只见到《明史》这一条孤证①，相反，不同的记载倒是不少。如沈德符在《万历野获编》中提出：

> 若镇抚司者，在外各军卫俱有之，其任本理狱讼，惟锦衣为重。洪武二十年，太祖闻其拷讯过酷，尽焚刑具，归其事于刑部，罢废其官，天下如脱水火。永乐间复设，然不过如外卫，止立一司耳。俄又设北镇抚司。专管讼狱，而以军匠诸事属之南镇抚司，于是北司之名亚于东厂。②

按沈德符的记载，锦衣卫镇抚司曾于洪武二十年被裁撤，永乐年间才重建。北镇抚司是在镇抚司重建后才出现的，故不会早于永乐朝。

还有些文献在这一问题上采取了模糊的处理方法。如正、嘉间的名臣何孟春。他在《余冬序录》中写道："镇抚司，掌问理本卫刑名，始亦与诸卫同，而兼管军匠。后专设镇抚二员，专理刑名……凡问刑，洪武旧制，径自奏请，不经本卫。凡鞫问奸恶重情，奏请圣断，或奏送刑部拟罪发落，内外官员有犯，亦如之。"③ 问刑完毕径自奏报皇帝，不需要向本卫主官报告确实是明中后期北镇抚司的特权。洪武时期，锦衣卫承办的都是皇帝关注的大案要案，侦

---

① （清）万斯同：《明史》卷一二八《刑法下》记载与《明史》相同。但万本《明史》是清修《明史》的早期版本，可视为同一部书。见续修四库全书丛书影印本，第187页。

② （明）沈德符：《万历野获编》卷二一《锦衣卫镇抚司》，第532—533页。

③ （明）何孟春：《余冬序录》卷五，《中华野史》丛书"明朝卷一"，泰山出版社2000年版，第642页。

办结果直接向皇帝报告是有可能的，何孟春说是洪武旧制，道理上说得通。至于后来享有这项特权的北镇抚司是否出现在洪武朝，何孟春没有回答。

洪武二十年正月，以锦衣卫用事者非法凌虐，朱元璋佯装大怒说："讯鞫者，法司事也。凡负重罪来者，或令锦衣卫审之，欲先付其情耳，岂令其锻炼耶？而乃非法如是！"于是下令焚毁锦衣卫刑具，并将"所系囚，送刑部审理"①。这一事件被后人频繁提起，用来抨击镇抚司刑狱之残酷。之所以说佯装，是因为包括锦衣卫在内的参与军外司法工作的卫所不过是朱元璋屠杀功臣集团的工具，其逮捕、审讯等行为都是在朱元璋指令下行事。此时胡惟庸案已近尾声，朱元璋需要一个替罪羊来冲淡政治领域的恐怖气氛，锦衣卫不幸被选中。陈鸣钟先生说："如果不'非法凌虐'，胡党如何能斩尽杀绝？再说朱元璋一向是极端专制的，大小臣工们一举一动一言一行，都得看他的脸色行事，谁又敢去'非法凌虐'？"②可谓一语中的。

需要指出的是，沈德符说"永乐间复设，然不过如外卫，止立一司耳"，语义有些含混，容易被人误解成锦衣卫在洪武二十年被裁撤，永乐朝才恢复，也确实有些学者是这么理解的，这无疑是不对的。事实上，不仅锦衣卫一直都存在，镇抚司是否在洪武二十年被撤销都值得怀疑。毕竟，锦衣卫的镇抚司职能广泛，不仅承担卫内司法工作，还兼管着军匠，带管达官、带俸军官，等等，一旦撤销，这些工作都要重新安排，但我们并没有见到这方面的记载。洪武二十六年六月，朱元璋再次重申"锦衣卫鞫刑之禁。凡所逮者，俱属法司理之"③，既然要再次申明，说明洪武二十年取消锦衣卫审刑权的诏令并没有切实执行。据此推断，锦衣卫镇抚司一直都存在，只

---

① 《明太祖实录》卷一八〇，洪武二十年正月壬子条，第2722—2723页。
② 陈鸣钟：《明代的厂卫》，《史学月刊》1954年第4期。
③ 《明太祖实录》卷二二八，洪武二十六年六月丁酉条，第3326—3327页。

是在洪武二十年被取消了审理本卫以外案件的权力①。这一权力由于相关诏令没有得到全面贯彻，在洪武二十年后还不时地被"释放"出来。到了永乐朝，因为打击潜在的政治反对派的需要，镇抚司审理卫外案件的权力得到公开的恢复，只是很快就与新成立的北镇抚司有了具体的权限划分。至于洪武二十年之前，由于参与军外案件审理的亲军卫不止一个，北镇抚司没有单独存在的理由。

按明代制度，镇抚司长官是从五品的卫镇抚，但检索《明实录》发现，至少从仁宗时期开始，锦衣卫镇抚司的主官层级已经发生了变化。永乐二十二年，仁宗即位不久，即"升锦衣卫镇抚曹宾、任启俱为本卫指挥佥事，仍理镇抚司事"②。次年二月，又升孝陵卫千户苗胜为锦衣卫指挥佥事，"掌镇抚司事"③。但当年七月，宣宗即位后，又命任启重新"掌锦衣卫镇抚司事"④。类似记载还有很多，为表述方便，先罗列几条史料。

　　①宣德元年六月，升行在锦衣卫千户王裕为本卫指挥佥事，专理镇抚司事。⑤

　　②宣德五年三月，升行在锦衣卫指挥佥事任启为本卫指挥同知，仍掌镇抚司事。⑥

　　③宣德九年十月，以获强盗功，升行在锦衣卫镇抚马顺、徐政，正千户孙福俱为本卫指挥佥事，仍理镇抚司事。⑦

　　④正统九年十一月，升锦衣卫指挥佥事马顺为世袭指挥同

　　①　（清）万斯同：《明史》卷一二八《刑法下》："（洪武）二十六年申明其禁，诏内外狱毋得上锦衣卫，大小咸经法司。此后锦衣卫不复与典狱，稍稍□于他军矣。"可见，清人在编纂《明史》的早期版本中很明确地记述了锦衣卫在洪武二十年后仍存在。见第 186 页。

　　②　《明仁宗实录》卷四下，永乐二十二年十一月丙戌条，第 147 页。

　　③　《明仁宗实录》卷七下，洪熙元年二月壬戌条，第 240 页。

　　④　《明宣宗实录》卷三，洪熙元年七月癸酉条，第 76 页。

　　⑤　《明宣宗实录》卷一八，宣德元年六月丙寅条，第 475 页。

　　⑥　《明宣宗实录》卷六四，宣德五年三月丁卯条，第 1520 页。

　　⑦　《明宣宗实录》卷一一三，宣德九年十月辛酉条，第 2552 页。

知，仍掌镇抚司事。①

　　⑤景泰五年十二月，命锦衣卫指挥同知毕旺掌镇抚司事。②

　　⑥天顺五年九月，命山东德州卫指挥佥事王泉于锦衣卫管镇抚司事。③

　　⑦弘治五年三月，锦衣卫镇抚司理刑副千户叶广、韩璟乞改授卫镇抚职衔，以正名器。上以广、璟俱积劳年久，特升本卫署指挥佥事，理刑如故。④

　　从上述史料中可以发现几个问题。首先，镇抚司的长官在《实录》中记录为"掌镇抚司事"，辅助管理镇抚司事务的军官则被称为"理镇抚司事"。从仁宗时期开始，镇抚司主要负责军官的职级已经从卫镇抚上升为指挥佥事，且在正统年间进一步上升到了指挥同知。此后仍有进一步提升。如成化十七年，"升锦衣卫镇抚司掌司事、指挥同知季成为指挥使，仍掌司事"⑤。成化二十年，"升锦衣卫带俸指挥使傅庆为都指挥佥事，命同朱远等于镇抚司管事"⑥，等等。总之，镇抚司主官及其助手的职级处于总体上升的状态。这其中季成升任指挥使，有同时主持司务的指挥同知朱远"以大同功升指挥使"⑦，需要升级保持平衡的因素。同理，傅庆调到镇抚司后，仍在镇抚司的朱远也需要提级，"远旧以指挥使掌镇抚司印，既升庆，乃请掌印者。复升远都指挥佥事，仍掌司印"⑧。剔除这些特殊因素，至少应是指挥佥事。成化十四年八月，因得到西厂太监汪直的赏识，镇抚司问刑副千户吴绶被任命"掌镇抚司印"⑨。数日后，

　　①　《明英宗实录》卷一二三，正统九年十一月壬午条，第2460页。
　　②　《明英宗实录》卷二四八，景泰五年十二月壬午条，第5367页。
　　③　《明英宗实录》卷三三二，天顺五年九月癸亥条，第6820页。
　　④　《明孝宗实录》卷六一，弘治五年三月乙未条，第1189页。
　　⑤　《明宪宗实录》卷二一三，成化十七年三月乙未条，第3708页。
　　⑥　《明宪宗实录》卷二五九，成化二十年十二月辛未条，第4375—4376页。
　　⑦　《明宪宗实录》卷二一三，成化十七年三月乙未条，第3708页。
　　⑧　《明宪宗实录》卷二五九，成化二十年十二月辛未条，第4376页。
　　⑨　《明宪宗实录》卷一八一，成化十四年八月癸丑条，第3274页。

即越级晋升他为指挥佥事，"仍掌镇抚司事"①。可见，指挥佥事已经是镇抚司主官的最低配置标准。

锦衣卫镇抚司事务较他卫要多很多，只设一名卫镇抚很难管理到位。在设置北镇抚司后，理论上至少要设两名卫镇抚。北镇抚司初创时并没有彻底独立，"重大事情，一讯之后，即送法司定罪，不具审词"，和一般卫所镇抚司的办案程序一致，"至成化初用参语覆奏，而刑官始掣肘矣，然犹未有印也。成化中叶，又添铸北司印信。一切刑狱不复关白本卫堂官，即堂官所下行者，亦径自具奏请旨，堂官不得与闻"②。可见，在成化之前，北镇抚司只是镇抚司之下的一个分支机构，仍要接受镇抚司主官的管束。这样，作为镇抚司总的管理者，其职级必须高于卫镇抚才有权威。按照明代的卫所制度，在镇抚司力量不足时，可由千户或副千户代理，锦衣卫亦然，如成化九年，命"正千户杨瑛，镇抚司理刑"③。千户是正五品，仅比卫镇抚高半品，权威仍显不足。这样，指挥佥事就成了最基本的选择。这应是仁、宣时期镇抚司主官级别上升到指挥佥事的主要原因，尽管曹宾、任启升职带有新君即位，奖赏旧臣劳苦的偶然因素。

其次，上述例子中的任启、马顺、徐政等人在升职后"仍理镇抚司事"，负责理刑的副千户叶广、韩璟主动要求改授品级相同的卫镇抚职衔，苗胜在不到半年后即把镇抚司事务交回到原来的理事者任启手中，背后都指向一个问题，即镇抚司事务的专业性。镇抚司承担的是司法事务，需要熟悉法条、相关程序，要能撰写文案，这对于总体文化水平比较低的武职官员而言，是个很大的挑战。事实上，镇抚司官员专业不熟练的问题很早就被提到案头。宣德五年，监察御史林英上言：

> 天下都司设断事司专理刑狱，已有定制。而各卫所及守御

---

① 《明宪宗实录》卷一八一，成化十四年八月丙辰条，第3277页。
② （明）沈德符：《万历野获编》卷二一《锦衣卫镇抚司》，第532—533页。
③ 《明宪宗实录》卷一二三，成化九年十二月壬戌条，第2359页。

千户所设镇抚以理刑狱。镇抚武人，多不谙文移，不通律意，甚至有不识一字者，刑狱往往委之于吏及识字军，致是非不明，狱囚淹滞，冤枉者多。乞令天下卫所援都司断事之例，别设一员专理刑狱。或选谙法律者授以经历、吏目，协理刑狱，庶免淹滞之患。上曰：别设官非旧典，但宜择人用之。①

　　锦衣卫镇抚司与外卫不同，经手案件都是大案要案或皇帝直接指定审理的案件（即诏狱），理刑官员必须熟悉业务，不能滥竽充数，但这样的人选相对有限，对于明廷而言，令理刑官久任无疑是最为省事的选择。仁宗从外卫调苗胜到镇抚司顶替任启，可能有培植个人心腹的目的，但苗胜未必胜任这一特殊岗位。虽然他的离职和仁宗不久辞世有一定关系②，但主要因素估计还是专业知识不足。

　　景泰年间，镇抚门达因为乞恩求升职惹怒皇帝，被剥夺理刑资格，"升本卫指挥佥事，带俸差操"。兵科左给事中王铉等人纷纷上言，强调门达"谙刑名，仍命理刑为当"③。景泰帝虽然没有同意，但两年后还是把他召了回来，"理卫事，兼镇抚司问刑"④，显然也是因为门达熟知法律这个本领。英宗复辟后，门达因为有功，在天顺元年正月晋升指挥同知，"仍理卫事兼镇抚司问刑"⑤。数月后，门达上奏："既管卫事，又掌刑名，实难克荷。乞令止管一事，庶无疏失。"英宗"命达专理镇抚司刑名事"⑥。天顺四年闰十一月，英宗"命锦衣卫镇抚崔友同掌镇抚司事"，已晋升为指挥使的门达依旧理刑⑦。门达能在两朝在兼管卫事的同时负责理刑，和他熟悉业务有

　　① 《明宣宗实录》卷七三，宣德五年十二月乙酉条，第 1705 页。
　　② 《明英宗实录》卷二三一，景泰四年七月庚申条记载，当日，"孝陵卫指挥佥事苗胜年老，以其子瑛代之"。估计苗胜在离开锦衣卫镇抚司后，又被退回了孝陵卫。
　　③ 《明英宗实录》卷二四六，景泰五年十月丙午条，第 5346 页。
　　④ 《明英宗实录》卷二七三，景泰七年十二月丙辰条，第 5770 页。
　　⑤ 《明英宗实录》卷二七四，天顺元年正月戊子条，第 5812 页。
　　⑥ 《明英宗实录》卷二七八，天顺元年五月壬午条，第 5958 页。
　　⑦ 《明英宗实录》卷三二二，天顺四年闰十一月乙卯条，第 6679 页。

莫大的关系。门达本人在不断升职的同时始终没有离开镇抚司，估计也是为了发挥自己的特长。

不仅镇抚司主官的职级在提高，吸引力也在提升。成化十四年八月，襄城侯李瑾的庶兄李琏由所镇抚升为卫镇抚，"问刑"①。成化十八年，皇亲、锦衣卫带俸指挥佥事孙纯宗"上疏陈乞"，"升为指挥同知，管镇抚司事"②。勋戚、皇亲纷纷请求进入镇抚司，说明镇抚司的地位已经非常高。史载，北镇抚司"成化十四年，始增铸印信，各为一司"③，进入独立运作阶段。《明史》亦称"（成化）十四年，增铸北司印信，一切刑狱毋关白本卫，即卫所行下者，亦径自上请可否，卫使毋得与闻。故镇抚职卑而其权日重"④。不仅如此，成化二十年还明确规定锦衣卫主官不得干预北镇抚司断案，"一应大小狱情，俱要严密关防，不许透漏及受人嘱托。本卫堂上官，亦不许干预。有故违者，指实奏闻，治以重罪"⑤。在武臣地位日趋下滑的背景下，镇抚司无疑是难得的发达路径，成化十四年后不断有皇亲贵戚主动向镇抚司靠拢，也说明了这一点。

锦衣卫百户章瑾曾向掌锦衣卫事、都指挥同知牛循行贿，求为镇抚，又曾向皇帝进献宝石。成化皇帝准备通过传奉的方式任命章瑾，遭到太监怀恩的拒绝。怀恩说："镇抚掌诏狱，武臣极选，奈何以货故与瑾？"⑥ 可见，镇抚司的确已经成为武臣的上佳奋斗目标。

不过尽管遭到怀恩的拒绝，章瑾依旧达到了目的。史载，成化二十年五月，"改锦衣卫副千户杨刚为卫镇抚，与镇抚章瑾同理刑。初，兵部被旨，推镇抚司理刑官。尚书张鹏以千户李珑、百户阮全名上。不允，命别推。鹏知上意在章瑾，乃推瑾及千户金安，遂以

---

① 《明宪宗实录》卷一八一，成化十四年八月丙辰条，第 3277 页。
② 《明宪宗实录》卷二三三，成化十八年十月己丑条，第 3974 页。
③ （明）何孟春：《余冬序录》卷五，第 642 页。
④ （清）张廷玉等：《明史》卷九五《刑法三》，第 2336 页。
⑤ 万历《大明会典》卷二二八《锦衣卫·镇抚司》，第 3006 页。
⑥ （明）郑晓：《今言》卷三"二百五"，中华书局 1984 年版，第 117 页。

命瑾，以及于刚。瑾复阳辞不受，上卒命之"①。章瑾的得官过程反映了另一个问题，即镇抚司官员的选拔，需要兵部的参与。

弘治六年，明廷下令，"凡锦衣卫镇抚司员缺……令从兵部推举相应卫镇抚铨补。如无，于各卫所见任千户内推选，具奏改授"②。事实上，从外卫调用合适的官员到镇抚司是此前的通行办法，有时甚至会由外卫官员参与理刑。如永乐二十二年九月，仁宗"以锦衣卫治狱多失中"，下诏"升锦衣卫千户李得为旗手卫指挥佥事，分理锦衣卫狱"③。

嘉靖二十一年，镇抚司官员的来源发生了变化。当年，明廷下令："本司系诏狱，理刑之官有缺，行该卫掌印官先于本卫各千户内从公推选考试，送兵部再加询访考试，于内简拔二员，疏名上请定夺。"④ 镇抚司由此变成了锦衣卫的自留地，不再允许外卫官员染指。

尽管来源收窄，但兵部的初审选拔权力未受到影响。如中后所副千户韩璟，"中后所为锦衣卫散地，璟素谨饬，为当路所知，故得超用……擢理镇抚司刑，寻升指挥佥事"⑤。这里提到的"当路者"估计应该是文官。可见，士大夫群体仍然可通过兵部选拔权对镇抚司理刑官群体的组成施加影响。通过这一途径入选的理刑官在很大程度上也会向士大夫群体适当靠拢，如《实录》称韩璟"在镇抚司颇能自守，不怙权势。死之日，家无余赀，人多称之"⑥。去世后能得到士大夫们编纂的《实录》如此评价，肯定在任期间很得士大夫群体欣赏。

不过，随着政治生态的逐渐恶化，士大夫群体往往主动放弃这一权力。史载："锦衣卫职掌诏狱，凡以罪调他卫者，虽遇恩例，不

① 《明宪宗实录》卷二五二，成化二十年五月乙卯条，第4273页。
② 万历《大明会典》卷一一九《兵部二·推举》，第1718页。
③ 《明仁宗实录》卷二下，永乐二十二年九月戊子条，第67页。
④ 万历《大明会典》卷一一九《兵部二·推举》，第1718页。
⑤ 《明孝宗实录》卷一一八，弘治九年十月己卯条，第2124—2125页。
⑥ 《明孝宗实录》卷一一八，弘治九年十月己卯条，第2124—2125页。

得复。然其人藉城社夤缘者往往而是。"① 调卫入锦衣必须先过兵部武选司这一关，武选司频频失守，等于主动放弃了这一重要的卡脖子环节。明中后期士大夫群体不断遭到镇抚司奸佞的打击，可以说在很大程度上是咎由自取。

在北镇抚司独立发展后，南镇抚司开始以独立形态出现在《实录》等官方史籍中。笔者第一次见到南镇抚司独立出现是在《明孝宗实录》中。是书载，弘治十二年十一月，"传旨，命锦衣卫带俸指挥使孙銮管南镇抚司事"②。正德二年闰正月，"太监李荣传旨：改锦衣卫掌镇抚司事指挥佥事牟斌于南镇抚司管事，以千户潘杰同范宣，北镇抚司理刑"③。上述史料反映出南镇抚司虽然实际权力远低于北镇抚司，但地位并不低，其主官的职级至少和北镇抚司是一致的。万历年间的内阁首辅沈一贯在给南镇抚司指挥佥事沈坐撰写的墓志铭中记载：

> 故事：镇抚诸卫尉，谒大司马，与锦衣帅礼均。时大司马由蓟镇入，稍诎诸卫尉，诸卫尉心忿之，不敢言，而独公言，卒免官。④

可见，南镇抚司主官的地位不亚于本卫主官，即便是兵部尚书，也要给予一定的礼遇。

（二）北镇抚司理刑规范及其御用身份

在前面章节分析锦衣卫的监察职能时，曾指出锦衣卫与都察院等机构具有类似的职能和地位，事实上，在司法职能方面，也有类似之处。

---

① （明）霍礼：《湖广右参议黄方山墓志铭》，见氏著《谭墟堂摘稿》卷一四，续修四库全书丛书影印本，第 371 页。

② 《明孝宗实录》卷一五六，弘治十二年十一月壬午条，第 2808 页。

③ 《明武宗实录》卷二二，正德二年闰正月丁巳条，第 618 页。

④ （明）沈一贯：《锦衣卫管南镇抚司事指挥佥事沈蓟庵墓志铭》，见氏著《喙鸣诗文集·文集》卷一四，续修四库全书丛书影印本，第 336 页。

成化五年，吏部文选司郎中陈云等人被人指控受贿，刑部将其逮捕入狱，"适科道官劾吏部尚书姚夔等私昵属官、刑部尚书陆瑜等朋比故纵并掌通政司事兵部左侍郎张文质停留吏所奏本二日，使云等得以为计。上以云等既下狱，夔等俱置不问。刑部以被劾涉嫌，乞调别衙门问理。仍改下锦衣卫鞫之"①。刑部为避嫌，主动放弃案件，锦衣卫成为替代选择，说明锦衣卫和刑部在司法地位上并没有大的差异。由于北镇抚司是锦衣卫内具体履行司法职能的部门，因而客观上具有和文官系统的三法司同等的地位。

与之类似，镇抚司经手的案件，有时也会改由其他部门审理。如永乐时，"故驸马、富阳侯李让家人有中盐虚买实收者，锦衣卫鞫之，言告者不实。成祖命六科给事中孙琳等共审之，实锦衣受贿。成祖曰：富阳侯之子，朕外孙，孰敢诬之？朕但虑锦衣卫故抑告者，初不虑其纳贿，命付都察院鞫之"②。可见，明廷不时将同一案件交由不同部门审理，可以发挥互相监督的作用。

正统十二年，舞阳县丞白刚有贪贿嫌疑，交刑部审理，"刑部主事洪绳论无赃，止坐徒；寻改鞫于主事顾孟乔，又论当杖"，审判结果明显不同，刑部尚书金濂、右侍郎丁铉等却不加辨别，全部予以认可，大理寺因此"奏其比匿"。英宗于是改由镇抚司审理，"言绳受刚赇"③，金濂等因此遭到科道弹劾。在本案中，白刚贪贿，各方并无异议，区别仅在于量刑不同。金濂等人的责任在于失察，没有重视属下判决的巨大差异。锦衣卫介入，只是加速了案件的结案速度。在这一案例中，北镇抚司发挥的也是第三者监督的作用。

镇抚司不仅可以监督法司，对本卫官兵也有制衡功能。如天顺朝，"校尉行事者变多枉人，且如行临川王与四尼姑通，及镇抚司指挥门达问之，实无此情。又闻行事者，法司依其所行不敢辨，虽知

---

① 《明宪宗实录》卷七三，成化五年十一月庚寅条，第1412—1413页。
② （明）余继登：《典故纪闻》卷六，第117页。
③ 《明英宗实录》卷一五六，正统十二年七月乙未条，第3039页。

其枉，付之叹息，惟门达能辨之"①。门达能制衡权势熏天的逯杲，在很大程度上凭借的正是行事校尉侦办的案件必须交镇抚司审理这一制度设计。

成化二十三年六月，"锦衣卫镇抚司理刑指挥佥事杨纲奉旨鞫囚。阅数日，始以亲嫌奏乞回避。有旨责其托故避难，革去问刑。令于本卫管事"②。可见，镇抚司不仅可以作为不同法司回避时的替代选择，本身断案时也要遵守回避原则。

嘉靖二年，锦衣卫百户张瑾等到通州仓领取俸粮，因"横取狼籍"，被管粮主事罗洪载拘捕。"瑾阳惧求杖以脱罪，洪载不虞其绐己，卒杖之。瑾遂奏洪载擅笞禁卫官校，且以斋日榜掠人。上怒，令下狱考讯。"③张瑾作为锦衣卫官员，按照回避原则，本案不宜交给镇抚司审理。大批官员上书申救，"请改付法司，从公问鞫"④，有人直接提出"户部主事罗洪载之事，罪实起于逆瑾，锦衣卫例该回避也，而顷者有'拿送锦衣卫打着问'之旨，政之未当也如此"⑤。可见，回避原则在此前一直存在，只是由于嘉靖帝的一意孤行，本案才违背了这一原则。

镇抚司作为卫内机构，原则上只能审理与本卫有关的案件，"东西两司房访缉之，北镇抚司拷问之，锻炼完密，始入司寇之目"，东厂出现后，因为主要成员也来自锦衣卫，职能与东西司房类似，故"东厂所获大小不法，亦拿送北司，再鞫情由，方得到贯城中"⑥。

锦衣卫兼有逮捕嫌犯的职责。成化三年十二月，锦衣卫官上奏：

①　（明）李贤：《天顺日录》，《中华野史》丛书"明朝卷一"，泰山出版社 2000 年版，第 195 页。

②　《明宪宗实录》卷二九一，成化二十三年六月癸巳条，第 4933 页。

③　《明世宗实录》卷二五，嘉靖二年四月乙酉条，第 713—714 页。

④　《明世宗实录》卷二五，嘉靖二年四月乙酉条，第 713—714 页。

⑤　（明）东信：《实修省以回天意疏》，见（明）张卤《皇明嘉隆疏钞》卷七，续修四库全书丛书影印本，第 276 页。

⑥　（明）沈德符：《万历野获编》卷二一《锦衣卫镇抚司》，第 533 页。

旧例，凡各处械送囚犯至京者，岁终例于良乡、通州等处停止，待新正朝贺毕入京。然自永乐二十二年有旨，不必停止，特送两法司，待大祀后问理。后天顺四年，改镇抚司。请如例仍送两法司为便。从之。①

可见，从天顺四年开始，地方上逮捕入京的嫌犯也要交给镇抚司做初审。天顺年间，英宗对锦衣卫过分重用，致使锦衣卫滥用职权现象严重，镇抚司审案范围迅速扩大也是其中一个表现。宪宗即位后，力图打造政治领域的清新气氛，锦衣卫主动提出不再审理地方拿送进京的嫌犯也是这一大背景的产物。不过据锦衣卫成化七年十二月奏称，嫌犯进京后送刑部或都察院审理的规矩在成化六年又遭到破坏，"至上年复奉旨如前"②。可见，是否交镇抚司问理，完全取决于皇帝的意愿。

与外廷法司相比，镇抚司最大的弱点是只有审讯的权力，却没有判决权。按照明朝的制度设计，锦衣卫处置的案件审理完毕，要移交刑部或都察院依律论断。两法司有权对锦衣卫的审理结果提出质疑，乃至彻底推翻。如弘治十三年，诏："凡法司遇一应称冤调问及东厂、锦衣卫奏送人犯，如有冤枉及情可矜者，即与辩理，具奏发落，无拘成案。若明知冤枉不与辩理者，以故入人罪论。"③

万历二十九年，刑科都给事中杨应文为救因反对矿监税使被关押在锦衣卫监狱中的官吏民人，特意搬出旧制："镇抚司囚犯凡经打问过者，俱送法司定罪，奏闻发落。"④ 希望万历帝把"虽打问，未经送过三法司"的人犯尽快移送法司定罪发落。万历帝以"不报"回应。如果这条旧制已经不存在，万历帝尽可以直接驳回并予以申斥。之所以以留中应对，恰恰证明这一制度依然有效。

---

① 《明宪宗实录》卷四九，成化三年十二月癸丑条，第 1007—1008 页。
② 《明宪宗实录》卷九九，成化七年十二月戊子条，第 1911 页。
③ 正德《大明会典》卷一三二《刑部七·伸冤》，景印文渊阁四库全书本，第 342 页。
④ 《明神宗实录》卷三五八，万历二十九年四月丁亥条，第 6688 页。

这一制度设计意在限制镇抚司的权力，但由于镇抚司的特定地位，两法司官员很少能坚持原则，依法判决，"法司于东厂及本卫之所送问者，不敢一毫为平反矣。刑部尚有何人而能少易抚司之参语者乎"①！法司官员出于私利，不能切实履行职责，致使镇抚司办案过程中的错误被不断放大，进而产生了诸多恶果。

镇抚司作为卫内机构，按明制，不能主动接受词讼，所以要审理卫外案件，必须得到皇帝允准。但皇帝指定审理的案件，就成了诏狱，一旦错审，必然产生巨大的破坏力，因此除了刘瑾、魏忠贤等宦官擅权时镇抚司权力被滥用外，大部分时段明廷对镇抚司的使用还是比较慎重的，唯英宗、世宗和思宗时期例外。

正统年间，明英宗信任宦官王振，王振则依赖镇抚司主官马顺等立威，所以"官无大小，事无轻重，悉送锦衣卫镇抚司拷讯"②。景泰八年（天顺元年），朱祁镇通过政变方式恢复权力，对旧臣自然难以充分信任，逯杲、门达因此得势。

明世宗朱厚熜以外藩入主，本身就和朝臣有一些隔膜，加之尚未进京就因礼仪问题发生纠纷，对前朝留下来的臣僚更是心存戒备，所以在即位不久即大肆提拔藩邸旧臣进入锦衣卫，并迅速占据主要领导岗位，使之成为自己可信赖的心腹力量。与之相应，大量案件也被他直接交给了北镇抚司。嘉靖二年，内官监太监崔文的家人李阳凤携私报复工部匠头宋玉，将其打成重伤，被刑部拘捕。崔文替他在御前鸣冤，世宗于是下令改由镇抚司审理。这一举动招致众多臣僚的不满，"章凡十有四，署名者共八十八人"③，但嘉靖帝无动于衷，即便刑部尚书林俊公然指责这是"夺取刑部见问之囚，付之镇抚司以为解脱之计"，并将其与"自正德以来，权奸扇惑，狱以赂兴。虽元恶大憝，一欲出入。即夺诸法司，下之诏狱，比之为奸，

① （明）何孟春：《余冬序录》卷五，第642页。
② 《明英宗实录》卷一八六，正统十四年十二月己未条，第3736页。
③ 《明世宗实录》卷二六，嘉靖二年闰四月己未条，第743页。

祖宗成法，为之大坏"① 并列，朱厚熜也不为所动。同年八月，南京礼部尚书秦金等又借灾异进言的机会批评"比来辄下之镇抚司，台谏论列而不从，法司执奏而被诘"② 的现象，嘉靖帝依旧未予表态。

嘉靖五年，"天方国使臣火者马黑木等入贡，礼部主客郎中陈九川拣退其玉石，所求讨蟒衣、金器皿等奏俱不与题覆，又怒骂本馆通事胡士绅等。提督会同馆主事陈邦备约束过严，禁其货易，以致回夷人各怀怨恨。士绅等因诈为夷人怨词，讦奏九川、邦备等。上怒，下锦衣卫逮讯"，不久胡士绅又攀扯上镇抚司指挥佥事张潮、大学士费宏等人，以致"锦衣卫指挥骆安等辞不敢问，请会多官鞫之。上不允，命士绅免逮，九川等照前旨拷问"。此后，又以"展转支调，鞫问未明，革理刑邵辅回卫带俸"③，最后以陈九川等被罚，张潮降为总旗，邵辅等罚俸告终。仔细揣摩这个案件会发现，最后的胜利者竟然是皇帝。案中的张潮当时是镇抚司主官。邵辅是皇亲、宪宗宸妃的亲戚，嘉靖元年因定策功，才由副千户晋升指挥佥事。换句话说，当时镇抚司的主要负责人都不是皇帝的心腹，只是由于某些原因才没有被拿下。现在，嘉靖帝借着这个案件拿下两人，等于彻底完成了对锦衣卫的掌控。镇抚司完全由皇帝掌控，理刑官自然不可能再依法办案，时人称"锦衣治狱，虽与刑部不同，然亦伺上意旨所在，而加轻重也"④，可谓一语中的。

至于崇祯时期，镇抚司滥用刑罚更多是因为政治生态严重恶化，皇帝急于求治，不信任官僚士大夫，过分信用东厂，以东厂为主的厂卫力量又过分揣摩上意所致。史载：

　　　　上颇好明察，露聪颖，而小人因以其意中之。至于太监王

① （明）林俊：《正法守再疏》，见（明）黄训编《名臣经济录》卷四六，第361—362页。
② 《明世宗实录》卷三〇，嘉靖二年八月庚子条，第798页。
③ 《明世宗实录》卷六二，嘉靖五年三月庚午条，第1447—1449页。
④ （明）杨士聪：《玉堂荟记》卷上，《中华野史》丛书"明朝卷一"，泰山出版社2000年版，第4087—4088页。

德化掌东厂，专与搢绅为难，而掌锦衣卫之吴孟明，镇抚司之梁清宏、乔可用希上旨，谄事东厂，比奸为恶，肆行钳网，遍布缉访。凡搢绅之门，各有数人往来其间。而凡所缉访，止属风闻，多涉暧昧，虽有心口，无可辩白。矧缉事员役，属厂卫衙门，其势易逞，而又各类计所获功次以为升授，则凭其可逞之势而邀其必获之功，捕风捉影，每附会以雠其奸，非法拷讯。时威逼以强其认，多方扳害，遂有钓手、悬足非刑。凡得一人，则于空庙祠宇搒掠之，名曰打桩。有真盗幸免而故令多攀平民以备数者，有括家囊为盗赃而通棍恶以证其事者，有潜种图书陷人于妖言之律者，有怀挟伪批坐人以假印之科者，有姓名仿佛而荼毒连累以死者。且访挐所及，家赀一空，甚至并同室之有而席卷以去。轻则匿于挡头、火长、校尉之手，重则官与瓜分。厂卫之官明知其枉，乐得人罪，不论曲直，幸其有获，以为积功升赏之地。使被访者五毒备尝，肢体不全。其最酷者名曰琶，每上，百骨尽脱，汗下如水，死而复生，如是者二三次。荼酷之下，何狱不成？而法司即有明哲者，不免怀避忌之念，苟且扶同。①

斯时整个政治体系已经腐烂到根部，并非某一个机构的责任。

北镇抚司作为御用法司，自然拥有一些特权。万历三年，刑科都给事中严用和上言：

　　各衙门奉到旨意，皆该科按月缴进，送司礼监收藏。而镇抚司之本独在该司收贮，非所以一正体而重纶音也。宜并令送科抄发，一体奏知。奉旨：该卫镇抚司既奉有我成祖圣旨，只照旧行。②

---

① （清）傅维鳞：《明书》卷七三《刑法志》，四库全书存目丛书影印本，第759页。
② 《明神宗实录》卷三八，万历三年五月乙巳条，第888—889页。

文书档案自己存留，相关部门自然难以稽核。不过也不是完全没有约束，比如皇帝信赖的东厂即拥有对镇抚司的听记权。"凡中府等处，会审大狱，北镇抚司拷讯重犯，本厂皆有人听记，其口词一本，拶打数一本，于当晚或次早奏进。"①

由于亲近皇帝，镇抚司审案时不免严刑逼供。早在宣德二年，宣宗即因为镇抚司严刑逼供，冤枉了刑部员外郎何回一事，严厉警告锦衣卫官员："凡以赃得罪者，岂但丧身，至其子孙尤被玷累，岂可不究实情而专事考掠？今后鞫狱，必尽至公。不公而枉人，汝曹不有阳祸，必有阴诛！"② 嘉靖四十五年，户部司务何以尚疏请释放户部主事海瑞，惹怒皇帝，"下锦衣镇抚司狱，命昼夜用刑"。所谓昼夜用刑，按沈德符的解释，即"以木笼四面攒钉内向，令囚处其中，少一转侧，钉入其肤，囚之膺此刑者，十二时中但危坐如偶人"③，可谓残酷至极。可见，镇抚司用刑严苛的现象一直存在。

不过，刑部、都察院审案同样存在用刑过度的问题。如景泰六年十月，南京大理寺右寺正向敬言："臣见本寺审录南京刑部、都察院轻重囚，间有情重不当斩，冤，驳回问理者。原问及调问官往往衔之，痛肆箠楚，迫其曲承，是致刑狱多冤，伤和召异。"④ 部分两法司制造的冤案，甚至就是因为锦衣卫司法职能的存在才得以昭雪。如成化二十三年的高谨一案。

> 武城县生员高谨之母为人所殴而死，谨父得重赍，焚其尸。谨哭不已，父乃讼于朝。章下按察司，行东昌府验问。知府杨能纳赂，颐指证佐言谨母实自经死，上状。按察司副使许进主其狱，按察使石渠无所可否，谨遂走阙下，击登闻鼓奏状并诬

① （明）刘若愚：《酌中志》卷一六《内府衙门职掌》，中国野史集成丛书影印本，第220页。

② 《明宣宗实录》卷二八，宣德二年五月丁丑条，第750页。

③ （明）沈德符：《万历野获编》卷二一《昼夜用刑》，第535页。

④ 《明英宗实录》卷二五九，景泰六年十月丁卯条，第5561—5562页。

渠亦受赂。即入状，因自刭，不殊，锦衣卫执以闻。命刑部郎中吴钦往会巡抚、巡按暨布按二司官杂治，得其始末，带渠等至京师复命。下锦衣卫镇抚司重鞫，杀人者始服其辜。①

成化末年，时常发生进京告状人员因为冤情难雪在登闻鼓前自残的事件。为此，明廷于成化二十二年十一月专门增设锦衣卫守鼓官一员、校尉四人守护登闻鼓②。高谨在登闻鼓前以死鸣冤能得救，显然是锦衣卫守鼓人员的功劳。从《实录》的记载来看，明廷虽然命刑部郎中吴钦前往审理，但只解决了山东按察司官究竟有无受贿的问题。真正解决根本问题的则是锦衣卫镇抚司。

不仅民间的冤案昭雪有不少锦衣卫的功劳，就是部分被诬害的官员也是靠锦衣卫的介入才得以重获清白。如天顺三年，山西右参议毕鸾被以受贿罪名免官。毕鸾多次申诉陈冤无果，最后靠锦衣卫"鞫得其枉"③，才得官复原职。

二 锦衣卫狱与诏狱

在士大夫眼中，镇抚司审理的诏狱基本是恐怖的代名词，由于镇抚司是锦衣卫的组成部分，很多人把锦衣卫监狱和诏狱混为一谈，在清朝人修撰的《明史》中即有"锦衣卫狱者，世所称诏狱也"④的说法，后来治史者大多援以为据。事实上，二者还是有明显区别的。《明神宗实录》卷三八五记载：

先是，圣谕：以天气暄热，令两法司并锦衣卫将见监罪囚笞罪释放，徒、流以下减等发落……刑科都给事中杨应文因请并宽诏狱诸犯。请敕镇抚司将见监人犯通送法司，遵照热审之

---

① 《明宪宗实录》卷二八七，成化二十三年二月丁酉条，第4859页。
② 《明宪宗实录》卷二八四，成化二十二年十一月己巳条，第4813—4814页。
③ 《明英宗实录》卷三〇〇，天顺三年二月戊寅条，第6377页。
④ （清）张廷玉等：《明史》卷九五《刑法三》，第2334页。

旨一体研究。不报。①

所谓"热审"制度，据《会典》记载，"国朝钦恤刑狱，凡罪囚，夏月有热审，其例起于永乐间，然止决遣轻罪及出狱听候而已。自成化以后，始有重罪矜疑、轻罪减等、枷号疏放、免赃诸例。每年小满后十余日，司礼监传旨下刑部，即会同都察院、锦衣卫，覆将节年钦恤事宜题请，通行南京法司，一体照例审拟具奏"②。

《会典》的记载过于简略。事实上，正统十三年四月，明英宗即曾下诏，命"三法司、锦衣卫录见监囚犯。杖罪以下悉宽恤疏放，杂犯死罪以下递减三等，照例发落，不许淹滞。或有伸诉冤枉者，即与辩理，毋令被诬。其真犯死罪，录情辞以闻"③。可见，热审的大原则在正统年间已经基本确定为宽免或减等。

热审每年举行一次，每五年一次大审，"自正统初遣司礼监太监金英始，遂为定制"。每次举行大审时，"必以巨珰之首为之。张伞盖，列驺骑。既至大理寺，则据高坐南向，尚书、都御史皆傍坐，而御史、郎中以下官，引囚廷审，殊不为雅。惟嘉靖十六年三月，不用中官，特以勋臣勋及二辅理之，第勋倚贵自用，所释减几大半，囹圄为空"④。

热审的对象包括刑部、都察院和锦衣卫监狱中的所有囚犯。但刑科都给事中杨应文提请送交热审的诏狱囚犯却不在范围内，说明诏狱和锦衣卫狱不是一回事。

另外，在史籍中，还可以看到诏狱人犯并不在锦衣卫狱羁押的例子。如马士英在弘光朝为表白自己有功于国，曾上奏称自己在崇

① 《明神宗实录》卷三八五，万历三十一年六月戊戌条，第7239页。
② 万历《大明会典》卷一七七《刑部十九·热审》，第2446页。
③ 《明英宗实录》卷一六五，正统十三年四月辛巳条，第3203页。
④ （明）王世贞：《皇明异典述》卷二《内阁公侯审录》（见氏著《弇山堂别集》卷七，中华书局1985年标点本，第130页）。明孝宗御审张天祥一案时曾明确说"罪疑，则当惟轻"（《明孝宗实录》卷二一八，弘治十七年十一月乙未条，第4104页）。可见，疑罪从轻是明代法制的一个大原则。热审时诸多罪犯获得减免，在一定程度上是这一原则的集中贯彻。

祯年间"及任宣抚，止五十日，被逮诏狱，锢刑部者将三年"①。

天顺元年四月，又值热审之期，"刑科言两法司囚已蒙审录宽贷，独未及锦衣卫系者，乞广一视同仁之德"，作为热审制度推动者的明英宗却表示"锦衣卫囚，朝廷自有处治"②。这一记载很容易让人把锦衣卫狱与诏狱等同。其实不然，此时距离英宗复辟不久，锦衣卫监狱中羁押着大批所谓的叛臣贼子。如果让他们一起参加热审，势必会有人趁机谋求轻判，甚至借复审之机发布一些不利于英宗的言论。不准其参加热审，亦属必然。至于少量监押在锦衣卫狱，本可以获得轻判的犯人只能自认时运不济了。

不过，刑科在奏疏中没有提及诏狱，只说锦衣卫狱，暗示二者之间存在某种联系。所谓诏狱，广义上理解，指由皇帝下诏亲自审理，或指定人选或部门审理的案件，涉案人员的最终定罪要由皇帝本人决定或认可。狭义上的诏狱则指与之相关的监狱。由于明代的诏狱绝大部分交给镇抚司审理，所以相关人犯也要关押在镇抚司监狱，也就是锦衣卫监狱中。英宗时期，北镇抚司只是一个审判部门，尚未有独立的印信，所以，北镇抚司审理的人犯可能也关押在锦衣卫监狱中。那么，如何区分诏狱人犯和一般锦衣卫狱人犯呢？

按《会典》记载，锦衣卫监狱设"看监百户五员，总旗五名，校尉一百名，皂隶三十名。直堂把门皂隶十一名"③。看监人员严禁泄露狱情，宣德六年明确规定："有透漏狱情者，斩。"④

不过，在洪武朝，还曾有部分力士参与看守监房。如《大诰》中提到"锦衣卫受监者厨子王宗，自知罪不可逃，虑恐刀加于项，令家人买毒……外监门者力士杨贵受财放入，内监门力士郭官保验

---

① 黄宗羲：《弘光实录抄》卷一，见《黄宗羲全集》第二册，浙江古籍出版社 1985 年版，第 8 页。
② 《明英宗实录》卷二七七，天顺元年四月庚申条，第 5928 页。
③ 万历《大明会典》卷二二八《锦衣卫·镇抚司》，第 3006 页。
④ 万历《大明会典》卷二二八《锦衣卫·镇抚司》，第 3006 页。

出"①。《逆臣录》中也有类似记载，如"三月初十日，有蔡大舍送到酒三瓶、弓弦一条，收接了当。不期就被看监力士搜出，取问罪犯"②。

洪武时期的锦衣卫监狱设于何处不得而知。不过洪武十七年三月，明廷曾下令改建刑部、都察院、大理寺、审刑司、五军断事官公署于太平门之外。"太平门在京城之北，以刑主阴肃，故建于此。曰肇建法司于玄武之左，钟山之阴，名其所曰贯城。贯，法天之贯索也，是星七宿如贯珠，环而成象，乃天牢也"③，锦衣卫监狱中关押的大多是重犯，估计也在太平门外。正德十四年，朱宸濠叛乱，进攻安庆，南京戒严。"刑部重监、轻监人犯俱移于锦衣卫狱。事宁，复初。"④ 可见，尽管已过百余年，锦衣卫的监狱仍然是南京各法司监狱中最牢靠的。

迁都北京后的锦衣卫监狱管理一度松散，天顺二年五月，还曾发生番僧加失领真、"犯边达贼"等二十余囚犯越狱事件⑤。天顺元年四月，明廷曾下令增修锦衣卫狱⑥，不排除此时的增修工程尚未彻底完成，囚犯趁机逃亡的可能。天顺六年九月，"掌锦衣卫事都指挥佥事门达言：天下囚犯皆聚本司，而狱房甚少。臣见城西武邑库隙地有余，乞敕工部盖造狱房。从之"⑦。此前的八月，门达刚刚奏准"甃锦衣卫狱墙"⑧。不断的增修、新修和天顺年间锦衣卫权力泛滥，囚犯数量激增有直接关系。不过，英宗不久后驾崩，新君力求缓解政治领域的紧张气氛，锦衣卫城西狱舍因此在天顺八年三月又被拆

　　① 《大诰三编·医人卖毒药第二十二》，见钱伯城、魏同贤、马樟根主编《全明文》（一）卷三一，上海古籍出版社1992年版，第711页。

　　② 《逆臣录》卷二"羽林左卫千户胡清"，第89页。

　　③ 《明太祖实录》卷一六〇，洪武十七年三月丙寅条，第2487页。

　　④ （明）顾起元：《客座赘语》卷一〇《移囚》，中华书局1987年标点本，第346页。

　　⑤ 《明英宗实录》卷二九一，天顺二年五月丁亥条，第6207页。

　　⑥ 《明英宗实录》卷二七七，天顺元年四月己亥条，第5903页。

　　⑦ 《明英宗实录》卷三四四，天顺六年九月壬子条，第6963页。

　　⑧ 《明英宗实录》卷三四三，天顺六年八月丁亥条，第6950页。

毁①，回到只有一个监狱的状态。

　　政治环境趋于宽松似乎让监狱管理者也松懈了下来，成化年间，锦衣卫监狱居然连续发生多起越狱事件。成化七年二月，五名当判死罪的强盗"夜穴墙而逃。狱卒走报守正阳门官，黎明，门犹不启"②。九年正月，罪囚再次越狱，掌卫事、都指挥同知袁彬等不敢再隐瞒，主动具奏自劾③。十七年三月，"锦衣卫囚越狱。指挥使朱骥等具奏服罪"④。几次越狱，锦衣卫主官都没有受到实质处罚，仅仅处治了看监百户，纪律松懈估计是狱政不严的重要原因。

　　这几次越狱发生后，在《实录》中都没有出现科道官介入的记载。按理，这是严重的渎职事件，科道官理应上书弹劾。如果不是《实录》缺载的话，估计和越狱时的锦衣卫主官是袁彬和朱骥有关，毕竟这两个人在士大夫眼中是赞许有加的忠厚楷模。

　　越狱失职可以暂缓弹劾，等着皇帝的态度，如果发生死亡现象，科道官就不能装聋作哑了，因为洪武二十五年七月，明廷制定了相视原告病故之法：

　　　　刑部若遇有原告病故者，监察御史同锦衣卫官相视；都察院原告病故，刑部主事同锦衣卫官相视。取获批张，附卷备照。如有欺弊，从相视官闻。⑤

　　洪武二十年，为缓解政治领域的恐怖气氛，朱元璋下令焚毁锦衣卫刑具，估计锦衣卫监狱因此暂时空置，所以上述法令中没有提到锦衣卫监狱。按《大明会典》的记载："凡锦衣卫囚人病故。监察御史、刑部主事，同往相视。其有奉钦依相视者，次日早，赴御

---

①　《明宪宗实录》卷三，天顺八年三月丙寅条，第80—81页。
②　《明宪宗实录》卷八八，成化七年二月己酉条，第1709页。
③　《明宪宗实录》卷一一二，成化九年正月壬子条，第2175页。
④　《明宪宗实录》卷二一三，成化十七年三月丁丑条，第3697页。
⑤　（明）佚名：《秘阁元龟政要》卷一五，洪武二十五年七月丁未条，四库全书存目丛书影印本，第808页。

前复命。"① 正统五年，内官僧保死于锦衣拷打，指挥佥事王裕、马顺以病死上报，"上疑之，命御史徐郁验得其情。逮裕、顺等鞫问。狱具，命锢禁之"②。成化十三年，"宥锦衣卫指挥牛循等罪。先是，有本卫军匠争役，循以私忿杖杀之。守监百户以为病死，而指挥朱骥、赵能、刘良、赵璟、陈玺皆连名具奏。事觉，监察御史邓杞按之，得循酷暴状，且请逮治骥等扶同回护之罪。诏俱宥之"③。可见，锦衣卫监狱恢复使用后，一样要接受科道监督。

　　锦衣卫狱中囚禁的大多是重犯、要犯，其生死关系到诸多方面，所以囚犯的待遇较之其他监狱反而要相对好一些。如正统二年十月，刑部右侍郎何文渊在上奏中提到"给罪人衣粮，亦具有律文。近惟有锦衣卫行之"④。为保证囚犯生存，监狱管理者有时还会主动请求给予囚犯一定的贴补，如正统九年，"锦衣卫镇抚司奏：见监麓川叛贼家属莽剌札等男妇七十二名口，拟候斩、配。今天寒无衣，恐冻死。上曰：如数给与袢袄绔鞋"⑤。个别官员有时也会主动寻找改善狱囚生活条件的方法。"狱囚故无藉，卧辄僵死，儒奏以牧象草藉之。囚系者缺食，儒奏以无主盗赃食之，咸为例。"⑥ 引文中的"儒"指"典告密"，即负责侦缉事务的千户宋儒。宋儒的事迹出自《万姓统谱》，但传文中没有记载其生活时代。《万姓统谱》大体按传主生存年代排序，宋儒之前是建文朝的宋忠，后面是正统年间参与了麓川之役的宋钦，所以宋儒大体生活在永乐至宣德年间。

　　天启朝，周顺昌等六君子遭阉党迫害，由被阉党控制的锦衣卫逮捕入京。史载：

　　　　周、袁二公俱于五月初到北司。顾公五月廿六日到南镇抚，

　　① 万历《大明会典》卷二二八《锦衣卫》，第3003页。
　　② 《明英宗实录》卷六五，正统五年三月己巳条，第1259页。
　　③ 《明宪宗实录》卷一七一，成化十三年十月辛丑条，第3095页。
　　④ 《明英宗实录》卷三五，正统二年十月乙亥条，第687页。
　　⑤ 《明英宗实录》卷一二〇，正统九年八月戊申条，第2418页。
　　⑥ （明）凌迪知：《万姓统谱》卷九二，景印文渊阁四库全书本，第343页。

廿八日送北司。魏公六月廿四日到南镇抚，廿六日送北司。杨、左二公六月廿六日到南镇抚，次日送北司，又次日之暮严刑拷问。①

顾大章、魏大中、杨涟、左光斗四人都是先送到南镇抚司，一两天后才送到北镇抚司。按照这个记载，南、北镇抚司应该各自有自己的牢房。但是万历三十二年七月大学士沈一贯还曾上言：

> 昨日管镇抚司李祯国来说，狱中房墙倒塌，积水成河，各囚死生难保，情实可怜。除死罪外，余宜早与发遣发落。至于矿税犯人，原为百姓得罪。倘至瘐亡，益为百姓所怜，干伤天和尤甚。伏乞将冯应京等特恩赦宥，或发刑部分别坐拟，其余各犯，亦通发刑部拟罪奏请，庶罪人有所归着，亦便工部修理。不报。②

冯应京等是诏狱犯人，沈一贯在报告锦衣卫狱房屋倒塌时提到他们，说明冯应京等人就关押在锦衣卫监狱中。由此看来，由于南、北镇抚司分置，锦衣卫监狱内部应该有了一定的划分，诏狱人犯统一关押在北镇抚司掌管的那部分。另外有史料显示，诏狱内部还有官监和民监之分。正德年间，御史周在因得罪刘瑾被下诏狱。周在写了一首诗《初下诏狱作》，在诗中，周在加了一个旁注："抚监有官民之分，官监稍洁，予独下民监，与强盗、重囚杂处。"③ 刘瑾擅权期间，大批官员被打入诏狱，估计因为人数过多，官监不够用，才临时把周在等人塞进民监。

---

① （明）佚名：《诏狱惨言》，《中华野史》丛书"明朝卷四"，泰山出版社2000年版，第3860页。

② 《明神宗实录》卷三九八，万历三十二年七月甲子条，第7481页。

③ （明）周在：《初下诏狱作》"旁注"，见（清）朱彝尊《明诗综》卷四〇，景印文渊阁四库全书本，第4页。

诏狱什么时候开始由北镇抚司单独管理，由于资料缺乏，暂时还搞不清楚。嘉靖初，藩邸旧臣戴楚望被封为锦衣卫千户，后升指挥佥事，典诏狱。"当是时，廷臣以言事忤旨鞫系者，先后十数人。楚望亲视食饮、汤药、衣被，常保护之，故少瘐死者。其后往往更赦得出……以故中朝士大夫籍籍称其贤。"① 如果不是诏狱人犯已经集中安置，戴楚望似乎没有条件同时照顾诸多入狱士大夫。可见，至少在嘉靖年间，专属的诏狱应该已经存在了。

北镇抚司专属监狱条件很差，"镇抚司狱，亦不比法司，其室卑入地，其墙厚数仞，即隔壁嗥呼，悄不闻声。每市一物入内，必经数处验查，饮食之属十不能得一，又不得自举火，虽严寒不过唉冷炙、披冷衲而已。家人辈不但不得随入，亦不许相面。惟拷问之期，得于堂下遥相望见"②。阉党擅政时期，诏狱人犯可以在比较日，"家属因交赃"，也就是退缴"赃物赃款"的时候见到亲属，但仅限于"伏胁下细语，显纯犹恐密露其恶，勒令跪一丈外，高声问答，仍不许为方言"③。

诏狱的监房"有垣而无门，垒土以为障"④。犯人夜间也不得安睡，"典狱者夜警，约十人为一队，各击柝扬铃，匝屋四面，凡经一门，呼囚名一过，群答之，依复应声高喊乃去"⑤。诏狱平时严禁闲杂人等进入，"擅入狱中者，即刖其足。故片纸只字，及单辞半语出入，最为不易，自非极慎极密，往来其间，鲜有不败者也"⑥。

正德年间，入诏狱的周在抱怨牢饭恶劣，写诗称"野薤晨充馔，

---

① （明）归有光：《戴楚望集序》，见氏著《归震川全集》（上册）卷二，上海中央书店1936年排印本，第17页。

② （明）沈德符：《万历野获编》卷二一《镇抚司刑具》，第538页。

③ （明）佚名：《诏狱惨言》，《中华野史》丛书"明朝卷四"，泰山出版社2000年版，第3862页。

④ （明）姜垓：《被逮纪事》，见（明）姜埰《敬亭集》"附录"，华东师范大学出版社2011年标点本，第319页。

⑤ （明）姜垓：《被逮纪事》，见（明）姜埰《敬亭集》"附录"，华东师范大学出版社2011年标点本，第319页。

⑥ （明）佚名：《诏狱惨言》，第3862页。

干芦夜作茵。乱蝇沾食秽，毒蝎螫肤辛"①。晚明时，连这个待遇都很难享受到了，因为"例，诏狱每三日才得进水薪"②。崇祯时，姜埰和熊开元因弹劾首辅周延儒被逮捕，姜埰被下诏狱，"初至诏狱……三日无勺水入口，仅广陵因某以陈粥半盂啜之"③。

由于诏狱关押的大部分是文职官员，看监军卒的态度往往能反映士大夫未来的命运。东林六君子初入诏狱时，"狱卒持上下之礼颇严，后知诸君子不免于祸，遂席地对谈，既而坐诸君子之左右，笑语如友朋"④。姜埰、熊开元甚至一度被狱卒"掠取一尽，仅存下衣"⑤，因为传言他们即将被弃市。

三　锦衣卫的刑罚与廷杖

诏狱的条件虽然恶劣，但与锦衣卫特别是北镇抚司的刑罚相比，则是小巫见大巫了。

最重的刑罚，当然是死刑。京城的死刑，由锦衣卫负责执行。正统元年九月，监察御史卢睿等奏准：

> 朝廷凡决死囚，必敕刑科三覆奏，重人命也。比者三覆奏毕，但令校尉诣法司出死囚，会官行刑，别无妨奸人员。臣恐犯人亲属有伪称校尉，诈脱以逃者。乞自今特赐驾帖，付锦衣卫监刑官，率校尉诣法司，取死囚赴市，庶无疏虞。⑥

之所以如此执行，是因为在此之前确实发生过死刑犯没有验明正身的现象。如永乐二十一年三月，"监察御史王愈及刑部、锦衣卫官四人会决死囚，误杀无罪四人。事闻，命法司执愈等偿死。即日，

---

① （明）周在：《初下诏狱作》，见（清）朱彝尊《明诗综》卷四〇，第4页。
② （明）姜埰：《姜贞毅先生自著年谱》，见氏著《敬亭集》卷首，第10页。
③ （明）姜埰：《姜贞毅先生自著年谱》，见氏著《敬亭集》卷首，第10页。
④ （明）佚名：《诏狱惨言》，第3862页。
⑤ （明）姜埰：《姜贞毅先生自著年谱》，见氏著《敬亭集》卷首，第11页。
⑥ 《明英宗实录》卷二二，正统元年九月癸巳条，第427页。

愈四人皆弃市"①。

京城执行死刑的刑场在西安门外四牌坊。"凡刑人于市，有锦衣卫理刑官、刑部主事、监察御史及宛、大两县正官。处决之后，大兴县领身投漏泽园，宛平县领首贮库，所谓会官处决也。每临决重囚之时，有棍四对，导引驾帖，狱官素服角带送之。"②

死刑之外，刑罚主要用于审讯和羁押期间。"明之讯囚亦但用杖，故谓之讯杖也。"③ 北镇抚司的刑罚种类繁多，常用的有五种：

镇抚刑具凡五：一械，坚木为之，长尺五寸，阔四寸许，中凿两孔着臂上，虽受刑时亦不脱。入狱则否。凡杀中，惟械手则甚便，故周公之死，郭贼诱之上堂，上堂理应着此物也。一镣，铁为之，即银铛也。长五六尺，盘左足上，以右足受刑，不使动也。一棍，削杨榆条为之，长五尺，曲如匕，执手处大如人小指，着肉处径可八九分。每用棍，以绳急束其腰，二人踏绳之两端，使不得转侧。又用绳系两足，一人索绳背立，使不得伸缩。一楼，用杨木为之，长尺余，径四五分。每用楼，两人扶受楼者起跪，以索力束其两端，随以棍左右敲之，使楼上下则加痛。一夹棍，杨木为之，二根，长三尺余，去地五寸许，贯以铁条，每根中间各帮楼三副。凡夹人则直竖其棍，一人扶之，安足其中，上急束以绳，仍用棍一具支足之左，使不移动，又用大扛一根，长六七尺，围四寸以上，从右畔猛力敲足胫。吁可畏哉！④

究竟使用哪一种刑具，首先要看皇帝的态度。"寻常止云'打著

① 《明太宗实录》卷二五七，永乐二十一年三月庚子条，第2375页。
② （明）史玄：《旧京遗事》，第3933页。
③ （清）汪师韩：《韩门缀学》卷三《讯囚用刑》，续修四库全书丛书影印本，第497页。
④ （明）燕客：《天人合征纪实》，见（明）黄煜《碧血录》卷下"附录"，中国野史集成丛书影印本，第581页。

问'，重者加'好生'二字，其最重大者，则云'好生著实打著问'。必用刑一套，凡为具十八种，无不试之。"① 东林七君子之一的李应昇被捕后，阉党矫诏："镇抚司打问。镣钮送诏狱。对簿刑全套"，包括"四棍一夹，敲五十杠子，十椤，敲一百穿梭"②。崇祯年间姜埰被"着实打问"，结果"一拶敲五十，一夹敲五十，杖三十，名曰一套。疏入，上驳令再打问，一拶敲八十，一夹敲八十，杖三十"③。可见，所谓全套，必然要用上杖、夹棍和椤，区别仅在于次数。

明初，为维护士大夫体面，"缙绅得罪，虽极刑，止下刑部"，镇抚司的严刑晚明时才施加于犯罪官员，"不知何年始加之缙绅，后遂为恒事，士气消折尽矣"④。嘉靖四年九月，致仕刑部尚书林俊在上疏中说："臣又见成化、弘治间诏狱诸旨，惟叛逆、妖言、强盗，好生打着问；喇虎、杀人，打着问。其余常犯，送锦衣卫镇抚司问……今一概打问，无复低昂，恐失旧典，非祖宗仁厚之意。"⑤ 如果林俊所说无误的话，镇抚司打问士大夫，应始于嘉靖年间。

镇抚司严刑虽然残酷，如果事先疏通关系，也可以少受些罪，"诸刑俱可应故事，惟拶指则毫难假借。盖紧拶则肉虽去而骨不伤，稍宽则十指俱折矣。若他刑果尽法，即一二可死，何待十八件尽用哉"⑥。

天启年间，阉党大肆迫害东林人士，又发明很多酷刑，"如条例所载脑箍、烙铁、一封书、鼠弹筝、拦马棍、燕儿飞等项名色，皆立抽人筋，立断人骨，立绽人皮肉，言之令人酸鼻"⑦。行刑时，魏忠贤还要派东厂人员到现场监督。"珰遣听计人坐显纯后，棍数之多

① （明）沈德符：《万历野获编》卷二一《镇抚司刑具》，第 538 页。
② （清）查继佐：《明书（罪惟录）》列传卷十三下《李应昇传》，第 2140 页。
③ （明）姜埰：《姜贞毅先生自著年谱》，第 10—11 页。
④ （明）沈德符：《万历野获编》卷二一《镇抚司刑具》，第 538 页。
⑤ 《明世宗实录》卷五五，嘉靖四年九月辛巳条，第 1348—1349 页。
⑥ 《明世宗实录》卷五五，嘉靖四年九月辛巳条，第 539 页。
⑦ 汪楫：《崇祯长编》卷五，崇祯元年正月丁卯条，第 237—238 页。

寡，及刑之轻重，惟其意所指，而显纯又加之以虐。一日，听计者以他事出，显纯袖手，至晚抵暮方来，始敢审问。"① 这些制度外的酷刑在魏忠贤垮台后才陆续废止。

事实上，很多酷刑都和擅权宦官有关。比如"夹棍之刑，自古未有。《大明律》亦不载。传闻正统间，锦衣卫始置以媚王振，而今则各衙门无崇无卑，一概用之。惨毒之状，史所称死猪愁、突地吼者，何以加焉"②。据说从王振开始，还出现了重枷，"其头号者，至重三百斤，为期至二月，已百无一全"③。万历四十三年，皇帝"命锦衣卫于皇城每门放头号大枷二面。若有异服异形眼生奸细之人，即时擒获。该衙门便拿去着实打一百棍，就着此枷枷号于本门讫具奏。示众一月满，奏请定夺"④。可见，晚明时重枷已成为法定刑具。

号称最毒的立枷，"乃刘瑾所创"⑤，"荷此者不旬日必绝。偶有稍延者，命斲低三数寸，则顷刻殒矣……凡枷未满期而死，守者掊土掩之，俟期满以请，始奏闻领埋。若值炎暑，则所存仅空骸耳。故谈者谓酷于大辟云"⑥。

以上刑罚虽然惨酷，但大多在明朝中后期行用，真正在明朝立国之初即令士大夫们望而生畏，切齿痛恨的是廷杖。

杖刑是中国古代传统的五刑之一。所谓廷杖，即在朝堂上当众对臣子施加杖刑。《明史》的作者称"廷杖之刑，亦自太祖始矣"⑦。20世纪80年代，张善诚据此提出朱元璋首创廷杖之刑⑧，但很快遭到杨希义、陈文秀等人的反对，前者提出廷杖"滥觞于北周"，后者

---

① （明）佚名：《诏狱惨言》，《中华野史》丛书"明朝卷四"，泰山出版社2000年版，第3862页。

② （明）伍袁萃：《林居漫录·多集》卷四，四库全书存目丛书影印本，第583页。

③ （明）沈德符：《万历野获编》卷一八《立枷》，第477页。

④ 《明神宗实录》卷五三三，万历四十三年六月乙未条，第10091页。

⑤ （清）汪师韩撰《韩门缀学》卷三《讯囚用刑》，第497页。

⑥ （明）沈德符：《万历野获编》卷一八《立枷》，第477页。

⑦ （清）张廷玉等：《明史》卷九五《刑法三》，第2329页。

⑧ 张善诚：《评忠君道德》，《哲学研究》1980年第9期。

认为首先出现在东汉①。

其实，即便是明朝人也不认为廷杖之刑始于本朝。如朱国祯认为"廷杖始于唐玄宗时，御史蒋挺决杖朝堂。张廷珪执奏，谓御史可杀不可辱，人服其知体。然本之，又起于隋。《文帝本纪》称'殿庭挞人'，此其征也。其后北魏、金、元皆用之。盖以夷狄效中国，而其本俗止有斩杀。原无此法"②。明末曾亲身体验廷杖之苦的姜埰也认为"廷杖之法，始自隋文"③。沈德符则把廷杖开始时间延伸到了北魏。

> 士人受杖，古不经见，惟后汉显宗，撞郎药崧，不过手自杖之，然已非礼。六朝则南齐《陆澄传》有之，以郎吏积杖至千数，意如对簿受笞之类，未必廷杖也。北朝则元魏时有之，此索虏陋习，而宇文高氏遂因之。隋文帝亦挞人于殿廷，至唐犹然，如李邕之杖死朝堂而极矣。然姜皎、裴伸先辈，犹以曾为大臣，得免此辱，盖当时已觉其亏国体矣。④

明朝士大夫纷纷把廷杖刑罚起始的时间向前提，在很大程度上是不愿意承认此刑罚直接承袭于以蒙古人为统治核心的元朝。正如朱国祯所说，金、元等朝施用廷杖是"以夷狄效中国"。相比之下，沈德符承认廷杖是"索虏陋习""思此风为金、元夷俗，而本朝沿之，赵宋时无有也"⑤，倒更符合史家唯真原则。

不可否认，女真人入主中原后采用杖刑有承袭中原旧制的因素。

---

① 杨希义：《"廷杖"首创于朱元璋?》，《西南师范大学学报》1981年第3期；陈文秀：《"廷杖"考》，《晋阳学刊》1983年第5期。
② （明）朱国祯：《涌幢小品》卷一二《廷杖》，《中华野史》丛书"明朝卷四"，泰山出版社2000年版，第3621页。
③ （明）姜埰：《因事陈言疏》，见氏著《敬亭集》卷七，第203页。
④ （明）沈德符：《万历野获编》卷一八《廷杖》，第476页。
⑤ （明）沈德符：《万历野获编》卷一八《廷杖》，第475页。

不过"金国旧俗，轻罪笞以柳葼"①，和中原杖刑有类似之处，所以《金史》的作者称金代第一部成文法典《皇统制》是"以本朝旧制，兼采隋、唐之制，参辽、宋之法"②。当时的杖刑是"杖罪至百，则臀、背分决。及海陵庶人以脊近心腹，遂禁之"③，只打臀部。金世宗大定八年（1168 年），"制品官犯赌博法，赃不满五十贯者其法杖，听赎。再犯者杖之。且曰：杖者所以罚小人也。既为职官，当先廉耻，既无廉耻，故以小人之罚罚之"④。可见，金代的杖刑已经含有故意侮辱士大夫的成分，所以《金史》作者称金人"待宗室少恩，待大夫士少礼。终金之代，忍耻以就功名，虽一时名士有所不免"⑤。

蒙古人进入中原后，沿袭了杖刑制度。如元世祖至元五年（1268 年），"百户浑都速驻营济南路属县三年，胁取民饮食粮料当粟五千石，敕杖决之，仍偿粟千石"⑥。至元十一年，怯薛合合丹虚报拔都人数，有贪污军粮嫌疑，"敕杖合丹，斥无入宿卫，谪往西川，效死军中"⑦。至元十九年九月，"敕：官吏受贿及仓库官侵盗，台察官知而不纠者，验其轻重罪之。中外官吏赃罪，轻者杖决，重者处死。言官缄默，与受赃者一体论罪"⑧，等等。不过元代的杖刑要比实数少三下，按照忽必烈的解释，是"天饶他一下，地饶他一下，我饶他一下"，"自是合笞五十，止笞四十七，合杖一百十，止杖一百七"⑨。

朱元璋在称帝之前就开始使用杖刑。如亲征婺州时见到有较多学问的僧人孟月庭，将其带回南京。在南京，孟月庭因与刘基等

---

① （元）脱脱等：《金史》卷四五《刑》，第 1014 页。
② （元）脱脱等：《金史》卷四五《刑》，第 1015 页。
③ （元）脱脱等：《金史》卷四五《刑》，第 1015 页。
④ （元）脱脱等：《金史》卷四五《刑》，第 1016 页。
⑤ （元）脱脱等：《金史》卷四五《刑》，第 1014 页。
⑥ （明）宋濂等：《元史》卷六《世祖本纪三》"至元五年二月辛丑条"，第 117—118 页。
⑦ （明）宋濂等：《元史》卷八《世祖本纪五》"至元十一年五月乙未条"，第 155 页。
⑧ （明）宋濂等：《元史》卷一二《世祖本纪九》"至元十九年九月壬戌条"，第 246 页。
⑨ （明）叶子奇：《草木子》卷三下《杂制篇》，中华书局 1959 年标点本，第 64 页。

"议论不合，尝有犯上之言，太祖不加罪，发和州住坐。参军郭景祥奏月庭毁谤，太祖差校尉杖杀之"①。按察使杨宪揭发"前官单居仁不合将赃罚易作货物营利，优给吏典"，"太祖曰：单居仁杖一百，不用。吏典追赃，发和州种田"②。

称帝后，第一个载入正史的被当廷杖责者是洪武八年的刑部主事茹太素，史载其上言时政，因文辞太多，且"言多忤触。帝怒，召太素面诘，杖于朝"③。对地方官员，朱元璋也曾施以杖刑。如洪武十七年十二月，儋州知州魏世吉受贿，放走刚刚捕获的贼人，朱元璋大怒，"遣力士即其州杖之"④。校尉、力士都是皇帝身边的侍从，洪武十五年后都归并入锦衣卫或旗手卫，朱元璋在建国前后多次派遣校尉、力士等出京执行杖刑，说明杖刑由锦衣卫执行是有传统的。

万历初，艾穆曾遭廷杖。他相对具体的记录了受杖的过程：

> （万历）丁丑十月二十一日也，吾两人席藁朝房，听拿……明日早，闻廷杖四人。又闻江陵呼锦衣卫官七十人面谕：廷杖卖法者，必重究。吾两人曰：今日无非只一死耳……顷之，见校尉数十人如飚发熛至，铁镝钳两指行……但见羽林军环列廷中，凡若干匝，手戈戟杖木者林林立，六科十三道侍而司礼大珰十数辈捧驾帖来，首喝曰："带上犯人来。"每一喝则千百人一大喊以应，声震旬服。初喝跪下，宣驾帖。先杖二翰林，着实打六十棍，解发原籍为民；次杖吾二人，着实打八十棍，发极边卫分充军，遇赦不宥。盖二翰林婉而吾二人激，其处有差如此。宣驾帖毕，喝"拿下打，打的着实"。打八十棍，五棍一换，总之八十棍换十六人。喝"着实打"，喝打阁上棍，次第凡

---

① （明）刘辰：《国初事迹》，四库全书存目丛书影印本，第13—14页。
② （明）刘辰：《国初事迹》，第15页。
③ （清）张廷玉等：《明史》卷一三九《茹太素传》，第3987页。
④ 《明太祖实录》卷一六九，洪武十七年十二月癸丑条，第2578页。

四十六声，皆大喊，应如前。首喝时，阁上棍者阁棍在股上也。余幸志已定，杖时，偶寄想五凤楼上。杖几半，自大呼打上些，杖者稍离股而上。杖毕，喝"踩下去"。校尉四人以布袱曳之行。余自觉神气堂堂，在布袱中至长安门，自行诣兵部廊房，纯父亦至。余命两人夹之走数十周，血得不凝。校尉以门板舁入右府狱，纯父入左府狱。吾两人自此不复相闻。[①]

《日下旧闻考》记录的内容与艾穆的经历略有不同，可为补充：

　　故事：凡杖者，以绳缚两腕，囚服，逮赴午门外。每入一门，门扉随阖。至杖所，列校百人，衣襞衣，执木棍林立。司礼监宣驾帖讫，坐午门西墀下左，锦衣卫使坐右，其下绯而趋走者数十人。须臾缚囚定，左右厉声喝"阁棍"，则一人持棍出阁于囚股上。喝打，则行杖。杖之三，则喝令"着实打"。或伺上意不测，曰"用心打"，则囚无生理矣。五杖而易一人，喝如前。每喝，环列者群和之，喊声动地，闻者股栗。凡杖，以布承囚，四人舁之。杖毕，举布掷诸地，几绝者十恒八九。[②]

　　对于"以布承囚"，另一位受杖者姜埰有具体描述："（驾帖）宣读毕，一人持麻兜一，自肩脊而下束之，令不得左右动，而头面触地，浊尘满口中矣。又一人缚其两足，四面牵曳，但两臀受杖而已。"[③]

　　几份记载中都提到了驾帖。按照明代的制度，"一切廷杖、拿送并处决，必锦衣卫送驾帖至科，俟签押持去"，然后才能执行。崇祯朝，刑科给事中李清以为是无关紧要的"故套"，"及署印，以赴廷推归，见校尉森列，持杖不下，一应杖官已解衣置地。予问何待，

① （明）艾穆：《艾熙亭先生文集》卷四《恩谴记》，四库未收书辑刊影印本，第726页。
② （清）于敏中等：《日下旧闻考》卷三三，景印文渊阁四库全书本，第476页。
③ （明）姜埰：《姜贞毅先生自著年谱》，第11页。

答曰：非科签驾帖，则不得杖耳"。① 可见，刑科签批的程序到明末依旧在坚持执行。只是当时已经是"仅作承行"，已无人封驳，甚至"召数老书手问封驳云何，皆云不知"②。

南京廷杖，自迁都后长期不再行用，成化十八年才恢复。当年御史李珊在奏疏中把"民惟邦本"错写成"民为邦本"，被皇帝发现，"以珊等进士不学，令锦衣卫诣南京午门前，人杖二十。守备太监安宁监之"③。

弘治年间，南京都察院右都御史张悦上言："本院并南京刑部当杖断罪囚之时，例委御史、主事及南京锦衣卫千百户会同杖断。缘杖所去本卫悬远，千百户率不能早会，以致罪囚久待。校尉人等因吓取杖钱。及杖毕，日已晚，不得发落，仍复收系，以待旦问。遇雨雪，尤所难堪。请自今比照在京事例，止令御史、主事会同杖断，不必再会千百户。其行杖之人，就用地方火甲，不许复用校尉为便。"④ 这一提议遭到南京锦衣卫反对。经多部门会议，最终在弘治十年五月达成一致，采用张悦的建议，杖刑由此改由地方火甲执行。

但到刘瑾擅权时，这一决定又被推翻。南京御史李熙因触怒刘瑾，"矫旨廷杖三十。时南京禁卫久不行刑，选卒习杖数日，杖之几毙"⑤。

由于行杖需要一定技巧，也就给受杖者提供了一个减少痛苦的机会。如崇祯朝，黄道周、解学龙受杖，"卫弁之贤者"郭承昊私下嘱托行刑旗尉："黄、解二公，忠臣也，若使上有杀谏臣名，若等罪

---

① （明）李清：《三垣笔记·上·崇祯》，中华书局 1982 年标点本，第 20 页。

② （明）李清：《三垣笔记·上·崇祯》，第 20 页。事实上，刑科金帖，确有封驳的制度设计。史载："祖制：锦衣卫拿人，有驾帖发下，须从刑科批定，方敢行事，若科中遏止，即主上亦无如之何。如正统王振、成化汪直，二竖用事，时缇骑遍天下，然不敢违此制也。"见（明）沈德符《万历野获编》卷二一《驾帖之伪》，第 534 页。

③ （清）万斯同：《明史》卷一二八《刑法下》，续修四库全书丛书影印本，第 182 页。

④ （明）施沛：《南京都察院志》卷四〇《志余》，四库全书存目丛书补编影印本，第 491 页。

⑤ （清）万斯同：《明史》卷一二八《刑法下》，第 182 页。

莫赎！故虽杖而不伤。"①

　　"成化以前，凡廷杖者，不去衣，用厚绵底衣重毡迭帊，示辱而已。然犹卧床数月而后得愈。正德初年，逆瑾用事，恶廷臣，始去衣，遂有杖死者。"② 不过受杖者也有一定的应对办法，"凡廷杖者俱豫知状，或自分疏入必不免，得多服药，节啬以待……余同年有为刑官者曰：凡卒然与杖，即十下亦可死。有意待杖，至百亦难毙。盖心血不上冲故也"③。部分士大夫还有一些"取巧"的方法，如"沈继山先生云：杖之日，交右股于左足之上，以故止伤其半。出则剔去腐肉，以黑羊生割其臑，傅之尻上，用药缝里，始得再生"④。但不管用什么方法，对肉体的伤害都是很严重的。如邹元标即曾明言："每遇天阴，骨间辄隐隐作痛，以故晚年不能作深揖。"⑤ 不过明朝的士大夫们对受杖并不引以为耻，反而认为是"此皆关系朝家纲常，有功名教者，虽见辱殿廷，而朝绅视之，有若登仙"⑥。皇帝施以杖刑是在发泄对朝臣的不满和愤怒，士大夫却争先恐后拜杖阙下，堪称明代政治生活中的一个悖论。

　　对这一怪现象，张帆的看法颇值得重视。他认为蒙元帝国的"家产制国家"色彩浓重，大汗（皇帝）的权力至高无上，与臣下是主奴关系，因而对臣僚没有太多的疑忌之心。"而元朝官员主要来源于蒙古、色目贵族和汉族胥吏，其政治态度也与富有强烈的道义原则和社会使命感的士大夫阶层颇为不同。到明朝，君臣角色都发生了变化。一面是起自寒微、心理脆弱的明太祖及其子孙，一面是长期受到冷落后重新有了用世机会的士大夫，君臣关系趋于紧张似乎可以理解。廷杖之制起于金、元，但两朝廷杖大臣之例并不多见，

① （明）王世德：《烈皇帝遗事上》，见（清）郑达：《野史无文》卷三，第16页。
② （明）朱国祯：《涌幢小品》卷一二《廷杖》，第3621页。
③ （明）朱国祯：《涌幢小品》卷一二《廷杖》，第3621页。
④ （明）沈德符：《万历野获编》卷一八《廷杖》，第476页。
⑤ （明）沈德符：《万历野获编》卷一八《廷杖》，第476页。
⑥ （明）沈德符：《万历野获编》卷一八《廷杖》，第475页。

不像明朝动辄棰楚交加，原因应当也在于此。"①

四　逮捕——锦衣缇骑的法警职能

丁易认为由于锦衣卫是"直接属于皇帝的缘故，任何人他们都可以直接逮捕，根本不必经过外廷法司的法律手续，而皇帝要逮人，也就直接命令他们去逮"②，锦衣卫真的有此特权吗？

万历四十七年，锦衣卫都指挥使骆思恭曾上本：

> 臣衙门实与刑科职掌相关。凡奉旨提人必用驾帖。由刑科签名，然后遵行。昨岁该科给事中姚若水册封去后，今又外转，全署无官。阁部催请不啻舌敝□秃，至今悬缺。诸事犹可稍缓，惟是逮人旨下，即刻差官赍捧驾帖起程回奏，须臾不敢稽留。今辽事决裂，请逮之疏屡上，万一允行，臣欲候请科臣，恐谓稽旨罪也。欲奉命而行，恐谓违例，亦罪也。伏乞皇上将见在候命刑科给事曾汝召、韩继忠速赐允补，刻期任事，庶签帖有人，明旨不稽。③

明制："凡奉旨提取罪犯。本卫从刑科给驾帖，都察院给批，差官前去。其差官，就于该直千百户内具名上请。"④ 从骆思恭的题本来看，这一制度到晚明时仍然是得到严格执行的。

万历年间，因为在立太子等问题上与臣僚产生重大分歧，万历皇帝采取了故意荒废朝政、缺官不补等消极对抗措施，给政权的正常运转带来很大的麻烦。六科给事中、十三道御史本来有百余员，但到万历四十五年十月时，"六科止余四人，而五科之印皆无所属。

---

① 张帆：《元朝的特性——蒙元史若干问题的思考》注释39，见《学术理想评论》第一辑，辽宁大学出版社1997年版，第480页。
② 丁易：《明代特务政治》，第26页。
③ 《明神宗实录》卷五八四，万历四十七年七月壬午条，第11127页。
④ 万历《大明会典》卷二二八《锦衣卫》，第3004页。

十三道止余五人，而人皆兼数事"①。正如骆思恭所说，其他科道缺员影响还不算大，因为"诸事犹可稍缓"，但刑科绝对不能没有人，因为皇帝如果下了逮捕令，锦衣卫必须得到刑科的签名，否则无法执行。

不仅逮捕人要受刑科制约，就是提问人犯也不是可以随意进行的。嘉靖元年，锦衣卫千户白寿等拿着驾帖到刑科，按照"厂卫赍驾帖提人，必由刑科佥批"的旧例，请给事中刘济签名，然后提审东厂访获的嫌犯。不料刘济声言"当以原本送科，方知其事，乃敢批行"。双方争执不下，嘉靖帝刚从外藩入主不久，对很多事务尚不完全了解，只好命人查阅弘治、成化年间事例。不久刑科回奏："不但二庙时为然，自天顺以至正德，厂卫节奉明旨，俱同原本送科，以凭参对。"但白寿等坚持说"驾帖送科，旧皆开写事略，会同署名，实不系御批原本"②。嘉靖帝偏袒锦衣卫，最后采纳了白寿等人的意见。

从这一争论可以看出，在嘉靖以前，按照制度规定，锦衣卫提审人犯必须先拿到皇帝的书面指令，然后带圣旨原本到刑科，刑科比对、签名同意后才能把人带走。不过白寿等人似乎也没能力随意篡改成例，估计这一制度已经很久没有严格执行了。不过不管怎样，锦衣卫提人必须得到刑科的配合是确定无疑的。

清初人士陈僖在《客窗偶谈》中记载："卫有驾差，而厂无之。外省大僚有事犯提问者，旨下锦衣卫，差官一二员、旗尉二三十名前去提解，而厂役不及。"③这其实是一种误解。按照明代制度，锦衣卫出京逮捕人犯，每一个人犯只能有一份驾帖，"每一帖，止官旗二人"④，另有少量随从。但天启年间阉党得势，政治生态严重恶化，厂卫办差时常有大批依附人员主动跟随左右，试图乘机渔利，所以

---

① 《明神宗实录》卷五六二，万历四十五年十月庚戌条，第10599页。
② 《明世宗实录》卷二一，嘉靖元年十二月辛丑条，第626页。
③ （清）陈僖：《客窗偶谈·锦衣卫·行事同异》，见氏著《燕山草堂集》卷四，第571页。
④ （明）朱长祚：《玉镜新谭》卷六《缇骑》，中华书局1989年点校本，第88页。

锦衣卫出京执行逮捕任务时，常有"伪从辅翊者五十人。籍以珰势，假其虎威，并心肆恶。沿途索诈，揹勒舆马，鞭挞驿递，越格邀取财帛，倍常贪饕酒食。至其该府，铺垫与供应，靡不过奢；交易半掳掠，谁敢与争？傲嫚府县官长，凌虐地方士民。虎视眈眈，状若咆哮横噬；狗吠唁唁，人以逡巡难近。至褒狎犯官，骄倨何堪；馈贻恣意，诛求无厌"①，陈僖估计是不了解有关制度，把晚明时的乱象误解成了实际制度。

　　除了逮捕人，锦衣卫有时也执行一些类似的司法任务。如《逆臣录》中记载了锦衣卫指挥佥事陶幹的一段供词：

　　　　一招吴县粮长沈三，长洲县粮长吴乙，里长姚乙、张乙于洪武二十五年九月间前来本家，为因惧怕没官房屋事，送到银子壹佰伍拾两，金子贰拾两，纻丝壹拾伍匹，接收入己。②

　　可见，锦衣卫执行了抄家的任务。

　　锦衣卫虽然承担逮捕人犯的职责，但人犯的来源复杂，罪名各异，因而审理机关未必是锦衣卫，所以执行逮捕任务的锦衣卫更像是法警。

　　成化三年冬，锦衣卫奏准："旧例，凡各处械送囚犯至京者，岁终例于良乡、通州等处停止，待新正朝贺毕入京。然自永乐二十二年有旨，不必停止，特送两法司，待大祀后问理。后天顺四年，改镇抚司。请如例仍送两法司为便。"③可见，在永乐二十二年之前，如果出京执行逮捕任务的锦衣卫官兵不能赶在岁末之前回京，还得在京外滞留一段时间，新年也不能归家休息，且罪犯基本要送交法司审理。天顺年间，锦衣卫气势煊昂，罪犯才可以直接送回卫狱，交镇抚司审理。成化初，政治气氛相对清新，故锦衣卫主动提出人

---

① （明）朱长祚：《玉镜新谭》卷六《缇骑》，第88页。
② 《逆臣录》卷三《锦衣卫指挥陶幹等》，第155页。
③ 《明宪宗实录》卷四九，成化三年十二月癸丑条，第1007—1008页。

犯仍送法司。

锦衣卫的建议虽然被接受，但在执行过程中并没有得到彻底贯彻。成化七年冬，锦衣卫再次上奏：

> 明年正旦节近，先时，凡各处械送囚犯至者，岁终俱于良乡、通州停止，候正月半后方许入京。自永乐末以来，累令就送两法司或镇抚司问理。至上年复奉旨如前。今宜循近例，仍送两法司为便。①

可见，成化六年时明廷一度恢复了京外人犯直接送镇抚司审问的制度。虽然本次陈请获得批准，但说到底，进京人犯到底怎么处理并没有一定之规，全凭皇帝好恶。

嘉靖二十七年二月，千户段崇文因为"都督陆炳参其逮捕曾铣迟延"②，被连降三级。虽然曾铣被逮捕涉及宫廷政治斗争，段崇文可能对他有些同情，但这一记载亦显示出京执行逮捕任务是有时限规定的。

由于出京捕人的锦衣卫官兵服装鲜艳，且只能乘马，所以俗称为"缇骑"。不过，晚明时政局混乱，很多出京办差的锦衣卫官员也仿效文官乘轿出行。如《万历野获编》记载：

> 向见锦衣奉使出者，俱坐八人轿，覆褐盖，虽试百户亦然，不知始自何时？有一溧阳人蒋文兴者，史元秉继书家奴也，史为缇帅，文兴因冒功官百户，差至浙江拿人，亦用此体。今上庚子年事，予亲见于杭城中……要之，此辈不可理喻，亦不足深诘也。③

---

① 《明宪宗实录》卷九九，成化七年十二月戊子条，第 1911 页。
② 《明世宗实录》卷三三三，嘉靖二十七年二月癸酉条，第 6114 页。
③ （明）沈德符：《万历野获编》卷十三《褐盖》，第 355—356 页。

不仅专门派出的锦衣官校可以逮捕人，奉命出京办案的锦衣卫官员也可以根据案情需要把嫌犯押解进京。如天顺二年，监察御史叶普亮的乡邻"奏普亮强敛田宅及娶族女为妾诸不法"，锦衣卫百户刘诚奉命前往调查，"俱谓为实。于是以密诏，即籍普亮家以来"①。成化八年，锦衣卫千户高安"奉命往按内官张庆家人张伦杖杀大使、索赂罪，俱实，械伦还京。伦至芦沟桥而遁。安惧罪，自经"②。可见，押解犯人回京也要承担一定的风险。

明代交通相对落后，加之军饷额度偏低，出京逮捕人犯并不是轻松的差事，所以不免有人会利用自己特殊的身份谋取利益。天顺时，"锦衣卫官校差出提人，惟财是图，动以千万计，天下之人被其扰害不可胜言"③，大学士李贤辗转禀告英宗，英宗不信，"密令指挥逯杲访之，果然有一人得银三四千两者"④，这才对其予以训诫。不过口头训诫对锦衣军校无异于隔靴搔痒，逮捕时公开索贿的现象并没有什么改观。

嘉靖六年，"锦衣卫百户张春，校尉何显、翟宇奉诏逮侍读叶桂章。行至柏乡传舍，桂章夜如厕，袖小刀，自刺死。于是春等以防范不谨下诏狱。科道官交章劾之，云桂章，故近侍臣，坐王邦奇疏词连及耳，非有殊死罪也。不便窘辱，何遽至此？已而考讯春等索贿有状。狱词上，得旨：春调发海州卫差操，显、宇充海州卫军"⑤。因为索贿逼死人犯，官校们的手段何等残忍可想而知。

有时，为了获得较多的财货，军校们甚至会在抵达前蓄意制造紧张气氛。如天顺三年，锦衣卫千户黄麟奉命前往广西逮捕巡按御史吴祯，"至则欲得各官重赂，诈云奉敕旨，闭城门，索狱具二百余副。由是众情疑惧，遂得白金二千余两，他物称是"，事发后被谪戍

---

① 《明英宗实录》卷二九六，天顺二年十月癸亥条，第6303页。
② 《明宪宗实录》卷一一一，成化八年十二月壬午条，第2164页。
③ （明）李贤：《天顺日录》，《中华野史》丛书"明朝卷一"，第192页。
④ 《明英宗实录》卷二九六，天顺二年十月乙卯条，第299页。
⑤ 《明世宗实录》卷七四，嘉靖六年三月丙午条，第1674页。

口外。正德时，"有锦衣官称被旨有所捕，乘船诣济宁，命其徒吹鼓喧吓，欲以恐君"，不料逮捕对象侯一元不为所动，反而设局将其拿下，假意要按劫匪来处理，"胡乱吾治，不劫即贼，劫贼之法诛，吏趣具奏诛之，其人骇汗，哀鸣祈免"①。像侯一元这样敢于公开教训锦衣官校的官员毕竟是少数，大部分被逮者为了"祈途中宽挺"②，只能忍气吞声，花钱消灾。

个别军校为了获取高额贿赂，甚至故意放走人犯。如宣德元年，锦衣卫百户刘彝、吴敏奉命到江西提取囚犯回京，"受重囚贿，纵之逃"。"故事：凡奉命提罪人还京者，皆礼科引奏。如有逃、死，即奏闻并请罪提者。"刘彝、吴敏为掩盖罪行，私下嘱托礼科给事中章云、马俊不要上奏，"而自奏囚逃。为侍班御史所劾。上亦知其诳，下法司鞫治之"③。最后两人被处死。

正统元年，户部郎中蔡毯在广东管理粮储时"索求财物人口，枉道回家，为巡按御史金敬所发"④。锦衣卫百户王兴奉命前往逮捕其归案，结果王兴受贿，故意在途中迁延，以便蔡毯有时间打通关节，结果反而和蔡毯一样变成了被拘捕的对象，回京后一起被斩于市。

其实，对于锦衣军校在出京办差期间谋取私利，明廷早就心知肚明。朱元璋就曾直截了当地说：

> 近年以来，起取民间有力壮士充校尉，随驾出入。因见好汉，著令四方打差，实是恩抚这等壮士。为什么这般说？因各衙门皂隶、驾前行人，遇有差使，至其所在，虽不需索，动止便以财物相送。再思皂隶、行人，于朝无功，于民无益，到处

---

① （明）赵时春：《浚谷文集》卷二《侯郎中行状》，见氏著，杜志强整理《赵时春文集校笺》，天津古籍出版社 2012 年版，第 67 页。
② （明）无名氏：《沂阳日记·韩苑洛》，《中华野史》丛书"明朝卷一"，泰山出版社 2000 年版，第 497 页。
③ 《明宣宗实录》卷二二，宣德元年十一月丙申条，第 594—595 页。
④ 《明英宗实录》卷一四，正统元年二月癸丑条，第 260 页。

所受赃私，动经千百。此等赃钞并无人诘告，禁也禁不住。为此令力士打差，若得此财，却不思养壮士，随驾出入。①

在《大诰武臣》中，朱元璋再次明确说："凡抄札胡党及提取害民官吏人等，都差军官军人前去。为甚么不差别人……便他得了些东西，也是出过气力的人，却不强似与那白身无功劳的人？"② 既然有皇帝默许，校尉、力士们自然不会客气。可以说，锦衣军校在逮捕人犯时受贿乃至主动索贿、纵放罪囚、仗势欺人，根本就是统治者预先埋下的制度劣种。

不过并非所有锦衣官校都是恶棍。明中叶，文官地位迅速上升，士大夫们秉持的儒家气节逐渐成为社会主导道德观念，很多武职官员也受到影响，心向往之。如潘杰，弘治元年"嗣父官，遂掌司印"，"凡差旗校于外，必以天道国法戒劝，且严限以革奸弊，众甚惮服"，"差大同，提总兵官。所至，馈遗俱弗授"③。正德初，兵部尚书刘大夏得罪刘瑾，"遣官校逮系。检其蠹，惟俸给三十余金，公以与之官校，感涕不纳"④。嘉靖九年三月，霍韬被逮。"公囚服步行，校尉请骑，公曰：臣子有罪，敢用骑乎？遂自钮镣诣都察院。"⑤ 如果不是霍韬固执，想必校尉们也不会难为他。

五　出京断案

明代处理地方大案要案时，经常会派中央司法部门的官员前往问理，锦衣卫作为享有和刑部、都察院近似的司法权力，且从诞生

① 《大诰续编·力士催砖第八十一》，见钱伯城、魏同贤、马樟根主编《全明文》（一）卷三〇，第671—672页。
② 《大诰武臣·卖放胡党第十七》，《全明文》（一）卷三二，第740页。
③ （明）李逊学：《明故锦衣卫指挥佥事潘公（杰）墓志铭》，见《新中国出土墓志·北京·壹》（下册），第164页。
④ （明）皇甫录：《皇明纪略》，《中华野史》丛书"明朝卷一"，泰山出版社2000年版，第546页。
⑤ （明）霍韬著，霍与瑕增辑：《石头录》卷五，广西师范大学出版社2015年影印本，第190页。

伊始就在皇帝授意下承办了大批案件的部门，自然也在派员出京办案的候选范围内。洪武二十一年八月，右都御史凌汉、刑部左侍郎高铎等"奉命往松江按事"，因不慎"与锦衣卫千户戴德同署公牍"①，遭到监察御史桂满弹劾。凌汉、高铎分别出自都察院和刑部两大法司，能和锦衣千户联署一份文件，显然文件的内容即和司法有关，同时和三个人都有关系。如果猜测无误的话，这三个人应该是一道受命前往松江处理某些案件的。需要注意的是，此前的一年，朱元璋刚刚公开焚毁锦衣镇抚司刑具，不准锦衣卫再审理案件。戴德和凌汉、高铎一起办差，恰恰说明锦衣卫失去的只是镇抚司在京审理案件的权力，赴地方查案的权力并未受到影响。

与出京执行逮捕任务一样，出京查案同样需要一定的程序。成化十五年，指挥使朱骥奏准："旧例，锦衣卫差官于各处勘问，俱由法司奏准，移文本卫，选差具名回报，请给批文。近牛循掌卫事，始具名请旨点差。乞如旧例为便。"② 可见，是否出京查案，锦衣卫没有主动权，须由法司提出，皇帝批准后再由锦衣卫选派，领取精微批文，然后才能出行。只是因为牛循的个人原因，才暂时获得主动奏请派员外出的权力。朱骥上疏获准后，这一临时获得的权力也告吹了。

那么，什么情况下可以派出锦衣卫官员呢？嘉靖七年十月，南京礼部等衙门右侍郎顾清等条奏时政，其一为停差官以杜骚扰：

> 言锦衣卫官职在侍卫，祖宗朝非机密重情不遣。正德间营差四出，海内骚然。兹陛下所亲见也。近扬州府乡官高瀚以奏争家财，蒙遣锦衣卫千户叶凤仪勘问……自今见任官以墨败者，自当重惩。居家触法，宜付所司治之。不必遣官远出，则体统尊而法纪正矣。③

---

① 《明太祖实录》卷一九三，洪武二十一年八月甲寅条，第2895页。
② 《明宪宗实录》卷一九三，成化十五年八月壬寅条，第3415页。
③ 《明世宗实录》卷九三，嘉靖七年十月癸丑条，第2147页。

　　都察院复议后，给出答复："其差官一事，本以事干豪强，有司不能独制，故特命锦衣卫官会勘，欲得事状速明也……今千户叶凤仪与巡按御史王鼎会问杜氏奏词，延至半年之上，不与竟结，而肆意妄为，平人受害，以致各官会题前来。鼎为风宪之臣，才力巽懦，勘事失职，宜别遣御史一员往代。"① 嘉靖帝看后批示："叶凤仪，其令安静行事，依法勘处，作速还京，不许推求过当，敛怨地方。王鼎巡按未久，待差满，照例考察。今后锦衣卫官校，非十分重事，毋遣。"②

　　这一案例显示，明廷派锦衣卫官到地方查案的前提是事关机密重情，或涉案人属强势群体，地方法司无法不受干扰的办案。高瀹是乡官，也就是因故（丁忧或退休）居家的官员。这类人往往和京官有千丝万缕的联系，是地方缙绅群体中的佼佼者。都察院称其为"豪强"，也证明了这一点。锦衣卫官员是皇帝心腹，同时理论上和士大夫群体保持着相当的距离，相对更便于独立审案。同时，锦衣卫具有的秘密缉查权也使其具有一定的独立调查能力。另外，和法司官员一起办案，客观上也能起到相互监督的作用。从嘉靖帝的批示来看，派出锦衣卫官员的一个目的是提高办案效率，迅速结案③。叶凤仪拖延半年多还没有了断，显然没有实现皇帝的目的，所以嘉靖帝要求他"依法勘处，作速还京"。

　　对于"事情重大，执词称冤，不肯服辩者"，明廷一般采取会审方式，以保证公正公平。会审要求经皇帝批准后，"会同刑部、都察院或锦衣卫堂上官，于京畿道问理"④。对于影响较大，又没有必要

---

　　① 《明世宗实录》卷九三，嘉靖七年十月癸丑条，第 2147 页。
　　② 《明世宗实录》卷九三，嘉靖七年十月癸丑条，第 2147—2148 页。
　　③ 锦衣断案大多能发挥这一作用。如弘治朝的潘杰。"甲子，景州知州马驭怙势肆虐，寔非罪于死者若干人，累岁鞫讯不能决。公往断即服，竟抵罪。时有荷公洗冤者，自分弗克报，匍匐至京，访公之门第外，再四称恩，稽首而去。畿内一势家，以庄地累奏不决，公勘问，卒归于民。"见（明）李逊学《明故锦衣卫指挥佥事潘公（杰）墓志铭》，《新中国出土墓志·北京·壹》（下册），第 164 页。
　　④ 万历《大明会典》卷二一四《大理寺·审录参详》，第 2869 页。

提取罪犯进京审理的案件，明廷一般会派遣法司官员和锦衣卫武官一同前往问理，以保持公正。如永乐十三年七月，"巡按山东监察御史林硕劾奏山东布政司参议魏瑛渎乱人伦，有鸟兽行，宜加显戮。上命三法司、锦衣卫鞫之，竟磔于市"①。嘉靖二年四月，"巡按山东御史李献按邹县知县沃潮事，杖之死。其母讼冤。都察院请下巡抚都御史覆勘。上特命刑部郎中、锦衣卫千户各一人往案之，令从公审鞫，不得偏狥"②。这种多部门官员一同前往问理的方式客观上相当于中央会审制度在地方的变相落实。与法司官员一同出京办案时，锦衣卫奉行对等原则，"凡奉旨差官出外勘问事情，系会同三法司堂上官者，于指挥内具名上请。会同科道部属官者，于千户内具名上请"③。

另外，涉及宗室的案件，必然会派出锦衣卫官员随行。如天顺三年八月，江西临川宗室朱盘烨指控"江西都司等官擅役军夫开河、造船，通宵不闭城门"，英宗于是派"刑部、锦衣卫各差公正官一员往勘之"④。派两部门官员一同前往调查，一方面是确保相互监督、公正处理的常规运作，另一方面还有特定原因，即宗室涉案，往往和属下校尉、护卫等有关系，而校尉等人员很多是锦衣卫的派出人员，锦衣卫军官去处理，合情合理。另外，本案牵涉地方都司，属于军队系统，刑部官员调查难免会遇到诸多障碍，作为亲军卫的锦衣卫则不存在这个问题，相反，对军队事务，锦衣卫很熟悉。

以上只是宗室举报的案件，涉及宗室内部的案件明中后期还会有宦官同行。如成化十一年，山西代王府属镇国将军朱仕𡊁控告其兄襄垣王淫乱、违法，"都察院请遣内臣并皇亲及锦衣卫堂上官往，会整饬边备刑部左侍郎杜铭、巡按御史林荣按之。上命少监樊瑛、

---

①　《明太宗实录》卷一六六，永乐十三年七月癸亥条，第1862页。
②　《明世宗实录》卷二五，嘉靖二年四月戊戌条，第729—730页。
③　万历《大明会典》卷二二八《锦衣卫》，第3004页。
④　《明英宗实录》卷三〇六，天顺三年八月壬戌条，第6448页。

驸马都尉石璟、指挥赵璟从公勘实以闻"①。内臣是皇帝家下人，代表皇帝。兄弟相告涉及家内事务，驸马作为皇亲可以发挥调解作用，锦衣卫军官的职责则是调查审理。巡按御史出自都察院、杜铭挂着刑部衔，可以说这是一次最为典型的审理涉及宗室内部隐私案件的调查团组成方式。

如果案情不严重，调查团的组成规模要小一些。如成化七年二月，"晋府镇国将军美垎复奏兄、宁化王美壤罪，王亦奏发其过，及其仪宾内使等。命刑部郎中陆泉、锦衣卫百户潘旺往按其事"②。隆庆二年七月，辽王违法，"敕刑部左侍郎洪朝选、锦衣卫指挥佥事程尧相勘问"③，等等。一般情况下，锦衣卫军官都是人选之一。相关例子很多，恕不枚举。

六　其他司法职能

管理登闻鼓是锦衣卫的日常司法职能之一。明制："凡民间词讼，皆须自下而上，或府州县省官，及按察司官不为伸理，及有冤抑机密重情，许击登闻鼓。"④ 明初，登闻鼓设在午门外，由监察御史负责，后迁移到长安门外，"令六科给事中并锦衣卫官各一员，轮流直鼓，收状类进，候旨意一出，即差该直校尉，领驾帖，备批旨意于上，连状并原告押送各该衙门问理。其有军民人等，故自伤残，恐吓受奏者，听锦衣卫守鼓官校执奏，追究教唆主使写状之人治罪"⑤。

以上引文出自《明会典》，但过于笼统。实际上，锦衣卫军官参与其中，开始于成化二十二年。当年十一月，"始命锦衣卫官一员守登闻鼓，给事中以闻。有旨：近来诉状人数有自残者，皆因缺人守

---

① 《明宪宗实录》卷一四一，成化十一年五月癸酉条，第2632—2633页。
② 《明宪宗实录》卷八八，成化七年二月己酉条，第1708页。
③ 《明穆宗实录》卷二二，隆庆二年七月辛亥条，第585页。
④ 万历《大明会典》卷一七八《刑部二十·伸冤》，第2451页。
⑤ 万历《大明会典》卷一七八《刑部二十·伸冤》，第2451页。

直。都察院劾其所奏以闻。于是右副都御史边镛等请重出榜牌禁约，增委官校守直，并劾奏直鼓给事中陈寿及校尉二人罪。得旨：校尉下锦衣卫治罪。今后锦衣卫增守鼓官一员、校尉四人榜牌"①。

　　参与寒审，是锦衣卫的另一项司法事务。寒审始于永乐年间。永乐二年十一月，

　　　　上御奉天门录囚，既多所矜宥。囚已皆出午门，尚虑有枉抑者，复召锦衣卫指挥程远、鸿胪寺少卿郇旃等，谓曰：囚皆久困于狱，而乍至朕前。久困于狱则虽枉而不求辩，初至朕前则畏威而不敢言。有此二者，则刑罚岂能皆当？尔等更以朕言，从容审之。果其有辞，即来白。②

　　此后，明廷又多次有冬季审狱之举。如宣德元年十二月，"敕行在刑部、都察院、北京行部锦衣卫：今天气寒沍，岁事将新，狱囚禁系，深轸朕怀。其情罪不分轻重，期以三日，悉具以闻。朕将亲阅焉"③。宣德四年十一月，"以皇太子千秋节，下宽恤之令，敕行在刑部、都察院、大理寺、锦衣卫见监罪囚，除真犯死罪不宥外，余杂犯死罪以下递宽减，令运砖赎罪。犯笞、杖及枷号者、工匠锁镣者，悉宥之，复还职役。挟妓饮酒者，仍罚俸三年"④。宣德六年十一月，"敕三法司、锦衣卫曰：今天气严寒，囹圄中尤当矜恤。尔等即审究。凡情有可悯者，悉从轻典，速为断遣。若体勘待对者，令知在出外，庶免淹滞而死。如真犯死罪不可生者，亦宜存恤，待及时而决"⑤。

　　以上寒审要么日期不固定，要么审理原则不统一，其中宣德四

①《明宪宗实录》卷二八四，成化二十二年十一月己巳条，第4813—4814页。
②《明太宗实录》卷三六，永乐二年十一月甲辰条，第623页。
③《明宣宗实录》卷二三，宣德元年十二月丁卯条，第608页。
④《明宣宗实录》卷五九，宣德四年十一月壬子条，第1416—1417页。
⑤《明宣宗实录》卷八四，宣德六年十一月己丑条，第1955页。

年的寒审实质还是大赦。按照《会典》的记载："天顺二年，令每岁霜降后，该决重囚，三法司会多官审录，著为令。"① 不过查阅《实录》可知，真正定期举行的寒审开始于天顺三年。"先是，英宗皇帝有旨：自天顺三年为始，每岁霜降后该决重囚令三法司会多官审录，永为定例。"② 如果《会典》记载没有错的话，英宗这一诏旨应该发布于天顺二年年底。英宗的诏令除规定了时间外，也把寒审范围限定在死刑犯范围内，另外参与会审的官员也扩大到了法司之外。《实录》中对成化四年的寒审记载最为详细，可做典型例证。

> 三法司会官审录重囚。刑部、都察院各奏年例于霜降后会公侯驸马伯、五府、各部、通政使司、大理寺、锦衣卫及科道官审录死罪重囚。有旨：称冤有词者即与从公辨问，毋令受枉。于是刑部尚书陆瑜等会魏国公等官徐俌等于承天门外审录之。刑部得情真无词者五十六人，情可矜疑者十三人。都察院得情真无词者二十六人，情可矜疑者一人，勘辨减死者一人。前后各以具狱上请。上览狱辞，于情真罪当者俱令处决，情可矜疑十四人中减死充军者十二人，杖而释之者二人，一系妇人，又有一人当辩者，准辩。③

锦衣卫从永乐朝即参与寒审，一方面是因为本卫监狱中关押着大批人犯，另一方面是因为本卫拥有相应的司法权力。成化四年的寒审只有部分刑部和都察院监狱中的犯人获得轻判，没有提到锦衣卫狱，估计是因为门达失势后，锦衣卫已按程序把审讯完毕的嫌犯交付法司，定罪后的人犯径直关押在相应法司监狱所致。

---

① 万历《大明会典》卷一七七《刑部十九·朝审》，第 2446 页。
② 《明宪宗实录》卷一〇，天顺八年十月甲申条，第 208 页。
③ 《明宪宗实录》卷五九，成化四年十月壬寅条，第 1206 页。

结　语

　　锦衣卫拥有一定的司法权，基本已经是学界共识，即便是专治法制史者也不否认这一点，如那思陆认为"（锦衣卫）常与三法司共同审理案件，其司法审判权与三法司相当"①。目前最大的争议在于这种司法权究竟是法外之权，是对法司权力的直接侵夺，还是原本就是明代制度设计的一部分。笔者倾向认为是后者。理由是洪武时期，中央法司机构一直处于变动状态，锦衣卫进入司法领域时，审刑司和大理寺刚刚成立，都察院还没有影子，五军断事司则分割掉了军内司法这一块。真正形成外廷三法司这一组成模式要到永乐时期（五军断事司不复存在，建文朝的御史府恢复为都察院），而锦衣镇抚司恢复运作恰恰也在永乐时期。可以说，三法司和锦衣卫司法并存这一司法体制基本是在同一时刻形成的。

　　明朝立国伊始，即以"宋、元宽纵失天下"② 为戒，强调整肃纪纲，乃至于时人有"用法太严，奉行者重足立"③ 的评价。元朝的宽纵"主要表现在它作为'征服王朝'在政治上的不成熟、法制上的不健全，并非对臣下刻意宽容"，"宋朝的宽纵可以说是宋初制定的既定国策，是'为与士大夫治天下'思想在具体政策上的表现"④，因而明朝统治者需要刻意规避的不是元朝的宽松，而是宋朝对士大夫的过分宽待，明初的一系列大案，朱元璋对士大夫的刻薄，打击尊严的残酷廷杖等都是这种政治观念的产物。在利用的同时加以防范，可以说是朱明历朝皇帝渗入骨髓的治国理念（建文朝除外），尽管表现方式各不相同。外廷法司是士大夫主持的机构，要防范其失控，必然要建立另一套系统予以监督和制衡，锦衣卫（特别

---

① 那思陆：《明代中央司法审判制度》，第241页。
② （清）张廷玉等：《明史》卷一二八《刘基传》，第3780页。
③ （清）张廷玉等：《明史》卷一三八《周祯传》，第3967页。
④ 张帆：《元朝的特性——蒙元史若干问题的思考》注释39，《学术思想评论》第一辑，第480页。

是镇抚司）这一产生于特定历史时刻的亲信机构由此承担起了这一"重任"。只是对士大夫的控制和打击需要限制在一定范围内，这才有了洪武二十年焚毁镇抚司刑具的作秀之举。然而这种一时的举措不能成为常态，永乐朝恢复镇抚司乃至后来单独成立北镇抚司才更符合核心统治层的一贯主张。

锦衣卫的司法权大体上可分割为两部分：一部分是自有的权力，如出京办案，逮捕钦犯，执行廷杖、死刑等刑罚等，原则上属于案件司法调查阶段的秘密侦缉也可归入这一部分；另一部分是北镇抚司独立后的审讯权。后者由于审讯结果直接上达天听，锦衣卫主官无权过问，客观上已演变成一个挂靠机构，如果不是羁押场所与锦衣卫监狱一体、理刑官员隶属锦衣卫系统，北镇抚司大可以彻底划分出去，成为独立的第四个法司。至于始终没有获得法定的判决权，一方面是没有祖制依据，另一方面也是向士大夫群体妥协的结果。

也正因为如此，我们才看到镇抚司恢复后理刑官开始专业化、任职长期化、选拔范围由外卫逐渐缩减到本卫等一系列有利于皇帝控制的变化，才看到嘉靖帝对镇抚司的过度依赖，乃至不惜借助某些案件淘汰掉不属于藩邸旧臣的原有理刑官们。令士大夫望而生畏的锦衣卫监狱内供奉忠义化身的关帝[①]、东厂"外署大厅之左小厅，供岳武穆像一轴。厅后砖影壁，雕狻猊等兽、狄公断虎故事，存此者，良有深意也"[②]。其中深意，无非是对专制皇帝的绝对忠诚。

锦衣卫特别是镇抚司的司法权逐渐沦为皇帝的御用工具后会产生多重后果。皇帝相对英明时，锦衣卫是外廷司法机构的有力监督者，甚至是最合格的监督者（因为负责监督的监察御史们恰恰来自都察院，有既当运动员又当裁判员的嫌疑），可以减少产生冤假错案。皇帝刚愎自用，一意孤行时，锦衣卫特别是镇抚司的审案就会

---

① （明）佚名：《诏狱惨言》记载："（袁化中）未死时，先暗注大监，实孤身在关庙（诏狱中向有此庙，六君子又加修葺）。"见第3861页。

② （明）刘若愚：《酌中志》卷一六《内府衙门职掌》，中国野史集成丛书影印本，第220页。

失去自我，一味揣摩上意，反而有损皇帝声誉，进而造成诸多不良后果。如崇祯朝巡捕营抓获一个木工，供称是督师袁崇焕派来的奸细。镇抚司主审李若琏查明有假，"据实上闻"，崇祯帝不信，令再审。卫官刘侨阿从上意，"乃以为真，立付重辟"①，袁崇焕因此被凌迟处死，成为千古奇冤。又如"王世盛鞫问巴县家人，竟至忤旨，非持正也。上一面温慰勉留，一面严鞫家人，安知上意所在？至熊鱼山开元下诏狱，狱中具款累累，锦衣匿不以闻，则以相君之宠未衰也。严刑之下，蒙蔽反甚于刑部，徒使怨归于上耳"②。

至于大权傍落，皇权变成奸佞的工具时，后果更为严重。成化时，汪直擅权，锦衣卫掌镇抚司事指挥吴绶"初附汪直得用事，后知不容于公议，凡文臣下狱非其罪者，颇庇之，不加棰辱，遂忤直意"③，于成化十五年五月被调往南京锦衣卫。弘治十二年，太监黄顺的侄子黄英私役军校，"下都察院鞫之，拟罪降一级，带俸差操"④，但在宦官们的庇佑下仅罚俸五月，仍掌镇抚司事。本属皇帝御用工具的镇抚司变相掌控在宦官集团手里，自然会成为宦官集团打击他们的天然寇仇——士大夫集团的工具，正德时的刘瑾、天启朝的魏忠贤莫不如此。宦官集团打击的是自己的政敌，动摇的却是大明帝国的根基。原本属于皇帝最忠诚的保卫力量的锦衣卫化身为帝国掘墓人的一部分，不能不说是一个莫大的讽刺。

第三节　明代的驾帖与精微批

在有关锦衣卫滥用秘密侦缉权和司法权的记载中，"驾帖"、

---

① （清）孙承泽撰，李洪波点校：《畿辅人物志》卷一六《李锦衣若琏》，北京出版社 2010 年版，第 189 页。
② （明）杨士聪：《玉堂荟记》卷上，《中华野史》丛书"明朝卷四"，泰山出版社 2000 年版，第 4087—4088 页。
③ 《明宪宗实录》卷一九〇，成化十五年五月己卯条，第 3388 页。
④ 《明孝宗实录》卷一五七，弘治十二年十二月戊子条，第 2816 页。

"精微批"是时常相伴出现的词汇。滥用驾帖或精微批也是士大夫们重点批评的对象之一。那么，驾帖、精微批究竟是什么东西呢？为什么锦衣卫屡屡因为持驾帖而不是持精微批外出办事遭到文官士大夫们的批评呢？

一　驾帖的性质、使用范围和程序

笔者目前见到的驾帖最早见诸史籍的时间是永乐年间。据《南雍志》记载："永乐十年五月戊子，驾帖取举人、监生梁弘等一百二十人习译夷字。弘独告免，礼部以闻。上怒，编伍交阯。"①

从这条记载来看，驾帖是礼部官员选拔部分举人、监生从事翻译工作的凭证。举人、监生学习"夷字"，等于进入低级吏员队伍，客观上被剥夺了通过科举谋取更高功名的机会。这关乎120名举人、监生的未来命运，礼部显然没有这样的权力。从梁弘拒绝应招，礼部不得不上报皇帝这一点来看，选拔举人、监生的决定应该来自永乐皇帝。由此看来，驾帖的功能和诏旨有类似之处。

从其他史籍的记载来看，驾帖的功能远不止于此。为表述方便，先罗列几条史料：

　　①当景皇帝病笃之时，已出驾帖取楚世子继统。王长史劝世子无行而止。取藩王入嗣，极大之事，岂有内阁、兵部不与闻乎？②

① （明）黄佐：《南雍志》卷二《事纪二》，续修四库全书丛书影印本，第114页。（明）陈建：《皇明通纪法传全录》卷四《设登闻鼓于午门外》（续修四库全书丛书影印本，第75页）记载："登闻鼓者，设于午门之外，日令御史一人监之。有冤抑机密重情，许击鼓。御史随即引奏。其无此等及越诉者，不许。后又移置长安门外，令六科给事中并锦衣卫官各一员，轮流直鼓，收状类进。候旨意一出，即差该直校尉领驾帖，备批旨意于上，连状并原告押送各该衙门问理。其有军民人等恐吓受奏者，听锦衣卫直鼓官执送追究。教唆主使之人，治罪。所奏事情立案不行。"陈建将这一条系于洪武元年下，但从行文来看，锦衣校尉领驾贴送原告到有关衙门的起始时间并不明确。谨慎起见，暂以永乐年间为起点。
② 〔明〕韩邦奇：《见闻考随录二》，见氏著《苑洛集》卷十九，"四库明人文集丛刊"影印本，上海古籍出版社1993年版，第656页。

②成化年间，南直隶巡抚王恕上疏："近见内官监太监王敬赍来驾帖，止开前往苏常采药饵、买书籍，别无行拘大户，索要银两缘由。岂其王敬动以朝廷为名，需索银两，无有纪极，东南骚然，民不堪命。"①

③弘治癸亥，驾帖下河南，取牡丹三千。（孙需）上疏：耳目之玩，不可劳民。②

④正德六年二月乙酉，四川巡按御史俞缁言：蜀盗充斥，军兴费用不赀，民苦科征。近奉驾帖，采办禽鸟、大木、蜜煎、川扇之类，宜悉停免，以纾民力。礼部请从缁言，乃免之。③

从以上史料中可以发现，驾帖持有者执行的任务大到宣召皇位继承人，小到出京采购牡丹、扇子等皇帝个人喜好的物件，其持有者既有皇帝赏识的宦官，如王敬等，也有王公大臣。④ 另从王敬等所持驾帖"止开前往苏常采药饵、买书籍"来看，驾帖并非仅仅是一张固定形态的纸，而是写有具体事由。据此判断，驾帖应是经皇帝授权的京官或宦官出京执行某项具体任务时的授权书和身份证明。

明中叶，社会风气发生很大变化，皇帝的享乐意识也在提升。"当成化之时，内官用事，倚仗锦衣。千百等户赍驾帖为名，织造旁午，贡献络绎，株取不赀，遂使民间徭役繁兴，财力日诎"⑤，驾帖因此和锦衣卫牢牢地捆绑在了一起。

出京办差需要驾帖，京内事务是否也需要呢？永乐十年时，明朝国都北迁尚未完成，上文中提到的征召国子监生学习夷文，无疑指的是南京国子监。可见，在京执行某些任务时，同样有可能用到

---

① （明）雷礼等：《皇明大政纪》卷一六，四库全书存目丛书影印本，第 360 页。

② （明）过庭训：《本朝分省人物考》卷五九《江西饶州府三·孙需》，续修四库全书丛书影印本，第 629 页。

③ 《明武宗实录》卷七二，第 1581—1582 页。

④ 宣召楚王世子入继大统，必由朝中重臣执行，所以韩邦奇才会有疑问，"岂有内阁、兵部不与闻乎"。

⑤ （明）何乔远：《名山藏》卷六八《臣林记·王恕》，四库禁毁书丛刊影印本，第 416 页。

驾帖。

正统元年九月，监察御史卢睿等人上疏，对处决死刑囚犯的程序提出修改意见，认为除了三覆奏之外，"乞自今特赐驾帖，付锦衣卫监刑官，率校尉诣法司取死囚赴市"①，这一建议获得皇帝批准。自此，锦衣卫监刑官凭驾帖提取死囚成为执行死刑的基本程序之一。明人史玄在《旧京遗事》中对死囚行刑的场面有具体描述：

> 每临决重囚之时，有棍四对导引驾帖，狱官素服角带送之。独戊寅失事，分别五案，处决多官……于是自刑部街至四牌坊，悉有兵营环卫，巡警张皇。皇上御殿候正刑书，催促如雨……观者咸为挥恸矣。赴法之时，蓟镇总监邓希诏居首，高唐生员杨炯为殿，刀林剑树，布匝周密。又有东厂、锦衣、刑部多官贴送，蒿里薤露，死易生难，颇领此时之意也。②

嘉靖元年，刑科都给事中刘济等在上疏中提到"往岁三覆奏，复金批驾帖"③。可见，锦衣卫监刑官在拿到驾帖之后并不能马上去提取人犯，而是需要先到刑科金批。六科的级别虽低，但负有拾遗、稽察和封驳职能，等于在三覆奏之后又加了一道保险。

六科对应六部。处决死囚属于司法事务，故需要刑科金批。万历三十年，江西巡按吴达可上疏弹劾矿税内监潘相胡作非为，擅改祖宗成法："国家政务，无一不相制辖。虽御前驾帖，亦赴该科挂号，岂独相之差遣，不许各衙门预闻？"④潘相等奉皇命到地方开矿征税，显然与司法事务不相干，但按吴达可的说法，潘相领有的驾帖同样需要到六科挂号金批。据此推断，依照皇帝意旨下发的所有驾帖都需要根据具体事务的性质到六科中相对应的科履行金批手续，

① 《明英宗实录》卷二二，正统元年九月癸巳条，第427页。
② （明）史玄：《旧京遗事》，《中华野史》丛书"明朝卷四"，第3933页。
③ 《明世宗实录》卷二〇，嘉靖元年十一月丁巳条，第582页。
④ 《明神宗实录》卷三七九，万历三十年十二月辛卯条，第7138页。

否则便属违法。

二 真假驾帖

成化年间，太监汪直擅权，大肆罗织，屡起大狱，大学士商辂指责他犯有十项大罪，其中一条为"寄耳目于群小，提拿职官，事出于风闻，暮夜搜检家财，不见有无驾帖，人心汹汹，各怀疑畏"①。这条资料显示厂卫缉拿犯官时也需要以驾帖做凭证。只是汪直掌权时暴横无忌，其属下行事时狐假虎威，被骚扰对象慑于权势，未必敢要求查看驾帖，故只能说"不见有无驾帖"，而不能直接指责汪直没有驾帖。②

不过成化年间的确发生过没有驾帖，擅自拘捕大臣的事件。成化十三年八月，"东厂官校发云南百户左升私事，词连通政司掌司事工部尚书张文质及他官。锦衣卫遂并执文质系狱。左通政何琮等以掌印请，上始知之，即命释文质，仍掌印，而责问锦衣卫官。于是指挥使朱骥自陈伏罪。上曰：骥不谙事体，擅系大臣，当寘之法……"③ 领取驾帖需得到皇帝的允准，宪宗对工部尚书张文质被抓捕丝毫不知情，说明锦衣卫拘捕张文质完全是在没有驾帖的情况下进行的。

在明朝历史上还发生过假冒有驾帖，企图浑水摸鱼，加害政敌的事件。如万历初，太监冯保欲借王大臣事件害死前内阁首辅高拱。"今上初元，王大臣事起，冯珰密差数校至新郑，声云钦差拿人，胁高文襄令自裁，家人皆恟哭，高独呼校面诘，索驾帖观之。诸校词

① （明）陈建：《皇明通纪法传全录》卷二三，成化十三年三月条，续修四库全书丛书影印本，第398页。

② 不过汪直确实曾在没有驾帖的情况下擅自抓捕嫌犯。"三杨"之一的杨荣的曾孙杨晔害死人命，逃到京城，通过姨夫董玙向有关人员行贿，以求脱罪。此事被汪直知道后，欲借机立功，于是率锦衣官校逮捕了杨晔等人。杨晔的行贿目标包括大学士商辂、司礼太监黄赐等。杨晔等受不了酷刑，承认赃银藏在武选司主事仕伟处。汪直于是"不用驾帖，令数较（校）捽仕伟至"。事见（明）何乔远《名山藏》卷九五《宦者杂记·汪直》，四库禁毁书丛刊影印本，第120页。

③ 《明宪宗实录》卷一六九，成化十三年八月壬戌条，第3070页。

窨，谓厂卫遣来奉慰耳。非高谙故典，几浪死矣。"①

成化年间，明朝的统治已暴露出诸多衰败之相，不遵守规制的现象层出不穷。太监钱能在云南胡作非为，巡抚王恕予以参劾，宪宗下旨，令刑部郎中钟蕃、锦衣卫百户宋鉴前往调查。钱能为脱罪，交通内侍，为之运作。不久，即有云南中卫百户汪清携带空白驾帖回到云南，面见钟蕃、宋鉴，传达皇帝意旨。巡抚王恕当即上疏：

> 近闻云南中卫百户汪清来自京师，赍捧驾帖与刑部郎中钟蕃、锦衣卫百户宋鉴，臣窃有疑焉。伏闻驾帖下各衙门，则用司礼监印信，该科挂号，皇城各门俱打照出关防印子，皆所以防诈伪也。今闻赍来驾帖，既无该监印信，该科字号，又无各门关防，此臣之不能无疑者，一也。近该臣等题为外夷脱回中华军丁事，都察院覆本奏，奉圣旨："是。各差的当官去，务要勘问明白，干碍钱能，奏来处置。钦此。"今原差郎中等官钟蕃等赍领前项旨意公文，于本年九月初六日到云南，提取犯人卢安等到官鞫问间，百户汪清又赍驾帖，于本月十一日到，送与郎中钟蕃等，此臣之不能无疑者，二也。然臣之所疑者无他，但为事体不一。何则？事体一，则人皆尊信而无疑。若事体不一，非惟起人之疑，且使投闲抵隙者，得以行其诈而济其私。设若驾帖内有赐死重事而无印信可验，其人将死乎，将不死乎？果出于上意而不死，则是违君命，而罪愈重。若非上意而死之，未免含冤于地下。由是言之，驾帖之出，诚不可无印信……朝廷纵无按问之文，部属纵无诉告之词，臣巡抚其地，风闻其事，亦当为陛下言之。②

从行文中看，王恕事实上知道汪清手里的驾帖是真件。钱能是

---

① （明）沈德符：《万历野获编》卷二一《驾帖之伪》，第534页。
② （明）王恕：《驾帖不可无印信疏》，见（明）陈子龙等编《明经世文编》卷三九，第300页。

宪宗心腹宦官，空白驾帖又藏于内府，之所以没有盖印、金批，不过是皇帝欲绕开政府，放过钱能罢了，所以王恕在奏疏中强调要"事体一"，希望皇帝前后言行一致。王恕上疏后，钱能并未受到制裁，王恕本人反而在钱能运作下被调离云南。王恕的遭遇亦间接证明汪清所持驾帖确实不是赝品。王恕尽管遭遇打击，但这份奏疏却为我们了解驾帖的使用规则提供了依据，即驾帖下发到具体机构后，需要司礼监用印，六科金批，然后才具备法律效力。如果是出城办差，还需要城门守卫机关加盖关防印信。

三　驾帖制度的败坏

严密的制度是前朝皇帝创制，能否严格遵行，也要看皇帝的态度。弘治十八年三月，南京监察御史李熙等上奏："迩因小人徐俊、程真妄造谣言帖子，诳惑愚民。特给驾帖，密差锦衣卫官校，至南京兵部，缉拿所指王升者。远近闻之，莫不震惊。然兵部旧无此官，亦无此事，而官校轰然而来，寂然而返，不惟政体有亏，而陛下之威与明亦少损矣。兹事若微，所关甚大，后日恐有奸人效尤，中伤善类，又不但如俊所指者而已。"刑部随即覆奏："驾帖之出，殊骇众听。万一奸人伪造，为害尤大。况前此廷臣累奏，已蒙圣明俞允，再不轻给。今乞从熙等所奏止之。"孝宗皇帝拒绝接受这样的意见，"命锦衣卫仍查累朝有无用驾帖出外提人事例以闻"。① 只是不久孝宗即驾崩，致使此事不了了之。

弘治十八年的这一事件有两点值得注意。一是此前锦衣卫能否持驾帖到远离京城的地方抓捕人犯。弘治元年，刑部尚书何乔新上奏：

> 旧制，提人勘事，所遣人员必赍精微批文赴所在官司，比号相符，然后行事。所司仍具由回奏。有不同者，执送京师。

① 《明孝宗实录》卷二二二，弘治十八年三月己丑条，第4179—4180页。

此祖宗防微杜渐之深意也。而京城内外提人乃用驾帖，既不合符，真伪莫辨。倘有奸人矫命，谁则拒之？请自今遣官出外，仍给批文，以防奸伪。[①]

正德元年，给事中周玺等应诏言事，奏疏中称"旧制：驾帖拿人，惟行于京城内外。弘治间，刑部申明及大臣论议，先帝皆已允行"[②]。

何乔新提到的精微批涉及另一项重要制度，暂且不论，单从他和周玺的奏疏中来看，至少弘治年间锦衣卫持驾帖捕人应该局限于京城及周边地区，且曾得到皇帝首肯。不过，弘治十四年府部官员应诏陈言时曾劝谏慎用驾帖，"今后叛逆等事，方差锦衣卫官校，赍驾帖。其余俱下法司，转行巡抚、巡按官勘问。有应解京者，就彼差官押解"[③]。巡抚、巡按巡视的地区大多在离京较远的地区（北直隶巡按除外），臣僚建议此后盖由地方官员捕拿、押解重要人犯进京，慎用驾帖恰恰说明当时锦衣卫官员持驾帖到地方办案、捕人应是常态，而非个案。弘治十八年发生的事件应是孝宗循惯例派出锦衣官员到南京。刑部等官员提出发对意见和此前文官们提出的谏言也是一致的，而这进一步说明孝宗皇帝并没有如周玺所言，就驾帖的使用范围与文官们达成一致。

二是密差赴南京的锦衣官校的驾帖是否曾赴科金批。《万历野获编》的作者沈德符述及此事时曾说："祖制：锦衣卫拿人，有驾帖发下，须从刑科批定，方敢行事，若科中遏止，即主上亦无如之何。如正统王振、成化汪直，二竖用事，时缇骑遍天下，然不敢违此制也……然则此帖不但刑科不曾与闻，即上于祖宗故事，亦偶未记忆。甫逾月而上升遐，其事遂不穷究……今驾帖拿人，从无不由刑科，

---

① 《明孝宗实录》卷一八，弘治元年九月壬午条，第437页。
② 《明武宗实录》卷九，正德元年正月乙巳条，第287页。
③ 《明孝宗实录》卷一七五，弘治十四年六月丙午条，第3202页。

亦无敢伪造，不知弘治间何以有此一事？"① 按照沈德符的说法，锦衣官校出京前并未赴科金批。笔者认为这一说法是正确的。因为这一次锦衣官校是秘密出京办案，是否要抓捕嫌犯尚在两可之间，如果事先到刑科金批，一方面存在泄密的可能，另一方面是必须抓捕，否则就是失职，而这在案情没有明了之前是很难下决心的。

之所以出现皇帝带头故意违反制度的现象，和金批时的另一项制度有关。嘉靖元年十二月，锦衣卫千户白寿等人持驾帖到刑科金批，准备提审访获犯人。刑科给事中刘济拒绝金批，称"当以原本送科，方知其事，乃敢批行"。双方发生争执。嘉靖帝命"查弘治、成化年间事例以闻。既而该科复奏，不但二庙时为然，自天顺以至正德，厂卫节奉明旨，俱同原本送科，以凭参对。寿等争之不已，谓驾帖送科，旧皆开写事略，会同署名，实不系御批原本。上竟从之，因责济等分更旧章，令自以状对。既而宥之"②。

刘济所说的原本，指经过皇帝批示的题本或章奏，因为是朱笔批示，故又称为"红本"。如《崇祯长编》记载，"故事：锦衣卫提取罪犯，必以红本赍送刑科，始发驾帖捕人"③。崇祯朝的刑科给事中陈赞化说得更具体：

　　　　驾帖发金，旧例，锦衣卫旗尉捧帖，与红本一同送科。臣科将驾帖、红本磨对相同，然后署守科给事中姓名，仍于各犯名下墨笔细勾，以防增减。④

由此可见，经过皇帝批示的红本是刑科金批的基本依据。白寿等所说的在驾帖上"开写事略"，应该是根据红本上的批示内容缩写而成。刑科之所以要看红本，是为了防止有人在驾帖上书写事略时

① （明）沈德符：《万历野获编》卷二一《驾帖之伪》，第534页。
② 《明世宗实录》卷二一，嘉靖元年十二月辛丑条，第626页。
③ （清）汪楫：《崇祯长编》卷十六，崇祯元年十二月癸巳条，第891页。
④ （清）汪楫：《崇祯长编》卷六一，崇祯五年七月庚戌条，第3500页。

将红本上的内容错写或窜改，因此，刘济坚持要红本，无疑是合理的要求。嘉靖帝虽然偏袒白寿等人，但也没有处分刘济，说明他其实知道谁对谁错。崇祯年间的刑科给事中陈赞化等反复提到驾帖与红本比对，说明这一制度并没有因为嘉靖帝偏袒白寿而被废止。

红本是皇帝批示过的臣下的题本或奏疏，但锦衣官校执行的任务未必都要臣下先请示后批复，很多情况下是皇帝直接的手谕甚至口谕。虽然皇帝的手谕也可以作为红本，但到了六科那里就不再有秘密可言，另外六科握有封驳的权限，万一六科拒绝金批，皇帝的意图将无法顺利实现，这对于皇帝无疑是难以接受的。因此，绕开六科，就成了必然的选择。有中兴之主美誉的孝宗尚且如此，其他君王自然不会把这项制度放在眼里。

万历三十三年七月，"命户科右给事中梁有年暂署刑科印务。时刑科右给事中刘道隆、给事中朱一桂候命日久，屡催不下。偶值金署驾帖，一时无人，故有是命"①。万历四十六年九月，刑科给事中姚若水出京办差，临行前进言：

> 本科与刑部、都察院、锦衣卫相表里。内而法司之问拟，时有抄酌；外而抚按之奏请，间行驳参。台臣捧敕巡方，批限皆出其手。金吾奉旨逮罪，驾帖悉由此签。其他刑名诸牍，日有批发，胡可一署无官？乞以考选本科周之纲署掌印务。不报。②

次年七月，锦衣卫掌卫事都指挥使骆思恭因刑科无人签名，遂上题本：

> 臣衙门实与刑科职掌相关。凡奉旨提人必用驾帖。由刑科

---

①　《明神宗实录》卷四一一，万历三十三年七月丁酉条，第7703页。
②　《明神宗实录》卷五七四，万历四十六年九月戊申条，第10858—10859页。

签名，然后遵行。昨岁该科给事中姚若水册封去后，今又外转，全署无官……诸事犹可稍缓，惟是逮人旨下，即刻差官赍捧驾帖起程回奏，须臾不敢稽留。今辽事决裂，请逮之疏屡上，万一允行，臣欲候请科臣，恐谓稽旨罪也。欲奉命而行，恐谓违例，亦罪也。伏乞皇上将见在候命刑科给事曾汝召、韩继忠速赐允补，刻期任事，庶签帖有人，明旨不稽。留中。①

万历年间，因为君臣关系不睦，皇帝故意让诸多职位空缺，以减少来自官僚集团的压力。因为刑科无人，内阁阁臣乃至锦衣卫掌印官纷纷请求尽快补缺，皇帝因为个人私利一再拖延，乃至影响了锦衣卫正常履行职责，而这恰恰从侧面证明万历君臣还是尊重旧制的。

到了天启年间，情况就大不同了。天启元年七月，锦衣卫千户刘侨奉命到天津逮捕废闲副将陈天爵到京，遭到天津巡抚毕自严的阻挠。毕自严提出：

从来钦拿官犯，俱须奉有明旨，赍有驾帖，而后从事。所到地方恭设香案，罗拜宣读，所以祗畏君命而对扬天威也。兹原任山西北楼口副将，今废闲陈天爵所犯罪状，臣诚不知其何如。惟是缇骑逮人于数百里之外，既无明旨，又无驾帖，止凭金吾一纸之批，真伪莫辨，臣窃讶之。若其非真，则锦衣为天子之禁卫，何容擅有勾摄？若其果真，揆之累朝之令甲，刑章之旧例，将无稍稍刺谬矣乎？……臣待罪巡抚，叨有地方之责，未奉明旨、驾帖，遽难轻发官犯。即差官刘侨，亦似有逡巡不便拘执者。伏祈皇上鉴别真伪，特颁明旨以便遵奉，交割解京究问，庶雷霆有赫而日月光昭矣。②

---

① 《明神宗实录》卷五八四，万历四十七年七月壬午条，第11127页。
② （明）毕自严：《金吾远逮废弁疏》，见氏著《石隐园藏稿》卷五，景印文渊阁四库全书本，第502页。

从毕自严的奏疏中可以发现，锦衣卫如果奉命到地方逮捕官员，不仅需要有金批的驾帖，还需要专门下发的包含逮捕内容的圣旨原件，否则不合法。明朝的制度规定"京外官五品以上有犯，必奏闻请旨，不得擅勾问罪"①，刘侨等只有"一纸之批"，估计是带有批红的题奏，没有其他材料，这显然不符合规定。毕自严上疏后，朝廷的答复仅仅是"已有旨"②，依旧要带走陈天爵。此时魏忠贤尚未把持朝纲，明朝政府主要由东林党人主持政务。在此背景下陈天爵依旧被"非法"逮捕，说明旧制已经不被尊重。

天启二年四月，明军在蓟州一带抓获后金间谍杜茂，招称与已经投降后金的佟养性同族的登莱监军佟卜年是内奸。明廷急派锦衣卫官校"持二驾帖往刑科"③金批，准备押解杜茂到京审问，同时逮捕佟卜年。明制："一犯官一驾帖，每一帖止官旗二人。"④ 所以锦衣官校领了两份驾帖。"署科给事中熊德阳先金杜茂等一帖，其佟卜年一帖与同科刘弘化议，欲具本参论，续金稍迟"⑤，招致兵部尚书张鹤鸣的不满，熊德阳因此受到处分。按照高汝栻在《皇明续纪三朝法传全录》中的记载，熊德阳拒金的是杜茂一帖，理由是该帖"不细开名数，止云拿杜茂等……'等'之一字包含最众，恐承行人诡捏那移，波及无辜"⑥。如果这一记载无误的话，熊德阳应是在忠实履行自己的职责。从上述两个例子可以看出，尽管在天启初年刑科金批捕人驾帖的法定程序遭到一定的破坏，但相关方面终归要给予一定的解释，这一制度尚未被彻底抛弃。

到崇祯年间，又出现了新变化。崇祯元年，锦衣卫奉命拘捕田佳璧、张宜更等，事后才到科补金，"续捕狄姓者并不复补"⑦，为

① （清）张廷玉等：《明史》卷九四《刑法二》，中华书局1974年点校本，第2312页。
② 《明熹宗实录》卷一二，天启元年七月乙丑条，第629页。
③ 《明熹宗实录》卷二一，天启二年四月丁卯条，第1041页。
④ （明）朱长祚：《玉镜新谭》卷六《缇骑》，中华书局1989年点校本，第88—89页。
⑤ 《明熹宗实录》卷二一，天启二年四月丁卯条，第1041页。
⑥ （明）高汝栻：《皇明续纪三朝法传全录》卷一一，续修四库全书丛书影印本，第791页。
⑦ （清）汪楫：《崇祯长编》卷一六，崇祯元年十二月癸巳条，第891页。

此遭到弹劾，崇祯帝只是申饬而已。

　　崇祯五年七月，草场失火，锦衣官校又一次未经金批即前往逮捕渎职官员，两天后才去补金。刑科给事中陈赞化等上疏要求予以申饬，并严格执行有关制度，"以存典制之旧"，崇祯帝未予接受，只是"命锦衣卫查例奏明"①。次月，崇祯帝下令："自后驾帖径发锦衣卫，若就近密速拿人，不必概候科签（金），以防轻泄。"② 至此，驾帖拿人必先金批的制度被公开废置。崇祯帝公开否定旧制，固然与其刚愎自用的性格有关，但前朝多次发生的类似事件证明这一制度能否严格执行，在很大程度上取决于皇帝的态度，区别仅在于前朝尚遮遮掩掩，照顾祖制和文官们的情绪，崇祯帝则彻底撕去了这张假面具而已。

　　不过，驾帖金批制度的破坏似仅限于出京捕人。《三垣笔记》的作者李清在崇祯朝曾任刑科给事中。据其记述：

　　　　予入刑垣，见一切廷杖拿送并处决，必锦衣卫送驾帖至科，俟签押持去。予初谓故套，及署印，以赴廷推归，见校尉森列，持杖不下，一应杖官已解衣置地。予问何待，答曰："非科签（金）驾帖，则不得杖耳。"然后知此为封驳设也。今仅作承行耶！予召数老书手问封驳云何，皆云不知。③

　　从这段记载中可以发现，廷杖需刑科金批的制度并未废止，但在给事中眼里，已经是可有可无的"故套"。另据同书记载，刑科右给事中陈启新因与都给事中宋玫交好，经常"托守科或代签（金）驾帖，俱欣然不辞"④。金批驾帖需要仔细审查帖上内容，且是阻止非法施政的最后一道制度屏障。给事中们动辄请人代签，显然没有

　　①　（清）汪楫：《崇祯长编》卷六一，崇祯五年七月庚戌条，第 3501 页。
　　②　（清）汪楫：《崇祯长编》卷六二，崇祯五年八月丁丑条，第 3572 页。
　　③　（明）李清：《三垣笔记·上·崇祯》，中华书局 1982 年标点本，第 20 页。
　　④　（明）李清：《三垣笔记·上·崇祯》，第 9 页。

把它当回事。主事官员既然不重视，皇帝自然更可以抛开祖制，自行其是。

四　精微批及其使用规则

与驾帖相比，精微批的使用范围要宽得多。"故事：两京衙门凡有差遣者，不问事之轻重，皆给以内府精微批文"①，"各衙门出使，承领各衙门札付及精微批文"②，"凡巡方、巡盐关差，皆有精微批一纸，以为凭限。批自内阁，而科臣批之"③。成化十八年，南京六科"以为太烦，奏请区处"，明廷讨论后，决定改为"事重、路远者，给之；事轻者，不拘远近，止给与札帖，著为例"④。另据《大明会典》记载："凡亲王致祭，旧例遣侯伯给敕行。嘉靖四十四年议罢，止差卿寺五品以上官，或礼部司官前去，照行人差至郡王府，给精微批，不必请敕。"⑤ 可见，精微批是两京级别相对较低官员出京办差的凭证，精微批的地位较诏敕低很多。

在《南京都察院志》中保留了两份格式文书：

> 为议定差以责实效事。照得本院奏差巡按直隶监察御史某巡视某等处，所有本官出巡精微批文，例应填给。为此合用手本，前去内府，南京（兵、礼、刑）科填给施行。计给应字批文道。
>
> 为议定差以责实效事。据巡按某差御史某呈缴精微批文前来，例应转缴，为此合用手本，前去内府，南京（兵、礼、刑）

---

① 《明宪宗实录》卷二二六，成化十八年四月乙卯条，第3879页。

② （清）薛允升撰，怀效锋、李鸣点校：《唐明律合编》卷十《出使不复命·琐言》，法律出版社1999年版，第208页。

③ （清）佚名：《残明纪事》，四库禁毁书丛刊影印本，第128页。

④ 《明宪宗实录》卷二二六，成化十八年四月乙卯条，第3879页。

⑤ 万历《大明会典》卷九八《丧礼三》，第1534页。

科销缴施行。计总应字批文道。①

另据《明宪宗实录》记载，成化二十年八月，刑部主事周盈"填写精微批文不谨，刑科劾奏"②，刑部尚书张鎣、侍郎杜铭、何乔新因此连带受到处分。

综合上述史料可以发现，精微批原件保存于内府，需要使用时由相关人员领出，到礼部或刑部等衙门主管官员处填写所办差事，然后到六科相应的科金报③，这才具备法律效力。办差结束后，还需到上述部门销缴。

成化十九年，"行人司行人王皋为镇平王掌丧礼。至开封府，公馆夜火，皋所领精微批焚焉"④，赖河南镇守太监、巡抚等官求情，才得以豁免⑤。成化二十三年，因"礼部于报讣精微批文失用印押字"⑥，该部尚书周洪谟及已改任吏部的原左侍郎徐溥都受到罚俸处分。

弘治十一年，山东兖州府同知余浚奏准："凡御史出巡，俱领精微批于内府。其批内限期，但云事完回缴。缘各官在途有患病、事故、水程之外，未曾定与限期，且前此出巡，未知新例，或有例前过违者。命今后水程外违限一日以上者，参奏处治。以前过违者，

① （明）施沛：《南京都察院志》卷三五《公移·缴精微批》，四库全书存目丛书补编影印本，第304页。
② 《明宪宗实录》卷二五五，成化二十年八月庚辰条，第4313页。
③ 如万历《大明会典》卷二一三《六科》记载："凡行人、序班、监生差往王府祭葬，报讣，伴送夷人等项，该给内府精微批文，俱从本科定限，事毕送科销缴。"这里的"本科"指礼科。见第2845页。又如该书同卷载："凡工部奏差造坟、抽分等项官员，各该请给内府精微批文。各具手本，送本科，照批定限给付。事完，各赍原批赴本科，转送内府销缴。"这里的"本科"指的则是"工科"。见该书第2851页。
④ 《明宪宗实录》卷二三九，成化十九年四月癸酉条，第4055页。
⑤ 与精微批类似，驾帖也不得遗失。如天启年间，阉党得势，魏忠贤遣人到地方逮捕东林名士高攀龙等。其中到浙江逮捕魏大中的锦衣官校遭到当地百姓阻挠，"以中途被殴，失散驾帖，无从抵关，照验何凭，闭门不纳"只好狼狈回京。事见（明）朱长祚《玉镜新谭》卷六《缇骑》，中华书局1989年点校本，第88—89页。
⑥ 《明宪宗实录》卷二九〇，成化二十三年五月乙丑条，第4910页。

宥之。"①

崇祯年间曾任职六科的李清在《三垣笔记》中记载：

> 凡按院出巡，用精微批，先送刑科签押，于直隶巡按监察御史某准此，则用朱笔大直。如按院直推知法，于批后又书"候回还日缴"五大字，送中官用印。予曾顾同垣笑曰："我辈下笔如此纵放，若上入宫，见必怒矣。"一日，果命中官至垣诘责，因告以旧例，取历年所缴批进览，次日发出，亦莫稽其故也。大约科臣签（佥）押，疑代皇后为之者。②

可见，明朝政府对精微批的签字、用印、销缴期限乃至相关人员笔迹是否工整都有严格的规定，既不允许朦胧填、签，延期缴回，更不允许遗失。

万历四十年二月十四日，大学士叶向高上题本，指出刑科、兵科给事中长期空缺，"此二科章奏无人发抄，尽皆沈阁。昨御史彭端吾差巡按四川，旧例：巡按官出差，必兵、刑二科移文内府领精微批。今二科无官，则精微批无从得领，而御史不得行矣。其间更有他事不便，率皆如此"③。可见，与驾帖类似，六科在精微批的使用过程中发挥着关键作用。没有六科佥批，精微批同样无法使用。

与驾帖不同的是，驾帖系根据皇命而出，带有临时性和随机性，精微批则不同。

弘治元年九月，刑部尚书何乔新上言：

> 旧制，提人勘事，所遣人员必赍精微批文赴所在官司，比号相符，然后行事。所司仍具由回奏。有不同者，执送京师。

①　《明孝宗实录》卷一三三，弘治十一年正月庚戌条，第2345页。

②　（明）李清：《三垣笔记·补遗·崇祯》，第41页。

③　（明）叶向高：《请发紧要三事揭》，见氏著《纶扉奏草》卷一五，四库禁毁书丛刊影印本，第138页。

此祖宗防微杜渐之深意也。而京城内外提人乃用驾帖, 既不合符, 真伪莫辨。倘有奸人矫命, 谁则拒之? 请自今遣官出外, 仍给批文, 以防奸伪。①

可见, 精微批系事先制作, 且至少一式两份, 在京师内府和地方相应衙门分别保存, 所以可以比对真伪。如嘉靖二十一年, "恤刑主事戴楩、吴元璧、吕颙等行急, 失与内号相验。比至, 与原给外号不合, 为巡按御史所纠, 纳赎还职"②。因为这个优势, 孝宗皇帝接受了何乔新的建议, 批复: "提人勘事, 必给精微批文以防奸宄, 乃祖宗旧制, 不可不遵。所司其如例行之。应给批时, 毋得稽误。"③

弘治十一年, 英国公张懋等在应诏言事时建议 "今后差官, 查照旧例, 给精微批。锦衣卫官校不许仍赍驾帖, 为害非细"④。弘治十三年夏, 群臣借星变再次提出 "精微批必经比号, 故矫诈无所施。驾帖因不比号, 则真伪不可辩。近年以来, 官校差出, 止赍驾帖, 少有给批。目今边方多事, 万一有不逞之徒伪造驾帖, 赍至所在, 真伪莫辩。乞今后凡有差出人员, 务令出批为照, 以防意外之患"⑤。大臣们屡次建议使用精微批从侧面证明, 锦衣官校出京办差同时携带驾帖和精微批的制度并没有得到切实执行。

弘治十五年, 明廷再次决定 "凡奉旨于在京拿人, 锦衣卫给驾帖, 刑科批日。若差人出外提人、取物、勘事, 皆给精微批, 赍赴所在官司, 比号相同, 然后行事。如不同, 就擒解京"⑥。但不久, 这一制度又被抛到了一边。正德皇帝即位不久, 即 "以庄田之故,

① 《明孝宗实录》卷一八, 弘治元年九月壬午条, 第 437 页。另见 (明) 余继登《典故纪闻》卷一六, 中华书局 1981 年点校本, 第 281 页。
② (清) 张廷玉等: 《明史》卷九四《刑法二》, 第 2312 页。
③ 《明孝宗实录》卷一八, 弘治元年九月壬午条, 第 437 页。
④ 《明孝宗实录》卷一四三, 弘治十一年十一月壬子条, 第 2498 页。
⑤ 《明孝宗实录》卷一六二, 弘治十三年五月丁卯条, 第 2925 页。
⑥ 万历《大明会典》卷一七七《问拟刑名》, 第 2443 页。

差官校，赍驾帖，逮捕民鲁堂等二百余人"①。给事中周玺等于是再次进言，批评武宗听信皇亲一面之词，要求"远鉴祖宗旧制，近遵先帝成命，自今差人出外，务令给批而不用驾帖，以后永为遵守，如此则诈伪可防而奸弊不生，天意可回"②。武宗顾左右而言他，强调经理皇庄是"奉顺慈闱，事非得已。管庄各留内官一人、校尉十人，余悉召还"③，对周玺的建议则不置可否。不过，晚明人士李默在《孤树裒谈》中仍称"凡奉旨提取罪犯，本卫从刑科给驾帖，都察院给批。差官，则一官之差，一事之行，亦未尝得专也"④。可见，至少在纸面上，锦衣出京需同时携带驾帖和精微批的制度被保留了下来。至于是否严格执行，则另当别论。

结　语

锦衣卫是颇受皇帝信赖的强力机关，手中有充分的政治资源，所以明廷尽管制定了详细的制度，不论是驾帖还是精微批，都可以对锦衣卫的行事做出制约，但其总可以突破制度的限制，不时法外行事，不过这种突破终归有一定限度。驾帖出自皇命，但由于不在原有制度框架内，缺乏总体设计，虽然地位很高，使用时也会受到一定的限制。如嘉靖十四年，吕经因为粗暴修改辽东军户帮丁政策，引发士兵哗变，锦衣官校奉命到广宁逮捕吕经，因为"诸军疑驾帖非誊黄，是诈为天使，谋脱经也，复噪乱"⑤，反而把锦衣官校同吕经一起扣押，关进监狱。之所以出现这一状况，和驾帖不经常使用，基层官兵不熟悉其形制有密切关系。又如隆庆三年，尚衣监右少监黄雄"以番休日私出征子钱，与居民哄斗市中"，被兵马司拘捕。宫内宦官找不到黄雄，于是派锦衣校尉到巡城御史杨松处索要。"校尉

① 《明武宗实录》卷一○，正德元年二月乙卯条，第304页。
② （明）周玺：《论兴革疏》，见氏著《垂光集》，景印文渊阁四库全书本，第279页。
③ 《明武宗实录》卷一○，正德元年二月乙卯条，第305页。
④ （明）李默：《孤树裒谈》卷二，四库全书存目丛书影印本，第212页。
⑤ 《明世宗实录》卷一七五，嘉靖十四年五月癸酉条，第3800页。

诡言有驾帖召雄"①，被杨松识破。锦衣校尉之所以敢说谎，除了有恃无恐之外，和驾帖使用较为随意，没有明文规定的固定使用范围有很大关系。

总体而言，驾帖是依据皇命派发的办事凭证，其地位远逊于敕谕。由于皇帝的个人偏好，驾帖的使用范围不断扩大，亦因此招来大量的批评。因为有精微批的存在，停用驾帖的呼声一直存在。虽然君臣最后达成妥协，两者共同配合使用，但因为皇权意志的存在，专用驾帖的现象并未得到遏止，反而在天启、崇祯年间泛滥成灾，直至抛开祖制，自行其是。另外，由于司礼监太监负有代皇帝批红的权力，在魏忠贤等宦官掌握大权的特定时段，驾帖更是成了篡权大阉打击异己的利器。由于持驾帖行事者多是锦衣卫成员或与之有一定关联的人士，锦衣卫因此成为驾帖批判者指斥声讨的对象，进而影响了人们对锦衣卫制度的客观评价。

---

① 《明穆宗实录》卷三九，隆庆三年十一月乙酉条，第975页。

第 四 章

锦衣卫的职能（下）

第一节　锦衣卫的出使职能

　　明初，大批周边少数民族部众主动内附，为"怀柔远夷"①，明廷把这些内附人口大多安置到各地的卫所中，成为所谓的达官、达军，其中一部分人口被安置在锦衣卫中。明初政局稳定后，更是"四夷降附老弱者，皆于锦衣卫带俸"②。除了征战时会用到达军外，因为存在语言障碍等因素，达官达军没有什么具体事可做。大量达官带俸、达军在闲，对于并不宽裕的明朝财政来说，是不小的负担，且过于闲散，也会滋生一些不良现象，因此明廷开始着手给他们安排一些任务。就锦衣卫内的达官而言，执行"外事"任务是他们的主要职责之一。明朝时并没有严格的国家概念，虽然对外国和周边联系相对松散、不实行直接统治也未设土司土官的少数民族部落有一定区分（如正统六年派遣使者赴朝鲜，调解女真建州部与朝鲜的人口纠纷时，敕旨中称："朕惟王为国东藩，凡察、满住，皆受朝

---

　　① 《明太宗实录》卷八七，永乐七年正月辛亥条，第1152页。
　　② 《明英宗实录》卷二一，正统元年八月辛卯条，第418页。

命，于边居住，俱宜保全，俾之安靖。"①），但在联系方式上采用类似的方式，只是外国称为"朝贡"，版图内的少数民族部落则称为"进贡"。

　　锦衣卫作为皇帝心腹，很早就开始执行外交任务。据朝鲜史籍记载，太宗二年（明建文四年）十一月，"上率百官饯使臣于迎宾馆。上召力士二人于坐前而赐温酒"②。由于对李成桂通过政变方式夺权不满，朱元璋始终没有对其册封，直到建文年间，朝鲜国王才获得明朝政府的完全承认。上述记载显示锦衣卫在中朝关系正常化后承担了出使职责，这也是目前笔者见到的锦衣卫出使外国的最早记录。此后尚有多次锦衣卫军官出使朝鲜的记载，如正统六年，朝鲜节日使通事金辛在归国途中报告"天使锦衣卫指挥佥事吴良、辽东百户王钦等，本月晦时，自辽东离发"③等。

　　嘉靖十五年，安南国发生内乱，不再朝贡，明廷就是否出兵问罪产生争议。礼部、兵部于十一月联合上奏，"乞先差锦衣卫官有胆略材识、通达事机者一二人，令广西镇巡官选委官卫有司官员深晓夷情、熟知道路者三五人，同往彼国勘问背叛情由"④。当月，嘉靖帝命"锦衣卫千户陶凤仪、百户王桐于广西，千户郑玺、百户纳朝恩于云南诘勘安南国篡夺罪人及武严威等犯边事情"⑤。此次前往两国边境虽然不是奉诏出使，但也在外事范围内。次月，反对出兵安南的户部左侍郎唐胄上书反对派锦衣卫前往勘查，但他的理由是"锦衣武人，闇于大体，万一徇私枉实，衅或随之"⑥，而不是锦衣卫没有外事职权。

---

　　①　朝鲜《李朝世宗实录》卷九四，辛酉二十三年十二月戊午条，日本学习院东洋文化研究所昭和三十一年（1956年）影印本，第213页。

　　②　朝鲜《李朝太宗实录》卷四，壬午二年十一月己丑条，日本学习院东洋文化研究所昭和二十九年（1954年）影印本，第245页。

　　③　朝鲜《李朝世宗实录》卷九四，辛酉二十三年闰十一月庚寅条，第206页。

　　④　《明世宗实录》卷一九三，嘉靖十五年十一月乙丑条，第4080页。

　　⑤　《明世宗实录》卷一九三，嘉靖十五年十一月甲戌条，第4083页。

　　⑥　《明世宗实录》卷一九五，嘉靖十五年闰十二月壬子条，第4117页。

　　其实，锦衣卫执行出使任务，在洪武年间即有先例。如洪武二十一年十月，"故元国公老撒、知院捏怯来、丞相失烈门于耦儿千地遣右丞火儿灰、副枢以剌哈、尚书答不歹等率其部三千人至京进马乞降。命锦衣卫指挥答儿麻失里赍白金彩段往赐之"①。只是这是与北元部众的交往，严格来说属于国内事务，但确属于本节讨论的出使范围。从"答儿麻失里"这个名字推断，应该是达官。这是《实录》中较早提到锦衣卫达官执行出使任务。

　　此后，类似记载不断出现。例如：永乐十四年，锦衣卫千户丁金、嘉剌丁因出使撒剌亦有功，晋升指挥佥事②；永乐九年，"升锦衣卫百户马贵为本卫指挥同知，录其使西洋古里等处劳绩也"③；宣德二年九月，"赐奉使哈烈等处锦衣等卫官军指挥同知也忽等一千四百二十二人钞、绢、彩币表里有差"④；同月，"赐奉使亦昔阔等处官军、锦衣等卫指挥佥事喜剌丁等六百六十一人钞、绢、彩币表里有差"⑤；等等。不仅锦衣卫达官大量奉命出使，执行外事任务的汉族官兵也不少，如山东黄县人柳政，"洪武二十七年以人材举充锦衣卫力士、将军，二十八年升小旗。永乐八年阿鲁台功升总旗，十六年西洋公干，升实授所镇抚"⑥。

　　大批达官能承担出使任务，特别是出使西北地区，一方面是因为不存在语言、风俗习惯上的障碍；另一方面则是因为很多出使目的地就是他们的"家乡"，有大批故旧可以招引。如洪武年间归附的撒马儿罕人亦剌思，"永乐间，往亦里吉思，导其王子暖答石等来朝"⑦。因功劳较大，宣德元年，"例不应袭"的亦剌思之子马哈麻被破例允许承袭乃父的指挥使职务。

<hr>

① 《明太祖实录》卷一九四，洪武二十一年十月丙午条，第2909—2910页。
② 《明太宗实录》卷一七八，永乐十四年七月癸巳条，第1937页。
③ 《明太宗实录》卷一一二，永乐九年正月辛未条，第1431页。
④ 《明宣宗实录》卷三一，宣德二年九月戊申条，第812页。
⑤ 《明宣宗实录》卷三一，宣德二年九月壬子条，第813页。
⑥ 《天津右卫选簿》，《中国明朝档案总汇》第68册，第69页。
⑦ 《明宣宗实录》卷一六，宣德元年四月壬申条，第427页。

除了立籍锦衣卫的达官外，还有很多人因承担外事任务而从外卫或其他衙门调入锦衣卫。例如：宣德二年五月，"升行在鸿胪寺（右）丞何敏为行在锦衣卫指挥佥事。敏习番语，始由通事进。至是，命与都指挥佥事蒋贵往，同松潘卫指挥吴玮招抚番寇"①；同年十月，"升行在鸿胪寺序班王息为指挥佥事，锦衣卫支俸不任事，以使外夷功也"②（王息原本是朝鲜人，因"抚安兀良哈等处夷人功"③，获得这次越级晋升）；回鹘人、羽林前卫正千户昌英，"累使迤北和宁王阿鲁台、忠勇王也先土干及亦力把里、哈密诸处，历升都指挥同知。宣德十年随太监王贵等甘肃备边，冒三岔河功，升都指挥使，为兵部侍郎柴车奏革之。正统三年，又以鱼海子等处擒贼功，仍升都指挥使。六年还京，调锦衣卫带俸"④。

之所以不断有承担出使或翻译职责的其他部门人员调入锦衣卫，在很大程度上是由于明朝的制度设计造成的。明代负责外事的机构主要是鸿胪寺。鸿胪寺机构定型于洪武三十年，其前身是吴元年设置的侍仪司及洪武九年改设的殿庭仪礼司。鸿胪寺"掌朝会、宾客、吉凶仪礼之事"，其中包括"外吏朝觐，诸蕃入贡，与夫百官、使臣之复命、谢恩，若见若辞者，并鸿胪引奏"，"又设外夷通事隶焉"。⑤ 鸿胪寺各级官员共 62 名，级别最高的鸿胪寺卿为正四品，最低的序班只有从九品。

涉外事务需要翻译做中介，明代专门设立了"通事"一职，只是明代的通事既包括针对外国语言的翻译人员，也包括少数民族语言的译员。正德三年十二月，"女直大通事王玘坐累罢，鸿胪寺序班张泽呈乞推补。锦衣卫带俸指挥佥事、大通事王喜言：女直旧不设大通事，今宜免补"⑥，可见通事又有大通事和通事之分，前者较后

---

① 《明宣宗实录》卷二八，宣德二年五月丙午条，第 733 页。
② 《明宣宗实录》卷三二，宣德二年十月丙子条，第 826 页。
③ 《明英宗实录》卷一七二，正统十三年十一月壬寅条，第 3312 页。
④ 《明英宗实录》卷二六六，景泰七年五月己巳条，第 5639 页。
⑤ （清）张廷玉等：《明史》卷七四《职官三·鸿胪寺》，第 1802—1803 页。
⑥ 《明武宗实录》卷四五，正德三年十二月庚辰条，第 1030 页。

者地位要高一些。不过通事和大通事似乎只是一个职务，和个人的品级没有直接关系。如成化年间的大通事杨铭，个人实际官职是锦衣卫署指挥使①。弘治八年，"命鸿胪寺带俸、右军都督府经历刘福充大通事"②。同为大通事，前者是三品，后者只有七品。天顺二年，明廷"命故都督马政子鉴袭指挥使，锦衣卫带俸，仍为通事"③。马鉴是正三品指挥使，却也只是个通事。笔者推断，通事和大通事的主要区别，应该是翻译能力不同，大通事翻译能力更强。

弘治十年九月，礼部尚书徐琼在汇报哈密卫贡使反复奏扰等事宜时批评"大通事杨铭等，职专答应，义无私交，当其承旨省谕之时，正宜宣扬恩威，明示劝戒，乃将本部覆过事由代之敷陈，倡令各写番文，与之封进，似有交通之私。况省谕夷人，止于朝房内。各通事受铭等钤制，莫敢异同。或有私言，皆不能知。如本年七月内，朝审泰宁等卫犯边达贼，有大通事王英，因其子、通事王永向前译审，喝骂捶楚。廷陛之间尚尔，况于朝房哉！今后凡有宣谕，请令大通事同本等通事并伴送人等，率领夷人到于礼部堂上，望阙，明白传译，令其俯伏听从，庶几恩威宣著，奸弊可革"④。据此推断，通事群体与朝贡（进贡）使者之间不能私下交往，且大通事对通事有一定的约束能力。

为培养合格的翻译人才，明朝从永乐五年开始，专门设置了四夷馆，"特设蒙古、女直、西番、西天、回回、百夷、高昌、缅甸八馆，置译字生、通事，通译语言文字。正德中，增设八百馆……万历中，又增设暹罗馆。初设四夷馆，隶翰林院，选国子监生习译。宣德元年，兼选官民子弟，委官教肄，学士稽考程课。弘治七年，始增设太常寺卿、少卿各一员为提督，遂改隶太常"。"译字生，明初甚重。与考者，与乡、会试额科甲一体出身。后止为杂流。其在

① 《明宪宗实录》卷二五一，成化二十年四月辛酉条，第4244页。
② 《明孝宗实录》卷九八，弘治八年三月己亥条，第1796页。
③ 《明英宗实录》卷二八七，天顺二年二月辛亥条，第6158页。
④ 《明孝宗实录》卷一二九，弘治十年九月戊午条，第2285页。

馆者，升转皆在鸿胪寺"①。

明初，熟悉和愿意学习外国或少数民族语言文字的汉人并不多，所以在四夷馆中服务的大多是投附或原本在中原生活的，熟悉或愿意学习汉语的少数民族人士。如永乐二十二年，"升锦衣卫指挥佥事徐晟为本卫指挥同知，鸿胪寺左少卿哈的为指挥佥事。晟，鞑靼人，初名七十五。哈的，回回人。二人自永乐初以翻译外夷文字召用，后凡西北二虏及南夷之事，二人悉与闻之"②。又如回鹘人昌英，永乐二年袭职后不久即"送翰林院习译书"，景泰六年调入锦衣卫后，依然"充通事及四夷馆教译书"③。山后人季铎袭职后"译字四夷馆"，天顺朝"升都督佥事，仍供职四夷馆"④，等等。

四夷馆虽然先后由翰林院和"掌祭祀礼乐之事"⑤的太常寺主管，但这两个部门都和外事没有直接关系，所以培养出来的翻译人才主要由鸿胪寺使用，因而"升转皆在鸿胪寺"⑥，如上文中提到的鸿胪寺左少卿哈的。"通事初隶通政使司"⑦，后来划归鸿胪寺，也是因为同样的原因。但鸿胪寺有个致命缺陷，即品级过低，主官也不过正四品，而这些翻译人才要经常出入宫廷，为皇帝服务或以备咨询，加之出使外国或边疆地区非常辛苦，往往耗时数年，中途还可能遭遇战事⑧，所以明廷对成功完成出使任务的使团成员大多奖励优厚，这就造成了鸿胪寺官职无法满足这些随同出使的通事升迁需

---

① （清）张廷玉等：《明史》卷七四《职官三·太常寺·提督四夷馆》，第1797—1798页。
② 《明仁宗实录》卷三下，永乐二十二年十月壬戌条，第121页。
③ 《明英宗实录》卷二六六，景泰七年五月己巳条，第5639页。
④ 《明宪宗实录》卷四五，成化三年八月条，第943页。
⑤ （清）张廷玉等：《明史》卷七四《职官三·太常寺》，第1796页。
⑥ （清）张廷玉等：《明史》卷七四《职官三·太常寺·提督四夷馆》，第1798页。
⑦ （清）张廷玉等：《明史》卷七四《职官三·太常寺·提督四夷馆》，第1797页。
⑧ 例如郑和下西洋期间多次发生战事。又如正德十年十一月司设监太监刘允出使乌斯藏时，"敕允往返以十年为期，得便宜行事"，"番僧号佛子者，恐中国诱害之，不肯出。允部下人皆怒，欲胁以威。番人夜袭之，夺其宝货、器械以去。军职死者二人，士卒数百人，伤者半之。允乘良马疾走，仅免"。事见《明武宗实录》卷一三一，正德十年十一月己酉条，第2611—2612页。另据（清）毛奇龄：《武宗外纪》记载，本次出使，"统锦衣卫官一百三十三员"。见《中华野史》丛书"明朝卷一"，泰山出版社2000年版，第499页。

要。鸿胪寺卿主管全面工作，不能作为带衔官职使用，因而通事在鸿胪寺内升迁到少卿即到了顶点，要再升迁，必须跳出鸿胪寺，就像上文中提到的哈的，从左少卿直接转任正四品指挥佥事，作为序班的何敏、王息先后升任锦衣卫指挥佥事，而大通事刘福因为只是七品经历，所以仍可以在鸿胪寺带俸。锦衣卫作为皇帝亲军，本身即负有出使的职责，另外可以比较方便的出入宫廷，加之本卫武职品秩较高，很适合用于奖赏立有大功并深为君王信任的使臣，大批出自其他部门的使臣及通事因此陆续调入锦衣卫，只是个人职责不变，在锦衣卫仅是带俸。

　　不过正因为是寄禄于锦衣卫，这些人的官职往往没有一个限度。如昌英终于都督佥事、季铎去世前是都督同知等。明廷对他们的宠遇还时常突破制度限制。如正统十四年十二月，"命锦衣卫带俸都指挥同知王息子铨为正千户。息奏愿自降一级以升铨，遂命息为都指挥佥事，铨为指挥佥事"①。王息原本希望由长子王鉴代替自己，但"上以息通晓夷情，不许，特以鉴为正千户"②，后来王鉴在土木之变中阵亡，这才有了次子王铨受职一事。因为王鉴有幼子，王铨只能算借职。天顺元年，王鉴的儿子王寿长大，袭职为指挥同知。王息的妻子上书，请求保留王铨的职务，于是"仍以铨袭其父都指挥使职"③。王息虽然贡献很大，但这样的父子同时在职、叔侄一起在职、升职，明显都是违反军职升迁制度的。锦衣卫南镇抚司在管理这些带俸军官时也会有诸多不便。

　　弘治十五年六月，礼部议准："近例，鸿胪寺带俸通事、署正、典簿等官考满，鸿胪寺考核，呈送吏部。但通事未授职之前食粮、冠带、实授俱从本部考送。既授职之后，考满不由本部，其历任升任年月、公私过名有无，无所于考。凡遇大通事员缺，难于推举，各边差遣难于选择。又其间勤惰不别，何以激劝？今后各官考满，

---

①《明英宗实录》卷一八六，正统十四年十二月辛未条，第3749页。
②《明英宗实录》卷二八二，天顺元年九月戊子条，第6068页。
③《明英宗实录》卷二八二，天顺元年九月戊子条，第6068页。

请令鸿胪寺考核呈送本部，本部考核咨送吏部。"① 可见，通事和文官一样，要参加三年一次的考核，且鸿胪寺、礼部和吏部都要参与，在转入锦衣卫之后，由于是军职，兵部要替代吏部参与考核。但由于品级上的关系，鸿胪寺和礼部不方便对已升任高级武官的通事们很难进行切实考核，这对于通事群体的管理无疑是有害的。

以达官为主要负责人出使外邦或"四夷"的现象到明中叶仍未改变。如天顺七年二月十二日，"兵部奉特旨，遣使臣下旱西洋，曰哈列地面，曰撒马儿罕地面，曰哈失哈儿地面，曰阿速地面，曰土鲁番地面，曰哈密地面，曰乩加思兰处，各正、副使一员，皆外夷人仕中朝者，或大通事，或都督，或都指挥等官，皆有主名矣"②。

坚持使用这些"外夷"有利有弊。一方面可以充分发挥他们长于骑射、熟知"夷情"的优势，同时还可以促进民族融合。武忠可谓典型代表。武忠本是海西女真人，"宣德中遣使奴儿干，授锦衣卫百户。后代叔父乃当哈为海西都指挥佥事，改注锦衣卫带俸。以军功历升都指挥同知、署都指挥使"，"尝偕给事中张宁使朝鲜。国人请阅兵，因以弓矢请射。忠挽弓，辄嫌其软。并张两弓折之。既而有雁横空而过，国人跽请射。忠援弓射，应弦而落，国人大慑服"③。因为长期生活于内地，亲近汉文化，武忠还得到皇亲、会昌侯孙继宗的赏识，成为他的女婿。

与此相反，很多特别是来自西北地区的通事、达官，因为民族习惯、宗教信仰等方面的原因，难以全面融入内地生活，对故地政权、人员有着天然的亲切感，有时也会做出有损大明帝国利益的事情。如成化十六年十二月，兵部议准：

> 通事人等多扇惑外夷，代之饰词奏请。宜以今年入贡夷人奏请番文，令大通事詹昇辈会本部该司究其所书，夷人给以笔

---

① 《明孝宗实录》卷一八八，弘治十五年六月癸卯条，第3460—3461页。
② （明）陆容：《菽园杂记》卷五，中华书局1985年点校本，第56页。
③ 《明宪宗实录》卷八五，成化六年十一月丙戌条，第1648页。

札，令其覆写，不能则究问代书之人，治以重罪，而戒谕诸夷，约无再犯。仍移天下诸边守臣，各谕所在起送有司，自今诸夷入贡，即取其番文，用印封识，具疏，付馆伴之人赍至京师，令大通事亲为阅实。其余果有奏请，大通事仍会本部该司，拘令夷人面书奏词已，乃封上，如例重译，庶奸弊可革。①

除了派遣官兵出使之外，锦衣卫对来朝使者也承担一定的职责，如"外夷入贡朝参，例应锦衣卫拨马骑坐"，且必须每次单独奏请，礼部曾试图"著为例"，但被宪宗以旧制不可擅改为由予以否决②。

按照明朝的接待制度，进贡使节到京后，明廷要在午门外设宴予以款待。"本朝赐四夷贡使宴，皆总理戎政勋臣主席，惟朝鲜、琉球则以大宗伯主之，盖以两邦俱衣冠礼义，非他蛮貊比也。"③ 设宴本来是要展示大明恩典，但至明中叶，"所设宴席，俱为庖人侵削，至于腐败不堪入口"④。为此，锦衣卫千户牟斌于弘治十四年九月上言，建议"丰厚外夷筵宴"，"谓今后光禄寺但遇会同馆筵宴外夷人员，请令本寺堂上官一员亲至馆，督同各署官属依式设办，务令丰洁，以称朝廷柔远之意。仍令本部委官并侍班御史巡视其不谨者"⑤。之所以牟斌会关心宴会的事，是因为举行宴会时锦衣卫要派出专门的护宴校尉，负责"驱逐闲人，不许拥观，乘机混抢"⑥。

结　语

与其他职能不同，锦衣卫的出使职能在很大程度上和其传宣诏命职能是一体的，所以原则上所有官兵都有出使的可能。只是以朝

---

① 《明宪宗实录》卷二一〇，成化十六年十二月丁未条，第3653—3654页。
② 《明宪宗实录》卷二七三，成化二十一年十二月甲辰条，第4608页。
③ （明）沈德符：《万历野获编》卷二七《赐四夷宴》，第778—779页。
④ （明）沈德符：《万历野获编》卷二七《赐四夷宴》，第778—779页。
⑤ 《明孝宗实录》卷一七九，弘治十四年九月壬寅条，第3310页。
⑥ （明）温纯：《重宴赐以抚远人疏》，见氏著《温恭毅集》卷二，景印文渊阁四库全书本，第422页。

贡或进贡形式和大明中央政府保持往来的中、北亚政权或边疆地区的少数民族部落众多，才给大批内附达官提供了担负出使任务的机会。由于出使目的的顺利达成需要礼部、鸿胪寺、太常寺、边镇等多个部门的合力，加之政治总体上日趋败坏，锦衣卫的出使职能在明朝中后期也被波及，但因为主要履职者是在接受中原文化程度上总体不断加深的达官群体，所以这一职能基本能正常维持，且履职效果并未受太大的影响。另外，由于大批带俸达官是因为级别问题不便解决才依附于锦衣卫，所以即便出使中出现问题，对锦衣卫本身也没有太多的不良影响，这是其他职能履行能力损坏造成的影响所不能比拟的。

第二节　锦衣卫的其他职能

为了确保安全，除了亲征和处理必要的政务之外，皇帝一般深居九重，尽量减少与外界的直接接触。但要治理偌大的国家，不了解宫外情形，显然是不行的。因此，在深宫和宫外市井之间就需要一定的传输媒介，确保宫内宫外信息可以顺畅传达。在明代，可以相对容易进入宫廷，同时触角又深入民间的锦衣卫无疑是这种媒介的首选。刘献廷在《广阳杂记》中把锦衣卫的第四项职掌归纳为"直房司□"[1]，可谓抓住肯綮。

一　服务皇室

锦衣卫作为宫内宫外沟通的媒介主要体现在以下几个方面。

（一）传宣诏命

皇帝的诏命需要及时向外传达，为此，明廷专门设置了行人司，职掌"颁行诏敕，册封宗室，抚谕诸蕃，征聘贤才，与夫赏赐、慰

---

[1] （清）刘献廷：《广阳杂记》卷一，中华书局1957年标点本，第18页。

问、赈济、军旅、祭祀，咸叙差焉"①。不过，行人司属于文官系统，文臣出京，效率上难以保证，在有战事的时候，由军卫系统的锦衣卫来传达皇帝的命令无疑更有效率。明朝皇帝们也确实是这么做的。比如洪武二十一年六月二十七日，锦衣卫百户吴昇，接皇帝口谕，赶往云南前线传达给傅友德、沐英等将领②，洪武三十年九月，"遣锦衣卫指挥谭全等谕古州从征将士"③，等等。需要注意的是，吴昇接到任务是在六月二十七日，赶到前线已经是七月二十八日，快马加鞭尚且耗时一月有余，如果换成文官来传令，不知道要再耽搁多少时间。

有时，为赶时间，锦衣卫也替六部传达一些紧急文件。如正德五年五月，锦衣舍人王诰奉兵部差遣，赶往镇江。"时贼瑾用事，政令苛急。锦衣使者所至，人心惊动。比开，则吏部公文。有旨起臣一清赴京听用。"④

南明隆武二年，锦衣卫百户徐某赶到福建拜见新君，原来他是"前以弘光登极，颁诏云南，至是归"⑤，可见，由锦衣卫传达重要诏命的制度在南明时期尚在执行。

洪武二十四年八月十八日，"锦衣卫差力士何旺赍到手敕，着善世、天禧、能仁三寺僧官宗泐等，明早有雨，不要来。若无雨天晴，早赴奉天门。钦此"⑥。景泰年间，彭时丁忧在家，"忽校尉至门，宣唤入朝。有令旨：着商辂、彭时、陈循每同办事"⑦。这两个例子中的校尉传达的都是皇帝的口谕或手谕，且都不是紧急事务，说明

---

① （清）张廷玉等：《明史》卷七四《职官三》，第1809页。

② （明）张纮：《云南机务抄黄》，《中华野史》丛书"明朝卷一"，泰山出版社2000年版，第36页。

③ 《明太祖实录》卷二五五，洪武三十年九月乙亥条，第3681页。

④ （明）杨一清：《西征日录》，《中华野史》丛书"明朝卷一"，泰山出版社2000年版，第537页。

⑤ （清）瞿其美：《粤游见闻》，中国野史集成丛书影印本，第6页。

⑥ （明）葛寅亮：《金陵梵刹志》卷二，明万历刻天启印本。

⑦ （明）彭时：《彭文宪公笔记》卷上，《中华野史》丛书"明朝卷一"，泰山出版社2000年版，第212页。

锦衣卫也负责传达类似的临时诏谕。之所以这么做，一方面是因为如果由行人司传达，需要发布正式的文件，效率偏低且不可逆，由锦衣卫口头传达则有一定回旋空间；另一方面是因为很多琐碎的诏命也没有必要发布正式文件。当然，类似诏命也可以派宦官传达，是否派出锦衣卫，主要看皇帝的好恶。

（二）传递文书

进入明中叶，以内阁、六部为中心的国家机器已经可以自如运转，皇帝们亦顺水推舟，削减乃至放弃了每天例行的上朝，但章奏仍需及时批答。内廷负责处理章奏的部门主要是司礼监太监主管的文书房。"章奏，外官由通政司，京官则由皇极门实封奏闻，文书房内员收之，例无副本。"① 这些章奏经皇帝批复或太监代为批红后，需及时反馈。按明制，"阁拟上，或改票，或依拟，司礼秉笔票朱发下，锦衣卫直房分送六科，六科然后发部"②。可见，锦衣卫有专门人员在文书房执勤，负责传送批答后的章奏。个案资料中也能反映这一点，如《万历起居注》中载："万历十五年六月六日甲子，文书官李浚发锦衣卫所护宗室朝唯本，命礼部腾真来奏。"③ 这些日常处理的章奏到年底要及时整理归档，"凡本司日逐收下奏本夹板，年终面奏，令锦衣卫差人，运送司礼监交收"④。

南明时，流亡的永历小朝廷内廷中曾有一个丝纶房。笔者翻阅史籍，始终没有发现明朝的宦官机构中有这样一房。史载："隆武二年十月，命司礼太监王坤管文书房事。"⑤ "永历元年九月，进封马吉翔为文安侯，掌锦衣卫，管文书房敕旨。"⑥ 可见，当时尚保存着文书房。但清人寓舫在《劫灰录》中记载：永历二年八月，永历帝到达肇庆，"拜李成栋翊明大将军，以其子李元胤为锦衣指挥使，掌

① （明）李清：《三垣笔记·下·弘光》，第105页。
② （清）刘献廷：《广阳杂记》卷一，第18页。
③ 南炳文、吴彦玲辑校：《辑校万历起居注》，天津古籍出版社2010年版，第659页。
④ 万历《大明会典》卷二一二《通政使司》，第2833页。
⑤ （清）王夫之：《永历实录》卷一《大行皇帝纪》，中国野史集成丛书影印本，第208页。
⑥ （清）王夫之：《永历实录》卷一《大行皇帝纪》，第209页。

丝纶房事"①。如果这个记载没有问题的话，丝纶房应该和文书房是并存的。

永历帝在肇庆停留时间不长即再次流亡。按照王夫之的记载，在流亡广西期间，"自乘舆播迁，班行零落，纶扉无旧词臣，甚则阁员不备，周鼎瀚以讲读摄票拟。及上在柳、象间，马吉翔以缇帅典丝纶"②。清人冯苏则记载马吉翔在永历帝流亡到湖广武冈州时封伯，"吉翔旧广东都司，以解靖江王至闽，授锦衣指挥。至是（武冈封伯），因内阁乏员，夤缘掌丝纶房事，司票拟焉"③。据此推断，丝纶房应该是南明政权在流亡期间，无法组成完整内阁时设置的一个代理内阁票拟职责的临时机构。丝纶房和文书房并立，形式上分别代表外廷和内廷。只是由于局势混乱，原本应由文官主持的丝纶房先后交给了李元胤和马吉翔这两个锦衣卫主官。

其实不光有丝纶房，南明隆武政权还曾临时设了一个承旨房，主管传达圣旨，"命礼部造'承旨发行科部'条记一颗，与锦衣卫正千户世加一级承旨房办事张鸣凤。盖以发本承旨，慎密所宜，木记原不足用也"④。这个承旨房实际履行的就是明朝未亡时锦衣卫承担的传送批答后章奏的职能。

（三）服务皇室日常生活

为防止外戚干政，朱元璋定下规矩，皇室的妃嫔要选自民间，皇室的女儿也要下嫁民间，锦衣卫诸多官兵不仅因此成为皇室成员，如成化二年九月，淳安长公主下嫁锦衣卫军士蔡诚子蔡震、崇德长公主下嫁锦衣卫指挥佥事杨容的侄子杨伟⑤等，而且参与到驸马人选的选择中。史载："礼部选驸马，同司礼监太监、钦天监官算，命锦

---

① （清）寓舫：《劫灰录》"永明王僭号始末"，中国野史集成丛书影印本，第 320 页。
② （清）王夫之：《永历实录》卷三《朱天麟传》，第 223 页。
③ （清）冯苏：《见闻随笔》卷下，中国野史集成丛书影印本，第 393 页。
④ （清）陈燕翼：《思文大纪》卷二，中国野史集成丛书影印本，第 141 页。
⑤ 《明宪宗实录》卷三四，成化二年九月丙申条，第 687 页。

衣百户视其隐，驸马曾聘者听其所从。"①

皇室的日常生活也部分需要锦衣卫参与。如洪武二十六年规定：

> 每岁冰结之时，礼部堂上官预先奏闻，膳部官赴内官监关支钥匙，锦衣卫差拨力士，或工部差拨脚夫，各备器具，赴正阳门外打扫冰窖，就令户部关拨新鲜稻草并芦席衬垫完备，伺候冰冻，拣择洁净去处取冰，节次挑赴冰窖内，如法收藏、封锁，将钥匙送赴内官监，仍移付祠部，照例祭祀，着军人看守，以备应用。②

指挥锦衣卫服务于皇室最主要的机构是内廷的礼仪房。按照明末宦官刘若愚的记载：

> 礼仪房，署在东安门外，旧都府草场之东向南，提督太监一员，掌印、秉笔摄之。掌司及写字、管事各数员，本房长随数员。掌管一应选婚吉礼。每年四仲月，选乳媪，生男十口，生女十口，月给食料，在妳子府居住。凡宫中有喜，铺月子房，生男生女各一二口，在文华殿西北临河之小房住。及报生皇子，则用生女妳口，皇女则用生男妳口。弥月剪发，百日命名，及请发、留发、入囊、册立、册封、选妃、打扒角、选驸马，一应礼仪，皆经理之。③

弘治十一年闰十一月，府部大臣在讨论裁减冗员时曾提议："国朝有礼仪房之设。先于京县、五城兵马司及金吾等二十八卫择取乳

---

① （明）陆钎：《病逸漫记》，《中华野史》丛书"明朝卷一"，泰山出版社 2000 年版，第 355 页。

② 万历《大明会典》卷一一六《礼部七四·藏冰》，第 1694 页。

③ （明）刘若愚：《酌中志》卷一六《内府衙门职掌》，中国野史集成丛书影印本，第 218 页。

妇，预养其中，以俟应用。初以锦衣卫千户一员管辖。近千户黄英以太监李广传升本卫指挥，遂恃势科扰军民，请革退，止令各卫以千户轮直管事。"① 可见，涉及礼仪房的民间事务是由锦衣卫负责的。据清人陈僖记述：

> 中官弟侄升指挥等官，不得在卫见任管事，惟带俸而已。惟有礼仪房一衙门中官秉笔者，为提督中官，家子弟有官都指挥者，亦呼为堂上官，管礼仪房事，是亦锦衣之杂职也。亦有掌班一人，而无刑官等名色。按：礼仪房，俗呼曰奶子府。朝廷用乳，敕中官檄五城兵马司，选民间有乳妇，蓄养其中，日给饮食，取乳以进。②

结合前引史料可知，陈僖所说提督中官弟侄在锦衣卫管礼仪房事的第一人应该就是黄英。不仅如此，黄英以后主持礼仪房事务的锦衣卫军官基本也是宦官亲属。

按刘若愚的记述，礼仪房负责的事务很多，但很多是临时性的，只有选择奶妈是固定的事务。礼仪房后来被俗称为奶子府，应与此有直接关系。奶子府在史籍中有诸多记载，笔者所见记载最为具体的是《宛署杂记》。

> 东安门外稍北，有礼仪房，乃选养奶口以候内庭宣召之所。一曰奶子府，隶锦衣卫，有提督司礼监太监，有掌房，有贴房，俱锦衣卫指挥。制：每季精选奶口四十名养之内，曰坐季奶口，别选八十名籍于官，曰点卯奶口，候守季者子、母或有他故，即以补之而取盈焉。季终则更之。先期，两县及各衙门博求军民家有夫女口，年十五以上，二十以下，夫、男俱全，形容端

---

① 《明孝宗实录》卷一四四，弘治十一年闰十一月乙酉条，第2518—2519页。
② （清）陈僖：《客窗偶谈·锦衣卫·官役进身》，见氏著《燕山草堂集》卷四，四库未收书辑刊丛书影印本，第572页。

正，第三胎生男女仅三月者杂选之。除五兵马司及各卫所外，两县各额该选送二十名，每季于佐领中轮委一员，集各里良家妇，如前行令，稳婆验无隐疾，呈之正官，当堂覆选相同，具结起送，候司礼监请旨，特差内秉笔者一人出，合各衙门所送奶口会选乃定。每口日给米八合、肉四两，光禄寺支领；每年更番什物，每季煤炭杂器，两县召商办送，约费铺行银四百余金……每遇内庭不时宣取，则就中选一人，易高髻新衣如宫妆以进，即不当，至十余易不止。然近年以来，夙戒奶口，类不称旨，临事多别选。其以奶口贵者，率不在坐季中。即选中妇，已为文具，而两县所送乡村民妇，且求入坐季不可得，徒令奔走道涂。以此两县官吏，惴惴惧得罪，严求之里老，里老厚值求城市妇以应故事，于是有雇值之费，计内外为差（坐季者三两，点卯者九钱，俱出里长），有打点之费，不肖者或且染指（宛平五十里，近城二十里雇奶口，余三十里供杂费），有上纳之费，至下及役夫，得执数求之，而奶口遂为一居货矣。①

除了奶妈之外，为后宫女性服务的医婆和隐婆也由礼仪房负责管理。"民间妇有精通方脉者，由各衙门选取，以至司礼监御医会选，中者著名籍以待诏，妇女多荣之，名曰医婆。就收生婆中预选名籍在官以待内廷召用，如选女则用以辨别妍媸可否，如选奶口则用等第乳汁厚薄隐疾有无，名曰隐婆。"② 对于主持礼仪房事务的锦衣卫军官，沈德符称其"体貌稍亚于两镇抚司，亦得开棍传呼"③。

万历十四年，皇帝通过传奉的方式"传礼仪房供事锦衣卫指挥佥事可贵等六员各升同知、佥事有差。礼仪房应役、写字、催事锦

　　① （明）沈榜：《宛署杂记》卷十《奶口》，北京古籍出版社1983年标点本，第81—82页。
　　② （明）蒋一葵：《长安客话》卷二《皇都杂记·三婆》，北京古籍出版社1982年版，第36页。
　　③ （明）沈德符：《万历野获编》卷二一《礼仪房》，第540页。

衣卫衣左等所冠带总旗李寿等八十余员各升级有差"①。此举随即遭到南京兵科给事中钟宇淳等的反对，认为"此辈身未出国门，足未履行阵，而坐纡青紫。一旦几至百员，恐边士闻之色阻气夺"②，请收回成命，未获得皇帝批准。可见，到万历时，供事礼仪房虽然只是杂职，照样有机会得到皇帝青睐，而且人数日渐增加。

崇祯五年，为庆贺皇子诞生，"礼仪房掌房指挥同知裴明性升指挥使，贴房都指挥金事张惟质升都指挥同知，管房事都指挥使王永寿升都督金事，署指挥使宋守仁升署都督金事，都指挥同知伯事顺升都指挥使，都指挥金事王禄、王永禄俱升都指挥同知，指挥金事沈聪、高璟俱升指挥同知，俱仍在本房供事，仍给应得诰命"③。如此众多的礼仪房办事军官获得提升，且级别大大高于前朝，甚至已经进入都督序列，说明士大夫反对的礼仪房冗员现象及传奉问题不仅没有得到解决，反而愈演愈烈。

（四）代帝祭祀和看守陵寝

不仅要负责生前事，皇室成员的身后事很多也要锦衣卫承担，其中最主要的就是看护皇室陵寝。如正统元年八月，英宗下令削减"锦衣卫带俸食粮官校。令有小技者自食其技，或为诸王公主守庄墓者，自食其力"④。但在削减的同时，明廷又在不断划拨部分锦衣卫官兵为皇室守墓。如正统四年，"命行在锦衣卫拨军十户守卫恭王莹园"⑤；景泰四年，"命旧时随侍怀献太子官校九十一人今俱为坟户，仍隶锦衣卫带管"⑥；等等。

皇帝的陵寝更是需要锦衣卫不时巡视。如正统二年，上谕："天寿山，祖宗陵寝所在，敢有剪伐树木者，治以重罪，家属发边远充

① 《明神宗实录》卷一七一，万历十四年二月辛未条，第3098页。
② 《明神宗实录》卷一七二，万历十四年三月丙申条，第3153页。
③ （清）汪楫：《崇祯长编》卷六二，崇祯五年八月庚寅条，第3611页。
④ （清）谈迁：《国榷》卷二三，正统元年八月辛卯条，中华书局1958年标点本，第1524页。
⑤ 《明英宗实录》卷六〇，正统四年十月己亥条，第1151页。
⑥ 《明英宗实录》卷二三六，景泰四年十二月甲午条，第5146页。

军。仍令锦衣卫官校巡视，工部同钦天监官环山立界，界外听民樵采。"① 嘉靖十二年，"令锦衣卫选差百户一员，督令原差校尉，于纯德山严加巡视，有偷砍树木、作践等项，应提问应参奏者，照例举行"②。

在不同的节日、祭日来临时，皇帝应前往前代皇陵祭奠。明朝皇帝一般不会亲自前往，而是委托勋臣、皇亲（一般是驸马）和锦衣卫高级军官代为祭奠。如嘉靖四十五年十二月，"以明年正旦节，遣……锦衣卫都指挥同知王极祭景皇帝陵寝，锦衣卫指挥同知文承武祭孝洁皇后，哀冲、庄敬二太子，中官祭恭让章皇后及废后吴氏、荣淑康妃李氏、世子蓝田王各陵园"③。祭祀时所需器具、祭品，则需"锦衣卫拨人扛抬"④。类似例子很多，恕不枚举。

二　带管工匠

明代卫所承袭元代旧制，在卫所内设有专职的军匠，负责制造、修理军器，工作量过大无法独立完成时，也会临时与地方政府所属匠户合作，如洪武十五年十一月，广州左卫提请由地方政府制造兵器用于御倭，朱元璋未予批准，下令"自今天下卫所兵器有缺，宜以军匠付布政司，听其置局，以民匠相参造之，毋令卫所造作劳民"⑤。锦衣卫作为一个军卫，也在卫内配置了一部分军匠，由镇抚司管领。北镇抚司成立后，军匠由南镇抚司管领，但"于中后所支俸食粮"，需要行文时，则"用上中所印信"⑥。

弘治四年，南京锦衣卫上奏：

> 洪武间教习幼匠，本卫岁造马鞍、秋辔、弓箭等器万一千

---

① 万历《大明会典》卷九〇《礼部四八·陵坟等祀》，第1430页。
② 万历《大明会典》卷九〇《礼部四八·陵坟等祀》，第1430页。
③ 《明穆宗实录》卷一，嘉靖四十五年十二月丙辰条，第25页。
④ 南炳文校正：《校正泰昌天启起居注》卷二，天津古籍出版社2012年版，第23页。
⑤ 《明太祖实录》卷一五〇，洪武十五年十一月庚午条，第2364—2365页。
⑥ 万历《大明会典》卷二二八《锦衣卫》，第3008页。

六百。至永乐时，工匠仅存三百余，乃减至二千九百件。今工匠仅三十余人，而额数尚如永乐时。况筋角之类又多缺乏，皆各匠自补，以是逋负数多。请为裁处。①

永乐时南京锦衣卫工匠减少是因为大批军匠在迁都后随锦衣卫官兵一起北迁了。按 300 名工匠制造 2900 件兵器推算，洪武时锦衣卫应该领有军匠 1500 名左右。实际上，锦衣卫还不时接收一些因罪被罚充匠的人员，如宣德七年在处置湖广江华等县反叛者的家属时，"凡幼男子悉宥之，俾隶锦衣卫习匠艺"②；宣德九年八月，福建奏请处置强盗家属，宣宗命令 "若家属例应发遣，其男子不成丁而无依者，发南京锦衣卫习匠艺"③。另外，出于匠作需要，锦衣卫还不时主动收充工匠。如成化四年，"收各匠家丁并在外通晓艺业之人二千名充匠。锦衣卫镇抚司月给粮一石，岁给冬衣布花，分两班上工。该班者，光禄寺日支白熟粳米八合"④。可见，锦衣卫管领的军匠数额是很庞大的。

宣德初，工部侍郎蔡信曾建议 "浙江等都司及大同、宁夏、宣府诸卫军匠在京执役者，乞皆取家室至京，隶锦衣卫"。这一建议遭到兵部反对。兵书尚书张本的理由是 "信奏取军匠家室，计其数凡二万六千人，总二百四十五卫所。而大同、宁夏诸卫皆临边境，为匠者暂役其一丁。今若尽取，如一匠止三丁、四丁，已近十万之数。士伍既缺，人情惊骇"⑤。

之所以蔡信能提出这样的建议，一方面的确是考虑不周，另一方面也是因为锦衣卫所属军匠并没有固定的编制，伸缩性很强。不仅如此，锦衣卫还带管了很多隶属其他机构的工匠，如宣德六年四

---

① 《明孝宗实录》卷四九，弘治四年三月甲辰条，第 998 页。
② 《明宣宗实录》卷九一，宣德七年六月乙巳条，第 2083 页。
③ 《明宣宗实录》卷一一二，宣德九年八月乙卯条，第 2515 页。
④ 万历《大明会典》卷一九二《工部十二·军器军装一》，第 2607 页。
⑤ 《明宣宗实录》卷一五，宣德元年三月癸卯条，第 403 页。

月，锦衣卫指挥使王节等奏报："织染局匠数逃，今奉命黥刺上工，所刺字未敢定拟。"①

作为直接为皇室服务的机构，宦官所属二十四衙门中的御用监、司设监、兵仗局、巾帽局、针工局等监局都拥有大批工匠。弘治十年正月，明廷"命内官监收充幼匠二百六十五人于锦衣卫镇抚司带管，月支粮一石"②。弘治十四年四月，司设监太监韦解奏请"近收充幼匠一千名，乞通附籍锦衣卫，月支米一石，岁给之冬衣布花"，后获批"月给米八斗"③。可见，这些宦官衙门所属的工匠也是由锦衣卫镇抚司带管的。明中叶，大批获得皇帝赏识的工匠纷纷通过传奉等方式获得锦衣卫军职，如弘治十二年十二月，"升内府织染局供办锦衣卫所镇抚徐纲、沈让为百户"④。这样的授职和其本属锦衣卫带管有一定的关系。

不仅本卫管领大批军匠，锦衣卫还不时承担一些其他部门的任务。如宣德四年，锦衣卫舍人张恕"奉工部差，往江西取逃匠并其家属赴京"⑤。之所以会代工部提取逃亡匠户，估计在一定程度上是因为领有大批工匠的锦衣卫经常会奉命和工部一道执行工程任务，如宣德二年九月，工部上奏："自通州至山海桥梁路道为雨潦所坏，驿站房宇亦多损漏，请遣锦衣卫能干官一员驰驿往督军卫、有司，量拨军民修治。"⑥ 又如成化十七年，"提督上林苑海子太监蒋琼奏乞修海子行殿、房屋、桥梁、墙垣"，"工部请命锦衣卫堂上官一员同本部委官及管海子官提督用工，先修墙垣，完日，然后会官会计物料，修理殿宇、桥梁。上是其言，命指挥孙瓒不妨卫事，与琼提督"⑦。

① 《明宣宗实录》卷七八，宣德六年四月丙辰条，第 1813 页。
② 《明孝宗实录》卷一二一，弘治十年正月乙丑条，第 2169 页。
③ 《明孝宗实录》卷一七三，弘治十四年四月甲辰条，第 3166 页。
④ 《明孝宗实录》卷一五七，弘治十二年十二月乙巳条，第 2824 页。
⑤ 《明宣宗实录》卷五二，宣德四年三月壬戌条，第 1251 页。
⑥ 《明宣宗实录》卷三一，宣德二年九月辛卯条，第 796 页。
⑦ 《明宪宗实录》卷二一二，成化十七年二月丁巳条，第 3689 页。

因为工役众多，很多管工军官因此获得晋升。如嘉靖四年十月，"以修理清宁宫等工完"，"升管工锦衣卫副千户冯铎一级"。兵部反对，"谓锦衣非军功不升，正德间管工间有之。陛下登极之初，已一切裁革。今铎以亲军之官管领服役，乃职分之常，何得遽拟升授，仍蹈先年弊政耶"①。嘉靖帝未予理睬。管工是否应获晋升涉及明中叶诸多问题，与本节内容无关，不过兵部的意见显示，至少从正德年间开始，管工已经成为锦衣卫军官获得晋升的另一个渠道。

三　管理公房

明初定都南京，对城市进行了重新规划，因空地、废弃地较多，规划相对容易，各级官署可以集中分类布置。为便于工作，明廷实行官方配给住房制度，官员的住房基本连片分布，且大多离衙署较近。史载：

> 国初，大小百执事苟在朝者，皆给廨舍处之。三法司官杂居太平门之内。其大臣各有第宅，郎署官属则列居街之两廊。永乐年间，太平门内两廊，东城兵马指挥司编号附籍，凡交代而居者，俱转号以凭稽考。其有倾圮颓坏，亦移文，会同兵部修葺。②

朱元璋曾亲自视察大臣官邸，"曰大官人必须大宅第。即于刑部尚书开济创为之，制甚宏丽，令有司以此为式，俗因呼为样房"③。从这两条史料可以看出，明初的官员住房有相对固定的样式，房屋大小和官职高低挂钩，出现损坏由官方负责修理，官员调职需交回房屋，重新分配。

---

① 《明世宗实录》卷五六，嘉靖四年十月辛丑条，第1362页。
② （明）施沛：《南京都察院志》卷二《廨宇·私署》，第65页。
③ （明）吕毖：《明朝小史》卷二《样房》，《中华野史》丛书"明朝卷四"，泰山出版社2000年版，第4460页。

不仅官员可以分配住房，一些特殊人群也享有这项待遇。如洪武二十六年十一月，"辽东都指挥使司获朝鲜谍者李敬先等六人至京师。命锦衣卫给庐舍居之"①。朝鲜李成桂通过政变夺取政权后，一直没有得到朱元璋的完全认可，两国甚至一度中断往来。为了解明廷真实态度，朝鲜政府派出大量间谍进入中国搜集情报，李敬先等六人就是其中的一部分。明廷将其留在南京，带有软禁的意味。不过这不是本文的重点，本节引用这条史料意在说明锦衣卫在房屋分配方面有一定的权限。

另外，在《姜氏秘史》中有这样一段记载：

> 洪武中，凡无舍者，官自奏，吏校人等首告，并从锦衣卫同兵马司，拨与在市廊房居住，月收债钱。视毁者，工部修理。至是，悉免月钱，令户、工二部同管。既而户部尚书郁新谓事不归一，奏令工部专管，行五城兵马司取勘见数，凡遇官民告讨房屋，以兵马查勘，即与拨住。②

从这条记载来看，洪武时期的官房是由锦衣卫和五城兵马司共同管理，居住者要承担一定数额的月钱，也就是房租，日常修理则由工部负责。引文中的"至是"指建文元年三月，即从该月起，官房不再收房租，且经郁新建议，改由工部专管，兵马司依旧承担查勘任务。

这一记载中没有提及锦衣卫。但此前一年，工部曾议准："官员见住房屋，各照原编字号造定文册，内府收照。官自事故，锦衣卫、兵马司同本衙门官眼同封记，候除官拨住，不许别衙门官员搀占居住搅扰。"③ 按照这一规定，锦衣卫在官员因故退出房屋后，要和兵

---

① 《明太祖实录》卷二三〇，洪武二十六年十一月丁卯条，第3367页。
② （明）姜清：《姜氏秘史》卷二，建文元年三月二十九日条，中国野史集成丛书影印本，第46页。
③ （明）施沛：《南京都察院志》卷二《廨宇·私署》，第65页。

马司一起到该官所属衙门，同该衙门相关官员一道对退出房屋进行封存，直到新任同级别官员入住。在空置期间，还要防止被其他衙门官员占用。兵马司级别过低，防控房屋被占用有一定难度，锦衣卫则不存在这个问题。建文元年的变化并未改变部分官房专属于对应衙门的制度，据此推断，锦衣卫应仍是官房管理机构之一。

朱棣入主南京当年，都察院上奏反映本院公房被其他衙门占用。

> 近该锦衣卫经历司手本内开：各道官员比先俱在太平门廊房下住坐，今多系刑部等衙门并军卫官员人等居住，与旧例不同。本年八月十九日，本院官于奉天门题奏本院俞佥都御史往朝鲜国公干，家小见在长安街居。在即日，兵马司催赶搬移，合无本官回日搬。奉圣旨："且不要动，等他回来。"又奏太平门里十二道御史房屋，比先太祖皇帝旧例，"东边拨与御史住，前、后大理寺官住，北边的刑部官住。余剩的拨与各王府官住"，不曾混杂，以防奸弊。奉圣旨：依旧例住，不依旧例的废了。①

可见，永乐初年南京城的官房管理制度依旧延续了洪武朝的旧制。不过，随着时间的推移，南京城内可供分配的官房越来越少，明廷不得不对旧制进行修正。永乐十年十二月十六日，西城兵马司副指挥璩舒报告："山东等道监察御史李克让等三十七员无房住坐，各具手本去讨空闲房屋。"朱棣批复："锦衣卫着那讨房子的御史，每临街火烧了的房子，每人着他盖十间。"② 可见，此时明廷已经由无偿配给变成了分配空闲土地，由相关人员自行建造。

不过，朱棣的这一决定遭到了李克让等人的软抵制。史载，永乐十一年八月，西城兵马指挥司上报：

① （明）施沛：《南京都察院志》卷三五《奉旨拨房公移》，第277—278页。
② （明）施沛：《南京都察院志》卷二《廨宇·私署》，第65页。

照得永乐十年十二月十六日，本司副指挥璩舒等奉天门奏：有山东等道监察御史李克让等三十七员无房住坐，各具手本，去讨空闲房屋。节该奉钦依："锦衣卫着那讨房子的御史，每临街火烧了的房子，每人着他盖十间。钦此。"除钦遵外，同锦衣卫委官所镇抚谢和等，将临街火烧廊房基地分派与数内监察御史李克让等六员，共该六十间。节次承奉工部札及准锦衣卫经历司手本，本司累次行催各官起盖，迁延迟三个月余，不见前来原派地基上起盖。系干钦依盖房事理，诚恐迟惧不便，令着盖房官员来回话。本司指挥赵璧等于永乐十一年三月二十一日早启，奉令旨：是。敬此。除各官敬遵回话外，本司又行累经行催各官前来起盖。今又行迁延三个月余，通前六个月之上，全然不行前来起盖。参照数内扈从公差事故官员，令"着工部、锦衣卫知道。见在的官员合当拿问"。系干京官，缘系钦依盖房事理，未敢擅便。永乐十一年七月二十七日早，本司官具本于文华门启，奉令旨："着工部知道。敬此。"除敬遵外，手本赍司，案呈到卫，参照前事，已行去后，今准前因，拟合通行除外，合令经历司手本，差典仗周忠赍捧前去西城兵马指挥司，着落当该官吏，速催原委官，会同本卫委官，作急盖造完报，以凭施行。先将已未盖数目备细分豁，重别回报，毋再容延迟惧不便。准此，案照前事，拟合通行除外，合具手本，前去都察院经历司，烦为督催福建道监察御史曹阘作急前来，原派地基上起盖施行……①

可见，李克让等人在分到空闲土地后，迟迟没有动工。自己盖房除了要花费金钱，还面临着离职后房屋是否要无偿交回的问题，估计这是李克让等人拖延盖房的重要原因。房屋所有权不明晰势必会带来诸多问题。史载："历岁既久，两廊日就颓废，居者悉捐己财

---

① （明）施沛：《南京都察院志》卷三五《行福建道盖房札付》，第278页。

葺之。于是转相典鬻，郎署官属遂不复有。廨舍惟大臣居第则尚仍其旧焉。"① 这一史料显示在迁都北京后，原本由工部负责修缮的南京官房已无人及时修理，居住者只好自掏腰包。因为出了钱，难免会希望将房屋据为己有，于是产生了私自出租、售卖，进而产权彻底混乱，无法厘清的现象。

由官方配给住房的制度随着朱棣着手迁都被带到了北京。如永乐七年春，李时勉复职。"是年，车驾幸北京。仁宗皇帝居东宫监国，召入直房修书，寻征赴行在，赐路费钞六十锭。至，则命锦衣卫拨官房，预修《太祖高皇帝实录》。"② 与南京不同的是，这次的官房分配完全由锦衣卫负责。

明初，时常有外族部众主动内附，对这些人，明廷一般会予以优待，赏赐生活物资，包括房屋。如正统元年，锦衣卫镇抚司带管百户、交阯人保吉援例请赐，明廷赐"房屋、器皿"③；正统三年，"建州卫女直副千户赤失奏愿居京自效，命隶锦衣卫，赐金织袭衣、纻丝、钞布诸物，给房屋、器皿"④；天顺元年，"迤北鞑靼奄克不花、塔歹乃、来忽来归，俱命为头目，隶锦衣卫镇抚司带管，给房屋、器物"⑤；成化十四年，"兵部尚书余子俊奏宣府送来降虏乃买忽至，译知虏酋满都鲁、乩加思兰等事情不一……命乃买忽授锦衣卫带俸所镇抚，房屋等物如例颁给"⑥。可见，到明中叶，明廷依然维持着配给官房的制度。

问题是北京和南京不同。北京是元代都城，"袭胜国之旧，街坊里巷参错不齐"⑦，完全没有重新规划，整体建设的条件。明朝政府

① （明）施沛：《南京都察院志》卷二《廨宇·私署》，第 65 页。
② （明）彭琉述：《朝列大夫翰林学士国子祭酒兼修国史知经筵官致仕谥忠文安成李懋时勉行状》，见（明）李时勉《古廉文集》卷十二《附录》，景印文渊阁四库全书本，第 891 页。
③ 《明英宗实录》卷一五，正统元年三月己丑条，第 295 页。
④ 《明英宗实录》卷四〇，正统三年三月丁亥条，第 770 页。
⑤ 《明英宗实录》卷二八四，天顺元年十一月壬戌条，第 6083—6084 页。
⑥ 《明宪宗实录》卷一八〇，成化十四年七月辛酉条，第 3231—3232 页。
⑦ （明）邱濬：《大学衍义补》卷一三六《治国平天下之要·严武备·遏盗之机上》，第 2116 页。

手中的住房资源稀缺，以至于很多官员不得不租房居住。如宣德六年，"进士马驯僦寡妇之屋以居"①。弘治时，吏部尚书倪岳"自南转北，假一锦衣官之宅以居"② 等，哪里有那么多房屋分配给源源不断到来的外族部众呢？

天顺四年，"锦衣卫指挥佥事陈纲坐私买石亨所据官房以居，下刑部狱，论当赎徒还职"③。这一资料显示明朝政府手中有一部分官房，且仍处于由官方分配，不得私自买卖状态。另外，还不时有一些私人房屋被没收入官。如宣德八年，宣宗敕谕工部、都察院、锦衣卫、五城兵马司："今内官、内使往往在外私作居室，宜皆究实，具名以闻。其应给者给之，不应给者悉入官。"④ 不过这些官房只够分配给少数人。

另据《会典》记载："凡虏中走回男子收充勇士，该给房价者，锦衣卫赍帖到科批写送部。"⑤ 这些勇士早期隶属御马监，后分属于腾骧左右、武骧左右四个卫，数量众多。按《会典》的记载，明廷并不给他们分配房屋，而是给金钱，令其自行购置。由政府给房价的记载在明中后期有很多。如嘉靖三十一年十二月，"锦衣卫带俸指挥佥事赵汝诚奏乞修理房价。工部覆：汝诚千户，时蒙恩给房价，例不重给。上是之，令著为定例"⑥。嘉靖三十八年六月，"授大兴县民张国相锦衣卫副千户、带俸，仍给房价银一千二百两"⑦，等等。可见，由于房源有限，明中后期，政府已经基本用货币化分配代替了明初的实物配给，只是不管分配方式如何变化，锦衣卫都在其中发挥着一定的作用。

---

① 《明宣宗实录》卷七九，宣德六年五月庚辰条，第1837页。
② （明）何良俊：《四友斋丛说》卷一〇，中华书局1959年标点本，第83页。
③ 《明英宗实录》卷三一二，天顺四年二月丙子条，第6554页。
④ 《明宣宗实录》卷一〇六，宣德八年十月戊午条，第2375页。
⑤ （万历）《大明会典》卷二一三《六科·工科》，第2851页。
⑥ 《明世宗实录》卷三九二，嘉靖三十一年十二月丁丑条，第6890页。
⑦ 《明世宗实录》卷四七三，嘉靖三十八年六月己酉条，第7941页。

四　其他固定职责

除了以上职能之外，还有一些相对固定的事务需要锦衣卫承担。首先就是监督重要考试。如"五军官舍比试，总小旗并枪。本卫堂上官，同内外官监视。仍差拨官校看守""凡殿试举人，本卫堂上官充巡绰官。其岁贡生员，于午门内考试，俱本卫官校看守"①。

在京城举行的考试，最受关注的无疑是三年一次的会试。会试期间，锦衣卫要承担两项工作：一是考前督查考生私自拜见考官，"若有举人私谒应做试官之家，仍前临渴掘井，投托讲题，假公济私，馈送财物者，即便指实挐问，不许入场。容留官员坐以赃罪"②。按规定，考官需要提前进驻考场。考官名单确认后，当日即需"差本部办事官吏前到各家搬取铺陈、衣服，催促各官当日宿部伺候。次日早朝陛辞入院，不得在家经宿，自取物议。该卫各选差校尉看守、防送、进场，毋令家人及亲友相接。各官入院之后，所司供给饮食，酌量觳用，不许家人照常往来，搬取余剩酒肉，传报消息。贡院门首亦差官校防闲"③。二是开考后在考场四周巡视，严防"私人传递"④。

宣德三年，户部尚书夏原吉议准：

> 钦奉敕旨，仓廪之粮为奸人盗窃常数万计，当加关防之术。谨遵圣谕。究其作弊之端，皆亡赖者私通官攒人等偷盗，又或揽纳虚收，亦或冒支倍出，所以亏耗，为数不少。犯者虽皆问罪，不悛者仍蹈前非，而北京各仓尤甚。今拟内外卫所仓各就一处，各筑垣墙。每仓各置一门，榜曰：某卫仓。屋三间为一

①　万历《大明会典》卷二二八《锦衣卫》，第3004页。
②　（明）邬玺：《垂光集·论贡举疏》，景印文渊阁四库全书本，第265页。
③　（明）邬玺：《垂光集·论贡举疏》，第265页。
④　《明世宗实录》卷四七〇，嘉靖三十八年三月丙戌条，第7898页。

廒。廒复置一门，榜曰：某卫某字号廒……京仓每季以监察御史、户部属官、锦衣卫千百户各一员，往来巡察。各仓门以致仕武官二员，率老幼军丁十人守把。仓垣墙外置冷铺，以军丁三人提铃巡警。其致仕官半年而更。外仓令都司、布政司、按察司设法关防。巡按御史常加点视。①

锦衣卫由此又增加了一项监护仓场的职责。嘉靖四十一年，户部在回复御史颜鲸题奏时提到"各仓场多系内官、锦衣卫管理"②。可见，明中叶锦衣卫对仓场的责任已经由单纯的防护深入到了实际管理层面。

另外，北京崇文门设有负责征收商税的宣课分司，弘治元年，监察御史陈瑶上言："近者，户部奏差御史、主事往监其事，率以掊克为能，遂致商旅不通，物价腾踊，有伤国体。乞取回原委官员，止循旧例收税。间有奸弊，宜令巡城御史督察。"孝宗认为陈瑶说的是事实，"但此分司曩被校尉及无籍者挟制搅扰，因命御史、主事监收。今后止许秤盘客货，其余行李、车辆毋得搜检阻遏"③。可见此前本司也有锦衣卫人员参与征税。

明朝皇帝大多身居九重，很难有机会亲身接触民间。但要准确处置国家大政，得到来自基层的第一手材料又是必须的。锦衣卫既为近侍，又有缉事大权，因而有条件成为皇帝了解民间情况的一个桥梁。宣德四年，永清县奏报发现蝗蝻。宣宗问左右："永清有蝗，未知他县何似？"众文官无言以对，倒是锦衣卫指挥李顺从容回答："今四郊禾粟皆茂，独□永清偶有蝗耳。"④ 宣宗随机提问，李顺能马上答复，说明民生实况也在锦衣卫的日常采访范围内。

---

① 《明宣宗实录》卷四〇，宣德三年三月癸卯条，第985—986页。
② 《明世宗实录》卷五〇九，嘉靖四十一年五月乙酉条，第8377页。
③ 《明孝宗实录》卷二一，弘治元年十二月丙辰条，第497页。
④ 《明宣宗实录》卷五四，宣德四年五月己酉条，第1289页。

其实，不仅是锦衣卫，明中叶走上前台的东厂也承担类似职责，"每月晦日，奏报在京杂粮、米、豆、油、面之价。此祖宗良法深意，欲九重之上览物价之多寡，即知晨岁之丰歉，以商贾之通塞，即知道路之险夷，总留意民岩第一义也"①。与之相比，最大的区别在于锦衣卫的调查范围更广泛，涵盖地方省份，东厂则局限在京城及其周边地区。

锦衣卫南镇抚司带管了大批擅长骑射的带俸达官，可以配合御马监训练勇士，因而不时会有达官到御马监工作。如天顺六年十二月，"命锦衣卫带俸都指挥佥事阿羊加指挥使，答纳帖木儿、杨广、詹昇指挥佥事……俱送御马监，充勇士供应"②。一年后，再命"锦衣卫带俸指挥佥事陈喜同充御马监勇士供应"③。这在一定程度上也可视为锦衣卫的一项固定工作。

除了这些固定职事，作为皇帝近侍，锦衣卫还不时执行一些临时性的差遣任务。如宣德四年，为促进宝钞行用，明廷制定了塌坊等项纳钞例，其中一款规定"驴骡车受雇装载物货，或出或入，每辆纳钞二百贯，委监察御史、户部、锦衣卫、兵马司官各一员，于各城门巡督监收"④。

地方出现灾害时，锦衣卫也会出动。如宣德九年，河南出现蝗灾，锦衣卫官奉命南下督捕⑤。嘉靖时，京城流入大量饥民，皇帝命"施药于朝天等宫"，由礼部侍郎孙承恩、锦衣卫指挥使陆炳提督⑥。嘉靖二十四年正月，嘉靖帝又口谕孙承恩、陆炳："方此春时，民多疾疫。朕体上天好生之念，命尔等以是月十五日施药于朝天门外，以溥济群生，如往年例。如谕奉行。"⑦ 同月，又派遣锦衣卫千户同

---

① （明）刘若愚：《酌中志》卷一六《内府衙门职掌·东厂》，第 220 页。
② 《明英宗实录》卷三四七，天顺六年十二月辛未条，第 6995 页。
③ 《明英宗实录》卷三六〇，天顺七年十二月癸巳条，第 7156 页。
④ 《明宣宗实录》卷五五，宣德四年六月壬寅条，第 1325 页。
⑤ 《明宣宗实录》卷一一一，宣德九年七月甲申条，第 2503 页。
⑥ 《明世宗实录》卷二八四，嘉靖二十三年三月甲辰条，第 5501 页。
⑦ 《明世宗实录》卷二九四，嘉靖二十四年正月丁未条，第 5628—5629 页。

道录司官一员赍赴宣大山西等处，发放药品①。"如往年例"，说明这在嘉靖年间已接近是一项固定工作。而嘉靖二十九年礼部尚书徐阶和陆炳奉命施药于朝天等三宫②，则说明这一活动在嘉靖二十四年后仍然在按部就班地进行，且锦衣卫一直在参与。

嘉靖三十三年，京城内外再次出现大疫。这次不仅要发药，还需发放粮米，"户部同锦衣卫官以米五千石煮粥疗济"，"诏下，贫民全活甚众。远方闻者，争来就食"③。嘉靖四十二年，"上谕户部发粟赈城中避虏流民。尚书高燿言流民多自东来。城东大通桥见有漕粮，近以虏警，移顿左便门内，可更移至崇文门外空处，人给与五升。上是之，命锦衣卫遣官三员，会巡视南城御史及户部委官给散"④。

需要说明的是，这些临时性差遣是否需要锦衣卫参与要看决策层的态度。比如明英宗即位之初，三杨主政，山东、河南、顺天府、直隶等地纷纷汇报蝗灾严重，明廷却只派"监察御史、给事中驰驿往捕"⑤，上一年还参与灭蝗的锦衣卫则被排除在外，这显然和杨士奇等人反感锦衣卫的行事风格有关。

作为近侍亲军，锦衣卫官兵可以比较方便地见到皇帝，即便是带俸官也有此便利。联结南北的运河漕运是北京城正常运作的命脉，为方便奏事，负责漕运的武官有时也临时改挂锦衣卫衔。据曾任兵部尚书的郑晓记载：

> 成化初年，始改都指挥同知袁佑充参将，注在锦衣卫带俸，代理副总兵事。名目虽异，体统尚存。自后郭钺、周瓒、张洪、温和、庄椿、梁玺、王玉、张奎、刘玺相继参将，照旧在锦衣

① 《明世宗实录》卷二九四，嘉靖二十四年正月己酉条，第5629页。
② 《明世宗实录》卷三六一，嘉靖二十九年六月癸卯条，第6444—6445页。
③ 《明世宗实录》卷四〇九，嘉靖三十三年四月乙亥条，第7133页。
④ 《明世宗实录》卷五二八，嘉靖四十二年十月丁卯条，第8585页。
⑤ 《明英宗实录》卷四，宣德十年四月戊辰条，第96页。

卫带衔支俸。后至嘉靖十三年，参将万表循例陈乞锦衣卫带衔，以便儹运。彼时止查张奎、刘玺奏乞带俸，系沿正德年间弊政，题奉圣旨：锦衣卫系近侍衙门，不许滥入。①

万表的申请被否决后，领漕军官因为职衔较低，给漕运工作造成很大影响，后经郑晓奏请，才开始以都指挥体统行事，但再未获准挂锦衣卫衔。这一案例虽然与锦衣卫本身的职责无关，但可以视为锦衣卫职能的一个客观延伸。

结　语

明初尚武，锦衣卫和其他亲军卫所一起承担了大量非军事任务，加之朱元璋刻薄驭下，负有侦缉职责的锦衣卫恰恰又诞生于胡惟庸案发生之后，难免会让人产生联想，并把锦衣卫的特务职能不恰当地放大，从而形成并不完整的认识。

在文官政治高度发达的明代，锦衣卫以侦缉为主要手段的监察职能的存在对于克服文官间因裙带关系等因素导致的体内监察机制不健全无疑具有相当大的弥补作用。只是由于过多的负面行为而遭遇较大的阻力。加之明代中后期锦衣卫主动被动地与宦官势力结合在一起，违背了文官集团的传统价值观，导致锦衣卫的形象在掌握着历史话语权的文人士大夫笔下很难获得较为平实、正面的记述，进而给后人观察锦衣卫的真实面目制造了诸多的困难甚至陷阱。另外，清人在记述前朝历史时有意无意的"抹黑"和近现代特定的史学研究背景，也对全面认识锦衣卫造成了一定的影响。

其实，从前面关于锦衣卫职能的各章节可以发现，锦衣卫既要承担作为卫所天然具有的征战和保卫职责，也有传宣诏命、出使外

---

① （明）郑晓：《漕运议事疏》，见氏著《郑端简公奏议》卷三，续修四库全书丛书影印本，第562页。

邦、监察百官、参与司法、城市管理、服务皇室、体察民间实态等
与军事没有直接关系的职能，甚至要作为救火队员，不时接受临时
差遣。总之，它是一个职能异常广泛，但又以听命于皇帝为基本办
事原则的军事化管理的特殊机构，这是我们对它进行具体研究时必
须坚持的一个基本出发点。

第 五 章

锦衣卫内的特殊群体

第一节　侍卫将军

　　锦衣卫作为一个职能广泛的特殊的军事机构，其人员组成与一般卫所有很大的区别，除了一般军士之外，还有一些特定群体，如校尉、力士、军匠等，本节着重考察卫中的巨人——侍卫将军。

一　从"天武"到"大汉"

　　洪武六年，为加强宫廷守卫，明朝开始推行守卫金牌制度。金牌"以铜为之，涂以金。高一尺，阔三寸，以仁、义、礼、智、信为号"，分别由承担宫廷守卫任务的各级官兵佩带，"仁字号上钑独龙盘云花，公侯伯都督佩之；义字号钑伏虎盘云花，指挥佩之；礼字号钑獬豸盘云花，千户、卫镇抚佩之；智字号钑狮子盘云花，百户、所镇抚佩之；信字号钑盘云花，将军佩之"[①]。从这一记载来看，佩带信字号金牌的"将军"地位最低，在所镇抚之下。对于将军，《明实录》中这样介绍：

---

① 《明太祖实录》卷八二，洪武六年五月乙丑条，第1479页。

国朝将军之设，选躯体丰伟、有勇力者为之，号曰"天武将军"。立将军千百户总旗统属其众，以年深者等而升之。凡早晚朝及宿卫、扈驾，俱执金瓜、披铁甲、佩弓矢，冠红缨铁盔帽，列侍左右。如大朝会，则披金甲、金盔帽，列侍殿庭，俱有定数。其有品秩者，依品俸级，余皆支米二石。若亡故，子弟愿代者，验有勇力方许。民及人材投充者，亦验其可否而用之。初隶拱卫指挥使司，后隶锦衣卫，止称曰"将军"。①

从这段记载中可以归纳出以下几点：①将军的全称是"天武将军"，属拱卫司管辖，锦衣卫成立后，并入锦衣卫。②成为将军的基本条件不仅是军事素质强，"有勇力"，还要身材魁梧高大，外在形象要好。③普通卫所军士的月粮仅为一石，将军的待遇远高于卫军，至少是其一倍。④将军不能直接世袭，将军的子弟在自愿的前提下，还要达到一定的标准。另外，将军的选拔范围也不限于军户，民户中的合格者也可入选。⑤将军的职责除了护卫外，主要承担重大活动时的礼仪性工作，近似于仪仗队。

不过，在明代史籍中，很少见到"天武将军"，倒是另一个称谓出现的频率更高。比如《菽园杂记》中记载：

职方司职掌收充将军……盖选军民中之长躯伟貌者，以充朝仪耳，今谓之大汉将军。优旃所称陛楯郎，疑即此也。凡大朝会若夷使入贡，天子御正殿，大汉将军著饰金介胄，持金瓜、铁钺、刀剑，列丹陛上。常朝，着明铁介胄，列门楯间。其次等者，御道左右及文武官班后，相向，握刀布列。凡郊祀临藉田太学，銮舆出入，扈从以行。宿卫巡警之事，则以侯伯都督系国戚者统之。其常朝宿卫，各以番上，谓之正直。有大事，无番上，谓之贴直。正直者，金牌相传悬挂；贴直者，尚宝司

---

① 《明太祖实录》卷八二，洪武六年五月乙丑条，第1479—1480页。

　　奏而给发，事毕复纳之。①

　　《留青日札》中也曾记载："我朝直殿将军专选人材长大者，故曰大汉，南方人少，余杭吴某正德间曾选中。在元名镇殿将军，亦曰大汉。今许将军老而退直，在寒族，长不过九尺。"②

　　从吴某的体貌特征、职掌来看，上述记载中之"大汉将军"似乎就是"天武将军"。之所以称为大汉将军，与其身材高大有关。

　　《留青日札》中称元代大汉将军即镇殿将军，这在元人史著中可以得到佐证。如《山居新话》中记载："国朝镇殿将军，凡请给衣粮，名之曰大汉。但年过五十者，方许出宫。"③ 陶宗仪也曾提到"国朝镇殿将军，募选身躯长大异常者充。凡有所请给，名曰大汉衣粮"④。可见，大汉将军的称谓在元代就已经存在。可是，朱明王朝在立国之初为什么会抛弃已经众口皆知的"大汉将军"之名不用，非要命名为"天武将军"呢？

　　宋朝人孟元老在《东京梦华录》中记载："正旦大朝会，车驾坐大庆殿，有介胄长大人四人，立于殿角，谓之镇殿将军。"⑤ 沈括在《梦溪笔谈》中亦曾提到"车驾行境，前驱谓之队，则古之清道也。其次卫仗，卫仗者，视阑入宫门法，则古之外仗也。其中谓之禁围，如殿中仗……今谓之殿门天武官，极天下长人之选八人。上御前殿，则执钺立于紫宸门下；行幸则为禁围门，行于仗马之前"⑥。这里提到的镇殿将军不仅与元明时期的大汉将军一样要求身材高大，而且提到了"天武"二字，看来寻找天武将军的渊源需要回溯到宋代。

　　① （明）陆容：《菽园杂记》卷四，第44页。
　　② （明）田艺蘅：《留青日札》卷一五《大汉》，上海古籍出版社1992年版，第281页。
　　③ （元）杨瑀：《山居新话》，《中华野史》丛书"辽夏金元卷"，泰山出版社2000年版，第608页。
　　④ （元）陶宗仪：《南村辍耕录》卷一《大汉》，见氏著《陶宗仪集》第200页。
　　⑤ （宋）孟元老：《东京梦华录》卷六《元旦朝会》，中华书局1982年校注本，第159页。
　　⑥ （宋）沈括：《梦溪笔谈》卷一《故事一》，中华书局1957年标点本，第29页。

宋朝政府为克服五代时期军人乱政的弊端，刻意压制武将，且把全国的精锐部队集中于京师及附近地区，称之为禁军。禁军又依据战斗力的强弱分为三等，"诸禁军名额系捧日、天武、龙卫、神卫为上军，五百文已上料钱见钱为中军，不满五百文料钱见钱并捧日、天武第五第七军、龙卫神卫第十军、骁猛、雄勇、骁雄、雄威为下军"①。可见，除天武第五第七军外，其他的天武军都属于禁军中的上军，是宋军精锐中的精锐。

据王军营考证，"天武"军号在唐玄宗时期已经出现，"天武健儿"曾是抵抗安禄山叛军的一支力量，后于宪宗时期并入宦官控制的神策军，唐末复置，是皇家护卫禁军的一部分。② 天武军的番号在五代时依然存在③，但不是帝王依赖的主要禁卫力量。宋太宗太平兴国二年（977 年），"诏改簇御马直曰簇御龙直，铁骑曰日骑，龙捷曰龙卫，控鹤曰天武……宽衣控鹤曰宽衣天武"④，天武的番号被移植到控鹤军头上。

控鹤军起源于武则天时期的左右控鹤禁率府，主管宫门禁卫。五代时期，控鹤军成为帝王侍卫亲军的主要组成部分，后周世宗柴荣改革军制时，将其纳入殿前司系统⑤。改革后的控鹤军虽然不再是禁卫军，但士兵来源大大拓宽，"召募天下豪杰，不以草泽为阻"，"武艺超绝及有身首者"⑥ 皆可入选，战斗力更强。宋初的诸多政策

---

① （元）脱脱等：《宋史》卷一八七《兵一》，第 4579 页。

② 参见王军营《北宋宽衣天武禁军考论》，《宋史研究论丛》第 16 辑，河北大学出版社 2015 年版。本文在撰写过程对其多有借鉴，恕不一一注出。

③ 如"梁开平二年十二月，改左右天武为龙虎军，左右龙虎为天武军额"。见（宋）高承《事物纪原》卷十"军伍名额部第五十一·天武"条，中华书局 1989 年点校本，第 518 页。

④ （元）脱脱等：《宋史》卷一八七《兵一》，第 4571 页。另据（宋）高承《事物纪原》卷一〇"军伍名额部第五十一·天武"条记载："《皇祐大飨明堂记》云：五代禁军号控鹤，年多者号宽衣控鹤。太平兴国中改控鹤为天武，宽衣控鹤曰天武散手，后又改为宽衣天武。唐天宝中有天武健儿，今取此名。"可见宽衣控鹤不是直接改名为宽衣天武，中间曾有过渡。《宋史》的记载不是很准确。见该书第 518 页。

⑤ 参见穆静《五代控鹤军考》，《史学集刊》2008 年第 6 期。

⑥ （宋）王溥：《五代会要》卷一二《京城诸军》"小注"，上海古籍出版社 1978 年标点本，第 206 页。

带有与五代政治乱局切割的目的，宋太宗放弃扬名于乱世的控鹤番号，改用"出身"更好的天武番号，亦是表现之一。正如《宋太宗实录》所言，这次改名是"以美名易禁军旧号也"①。

宋朝皇帝出行时，禁卫部队呈环形配置，"凡五重：亲从官为一重，宽衣天武官为一重，御龙弓箭直、弩直为一重，御龙骨朵子直为一重，御龙直为一重"②。按照宋军的选拔制度，"有自厢军升禁军，禁军升上军，上军升班直。升上军及班直者，皆临轩亲阅，自非材勇绝群，不以应召募"③。如上文所述，诸班直是皇帝最看重的扈从部队，宽衣天武军只是上军，但却排在御龙弓箭直、御龙直等诸班直之内，仅次于隶属皇城司，专用于殿内的亲从官，说明在皇帝眼中，其地位非常高。由此亦可看出，宋太宗将控鹤军更名为天武军，不仅仅是易美名那么简单，而是借此机会重新将战斗力倍增的控鹤军收回到皇家禁卫军的行列。

不过宽衣天武军和一般的天武军并不能画等号。据王军营考察，宽衣天武军的前身是宽衣控鹤军，即控鹤军之年龄较大者，执勤时身着宽大服装。《宋史》载：

> 绍圣元年（1094 年）十一月，引进副使宋球言："自立殿前司以来，有宽衣天武一指挥充驾出禁卫围子，常守把在内诸门，熙宁中废并，禁围只差天武，皇城诸门更不差人。乞复置宽衣一指挥；或不欲添置，乞将天武本军内以一指挥为宽衣天武。"诏：禁围子合用天武人兵，令殿前司今后并选定四十已上、有行止无过犯、不系新招拣到人充，遇阙选填。④

---

① 《宋太宗实录》太平兴国二年正月庚辰条，见（宋）钱若水修，范学辉校注《宋太宗皇帝实录校注》"附录一·辑佚"，中华书局 2012 年版，第 820 页。

② （宋）李焘：《续资治通鉴长编》卷一一六，景祐二年四月辛巳条，中华书局 1979 年标点本，第 2729 页。

③ （宋）马端临：《文献通考》卷一五二《兵考四》，中华书局 2011 年版，第 4546 页。

④ （元）脱脱等：《宋史》卷一八八《兵二》，第 4612—4613 页。

元丰元年（1078 年）十月，宽衣天武军曾被宋神宗废置，说明在护卫皇帝的过程中发挥的军事作用很有限，从哲宗复置时的诏令来看，宽衣天武军选拔的基本条件是年龄在 40 岁以上，履历清白。一般来说，40 岁以上的士兵军事技能已经有所退化，明显不及年轻力壮的军士，这估计也是神宗将其废置的原因之一。如此高龄的军士能居于皇帝禁卫的第二重，其主要职能似乎不是侍卫。结合前引史料中提及的天武官都是身材高大者来看，身着不利于作战的宽大服装的宽衣天武军的主要职责应是充当仪仗队，展示皇家威严、体面和排场。

从前引孟元老、沈括、陶宗仪等人的著述来看，天武军中的"极天下长人之选"，更是皇家仪仗中的佼佼者。因为常"立于殿角"，因而又被称为镇殿将军。到了元代，镇殿将军已被形象地称为大汉将军。但在明初的官方史籍中，笔者只见到了"天武"，却并未见到"大汉"的行用。曾在成化年间任职于兵部职方司，直接负责天武将军选拔的陆容在《菽园杂记》中称锦衣卫将军，"今谓之大汉将军"①，亦间接证明明初并未使用过"大汉将军"称谓。

据《明实录》记载，在推行守卫金牌制度之前，朱元璋曾下令"造扈驾先锋金字银牌一千五百面"②。据此推断，在使用天武将军番号之前，朱元璋的主要禁卫部队是扈驾先锋，且总兵力大约在1500 人。先锋是明朝立国之前，朱元璋部队中即存在的精锐部队的番号，先锋军的层级有先锋与都先锋之别，先锋本身又依据军事素质、战地职能等方面的区别分为金牌先锋、银牌先锋、寄牌先锋，等等。③ 先看几个个案：

①定远人李山，"甲午年归附从军，戊戌举保帐前先锋"④。

① （明）陆容：《菽园杂记》卷四，第 44 页。
② 《明太祖实录》卷八二，洪武六年五月乙丑条，第 1479 页。
③ 关于先锋军，需专门撰文论证，因与本节主旨无关，不在此赘述。
④ 《平越卫选簿》，《中国明朝档案总汇》第 60 册，第 13 页。

②江都人李成，"先系军丁，乙巳年杀退张氏，选充帐前带刀先锋"①。

③合肥人周显，"精悍有胆气，骁勇过人。初充带刀先锋，升帐前都先锋。又以奇功升骁骑左卫指挥"②。

"带刀"在明代军事系统中是一个专有名词。例如：泰州人杨保，"洪武二十三年赴京比箭，已中，钦依锦衣卫带刀……二十七年除世袭百户"③；吉州人杜让，洪武六年补军役，"二十五年拨锦衣卫带刀，二十七年除台州守御所世袭百户"④；合肥县人宋裕，"（洪武）二十四年比中锦衣卫带刀，二十六年除府军前卫左所世袭百户"⑤；大同县人陈大，"前王保保下军。洪武二十二年钦选锦衣卫带刀旗手。二十六年钦除府军前卫左所世袭百户"⑥；博兴县人李恩恭，"（洪武）二十三年充锦衣卫带刀旗手，二十六年除府军前卫百户"⑦；等等。勋臣子弟亦有带刀者，"公侯伯子弟称勋卫者，为带刀散骑舍人"⑧。可见，"带刀"是皇帝禁卫军中的重要成员。据此推断，明朝立国之前，朱元璋军中的帐前带刀先锋应属于其个人麾下的禁卫系统，且这一名号一直沿用到了洪武初。

先锋名号在明朝立国后依然存在。如太康县人楚观音奴，"前王保保下湖广省左丞，洪武五年充银牌总先锋"⑨。又如海州人蒋克忠，"吴元年充参随。洪武九年选充银牌先锋。二十一年钦除驾前都先

① 《义勇后卫选簿》，《中国明朝档案总汇》第66册，第337页。

② （明）李贤等：《明一统志》卷一四《庐州府·人物·周显》，景印文渊阁四库全书本，第328页。

③ 《大罗卫选簿》，《中国明朝档案总汇》第59册，第451页。

④ 《苏州卫选簿》，《中国明朝档案总汇》第61册，第107页。

⑤ 《宁夏前卫选簿》，《中国明朝档案总汇》第56册，第429页。

⑥ 《宁夏前卫选簿》，第428页。

⑦ 《宁夏前卫选簿》，第430页。

⑧ （明）沈德符：《万历野获编》卷二一《舍人校尉》，第539—540页。

⑨ 《云南左卫选簿》，《中国明朝档案总汇》第58册，第476页。

锋，调锦衣卫"①。和普通卫所中的精锐使用同样的番号，不足以突出皇帝的九五之尊，因而朱元璋在洪武六年抛弃了"扈驾先锋"，改称为"将军"。

不过，将军番号同样已经存在于军中。例如：合肥人苏德成，"乙未年从军，丙申年选充将军，吴元年除实授百户"②；平度州人于奉先，"洪武三年充金吾右卫将军"③；砀山县人刘兴，"洪武二年充小旗，十三年调羽林右卫，选充将军"④；等等。因此，朱元璋在放弃扈驾先锋名号之后，没有直接使用"将军"称谓，而是重新启用了宋朝的天武将军番号。

据此可以得出结论，明初拱卫司（锦衣卫）系统内的天武将军，其渊源可以直接追溯到宋代的天武军。明廷之所以在放弃扈驾先锋称谓之后采用宋代的"天武"番号，弃元代之"大汉"不用，除了宣示延续汉家正统，呼应"驱逐胡虏，恢复中华"⑤的政治宣传之外，亦暗含有与一般卫所军做等级切割的目的。

不过，大汉将军的称谓既形象又已使用多时，要想完全将其从历史舞台上驱离并非易事。因而随着时间的推移，"大汉将军"不仅重新被人们接受，而且逐渐回到了明朝的官方文献中。如官修《大明会典》记载：

> 凡锦衣卫将军，选躯干丰伟，有勇力者为之。其尤丰伟者，曰大汉将军，以直殿内。立千百户总旗，统率其众。年深者，以次升补。⑥

不过，这一记载引出了另一个问题，即锦衣卫将军似乎并不像

---

① 《成都左护卫选簿》，《中国明朝档案总汇》第 57 册，第 356 页。
② 《清浪卫选簿》，《中国明朝档案总汇》第 63 册，420 页。
③ 《桂林右卫选簿》，《中国明朝档案总汇》第 58 册，第 143 页。
④ 《开平卫选簿》，《中国明朝档案总汇》第 70 册，第 86 页。
⑤ 《明太祖实录》卷二六，吴元年十月丙寅条，第 402 页。
⑥ 万历《大明会典》卷一四二《兵部二十五·侍卫·皇城直宿》，第 2000 页。

陆容说的那样可以和大汉将军直接画等号。可《大明会典》中也曾记载"锦衣卫大汉将军一千五百七员名"①，"弘治四年奏准：锦衣卫大汉将军务勾一千五百名。若缺五十名，方许开申选补"②，等等。似乎大汉将军和锦衣卫将军没什么区别。可在记录朝贺规制时大汉将军又和锦衣卫将军有所区别，如皇极殿朝贺时，"御座左右，将军一百十八人。锦衣卫九十八人。内四十二人，金盔甲；十六人，明盔甲，俱悬金牌，佩刀，执金瓜；二十人，明盔甲，悬金牌，执大红刀；二十人，红盔青甲，悬金牌，佩刀，执金瓜……帘下，锦衣卫大汉将军四人，金盔甲，悬金牌，佩刀，执大金瓜、斧"③。

那么，锦衣卫将军和大汉将军到底是什么关系呢？这要从明初的有关制度说起。

二　将军管理制度概说

天武将军制度在本朝和前朝都有很深的渊源，形成一套系统的管理制度自然不是难事。

（一）选材标准

在冷兵器时代，身材魁梧，膂力过人者占有先天的优势，天武将军的选材自然少不了身体上的要求。《病逸漫记》中记载："选将军身长五尺三寸，担城砖一块，重四百斤，方为中式。"④《罪惟录》中亦记载："凡选将军，身长五尺三寸，力过四百斤。"⑤《大明会典》的记载更为详细：

> 凡大汉将军选补。弘治四年奏准……将军务要身长五尺三寸以上、力胜三百五十斤及无恶疾体气过犯，不系正军及犯极

---

① 万历《大明会典》卷一四二《兵部二十五·侍卫》，第1997页。
② 万历《大明会典》卷一三四《兵部十七·将军营》，第1911页。
③ 万历《大明会典》卷一四二《兵部二十五·侍卫》，第1997页。
④ （明）陆钎：《病逸漫记》，第355页。
⑤ （清）查继佐：《明书（罪惟录）》志二四《锦衣志》，齐鲁书社2014年标点本，第976页。

刑之家，方许收用。①

　　与《罪惟录》等的记载相比，《会典》的记载当然更为权威。不过弘治四年已是明朝中叶，明初制定的各项政策在执行过程中或多或少都打了折扣，不排除此时的选拔标准较明初有所降低的可能。

　　明代的一尺大约是 32 厘米②，五尺三寸换算成当今通行的公制单位，大约是 1.70 米，即天武将军的身高不能低于 1.70 米，标准似乎并不算高。但明代的一斤合今制约 596.8 克③，400 斤折合今制约 238.72 千克，即便是《会典》中记载的 350 斤，也在 208.88 千克以上，是绝对的大力士标准。可见，明代的天武军更强调的是力量而不是身高，这对于以保护皇帝为第一职责的将军们而言，是切合实际的。

　　不过 1.70 米的身高如作为仪仗队，略有些不足。史载：锦衣将军，"其数几千人，每直三百二十四人，其四十八人身干最长，分两番侍立奉天门，东西各十二人，其余布立丹陛左右。祝允明《前闻记》：今朝制选将军，谓直殿者为大汉将军"④。《罪惟录》中亦称"于奉天门及丹墀者尤取恢大，皆卫九门"⑤。可见，真正在大殿及九门等处履行仪仗职能的主要是这 48 位身材尤其高大的将军。这些直殿的"尤丰伟者"⑥，才是名副其实的大汉将军。

　　大汉将军的身高底限是多少，史籍中没有明确记载。《留青日札》中记载余杭入选的大汉将军吴某，"长不过九尺"⑦。《嘉禾征献录》中曾提到一位大汉将军的候选人朱将军，"长九尺九寸"，可单

---

①　万历《大明会典》卷一三四《兵部十七·将军营》，第 1912 页。

②　邱隆：《中国历代度量衡单位量值表及说明》，《中国计量》2006 年第 10 期。

③　邱隆：《中国历代度量衡单位量值表及说明》，《中国计量》2006 年第 10 期。

④　（明）陆钘：《病逸漫记》，第 355 页。

⑤　（清）查继佐：《明书（罪惟录）》志二四《锦衣志》，第 976 页。

⑥　万历《大明会典》卷一四二《兵部二十五·侍卫·皇城直宿》，第 2000 页。

⑦　（明）田艺蘅：《留青日札》卷十五《大汉》，第 281 页。

手"托大石臼"①。如果按明代度量衡，九尺相当于今制 2.80 米以上，这显然是不可能的。因两部史籍都是私人笔记，内容庞杂，九尺之说或为夸大之词。《留青日札》的作者田艺蘅称吴某"长不过九尺"，从语气上看，不会比一般的南方人高出太多，估计在 1.80 米左右。

至此，可以得出结论，大汉将军只是天武将军中的一小部分，是履行直殿等仪仗职能的主要承担者。但从前引《会典》及《菽园杂记》的文字来看，至迟到明中叶，明人已经将所有天武将军混称为大汉将军，且堂而皇之地出现在官方文献当中。②

（二）将军的额数、来源

景泰元年十月，中军都督佥事张轨奏准："旧制，将军一千人。自土木陷没之后，今止六百余人。凡遇卤簿驾设及外夷朝贡、上直、贴直，不足用。乞遣官于山西、山东、陕西、河南、北直隶军民中选其身力相应，公私无过者补役。"③ 按照这一记载，侍卫将军的编制应该是 1000 名，较之洪武初年的 1500 名扈驾先锋，减少了 500 名。

不过，《大明会典》中记载："弘治四年奏准：锦衣卫大汉将军务勾一千五百名。"④ 同书卷一四二更明确记载"锦衣卫大汉将军一千五百七员名"⑤。弘治十五年正月，驸马都尉樊凯会同锦衣卫选拔

---

①　（清）盛枫：《嘉禾征献录》卷四九《朱将军》，续修四库全书丛书影印本，第 745 页。

②　史籍中对此有不同的记载。如《钦定续文献通考》卷一二六《兵考·禁卫兵》载："锦衣所隶将军，选丰伟有勇者为之，号曰天武将军……至是，隶锦衣卫，改称大汉将军。"（景印文渊阁四库全书本，第 516 页）不过本书是清中叶时的官修史书，史料价值远不如明人的作品。加之是孤证，故不予采信。同为清人著作的《明会要》（龙文彬）在言及这一问题时要谨慎得多，该书卷五八《侍卫上直军》记载为"锦衣所隶将军初名天武，后改称大汉将军，凡千五百人"。续修四库全书丛书影印本，第 513 页。

③　《明英宗实录》卷一九七，景泰元年十月戊子条，第 4185 页。

④　万历《大明会典》卷一三四《兵部十七·将军营》，第 1912 页。

⑤　万历《大明会典》卷一四二《兵部二十五·侍卫》，第 1997 页。《明熹宗实录》卷一九，天启二年二月丙戌条记载："兵科都给事中蔡思充疏言：……侍卫将军，王之爪牙。祖制：锦衣卫大汉将军一千三百七员名。"（见该书第 977—978 页）和《会典》的记载有 200 名的差距，估计是《实录》传抄过程中出现的错误。

将军，"请留年力精壮一千三百六十二人，退年老有疾总小旗七十一人"①。二者相加，合计 1433 人。据此推断，张辂所说的一千名，似乎是虚数，侍卫将军的编制应该和洪武初年的扈驾先锋编制一样，始终是 1500 人，但实际在编额数有时会低于额定编制，有时则有少量超编。

由于职能广泛，锦衣卫及其前身拱卫司、仪鸾司所属不仅有一般的士兵，还有校尉、力士等特殊兵种。校尉、力士的户籍单列。如嘉靖《秦安志》记载该县有民户 939 户，军户 414 户，力士 10 户，校尉 8 户②。类似的例子在地方史志资料中大量存在，恕不枚举。之所以单列，是因为校尉、力士户不同于一般军户，后者必须世代承当军役，前者则要满足一定的条件。另外，校尉、力士的来源，也和单纯来自军户的卫所军士不同。校尉、力士大量选募于民间，包括民户在内的所有人口，都有入选的可能。洪武二十六年，对于校尉、力士的替役，明廷规定："如有事故，即照原籍，另户金补。如解到部，照依所补姓名，送发该卫。果系在逃正身，就送该卫发落。若正身不获，解到户丁，照地方发遣充军，仍挨勾正身。"③按照这一规定，在役校尉、力士如果因为意外，不能正常服役，可以退回，但应由原籍官府另外选取合格人员顶替。如果在役期间逃亡，要予以抓捕和处分。

与校尉、力士相比，天武将军的来源更为复杂。先看几个个案：

①直隶易州人刘福，"洪武十八年选充力士，二十二年并小旗，二十六年选充锦衣卫将军"④。

②直隶砀山县人刘兴，洪武二年充小旗，十三年调羽林右

---

① 《明孝宗实录》卷一八三，弘治十五年正月癸巳条，第 3381 页。

② 嘉靖《秦安志》卷八《田赋志第七·户》，《中国地方志》丛书，台北成文出版社 1976 年影印本，第 260 页。

③ 万历《大明会典》卷一四四《兵部二七·力士校尉》，第 2013 页。

④ 《(南京) 豹韬卫选簿》，《中国明朝档案总汇》第 73 册，第 325 页。

卫，选充将军①。

③直隶唐县人马庸，"（洪武）十六年并枪，充锦衣卫中所将军，二十五年升小旗"②。

④直隶颖上县人郑安，"宣德八年由将军收充锦衣卫力士。正统十四年试验弓砖得中，钦与冠带"③。

⑤直隶隆平人路通，"洪武二十六年选充锦衣卫力士小旗，二十七年充将军，二十八年高邮州提拿水贼有功，升百户"④。

⑥山东昌乐人卞铎，"洪武十八年本县以力士举保赴京，二十年并充小旗，二十三年选充将军小旗，二十六年并充总旗"⑤。

例①、例⑤、例⑥都是在入选为力士后，进一步选拔为将军的，说明将军的选拔标准高于力士，同时显示部分将军出身于民间而非军户，这和《实录》中"民及人材投充者，亦验其可否而用之"⑥的记载可以相互印证。例④则是由将军改为力士的例子，估计是服役后发生了不符合将军标准的问题。例②、例③则是由现役官兵中选拔将军的例证。

景泰三年九月，兵部奏准："河南、山东近因水灾，百姓艰窘。其被伤州县……幼军、将军、校尉、力士俱候来年秋成佥选。"⑦ 二年后，户部尚书张凤等再次以浙江、南直隶等地受灾，奏请"被灾等处应该佥选幼军、校尉、力士、将军，见清勾逃故等项军丁俱暂停止，候明年秋成佥解"⑧。这些记载表明从民间不时佥选将军、校尉等特殊兵种是地方政府的日常工作之一。之所以要承担这一职责，

————————

① 《开平卫选簿》，《中国明朝档案总汇》第70册，第86页。
② 《锦衣卫选簿》，《中国明朝档案总汇》第49册，第234页。
③ 《锦衣卫选簿》，第233页。
④ 《留守左卫选簿》，《中国明朝档案总汇》第54册，第122页。
⑤ 《（南京）锦衣卫选簿》，《中国明朝档案总汇》第73册，第116页。
⑥ 《明太祖实录》卷八二，洪武六年五月乙丑条，第1479—1480页。
⑦ 《明英宗实录》卷二二〇，景泰三年九月丙申条，第4751页。
⑧ 《明英宗实录》卷二四五，景泰五年九月壬戌条，第5324页。

显然和将军、校尉、力士等原本即大量募选于民间有直接关系。

将军选自民间，在地方史志资料中有大量记载。如徽州人汪添宁，"成化二年，知府孙遇以大汉起送朝廷，蒙恩授锦衣卫将军"①。定襄县民籍韩良相，"先选锦衣卫上中千户所大汉将军，后革回为民"②。

嘉靖十一年五月，兵科都给事中张润身进言："顷者，选用将军，限以三月。故近者与选，而山东、山西、河南、陕西，以稍远不及应诏。今所选五百名人材，或不称，请自后选期限以六月。"嘉靖帝批示：

> 将军系充侍卫，必得体貌丰伟、膂力强壮者乃可。今次所选，不待各省到齐，违例徇私可知。且不究，其令科道官会同驸马都尉及锦衣卫从公覆选。不及格者，罢之。此后有缺，该部还待诸路到齐类选。敢有蹈今弊者，科道官参治。③

从这一记载来看，从民间选拔将军的制度一直被坚持了下来。而上文中提到的韩良相入选后又被退回，则与另一项管理制度有关。

（三）将军的选汰与继补

虽然不同于一般世袭军户，但除非"老疾"不得退役的规定是一致的，而明廷对将军的身体素质又有硬性的要求，因此就面临着淘汰和补充缺额的问题。宣德四年，行在金吾左卫将军千户李春上奏：

> 管队指挥张三未经奏请，擅收王荣、李舟为将军，令带刀上直。上命行在都察院同锦衣卫鞠之，谕之曰：将军侍朕左右，最系切要之人。非经兵部奏请，谁敢擅收？唐太宗时，长孙无

---

① 弘治《徽州府志》卷九，天一阁方志选刊影印本。
② （明）佚名：《钦明大狱录》卷上，四库未收书辑刊影印本，第653页。
③ 《明世宗实录》卷一三八，嘉靖十一年五月癸酉条，第3249—3250页。

忌入阁，忘解佩刀，为是勋亲得免。今此辈何人，而擅令带刀，在朕左右？必审问谁所指使，纵是公侯大臣，亦不贷。①

从这一记载可以看出，收用侍卫将军首先要由兵部提出申请，然后才能启动选拔程序，管队军官无权自行招收。

弘治五年，明廷在收补将军时再度发生争议。

> 驸马樊凯以大汉将军有副千户员缺，奏以将军百户袁玘等补之。锦衣卫以凯不会同选补为违例，劾玘等下狱。得旨，诘责凯。兵部复奏，谓宿卫虽凯职掌，然将军千百户皆锦衣卫官属。今后仍从凯具缺，奏下本部，如例会选为当。从之。②

可见，由于侍卫将军是锦衣卫的一部分，选补将军时必须有该卫参与。锦衣卫主官没有直接弹劾樊凯，而是把打击目标瞄准本卫属下之百户袁玘，估计是顾忌樊凯的皇亲身份，有意回避。史载，弘治十五年，"管大汉将军驸马都尉樊凯奉旨会同锦衣卫选侍直官旗将军。请留年力精壮一千三百六十二人，退年老有疾总小旗七十一人"③。可见，当时侍卫将军的选补程序确实是在兵部提出申请后，由锦衣卫和侍卫将军的主官共同完成的。

弘治十七年七月，樊凯上奏：

> 顷者，锦衣卫奏请本卫差官检阅将军马数，臣自管辖将军历二十余年，并无此例。今假借革弊之名，实欲侵臣职掌。如欲革弊，乞差给事中、监察御史将锦衣卫校尉及将军马匹俱照各营官军马事例点视。命从凯自行查点操练。④

---

① 《明宣宗实录》卷五六，宣德四年七月癸亥条，第1337—1338页。
② 《明孝宗实录》卷六三，弘治五年五月辛卯条，第1223页。
③ 《明孝宗实录》卷一八三，弘治十五年正月癸巳条，第3381页。
④ 《明孝宗实录》卷二一四，弘治十七年七月辛丑条，第4031页。

　　这一事例显示侍卫将军虽然是锦衣卫的一部分，但锦衣卫官员并没有权力介入将军营的内部事务。这种制度安排，相互制衡的意味颇为明显。

　　上述史料另外引出两个疑问。一是侍卫将军是锦衣卫的一部分，怎么管队军官中出现了金吾左卫成员？二是不论锦衣卫还是金吾左卫，都是亲军卫，名义上由皇帝直接指挥，怎么会把选补将军的工作交给兵部？这还要从靖难之役说起。

　　锦衣卫是皇帝的嫡系，朱棣夺权后，不可能对建文帝的亲军完全信任，因而采取了一系列调整措施，其中之一即扩大禁卫军的来源。"永乐中，置五军、三千营，增红盔、明甲二将军及义刀、围子手之属，备宿卫。"① 红盔将军和明甲将军的区别仅在于朝会时所穿衣甲不同，前者着红盔青甲，后者着明盔甲。朝会时的红盔将军、明甲将军以及大汉将军原本都来自锦衣卫的将军营，永乐改制后在三大营中也开始存在。此后，京营中的禁卫力量有了较为明确的分工，如嘉靖中由三千营更名的神枢营有"红盔将军一千五百员名，把总指挥十六员。明甲将军五百二员名，把总指挥四员。大汉将军八员"②。义刀和围子手则统一划归五军营。这些隶属于神枢营的将军在执勤时和锦衣卫将军共同出场，客观上带有互相监督的意味。

　　朱棣扩大禁卫来源的做法为后世所继承。如永乐二十二年，仁宗"命五军都督府遣各卫亲军指挥司壮士补将军之宿卫者"③。将军来源扩展到其他卫所，金吾左卫千户李春成为将军管队官也就不足为奇了。

　　京营军士来自不同卫所，五军都督府原则上有权管束。金吾等卫属亲军卫系统，不受都督府管辖，因而面对来源不断扩大的将军，只能由兵部进行总体管束，这应是将军选补权划归兵部的主要原因。

　　侍卫将军不仅需要在出现缺额时及时补充，也需要进行必要的

---

① （清）嵇璜、曹仁虎等：《钦定续文献通考》卷一二六《兵考·禁卫兵》，第516页。
② 万历《大明会典》卷一四二《兵部二十五·侍卫》，第1997页。
③ 《明仁宗实录》卷三下，永乐二十二年十月癸亥条，第125页。

淘汰。据傅维鳞《明书》记载：

> 正统中，御史言上直将军多有夜携金牌外宿，因而私纠盗贼，混入朝门，为害不细。宜令所司严为点阅。从之。后复定侍卫将军五年一选，已复令府军前卫侍卫等官亦五年一选，如将军。①

府军前卫参与侍卫的官兵五年一选开始于嘉靖十七年，"如侍卫将军例"②。锦衣卫侍卫将军五年一选的起始时间则不是很确定。按傅维鳞的说法，应该在正统之后。

正统七年，翰林院编修徐珵建议，"令兵部堂上官会同御史、给事中、公侯伯等官，于教场内公同点选"京营军士，"其各处边关之兵，亦各差官，依在京例，一体拣选，立为定法。或三年、五年一行，经久无弊，则中外之兵皆精矣"③。英宗对此建议只是命兵部会同五军都督府商议，此后便没了下文，可见正统年间尚未出现定期选汰军士的制度。

成化二年，巡按云南监察御史王祥提出"武臣廉能谋勇者少，贪污酷暴者多，近以简选之例行，颇知警厉……乞定三年、五年一行简选，量为进退，以昭示劝惩"，兵部认为可行，奏准"自成化二年为始，以五年为期，令各处巡抚、巡按等官考选都司、卫所军职"④。这是卫所军官五年一考选的起点。成化十七年，巡关御史蒋昺在建言时提出团营官兵应由总督及时检阅，"选阅之典，五年一

---

① （清）傅维鳞：《明书》卷七一《戎马志》，四库全书存目丛书影印本，第 727—728 页。另据《明英宗实录》卷一七，正统元年五月丁亥条记载："十三道监察御史李铬等言十事：……上直将军多有悬带金牌，私自回家宿歇，因而纠合盗歇，遇开朝门，混同竞入。乞行都察院禁约、锦衣卫点视。"（见该书第 338 页）估计傅维鳞所记正统中御史建言点阅一事指的就是正统元年李铬等建言。

② 万历《大明会典》卷一四二《兵部二十五·侍卫》，第 2001 页。

③ 《明英宗实录》卷九九，正统七年十二月庚戌条，第 2003 页。

④ 《明宪宗实录》卷二八，成化二年闰三月庚寅条，第 558—559 页。

行，宜著为令"。不过明宪宗认为"防边事皆见行"，指斥他是"泛言烦扰"①。这一史料说明五年一选阅的制度在此之前已经开始运用于京营之中。据此推断，侍卫将军实行五年一选的起始时间估计也在成化时期。

另据《会典》记载："弘治四年奏准：锦衣卫大汉将军……若缺五十名，方许开申选补。"② 这里提到的选补，指的应是将军缺额过大时启动的民间选补，与现有将军的定时选汰并不冲突。

嘉靖年间，随着腐败现象的日益滋长，监察官员开始介入将军选汰。嘉靖九年，世宗"令兵部、锦衣卫堂上官各一员，会同兵科都给事中清查见役将军。若有虚冒、买闲等弊，具奏处治"③。此后，兵部、锦衣卫、科道官五年一选将军成为定制，这在《实录》中有大量记载。例如：万历三十三年四月，"命兵部尚书萧大亨、锦衣卫堂上官李如桢、兵科都给事中田大益会同成国公朱应槐，照例选汰大汉将军"④；天启七年七月，"命兵部、锦衣卫选大汉将军，照五年一选之例也"⑤；等等。

崇祯四年五月，管领大汉将军驸马都尉万炜上奏，指出将军老迈者众多，建议选汰。兵部回复：

> 查自天启七年拣选以殆于今仅四载耳，未及五年也，选补似属破例。但据都尉臣万炜疏，称年来颇有老聩龙钟艰于步履者，又难胶柱而任其虚糜。合无即令驸马都尉于每季终会点查阅时，精为遴简，有老弱不堪者，即行裁汰，更补精壮，以重侍卫。俟五年期满，仍照例会同各官汰选可也。⑥

---

① 《明宪宗实录》卷二一九，成化十七年九月丁亥条，第3790—3791页。
② 万历《大明会典》卷一三四《兵部十七·将军营》，第1912页。
③ 万历《大明会典》卷一三四《兵部十七·将军营》，第1911—1912页。
④ 《明神宗实录》卷四〇八，万历三十三年四月庚午条，第7619页。
⑤ 《明熹宗实录》卷八六，天启七年七月甲申条，第4170页。
⑥ 《署兵部尚书【宋㯊】等为遵制裁汰老弱补充精壮以严侍卫事题行稿》，《中国明朝档案总汇》第10册，第45—46页。

这一提议获得皇帝批准。随后，批准文件抄送至"皇城巡视科、院，驸马都尉万，皇城巡视车驾司李，锦衣卫经历司"① 四处。

同年九月二十八日，驸马万炜"会同皇城巡视刑科给事中周纯修、兵部车驾清吏司主事李灿同诣将军教场内，查点原额将军一千五百员名，内逃亡事故一百八名，除已到者不开外，实不到者三名，仍精为遴简，将步履艰难汰去四名，更补精壮。以后每季终会点查阅时陆续裁汰，免致虚糜粮饩。开名上请行卫住粮。仍移文兵部，转行原籍衙门，编管当差。其查点不到者，俱系奸懒之徒，既经斥革，不许朦胧替役。其汰过老弱，照例准替旗尉。仍移文兵部，查取候补将军，随伍食粮"②。

从这一事例可以看出，五年一选的制度一直坚持了下来，但在必要时，管领主官可以提请提前选汰。不过，即便是以"季终会点查阅"名义进行的选汰，也需要兵部、锦衣卫及科道官同时参与。

另据《大明会典》记载："大汉将军有缺，除将先年选定者挨补外，如随伍将军有体貌魁伟、特出众人之上，得超补见缺。"③ 从中推断，明廷在选拔大汉将军的时候，会有意识地多选拔一批合格者作为替补，以便及时补缺。崇祯四年六月，驸马都尉万炜报告："据锦衣卫上中所管班千户董继化呈，称上伍大汉官林国隆于崇祯四年五月二十一日病故，遗下盔甲瓜刀，缺人披戴，呈乞行查题补。"④ 兵部职方清吏司随即提出由梁国祚顶补。能迅速提出接替人选，说明兵部确实掌握着一批现成的候补人员。这也应是侍卫将军能执行季终点阅，不时小规模选汰的制度基础。

（四）主官高配，集中使用

锦衣卫将军是宿卫皇城的核心力量，向来"自为一营。遇下班

---

① 《署兵部尚书【宋槃】等为遵制裁汰老弱补充精壮以严侍卫事题行稿》，第49页。

② 《兵部为遵例季终查点侍卫人员并开列未到将军名单事行稿》，《中国明朝档案总汇》第11册，第171—177页。

③ 万历《大明会典》卷一三四《兵部十七·将军营》，第1911页。

④ 《兵部为荐梁国祚顶补锦衣卫上伍大汉官员缺事行稿》，《中国明朝档案总汇》第10册，第177—178页。

之日，照例操练，从管领侍卫官提督"①。明人著作中曾提及锦衣卫下设有"将军一所"②，似乎侍卫将军是独立编制。但从个案资料来看，似乎不是这样。如唐县人马庸，"（洪武）十六年并枪充锦衣卫中所将军"③。宜兴人杨荣，"（洪武）二十五年并升神策卫前所总旗，二十七年选充锦衣卫中所将军"④。崇祯四年六月，"锦衣卫上中所管班千户董继化呈，称上伍大汉官林国隆于崇祯四年五月二十一日病故"⑤。可见，至少锦衣卫中所和上中所中有将军存在。另据《古今图书集成》记载："（锦衣卫）侍卫将军、千百户、总旗等，于中后所支俸食粮。凡文移，用上中所印信。"⑥ 中后所如果没有将军，似乎没有理由在该所支俸。

如本书第一章所述，锦衣卫在不同时期下辖有14个千户所和18个千户所两种说法，但从未出现将军所的记载，从上述个案来看，侍卫将军应该是散布于锦衣各所，但集中训练和使用。明代的军事体制在大部分时段内实行训练和实战分离，卫所的主要任务是日常训练，战时则从卫所中按实际需要抽出部分或全部兵力，组成负有不同职责的"营"，统一指挥使用，后者常常被治军事史的学者称为营兵制、营哨制或镇戍体制等。永乐年间因不断北征形成的京营最初也是这一体制的产物，只是因故被长期保留下来而已。锦衣卫侍卫将军个人分属不同千户所，以将军营的名义集中使用，大体上符合营兵制的特点，区别仅在于他们不执勤时并不返回各自的千户所，而是照旧集中在一起，而这一特点和京营中军士颇有类似之处。

将军独立成营，每天侍奉在皇帝左右，其军事主官必须绝对忠

① 万历《大明会典》卷一三四《兵部十七·将军营》，第1911页。
② （明）陆钎：《病逸漫记》，第354页。
③ 《锦衣卫选簿》，《中国明朝档案总汇》第49册，第234页。
④ 《（南京）羽林右卫选簿》，《中国明朝档案总汇》第72册，第330页。
⑤ 《兵部为荐梁国祚顶补锦衣卫上伍大汉官员缺事行稿》，《中国明朝档案总汇》第10册，第177—178页。
⑥ （清）陈梦雷等编：《古今图书集成·明伦汇编·官常典·仪卫部汇考二》，中华书局、巴蜀书社1985年缩印本，第34767页。

诚。明朝遗民方以智曾这样概括：

> 宿卫大仗则属于锦衣卫大汉将军，以一驸马领之。红盔、明甲将军，以一勋臣领之。此正似唐千牛卫所掌耳。①

名臣王鏊也曾云："故事，上直诸将军以驸马都尉一人领之。"②驸马是皇帝至亲，其富贵荣华都来自皇室，忠诚度自不必怀疑。但从相关记载来看，这一说法似乎并不准确。洪熙元年七月，即位不久的明宣宗升赏锦衣卫官员，"命指挥佥事毕盛仍管将军，带刀上直"③。按明制，佥事作为卫指挥使的佐官，常与其他同知、佥事分别兼管一个千户所。将军营编制虽然超过千户所，但在锦衣卫总兵额远超一般卫所的情况下，由一个指挥佥事统领，符合相关制度。可见，至少在明朝前期，明廷对将军营的主官并没有特别安排。

正统十四年，将军营的主官层级发生变化。九月，"令升都指挥佥事张軏为都督佥事，专领护驾将军"④。张軏是皇亲，永乐帝驾崩后，张軏受命出任长陵卫指挥使，专职为朱棣守陵，后于正统十三年正月升职为"都指挥佥事，于锦衣卫带俸"⑤。次年九月越级升为都督佥事时，正值英宗"北狩"，景帝新立，瓦剌军进犯北京之际。乱局当中更要维护好皇帝的安全，以都督佥事身份统辖将军营，有利于及时获取必要的军事资源，而其皇亲身份，应该也是他受命于危难之际的一个原因。

天顺四年九月，明英宗发现"守卫大汉将军所披明甲多锈敝"，"怀宁伯孙镗、锦衣卫指挥同知马颙皆提督官，遂自劾请罪"⑥，可

---

① （清）方以智：《通雅》卷二五《官制·武职》，景印文渊阁四库全书本，第504页。
② （明）王鏊：《震泽纪闻》卷下《刘瑾》，见吴建华点校《王鏊集》，上海古籍出版社2013年版，第633页。
③ 《明宣宗实录》卷三，洪熙元年七月癸酉条，第76页。
④ 《明英宗实录》卷一八二，正统十四年九月戊寅条，第3537页。
⑤ 《明英宗实录》卷一六二，正统十三年正月甲午条，第3142页。
⑥ 《明英宗实录》卷三一九，天顺四年九月乙亥条，第6642—6643页。

见，天顺年间的将军营已经由勋臣统领。

笔者所见第一位主管将军营的驸马是樊凯。樊凯主管将军营开始于成化二十一年十二月。当月，"命驸马都尉樊凯领将军，宿卫"①。正德三年十一月，樊凯奏请兵部审验大汉百户宋锦是否"病狂"，宋锦予以否认，"兵部覆请行法司鞫问。得旨：文达等并锦，锦衣卫俱执送镇抚司考讯。仍行缉事衙门访察，待得实，并凯以闻。既而罢凯不用"②。数日后，武宗"以驸马都尉游泰管领大汉将军，宿卫，兼率……侍卫带刀、勋卫等官"③。可见，樊凯管领将军营的时间长达二十余年。不过，按《实录》记载，弘治十一年，永康侯在徐锜曾"管围子手、大汉将军，侍卫"④。樊凯似在弘治年间曾一度中断管辖将军营。另外，成化十八年正月，怀宁侯孙泰曾"权管锦衣卫将军"⑤。可见，在成化至正德年间，将军营的主官并未完全被驸马们把持。

在游泰之后，驸马邬景和、谢诏、许从诚先后统领将军营⑥。王世贞认为这是驸马地位下降的标志：

> 永乐间，驸马李让、袁容俱镇守北京，仍理行府都督事。王宁镇云南。沐昕初同襄城伯李隆守备南京，至正统间革，犹与赵辉俱掌南京都督府。自后所掌，惟宗人府及领侍卫将军、力士而已。⑦

---

① 《明宪宗实录》卷二七三，成化二十一年十二月丁酉条，第4604页。
② 《明武宗实录》卷四四，正德三年十一月丁酉条，第1008—1009页。
③ 《明武宗实录》卷四四，正德三年十一月戊申条，第1015页。
④ 《明孝宗实录》卷一八五《徐锜传》，第3414页。
⑤ 《明宪宗实录》卷二二三，成化十八年正月庚辰条，第3836页。
⑥ 参见《明世宗实录》卷一一一，嘉靖九年三月乙未条，第2616页；《明世宗实录》卷三五〇，嘉靖二十八年七月丁亥条，第6334页；《明穆宗实录》卷二九，隆庆三年二月辛卯条，第775页。其中邬景和曾于嘉靖二十八年改领宗人府，后因故免职，"隆庆改元，诏复原爵，仍掌宗人府事，兼管大汉将军，侍卫经筵"，直到隆庆三年二月去世。见《明穆宗实录》卷二九，隆庆三年二月壬午条，第758—759页。
⑦ （明）王世贞：《弇山堂别集》卷九《皇明异典述四·驸马坐府典兵》，中华书局1985年标点本，第164—165页。

驸马地位是否下降需另外讨论，但不论是驸马还是怀宁侯等勋臣，都显示明中叶将军营的主官层级较景泰时有了进一步的提升。

驸马管辖将军营的状态在万历年间发生变化。万历十一年，神宗出宫谒陵，"命镇远侯顾承光同左都督李文全、勋卫孙承恩统领带刀府军等卫官三十员，大汉将军三百名，随直圣驾往回"①。万历十三年十二月，"管领大汉将军、镇远侯顾承先（光），管理红盔将军、武进伯朱世雍……皆以五年军政考察，自陈不职"②。万历三十三年，"管理禁兵成国公朱应槐奏大汉将军百户周尚儒托病愒直及侵克月饷、布花等事"③。可见，此时将军营的主官已变成勋臣。为此，驸马万炜还曾提出异议。万历三十七年五月，万炜上言："管理将军，原系驸马。今屡推侯伯，乞仍如祖制。"④ 不过章下兵部后就没了下文。但据上文中曾引用过的档案资料显示，至迟到崇祯四年时，万炜已经是将军营主官⑤。

驸马作为皇亲，自然值得信任，但未必具有出类拔萃的军事才华。他们长期担任将军营的统领官，甚至邬景和、谢诏等直到去世才自动离任，说明将军营的禁卫职能已经严重弱化，基本已沦为"充朝仪"⑥ 的仪仗兵。

（五）将军的待遇

明初重视维护等级秩序，对礼乐、服饰有严格的规定。洪武

---

① 《明神宗实录》卷一三三，万历十一年二月壬子条，第2491页。

② 《明神宗实录》卷一六九，万历十三年十二月庚午条，第3052—3053页。《实录》中"顾承光"和"顾承先"交替出现，且均为镇远侯，职务、职事也一样，应是同一个人。

③ 《明神宗实录》卷四〇八，万历三十三年四月癸酉条，第7621页。

④ 《明神宗实录》卷四五八，万历三十七年五月戊戌条，第8646页。

⑤ 邬景和、许从诚等都是长公主的丈夫，是皇帝的平辈或长辈，而且大都是在公主去世后才主持将军事务的。万炜尚万历帝的妹妹瑞安公主，与皇帝平辈，但瑞安公主崇祯二年才去世。万炜于万历三十七年提出异议却未得到回应，崇祯四年时则在将军营任上。据此推断，当时似乎存在平辈或长辈驸马在公主去世后才可主管将军营的不成文规定。

⑥ （明）郑若曾：《筹海图编》卷二上记载，"（永乐）九年……遣三宝太监王进奉使日本，收买奇货。至宁波，选壮军顾通，号大汉将军，同往彼国"（中华书局2007年点校本，第156页）。虽然顾通是冒牌货，但可间接说明用大汉将军充当门面的现象在明初就存在。

二十二年十二月，明廷申严巾帽之禁：

> 凡文武官，除本等纱帽外，遇雨许戴雨帽，公差出外许戴帽子，入城不许。其公差人员出外者亦如之。将军、力士、校尉、旗军常戴头巾或楂脑，官下舍人并儒生、吏员、民人常戴本等头巾。①

三年后，明廷又对靴子的标准作了规定：

> 文武百官并同籍父兄伯叔弟侄子婿及……将军、散骑舍人带刀之人、正伍马军并马军总小旗、教读大诰师生许穿靴，然不许用红扇面黑下桩，与内官、内使靴同……校尉、力士遇上直，乐工当承应，许穿，出外不许。②

从这些规定中可以看出，将军在服饰方面的待遇明显比平民百姓要高，在靴制上甚至和下级军官持平。

由于体制原因，明朝政府的财政收入一直不宽裕，官员俸禄、军士月粮的标准因此都定得很低，且时常不能足额发放，需要本折兼支。相比之下，将军们的待遇要好得多。"锦衣卫将军，月支米一石五斗。"③ "洪武十九年，本部题准：锦衣卫将军，月支本色一石，余折钞。旗军、力士、校尉人等有家小者，月支本色米六斗，无者四斗五升，余折钞。"④ 洪武二十二年，明廷又规定"锦衣卫将军、总小旗每月添支粮五斗，力士、校尉人等，有家小者四斗，无者一

---

① 《明太祖实录》卷一九八，洪武二十二年十二月己亥条，第2972页。
② 《明太祖实录》卷二一九，洪武二十五年七月壬午条，第3213—3214页。
③ （明）刘斯洁：《太仓考》卷五之二《月粮》，《北京图书馆古籍珍本》丛刊，书目文献出版社1998年影印本，第768页。
④ （明）刘斯洁：《太仓考》卷五之十《岁支》，第776页。

斗五升"①。至此，将军的月粮已经是全支本色米，不再改折发放。不仅如此，"锦衣卫将军、旗校、士军、各卫达官勇士，俱常食京稑。镇抚司匠役、各卫所官军，二月食通粟，八月食京粟，其余月分，常操食京稑，歇操食通稑"②，在本色粮米的质量及领取距离上，也明显优于一般京卫军士。

　　为方便禁卫军士饮食，明廷于洪武二十八年在皇城四门设厨房，"各设恩军，为守卫军士做造饭食"③。侍卫将军则由负责大内饮食的光禄寺直接提供，"光禄给侍卫将军食，出洪武旧制"④。

　　此外，明廷还有不时之赐。例如：建文四年，"赐锦衣卫侍卫将军王翔等四百余人钞各五锭"⑤；永乐二十二年十一月，"给将军、校尉、卫士衣鞋"⑥；天顺二年十月，接受忠国公石亨、文安伯张𫐐的请求，"给五军、三千、神机等营操练官军及锦衣卫大汉官旗、将军衣鞋"⑦；弘治十四年四月，"赐锦衣卫大汉将军、千户孟文达等四十八人罗衣"⑧；等等。

　　为了仪仗排场，弘治十三年，明廷又下令，凡锦衣卫大汉将军、千百户，"每年给红纻丝、纱罗衣各一件，自行裁制，于直房内大柜收贮。遇圣驾看牲、郊祀、圣节、正旦、冬至、时享太庙穿用，余日不许"⑨。有特殊需要的侍卫将军，还可以申请增加薪俸。如景泰七年十二月，锦衣卫中千户所试所镇抚路贵"原以躯干长大，充将

　　① （明）刘斯洁：《太仓考》卷五之十《岁支》，第776页。洪武十九年和洪武二十二年的规定，万历《大明会典》卷四一《户部二十八·月粮》（见该书第744页）分别记载为永乐十九年和二十二年发布，但永乐二年时，朱棣还重申"锦衣卫将军月粮并全给米"（见《明太宗实录》卷三三，永乐二年八月癸巳条，第591页），可见此前已有相关规定。因此本文这里以《太仓考》的记载为准。

　　② （明）刘斯洁：《太仓考》卷五之二《月粮》，第768页。

　　③ 万历《大明会典》卷一四三《兵部二十六·守卫》，第2011页。

　　④ 《明太宗实录》卷三九，永乐三年二月己巳条，第649页。

　　⑤ 《明太宗实录》卷一一，洪武三十五年八月壬子条，第175页。

　　⑥ 《明仁宗实录》卷四下，永乐二十二年十一月己亥条，第154页。

　　⑦ 《明英宗实录》卷二九六，天顺二年十月癸亥条，第6303页。

　　⑧ 《明孝宗实录》卷一七三，弘治十四年四月己丑条，第3155页。

　　⑨ 万历《大明会典》卷一四二《兵部二十五·侍卫·皇城直宿》，第2000—2001页。

军。至是升镇抚，自陈月米一石不足养赡"，景泰帝于是"命月给俸本色米二石"①。

由官方免费提供仪仗服装、设备的制度一直延续到了南明时期。如隆武政权时，"上命锦衣卫堂上金书陈绩选大汉将军二十人以备郊天大礼用，月给米三石。红盔、红甲、快靴、服色、铜金瓜锤仪仗，俱着工部制造"②。此时的大明政权已经瓦解，南明政权处于半流亡状态，大汉将军的月粮不但没有减少反而增加了许多，说明在隆武帝眼中，维持礼仪排场比节省财政开支重要得多。

明廷给予侍卫将军最大的优待是可以在没有军功的情况下循资历升职。永乐二十二年九月，新即位的仁宗晓谕兵部尚书李庆，侍卫将军赵信等人"侍皇祖、皇考，久者三四十年，近者不下二十年，少壮入侍，白首不霑一命，人情谓何？可阅其历年久者，明旦引来"，于是赵信等128人都被授予百户职，补外卫缺，且都是"善地"③。

成化初年，明廷又明确规定："侍卫二十年退闲者，冠带荣身。"④ 成化十五年，又"令侍经筵八年者，授试百户，五年实授。凡千百户，照品给俸。其余月支米二石"⑤。此制确定后，锦衣卫将军吴秉彝等10人在成化十八年十二月"俱以带刀侍卫及随侍经筵，援例陈乞升职"。不知何故，宪宗没有马上按新制度执行，而是"令检查正统年间事例"，结果发现"其时不拘年限，俱得升授"，于是宪宗下旨，准许吴秉彝等四人升试百户，"郭纪等满五年之期，许如例，后须待八年以上，方许奏闻升授"⑥。仅仅过了三年就把部分将军授试百户的时间从八年缩减到五年，尽管强调是临时特恩，仍说明宪宗对自己制定的制度并不尊重。

---

① 《明英宗实录》卷二七三，景泰七年十二月戊戌条，第5763页。
② （清）陈燕翼：《思文大纪》卷二，中国野史集成丛书影印本，第141页。
③ 《明仁宗实录》卷二中，永乐二十二年九月壬午条，第62页。
④ 万历《大明会典》卷一四二《兵部二十五·侍卫·皇城直宿》，第2000页。
⑤ 万历《大明会典》卷一四二《兵部二十五·侍卫·皇城直宿》，第2000页。
⑥ 《明宪宗实录》卷二三五，成化十八年十二月壬辰条，第4013—4014页。

此外，在新皇帝登基时，仍不时有法外开恩之举。如成化二十三年十二月，新即位的孝宗仿效前朝，"命大汉将军、锦衣卫中千户所试百户赵宁等三十一员俱实授，以侍卫年久也"①。又如隆庆二年，穆宗在册立太子时下恩诏："大汉将军侍卫二年半以上者，给与冠带。四年半以上者，授试百户。将军侍卫二十年以上者，亦俱冠带荣身。"② 明熹宗即位时，又进一步放宽了年限，"大汉将军侍卫二年以上者，给与冠带；已冠带又历四年以上者，授试百户；年及五十，侍卫二十年以上者，不拘在役、退闲，俱与冠带荣身"③。

崇祯三年八月，大汉将军张江、徐应举、苑应文上奏，称其"于万历四十二年五月内投充，于天启七年八月内初一日蒙兵部等衙门会同科道等官选中大汉将军，题补大汉名缺。臣张江顶高朝佑，臣徐应举顶郭世敬，臣苑应文顶郑应科历役。扣至崇祯三年七月止，连闰实历二年，例应请给冠带"④。张江等人能在服役两年后即申请冠带，显然是受益于熹宗的诏令。即位、册立太子等特殊时刻发布的诏书名义上只是临时性的恩赏，但因出自圣谕，同样变成了后世依据的旧"例"。

对将军的优待不仅针对本人，也惠及家属。弘治十一年闰十一月，顺天知府张宪奏准："将军、力士、校尉原无优免户丁事例，惟勇士自迤北来者乃优免三丁，投充勇士不在优免之内。今顺天府人户凡充将军、力士、勇士、校尉者，俱不应差役。故平民多用计投充将军等役……凡将军、力士、校尉及投进将军，止许免户一丁。其原籍户下人丁不许一概优免，亦不许将户下人丁报造营卫籍册，影射民差，庶京民不致重困。"⑤ 据此可知，将军本来不享受户丁优免，但至少在弘治年间已经在事实上获得优免待遇。张宪的建议固

---

① 《明孝宗实录》卷八，成化二十三年十二月辛巳条，第167—168页。
② 《明穆宗实录》卷一八，隆庆二年三月辛酉条，第505页。
③ 南炳文校正：《校正泰昌天启起居注》卷一，第10—11页。
④ 《锦衣卫大汉将军张江等为循例恩赐冠带以图报效事奏本》，《中国明朝档案总汇》第8册，第87—88页。
⑤ 《明孝宗实录》卷一四四，弘治十一年闰十一月乙亥条，第2511页。

然可以减少优免人数，有利于减轻一般人户的负担，但在客观上反而使将军的优免权合法化了。

隆庆二年十月，顺天府府丞何起鸣在条奏编审事宜时提及"本府所属州县官户丁粮，俱照嘉靖二十四年事例，照品优免。其隶籍禁卫者，将军准免二丁，校尉一丁"①。可见，到嘉靖二十四年，侍卫将军优免户下人丁的数量又增加了一个。

弘治十二年，明廷批准户部的提议，"顺天、永平府各属，往岁军需徭役，皆取于丁，乃有富连阡陌，而绝无差徭者。自今请计亩征租银。腴地每亩岁征银一分，瘠地半之，以备供用。若勋戚大臣、京官、方面、锦衣卫官家，免地百亩。各卫并将军、校尉、勇士及府官以下听选官、监生、生员、吏典之家，各免地五十亩"②。将军家属因此又获得了部分免除租银的优待。

三　将军制度的败坏

侍卫将军以保卫皇帝、皇室安全为本职，对其军事素质要求很高，选拔时设定身高、力量标准也是出于这一目的。有诸多个案资料显示，很多将军原本就是富有战斗经验的下级军官。例如：全椒县人张鉴，"（洪武）二十年征金山，升总旗。二十七年选充将军"③；襄城县人张斌，洪武二十七年由沈阳左卫左所小旗选充锦衣卫中所将军④；临汾人左良，"洪武十四年充军，二十年并充小旗，二十七年选充锦衣卫中所将军"⑤；等等。洪武二十五年八月，朱元璋命令金吾前卫老军蔡玺"与锦衣卫下将军在于武英殿御前打棒。是玺先将下将军原棒打折，已行赢了。赶打本人间，有上位喝住，不令赶打，当被本人反行用折棒将玺打了几下，以此羞辱了一场"⑥。

---

① 《明穆宗实录》卷二五，隆庆二年十月辛卯条，第687页。
② 《明孝宗实录》卷一五五，弘治十二年十月丙辰条，第2787页。
③ 《神策卫选簿》，《中国明朝档案总汇》第60册，第437页。
④ 《留守后卫选簿》，《中国明朝档案总汇》第65册，第152页。
⑤ 《黄州卫选簿》，《中国明朝档案总汇》第63册，第201页。
⑥ （明）朱元璋敕录，王天有、张何清点校：《逆臣录》卷二，第81页。

侍卫将军在比武时打不过一个老军，只能在对方不备时找回些脸面，着实令人惊讶。虽然这只是个个案，但在一定程度上反映出这些千挑万选出来的侍卫将军们先天身体素质虽然很好，但实际军事技能，特别是实战技能方面，未必都尽如人意。上文中曾提到的隆平人路通"（洪武）二十八年高邮州提拿水贼有功"[1] 的例子显示锦衣卫将军在洪武年间和其他军士一样，也会被派出执行一定的常规军事任务，之所以这样安排，不排除有增加其实战经验的目的。

为维护皇城、皇帝的安全，明廷对宫廷守卫、军士巡逻等有严格的制度规定。正统元年五月，监察御史李辂等人在上疏言事时指出："上直将军多有悬带金牌，私自回家宿歇，因而纠合盗贼，遇开朝门，混同竞入。乞行都察院禁约、锦衣卫点视。"[2] 金牌是侍卫将军入值时的凭证，下班时需及时缴回，现在却发生随意带金牌回家的现象，说明将军们的军纪已经很成问题。

弘治年间，兵部尚书马文升对禁卫的评价是"虽有将军、围子手，不过于早朝侍卫，退朝后即散回家。皇城之内防奸者无几。其守卫皇城各门官军疲弊尤甚"[3]。天启三年九月，工科给事中陈尔翼调查后发现："（锦衣卫）五百名之旗尉，而到者止八九十名，不到者反四百一十一名。且所到之中又半是尪羸，仅备人数。朝廷以至大至重之责属之卫臣，而卫臣直以若嬉若戏之心虚应故事矣。职闻锦衣一卫额设军旗，强半为优俳所影射，雇倩之蓬庐……不特此也，皇上临驭之时，有所谓义刀、围子手、红盔将军者。祖宗并立令之，密匝层围，披坚执铳，岂不大有深意？乃职每入班行，辄见颓靡不能成列，是亦何可不痛加查核也？"[4] 马、陈二人的言论虽然不是特指侍卫将军，但在锦衣卫及义刀、围子手等日渐颓弊的情况下，正统年间即已出现问题的将军们不可能独善其身。李辂等人的进言都

---

① 《留守左卫选簿》，第 122 页。
② 《明英宗实录》卷十七，正统元年五月丁亥条，第 338 页。
③ 《明孝宗实录》卷一三〇，弘治十年十月辛卯条，第 2308 页。
④ 《明熹宗实录》卷三八，天启三年九月甲辰条，第 1975—1976 页。

曾得到皇帝的肯定，但从其仍不断反映问题的情况来看，对将军等禁卫力量的整顿显然没有达到预期效果。

前文中曾提到选自民间的将军、校尉、力士等特殊兵种如正常承担军役一辈，不再勾取户下人丁替役。出于节省开支等目的，明廷还曾主动放免部分将军、校尉等回家，如天顺三年，户部奏准："在京府军等卫先年佥点并投充幼军、力士、将军、勇士人等及光禄寺、太常寺厨役多老疾，不堪应役，宜令兵部、礼部会勘，但有老疾不堪应役，例不勾丁者，悉放还原籍，毋使妄费京储。"①

如前所述，将军的待遇比较高，且户内人丁享受一定的优免待遇。校尉、力士的待遇虽然不及将军，但也有诸多好处。个别时候，对校尉、力士的优待甚至高于将军。如嘉靖三十四年十一月议定优免铺户时规定："各卫指挥千百户、奉御、长随，东厂、锦衣卫校尉……免本身并门房三间。各卫见任千百户、锦衣卫总旗、带俸闲住指挥千百户、侍卫将军……免本身并门房二间。"② 另外，由于居住京师，户下人丁还拥有在京参加科举等隐性福利。因此，承平之后，大批人众利用将军等兵种可以主动投充的机会混入禁卫队伍。嘉、万间名士冯惟敏曾因涞水县"县民富者为将军，为校尉，为力士，为执金吾，为中贵人，兼并地无算而逋赋挈"，"摘其最负者惩之。贫民以为德，而豪右谤四起矣，坐谪镇江教授"③。涞水县属保定府，距京师还有相当距离，滥入禁卫谋取私利的现象尚且如此严重，顺天府及周边一带只会更严重。而冯惟敏遭到豪右打击的事实则证明此时的将军、校尉等已经成为拥有庞大政治资源的既得利益群体。尽管冯惟敏的遭遇反映的是明中后期的现象，但从天顺三年户部报告锦衣卫、太常寺等机构内存在大量老疾不堪应役，却不主动退役者来看，靠禁卫成员等特殊身份谋取私利的现象早已存在。

---

① 《明英宗实录》卷二七六，天顺元年三月己丑条，第5892—5893页。
② 《明世宗实录》卷四二八，嘉靖三十四年十一月癸巳条，第7394页。
③ （明）李维桢：《冯氏家传》，见《冯惟敏全集》"附录"，齐鲁书社2007年版，第522页。

天顺二年，明廷规定："民人投充力士、校尉者，行原籍官司，查无违碍，方准收役。"① "成化十四年奏准：力士、校尉病故，或老疾不能应当，其子孙告替补者，行移该卫，查系在营生长、册籍有名，无违碍者，具奏收役。虽例不勾丁，而子孙愿替补者，亦准查收。"② "弘治十三年奏准：凡校尉事故，须册籍内亲子弟侄替补。若将别姓诈冒替补者，问罪。"③ 从这几项陆续出台的政策可以看出，至迟到天顺年间，民人大量投充校尉、力士的现象已经引起明廷注意。成化十四年的规定显示明廷在收紧收役的口子，从允许民人投充改为限定在营生长子孙。弘治十三年的新规则显示当时已经出现大量冒充校尉子弟儿孙的现象。充任校尉的直接目的是谋求私利，因而出现陈尔翼所说的"强半为优俳所影射，雇倩之蓬庐"，也就不足为奇了。

与校尉、力士相比，将军因有一定的硬性选拔标准，不易混入，但主动投充是不受限制的。据《大明会典》记载，成化十五年时，明廷下令"投充者，验中方许"④。符合标准才能入职本来是明初即存在的制度，成化年间重申，只能说明当时已经出现舞弊现象。成化二十三年九月，孝宗在即位诏书中明确规定："内外正军不许投充将军。其舍余、民匠人等投充将军，试量身力，不及者发回当差，不许收充校尉。违者罪之。"⑤ 外卫官兵投充将军的目的是规避沉重的军役，民户投充显然看中的是将军享受的各种优待。

民户投充将军的个案在卫选簿中有部分记载。如北直隶永清人王勋，"投充大汉将军，自嘉靖三十四年补缺……万历七年身故。计效□二十四年。据例：二十年以上者许替校尉一辈"⑥。又如郝权，"投充大汉将军，隆庆四年补缺为始，至万历六年身故（缺文）例

① 万历《大明会典》卷一四四《兵部二七·力士校尉》，第2013页。
② 万历《大明会典》卷一四四《兵部二七·力士校尉》，第2013页。
③ 万历《大明会典》卷一四四《兵部二七·力士校尉》，第2013页。
④ 万历《大明会典》卷一四二《兵部二十五·侍卫·皇城直宿》，第2000页。
⑤ 《明孝宗实录》卷二，成化二十三年九月壬寅条，第19页。
⑥ 《锦衣卫选簿》，第183页。

该授力士一辈。本舍合照例替力士，以后停革"①。张实，"（缺文）为始，至万历八年终，止计效劳十年，例该替力士一辈"②，等等。

王勋等的后人获准替补校尉或力士源于另一项制度。天顺六年，明廷规定"将军子，试量身力不及者，俱收充校尉"③。弘治元年，兵部奏准："凡大汉将军曾授职者，其子许袭总旗。无子者，其弟侄止充校尉。"④ 替补校尉的范围由此扩大到将军直系近亲。此后，替补为校尉的政策逐渐收紧。如嘉靖二年规定"锦衣卫将军事故，不系侍直年深授官者，止许亲男收充校尉一辈。不许将弟侄及房族认户人等收补，躲避民差"⑤。次年，明廷重申未曾授予官职的将军，"止许收充校尉一辈。不许将房族人等收补"⑥。嘉靖二十四年又题准："选退将军儿男，查系应役十年以上者，许充校尉。不及年分者，止与力士。著为定规。"⑦ 万历二年再次提高替补年限，"锦衣卫将军千百户，侍卫三十年以上者，儿男许替冠带总旗。将军侍卫二十年以上者，许替校尉。二十年以下者，止与力士。俱止准一辈。其应役三年五年，照旧查革。永行遵守"⑧。王勋等人去世都在万历二年之后，所以其后人按照先人不同的服役年限，享受了替补校尉或力士的优待。

在天津杨柳青镇石家大院内保存着一通《明故锦衣卫冠带总旗仁斋高君墓志铭》。铭文显示杨柳青人高选的哥哥高迁"体貌魁梧，试充侍直将军"。高选长大后"袭兄将军，例止授本卫前所校尉"。高选生于正德三年（1508年），卒于嘉靖三十一年（1552年）。他的哥哥高迁有儿子高四安，按规定，高选没有资格继补为

① 《锦衣卫选簿》，第183页。
② 《锦衣卫选簿》，第184页。
③ 万历《大明会典》卷一四四《兵部二七·力士校尉》，第2013页。
④ 《明孝宗实录》卷二一，弘治元年十二月庚子条，第491页。
⑤ 万历《大明会典》卷一四四《兵部二七·力士校尉》，第2013页。
⑥ 万历《大明会典》卷一三四《兵部十七·将军营》，第1911页。
⑦ 万历《大明会典》卷一三四《兵部十七·将军营》，第1911页。
⑧ 万历《大明会典》卷一三四《兵部十七·将军营》，第1911页。

校尉，估计此时高四安年龄尚小，高选继补类似世袭武官的借袭。高选的儿子高宜，"以材质试充侍直将军"，符合规制，但高四安成年后"乃替君之职役"，则与"止许收充校尉一辈"的规定不符。这一个案显示明廷的有关制度并未得到严格执行，至少存在诸多漏洞。

不仅如此，明廷还不时主动违反自己制定的制度。如天启皇帝即位时，在即位诏中宣布："其退役将军儿男见在守候大选袭替者，免其守候，查照其父历役年月久近，准与袭替旗校、力士。若年分未及，与例未合者，不许滥冒袭替。"①

允许将军子弟继补锦衣卫校尉、力士军役，对将军制度本身没有直接影响。真正严重损害将军制度的是候缺。

从民间选拔将军，不可能和实际缺额完全吻合。为避免将军营出现较长时间的缺额，兵部会有意识地多录取一批作为候补。在现存明代档案中，笔者发现多份与候补将军有关的文件。如万历四十七年十月滦州上报的候缺将军赵承器、马应文并无过犯的申文：

> 直隶永平府滦州为守卫事。蒙本府贴文，蒙永平兵备袁按察使案验，蒙 钦 差 巡抚顺天右副都御史刘案验，准兵部咨，职方清吏司案呈，准锦衣卫经历司手本，据上中千户所申，据管班千户李义等呈，称各所病故将军数多，凡遇……摆设不敷。况今东虏猖獗，守卫尤宜加密，呈乞照例移文行取候缺将军拨补直差等因。缘由前事，备蒙帖仰该州官吏照依咨案内事理，即将后开候缺将军，查其原给印信、执照，审无公私过犯情弊，准给文起送赴部，听候补伍。取具回文，呈报本府以凭时报。如有过犯等项，即从实开报前来呈报议处。毋得违错□便等因。蒙此，遵该本州照依咨案内事理，即将候缺将军赵承器、马应

---

① 南炳文校正：《校正泰昌天启起居注》卷一，第11页。

文行拘到州，细加查审，果有原给印信、执照。又据该社里邻
李守成等刘天保等供称，赵承器、马应文身家并无公私过犯，
如□□罪等情。据此复审无异，相应给文起送。今将取具官吏
结状见在拟合申送。乞将收过候缺将军直差缘由明示本州，以
便报府转报。为此备由理合共申，伏乞照验施行。须至申者，
计申送候缺将军贰名：

　　赵承器，年叁拾捌岁，长身材，紫面，微须。
　　马应文，年肆拾叁岁，长身材，紫面，微须。
　　　　　　　　　　　　　　　　　万历四十七年十月①

　　从这份文件中可以发现，候缺将军一般在原籍生活，没有任何
军事训练。在将军出现空缺时，一般程序是由锦衣卫管班官员汇
报，然后由经历司行文兵部。兵部同意后，行文当地巡抚官，再
层层行文到基层州县。州县官将候缺将军带到官衙仔细审查有无
可证明身份的印信、执照及不法行为，并由邻里具结保证，确保
没有问题后，再行文上报，同时开具文书，由候缺将军拿到兵部
报到，参与选拔。

　　这份文档中最值得关注的是两名候补将军的年龄。赵承器38
岁，马应文则已经43岁。类似的现象还出现在顺天府大兴县。该县
万历四十七年保送的六名候缺将军中，赵承□、赵英德、□民都是
35岁，□进成36岁②，另两人因为档案残缺，年龄不详。笔者目前
所见，只有满城县保送的薛孟成是25岁③。明廷对侍卫将军的军事
素质本来有很高的要求，但赵承器等人大多人到中年，马应文更是
超过了40岁，已经达到宋代宽衣天武军的年限标准。这样的年龄明

---

① 《直隶永平府滦州为查明候缺将军赵承器马应文并无过犯事申文》，《中国明朝档案总汇》
第1册，第249页。

② 《顺天府大兴县为查明候缺将军陶松龄等无过犯事申文》，《中国明朝档案总汇》第1册，
第250页。

③ 《直隶保定府为限日赴兵部送满城县候缺将军名单事公文》，《中国明朝档案总汇》第1
册，第257页。

显已经处于身体机能的下降期，军事素质不可能很高。从这样的候选队伍中选拔出来的将军之素质可想而知。之所以年近 40 还在候缺，应与兵部过量选拔将军，却没有及时令不合格或濒临不合格者退出候缺队伍有关。将军的额度是固定的，过多候缺将军的存在势必造成大量的积压，进而产生"高龄"候缺的现象。

在候补将军年龄、身体素质日渐参差不齐的同时，明朝中后期出现的大量卫所军士买闲、雇人顶替等腐败现象也蔓延到将军队伍中。如嘉靖九年，明廷曾下令"兵部、锦衣卫堂上官各一员，会同兵科都给事中，清查见役将军。若有虚冒、买闲等弊，具奏处治"①。这一命令显然不会是无的放矢。

崇祯四年，驸马万炜统领将军营时，居然发现营中"颇有老聩龙钟，艰于步履者"②。而万历时曾主持将军营事务的靖远伯王学礼曾建议以后"每季终会点大汉将军，如有不到者，径行革役，以惩奸惰"③。这些不参加点阅及不主动退役者，不排除就是买闲和虚冒者的可能。

结　语

明朝立国之初，在"驱逐胡虏，恢复中华"的旗号下，不便直接沿用元朝制度，于是重新启用了宋朝的天武军番号，将侍卫将军命名为"天武将军"。但制度的发展自有其内在规律，在元代旧制的影响下，原本用于镇殿、直殿者的名号"大汉将军"不仅成功地剥夺了宋代"宽衣天武军"番号复活的机会，而且在明中叶成为全体锦衣将军的代名词，以至于相关文献只能以其衣饰、执勤位置等外

---

① 万历《大明会典》卷一三四《兵部十七·将军营》，第 1911—1912 页。
② 《署兵部尚书【宋槃】等为遵制裁汰老弱补充精壮以严侍卫事题行稿》，《中国明朝档案总汇》第 10 册，第 46 页。
③ 《兵部为遵例季终查点侍卫人员并开列未到将军名单事行稿》，《中国明朝档案总汇》第 11 册，第 172 页。

在形态来区分正牌大汉将军和一般侍卫将军①。

出于维护皇家排场的需要，将军，特别是正牌大汉将军始终被皇帝重视，哪怕是在动乱时期也要尽可能地维持其存在。南明弘光政权初创时，兵部郎中万元吉建议在财政紧缺的情况下，"大汉止用军校三百名，锦衣卫校止用军校五百名。其锦堂上止用一员，加提督官旗办事衔"②，即是为皇家威仪考虑。隆武帝称帝后匆匆选拔 20 名大汉将军，目的也在于此。

作为禁卫军的核心，明廷制定了一系列严格的管理制度，同时给予了将军们诸多的优待，但随着社会形势的变化，这些优厚待遇并没有换来对方一丝不苟地履行职责，反而成了将军制度败坏的催化剂。一方面，侍卫将军虚应故事，不认真执勤，不仔细维护仪仗服装、设备，以致"明甲多锈敝"③，甚至买闲离岗，勾结盗匪；另一方面，大批民户通过主动投充方式进入将军营，进而通过明廷赋予将军子弟依据不同年限替补为校尉、力士的政策以及执行政策时的不严肃，世代留驻锦衣卫，成为既得利益群体的一部分，以至于后人产生将军子弟"替校尉诸役，亦系世袭"④ 的误解，致使锦衣卫所部日渐冗滥，加剧财政负担。

与此同时，明廷在制度层面也陆续出现问题。兵部在候补将军选拔上的无序，致使高龄候补者层出不穷，进而削弱了将军的总体素质。不谙军旅的驸马以及已长期脱离实战的公侯成为将军营的主

---

① 如陆容在《菽园杂记》中记述："凡大朝会，若夷使入贡，天子御正殿，大汉将军着饰金介胄，持金瓜铁钺刀剑，列丹陛上。常朝，着明铁介胄，列门楣间。其次等者，御道左右及文武官班后，相向，握刀布列。"见第 44 页。个别时候，"大汉将军"只作为正牌直殿者的称谓，如隆庆二年册立太子的诏书："大汉将军侍卫二年半以上者，给与冠带。四年半以上者，授试百户。将军侍卫二十年以上者，亦俱冠带荣身。"（《明穆宗实录》卷一八，隆庆二年三月辛酉条，第 505 页）这里提到的"大汉将军"和"将军"显然有不同指向。只是这种区分使用和官方文献（如《会典》）中的泛用"大汉将军"并存，不仅给研究者带来诸多不便，也是明朝制度层面出现混乱的一个反映。

② （明）李清：《南渡录》卷一，浙江古籍出版社 1988 年版，第 9—10 页。

③ 《明英宗实录》卷三一九，天顺四年九月乙亥条，第 6642 页。

④ （清）陈僖：《客窗偶谈·锦衣卫》，见氏著《燕山草堂集》卷四，第 571 页。

官，虽然可以确保将军营的忠诚，但亦使其侍卫职能逐渐弱化，日趋沦为纯粹的仪仗兵，明中叶，兵部视收将军为"细事"，以"不当烦渎圣听"为理由，废除了由皇帝亲自查阅新入选将军的制度，仅"告通状，送部施行"①，一方面是不重视侍卫将军的体现，另一方面似乎也是将军营沦为仪仗队后的自然反应，而这无疑又促使将军们进一步苟且应事，不关心武技。官与军两方面的共同"努力"，最终造成将军制度一步步败坏，直至随着明王朝的垮塌被彻底抛弃。

第二节　锦衣校尉

校尉是锦衣卫的重要组成部分，其来源、职责等都与一般军士有很大的区别。锦衣卫最关键的几项职能——"体外监察"、司法和维护京城治安——基本都由校尉承担或负主要责任。本节就相关问题做一探讨。

一　从大将到仆从：校尉制度的发展趋向

与侍卫将军类似，校尉制度也不是明人首创，而是继承于前朝，但其历史要比侍卫将军久远得多。

笔者目前所见最早关于校尉的记载出自《史记》。书中提到秦二世元年（公元前209年）九月，项梁叔侄准备响应陈胜、吴广起义，"乃召故所知豪吏，谕以所为起大事，遂举吴中兵。使人收下县，得精兵八千人。梁部署吴中豪杰为校尉、候、司马"②。大体同时，投入陈胜义军中的六国旧贵族陈馀曾游说陈胜："大王举梁、楚而西，务在入关，未及收河北也。臣尝游赵，知其豪桀及地形，愿请奇兵北略赵地。"陈胜采纳其建议，于是"以故所善陈人武臣为将军，邵

---

① （明）陆容：《菽园杂记》卷四，第40页。
② （西汉）司马迁：《史记》卷七《项羽本纪》，中华书局1959年标点本，第297页。

骚为护军，以张耳、陈馀为左右校尉，予卒三千人，北略赵地"①。陈胜、吴广起义时战局混乱，没有条件单独创设一套新的职官体系，大体应以沿用秦朝官制为主。据此推断，"校尉"一职至迟在秦代已经存在，且属于军职，位列将军、护军之下。

校尉一职在西汉时期设置更为广泛，最有名的无疑是汉武帝时期创设的八校尉。

> 中垒校尉掌北军垒门内，外掌西域。屯骑校尉掌骑士。步兵校尉掌上林苑门屯兵。越骑校尉掌越骑。长水校尉掌长水宣曲胡骑。又有胡骑校尉，掌池阳胡骑，不常置。射声校尉掌待诏射声士。虎贲校尉掌轻车。凡八校尉，皆武帝初置，有丞、司马。②

除此之外，还有掌管京城城门守卫的城门校尉，主管京城及周边郡县治安的司隶校尉等。此后，在地方也开始设置校尉，如西域都护属下的副校尉、戊己校尉，等等。中央诸校尉级别很高，"自司隶至虎贲校尉，秩皆二千石"，地方上的校尉级别相对低一些，如副校尉"秩比二千石"，戊己校尉更是只有六百石③。级别不一，显示校尉名号的使用已有冗滥的迹象。西汉末，全国各级校尉人数高达12500之多④，亦证明了这一点。王莽当政后，大肆更张，改"县宰为校尉"⑤。城门校尉原本只有一个，王莽亦改为每座城门"门置六百人，各一校尉"⑥。

汉武帝为加强中央集权，设置了大批中朝官与以丞相为首的外

① （西汉）司马迁：《史记》卷八九《张耳陈馀列传》，第 2573 页。
② （东汉）班固：《汉书》卷一九上《百官公卿表上》，中华书局 1962 年标点本，第 737—738 页。
③ （东汉）班固：《汉书》卷一九上《百官公卿表上》，第 738 页。
④ （东汉）班固：《汉书》卷九九下《王莽传》，地皇元年二月壬申条，第 4158 页。
⑤ （东汉）班固：《汉书》卷九九下《王莽传》，地皇元年二月壬申条，第 4158 页。
⑥ （东汉）班固：《汉书》卷九九下《王莽传》，第 4190 页。

朝分庭抗礼，其中的大司马大将军逐渐成为全国军队事实上的最高统帅。中垒校尉等八校尉所部更是皇帝的心腹部队，地位尊崇无比。但其后校尉的滥设无疑对校尉们的地位是一大损害，王莽将县宰亦改称校尉，更是改变了他的军事属性。

东汉时，城门校尉恢复为一人，"掌雒阳城门十二所"[1]。八校尉则缩减为五校尉，均"掌宿卫兵"[2]，是巩卫皇室的核心力量。不过各军实际的统帅已经变成了校尉名义上的下属司马，校尉基本沦为闲职，以至于后人将其归入武散官序列。史载：

> 后汉以屯骑、越骑、步兵、长水、射声为五校，皆掌宿卫兵（按：大驾卤簿，五校尉在前，各有鼓吹一部，各有司马。蔡质《汉仪》曰：五营司马见校尉，执版不拜），并属北军中候。时五校官显职闲，而府寺宽敞，舆服光丽，伎巧必给，故多以皇族肺腑居之。[3]

汉灵帝时，为了削弱外戚、大将军何进的兵权，灵帝在五校尉之外又设置了西园八校尉，"其名曰上军、中军、下军、典军、助军、佐军及左、右校尉"[4]，诸校尉均由宦官、小黄门蹇硕统领。汉武帝时的八校尉在很大程度上是皇帝直属的半私有部队，外官无权调动。东汉时，归并后的五校尉依旧从属于内廷，西园八校尉的出现，更使这一私属性质走向极端化。虽然属性未变，但在当时宦官和士大夫群体势不两立的背景下，无疑有损于校尉们的声誉。

魏晋南北朝时期，校尉的名目繁多，但和东汉时差异不大，最大的变化是在西晋时出现了"协律校尉"一职。协律校尉主管音乐，

---

① （南朝宋）范晔：《后汉书》志二七《百官四》，中华书局1965年标点本，第3610页。

② （南朝宋）范晔：《后汉书》志二七《百官四》，第3612—3613页。

③ （唐）杜佑：《通典》卷三四《职官十六·武散官·诸校尉》，中华书局1988年标点本，第941页。

④ （唐）杜佑：《通典》卷三四《职官十六·武散官·诸校尉》，第941页。

西汉时称为协律都尉，汉武帝宠幸的李夫人的哥哥李延年曾任此职，东汉、三国时沿袭未变。都尉原本也是军职，汉武帝授予宠幸的乐官，说明他和八校尉一样，都是皇帝的私属。

协律校尉在北魏及隋唐时称协律郎，南朝则沿用协律校尉名号，如陈文帝天嘉五年（564 年）"改天嘉中所用齐乐，尽以'韶'为名。工就位定，协律校尉举麾，太乐令跪赞云：奏《懋韶》之乐"①。协律校尉的出现，一方面显示校尉一职已不再是武官的专属，另一方面显示校尉名号已经开始成为皇帝侍从人员的称谓。这既是西汉八校尉皇帝私属性质的间接延续，也是其地位逐渐低下的反映。

隋代整饬官制，校尉制度出现新的变化。中央层面保留了部分实职校尉，如门下省设城门局，局内设"校尉二人，直长四人"②。城门局和尚食、尚药、符玺、御府、殿内等五局并列，基本都是皇帝的侍从、服务官员。可见，虽然名称仍是城门校尉，但职事已与汉代大不相同。汉代城门校尉的职责大体转给了此时的左右监门府，只是管辖范围从都城城门缩减到"掌宫殿门禁及守卫事"。左右监门府的主官也不再是校尉而是将军。将军之下设有"郎将，二人。校尉、直长，各三十人"③，校尉已沦为属员。城门校尉的品级是从四品，左右监门校尉则是正六品④。隋炀帝时期城门校尉进一步降为正五品，后来干脆更名为城门郎，"置员四人，从六品"⑤。监门校尉虽然仍是正六品，但员额增加至 120 人⑥。

监门校尉在唐代依然存在，但员额进一步扩充，两府各有 320 名⑦。名额日渐增加，地位只会进一步下降。与此同时，唐太宗贞观十一年（637 年）还设置了"昭武、振威、致果、翊麾、宣节、御

① （唐）魏徵、令狐德棻：《隋书》卷一三《音乐上》，中华书局 1973 年标点本，第 309 页。
② （唐）魏徵、令狐德棻：《隋书》卷二八《百官志下》，第 774 页。
③ （唐）魏徵、令狐德棻：《隋书》卷二八《百官志下》，第 779 页。
④ （唐）魏徵、令狐德棻：《隋书》卷二八《百官志下》，第 785—786 页。
⑤ （唐）魏徵、令狐德棻：《隋书》卷二八《百官志下》，第 795 页。
⑥ （唐）魏徵、令狐德棻：《隋书》卷二八《百官志下》，第 801 页。
⑦ （后晋）刘昫：《旧唐书》卷四四《职官志三》，中华书局 1975 年标点本，第 1902 页。

武、仁勇、陪戎八校尉、副尉，自正六品至从九品（上阶为校尉，下为副尉）。为六品已下武散官"①，校尉从东汉初沦为闲职，至此正式成为散官的名号。

在地方，校尉依然存在于军事系统中。隋唐沿袭西魏旧制，实行府兵制度，每个兵府（初名骠骑府、鹰扬府，后统一为折冲府）下设若干校尉。如隋代中央鹰扬府"每府置越骑校尉二人，掌骑士，步兵校尉二人，领步兵，并正六品。外军鹰扬官并同"②。唐代与隋代大致相同，全国设 574 个军府，每个军府下设五名校尉，"诸府折冲都尉掌领五校之属，以备宿卫，以从师役，总其戎具、资粮、差点、教习之法令。凡卫士，三百人为一团，以校尉领之，以便习骑射者为越骑，余为步兵"③。因兵额不同，"每府管五校尉之处，亦有管四校尉、三校尉者"④。可见，同中央部门的校尉一样，地方军府中的校尉也已沦为中下级军官。从总体上看，隋唐时代的校尉在向两个方向发展，一方面实职校尉层级日渐降低，另一方面开始走向散官化。

宋初，历经晚唐五代荒乱，官制非常混乱。"唐文散阶二十九，自开府、特进之下，为大夫者十一，为郎者十六。武散阶四十五，为将军者十二，为校尉者十六……本朝因之。"⑤ 但宋太祖建隆四年（963 年）举行郊祀大礼时，仪仗中原本由校尉和主帅履行的职责，却"以军使、副兵马使、都头、副都头、十将摄事"⑥。可见，至少在当时，作为武职散官的校尉制度尚未系统执行。神宗元丰年间，宋廷开始全面整理官制，"废文散阶而易旧省、部、寺、监名称为

---

① （后晋）刘昫：《旧唐书》卷四二《职官志一》，第 1785 页。
② （唐）魏徵、令狐德棻：《隋书》卷二八《百官志下》，第 800 页。
③ （后晋）刘昫：《旧唐书》卷四四《职官志三》，第 1906 页。
④ （唐）长孙无忌：《唐律疏义》卷一六，景印文渊阁四库全书本，第 207 页。
⑤ （宋）洪迈：《容斋随笔·续笔》卷一一《武官名不正》，中华书局 2005 年标点本，第 353 页。
⑥ （元）脱脱等：《宋史》卷一四五《仪卫三·国初卤簿》，中华书局 1977 年标点本，第 3400 页。

郎、大夫，曰寄禄官"。徽宗政和年间，又清理武官官制，"欲以将军、校尉易横行以下诸使至三班借职，而西班用事者嫌其涂辙太殊，亦请改为郎、大夫。于是以卒伍厮圉玷污此名"①。武职官员拒绝接受校尉散官，即和宋代文官地位崇高有关，也说明校尉的地位在进一步沦落。

事实也是如此。如北宋末宁州彭原人李彦仙，"尝为种师中部曲，入云中，获首级，补校尉"。后因上书批评李纲，遭追捕，乃逃亡，更名后"以效用从河东军，谍金人还，复补校尉"②。可见，校尉已经是军士进入军官队伍的低级阶梯。

金人南下攻宋时，知邓州张叔夜为组织义军勤王，曾奏请"乞给降……校尉、副尉帖各三百道，许依本价召人情愿承买"③。校尉已经成为交易（捐纳）的对象，亦证明其在宋代武职官体系中确属无足轻重。

南宋时，校尉干脆进入冗员行列。宋理宗绍定元年（1228年），臣僚上言："铨曹之患，员多阙少，注拟甚难……即今吏部参注之籍，文臣选人，武臣小使臣、校尉以下，不下二万七千余员，大率三四人共注一阙，宜其胶滞壅积而不可行。"④

金人入主中原后，在宋人正官制的基础上，将校尉踢出军官系列，全面散官化。

> 武散官，凡仕至从二品以上至从一品者，皆用文资。自正三品以下，阶与文资同……从六品上曰武义将军，下曰武略将军。正七品上曰承信校尉，下曰昭信校尉。从七品上曰忠武校尉，下曰忠显校尉。正八品上曰忠勇校尉，下曰忠翊校尉。从

①　（宋）洪迈：《容斋随笔·续笔》卷一一《武官名不正》，第353页。
②　（元）脱脱等：《宋史》卷四四八《李彦仙传》，第13210页。
③　（宋）徐梦莘：《三朝北盟会编》卷八八《靖康中帙六十三》，上海古籍出版社1987年影印本，第656页。
④　（元）脱脱等：《宋史》卷一五八《选举四·铨法上》，第3716页。

八品上曰修武校尉，下曰敦武校尉。正九品上曰保义校尉，下曰进义校尉。从九品上曰保义副尉，下曰进义副尉。此二阶，大定十四年创增。①

金章宗泰和三年（1203 年），金朝政府在更定武举制度时规定："上甲第一名迁忠勇校尉，第二、第三名迁忠翊校尉。中等迁修武校尉，收充亲军，不拘有无荫，视旧格减一百月出职。下等迁敦武校尉，亦收充亲军，减五十月出职。"② 修武校尉和敦武校尉是从八品，却只能充当亲兵。虽然亲兵在北方民族政权中占有特殊地位，非一般士兵可比，但终归属于侍从人员。可以说，从东汉时开始的校尉散官化、侍从化以及不断降级的趋势终于在金代走向合流，大体成为拥有一定特权的侍从军士的散阶。

元朝的校尉制度和金朝颇为类似，武官的散阶共有 34 阶，其中"承信校尉、昭信校尉，以上正六品；忠武校尉、忠显校尉，以上从六品；忠勇校尉、忠翊校尉，以上正七品；修武校尉、敦武校尉，以上从七品；保义校尉、进义校尉，以上正八品；保义副尉、进义副尉，以上从八品"③。相比之下，都比金代提高了一品。

不过，元代的制度体系糅合了游牧民族的传统和中原典制，显得颇为庞杂。就校尉制度而言，虽然明确归入武散阶的范围，但在具体实践过程中，经常会被授予文官。例如，大德年间，阙州路总管杨国材之子通过恩荫"授敦武校尉，赣州路同知宁都州事"④。又如至正十九年死于元末红巾军大起义之中的临清御河运粮万户府经历邓德明虽是文职，他的散阶却是敦武校尉。他的孙子邓汉杰系"忠翊校尉、同知婺源州事"；邓汉英，"进义副尉，龙兴路进贤县

①　（元）脱脱等：《金史》卷五五《百官志一》，中华书局 1975 年标点本，第 1221—1222 页。

②　（元）脱脱等：《金史》卷五二《选举二》，第 1165—1166 页。

③　（明）宋濂等：《元史》卷九一《百官志七》，中华书局 1976 年标点本，第 2322 页。

④　（元）陈旅：《杨国材墓志铭》，见氏著《安雅堂集》卷十一，景印文渊阁四库全书本，第 141 页。

主簿";邓显,"进义校尉,南康路建昌州判官";邓汉忠,"忠显校尉,同知萍乡州事"①。元代武官实行世袭制度,武官之子孙虽然可以暂时任文职,但必要时仍可继承其祖职。上例中的杨国材生前系武职,邓德明本人虽然是文职,但却是义兵出身,曾募集士兵参与镇压起义军,他的儿子邓孔哲亦由"敦武校尉、义兵百户"逐步晋升到"佥江西征行都元帅"②。两人的部分子孙以文官授武阶,应与武官世袭制度有一定关系。

　　另外,元人的散阶时常与其本职的职级不符。如至元十八年(1281年)应募参与东征日本的杜仁杰授职管军千户。至元二十六年改任海运百户,"授进义副尉……带银符……大德六年,诏全运者赏。公以功升进义校尉"。其兄初"授忠显校尉,海运千户,带金符"③。南剑路总管府判官忠都之子苏岱尔军职为管军上百户,散阶则是进义校尉④。

　　元代的千户所依据管军数量,有上中下之分,相应的千户对应职级为"从四品,金牌"、"正五品,金牌"、"从五品,金牌"⑤。杜仁杰的兄长是带金牌千户,至少是从五品,散阶却是从六品的忠显校尉。元代的百户带银牌,分从六品上百户和从七品下百户两种。杜仁杰的初始散阶却只是从八品进义副尉,多年后晋级,也不过是正八品进义校尉。苏岱尔是上百户,肯定是从六品,散阶却是正八品进义校尉。不过上文中提到的邓孔哲身为义兵百户,配的却是从七品敦武校尉。其父邓德明也是敦武校尉,和其实职、正七品的经历大体也是一致的。

　　①　(元)贡师泰:《临清御河运粮万户府经历邓君墓志铭》,见氏著《玩斋集》卷一〇,景印文渊阁四库全书本,第706—707页。
　　②　(元)贡师泰:《临清御河运粮万户府经历邓君墓志铭》,见氏著《玩斋集》卷一〇,景印文渊阁四库全书本,第706—707页。
　　③　(元)程端学:《元故从仕郎杭州路税课提举杜君墓志铭》,见氏著《积斋集》卷五,景印文渊阁四库全书本,第363页。
　　④　(元)程钜夫:《南剑路总管府判官忠都君墓志铭》,见氏著《雪楼集》卷一六,景印文渊阁四库全书本,第214页。
　　⑤　(明)宋濂等:《元史》卷九一《百官志七》,第2311页。

　　杜仁杰、苏岱尔等都是元初人士。彼时战争不断，武官立功升职的机会颇多，军官队伍日趋庞大。散阶高职低配似有意为之，以便为日后确定相对级别低一些的世袭职位留下空间。邓德明父子身处元末乱世，元廷需要他们出死力镇压红巾军大起义，直接授同等级散阶，不排除有鼓励和表彰的目的。

　　金代的部分校尉可充亲兵，元代则直接以校尉为皇室侍从，且有独立的管理机构，"校尉自归拱卫司，军人自属枢密院"①。不仅皇室有校尉，诸王乃至贵戚也可以拥有校尉，如元贞元年（1295年），为充实卫候司控鹤军，"皇太后复以晋王校尉一百人隶焉"②。又如回鹘人伭理伽普华，在成吉思汗时期主动投附，获赐"衣金直孙校尉四人，仍食二十三郡"③。

　　直孙，又写作之孙、只孙、只逊等，是蒙元时期举行大宴时贵族们穿着的礼服。校尉们可着只孙服，是其享有特殊地位的体现。元代实行四等人制度，皇室和宗王贵戚地位崇高，作为其下人的校尉难免仗势欺人。如至大三年（1310年）十月尚书省奏报："阔阔出的四十个校尉，穿着校尉只孙，搔扰百姓。"④ 由于校尉的制服过于招摇，元廷不得不于大德二年（1298年）明确规定：

　　　　诸王的祗候每，外头似校尉每系着带，搔扰百姓行有。怎生整治的，教俺商量了说者……这里御位下行的校尉每出去呵，系带出去有。校尉每系带出去呵，外头难分拣也者。差出去呵，不教系带，教管校尉的官人每着记验，教将着行者今后外头但

---

　　① （明）陈邦瞻：《元史纪事本末》卷一一《律令之定》，中华书局 1979 年标点本，第 86 页。

　　② （明）宋濂等：《元史》卷九九《兵志二·宿卫》，第 2527 页。

　　③ （明）宋濂等：《元史》卷一二四《岳璘帖穆尔传》，第 3050 页。

　　④ （元）佚名编，陈高华等点校：《元典章·工部卷三、典章六十·校尉扰民》，第 2011—2012 页。

系着带行的，拿着发将来。①

　　尽管出台了禁令，但从至大三年仍有校尉穿着只孙服出外骚扰百姓来看，大德二年的禁令并没有发挥应有效果。为此，元廷不得不加大处罚力度，"那般者。交拿将来，口子里当军者。你遍行文书，若似这般，诸位投下投入去的，交军站里入去者"②。即便如此，仍难以禁断校尉扰民。由于校尉享有特权，甚至出现了主动投充的现象。如至大三年三月，"江西行省准尚书省咨……在先，有姓的汉儿、蛮子每，弓箭军器休交拿者。么道，世祖皇帝行了圣旨有来，近年以来，爷的替头里孩儿、哥哥替头里兄弟，投充校尉，仓里关请来么道，因着那般，执把弓箭的多有"③。可见，投充校尉不仅存在，而且已经蔓延到汉族民众中间。

　　总的来说，在明朝立国之前，校尉制度已经基本完成从至尊大将到皇室侍从的"堕落"过程，作为散阶的各级校尉只是汉唐制度的残留，在国家典制体系中无足轻重。

　　朱元璋建立明朝，虽然北伐期间打出"驱逐胡虏，恢复中华"④的旗号，以恢复中华传统典章制度自诩，但制度的发展自有其内在规律，非外在人力所能左右，因而对元朝制度有相当程度上的承袭，在校尉制度上更是如此。

　　元代官制体系中的校尉只存在于武散阶中，明代武散阶分 30级，其中"正六品，初授昭信校尉，升授承信校尉。从六品，初授忠显校尉，升授忠武校尉"⑤。和前代相比，废除了七品及以下的修武、敦武等校尉散阶。

---

　　① （元）佚名编，陈高华等点校：《元典章·礼部卷二、典章二十九·校尉带》，中华书局、天津古籍出版社 2011 年版，第 1037—1038 页。
　　② （元）佚名编，陈高华等点校：《元典章·工部卷三、典章六十·校尉扰民》，第 2011—2012 页。
　　③ （元）佚名编，陈高华等点校：《元典章·兵部卷二、典章三五·禁断军器》，第 1225 页。
　　④ 《明太祖实录》卷二六，吴元年十月丙寅条，第 402 页。
　　⑤ （清）张廷玉等：《明史》卷七二《职官一》，第 1751 页。

不过《明史》的记载略显粗疏。实际上，明朝立国之初，敦武校尉等散阶依然在行用。如广东南海县人关敏因组织百姓抵抗冯简等作乱战死，"上以敏存日未授官而能仗义讨贼，殁于王事，特赠敦武校尉，兵马指挥司副指挥"①。明廷全面确立本朝的品阶勋禄制度是在洪武二十五年十一月。当月，朱元璋命臣僚拟定相关制度，昭示天下，其中正六品，"武勋云骑尉阶，初授昭信校尉，升授承信校尉。禄月米一十石"；从六品，"武骑尉阶，初授忠显校尉，升授忠武校尉，禄月米八石"②。

明初百废待兴，为避免引起过多混乱，不可避免地要沿用一段时间人们已经很熟悉的元朝制度，从上述记载来看，包括修武、敦武、保义、进义等校尉散阶在内的元朝武散阶制度至少在洪武二十五年之前仍在使用。不过，从明朝只保留了四个散阶来看，校尉散阶在武职系统中的地位已经是聊胜于无而已。真正对明朝制度乃至明代社会发生重要影响的是存留于锦衣卫制度内的校尉。

二　明代校尉的基本管理制度

元朝皇室及宗王、贵戚拥有数量不等的校尉，这一制度也影响到明朝。早在割据江南时期，朱元璋就组建了自己的校尉队伍。史载，甲辰年（1364 年）十二月，"置拱卫司，以统领校尉。属大都督府，秩正七品"③。元代的拱卫司初设于至元三年（1266 年）六月④，后有多次变化，大体于元贞元年（1295 年）最终确定为正三品衙门⑤，以都指挥使为长官。朱元璋治下的拱卫司只有七品，估计和当时实力有限，校尉数量不多有关。不过朱明政权的拱卫司也曾经历诸多变化。"初设拱卫司，正七品……后改为拱卫指挥使司，秩

①　《明太祖实录》卷三二，洪武元年七月丁酉条，第 575—576 页。
②　《明太祖实录》卷二二二，洪武二十五年十一月条，第 3253 页。
③　《明太祖实录》卷一五，甲辰年十二月乙卯条，第 211 页。
④　（明）宋濂等：《元史》卷六《世祖本纪三》"至元三年六月戊寅条"，第 111 页。
⑤　（明）宋濂等：《元史》卷一八《成宗本纪一》"元贞元年二月丁亥条"，第 391 页。

正三品。寻以拱卫司似前代卫尉寺，又改为都尉司"，洪武三年六月，"乃定为亲军都尉府，管左、右、中、前、后五卫军士。设仪鸾司隶焉"①。从规模、名称等的变化可以看出，明初的拱卫司已经演变为一个庞大的禁卫机构。

元代拱卫司在侍卫皇室贵戚的同时，兼有仪仗队的功能②，明代也继承了这一职能，如即位礼中，"殿门左右设圆盖一，金交椅……皆校尉擎执"，"是日清晨，拱卫司陈设卤簿，列甲士于午门外之东西，列旗仗于奉天门外之东西……皇帝衮冕，升御座。大乐鼓吹振作。乐止，将军卷帘，尚宝卿以宝置于案。拱卫司鸣鞭，引班引文武百官入丹墀拜"③。

不仅职能承袭前朝，在细节上也有诸多的沿袭。如洪武二年制定"侍仪舍人及校尉、刻期冠服"时，"侍仪舍人导礼依元制，用展脚幞头，窄袖紫衫……校尉执仗，亦依元制。首服用金额交脚幞头，诸色辟邪……刻期，冠方顶巾，衣胸背鹰鹞……行滕八带鞋"④。

----

① 《明太祖实录》卷五三，洪武三年六月乙酉条，第1055页。

② （明）宋濂等：《元史》卷三五《文宗本纪四》"至顺二年四月戊辰条"载："增置拱卫司仪仗。"见第784页。

③ 《明太祖实录》卷二八上，吴元年十二月辛酉条，第433—434页。

④ 《明太祖实录》卷三九，洪武二年二月丁丑条，第789—790页。这里提到的"刻期"是一个特定的职务。史载，洪武元年六月，"置刻期百户所。初，选卒伍中能疾行者二百人，谓之刻期，以通捷报。至是，立百户所，以张德成为百户，领属之"（《明太祖实录》卷三二，洪武元年六月丙寅条，第568页）。朱元璋对军事极为关注，需要及时了解战事进展状态。从上述记载可以发现，负责传送战报的刻期军在立国之前已经存在。从明廷专门为其配备特定服装来看，刻期军的地位很高，大体和校尉并列。刻期军在明朝立国后仍不时出现在战争中。如洪武十二年，"赐太原中护卫军士、校尉、刻期七千六百余人白金八千二百余两、钞二万四千余贯、钱二千四十一万六千余贯"（《明太祖实录》卷一二六，洪武十二年八月庚辰条，第2011页）。

不过刻期并非朱元璋首创，宋朝的皇城司下曾设置有快行官，主要用于快速传达讯息和奔走使令。故此《明史》作者称"宋置快行亲从官，明初谓之刻期"（《明史》卷六七《舆服三》，第1648页）。此说不能说错，不过笔者认为明朝刻期的直接渊源不是宋朝快行，而是元代怯薛中的贵由赤。"贵由赤者，快行是也。每岁一试之，名曰放走。以脚力便捷者膺上赏"（陶宗仪：《南村辍耕录》卷一《贵由赤》，见《陶宗仪集》，第200—201页）。怯薛是蒙元君主的直辖部队，其职能多为锦衣卫承袭，贵由赤的存在，对明廷不会没有任何影响。

刻期独立存在的时间并不长。据《逆臣录》记载，锦衣卫指挥佥事陶幹供称，在去蓝玉家拜望之前，曾"先使快行总旗魏再兴、力士总旗李伯能去看蓝玉在家时来回话"（朱元璋敕录，王天有、张何清点校：《逆臣录》卷三，第155页）。可见，至迟到洪武二十六年蓝玉案爆发前，"刻期"的称号已经恢复为宋代的"快行"，并且已经并入锦衣卫，但仍有独立的编制。只是由于史料缺乏，无法判断它是独立存在，还是列入某个千户所之下。

虽然导源于前朝，但在具体实践过程中，明代的校尉制度有着诸多本朝特色。

（一）校尉的来源

（1）禁卫亲军中的校尉

与前朝一样，明代的校尉不仅服务于皇帝，皇室诸王也拥有数量不等的校尉。在中央层面，校尉只存在于锦衣卫及其前身拱卫司、亲军都尉府等机构之中。

与世袭军户不同，明代的校尉虽然列入军籍，但"例不勾丁"①，即不承担世袭义务。据《明太祖实录》记载，洪武十二年四月，明廷派遣仪鸾司典仗陈忠前往浙江等地召募校尉。

> 校尉、力士之设，佥民间丁壮无疾病过犯者为之。力士隶旗手千户所，专领金鼓旗帜，随驾出入及守卫四门。校尉隶拱卫司，专职擎执卤簿、仪仗及驾前宣召官员、差遣干办，三日一更直。立总小旗以领其众，由总旗而升为百户及各王府典仗，择年深者为之。其余有阙，则依例佥充。至是，隶仪鸾司。以数少，持诏募民为之。②

按此记载，校尉在洪武十二年之前应隶属于拱卫司及其后设置的亲军都尉府，此后专属于仪鸾司。

在不世袭的情况下，从民间选拔的校尉如果出现缺额，该怎么补充呢？洪武二十六年，明廷对此做出了具体规定：

> （校尉、力士）于民间丁多相应人户内，佥点有力精壮，无过犯体气之人应当。皆拨锦衣、旗手等卫著役。如有事故，即照原籍，另户佥补。如解到部，照依所补姓名，送发该卫。果

---

① 《明宪宗实录》卷一三五，成化十年十一月甲子条，第2533页。
② 《明太祖实录》卷一二四，洪武十二年四月戊午条，第1990—1991页。

系在逃正身，就送该卫发落。若正身不获，解到户丁，照地方发遣充军，仍挨勾正身。后为定例。初，力士隶旗手卫，后亦隶锦衣及腾骧四卫。惟校尉隶锦衣卫如故。①

此令中有两点需要注意。一是校尉（包括力士）虽然不世袭，但也不能逃亡，否则要追捕回卫，若未能抓回，则户下另出一丁，直接充军到其他卫所。如果正身始终未获，本户有可能成为永久军户，逃亡的代价非常高。二是校尉如因正常原因退出现役，原籍政府需要从其他民户中选拔一名符合标准的替代者补上缺额。

从民户中选拔可以大体保证校尉的质量，但什么条件下可以退役，从笔者掌握的现有史料中尚无法判断洪武年间是否出台过具体的条例。目前见到的最早规定出现在永乐五年。当年，兵部奏准：

> 力士、校尉，系民间佥充者，例不勾丁，如有老疾，听于岁终具告兵部，行该卫勘明，具奏释放。②

在确立退伍标准的同年，明廷对非正常退伍校尉的替补也做出了新的规定。

> 永乐五年奏准，佥充力士、校尉，若逃回、病故，或老疾不堪者，仍勾其户丁，补当一辈。若系原祖充当而在逃者，发册清勾到部，送问，发卫著役。原逃事故，解到户丁补役者，发卫查收。凡四丁抽佥者，病故俱勾补。③

乍看起来，这一规定似乎和上一条关于退伍的规定有冲突。前者强调老疾校尉可以在勘明后退役回家，后者却要求"老疾不堪者"

① 万历《大明会典》卷一四四《兵部二七·力士校尉》，第 2013 页。
② 万历《大明会典》卷一四四《兵部二七·力士校尉》，第 2013 页。
③ 万历《大明会典》卷一四四《兵部二七·力士校尉》，第 2013—2014 页。

勾丁补当一辈。笔者认为，同一年出台的制度不太可能自相矛盾，估计是以一定的服役年限为标准，超过可释放回家，否则需勾丁再当一辈。天顺元年，明英宗曾下诏："锦衣、旗手、武骧等四卫力士、校尉，有年六十以上及残疾不堪差操，已告在部，不问有无保结，悉放宁家。"① 不过，这一诏令系英宗通过政变复辟后的特恩，此前是否以年满 60 岁为标准，因史料匮乏，尚无从知晓。

另外，和洪武二十六年的规定相比较可以发现，永乐五年的新规明显严苛了许多。第一，如果当年选拔时户下有四丁，则必须勾补。第二，原规定只是要求校尉事故后由原籍地方政府另户佥补，现在则要求必须由本户勾丁补役。不过新规也有放宽的一面，突出表现在逃亡校尉的户下补役人丁不用再充发他卫当军，而是可以直接在锦衣卫替补军役。总的来看，校尉正常发遣回家，解脱军役的机会在变少，有向世袭军户靠拢的趋势。

除了从民间佥选，校尉还有其他来源。洪武六年，明廷下令："凡人材不识字者，改充力士、校尉……将军子，试量身力不及者，俱收充校尉。"② 通过此途径成为校尉的例子有很多。比如永平府永年县人高朗，"国初，以人才选充仪卫司校尉，随侍成祖于藩邸"③。

立国之初，朱元璋对散落民间的人才非常重视，强调"自古帝王肇造之初，所用人材率资于前代"④，因而每占有一地，都要命令地方官员搜寻人才。如收复山东后，即"命所在州郡访取贤材及尝仕宦居闲者，举赴京师。有司询求严迫，凡尝仕元者，多疑惧不安。由是所在惊扰"，迫使明廷不得不出榜安抚，强调"有司不许驱迫，听其自便"⑤。

朱元璋对于拒绝与新政权合作的元代遗民颇多不满，因此虽然

---

① 万历《大明会典》卷一四四《兵部二七·力士校尉》，第 2013 页。
② 万历《大明会典》卷一四四《兵部二七·力士校尉》，第 2013 页。
③ 张文宪：《明诰封太中大夫两淮都转运盐使司运使推庵高公墓志铭》，见《新中国出土墓志·北京·壹》（下册）第 240 页。
④ 《明太祖实录》卷三四，洪武元年八月戊寅条，第 612 页。
⑤ 《明太祖实录》卷三一，洪武元年三月戊子条，第 539 页。

名义上强调自愿，实则在征辟人才过程中充满了强迫因素。如迁安人刘麟，祖上原为元朝万户，"洪武间，有司荐茂材，以亲老辞，不获，至京师，辞弗就任，忤旨，编籍锦衣卫校尉行役"。其子刘英因此幼年失怙，"甫七龄，无他昆弟，以例纪录于官，弱岁，乃就役事"①。

将不合格人才编为校尉的政策到建文三年才废止。当年八月，"诏人才不识字及未三十者，岁准放。洪武中，人才不识字即充校尉，年未三十者，仍免充人才，不放。诸人屡以为言，从之"②。据此推断，洪武朝的校尉群体中应有一大批是所谓的不识字人才以及类似刘麟那样的不合作征辟者。

此外还有其他来源。如上元县人刘勇胜，"壬辰年充勇士，阵亡"，弟弟刘大全补役，又伤退，再由刘通代役，未从军，直接"充校尉"③。又如江宁县人戴兴，"洪武元年选充校尉，老"，其子"戴旺代役，十三年充军"④。可见，洪武初年的校尉很多是从军户中直接调补过来的。而从戴兴选充校尉，退役后也需要户下丁壮替补来看，校尉不世袭的政策至少是未严格执行。

明初丧乱，加之军士地位较高，从军不惟是摆脱困苦生活的一个出路。校尉主要从民户中选拔，自然不能拒绝民户主动投充，参与佥选。这在个案中有明确反映。如山东胶州人闫圭，"洪武二十八年投充锦衣卫戈戟司小甲"⑤。

洪武十五年锦衣卫初创时，"其属有御椅、扇手、擎盖、旛幢、斧钺、銮舆、驯马七司"⑥。洪武三十年，朱元璋下令"置锦衣卫前

---

① （明）李东阳：《明故封征仕郎中书舍人刘公墓志铭》，见氏著《怀麓堂集》卷四六，景印文渊阁四库全书本，第499—500页。

② （明）姜清：《姜氏秘史》卷四，建文三年八月丁卯条，《中华野史》丛书"明朝卷一"，泰山出版社2000年版，第85页。

③ 《沅州卫选簿》，《中国明朝档案总汇》第63册，第330页。

④ 《平越卫选簿》，《中国明朝档案总汇》第60册，第47页。

⑤ 《锦衣卫选簿》，第289页。"小甲"是明代卫所中最低一级的军官称谓，小甲并枪合格后可任小旗。

⑥ 《明太祖实录》卷一四四，洪武十五年四月乙未条，第2266页。

千户所十司。曰銮舆、曰擎盖、曰扇手、曰旌节、曰幡幢、曰班剑、曰斧钺、曰戈戟、曰弓矢、曰驯马"①。与此前相比，裁撤了御椅司，增设了旌节、班剑、戈戟、弓矢四司。明初，锦衣卫左、右、中、前、后五千户所下都设有十司，"统领校尉，掌卤簿仪仗及值驾、拿人、直宿等事"②。洪武三十年的这条史料只是说为前所配备十司，并不意味着十司在本年才完整出现，闫圭的例子亦证明在此前数年锦衣卫的七司已经演化为十司。

校尉在皇室左右服役，会享有减免赋役等优待和一定的隐性福利，承平时期，不免成为部分民户规避赋役的手段。天顺元年，顺天知府王福上言：

> 本府所属二十七州县除为事为民屯所外，土民止有五百六十里……所属民思欲避重就轻，往往三五相率，数十成群，告投力士、校尉军役。一县或一二百名，或七八十名。切惟民者，国之本。有民而后有赋役。今投充军役者日多，则应当民差者日少。况投军一名，又要户下一二丁贴备，俱系不当民差之数。臣访得所投之人，多系正贴军户、匠、灶、驿站夫役占者，兵部不行体勘，就准收伍，甚至改换乡贯、名籍。此等初无竭力效劳之诚，不过脱免差徭，叨窃粮赏而已。既投之后，却又逃躲。乞敕兵部查勘，自天顺元年正月以后，但系本府所属民投充力士、校尉军役者，照依上林苑监奏准事例，不分已、未收伍，俱发原籍为民，当差纳粮，实为便宜。③

王福的建议获得英宗首肯。次年，明廷将王福的建议推而广之，规定"（凡）民人投充力士、校尉者，行原籍官司，查无违碍，方

---

① 《明太祖实录》卷二五〇，洪武三十年三月壬子条，第3627页。
② 正德《大明会典》卷一八〇《上二十二卫·锦衣卫》，景印文渊阁四库全书本，第759页。
③ 《明英宗实录》卷二七八，天顺元年五月甲戌条，第5948—5950页。

准收役"①。

王福的上言显示投充校尉已经成为彼时的一种不良风气，不过成规模的投充在此前几十年已经出现，最为集中的时段是在靖难之役期间。

朱棣起兵不久即遭到政府军围剿，双方兵力差距悬殊。为补充兵员，朱棣在控制区内曾大规模招兵，部分主动应募者被编入仪卫司充当校尉。例如：香河县人吴让，"洪武三十二年充校尉"②；大兴县人李斌，"洪武三十二年充仪卫司校尉"③；等等。校尉军职甚至一度成为犒赏的奖品。例如：新城县人杨清，"洪武三十四年自愿报效，将领本县民人五十六名，钦升校尉总旗"④；同县的赵素，"洪武三十四年招集本县民人尹原等三十七名。本年十月升校尉总旗"⑤。

朱棣即位后，原仪卫司校尉自动并入锦衣卫，部分成员更成为卫内不同层级的军官。这对潜在的投充者而言，在一定程度上是激励，对于以金充为主的校尉制度也是一种破坏。

总的来说，明初校尉的来源主要包括民间金充、卫所间选调、人材改充和主动投充几种途径。从民间金充而来的校尉无疑在数量上占据主体地位。

（2）王府中的校尉

与元代宗王贵戚的校尉队伍主要由自己组建不同，明初王府中的校尉均由皇帝统一配给。锦衣卫成立后，则从卫中调拨。

明初亲王拥有多少法定的校尉，史籍中缺乏明确记载。万历初，兵部侍郎项笃寿在奏疏中称亲王之国时，"例拨校尉六百名"⑥。但

---

① 万历《大明会典》卷一四四《兵部二七·力士校尉》，第 2013 页。

② 《金吾右卫选簿》，《中国明朝档案总汇》第 50 册，第 466 页。

③ 《骁骑右卫选簿》，《中国明朝档案总汇》第 54 册，第 211 页。

④ 《富峪卫选簿》，《中国明朝档案总汇》第 66 册，第 66 页。

⑤ 《富峪卫选簿》，第 88 页。

⑥ （明）项笃寿：《题为比例折解班银以苏民困事》，见氏著《小司马奏草》卷一，续修四库全书影印本，第 522 页。

《明会典》明确记载，"弘治六年令，亲王出府，行锦衣卫拨随侍校尉六百名"①。可见，600 名的标准是明中叶才确定下来的，此前未必是按这个标准执行。

王府校尉统一由仪卫司管辖。朱明王朝的第一批亲王出现在洪武三年四月七日。当日，朱元璋的 9 个儿子和 1 个侄子受封为王。按照《明史》的记载，"洪武三年，置仪卫司，司设正、副各一人，秩比正、副千户；司仗六人，秩比百户。四年，改司仗为典仗"②。如果根据仪卫正的品级推算，亲王校尉的数量应在千人左右。不过据《实录》记载，洪武四年四月，明廷申定王府官制，其中"仪卫正，正六品。副，从七品"③，仪卫司的级别仅相当于卫所中的百户。直到洪武二十三年九月，才"复以王府仪卫司仪卫正为正五品；仪卫副，从五品；典仗，正六品"④。

亲王受封后，需要及时为其配备王府官员，洪武三年设置仪卫司应是可信的。不过即便按 600 名计算，也需要 6000 名校尉，亲军都尉府中未必有足够的校尉可供调配，缺额部分需要从民间佥补，个案史料可兹证明。例如：宛平县人刘宽，"（洪武）四年取充校尉"⑤；新乐县人李显，"洪武四年佥充校尉，拨北京前仪卫司"⑥；献县人马良，"洪武四年取充仪卫司校尉"⑦；等等。其中后两人明确记载被分配到了王府仪卫司。可见，封王之后明廷确实进行过一定规模的校尉佥充。

洪武十一年，秦王朱樉、晋王朱棡先后就藩。两年后，燕王朱棣就藩北平。洪武朝的藩王之国，承袭了元朝的藩王出镇制度，本身兼有镇守边塞的任务，及时配齐王府官员，校尉、护卫等直属部

---

① 万历《大明会典》卷一四四《兵部二七·力士校尉》，第 2015 页。
② （清）张廷玉等：《明史》卷七六《职官五》，第 1865 页。
③ 《明太祖实录》卷六四，洪武四年四月己丑条，第 1213 页。
④ 《明太祖实录》卷二〇四，洪武二十三年九月丁酉条，第 3053 页。
⑤ 《镇番卫选簿》，《中国明朝档案总汇》第 57 册，第 172 页。
⑥ 《献陵卫选簿》，《中国明朝档案总汇》第 53 册，第 413 页。
⑦ 《献陵卫选簿》，第 319 页。

队是其履行职责的必要条件。洪武十二年，仪鸾司典仗陈忠前往浙江等处一次性佥募1347名校尉时的原因仍是"以数少，持诏募民为之"①。陈忠的身份是典仗，估计出发之前已经被调到某亲王仪卫司。他佥募的校尉应有相当一部分要配给王府。这次大规模的佥充，亦间接证明王府校尉尚未足额配给。综合判断，洪武四年时将仪卫司定为六品职司，估计和校尉数量严重不足有关，为名实相符，只好暂时将仪卫司降级。从《实录》中记载为"复以……"来看，仪卫司在最初的制度设计中就是和千户所同级的，《明史》的记载没有大的问题。

从现役校尉中调拨给王府的例证也不少。例如：直隶吴县人朱颙，"（洪武）十八年充南京锦衣卫校尉，随侍蜀府，充仪卫司典仗所小旗"②；四川安岳县人陈赵保，洪武十八年佥充校尉，"二十一年拨蜀王仪卫司典仗所充小旗"③；浙江龙泉人李真，"洪武二十五年选应锦衣卫校尉，为带刀旗手，随驾执肃者十余年。永乐六年，沈简王出封潞州，选充沈阳中护卫右千户所总旗"④；浙江仁和县人倪旻，其父倪璋"成化六年充锦衣卫左所銮舆司校尉，七年故。兄倪昱补役，弘治二年选充校尉小旗，改拨兴府仪卫司三典仗所管伍"⑤；江西萍乡人周允政，"以锦衣校分役韩之襄陵，始家平凉"⑥；等等。

因为亲王的校尉众多，不可避免地要从锦衣卫或京卫中调拨部分军官随行。如武定侯郭英的后人郭玹，"永乐九年，以世勋子，授

---

①　《明太祖实录》卷一二四，洪武十二年四月戊午条，第1990—1991页。

②　《成都左护卫选簿》，第233页。

③　《成都左护卫选簿》，第275页。

④　（明）王廷相：《故沈阳中护卫右所百户李公墓志铭》，《王氏家藏集》卷三一，四库存目丛书影印本，第209页。

⑤　《锦衣卫选簿》，第369页。"三"字怀疑是衍文。

⑥　（明）赵时春：《李安人墓志》，见《浚谷文集》卷八，杜志强整理《赵时春文集校笺》，第369页。

锦衣卫指挥佥事，转汉府护卫指挥。仁宗皇帝嗣位，召还"①。

因为随行人员众多，每个亲王就藩都意味着数以千计的家庭要离开京师或原籍，从而实现一次中小规模的人口迁移。像上文中提到的倪旻、周允政等家族都因此远离故土，在几千里之外落籍生根。

明初，随着就藩地战略地位的变化以及其他一些因素，不时有亲王改变藩地，包括校尉部队在内的藩邸人员也因此不得不再次迁移。例如：洪武二十三年正月，"敕河南右护卫及仪卫司曰：周王迁镇云南，应有官军、校尉、仪仗，俱遣赴云南参侍。命河南布政使司与道里费，由陕西连云栈陆路以往"②；洪武二十八年四月，迁"岷府西河中护卫并仪卫司官军、校尉往云南镇守，赐钞四万锭"③；等等。

因为校尉系从锦衣卫中调拨，在藩王绝嗣或者因故被废黜时，原有校尉会被召回，回归锦衣卫。与不断远徙的"战友"相比，这些校尉无疑是幸运儿。如宣德四年二月，郐靖王无嗣，国除，"仪卫司典仗、校尉调行在锦衣卫"④。上文中提到的郭玹也是因为这项政策得以回归京城。

不过校尉回京后如何安置，对明廷是个考验，因此，宣德四年，宣宗明确诏令兵部："曩分拨锦衣卫多余校尉于各王府，今后有告愿还原卫报效者，勿听。"⑤ 换句话说，校尉回京仅限于藩王除国。

即便藩国废除，校尉能否回京安置也需要甄别。如嘉靖四十三年三月，"命锦衣卫千户赵梦佑等十九人候子孙袭职时各还原卫。梦佑等其先自济州等卫所选充泾王等府护卫，其后诸王各以无嗣绝封，官属还京，梦佑等还隶锦衣。至是，兵部奉诏清查锦衣卫冗员，请

---

① 《明故镇朔将军总兵官武定侯郭公墓志铭》，见中国文物研究所等编：《新中国出土墓志·北京·壹》（下册）第72页。
② 《明太祖实录》卷一九九，洪武二十三年正月丁卯条，第2982页。
③ 《明太祖实录》卷二三八，洪武二十八年四月己巳条，第3467页。
④ 《明宣宗实录》卷五一，宣德四年二月丁酉条，第1227页。
⑤ 《明宣宗实录》卷五四，宣德四年五月壬戌条，第1296页。

如例改正。从之"①。赵梦佑等人被从锦衣卫剔除涉及藩王校尉来源上的变化，下文中会具体讨论。

另外，即便藩王除国，校尉也不一定能回归锦衣卫。如永乐二十二年十月，因为远安王朱贵燮、巴东王朱贵煊被废为庶人，仁宗诏"原随校尉悉回京"②。但恰逢岷王朱楩父子改藩到湖广武冈州，和朱贵燮兄弟原来的封地邻近，兵部于是"改远安王贵燮等典仗、校尉充岷王侍卫"③，这些校尉因此丧失了回京的机会。

虽然没能回京，但毕竟是留在藩王身边，还有更不幸者。如泰州人戈澄，"初应洪武十四年应天乡试。时新颁《洪武正韵》，公书法不谙新式，改充岷王府校尉。二十八年，随岷王之国到滇。建文时，朝议裁藩王官校，公遂改隶金齿卫守御所，入云南金齿卫左所军籍"④。又如晋王朱济熿因为"谋为不轨"，于宣德二年被废为庶人，安置凤阳。"见在太原护卫官军，内调三千人，连家属住宣府，听总兵官、都督谭广分拨卫所。其余官军、校尉取勘明白，仪卫正副改为正副千户，典仗改百户，校尉、你公、女户悉改充军，就彼分调太原缘边各卫，家属随行。"⑤ 这样的安置方式，不啻于惩罚。

明廷不愿意接收藩王府校尉回京，和王府校尉的数量有关。弘治六年五月，兵部尚书马文升为避免削弱京军的力量，建议削减亲王军校：

> 谓凡亲王出府，例于后府锦衣卫并在京卫分拨军校千七百人。以十府计之，则为万七千人。自今亲王出府，请先拨校尉三百人、军六百人，暂令在京随侍。待之国时，止令原选仪卫司、群牧所官军、校尉随侍，其余军校八百人，俱于附近卫所

① 《明世宗实录》卷五三二，嘉靖四十三年三月庚戌条，第8660页。
② 《明仁宗实录》卷三下，永乐二十二年十月戊午条，第116页。
③ 《明仁宗实录》卷三下，永乐二十二年十月己未条，第116页。
④ （云南保山）《戈氏家乘》，清抄本。
⑤ 《明宣宗实录》卷二七，宣德二年四月甲子条，第710—711页。

拨补。是于万七千名内，犹得存八千名，可为定制。①

明中叶，亲王之国，除了随带校尉外，还要配备若干围子手和一个千户所的群牧所官兵。按马文升的说法，去掉一千余名群牧所军，校尉和围子手约 700 名。马文升的建议得到孝宗首肯。《大明会典》记载当年规定亲王校尉额数为 600 名，不排除就是马文升的建议落实后的结果。朱元璋生前曾留下"祖制不可变更"的祖训，据此推断，明孝宗敢于确定亲王校尉的数量，应该是因为此前并没有具体的规定。从仪卫司的级别来看，此前亲王校尉的数量应在 600 到 1000 之间。

不仅如此，弘治六年明廷还诏令此后"亲王出府，先行摘拨校尉三百名，军人六百名。内一百名，为背什物之数，暂令在京随侍。其余军校八百名，听兵部临期具奏，于附近卫拨军五百名，改辏（凑）群牧所军三百名，改充校尉"②。马文升的建议可谓得到完全的采纳。

另外，弘治八年礼部尚书倪岳在言事时曾建议"各府郡王初封，请照皇子出阁事例，至十四岁方行奏金校尉"③。可见，14 岁是亲王们拥有校尉的起点。

不过，马文升提到的 1700 名军士也不是空穴来风。如弘治七年，孝宗的弟弟雍王之国，兵部奏准："比以雍王出府，奉旨于京卫拨仪卫司并群牧所随侍臣共二十七员，校尉六百名，军士一千一百名……先拨校尉三百名，暂令在京随侍，待之国时再行奏请。"④

嘉靖三十九年十月，世宗责问内阁景王已成年，为何还不就藩。内阁转告六部，兵部尚书杨博随即上疏：

查得亲王之国，例该拣选诚实的当官二十七员，改充仪卫

---

① 《明孝宗实录》卷七五，弘治六年五月壬申条，第 1411 页。
② 万历《大明会典》卷一四四《兵部二七·力士校尉》，第 2015 页。
③ 《明孝宗实录》卷一〇六，弘治八年十一月甲申条，第 1931—1932 页。
④ 《明孝宗实录》卷九三，弘治七年十月壬戌条，第 1704 页。

司及群牧所、典仗所官。仍拨校尉六百名，军一千名，背什物
军一百名，马一百匹，随侍应用。今该景王之国，合无查照前
例，于在京各卫所多余带俸并京营见操官内选取二十七员，另
行开奏除授。其群牧所军一千名，背什物军一百名，于在京卫
分处拨。校尉六百名，于锦衣卫选拨。务要人人精壮。编定总
小甲送用。①

上述两段记载都明确说亲王之国需要配备 1700 名军士，后者更
是明确指出其中包括 100 名背什物军。可见，1700 名军士在弘治之
前应该已经是惯例，区别仅在于这 100 名军士究竟是单列，还是如
上引弘治六年的诏令所说，算在先期配给的 600 名军士之内。

洪武五年，朱元璋曾下旨为亲王设护卫指挥使司，"每王府设三
护卫，卫设左右前后中五所，所千户二人，百户十人。又设围子手
二所，每所千户一人"②。此后随着藩王地位的下降，护卫和围子手
的数量都有大幅度的压缩，但围子手作为亲王侍从的标配一直存在。
作为护卫军的一部分，围子手显然要由中央政府调拨。弘治六年明
廷明确规定亲王在京时需拨给 600 名军士，围子手究竟是并入了 600
名士兵当中还是暂不拨给不得而知。

由此看来，马文升的贡献实际在于明确了亲王未之国之前的侍
从配额。不过凡事有利就有弊。如英宗即位之初，郕王表示侍从不
足，明廷仅拨出"京卫官军三百人、校尉五十人给之"③。如果发生
在弘治朝，14 岁以上的亲王完全可以合法要求皇帝先划给他 300 名
校尉、600 名军士使用。马文升减少京军占用的目的反而无法达成。

不论利弊如何，从弘治七年雍王之国前后明廷的做法来看，弘
治六年的规定得到了执行。另有证据表明，这一规定一直行用到明

① （明）杨博：《酌议景王之国事宜疏》，见氏著《杨襄毅公本兵疏议》卷五，续修四库全
书影印本，第 228 页。
② 《明太祖实录》卷七一，洪武五年正月壬子条，第 1313 页。
③ 《明英宗实录》卷八，宣德十年八月辛酉条，第 163 页。

亡。如万历三十一年，神宗敕令："朕第三子福王，年已长成……依先年潞王例……选诚实的当者除仪卫司及群牧所官，拨堪用较（校）尉六百名王府随侍，于后府及在京卫分共拨精壮军一千名，于群牧所用。"[1] 万历四十三年，瑞王成年，"依先年福王例，便选学行端正者除王府官，选诚实的当者除仪卫司及群牧所官，拨堪用较（校）尉六百名，王府随侍，后府及在京卫分选拨精壮军一千名，于群牧所用。其余合行事宜，悉照福王例，如敕奉行"[2]。天启六年，瑞王等三王之国，兵部拟定"各藩例给……较（校尉）各该六百名，行锦衣卫预选应用"[3]，等等。不过此前一年讨论三王出府事宜时，锦衣卫掌卫事左都督田尔耕议准"每府各千户十员、百户百员，带领旗尉二百五十名，于各府前轮番上直"[4]。各王府校尉官旗合计达到360人，和定制有一定差距。不过彼时明朝政治已经腐败不堪，锦衣卫冗员众多，大批量划拨到王府，也是可以理解的事。

不仅亲王需要校尉，作为亲王子嗣的郡王们也享有配给校尉的待遇。如永乐帝取得地位不久，即"选校尉五千于江西，补各郡王从人之缺"[5]。和亲王的法定校尉数额不甚明确相比，郡王们配给的校尉数额有确切记载。永乐四年，"命兵部给秦府兴平、永寿二郡王各典仗一员、校尉一百名。今后给郡王典仗、校尉悉循此例"[6]。由于亲王们子嗣众多，亲郡王之国、受封时间又不相同，明廷不得不频繁从民间佥选校尉。即便如此，仍不能满足需要，因此只能削减郡王校尉额数。成化元年，宪宗下令"凡郡王府校尉……满三十名者，不必增添"[7]。弘治八年，孝宗再次强化这一标准，"亲王子应封郡王者，将至十四岁，预先具奏，量于护卫或民间，佥拨校尉三

①　南炳文、吴彦玲辑校：《辑校万历起居注》，第 2051 页。
②　《明神宗实录》卷五三三，万历四十三年六月丁亥条，第 10076—10077 页。
③　《明熹宗实录》卷七九，天启六年十二月丙午条，第 3809 页。
④　《明熹宗实录》卷六六，天启五年十二月丁酉条，第 3148 页。
⑤　《明太宗实录》卷一四，洪武三十五年十一月癸巳条，第 259 页。
⑥　《明太宗实录》卷五三，永乐四年四月戊寅条，第 793 页。
⑦　万历《大明会典》卷一四四《兵部二七·力士校尉》，第 2015 页。

十名应役"①。正德四年六月，这一标准再次下调。"命凡郡王校尉，止给至二十名。旧例：郡王校尉各给三十名。时沈王以其子定陶王初受封仅给十名，奏增其数。诏再给十名，为二十名，因著为令"②。

嘉靖八年，兵部题准："郡王新封，应得校尉，以二十四名为额……旧封郡王，已派三十名者，不必减革。"③ 从这一政令来看，24 名校尉的标准仅限于正德四年以后新册封的郡王。万历十年，这一"双轨制"被废除，"郡王不拘旧封、新封，俱以二十四名为额"④。此后，这一标准未再调整。

因为法定配额不断缩减，一些不知节制的郡王明显感到不足使令。为此，部分王府开始在内部自我调节。如永乐年间，晋王从属下三个护卫当中奏准分一个千户所的军校给其子、宁化懿简王。"后宁化王锺𨯹以罪革爵，本所官军亦调卫"，"其母妃赵氏以嫡孙奇隐得旨掌府事，累疏乞复留所调官军"，于是明孝宗于弘治五年批准"于正军内改一百名为校尉以赐之"⑤。这一数额远高于成化年间形成的 30 名的标准，不过因系特恩，且这些校尉原本是晋王府麾下军士，所以算不上违例。

另有王府把目标瞄向校尉的余丁。永乐八年十二月，楚王奏准："王府校尉死亡者，例不补丁，故所生男子多为有司取去。自今请留补缺，庶免别佥。"⑥ 这一政令有两点值得注意：一是由校尉家下余丁承担校尉职事，等于在事实上改变了校尉不世袭的制度；二是藩王客观上拥有了自行佥补的权力，这为未来的王府校尉管理增添了诸多变数。

此后，确有个别郡王府开始自行佥补校尉。如正统五年，明廷准许乐平王长史司直接移文催促"江西佥补未到校尉六人"⑦。这样

---

①　万历《大明会典》卷一四四《兵部二七·力士校尉》，第 2015 页。
②　《明武宗实录》卷五一，正德四年六月丙寅条，第 1162—1163 页。
③　万历《大明会典》卷一四四《兵部二七·力士校尉》，第 2015 页。
④　万历《大明会典》卷一四四《兵部二七·力士校尉》，第 2015 页。
⑤　《明孝宗实录》卷六一，弘治五年三月戊子条，第 1186 页。
⑥　《明太宗实录》卷一一一，永乐八年十二月戊戌条，第 1416 页。
⑦　《明英宗实录》卷六五，正统五年三月己未条，第 1250 页。

的放权，为明中后期王府扰民埋下了一个伏笔。

晋、楚两个王府的实践给中央政府缓解校尉佥选压力提供了思路。洪熙元年，兵部尚书张本议准："富平王志洁奏缺校尉，请于西安护卫暂拨一百户官军随侍。"① 晋王开创的调护卫军行校尉事得到推广。宣德七年七月，"命兵部给开封民丁三百人，充（周）王府校尉。除典仗二员管辖，皆从王所请也"②，此举开了从王府所在地就近从民户中佥补校尉的先例。宣德十年八月，"灵丘王逊煓奏本府使令乏人。上给以内使四人，并敕有司于大同府给厨役五人、校尉四十人"③，这一命令无疑是周府经验的再次行用。

在亲郡王府多次实践的基础上，明廷于弘治六年正式出台规定："郡王出府，行各该护卫，拨校尉三十名。无护卫，于各卫军余及民间佥点。"④ 两年后，明廷将这一政策进一步细化，规定"各府郡王初封，请照皇子出阁事例，至十四岁方行奏佥校尉。有护卫之处，原系护卫佥拨者，即于护卫佥拨。不系护卫佥拨者，护卫拨军余十名，民间佥派二十名。无护卫者，俱于民间佥拨"⑤。因正德年间调低郡王校尉额度，嘉靖八年相应地调整了佥拨比例：

> 郡王新封，应得校尉，以二十四名为额。原系护卫佥拨者，仍于本卫佥拨。其不系护卫佥拨者，有护卫处，该卫拨与军余十二名，民间佥派十二名。无护卫处，俱于民间佥派……校丁逃亡死绝至二十四名以下，方许佥补。⑥

类似的政令无疑使锦衣卫彻底摆脱了为郡王府划拨校尉的义务，但允许从民户中佥补遭到了部分地方官员的反对。如弘治九年二月，

---

① 《明宣宗实录》卷一〇，洪熙元年十月庚午条，第265页。
② 《明宣宗实录》卷九三，宣德七年七月壬申条，第2116页。
③ 《明英宗实录》卷八，宣德十年八月丁巳条，第160页。
④ 万历《大明会典》卷一四四《兵部二七·力士校尉》，第2015页。
⑤ 《明孝宗实录》卷一〇六，弘治八年十一月甲申条，第1931—1932页。
⑥ 万历《大明会典》卷一四四《兵部二七·力士校尉》，第2015页。

巡抚湖广都御史徐恪上言：

> 郡王校尉、厨役，近用言者议，令于民间及本府护卫、仪
> 卫司、群牧所人户内中半佥拨。缘王府军校无差役调集，甚逸。
> 而民应徭役，甚劳。乞仍于护卫余丁内佥拨，无护卫处，则于
> 仪卫司、群牧所余丁内与民间中半佥拨。其无仪卫司、群牧所，
> 如周府者，有存留军校，亦当与民间中半佥拨。其革爵为庶人
> 者，原拨厨役，亦乞查照无后郡王事例，退还有司。庶几劳逸
> 无不均之叹。①

不过类似言论并未获得正面回应，以至于王府佥补校尉扰民的
奏报仍不时出现在皇帝案头。如嘉靖三年，湖广巡按御史马纪、何
鳌先后举报岷王府及南安王府勾补校尉扰民，嘉靖帝只好诏令二王
"自今校尉听于本府军余佥补，毋得妄佥民户。岷王、南安王务遵祖
训，安静行事，毋信邪谋，自干宪典"②。类似这样无关痛痒的警告
对于解决佥补扰民的问题不可能发挥实质作用。

随着明代军户的日渐土著化，划拨到王府被锦衣校尉视为畏途，
加之王府校尉的侍卫功能日渐弱化，为亲王们配备的校尉也开始部
分召募，"近年所拨军校，多由召募以充"③。如浙江湖州德清人戴
景春，因与父兄失去联系，入赘仁和倪氏。"成化丁酉，先皇帝将大
封诸王，募人充仪卫，公以良家子应募，事先皇帝于西馆。弘治甲
寅，从之安陆。"④ 类似的例子不胜枚举。但这些召募而来的校尉往
往也不愿意远徙，"虑之国时多中道亡去"。于是从王府护卫中抽补
郡王校尉的做法被移植到即将之国的亲王身上。弘治七年，兵部议
准："雍王出府……先拨校尉三百名暂令在京随侍，待之国时再行奏

---

① 《明孝宗实录》卷一〇九，弘治九年二月己酉条，第 1990 页。
② 《明世宗实录》卷三八，嘉靖三年四月辛丑条，第 956 页。
③ 《明孝宗实录》卷九三，弘治七年十月壬戌条，第 1704 页。
④ （明）张居正：《素庵戴公墓志铭》，见《张居正集》卷三三，第 3 册，第 329—330 页。

请，于本府附近卫分拨军士五百名补充群牧所之数，三百名改充仪卫司校尉之数。"① 这一政策收入《会典》时被简化为"亲王随侍校尉，至就国之日，听以一半从行。于附近卫所，拨军余补数。其一半存留在京，以备各王出府听用"②。不过此时在京亲王的校尉已经以三百为额，虽然拨补召募时可能会有一定的超额，但不大可能达到六百名，所以"一半存留在京"的政策很难有机会落到实处。

（二）校尉的使用范围

按照《实录》的记载，校尉"专职擎执卤簿、仪仗及驾前宣召官员、差遣干办，三日一更直"③。皇帝差遣的范围理论上是没有边界的，所以校尉的职责是典型的"博官"设计。锦衣卫东司房行事校尉、西司房捕盗校尉以及宣德年间增设的巡捕校尉（坐城校尉）等几种职责相对固定的常设校尉在前面的章节中曾经出现，这里不再讨论。撇开那些临时性的任务不谈，锦衣校尉尚有一些相对固定的职事。

（1）侍卫君王

作为直驾人员，保证君王的人身安全当然是首要职责。一般情况下，每天有530名校尉参与值守宫禁。"凡在内府出入者，贵贱皆悬牌，以别嫌疑。如内使、火者乌木牌，校尉、力士、勇士、小厮铜牌，匠人木牌。"④ 执勤当日，"侯伯以下带仁字号金牌，将军以下带智、信等号金牌，其余带铜牌。虽名金牌，亦以铜为之，铜牌式较长"⑤。如果校尉遗失或私自外借、滥用铜牌，会受到相应惩罚⑥。

---

① 《明孝宗实录》卷九三，弘治七年十月壬戌条，第1704页。
② 万历《大明会典》卷一四四《兵部二七·力士校尉》，第2015页。
③ 《明太祖实录》卷一二四，洪武十二年四月戊午条，第1990页。
④ （明）陆容：《菽园杂记》卷二，第21页。
⑤ （明）陆钎：《病逸漫记》，第355页。
⑥ 如《大明律》中规定："凡朝参文武官及内官，悬带牙牌、铁牌。厨子、校尉入内，各带铜、木牌面。如有遗失，官罚钞二十贯，厨丁、校尉罚钞一十贯。若有拾得，随即报官者，将各人该罚钞贯充赏。有牌不带，无牌辄入者，杖八十。借者及借与者，杖一百。事有规避者，从重论。隐藏者，杖一百、徒三年。首告者，于犯人名下追钞五十贯充赏。诈带朝参及在外诈称官员名号，有所求者，绞。伪造者，斩首。告者，于犯人名下追钞一百贯充赏。"见怀效锋点校《大明律》卷一三《兵律一·宫卫·悬带关防牌面》，法律出版社1999年版，第104—105页。

不过随着时间推移，这一制度逐渐被人忽视。如仁宗即位不久，锦衣卫指挥使王节等即奏报："比来校尉上直，屡失所悬铜牌。铜牌，所凭关防出入者，请治之以惩。"① 仁宗因为初登大宝，未予制裁。

明初的几个皇帝都曾出京巡视或作战，途经地区需要设置一定数量的行宫。这些行宫也会派驻部分校尉。如宣德十年六月，广平府永年县县丞李祐奏准调回本县内的"行殿校尉"②。

永乐六年，朱棣以巡狩的名义带领包括锦衣卫选拔的"将军五百人、校尉二千五百人、力士二千人"③ 在内的大批官兵前往北平。这种征途中的侍从工作显然也在侍卫君王的范围内。

洪武二十七年，韩王朱松、沈王朱模奉命前往探望已就藩的秦王等兄长，朱元璋特意拨出"百户二员，率校尉二百人扈从"④。可见，亲王等皇室成员也在校尉保护之列。

（2）出京作战

受前朝怯薛制度影响，明初的亲军卫仍不时出京作战。作为皇室保卫人员，校尉也不免参与其中，以期通过实战来维持和检验战斗力。永乐六年，明廷表彰安南战功，力士、校尉等锦衣卫成员都在受赏之列⑤。永乐九年，兵部议定下西洋官兵锡兰山战功升赏例，"校尉、力士、军人长……奇功，不问存亡，俱升总旗，头功俱升小旗。舍人、余丁、老军、养马小厮，奇功、头功悉如校尉、军人之例。不愿升者，加倍给赏"⑥。这些都是校尉参战的例证。

洪武十二年，明廷赏赐"太原中护卫军士、校尉、刻期七千六百余人白金八千二百余两"⑦。晋王朱棡洪武十一年就藩，这里随护卫军士一起受赏的校尉应该来自晋王府。另如宣德二年八月，"蜀王

---

① 《明仁宗实录》卷一下，永乐二十二年八月乙未条，第26页。
② 《明英宗实录》卷六，宣德十年六月甲辰条，第118页。
③ 《明太宗实录》卷八二，永乐六年八月己卯条，第1096页。
④ 《明太祖实录》卷二三二，洪武二十七年三月甲寅条，第3390页。
⑤ 《明太宗实录》卷八一，永乐六年七月癸丑条，第1085—1086页。
⑥ 《明太宗实录》卷一一八，永乐九年八月甲寅条，第1499页。
⑦ 《明太祖实录》卷一二六，洪武十二年八月庚辰条，第2011页。

友堬奏前后调发官军、校尉七千余人，助讨松潘叛寇"①。可见，王府校尉也有参战的职责。

正统十年七月，"有校尉于滦州采办秋青草，诈取货物。锦衣卫指挥使徐恭等以失于约束，奉诏陈状"②。次月，校尉王子进等 12 人以被选入"御马监控马，年深，乞照例授职"③。御马监所属腾骧等四卫名义上是直属于皇帝的骑兵部队，采办秋青草属于军队后勤保障工作。这两个例子证明此时的锦衣校尉依然保持着作战的职能。

弘治十二年，兵部奏请"以锦衣及腾骧等四卫军旗、勇士、校尉六万八千余人选补团营之缺"，结果御马监太监宁瑾等以五卫系宿卫禁兵，不宜为外官清查为理由，获准不再接受"各衙门查理戎务"④。此后，校尉在事实上甩掉了参战的义务。

（3）巡视皇陵

皇陵作为皇室的重要"家产"，也需要校尉"服侍"。嘉靖八年，负责整饬显陵的给事中李凤来议准：照长陵例，锦衣卫看守官校"止存留巡视校尉二十名，余悉取回"⑤。可见，此前每个皇陵固定派有 20 名以上校尉。这一编制后来又有所削减，"凡两京、凤阳、承天各皇陵校尉，行锦衣卫拨发十名看守。逃绝照数奏补"⑥。

不仅皇帝陵配有看守校尉，亲郡王墓也配有专职的校尉。如正统五年，乐平王就因为擅自将"安惠王守坟校尉拨补见缺"⑦，遭到英宗皇帝批评。

（4）配给皇亲贵戚

不仅皇帝和亲郡王可以享受到校尉的保护和服侍，部分皇亲和高官也可以拥有一定数量的校尉。如公主出嫁后，"准行锦衣卫拨校

①　《明宣宗实录》卷三〇，宣德二年八月壬午条，第 790 页。
②　《明英宗实录》卷一三一，正统十年七月戊寅条，第 2602 页。
③　《明英宗实录》卷一三二，正统十年八月己未条，第 2629 页。
④　《明孝宗实录》卷一五五，弘治十二年十月辛亥条，第 2782—2783 页。
⑤　《明世宗实录》卷一〇二，嘉靖八年六月庚午条，第 2402 页。
⑥　万历《大明会典》卷一四四《兵部二七·力士校尉》，第 2014 页。
⑦　《明英宗实录》卷六五，正统五年三月己未条，第 1250 页。

尉三名，军三十七名"。在隆庆三年之后，即便公主、驸马病故，仍可保留"原拨校、军，看守府第"①。至于关系稍远一些的皇亲，如果奏讨，"准行锦衣、府军前二卫，照例拨给三十名。分外请乞者，不准"②。

按明制，郡王之子孙除承袭郡王王位者之外，只能册封为不同封号、等级的将军。由于将军的数量过于庞大，成化五年时，明廷下令："宗室将军数多，金换校尉，难为常例。其余只用仪从。"成化二十二年再次申明"不许抵换校尉，只照旧例拨与从人跟用"。弘治六年，更是明确将军及以下宗室只能"拨仪从二十名，不得用校尉"③。

高级武官都配备若干名军伴。有机会参与禁卫工作的武官因此也获得了配备部分校尉做军伴的待遇。"明例，伯准二十名，都督准十名。"④ 这一标准在崇祯年间仍在执行。如崇祯五年八月，"左都督郭起龙、郭从龙、郑养性、冉悦孔、杨光夔，右都督王天仪，都督同知万洪祚、李诚锪，都督佥事李诚巨，都指挥使杨光皋、杨光旦，都指挥同知陈正纶十二人各请校尉十名、军伴二十名。帝以近来皇亲陈乞太烦，似应酌量搏节。部覆，准半给，以全皇上优异懿戚之典"⑤。

明中叶，随着政治生态的恶化，一些高官贵戚开始谋求突破这一标准。如成化二十年，皇帝宠妃万贵妃的亲属、都督同知万喜上奏，"乞以旧为锦衣卫都指挥时所给校尉二十人付其子副千户祥，且乞更赐军伴，以给役使"，宪宗不仅予以批准，而且"命赐喜军伴如校尉之数"⑥。正德六年，锦衣卫掌印都指挥使刘璋因病辞职，武宗

① 万历《大明会典》卷一四四《兵部二七·力士校尉》，第 2014 页。
② 万历《大明会典》卷一四四《兵部二七·力士校尉》，第 2015 页。
③ 万历《大明会典》卷一四四《兵部二七·力士校尉》，第 2016 页。
④ 《明神宗实录》卷二三四，万历十九年闰三月丙子条，第 4341 页。
⑤ 汪楫：《崇祯长编》卷六二，崇祯五年八月丙寅条，第 3533 页。
⑥ 《明宪宗实录》卷二五八，成化二十年十一月乙巳条，第 4362 页。

升其职为都督同知、后军都督府佥书，且"仍给校尉三十人"①，超标 20 名。正德十三年，"锦衣卫都指挥使廖鹏为故南京司礼监太监廖堂乞给南京锦衣卫军校三十人守祠宇，并以次子、锦衣卫都指挥佥事锐及副千户全、德改南京锦衣卫，家人廖洪等八人充锦衣校尉，俱奉祀墓田，请降护敕。内批皆许之"②。

对这种现象，部分时段明廷也曾严令禁止，如武宗即位诏书中明令：

> 锦衣卫校尉专为直驾而设，非臣下所得役使。近来内外官员多有奏讨投托滥占跟用，因而令其干办私事，挟势害人。该卫尽行查明取回。今后敢有仍前奏讨僭用及该管官员徇情拨付，一体重罪不饶。③

明世宗在即位诏中也有"锦衣卫校尉，专系直驾人役。近年多有奏讨、投托、滥占、跟用，因而令其干办私事，胁制害人。该卫尽行查明取回"④ 这样的命令。虽然多次严令禁止，但滥占私用校尉的现象并未减少，反而有愈演愈烈之势。究其根本，就在于皇帝自己经常不遵守宪章。

皇帝破坏成法，臣僚也开始动歪脑筋，曲解规章。如万历十六年闰六月，兵部上题本：

> 近外戚纷纷请尉军。伏睹《会典》：皇亲奏讨尉军，行锦衣、府军二卫拨给三十人，此外不得妄乞……未有都督以上锦衣卫给三十人，府军前卫给三十人之例，亦未见有先授指挥给四十人，再升都督许请加给之例。不知始自何年，皇亲都督以上至

---

① 《明武宗实录》卷七九，正德六年九月戊辰条，第 1729 页。
② 《明武宗实录》卷一六三，正德十三年六已卯条，第 3145 页。
③ 《明武宗实录》卷一，弘治十八年五月壬寅条，第 22—23 页。
④ 《明世宗实录》卷一，正德十六年四月壬寅条，第 25 页。

六十人，以下四十人，一家而兄弟并给，一人而升任增给，计
其数役，三十人岁费米三百六十石，十官费三千六百石矣……
旗尉原以备直驾、充仪卫，《会典》：公主出府，锦衣卫拨尉三
人、军三十七人；郡王不拘新封、旧封，俱以二十四名为额。
而皇亲顾反过之，可乎？近至拨用既尽，直驾取诸旗尉之余丁，
私役用正，直驾用余，可乎？①

对此，万历帝表示嘉纳，命依例查革。但从三年后给事中叶初
春仍在指斥“乃有退闲武职，仍役占较（校）尉，以致虚縻月饷，
甚至掺括余丁，另募帮差”②来看，类似现象并未被杜绝。

除了皇亲贵戚，个别受皇帝宠幸的大臣也曾配备校尉，如嘉靖
十二年，加赏正一真人邵元节，“岁支米一百石，拨校尉四十名，按
季更用”③。

永乐时，尚书胡濙奉命前往南京密察太子朱高炽的言行，“至安
庆，乃具奏，令所从校尉以疏闻”④。不过为胡濙配备校尉是为了方
便皇帝及时得到密奏，不是供他个人差遣。

（三）校尉的待遇

明初，校尉和卫所军士的月粮都是一石米，但由于财政收入不
足，月粮并不能足额发放。洪武十九年，户部题准：“锦衣卫将军，
月支本色一石，余折钞。旗军、力士、校尉人等有家小者，月支本
色米六斗，无者四斗五升，余折钞。”⑤永乐六年，朱棣率大批官员、
军士巡狩北京，开始事实上的迁都。同年八月，诏令户部：“凡扈从
文武官员、将军、力士、校尉、军旗及各处调至官军，自明年正月

① 《明神宗实录》卷二〇〇，万历十六年闰六月甲申条，第3747—3748页。
② 《明神宗实录》卷二三四，万历十九年闰三月丙子条，第4341页。
③ 《明世宗实录》卷一四六，嘉靖十二年正月辛未条，第3392页。
④ （明）许浩：《复斋日记》卷上，《中华野史》丛书“明朝卷一”，泰山出版社2000年版，第165页。
⑤ （明）刘斯洁：《太仓考》卷五之十《岁支》，第776页。

为始，俸粮俱支全米。"①

仁宗即位，怜悯军士生活清苦，"月粮止得五斗，不足自瞻"，"宜如洪武中例，月给一石"，于是征询户部尚书郭资的意见。郭资表示太仓有粮，可以负担，明廷就此修改月粮额度，"月增给在京文武官及锦衣卫将军、总小旗米各五斗，杂职及吏并各卫总小旗、军、力士、校尉人等有家属者各米四斗，无家属者各斗五升，并准俸粮之支钞者"②。

迁入北京的官兵什么时候不再支全米，史籍中没有明确记载，估计和北迁后运河尚未恢复运输以及多次北征、修建北京宫殿等工役对财政压力过大有关。宣德十年，襄王府长史司奏准："校尉、军人侍王居京时支本色粮一石，后随之国，止关五斗，食用不给，请增三斗。"③ 这一事例证明仁、宣年间北京的军士、校尉人等确实基本达到了月支一石本色米的标准④。襄王府校尉离京后月粮本色缩减到五斗，经争取才达到八斗，证明锦衣校尉的待遇要高于王府校尉。

从表面上看，校尉和普通卫所军士的月粮待遇是一样的（本色和折色比例不同，来源于地区差异）。作为皇室亲随，校尉可以"只孙束带，幞头靴鞋"⑤，上直时还可以穿靴⑥，即便王府校尉也享有由中央政府配给只孙衣的权利⑦，看似有特权，但这只是工作制服，和卫所军士由国家配给衣甲、兵器是一个性质。

在法律上，校尉和一般军士也处于同一地位。如触犯徒刑、流刑，"若军丁、军吏及校尉犯罪，俱准军人拟断，亦免徒、流、刺字"⑧。若犯笞杖罪，校尉和"皇陵户、皇陵卫军、旗手卫军与守卫

---

① 《明太宗实录》卷八二，永乐六年八月辛丑条，第1108页。
② 《明仁宗实录》卷三下，永乐二十二年十月庚申条，第117页。
③ 《明英宗实录》卷六，宣德十年六月壬寅条，第116—117页。
④ 仁宗下诏有家小校尉月增四斗，合计九斗，接近全支。长史司说的应该是大致的额数。
⑤ 《明太祖实录》卷八一，洪武六年四月癸巳条，第1463页。
⑥ 《明太祖实录》卷二一九，洪武二十五年七月壬午条，第3213—3214页。
⑦ 如《明英宗实录》卷六五，正统五年三月己未条记载："（乐平王）欲于有司暂拨夫匠，协助修理房舍及请给只孙衣。"见第1250页。
⑧ 万历《大明会典》卷一六一《刑部三·律例二·军官军人犯罪免徒流》，第2249页。

上直操备官旗舍余"等军士一样,"俱令纳钞"抵罪①。

　　但校尉作为皇室近臣,和普通军士的待遇完全一样,显然难以令人信服。

　　前面的章节中曾提到校尉中的行事校尉、捕盗校尉等因为拥有一定的特权,即便文武官员见了也要退避三舍,以至于社会上出现了很多假冒校尉,但这些都是非法取得的利益,并非制度本身赋予,那么,明代的校尉当真不享有特殊待遇吗?

　　弘治元年初,右副都御史彭韶上书请求减免京畿州县民众差役,户部回复,"拟以各项夫役下顺天府酌量分派。宛平、大兴二县止派三分之一,余俱派外县。其勇士、校尉等户,止优免三丁,不得概户全免,以重累贫民"②。这一建议获得孝宗批准。据此可见,此前已在京安家的校尉享有全户不服杂役的优待。这次调整虽然限定在三丁,类似于卫所军户的帮丁,但通常卫所帮丁只有一或二丁,仅辽东等后勤补给困难的地区才优免三丁③,京畿地区属于相对繁华富庶地带,优免三丁显然属于优待。

　　弘治十一年底,顺天府知府张宪再次请求削减优免数额。兵部讨论后覆奏:

　　　　将军、力士、校尉原无优免户丁事例……今顺天府人户凡
　　充将军、力士、勇士、校尉者,俱不应差役,故平民多用计投
　　充将军等役,此京畿之民所以贫困逃亡。请如宪等奏,凡将军、
　　力士、校尉及投进将军,止许免户一丁。其原籍户下人丁不许
　　一概优免,亦不许将户下人丁报造营卫籍册,影射民差,庶京
　　民不致重困。④

---

① 万历《大明会典》卷一六一《刑部三·律例二·军官军人犯罪免徒流》,第2250页。
② 《明孝宗实录》卷一〇,弘治元年闰正月丙寅条,第203页。
③ 参见拙著《明代卫所军户研究》第五章第二节《卫所军士的优恤》,线装书局2007年版,第310—315页。
④ 《明孝宗实录》卷一四四,弘治十一年闰十一月乙亥条,第2511页。

这一动议再次得到孝宗批准。问题是这一政令能否得到有效执行颇令人怀疑。首先，明中叶卫所军户和原籍军户的分野已经彻底形成，且各自享受着应有的优待，并与相应的义务对应。兵部提出"原籍户下人丁不许一概优免"既与祖制不符，也不具备执行的可能。因为地方州县对于本地军户的服役征派早已形成相对固定的规范，完全没有大动干戈的必要。其次，从张宪抱怨本府"凡充将军、力士、勇士、校尉者，俱不应差役"来看，弘治元年明廷制定的优免三丁的政策并未得到切实贯彻，现在又要减少到一丁，执行起来只会更加困难。兵部完全是抛出一个画饼，毕竟怎么执行是户部和州县的事，与他们无关。

次年十月，户部主持的政府会议又提出计亩征银，再雇人应役的政策。

> 顺天、永平府各属，往岁军需徭役，皆取于丁。乃有富连阡陌，而绝无差徭者。自今请计亩征租银。腴地每亩岁征银一分，瘠地半之，以备供用。若勋戚大臣、京官、方面、锦衣卫官家，免地百亩。各卫并将军、校尉、勇士及府官以下听选官、监生、生员、吏典之家，各免地五十亩。①

计亩征银代役政策的提出距离兵部的建议还不到一年，说明弘治十一年底推出的优免一丁政策完全没有达到预期效果。另外，校尉因为新政合法享有了 50 亩免征银的优待，且标准和生员、四品知府以下候选官员同等标准，待遇是实打实的提升了一大截。

此后，还不时有优待校尉的政策推出。如隆庆二年十月，顺天府丞何起鸣议准："本府所属州县官户丁粮……照品优免。其隶籍禁卫者，将军准免二丁，校尉一丁，各取该管衙门印信公文为据，毋

---

① 《明孝宗实录》卷一五五，弘治十二年十月丙辰条，第 2787 页。

容远方别族一概滥免。"① 这些不时推出，且明显超越卫所军士乃至下级官旗的政策，才是校尉享有的特殊待遇。

三　明中后期校尉制度的败坏

（一）锦衣校尉的冗滥化

作为天子近侍，校尉原本有着很高的选拔标准，"金民间丁壮无疾病过犯者为之"②。如在服役期间出现不合乎标准的问题，还会被及时调整出校尉队伍。如洪武十三年，朱元璋诏命仪鸾司："凡随驾校尉尝犯罪有杖瘢者，悉放为民。"③ 此后，这一规定随着《大明律》的不断修订，被推演到所有宿卫人员，"京城一应经断之人，并不得宿卫，守把皇城、京城门禁"，"有犯笞、杖断决者，并不得宿卫、供应。杖八十以上，军调外卫，民调外郡"④。洪熙元年，因担心有"奸诈之徒畏避在京差使，故犯罪名，希求出外"，经过三法司会议，明廷将这一规定放宽为"除偷盗、斗殴伤人及威逼人致死、犯奸，依律断决外，其余俱照例准工赎罪，满日疏放，还役。三犯则依律"⑤。对校尉的约束，嘉靖年间进一步放宽到"锦衣卫校尉有犯大辟者，不分处决、监故，解来户军丁并随营子孙金补之时，俱照总小旗事例调卫"⑥，换句话说，只要不是死罪，校尉本人及其余丁都有继续留在锦衣卫内服役的可能。法律条款的不断松动预示着校尉群体的总体质量必将出现不断地下滑。

在有犯罪记录的校尉可以继续服役的同时，校尉的来源也开始出现变化。

天武将军的家下余丁在明中叶已经取得合法替补为校尉的权利。天顺六年，明令"凡人材不识字者，改充力士、校尉。女户钦升官

---

① 《明穆宗实录》卷二五，隆庆二年十月辛卯条，第687页。
② 《明太祖实录》卷一二四，洪武十二年四月戊午条，第1990页。
③ 《明太祖实录》卷一三一，洪武十三年四月甲子条，第2077页。
④ 《明宣宗实录》卷五，洪熙元年闰七月己亥条，第126页。
⑤ 《明宣宗实录》卷五，洪熙元年闰七月己亥条，第126页。
⑥ 《明世宗实录》卷八〇，嘉靖六年九月乙酉条，第1779页。

员，子孙例无承袭者；将军子，试量身力不及者，俱收充校尉"①。不合格人材改充校尉是明初旧制，这里仅仅是重申。女户可谓低级别的皇亲，天武将军是锦衣卫内的核心力量之一，允许两者的后人直接替补为校尉，虽然只是一种恩赏，但对地方仔细选拔上来的校尉而言，无疑是不公平的。

成化二十三年，明孝宗在即位诏书中明确规定："内外正军不许投充将军。其舍余、民匠人等投充将军，试量身力，不及者发回当差，不许收充校尉。违者罪之。"② 从这一诏令中可以发现，在确定将军子侄可以替补为校尉之后，很多人为了规避差役，开始"曲线救国"，以投充将军为手段，争取间接成为校尉。

或许是看到了将军子侄成为校尉的数量过多，明廷开始尝试分流和提高替补标准。如嘉靖九年下诏"王府力士、校尉事故，以选退将军儿男，相兼充补。不必行有司另佥"③。嘉靖二十四年又规定"选退将军儿男，查系应役十年以上者，许充校尉。不及年分者，止与力士"。万历二年则进一步将替补年限提高到服役二十年方许替补为校尉，否则，"止与力士，俱止准一辈"④。服役才三五年者，不准替补。

限制将军子侄替补对于防范校尉冗滥没有什么意义，因为明廷开放了另一个途径。成化十年十一月，守备南京成国公朱仪奏报："南京旗守等卫正军数少，故其余丁，概应差役。今南京锦衣卫奏以例不勾丁校尉、力士、厨役所遗子男并各卫所丁多无用军余人等，令充其卫军役，故各卫余丁之无赖者，辄弃原役，诡作无用多丁，觊图粮赏。"兵部会议后随即议准："自校尉、力士、厨役所遗子男之外，凡诸司舍余已告充锦衣卫军余者，俱还原卫补伍，不得滥收。

① 万历《大明会典》卷一四四《兵部二七·力士校尉》，第2013页。
② 《明孝宗实录》卷二，成化二十三年九月壬寅条，第19页。
③ 万历《大明会典》卷一四四《兵部二七·力士校尉》，第2016页。
④ 万历《大明会典》卷一三四《兵部十七·将军营》，第1912页。

仍究所收，若已满千数，即寝其例。"① 这一决定等于放弃了校尉、力士不世袭的祖制，虽然属于权宜处置，且规定了额数，但总归是开了先例。既然是"例"，又没有明确是"下不为例"，就难免会有人援引，于是，明廷只好继续后退。成化十四年，兵部奏准：

> 力士、校尉病故，或老疾不能应当，其子孙告替补者，行移该卫，查系在营生长、册籍有名，无违碍者，具奏收役。虽例不勾丁，而子孙愿替补者，亦准查收。②

至此，南京锦衣卫临时性的收补余丁充役终于变成了南、北锦衣卫的通例。在允许余丁替补的同时，锦衣军官的非嫡长子孙也获得了补为校尉的资质。如迁安人奚耘，其父奚广是锦衣卫副千户。他的长兄奚耕已递补袭职，作为次子的他又"代补校尉"③。允许校尉家下余丁递补，因为是一对一替补，理论上并不会造成校尉增额。与之相比，军官家下不具备袭职资格的舍人数量众多，没有限制的补充，只会让校尉队伍越来越庞大。

不过，因为军官子弟出路较多，短时间内并未对校尉队伍造成明显冲击，反而是一对一的校尉余丁替补率先出了问题。弘治二年，兵部尚书马文升上书言事，其中一个建议为禁革宿弊，"谓锦衣卫校尉系侍卫人数，凡遇代役、补役，须籍册有名亲男、弟、侄，曾充丁役三二年者，方听代补"④。这一建议增加了余丁替补前服杂役的条件。明中叶，由于军士逃亡现象严重，在卫军户的余丁开始成为应杂役乃至服正式军役的征集对象。这一现象由边镇逐渐蔓延到腹里卫所，并最终成为事实上的定制。校尉余丁替补前增设服杂役时

---

① 《明宪宗实录》卷一三五，成化十年十一月甲子条，第2533页。
② 万历《大明会典》卷一四四《兵部二七·力士校尉》，第2013页。
③ （明）孙承恩：《明故武略将军锦衣卫千户奚君墓志铭》，见氏著《文简集》卷五十二，第615页。
④ 《明孝宗实录》卷二八，弘治二年七月丁丑条，第628页。

间是这一客观政策的直接反映，其目的应该主要是防止余丁借替补规避劳役，同时防范他们冒充替补。

不过，令人担忧的冒替现象依旧还是出现了。弘治十三年，明廷下令"凡校尉事故，须册籍内亲子弟侄替补。若将别姓诈冒替补者，问罪，官旗调外卫差操，冒替之人，亦调卫充军"①。弘治十六年，诏令锦衣卫，"除弘治年间编军册内见在数目外，其余诡名顶补在逃、故绝等项人役，冒滥食粮者，户、兵二部各选差属官，会同科道，及本卫公正官，查议裁革"②。短短几年内连续发文打击冒替，说明这一现象已经非常严重。嘉靖三年，明廷再次下令打击锦衣卫"买窝冒顶"及"异姓、外孙、女户"非法替补现象，强调严禁"买求该管官旗、州县里书朦胧起送替补。其遇该替役，并清理解到等项，兵部将编军册，科道清查文册，查对姓名相同，方令收补。但册内无名者，查发原籍，听当民差"③。这一政令把严查范围推广到校尉、力士等的原籍，说明冒顶缺额的现象已经从京城蔓延到校尉原籍所在地方。

与冒充校尉余丁替补空额相比，更让明廷挠头的是投充校尉的泛滥。弘治十七年，户部主事席书在上疏批评冗员冗费泛滥时曾指出"投充校尉者积至数万"④。这一数据虽然不免夸大其词，但亦反映出相关现象已经非常严重。与冒名替补要打通地方书吏、中央兵部主管官员以及主管卫所军户户口册籍的锦衣卫经历司书吏等多个关节，成本较高相比，接受投充的动力更多地来自锦衣卫内部。正德二年十月，锦衣卫主官高得林上奏，强调本卫军士、校尉人等数量过少，不敷使用，"乞以户内余丁收充军役五千人，给之月廪、冬衣，以充诸役"。武宗表示同意，"仍命以后不许援例改充"⑤。这一

---

① 万历《大明会典》卷一四四《兵部二七·力士校尉》，第 2013 页。
② 万历《大明会典》卷一四四《兵部二七·力士校尉》，第 2014 页。
③ 万历《大明会典》卷一四四《兵部二七·力士校尉》，第 2013 页。
④ 《明孝宗实录》卷二一〇，弘治十七年四月甲午条，第 3902 页。
⑤ 《明武宗实录》卷三一，正德二年十月乙未条，第 781 页。

政令的要害在于校尉家下余丁不再是一对一替补，而是没有限额，且因系卫内召充，足额是第一考虑，主管武官的自由裁量权具有非常大的弹性，兵部及科道很难发挥监督和制衡作用，以至于连《实录》的作者都感叹"校尉盖自有收充之请，而坐食之蠹日滋矣"①。

对于锦衣卫的胡乱收充，文官集团也曾努力制止。如正德六年监察御史蒋瑶曾以节省冗费为由提出"近年传升官员及投充校尉、军匠不可胜数，糜粮月以万计。请敕兵、工二部查革"，结果反而被武宗认为是"浮泛不切"，"徒为烦扰"，要求以后"似此者不必覆奏"②。自成化年间开始，传奉官现象愈演愈烈，为士大夫集团痛恨，批评之声不绝于耳。蒋瑶不分主次，又一次提到传升，直接刺到了皇帝的痛处，显然不会得到正面的回应。另外，正德年间正是锦衣卫被奸佞把持的最厉害的时段，高得林等人深得宠幸，尽管类似正德十年"凡各处解到故绝校、力户丁，行武库司查非近年清勾者，不准"③这样的政策在士大夫们的努力下不断出台，但在特定的政治生态下，士大夫集团打击校尉冗滥的努力不可能取得实质效果。

需要说明的是，明中叶造成锦衣卫人员迅速膨胀的原因不仅包括校尉冗滥，还有匠艺等杂流获得锦衣军职等诸多原因，是当时特定的社会乱象的直观反映，有着非常复杂的社会背景。嘉靖帝即位后曾大力打击冗滥，裁减冗余数以万计，但冗滥现象很快死灰复燃，校尉、力士有"一家冒充二役者，或奸豪承缺冒补及原籍夤缘起解者"④，"有逃故年久在营无丁者，多用贿，查缺，冒名首补"⑤，有"兄为校尉，而弟为力士，则一家三五役及二三辈者"，有"因缺年久，吏书以奸徒冒名者"⑥，不一而足，迫使明廷不得不一再出台裁革条例予以查禁，但效果始终不佳。其原因一方面是由于当政者徇

<hr/>

① 《明武宗实录》卷三一，正德二年十月乙未条，第781页。
② 《明武宗实录》卷七七，正德六年七月庚申条，第1689—1690页。
③ 万历《大明会典》卷一四四《兵部二七·力士校尉》，第2014页。
④ 《明世宗实录》卷二七五，嘉靖二十二年六月戊子条，第5394页。
⑤ 《明世宗实录》卷二八六，嘉靖二十三年五月己酉条，第5530—5533页。
⑥ 《明世宗实录》卷三八二，嘉靖三十一年二月丁丑条，第6765页。

私，如兵部反映泾王等王府回归锦衣卫的校尉，有"额外冒收者"[1]，应予革退，嘉靖帝的答复却是"泾府人役，如旧存留"[2]。又如隆庆六年，特准原东宫侍卫"后遇登极，乞恩，系校尉者，升小旗；力士者，升校尉。系军者升力士"[3]，过分施恩于旧部。但更深层的原因还要去从社会变化中寻找。因牵扯问题过多，且不是本节关注点，此处从略。

附带说明的是，校尉的冗滥不仅是财政的沉重负担，而且因其使用范围广泛，给大批居心叵测者展露"才华"提供了机会。如南昌人谢仪补为校尉后，投入东厂太监张锐门下，成为缉事校尉，"因得往来内阁部院诸大臣家"[4]，乃至卷入宸濠之乱。生员聂能迁，"以刁讼斥，乃冒锦衣卫绝户校尉名色。正德三年，投附刘瑾，构陷平人，冒升小旗"[5]。此后更是一路升迁，嘉靖初还险些借助议大礼混进皇帝的心腹队伍。南京国子监助教郑如瑾因接受魏国公徐鹏举重贿，"以其庶次子邦宁，伪称嫡子应袭"，后被揭发免职。万历初，"大珰冯保用事，如瑾入京，投其司房徐爵，充锦衣校尉，寻冒功升镇抚"，后官至南镇抚司佥书都指挥同知。"其人善笔札，又习城旦家言，凡上手敕，优奖江陵公者，皆出其手，世所称樵野先生是也。"[6] 冯保失势后，郑如瑾才结束混迹生涯，死于狱中。谢仪等人都是智商颇高的读书人，甚至有功名在身，如果不是有投充校尉这条路，不大可能有咸鱼翻身，乃至兴风作浪的机会。

（二）王府校尉的弊病及其佥充改革

在锦衣校尉日渐冗滥的同时，散布在王府中的校尉也出现了一系列的问题。士大夫们不绝于耳的批评主要集中在三个方面。

---

① 《明世宗实录》卷二七五，嘉靖二十二年六月戊子条，第5394页。
② 《明世宗实录》卷二八六，嘉靖二十三年五月己酉条，第5530—5533页。
③ 万历《大明会典》卷一四二《兵部二十五·侍卫》，第2202—2203页。
④ （明）陈洪谟：《继世纪闻》卷五，中华书局1985年点校本，第103页。
⑤ （明）霍韬著，霍与瑕增辑：《石头录》卷四，广西师范大学出版社2015年影印本，第174—175页。
⑥ （明）沈德符：《万历野获编》卷二一《儒臣校尉》，第539页。

一是王府校尉的替补。因为早期的王府校尉大多由锦衣卫调拨，而锦衣校尉的来源又十分广泛，致使很多王府校尉的原籍远离服役地，加之佥补时王府长史司时常擅作主张，结果给地方政府造成了相当大的困扰。如万历四年兵部侍郎项笃寿上奏：

> 今查荆、襄等府分封湖广、江西、山东、河南等处，所佥民校，因何派及庐州府所属州县？况各府原额校尉六百名数，半是锦衣卫校丁拨结（给），半以群牧所军丁改充，此皆隶于尺籍，不系编氓。但国初间有民户投充，未必尽由行伍。或系始封所拨军校原籍，今乃累及同姓异籍齐民，似不能无……况先朝两都并建，所拨侍从员役间有南京卫所校军及畿辅州郡民户佥充者。本部既无册籍可据，该州县又未经一一查详。他如兴府校尉，今已改隶显陵。梁府国除，校丁未知应否裁革。况梁府寝园已隶显陵，校尉似已归并。今该抚按具题勾解之烦，顶补之苦……拟合题请，恭候命下本部，移文该抚按，转行该道，行无为、六安、合肥等州县，备查前项民校佥充来历，中间有无军籍，并转咨河南、湖广、江西、山东各巡抚衙门，转行布政使，行各王府长史司，备查庐州府属州县校尉原籍是否军民，佥充于何年间，奉何事例坐派？今复勾补，如果的系民校，贯籍有据，咨回本部，另行议覆。如系军籍拨补，仍照旧例遵行。①

如前所述，由于亲郡王数量过多，锦衣校尉不足拨充，明廷很早即开始通过在京召募的方式为尚未之国的亲王配给校尉，之国后则因地制宜，要么从附近卫所调拨，要么就地从附近州县佥充。这些召募和就地佥充来的校尉因为从一开始就没有进入锦衣卫册籍，

---

① （明）项笃寿：《题为比例折解班银以苏民困事》，见氏著《小司马奏草》卷一《驾部稿》，第522页。

所以名义上都属于例不勾丁校尉，在册籍中大多称为"民校"，以便和负有世袭义务的锦衣"军校"相区别。但这些民校如果正常退役会造成王府校尉的缺额，因而不约而同地选择了到其原籍另外佥补，由此产生了项笃寿提及的上述问题。

清勾原本就是地方政府的一项沉重负担，王府校尉再混入其中，只会进一步招致地方反感。但牵涉旧制，兵部也拿不出好办法，只能提请地方政府清查。

事实上，王府民校是士大夫们批评的另一个重点。弘治六年，户部尚书叶淇即指出民校，特别是在附近州县佥补凑数的民校"多系富民营充，既蠲其差，又给其粮，诚为妄费"，建议"惟昔时钦赐校尉子孙承继者，许支粮如旧。自余有司所佥及民间投充者，止蠲差役，不得支粮"①。这一建议获得批准，后成为定制。

明中叶，王府校尉已基本丧失作战职能，沦为亲郡王的仆役，是否由本人承役已经无关紧要。伴随着均徭法的推行，在民户中广泛行用的纳银代役逐渐被引入到校尉佥补环节。正德六年，明廷下令："亲王位下民校逃故，照旧佥解补役。郡王以下，民校有不愿应役及新佥补役者，许追银十二两，交与教授领回，雇人代役。愿当者，仍从其便。"② 经过一段时间的实践，这一办法于嘉靖八年推广到亲王校尉群体。"令各处新封王府应佥民校及旧役逃故消乏者，俱照例于均徭内，每名带征银一十二两解府，雇人代役。在府旧役民校，情愿应当，听从其便；不愿者，亦照例征银，解发雇役。"③

纳银代役，官民两便。万历四年项笃寿的奏疏中称"每名每年于均徭内带征银一十二两解府，雇人代役，遵行已久"④，说明这一政策获得了广泛认可。

嘉靖八年的政令允许旧佥民校自愿亲身应役，到万历十年，与

---

① 《明孝宗实录》卷七五，弘治六年五月壬辰条，第1441页。
② 万历《大明会典》卷一四四《兵部二七·力士校尉》，第2016页。
③ 万历《大明会典》卷一四四《兵部二七·力士校尉》，第2016页。
④ （明）项笃寿：《题为比例折解班银以苏民困事》，第522页。

其时在全国大力推行一条鞭法相适应，明廷又推出了一刀切式的"新政"：

> 万历十年议定，郡王不拘旧封、新封，俱以二十四名为额，如前例佥拨。其民校每名每年于徭编内征银十二两，解布政司转发该府，雇人代役。原拨民校，掣回有司当差。如有占吝不发者，听抚按官参究。其绝封郡王府，除另城管理府事者，量留民校十名，照例征银雇役外，其余民校，尽数发还有司。①

这一政令虽然再次把亲王府校尉搁置，但强制王府校尉雇募化的大方向已经非常明确。

士大夫们批评的第三个问题是王府校尉家下余丁管理的无序化。王府事务相对轻松、单一，校尉人等有更多精力用于殖产兴业，因而王府护卫、校尉等更容易落地生根，进而繁衍成族②。这些新生人口原则上隶属王府，地方州县无权调用，而王府对他们的管理也很松散，部分王府裁革后遗留下来的校尉子弟更是无人管束③，致使这些护卫、校尉子弟在一定程度上变成了化外人口。

这些人口因为牵扯王府利益，明廷也没有什么好办法，大体是两种处置方式。一是将其发给地方，入籍当差。如河南巡抚徐恪建议将赵王府革除后遗留下来的校尉户丁，"如有似前两无籍贯，其脱免差役者，果系在营无丁，起解补役，其在营有丁与多余之数，尽发所在有司寄籍当差"④。又如刑部侍郎赵大佑嘉靖四十年奏准将伊

---

① 万历《大明会典》卷一四四《兵部二七·力士校尉》，第 2015—2016 页。
② 如"（河南）伊府原额护卫旗军二千名，今多至一万四千六百五十余名。仅卫司校尉六百名，今多至六千六百余名"。见《明世宗实录》卷四九四，嘉靖四十年三月丙子条，第 8200 页。
③ 如赵王因卷入汉王叛乱，事后被裁革，"先年赵王之国之时，原有随侍校尉，俱在彰德府安阳等县置买田产，已成家业。后裁革，止将校尉正身调取锦衣卫，遗下户丁尚多，仍彼居住。既不管束于本府，又不寄籍于有司，两相影射，脱免差徭。习成山野，罔知法律，或窝藏各处逃民及犯法亡命之徒，或仍假校尉名目欺骗良民、抢夺财物、强占地土。少不如意，辄以人命诬赖。事发到官，无凭提问"。见（明）徐恪《地方五事疏》，《明经世文编》卷八二，第 727—728 页。
④ （明）徐恪：《地方五事疏》，《明经世文编》卷八二，第 728 页。

王府军籍人口"正额存留守御、宿卫，仍每名量留供丁三名，余发洛阳县收籍，编入图甲，纳办粮差。如遇正丁、供丁故绝，照数征补"①。强行列籍地方对于像赵王府那样已经除国，没了靠山的散落人口相对容易，对于健在王府则不是很容易，赵大佑的建议只是将帮丁的数量从一般的一到二丁扩充到三丁，相当于主动妥协，以降低收籍于地方时的难度。但这些人口的户籍原则上收掌于王府官员手中，地方州县未必能彻底清查。即便是前者，也牵扯到调卫、回京、例不勾丁等一系列现实问题，操作起来难度很大。因此，明廷开始寻找更便于操作的处置方法。

正德十五年，明廷决定"令各府原额军校逃故者，照例勾取。不足之数，就于本府军校余丁内金补，不必金补民役，累害小民"②。嘉靖九年议准："亲王府食粮军校，除正数外，每正丁下，量留余丁一名或二名供贴。余俱分拨缺人郡王、将军位下使用。若亲王封国日浅，余丁拨用不敷，仍照例金补。"③ 这些政策强调用余丁弥补本府人手之不足，出发点应该是通过允许王府合法调用余丁来换取减少对地方州县政府的骚扰。尽管可能会出现王府滥用本府余丁的恶果，但与骚扰地方相比，终归危害小一些。

与后者同年，明廷又宣布"王府力士、校尉事故，以选退将军儿男，相兼充补。不必行有司另金"④。这一政策既可以满足王府的需要，又能削减部分锦衣校尉冗余。由于这类校尉相当于从锦衣卫中划拨，所以粮饷会由相应的地方政府支出，客观上有助于减少王府接受的阻力。与之类似，嘉靖九年的政令特意留了一个口子，允许余丁不足的亲王府可以照旧金补，其目的应该也是为了减少阻力。

九年后，明廷又出台一项政策，"各府军校故绝逃亡，无从勾解

---

①　《明世宗实录》卷四九四，嘉靖四十年三月丙子条，第8200页。

②　万历《大明会典》卷一四四《兵部二七·力士校尉》，第2016页。

③　万历《大明会典》卷一四四《兵部二七·力士校尉》，第2015页。

④　万历《大明会典》卷一四四《兵部二七·力士校尉》，第2016页。

者，听将见在军校真正子孙补当。不许将民丁无籍之徒，滥收顶补"①。对比后可以发现，这一政策和正德十五年的政令并无二致。之所以重申并再次强调不得滥收民丁，说明类似现象依然存在。结合上文中引用过的万历四年项笃寿的奏疏可以发现，明廷允许王府从军士、校尉余丁中内部调配的主动让步并没有换来王府的积极回应，胡乱金补民校，骚扰地方政府的现象依然存在。

结　语

校尉制度，自古有之，且从汉武帝开始，就和皇帝建立起相对密切的关系，以至于高等级乐官也被授予协律都尉的职衔（西晋时降为协律校尉）。和诸多上古时期诞生的制度一样，校尉也经历了一个从显贵至尊到中下级属职的"堕落"过程，最后沦为传统官制体系中的下级散官头衔，"校尉在汉如戊己、护羌、城门之属，俱尊官剧任，后世亦仅为右列散官，自六品以下始有此称，而卑琐甚矣"②，而其与皇室的亲密关系则随着金元入主中原与北方民族军事首领至高无上的传统相结合，演化为皇室的亲兵和侍从。

明朝立国之初，尽管喊出了"恢复中华"的政治口号，但在事实上承袭了大量元朝的制度，校尉制度除了削减掉敦武校尉等几个散官职衔外，其他几乎全盘照搬，不仅职责类似，连典礼制服也直接沿袭了他们口中的"胡虏"，即便是洪武六年做了一定的简化，依然是"校尉皆衣济孙，其名仍元旧也"③。因为是沿袭旧制，元代校尉制度出现的弊病，如仗势欺人、投充泛滥等无一例外地在明代重新上演，而且表现得更为明显。

明朝的制度设计者似乎也预见到了这一问题，事先做了一定的预防。如洪武十六年明令，"凡差遣力士、校尉，听于驿舍止宿，毋

---

① 万历《大明会典》卷一四四《兵部二七·力士校尉》，第 2016 页。
② （明）沈德符：《万历野获编》卷二一《舍人校尉》，第 539 页。
③ （明）孙承泽：《春明梦余录》卷六三《锦衣卫》，北京古籍出版社 1992 年版，第 1226 页。

入有司侵扰，及怙势作威，凌辱官吏。违者罪之"①。《大明律》中也列入了具体的惩罚条款：

> 凡公差人员在外，不循礼法，欺凌守御官及知府、知州者，杖六十。附过还役，历过俸月不准。若校尉有犯，杖七十。祗候、禁子有犯，杖八十。②

即便如此，校尉仗势欺人的现象依然在洪武朝就已经出现了。如《大诰》中即开列了这样的案例：

> 近年以来，起取民间有力壮士充校尉，随驾出入。因见好汉，著令四方打差，实是恩抚这等壮士……岂期力士周金保等八名，为催办城砖事差往常州等府，至彼受财无厌，又行脱放有罪囚徒，受彼赃私，经九月不至。差人诣所在捉拿，本人已于本处娶讫妻室，盖造院宅，置买牲口，就彼为家。③

随着时间的推移，有着特殊权力的行事校尉、捕盗校尉等校尉群体中的"佼佼者"不免利用手中特权谋取私利，甚至卷入政治斗争，"特务政治"等很多附着在锦衣卫身上的污名在很大程度上是拜他们所赐。类似宣德年间几个无赖诈称校尉，拘絷都督谭广家属，抢劫财物那样的恶性事件层出不穷既是捕盗校尉履职不力的结果，也是制度设计时校尉权限过于广博，"差遣干办"，理论上无所不包的必然副产品。

---

① 《明太祖实录》卷一五五，洪武十六年七月壬戌条，第2420—2421页。
② 《大明律》卷一二《礼律二·仪制·公差人员欺凌长官》，第94页。
③ 《大诰续编·力士催砖第八十一》，《全明文》卷三十，第671—672页。王府校尉同样存在仗势欺人的现象。如《明英宗实录》卷二九三，天顺二年七月壬寅条记载："书与洛阳王勉湮曰：得尔奏，洛阳县典史辛与强拏校尉李成究治，已将和责答三十。及和奏，称系为事大户家属，因吓要银两，就拏责问。忽被校尉侯勉等将和拏赴尔处答责。且典史职事虽微，系朝廷守土治民之官。尔辄听下人，擒拏凌辱，是不知有朝廷也。"见第6261页。

与前朝不同的是，行事、捕盗校尉等特殊职责校尉的存在是间接从宋代皇城司制度中继承而不是元朝。另外，明代的校尉原则上都是由中央政府统一配给，亲郡王虽然也像前朝那样享有校尉的服侍，但不能自行召募，即便后来允许从王府护卫余丁中抽补乃至金选于附近州县，也有着明确的数额限制，且必须名义上由皇帝或兵部等下令后方可进行。王府擅自召募得不到地方政府的协助，甚至会遭其举报弹劾。不过最明显的区别是明代的校尉有相当一部分可以和宦官势力合法结合，进而获得部分参与中枢政治的机会，不济者也可以趁机发展和朝中文武大臣的私人关系。晚明政治乱象中不时出现校尉的影子，根源就在于此。

由于锦衣卫的职能过于复杂，校尉只是其中的一部分，加之明初的校尉主要来自民间金选，为了保证质量，不用世袭，总体质量比较高，从而在锦衣卫内享有相对高一些的地位。如校尉和力士在来源等方面大体一致，但因为职责不同，校尉的地位要高于力士。校尉主要存在于锦衣五所中，俗称前五所。力士主要在上中、上左、上右等后七所。因为等级有差异，明廷有时甚至把内部调所作为奖励，如万历三十四年，下诏："东宫直宿巡缉旗校量照舍人例，给以冠带。如原系后七所者，量改前五所。"[1] 天启三年，庆祝皇子诞生，明廷奖励东宫旗尉，"如原系后七所者，量改前五所"[2]。正是这种差异的存在以及校尉享有的合法及隐性灰色福利，使明中后期投充校尉的比例远远大于将军和力士。即便是投充将军，也有相当一部分人的真实目的是落选后可以自动成为校尉。

投充以及与之对应的主动收充需要为明中后期校尉群体的冗滥化负主要责任。冗滥的后果是质量下降。质量下降带来的必然是地位下滑。屡禁不止的贵戚奏讨校尉现象与此有密切关系，毕竟在他们眼中，校尉已经和军伴甚至仆役没什么区别。"古来校尉，未有如

---

① 《明神宗实录》卷四一八，万历三十四年二月丁巳条，第7908页。
② 《明熹宗实录》卷四〇，天启三年闰十月壬寅条，第2083页。

此之冗而贱者"①，此之谓也。

另需指出的是，校尉的冗滥化并非都是污点，其中混杂着诸多社会演变的因素。比如商品经济的发展催生了非物质文化的需求，艺术人才、特殊技能者获得了展示才华的舞台，一部分人才甚至得到了皇室的欣赏。但现有官制体系中并没有他们的位置，士大夫群体也不屑与其为伍，于是博官性质的锦衣卫成了容纳这类人才天然的出口，高水平者大量成为寄禄的锦衣中下级军官，差一些的则不断混迹于校尉队伍甚至杂役群体之中。

另外，随着社会的发展，现有制度体系开始出现不适应经济变化的问题。在减轻人身束缚的需求日渐高涨的时代，允许王府民校纳银代役是明朝政府的正面回应，通过投充成为校尉享受一定的优待，或者再通过"买闲"的方式获得不实际服役的权利也是化害为利，寻求人身解放的一个途径。从这个角度看，投充和限制投充也是社会演进过程中新旧势力之间的一种博弈。只是这已不属于本节讨论的范围，只能从略。

第三节　锦衣力士

力士是锦衣卫中人数最为庞大的群体之一②，不过力士在佥充、待遇等方面都和将军、校尉有诸多类似之处，在诸多制度条款中也常与校尉并提，因而在前面讨论将军和校尉制度时已经多次涉及力

---

① （明）沈德符：《万历野获编》卷二一《舍人校尉》，第 540 页。

② 锦衣卫下辖千户所的数量有多种说法，笔者认为有 18 个千户所。其中左、右、中、前、后五个千户所以征战军士为主，锦衣左所、锦衣右所等五个所主要是校尉，驯象所以养象为主，屯田千户所和水军千户所在迁都北京后归属南京锦衣卫。单从千户所的数量来看，力士的数量应和五所军士、校尉接近，共同构成锦衣卫的主体（锦衣卫内达官达军的数量众多，且没有编制上的限制，但大多寄禄于镇抚司，并没有相对固定的职事，属于边缘人群，故本文未将其列入主体范围）。洪武年间，户部主事王肃曾"藏匿锦衣卫力士支赏册，内力士四千名"（见《大诰·御史汪麟等不才第六十八》，《全明文》卷二九，第 617—618 页），虽然没有明确记载这一数字对应的时间，但亦可见力士数量之多。

士。为避免重复，本节仅就力士相对独特的方面略作讨论①。

一 明朝建国之初即存在

和校尉一样，力士在明朝建国之初就存在。笔者见到的最早例证是山东莱芜人丘原。他是"洪武三年力士，十七年充小旗"②。又如浙江浦江县人邵昇，选簿资料记载他于"洪武二年归附，选充锦衣卫力士，本年从军，选充成都右卫左所小旗"③。这条记载有一些问题。锦衣卫洪武十五年才成立，邵昇不可能在归附13年后才起取从军并直接成为力士，这和下文中的"本年从军"也不相符。考虑到现存卫选簿是隆庆年间整理而成，估计是整理者草率所致。事实应该是邵昇洪武二年归附，同年入伍，后选为力士（可惜入选时间没有明确记载）。洪武十五年锦衣卫成立后并入，后调卫到成都。

与邵昇类似的记载还发生在陕西神木县人刘铭身上。选簿记载他是"（洪武）十三年充锦衣卫力士小旗，十七年升力士总旗，调成都中护卫右所"④。可见，选簿确实存在整理有欠仔细的问题。

有诸多个案表明，明廷在洪武十三年曾大规模佥充力士。例如：河南新野县人赵忠，"（洪武）十三年举力士，拨羽林右卫。十七年选充锦衣卫后所小旗"⑤；浙江仁和县叶胜保，"洪武十三年充力士。开设景东卫，拨本卫充军"⑥；山东海阳县人郑得，"洪武十三年举保力士，十四年征云南"⑦；陕西鄜县人田志通，"洪武十三年本县以力士举保赴京，充小旗，改锦衣卫"⑧；等等。上述个案分布在多个省份，说明这一年的佥充是在全国范围内进行的。

---

① 目前专门研究力士的成果主要是崔继来：《明代锦衣卫力士制度述论》，《明史研究论丛》第十七辑，黄山书社2020年版。本节与之观点有所不同，但有一定的借鉴，恕不一一注出。

② 《成都左护卫选簿》，第246页。

③ 《成都左护卫选簿》，第297页。

④ 《成都左护卫选簿》，第317页。

⑤ 《成都左护卫选簿》，第222页。

⑥ 《云南后卫选簿》，《中国明朝档案总汇》第59册，第442页。

⑦ 《永定卫选簿》，《中国明朝档案总汇》第64册，第123页。

⑧ 《成都左护卫选簿》，第208页。

二　来源与分布

按《明太祖实录》记载，"校尉、力士之设，佥民间丁壮无疾病过犯者为之。力士隶旗手千户所，专领金鼓旗帜，随驾出入及守卫四门……后罢仪鸾司，置锦衣卫；罢旗手千户所，置旗手卫。校尉隶锦衣，力士隶旗手"①。《大明会典》则称"初，力士隶旗手卫，后亦隶锦衣及腾骧四卫。惟校尉隶锦衣卫如故"②。

这两条记载其实都有问题。首先，力士的分布范围非常广，并不局限于锦衣卫和后来出现的腾骧四卫。上文中出现的新野人赵忠选为力士后分拨到羽林右卫即证明了这一点。又如明初北平布政司所属固安人毕能，"洪武十三年本县举充力士赴京，拨前仪鸾司，升充小旗。后改锦衣卫"③，说明力士并非仅隶属旗手千户所，仪鸾司也不是只有校尉。洪武十六年四月，朱元璋奖赏"羽林左卫征南力士五百九十七人布各二疋"④，证明锦衣卫成立后，力士也并非仅存在于锦衣卫和旗手卫。嘉靖二十二年九月，明廷下诏南京兵部会同科道官，"清查各卫所官军、力士等……如北京例"⑤。万历援朝战争爆发后，经略宋应昌在行文中亦提到"查得河间、沈阳河夫，天津春秋等五营，新兵一营，力士五百，真、保定各标营，虽经防海，然冬月已行撤回"⑥。诸多事例表明，力士广泛存在于两京卫所，即便在战时的营兵体系中也有大量力士。

其次，和校尉一样，佥充并不是力士的唯一来源。如山东乐安人陈景，"洪武二十三年为盐课事起取，二十四年选充锦衣卫力

①　《明太祖实录》卷一二四，洪武十二年四月戊午条，第1990—1991页。

②　万历《大明会典》卷一四四《兵部二七·力士校尉》，第2013页。

③　《(南京)豹韬左卫选簿》，《中国明朝档案总汇》第74册，第54页。

④　《明太祖实录》卷一五三，洪武十六年四月丁亥条，第2396—2397页。

⑤　《明世宗实录校勘记》卷二七八补脱漏文字，嘉靖二十二年九月己巳条，第1617页。

⑥　(明)宋应昌：《檄天津道》，见氏著《经略复国要编》卷七，四库禁毁书丛刊影印本，第162页。

士"①，昌邑人陈雄，"洪武三十三年为顺民起取（赴）京，选充锦衣卫力士"②。前者带有惩罚充军的性质，后者则是靖难之役中的所谓归顺民户。

上一节提到明代亲、郡王可以享受校尉的服侍，有证据显示，王府之中也有部分由中央政府调拨的力士。如嘉靖九年明廷下令："王府力士、校尉事故，以选退将军儿男，相兼充补。"③ 在个案中也有所显示。如武清县人高名，"（洪武）二十三年充力士，三十二年拨燕山前卫，三十四年升除燕山中护卫百户"④。洪武三十二年即建文元年，当时靖难之役已经爆发，明廷不可能给燕王调拨力士，所以高名肯定是在洪武年间调到燕王府中的。

三　以作战为主的广泛职责

上文中叶胜保等人的事例显示在服侍藩王之外，作战是力士的重要职责。洪武十四年，明廷发动旨在收复云贵地区的征南之役。十六年，朱元璋犒赏"羽林左卫征南力士五百九十七人"⑤，说明力士是南征部队中的重要力量。联想到洪武十三年大规模佥充力士，叶胜保、郑得等人不仅参战，而且在战后就地留用，不排除洪武十三年的大规模佥充是在为次年的南征做准备。征南之役，明军损耗颇大，据朱元璋本人讲，"调了二十二万军马和余丁二十七万。平定之后，带战亡、逃、病，折了我五万兵"⑥。战后，力士仍在不断佥充，且不断被调往云南驻防⑦，甚至有地方官员因为选拔力士不合格

① 《武骧右卫选簿》，《中国明朝档案总汇》第53册，第87页。
② 《武骧右卫选簿》，第148页。
③ 万历《大明会典》卷一四四《兵部二七·力士校尉》，第2016页。
④ 《雅州守御所选簿》，《中国明朝档案总汇》第57册，第503页。
⑤ 《明太祖实录》卷一五三，洪武十六年四月丁亥条，第2396—2397页。
⑥ ［朝鲜］郑麟趾：《高丽史》卷一三六《辛禑传四》，丁卯十三年三月条。
⑦ 如广东怀集县人黎亚章，"洪武十八年充力士，二十三年开设景东卫"（《云南后卫选簿》，《中国明朝档案总汇》第59册，第443页）。福建清流县人魏荣，"洪武十七年举保力士，调云南景东卫。二十九年充小甲，调云南后卫后所"（《云南后卫选簿》，《中国明朝档案总汇》第59册，第438页），等等。

受到处罚①，说明力士至少是京军的主要力量之一，不间断地佥充至少在客观上是对军力的补充。

不仅在云贵，其他地区也不时出现力士的身影。如上文中提到的田志通，洪武十七年曾以力士总旗的身份，"收复江西泰和"②；昌邑人陈雄，"（永乐）四年征进安南等处，十四年并升本所总旗。二十一年随征迤北，升锦衣卫前所百户"③。

力士，顾名思义，系力大之士。明人常将其与周代旅贲相比拟。如名臣邱濬说：

> 勇而疾走曰虎贲，又愤怒也。《周官》既有虎贲，又有旅贲，旅贲者主膂力而言，亦犹今制，锦衣之卒既有校尉又有将军、力士也。④

明末士大夫陆世仪在整顿禁卫的建议中也希望"较（校）尉、力士皆择四方绝技、绝力者充之，统之心膂重臣，以时操练，使常有居中制外之势"⑤。

在冷兵器时代，力气大是先天优势，有膂力之士自然会成为主力，这应是明代卫所中大量存在并不断佥充力士，且频繁用于作战的重要原因。也正因为是军中的一部分，力士在服装上才和普通军士没有区别，"俱红胖袄，盔甲之制如旧"。即便是作为仪仗队主要组成部分之一的旗手卫，也仅是卫旗用黄旗，"其余卫所悉用红旗"⑥，对隶属旗手卫的力士并无特殊对待。

---

① 如上海知县王瑛"以选力士不称旨，刑官以欺诳不敬论之"，后经给事中刘迪敫等人周旋，才得从轻发落。见《明太祖实录》卷一四四，洪武十五年四月戊戌条，第2267页。

② 《成都左护卫选簿》，第208页。

③ 《武骧右卫选簿》，第148页。

④ （明）邱濬：《大学衍义补》卷一一八《治国平天下之要·严武备·宫禁之卫》，第1849—1850页。

⑤ （明）陆世仪：《禁卫议》，见冯梦龙《甲申纪事》卷一二，第240页。

⑥ 《明太祖实录》卷一九三，洪武二十一年八月戊寅条，第2903页。

　　估计正是因为力士善于作战，强调保卫能力的锦衣卫才配置了大批力士，并精选其中的佼佼者。如洪武二十年十月，朱元璋"命锦衣卫选精锐力士五千六百人随驾"①。宣德元年，宣宗敕谕三法司："凡军旗、校尉、将军、力士徒罪以下见系狱者皆宥之，俾从征。"②看重的应该也是力士、将军等出众的作战能力。

　　作为和校尉一道"随从直驾"的人员，力士的主要职责无疑是保卫皇帝，但长期跟随皇帝左右，不免也会承担一些差遣任务。如洪武十七年，琼州知州魏世吉受贿，放走了海南卫刚刚捕获的反贼郑银。朱元璋愤怒，于是"遣力士即其州杖之，责擒捕所纵之人"③。二十四年八月十八日，"差力士何旺赍到手敕，着善世、天禧、能仁三寺僧官宗泐等，明早有雨，不要来。若无雨天晴，早赴奉天门"④。部分力士甚至被派去消除虎患，如山东巨野人程敬，"永乐九年以力士充杀虎手。洪熙元年杀虎有功，升总旗"⑤。

　　崔继来认为力士在征战、侍驾等职责之外，还有承担工程建造、参与祭祀、传旨、催办钱粮、抬棺、梳篦、执扇、杀虎、护卫龙亭等差使⑥。这些差使中除了参与祭祀、执扇属于"本职工作"外，其他大体上均属于临时性的差遣。

　　除了临时性差遣，锦衣卫内的力士另有一些相对固定的职责。如管理监狱。《逆臣录》载："锦衣卫受监者厨子王宗，自知罪不可逃，虑恐刃加于项，令家人买毒……外监门者力士杨贵受财放入，内监门力士郭官保验出……"⑦ 在特殊情况下，负责保卫工作的力士也会临时充当行刑人员，如翰林李时勉直言进谏，惹怒仁宗，当堂

---

①　《明太祖实录》卷一八六，洪武二十年十月丁卯条，第 2789 页。
②　《明宣宗实录》卷二〇，宣德元年八月丁卯条，第 528 页。
③　《明太祖实录》卷一六九，洪武十七年十二月癸丑条，第 2578 页。
④　（明）葛寅亮：《金陵梵刹志》卷二，明万历刻天启印本。
⑤　《府军前卫选簿》，《中国明朝档案总汇》第 49 册，第 71 页。
⑥　参见其《明代锦衣卫力士制度述论》一文。
⑦　《大诰三编·医人卖毒药第二十二》，《全明文》卷三一，第 711 页。

"命力士打数瓜"①，险些命丧原本作为仪仗器具的金瓜之下。

使臣出访时，可有力士随行。如建文四年，朝鲜李朝太宗率百官欢迎明朝使团，"上召力士二人于坐前而赐温酒"②。

力士还可以和校尉一样入选东厂。"其办事东厂者，惟总旗至力士可入。"③

承担部分杂役。如洪武二十六年规定，"每岁冰结之时，礼部堂上官预先奏闻，膳部官赴内官监关支钥匙，锦衣卫差拨力士，或工部差拨脚夫，各备器具，赴正阳门外打扫冰窖……伺候冰冻，拣择洁净去处取冰，节次挑赴冰窖内，如法收藏、封锁"④。

明代卫所军在和平时期常被用于工役，京卫军更是如此，锦衣卫中的力士也难逃此命运，例如：洪武年间，锦衣卫百户万成，"为监造营房，打死力士于清"⑤；成化十六年二月，命锦衣卫拨官军、力士壹千人参加修理天坛及城垣⑥；弘治三年二月，"修南城龙德等殿，拨锦衣卫力士三百人助役"⑦；等等。这也是力士和卫所军士地位基本一致的一个证明。用于采冰也是证明。

由于地位偏低，加之不时出外作战，难免会引起部分力士的反感，以至于很少出现在侍卫将军、校尉身上的脱逃、贿免等现象在明初就发生在力士中间。例如：洪武时锦衣卫百户裴兴，"接受力士蒋次五等八名钞九十贯、夏布五匹，将个人脱放"⑧；宣德时，扬州府泰兴县入选力士秸盛九等人行贿主簿宋仲祥，"而以韩保伍等充选"⑨；等等。

① （明）李贤：《天顺日录》，《中华野史》丛书"明朝卷一"，第201页。
② 朝鲜《李朝太宗实录》卷四，壬午二年十一月己丑条，第245页。
③ （清）陈僖：《燕山草堂集》卷四《客窗偶谈·锦衣卫》，第571页。
④ 万历《大明会典》卷一一六《礼部七四·藏冰》，第1694页。
⑤ 《大诰武臣·打死军人第十四》，《全明文》卷三二，第739页。
⑥ 《明宪宗实录》卷二〇〇，成化十六年二月戊辰条，第3512页。
⑦ 《明孝宗实录》卷三五，弘治三年二月庚子条，第761页。
⑧ 《大诰武臣·卖放军人第十八》，《全明文》卷三二，第741页。
⑨ 《明英宗实录》卷七，宣德十年七月辛未条，第128页。

结　语

与校尉仅供皇室差遣不同，力士的主要作用在于发挥其膂力出众基础之上的军事技能，所以不仅被大量安置在锦衣卫保卫皇帝，在其他卫所中也有一定的分布，且大量用于各处作战。永乐年间，明廷依旧大量佥充力士。如朱棣登极不久，即"命陕西、河南、山西、山东、凤阳诸府州县选力士三千五百人"①。因为佥充过多，以至于发生暂时无处安置、只能先由镇抚司带管的现象②。超编佥充从侧面证明在此前的三十多年里，力士群体出色地履行了他们的职责。

不过由于力士的地位和卫所军士接近，待遇上也没有明显的差距，所以尽管"例不勾丁"，仍然从明初伊始就存在刻意避役乃至贿赂脱免的现象，这一现象直到正统以后才渐渐消失。消失的原因不是因为明廷调整了政策，而是力士们已经发现了利用锦衣卫的特殊地位谋求隐性福利乃至非法收益的办法。也正是从英宗时期开始，类似民户"数十成群，告投力士、校尉军役。一县或一二百名，或七八十名……此等初无竭力效劳之诚，不过脱免差徭，叨窃粮赏而已"③ 之类的抱怨开始不时出现在地方官员的奏报当中。与之对应的是，力士想办法避役的现象被民户及普通卫所军士户下余丁想办法投充力士甚至"诡名顶补"，"冒支月粮"④ 的现象取而代之，迫使明廷不得不一方面一再提高锦衣卫内军士户下人丁替补力士或校尉的门槛，另一方面反复清查、裁革，如嘉靖三十一年右给事中徐纲等一次性奏准"改正指挥等官一千七百二十人……力士一百五十人"⑤，但始终达不到预期效果。

投充、冒籍成为力士或校尉在很大程度上是军户及部分民户摆

---

① 《明太宗实录》卷一三，洪武三十五年十月戊午条，第233页。
② 如山西绛县人崔斌，"永乐元年，本县以力士举保赴京，拨锦衣卫镇抚司带管"。见《（南京）锦衣卫选簿》，《中国明朝档案总汇》第73册，第129页。
③ 《明英宗实录》卷二七八，天顺元年五月甲戌条，第5949页。
④ 《明世宗实录》卷一〇一，嘉靖八年五月戊戌条，第2384页。
⑤ 《明世宗实录》卷三九〇，嘉靖三十一年十月癸丑条，第6850页。

脱人身束缚的手段，是与不适应社会发展的僵化旧制度博弈的表现。在博弈过程中，明朝政府也开始发生转变，如万历二十四年十月，"锦衣卫奏补力士四千余名，纳银十万"①。将收充和纳银相提并论，等于允许投充者把将来用来"买闲"的银钱直接交给政府，纳银代役。原本非法的投充和买闲在这一刻被政府合法化了。尽管类似举措并不常见，某种程度上和捐纳类似，但终归是一种让步，也是明廷面对纷繁复杂的社会变化所采取的为数不多的主动调适之一，是社会演进中的些许进步。

第四节　锦衣舍人和勋卫

舍人是中国古代官僚体系中的一个重要职务，早在先秦时期就已出现。明代的舍人大体分为两类，一类是文官系统中处于闲散杂职地位的中书舍人、侍仪舍人等，另一类是有世袭资格的武官家下子弟。后者包括尚未袭职但已经被委以具体职事的各类听差舍人以及纯粹在家内等候袭职的合格男丁。锦衣卫及其前身内有大量舍人存在，且名目繁多，本节试就相关问题做一分析②。

一　明朝立国前后的军中舍余

传统观点认为卫所大量佥充舍人和余丁用于战备执勤和卫所内的差役是明代中后期的普遍现象③，笔者也曾持类似看法，并曾在此

---

①　（明）许重熙：《宪章外史续编》卷九《万历注略》，续修四库全书丛书影印本，第186页。

②　秦博：《明代勋卫与散骑舍人的制度特性》（《史学月刊》2020年第4期）一文涉及锦衣卫内的散骑舍人和勋臣子弟出身的特殊舍人——勋卫，本节对其多有借鉴，恕不一一注出。

③　如于志嘉认为"明初军役本是正军的负担，正军户下其余人丁只有帮贴正军、继承军役之责"（《卫所、军户与军役——以明清江西地区为中心的研究》，北京大学出版社2010年版，第152页）；李新峰亦提出"洪武时期，除了征召部分骁骑舍人外，一般舍人、余丁与正军职责无关"。虽然他曾提及收复云南之役中曾调动27万余丁的例证，但认为余丁"应临时担负后勤等事务，而非作战"。见氏著《明前期军事制度研究》，北京大学出版社2016年版，第271—272页。类似提法还有很多，恕不一一列举。

前的研究中明确把明朝政府"选用余丁的上限定在永乐十九年"①。但从此后见到的大量档案资料来看，这一看法很有修改的必要。

为表述方便，这里先罗列几条典型史料。

①杨显，南直隶寿州人，系杨明嫡长男。父随伯杨观渡江，伯升豹韬卫千户，父充舍人，征中原，洪武元年充豹韬卫百户。②

②何永亨，南直隶和州人。有父何琪，系德兴翼元帅何铭亲侄。丙申年（1356 年）归附，辛丑年（1361 年）充舍人，壬寅年（1362 年）克南昌……除雄武卫百户。③

③余安，南直隶和州人。祖余潮海，己（应为"乙"）未年（1355 年）先锋，己亥（1359 年）年故。伯余正，癸卯年（1363 年）充舍人，洪武三年除百户，本年授世袭，八年故。父余志，十一年充参侍舍人，十二年除百户，十六年授世袭。④

④直隶定远人鲁让，"吴元年（1367 年）克苏州，充舍人。征中原、山东等处，洪武五年除授成都后卫前所镇抚"⑤。

⑤直隶寿州人王泰，"有曾祖王良，甲辰年（1364 年）充威武卫总旗，吴元年除威武卫百户。将祖父王中旧名允中充参侍舍人。曾祖父十一年调升祥符卫试千户……征云南等处阵亡。祖父除青江门试都尉，除天策卫金署卫事，授流官。因曾祖阵亡，钦升通州卫世袭指挥金事"⑥。

⑥直隶寿州人穆谦，"有祖穆润富，丙申年归附，甲辰年克庐州，阵残疾。乙巳年令义伯穆正兴代役，洪武三年除羽林右

———————

①　拙作：《明代卫所军户研究》第一章第二节《明代卫所军户群体的形成》，第 69—70 页。另见《试析明初卫所军户群体的形成》，《中国史研究》2007 年第 2 期，第 143—144 页。

②　《越州卫选簿》，《中国明朝档案总汇》第 59 册，第 310 页。

③　《越州卫选簿》，第 316 页。

④　《怀远卫选簿》，《中国明朝档案总汇》第 62 册，第 382 页。

⑤　《威州守御千户所选簿》，《中国明朝档案总汇》第 57 册，第 390 页。

⑥　《桂林右卫选簿》，《中国明朝档案总汇》第 58 册，第 132 页。

卫百户，复姓。洪武七年升太原护卫千户，十二年十二月病故。有父穆永先于八年拨金吾左卫充舍人，十七年六月敬除江阴卫左所试所镇抚……二十年九月，钦与实授世袭所镇抚"①。

⑦直隶定远人张遇春，"丙午年（1366 年）充舍人小旗，洪武四年充总旗，老疾"②。

以上七个例子，除例⑥中的穆永系明朝立国后成为舍人，其他都是朱元璋称帝前已大量拨充舍人的证据，最早的是例②中的何琪，1361 年即成为舍人。另外，这些舍人都来自淮南一带，应和朱元璋系从濠州参加反元起义，第一批追随者大都来自家乡及附近地区有直接关系。

元代实行武官世袭制度，朱元璋在起义之初沿用元朝官制是可以理解的事。问题是在人们的印象中武官户下应袭舍人是在正式袭职后才参与军队事务，而例①、例②、例④、例⑤、例⑥中的舍人则是在其父兄健在，并仍在军中服役的时候成为舍人，而且除了例⑤中的王中、例⑥中的穆永是否曾参战不明确外，另外几个例子之中的杨明、何琪、鲁让都曾有多年的参战记录，并因为军功进入军官队伍。例⑦中的张遇春身份是"舍人小旗"，更暗示这些提前从戎的舍人不仅会参战，还有独立的编制。

洪武二十年，朱元璋在接见高丽使臣长寿时曾亲口说洪武十四年征讨云南梁王时"调了二十二万军马和余丁二十七万"③。洪武十四年时的明朝已经完全掌控了全国局势，但征讨云南时不仅调用了大批余丁，而且余丁的数量超过了正军，说明明初的余丁原本就是随时可以调用的军事力量。史载，福建建安县人李清，其岳父岳福早年从军，"洪武二十二年并枪升小旗，将青选充演武余丁"④。浙

① 《云南后卫选簿》，《中国明朝档案总汇》第 59 册，第 382 页。
② 《福州右卫选簿》，《中国明朝档案总汇》第 64 册，第 351 页。
③ ［朝鲜］郑麟趾：《高丽史》卷一三六《辛禑传四》，丁卯十三年三月条。
④ 《（南京）鹰扬卫选簿》，《中国明朝档案总汇》第 74 册，第 402 页。

江黄岩人郭旺的父亲郭亚祖，吴元年从军，郭旺本人则于洪武十九年"选充演武余丁"①。湖广郴州人廖自性，洪武二十一年充军。他的侄子廖世隆，"以余丁同叔随军征讨，三十三年俱升小旗"②。从这几个个案中可以发现，卫所军士的候补替役余丁不仅会提前进入军队，而且有个"演武余丁"的专门称谓。"演武"即军事训练，目的自然是参加日常战备乃至战斗，廖世隆的例子更是清晰地证明了这一点。调动余丁参战显然不会是朱元璋突发奇想，应是立国前后反复实践的结果。这么做估计是为了保证伤亡正军可以随时得到替补，且不需要专门训练即可上阵，必要时还可以直接征召入伍，以弥补战时兵力的不足。明初卫所军中之所以出现"重役"，即一户内有多名丁壮在军中服役的现象，和立国前后这种大范围征召余丁随军征战有直接关系。

洪武二十七年，明廷曾出榜例：

> 在京军人户下壮丁多者，或弟兄子侄，或见赘在户女婿，凡遇上直、做工、公差，许轮流代替，不轮者听。若遇出征调遣，正军亲行。正军软弱，户下壮丁愿随行代替者，亦听。本管官旗首领官吏敢有刁蹬者，杖一百，罢职。总小旗、首领官吏，边远充军。③

在这之前，明廷已经就"重役"现象做出政策调整，以避免与地方政府争夺劳动力④。现在明确允许出征时软弱正军可由户下壮丁

---

① 《（南京）鹰扬卫选簿》，第469页。
② 《大宁中卫选簿》，《中国明朝档案总汇》第65册，第436页。
③ 万历《大明会典》卷一四三《兵部二六·守卫》，第2006页。
④ 明初曾多次下令归并一户多军者。如洪武二十三年正月，朱元璋晓谕兵部尚书沈潜："今天下各卫所多有一户而充二军，致令民户耗减。自今二军者，宜免一人还为民。"见《明太祖实录》卷一九九，洪武二十三年正月甲申条，第2986页。此后在洪武二十六年、洪熙元年、宣德四年等年份也曾出台类似政策，以解决重役问题。参见万历《大明会典》卷一三七《军役·重役》部分相关内容。

代替，说明对此前余丁参战的效果高度认可。出台这样的政策，既不影响地方政府的劳动力总量，又能满足军方维持军队基本战斗力的需要。这也是在军队规模因解决"重役"而出现一定缩减的背景下所能采取的唯一的"两全其美"的方法。

既然余丁可以强制提前入伍，作为未来的军官，舍人们自然不能安处家中。作为军官替补人，如果等父兄退伍时再接替入职，一方面需要时间熟悉"工作环境"，另一方面也没办法在短时间内获得下属官兵的支持，这在战争仍在进行且规模不断扩大的情况下，无论如何是不能接受的，所以，舍人和余丁一样提前入伍是必然的选择。

例⑥中的穆永洪武八年拨充金吾左卫舍人，而他未来承袭的对象穆正兴则是太原护卫千户，似乎斯时的舍人并不是直接跟随在父兄等长辈身边历练。类似的例子还有直隶怀远县人赵成，"洪武三年克上都、应昌等处，除南阳卫中所百户。二十年，为民刘元龄告不应事，发金齿充军"，其子赵英"于洪武九年参充舍人，拨羽林卫。十二年调兴武卫，后除试百户。十六年，接应曲靖，十八年除锦衣卫中所试百户，调成都中护卫后所"①，始终没有父子团聚。湖广应城县人李宏，"系赤水卫指挥佥事李贤亲弟。洪武十三年以舍人随往北平操练"②。天策卫指挥同知赵圭在京卫就职，他的儿子赵贵，洪武六年"以舍人代州征进，除广武卫所镇抚，十五年阵亡"③，一直在山西服役。可见，明初的舍人入伍后是由军方统一安置、统一使用的。

另有事例表明，即便是现役军官阵亡或病故，其名下应袭舍人也不能马上袭职，而是和其他舍人一样，先要随军历练。如河南信阳人张睿是安丰卫百户，洪武十六年归并到云南右卫前所，不久去世。其子张彬，"以舍人取赴京操练"，直到洪武二十五年才"袭授

① 《（南京）豹韬左卫选簿》，《中国明朝档案总汇》第 74 册，第 82 页。
② 《宁番卫选簿》，《中国明朝档案总汇》第 58 册，第 41 页。
③ 《归德卫选簿》，《中国明朝档案总汇》第 62 册，第 8 页。

本卫所世袭百户"①。又如凤阳县人孟良，"壬寅年归附，丙申年充总管，癸卯年除授水军前□百户，陷没"，其子孟观，"洪武六年充舍人，八年，钦除应天卫左所镇抚"②；棠邑县人李得成，洪武十四年去世，其侄李闰，"十六年补役，十七年拨府军卫舍人。二十六年谋逆事，升总旗"③；等等。

个别时候，还会有部分舍人因故暂时无法袭职而临时加入操练队伍。如寿州人刘聚早年从军，一度任职正千户，1366年攻打苏州时阵亡。其子刘安，洪武十八年才"钦依起取赴京"。次年正月，"将父原授文凭赴通政司告袭父职。为因无诰，发骁骑右卫，充操练舍人"。九个月后，才特授为金山卫中所世袭百户④。又如锦衣卫中前所世袭副千户王兴畏罪自缢身亡，洪武二十六年七月，"将男王必贵作舍人，发大宁中卫操练"，后袭营州中护卫后所副千户⑤。

这些入伍操练乃至参战的舍人毕竟和余丁身份不一样，他们是分散安置还是集中训练呢？从例⑦中的张遇春充舍人小旗来看，入伍后的舍人似乎有独立的编制。有很多个案可以证明这一猜测。如合肥县人苏成，洪武二十三年调至府军卫舍人所⑥。又如湖广松滋县人林茂，"（洪武）二十三年以年深除府军卫舍人所百户"⑦。这个舍人所应该就是集中安置舍人的单位，只是由于史料的缺乏，暂时无法确定其编制是千户所还是百户所。既然同在一个所内，必然需要不等级别的领导者，张遇春显然是其中最低级别的军官。

舍人所内的军官不会是凭空任命，而是应有一定的军功。这就牵扯到另一个问题。舍人不断参战历练，必然有机会立功。立功就会受奖或授职、升职，如果舍人获得的职务和祖职有差距怎么办？

① 《云南右卫选簿》，《中国明朝档案总汇》第59册，第106页。
② 《威州守御千户所选簿》，《中国明朝档案总汇》第57册，第393页。
③ 《长陵卫选簿》，《中国明朝档案总汇》第53册，第270页。
④ 《保安卫选簿》，《中国明朝档案总汇》第70册，第117页。
⑤ 《营州中屯卫选簿》，《中国明朝档案总汇》第69册，第155页。
⑥ 《安南卫选簿》，《中国明朝档案总汇》第60册，第217页。
⑦ 《镇西卫选簿》，《中国明朝档案总汇》第71册，第199页。

我们先看三个事例。

①一世祖黄仁，黄州府罗田县人，乙未年归附从军，丁酉年功升总管。洪武四年故。二世祖黄谦仍充金吾左卫舍人。十三年克普定、盘石、大理功，十七年升虎贲卫右右所世袭所镇抚……永乐三年，升本卫前所世袭正千户。①

②赵良，年二十五岁，怀远县人。祖父赵成，甲午年军，克淮安等处，选充壮士。洪武三年克上都、应昌等处，除南阳卫中所百户。二十年，为民刘元龄告不应事，发金齿充军。有父赵英先于洪武九年参充舍人，拨羽林卫。十二年调兴武卫，后除试百户。十六年，接应曲靖，十八年除锦衣卫中所试百户，调成都中护卫后所。二十五年，钦蒙取祖赴京复职，老疾，父赵英替职，故。良系嫡长男，袭授成都中护卫后所世袭百户。②

③陈鼎，蒙城县人。始祖陈善，洪武元年从军，二年取西安，三年除飞熊所镇抚。二十三年故。二世祖陈辅，先于十三年选充舍人，除府军右卫副千户。始祖陈善故，将二世祖陈辅起送，袭万全左卫右所所镇抚。③

三个事例分别反映了三种情形。例①中的黄仁，丁酉年（1357年）积功升总管。但总管一职是朱元璋没有划一部伍之前的职务。1364年，朱元璋立部伍法，废除总管、万户等职务，重新划定武官体系，"核诸将所部有兵五千者为指挥，满千者为千户，百人为百户，五十人为总旗，十人为小旗"④。统一部伍后黄仁是否还是军官，选簿中没有记载，加之洪武四年即已去世，估计尚未取得世袭资格，但因生前是军官，所以他的后人黄谦仍然以舍人身份划拨到金吾左

①　《成都左护卫选簿》，《中国明朝档案总汇》第 57 册，第 211 页。
②　《（南京）豹韬左卫选簿》，第 82 页。
③　《义勇后卫选簿》，《中国明朝档案总汇》第 66 册，第 363 页。
④　《明太祖实录》卷一四，甲辰年四月壬戌条，第 193—194 页。

卫。此后，黄谦通过个人努力，积功升职，获得世袭正千户资格。

与之类似的是上文提到的第六个例子中的穆永。穆永虽然是穆正兴名下的舍人，但因两人并没有血缘关系，加之穆正兴后来"复姓"，即重新立户，所以穆永不能再承袭穆正兴的世职，只能靠自己从头积累功勋。

还有比穆永更不幸者。如定远人杨顺，"旧名李顺……父杨三，甲午年充百户，阵亡。顺年幼，随母嫁先锋李元吉同住。继父李元吉除振武卫百户，阵亡。洪武二年，充宿州卫舍人，十二年充总旗，十八年除百户，二十三年调永定卫前所，准令复姓杨，调大庸所"①。如果比照穆永，杨顺至少应获得世袭百户的资格。但其子杨福申请袭职时，选簿的记载却是"永乐八年三月，杨福，系永定卫大庸千户所故流官百户杨顺嫡长男"②。可见，杨顺至死也没有获得世袭的权利。黄谦、穆永、杨顺入伍后唯一得到的照顾就是以舍人为起点。

例②中的赵成生前辗转获得世袭百户资格。其子赵英作为操练舍人，多次征战和调卫，累积功劳升职到试百户。洪武二十五年正式袭职时，袭其父百户职。与之相似的是盱眙人周文兴，其父周全，"丙申年归附，充百户……（洪武）十八年除副千户，二十四年调威清卫左所"，其子周文兴"先以参侍舍人除授试百户"，建文二年替职时，"授威清卫左所世袭副千户"③。

例③中的陈辅比较不幸，虽然个人已经积功升至副千户，但因其父的世职只是所镇抚，所以尽管从军十年，仍然只能降两级，承袭所镇抚职。

综合陈辅、赵成等人的例子来看，舍人在袭职时应以其祖职为准，个人的功劳并不在考虑范围内。从上文中刘安、王必贵等人的例子来看，这些提前入伍的舍人被称为"操练舍人"。与之对应的是有带兵权的舍人，如1358年二月，"升领军舍人朱文忠为帐前总制

---

① 《永定卫选簿》，《中国明朝档案总汇》第64册，第178页。
② 《永定卫选簿》，《中国明朝档案总汇》第64册，第178页。
③ 《威清卫选簿》，《中国明朝档案总汇》第60册，第132页。

亲军都指挥使司左副都指挥，兼领元帅府事"①。但"领军舍人"的称谓过于笼统，所以很早即停止使用，改为直接授予立了战功的舍人不同级别的武职。明代的武职分世官和流官两种，在没有获得世袭资格之前，所有武职均在流官之列。舍人由于身份特殊，没有特殊贡献，其职务不会获准世袭。另外，像陈辅这样本人流职高于世职的现象应该不是很多，所以并未引起明廷的重视。

不过凡事总有例外，比如本节开篇时提到的寿州人王泰。他的曾祖王良，"（洪武）十一年调升祥符卫试千户……征云南等处阵亡"。祖父王中先充参侍舍人，后"除青江门试都尉，除天策卫金署卫事，授流官。因曾祖阵亡，钦升通州卫世袭指挥金事"②。按照明廷的惯常处理办法，阵亡官兵视同立功，晋升一级，王良阵亡前是试千户，和副千户大体同级，因此阵亡后可享受正千户的待遇。王中能越级世袭指挥金事，纯属特恩。

前文中提到的余志和王中进入卫所后都有一个"参侍舍人"的称谓，显示操练舍人后来有了专门的名号。那么，究竟有哪些名号，又是从什么时候开始的呢？

二　从宿卫舍人到散骑舍人

在操练舍人之外，朱元璋称帝前有具体名称的舍人，笔者目前见到三种。

一是参随舍人。如庆阳公主的驸马黄琛，"岁壬寅（1362年），以帐前参随舍人擢兵马副指挥"③。参随舍人在立国后依然存在。如副千户丁襄之子丁斌，洪武九年"敬充参随舍人，十年选充带刀，十一年充总旗"④。"带刀"是御前护卫的称呼，可见洪武九年时的丁斌虽然是参随舍人，但不具备护卫的资格。

① 《明太祖实录》卷六，戊戌年二月乙亥条，第62—63页。
② 《桂林右卫选簿》，《中国明朝档案总汇》第58册，第132页。
③ 《明太祖实录》卷一七五，洪武十八年九月壬申条，第2658页。
④ 《兴州左屯卫选簿》，《中国明朝档案总汇》第67册，第182页。

更为特殊的是浙江浦江人郑沂，"国初，天兵下浙东，甫定金华，选良家子弟为参随舍人。沂居行简，著能声。既而还京师，仍命归乡里……洪武二十五年，宣召义门子弟年三十以上者至御前，选擢备用，沂其一焉。三十年，又征取大姓贤能者授以重任，吏部引奏，上特召沂诣前……御笔亲除为礼部尚书"①。1358 年，朱元璋平定浙东。当年十二月，下令"选宁越七县富民子弟充宿卫，名曰御中军"②。郑沂估计就是入选的御中军之一分子。朱元璋从当地富民子弟中抽选御中军，在很大程度上是在展示对新附地区社会上层人众的信任，客观上兼有人质的性质，未必真的会用于宿卫。郑沂在朱元璋返回南京后被放归乡里，可能是因为不适合从军（后来出任文职侧面证明了这一点），也可能是地方已安定，不再需要人质。

综合这三个例子来看，参随舍人指代的是朱元璋身边留用的舍人，未必都负有护卫的责任，甚至可能不一定是军人。"参随"二字，在很大程度上指的是他们的工作性质，未必是专门的名号。

二是濠梁舍人。如临淮县人经本，"吴元年选充濠梁舍人。洪武四年除青州卫所镇抚"③。濠梁舍人，笔者仅见到这一例，性质不明确。从经本的经历来看，肯定属于武职。

三是宿卫舍人。如定远人陈玺，"乙巳年（1365）充宿卫舍人，洪武四年钦除百户"④。临淮人张应，"丙午年（1366）七月钦蒙取充宿卫舍人"⑤。不过宿卫舍人和参随舍人类似，更像是以职事代替名号，如史籍中记载韩成之子韩观，"以舍人宿卫，忠谨为太祖所知"⑥。

1368 年后出现的舍人名号有四个。

①　（明）过庭训：《本朝分省人物考》卷五二《浙江金华府·郑沂》，续修四库全书影印本，第 430 页。

②　《明太祖实录》卷六，戊戌年十二月条，第 75 页。

③　《沅州卫选簿》，《中国明朝档案总汇》第 63 册，第 277 页。

④　《（南京）羽林左卫选簿》，《中国明朝档案总汇》第 72 册，第 188 页。

⑤　《皇陵卫选簿》，《中国明朝档案总汇》第 62 册，第 240 页。

⑥　（清）张廷玉等：《明史》卷一六六《韩观传》，第 4479 页。

一是骁骑舍人。据《实录》记载：

> 先是，朝廷募民间子弟年二十五以上，素行无玷者，听充骁骑舍人。于是四方至者甚众。至是，山西平阳府有陈八等十有五人俱军匠杂役，又有父母老病，亦应募而来。上闻，并放还。①

征召骁骑舍人一事在个案中也有反映。如山东济宁人李澍，"洪武九年十月投充府军卫骁骑舍人"②。据此推断，《实录》中所说的"先是"，至少应可向前推到洪武九年。另如和州人周宝。他的姐夫贾宗，"前华元帅下义兵"，洪武五年五月阵亡。十年后，周宝作为户下余丁，于洪武十五年"拨府军卫，充骁骑舍人，当月选充小旗"③。可见洪武九年之后，明廷仍在选拔骁骑舍人。综合上述史料判断，骁骑舍人应是有目的选拔的一支队伍，选拔对象可以是没有牵挂、不影响其他赋役征缴的民户，也可以是正军替补余丁，包括主动投充者。

明代历史上最有名的骁骑舍人是郭宁妃的弟弟郭德成。"太祖以宁妃故，欲贵显之。德成辞。帝不悦。顿首谢曰：臣性耽曲糵，庸暗不能事事……但多得钱、饮醇酒足矣，余非所望。帝称善，赐酒百罍，金币称之，宠遇益厚。"④ 从郭德成酗酒需要皇帝赏赐来看，骁骑舍人的待遇并不高。

因为资料有限，目前尚未见到洪武朝以后选充骁骑舍人的记载，也无法判断在府军卫之外是否存在骁骑舍人。他们究竟是一支精兵，还是类似校尉，以侍卫特定人群为职事均无从得知。洪武十三年，

---

① 《明太祖实录》卷一一五，洪武十年十月丙辰条，第1886页。
② 《云南后卫选簿》，《中国明朝档案总汇》第59册，第406页。
③ 《大宁中卫选簿》，《中国明朝档案总汇》第65册，第331页。
④ （清）张廷玉等：《明史》卷一三一《郭兴传附郭德成》，第3844—3845页。

明廷曾下令"骁骑舍人凡犯法者，悉罢为民"①。这一处罚方式和校尉接近。另从郭德成的闲散经历以及洪武朝之后再没有见到征召记载来看，骁骑舍人似乎更接近校尉，且不排除在锦衣卫成立后，整体并入了锦衣卫。

二是骠骑舍人。据《明宣宗实录》记载，武进伯朱荣，"洪武中选充军卫骠骑舍人"②。不过史籍中仅此一例，从字形上看，"骠骑"不排除是"骁骑"的误写。

另两个名号是参侍舍人和散骑舍人。《明太祖实录》记载，洪武九年正月，朱元璋下令：

> 上命都督府择公、侯、都督及各卫指挥嫡长、次子才可试用者，为散骑、参侍舍人，俸秩视八品，隶于都督府，佩弓刀，充宿卫，或署各卫所事及听省、府、台、部差遣，历试以事，其有才器超卓者，不次用之。于是择长兴侯耿炳文子璇、荣阳侯杨璟子进等一百四人为散骑舍人。③

按照这一记载，明廷选拔参侍舍人和散骑舍人除了限定在高级武官嫡子范围外，主要目的是"历试以事"，也就是实习锻炼，以便发现人才，量才使用，所以使用范围并不限定在军内，也包括省、府等文职机关。事实上，明代也确实有舍人转任文职的事例。如洪武十五年五月，"以散骑舍人耿瑄为尚宝司卿"④。又如洪武二十五年十月，朱元璋任命兵部尚书唐铎的弟弟唐鉴为散骑舍人，"随直宿卫"⑤。洪熙元年唐鉴致仕时的职务却是山东盐运使⑥。唐鉴入选也从侧面说明散骑、参侍舍人的候选对象并不局限于高级武官的儿子，

① 《明太祖实录》卷一三一，洪武十三年四月庚寅条，第 2080 页。
② 《明宣宗实录》卷三，洪熙元年七月丁酉条，第 123 页。
③ 《明太祖实录》卷一〇三，洪武九年正月戊午条，第 1731—1732 页。
④ 《明太祖实录》卷一四五，洪武十五年五月丁卯条，第 2279 页。
⑤ 《明太祖实录》卷二二二，洪武二十五年十月乙卯条，第 3240 页。
⑥ 《明宣宗实录》卷四，洪熙元年七月丙申条，第 121—122 页。

也包括弟兄。类似的例子还有高阳郡公耿再成的哥哥耿琰，"琰尝为参侍舍人"，洪武十年加赠耿再成为泗国公时，耿琰连带授职为汝宁卫指挥佥事①。俞通源、俞通海的弟弟俞渊，"以父兄故，充参侍舍人。从征，积功授都督佥事……二十五年封渊越巂侯"②。

　　明廷选拔参侍舍人的事例在选簿资料中多有体现。例如：寿州人夏汝宁，"甲午年从军，癸卯年阵亡"，其子夏秉，"洪武十一年除府军前卫参侍舍人，十二年充凤阳卫总旗"③；和州人余正，"洪武三年除百户，本年授世袭，八年故"，其弟余志，"十一年充参侍舍人，十二年除百户，十六年授世袭"；无锡县人朱纲，"前张氏军，戊戌年归附，充小旗"，后升至平阳卫百户，洪武四年阵亡，其子"真于十一年起充参侍舍人，十二年除虎贲右卫百户"④；定远人任得才，"甲申年从军，戊戌年充先锋，壬寅年除百户，癸卯年阵亡。（儿）任彬，选充参侍舍人，洪武十年袭除虎贲右卫百户"⑤；长沙县王华，"洪武元年除青州卫百户，故"，洪武九年，儿子王成"除参侍舍人，十年袭除扬州卫百户"⑥；六安州陈名，"洪武四年除旗手千户所百户，五年，故。（子）保于九年充参侍舍人，十年袭除阳凤左卫左所百户，十九年拨平越卫后所"⑦；海宁卫百户高景奉，洪武七年征进山后阵亡，"高仪选充参侍舍人，操练。十五年除潭府仪卫司典杖，未任，拨锦衣卫带管。二十二年做百户，管领蕲州三户垛集土军，调平溪卫后所"⑧；定远人魏懋，"有父魏清，前伴住马付枢下义兵百户，乙未年归附……洪武二年钦授流官诰命副千户，病故。有兄魏得，旧名德先，于洪武九年充参侍舍人，十七年袭除

---

① 《明太祖实录》卷一一一，洪武十年四月戊辰条，第 1852 页。
② （清）张廷玉等：《明史》卷一三三《俞通海传附俞渊》，第 3877 页。
③ 《安南卫选簿》，《中国明朝档案总汇》第 60 册，第 252 页。
④ 《成都左护卫选簿》，第 258 页。
⑤ 《滁州卫选簿》，《中国明朝档案总汇》第 61 册，第 497 页。
⑥ 《安南卫选簿》，第 196 页。
⑦ 《平越卫选簿》，《中国明朝档案总汇》第 60 册，第 95 页。文中"阳凤左卫"怀疑是"凤阳左卫"的误写。
⑧ 《平溪卫选簿》，《中国明朝档案总汇》第 64 册，第 23 页。

南阳中卫副千户"①；等等。

从这些个案可以发现，大批参侍舍人的出身并不高，余志等人的父兄大多是百户，夏秉的父亲阵亡前只是普通军士，级别最高的魏清，也不过是流官副千户，并不是像《实录》记载的那样，仅限于勋臣和卫指挥。

史载，洪武九年七月，"始命散骑、参侍舍人冠带"②，在服饰上享受官员待遇。但在此前的五月，明廷已经任命"散骑、参侍舍人杨进等一十九人署豹韬等卫事"③，此时距离明廷选拔第一批散骑、参侍舍人还不到半年，说明明廷预留给舍人们的实习历练时间并不长。上述个案中，除了魏得做舍人做了八年，高仪选充参侍舍人起点时间不明外，其他人大多在一年左右即获得实职，成为中下级军官。参侍舍人迅速完成历练，一方面和国初大批伤亡军官子弟需要尽快抚恤和安置有关，另一方面和当时尚未进入和平状态，战事仍在不断发生，急需补充军官缺员应有密切关系。

史籍中记载的明廷最后一次大规模点充参侍舍人发生在洪武十三年。当年正月，"以武官子弟常安等百三十人为参侍舍人。安，振武卫指挥同知常荣之子；荣，开平忠武王遇春之再从弟也"④。此后，参侍舍人未再出现明确记录，史籍中频繁出现的有名号的舍人只剩下散骑舍人。

对于散骑舍人，官修《会典》这样记载：

> 凡勋卫、散骑舍人。旧制：择公侯、都督及指挥嫡长、次子为之，俸秩视八品。侍卫直宿外，或令署各卫所事及听差遣。有材器超卓者，不次擢用。⑤

---

① 《南丹卫选簿》，《中国明朝档案总汇》第58册，第348页。
② 《明太祖实录》卷一〇七，洪武九年七月丁卯条，第1793页。
③ 《明太祖实录》卷一〇六，洪武九年五月辛巳条，第1767页。
④ 《明太祖实录》卷一二九，洪武十三年正月甲辰条，第2054页。
⑤ 万历《大明会典》卷一四二《兵部二十五·侍卫》，第2000页。

　　勋卫和散骑舍人有诸多关联，下文中会具体讨论。单从文字上看，《会典》的记载和前引《实录》中对散骑、参侍舍人的记录没有实质上的不同。

　　明初确实有大批勋贵子弟成为散骑舍人的记载。如东平侯韩政之子韩英①、德庆侯廖永忠之子廖权②、临江侯陈德之子陈镛③等都是在洪武九年授散骑舍人，蕲春侯康茂才之子康渊④、营阳侯杨璟之子杨达⑤、德庆侯廖权之子廖镛⑥、都督何德之子何浚⑦等也先后成为散骑舍人。笔者目前所见散骑舍人的父兄级别最低的是指挥佥事。如密县人张信，"锦衣卫指挥佥事葛德妻侄，（洪武）二十五年除散骑舍人。二十七年除世袭百户"⑧。凤阳人汪昊，"先任散骑舍人，二十八年钦依，令昊替职（指挥佥事）"⑨。汝宁府刘聚，洪武五年升任指挥佥事，后去世。其子刘义，先于洪武八年充参侍舍人，"九年除散骑舍人。征迤西，钦袭沅州卫左所正千户"⑩。这和参侍舍人有大批出身于中下级军官家庭有明显的不同，说明《会典》中关于散骑舍人仅限于"公侯、都督及指挥嫡长、次子"出任的记载大体是准确的。刘义洪武九年由参侍舍人改任散骑舍人，亦不排除是因为其父生前系指挥佥事的原因。从弘治年间开始修纂的《会典》中没有提参侍舍人，则显示其已彻底退出历史舞台。

　　不过凡事总有例外。比如洪武二十九年升任左军都督府都督佥事的散骑舍人汤醴就是信国公汤和庶子⑪，并非嫡子。又如江都县人

────────────

① 《明太祖实录》卷一一七，洪武十一年二月癸亥条，第1914页。
② 《明太祖实录》卷一六一，洪武十七年四月癸巳条，第2507页。
③ 《明太祖实录》卷一八二，洪武二十年六月庚子条，第2748页。
④ （清）张廷玉等：《明史》卷一三〇《康茂才传附康渊》，第3817页。
⑤ 《明太祖实录》卷一四七，洪武十五年八月乙巳条，第2328页。
⑥ （清）张廷玉等：《明史》卷一二九《廖永忠传附廖镛》，第3806页。
⑦ （明）朱元璋敕撰：《逆臣录》卷一，第56页。
⑧ 《锦衣卫选簿》，第346页。
⑨ 《皇陵卫选簿》，第184页。
⑩ 《平越卫选簿》，第22页。
⑪ 《明太祖实录》卷二四四，洪武二十九年正月辛巳条，第3539页。

李达道，"甲午年归附，己亥年充总旗，庚子年阵亡"①。按明制，阵亡将士的继承人充其量升一级，但其子李敬，"洪武三年为抄报户口，愿告充军。九年，钦取，除散骑舍人。十四年除凤阳卫世袭指挥佥事"②。李敬以总旗子入选散骑舍人，说明明初在具体制度的执行上并不是很严格，亦如晚明名士茅元仪所说："散骑舍人，国初以处侯家子弟，然不必尽侯家子弟。"③

永乐以降，散骑舍人制度基本定型，入选者基本控制在勋臣子弟范围内。例如：永乐十三年，任命英国公张辅的弟弟张轨为散骑舍人，"令带刀宿卫"④；天顺元年十月，"命文安伯张𫐐次子昌为散骑舍人"⑤；成化三年正月，"命故襄城伯李隆男琏为散骑舍人。琏，襄城伯瑾庶兄也"⑥；泰昌元年十一月，"以恩诏补勋臣子弟朱元臣等九人为散骑舍人，轮流带刀侍卫，令锦衣卫带俸"⑦；等等。唯一和制度不一致的是不时有皇亲成为散骑舍人。例如：仁宗朝，先后"擢皇亲、散骑舍人钱通为锦衣卫指挥佥事"⑧，"擢（皇亲）散骑舍人萧让为中都留守司正留守"⑨；正统十二年，"命故中都留守司正留守萧让孙珍为散骑舍人"⑩；等等。不过此时的散骑舍人已经完全是锦衣卫的组成部分之一，皇亲进入锦衣卫在很大程度上是其享受不同层级待遇的一种落实方式，散骑舍人只是这类恩遇中的一个阶梯，加之数量有限，所以不至于构成对制度本身的明显冲击。

散骑舍人大多出身高贵，其职事和一般的操练舍人有没有区别呢？

① 《平溪卫选簿》，第17页。
② 《平溪卫选簿》，第17页。
③ （明）茅元仪：《暇老斋杂记》卷一三，续修四库全书丛书影印本，第656页。
④ 《明太宗实录》卷一六〇，永乐十三年正月甲辰条，第1816页。
⑤ 《明英宗实录》卷二八三，天顺元年十月丁酉条，第6074页。
⑥ 《明宪宗实录》卷三八，成化三年正月癸酉条，第754页。
⑦ 《明熹宗实录》卷三，泰昌元年十一月庚子条，第161页。
⑧ 《明仁宗实录》卷一下，永乐二十二年八月甲子条，第30页。
⑨ 《明仁宗实录》卷三下，永乐二十二年十月丁巳条，第115页。
⑩ 《明英宗实录》卷一六一，正统十二年十二月乙丑条，第3128页。

散骑舍人绝大多数出自武官家庭，为继承和发扬家业，自然会重视武技。史载，临江侯陈镛"少以功臣子练习武艺，九年，授散骑舍人"①，暗示在授舍人之前，明廷似乎已经在有组织的安排这些新贵子弟学习军事技能。既如此，授职后更少不得要到前线历练。洪武十七年，明廷赏赐征讨云南梁王的将士，其中"百户、所镇抚、司仗钞七十锭、织金及杂色文绮七匹、绢十四匹；散骑舍人，钞三十锭"，病故或负伤"百户、所镇抚、司仗，钞三十五锭、织金及杂色文绮三匹、绢七匹。散骑舍人，钞十七锭……军士赏钞、布"②。可见，大批散骑舍人参加了征南之役，且地位在所镇抚之下，军士之上，与其享受的八品待遇相符。

除了参战，散骑舍人也会参加其他类型的军事活动。如德庆侯廖权在做散骑舍人期间，于洪武九年，"从宋国公冯胜练兵西安"③。洪武二十六年，散骑舍人刘昌捕率锦衣力士、官军前往山西、河南等地抓捕大盗王天锡团伙④。洪武三十年，散骑舍人王瓛建言"临山卫及余姚千户所军士正伍之外余军尚五百人，宜分补沿海卫所守御"⑤，显然也是其在浙江实地参与海防措置的成果。

明中后期坊间一直流传朱元璋曾设君子卫和舍人卫的故事。文官子弟进入侍卫队伍的个案确实存在，如上文中提到的唐鉴，不过单独组成一个君子卫则找不到任何证据。武官子弟以舍人身份进入禁卫队伍的例子不胜枚举，特别是在锦衣卫成立后，散骑舍人全体并入锦衣卫，成为禁卫队伍的一部分，加之上文中曾提到卫所中的舍人大多集中安置，甚至有专门的舍人所，颇有些接近舍人卫的意思，但现有史料无法证明散骑舍人在锦衣卫中是否有独立的编制，所以舍人卫只能继续停留在故事层面。

---

① 《明太祖实录》卷一八二，洪武二十年六月庚子条，第 2748 页。
② 《明太祖实录》卷一六一，洪武十七年四月癸未条，第 2498—2500 页。
③ 《明太祖实录》卷一六一，洪武十七年四月癸巳条，第 2507 页。
④ 《明太祖实录》卷二二九，洪武二十六年八月甲戌朔条，第 3350—3351 页。
⑤ 《明太祖实录》卷二五五，洪武三十年十二月丁未条，第 3692 页。

不过，以贵戚子弟入卫君王是中国古代的一个政治传统。这既是君王信任和拉拢臣下的手段[1]，也是臣僚彰显个人地位的一个途径。明中叶，著名的大学士邱濬曾建议广泛征召贵戚子弟入卫。

> 臣按：周制，宫伯掌王宫之士、庶子凡在版者，则是王朝宿卫之人，皆公、卿、大夫、士之子弟也。祖宗以来，用功臣子弟以为勋卫，盖亦此意。臣窃以为今日宜广此意，凡公、侯、驸马、伯及凡有功德于国家者之子若孙，皆授此职，使之番上宿卫，如此，则不徒宿直宫禁得肺腑之臣，而勋戚子孙亦得俸禄之养，盖一举而两得焉。[2]

事实上，护卫皇帝确实是散骑舍人的重要职责。如洪武二十七年明廷公布皇城门禁法，"凡朝参，午门先放直日都督、将军及应直带刀指挥、千百户、镇抚、散骑舍人，然后文武百官以次而入，不许搀越"[3]。永乐以降，宫廷侍卫制度定型。掌管侍卫军官共设六员，其中地位最高的一员负责"管锦衣卫大汉将军及勋卫、散骑舍人、府军前卫带刀官"[4]。"管红盔将军官，锦衣卫官，勋卫，散骑舍人，府军前卫、旗手卫官，各色把总及将军、官军、旗校等，俱三日一更番"[5]。从这个层面看，散骑舍人制度倒是颇为符合古制。也正因为这个原因，有时皇帝会将散骑舍人作为奖励授予重臣子弟，如永乐十三年正月，"命张轵为散骑舍人，令带刀宿卫。轵，英国公辅之

---

[1] 以人臣子弟为近身带刀侍卫是朱元璋拉拢臣下的重要手段。洪武四年正月，朱元璋曾晓谕侍臣："推诚心以待人，路人可使如骨肉。以嫌猜而御物，骨肉终变为仇雠。朕遇前元亲族，如高昌、岐王等，皆授以显职，仍令带刀侍卫，一无所疑。朕待之如此，彼岂肯相负哉？"见《明太祖实录》卷六〇，洪武四年正月庚寅条，第1172—1173页。

[2] （明）邱濬：《大学衍义补》卷一一八《治国平天下之要·严武备·宫禁之卫》，第1848页。

[3] 《明太祖实录》卷二三五，洪武二十七年十二月甲戌条，第3437页。

[4] 万历《大明会典》卷一四二《兵部二十五·侍卫》，第1997页。

[5] 万历《大明会典》卷一四二《兵部二十五·侍卫》，第2001页。

弟也"①。部分勋臣则会趁着地位尊崇时主动请求遣子入卫。如景泰二年，大同总兵官、定襄伯郭登上疏辞职，趁机表示"臣有男嵩，年已长成，愿备带刀宿卫之列，以图补报"。后郭嵩获准"充散骑舍人，带刀"②。

散骑舍人只是八品待遇，对高官子弟而言，未免过于低下。因为家境优越，很多舍人的日常生活水准远远高于其俸禄水平。如洪武三十年十一月，朱元璋亲眼看见一个散骑舍人服装华丽，"问制用几何，曰五百贯"③。对这样的奢侈风气，朱元璋不免严厉训诫一番。奢靡固然可憎，但其背后折射出散骑舍人群体并不甘心居于准下层武官地位的心态。明廷对此也心知肚明，因而为不同出身的散骑舍人设计了不同的发展路径。

继承世爵。散骑舍人当中包括很多勋臣嫡长子，这些人原本就是未来的爵位继承人，选为舍人，入伍历练，相当于袭爵之前的过渡。比如廖永忠之子廖权，入选舍人当年即随冯胜前往西安练兵，此后又"从御史大夫丁玉征松、叠等州，克之。十三年，袭封德庆侯"④。蕲春侯康茂才的长子康铎袭爵后从征云南，战死军中。其幼弟康渊可以顺延袭爵，因年幼，先授散骑舍人。"已，坐事，革冠服，勒居山西，遂不得嗣。"⑤ 如果没有犯罪，康渊应可以正常袭爵。

勋臣的嫡长子数量毕竟有限，其他嫡子乃至庶子、兄弟等才是大多数。有证据显示，这些人经过历练后大多调任其他卫所或都督府任职，少量直接留在了锦衣卫。如黔宁王沐英的三子沐昂，"洪武中授散骑舍人，升府军左卫指挥佥事。永乐初，升云南都指挥同知"⑥，此后一路晋升到左都督、云南总兵。廖永忠之子廖镛，"以

① 《明太宗实录》卷一六〇，永乐十三年正月甲辰条，第1816页。
② 《明英宗实录》卷二〇〇，景泰二年正月壬寅条，第4244页。
③ 《明太祖实录》卷二五五，洪武三十年十一月丙辰条，第3687页。
④ 《明太祖实录》卷一六一，洪武十七年四月癸巳条，第2507页。
⑤ （清）张廷玉等：《明史》卷一三〇《康茂才传附康渊》，第3817页。
⑥ 《明英宗实录》卷一三〇，正统十年六月甲子条，第2594页。

嫡子为散骑舍人，累官都督。建文时与议兵事，宿卫殿廷"①。英国公张辅的弟弟张轵无资格袭爵，永乐十四年七月，特擢升其为旗手卫指挥使②。武定侯郭英的曾孙郭聪，幼时为锦衣卫散骑舍人③，本可正常袭爵，但因堂弟郭珍的祖母永嘉大长公主干预，明英宗无奈，只好暂时任命他为"指挥佥事，锦衣卫带俸"④。与之类似的是郭嵩。因为他的叔叔定襄伯郭登没有儿子，郭嵩"继其后，任锦衣卫散骑舍人……嵩因请于上，得袭其爵，命理南京前府事"。郭嵩死后，其子郭参因为非郭登嫡亲后代，被剥夺袭爵资格，"止命袭为锦衣卫指挥使，带俸"⑤。对这类散骑舍人而言，选充舍人相当于未来进入高级武官行列的一个捷径。

除了勋臣子弟，明初的散骑舍人群体中还有大量指挥一级武官的后裔。这些人的前辈有的尚未获得世袭资格，有的因故被剥夺了世职。对他们而言，做散骑舍人和做操练舍人的区别并不大，需要通过自身努力或者意外的恩赐来获取官位。唯一的好处是散骑舍人相对容易接近皇帝，获得特恩的机会多一些。如建文四年十月，登极不久的朱棣命右军都督佥事袁义的次子袁兴袭父原职府军左卫指挥使。"初，义卒，长子旺袭职，坐诽谤，流岭南。上兵至灵璧，兴以锦衣卫散骑舍人来朝。至是，特命袭职。"⑥ 又如高宣，"由官下弟侄钦除散骑舍人，征南病故"。其嫡长子高真童"先为年幼，钦与米二石优给"，洪武二十五年出幼，朱元璋下令，"着他世袭所镇抚，调营州中护卫前所"⑦。高宣是因为做散骑舍人期间阵亡，其子才得以授职，那些没有什么功绩，又不是勋臣子弟的散骑舍人就没有这

① （清）张廷玉等：《明史》卷一二九《廖永忠传附廖镛》，第3806页。
② 《明太宗实录》卷一七八，永乐十四年七月癸巳条，第1937页。
③ 《明故镇朔将军总兵官武定侯郭公墓志铭》，见《新中国出土墓志·北京·壹》（下册），第72页。
④ 《明英宗实录》卷一六一，正统十二年十二月庚辰条，第3134页。
⑤ 《明宪宗实录》卷一七四，成化十四年正月乙丑条，第3137页。
⑥ 《明太宗实录》卷一三，洪武三十五年十月庚午条，第242页。
⑦ 《营州中屯卫选簿》，《中国明朝档案总汇》第69册，第154页。

么幸运了。建文元年三月十四日，明廷"以散骑舍人张成等七十一人为沿海巡检"①。巡检不过是从九品的杂职②，比散骑舍人的级别还低，估计张成等人的出身都不会很高。一次性调离71名散骑舍人到沿海任杂职，也从侧面说明洪武年间选充的散骑舍人过多。

　　类似建文元年这样的大规模清退散骑舍人，笔者目前仅见到这一例。考虑到永乐以降散骑舍人基本是勋臣子弟的过渡性职务，总体数量有限，客观上应该也没有大规模分流处置的需求。有资料显示，散骑舍人在明中后期已经发展成为一个可以世袭的固定职务。如《锦衣卫选簿》记载：

> 崇祯十三年二月，大选过锦衣卫衣中所散骑舍人一名，刘有根，年十一岁，系故散骑舍人刘三畏嫡长男。察伊父加升指挥同知系流衔，例不世延。今本舍合准袭祖职散骑舍人，优给，至崇祯十六年终住支。③

　　散骑舍人世职化间接说明明中后期已经不再有意识地分流散骑舍人。留在锦衣卫内世代服役已成为那些没有找到合适去向的散骑舍人的最后选择。

三　锦衣卫中的勋卫

　　在明代史籍中，散骑舍人常与勋卫并提。如《会典》在记录各类侍卫人员额数时称"勋卫、散骑舍人，无定员"④。对于勋卫的来源，《会典》中亦和散骑舍人相提并论。

---

① （明）姜清：《姜氏秘史》卷二，第68页。
② （清）张廷玉等：《明史》卷七五《职官四》载："巡检、副巡检，俱从九品，主缉捕盗贼，盘诘奸伪。"见第1852页。
③ 《锦衣卫选簿》，第237页。
④ 万历《大明会典》卷一四二《兵部二十五·侍卫》，第1997页。

凡勋卫、散骑舍人。旧制：择公侯都督及指挥嫡长次子为之，俸秩视八品。侍卫直宿外，或令署各卫所事，及听差遣。有材器超卓者，不次擢用。①

这一记载显示勋卫和散骑舍人之间有密切的联系，以至于清朝人在官修《续文献通考》时直接记录为"洪武九年正月，以勋臣子弟有才者置勋卫、散骑舍人"②。事实上，在明代史籍中并没有记载勋卫出现的准确时间。检索《明实录》可以发现，明代第一个确切无疑的勋卫是徐达的三子徐增寿。《明太祖实录》记载，洪武二十四年三月，"遣魏国公徐辉祖，曹国公李景隆，凉国公蓝玉，徽先伯桑敬，都督马鉴……勋卫徐增寿往陕西等处防边，赐钞有差"③。对于徐增寿，《明太宗实录》称其"少尝侍父入见，太祖高皇帝奇其机警，赐名增寿。长而勇敢，善骑射，选为勋卫，带刀侍从。谨实寡过，升右军都督府左都督"④。

朱元璋为徐增寿赐名一事在《明太祖实录》中所附"徐达传"中也有记载。"子四人，皆上赐名。长子辉祖，袭封魏国公。次添福，授勋尉，早世。次增寿，擢右军都督府左都督。次膺绪，中军都督府都督佥事。"⑤ 奇怪的是，这里并没有提及徐增寿由勋卫升都督一事，倒是他的二哥徐添福有一个"勋尉"头衔。对于徐添福，《明太宗实录》曾记载在朱棣登基的当年八月，封周王次女为兰阳郡主，"擢徐茂先为中奉大夫、宗人府仪宾，以郡主配之。茂先，中山武宁王达之孙，勋卫添福之子也"⑥。这里的徐添福又成了"勋卫"。据此推断，勋卫在洪武年间可能曾被称为"勋尉"，或者"勋尉"是"勋卫"的误写。沿着这个思路翻检史料，我们会发现第一个出

①　万历《大明会典》卷一四二《兵部二十五·侍卫》，第 2000 页。

②　（清）嵇璜、曹仁虎等：《钦定续文献通考》卷一二六：《兵考·禁卫兵》，第 515 页。

③　《明太祖实录》卷二〇八，洪武二十四年三月戊子条，第 3093 页。

④　《明太宗实录》卷九下，洪武三十五年六月辛未条，第 137 页。

⑤　《明太祖实录》卷一七一，洪武十八年二月己未条，第 2618 页。

⑥　《明太宗实录》卷一一，洪武三十五年八月辛未条，第 188 页。

现的勋卫也不是徐添福，而是曹国公李文忠的次子李增枝。李文忠去世于洪武十七年三月，《明太祖实录》在附传中记载李增枝"初授勋尉，继擢前军左都督"[①]。至此，我们可以得出结论，李增枝和徐添福是明朝的第一代勋卫。至于徐增寿，应该是在徐添福去世后递补上去的。

　　1367 年，朱元璋下令改符玺郎为尚宝司，"置尚宝司卿一人，秩正五品"[②]。《明史》称尚宝司卿，"以侍从儒臣、勋卫领之，非有才能不得调。勋卫大臣子弟奉旨乃得补丞"[③]，并列举了"耿瑄以散骑舍人、黄观以侍中、杨荣以庶子为卿"[④] 等几个例子。耿瑄是长兴侯耿炳文的儿子，明人史籍中找不到耿瑄曾任勋卫的记载，估计是清人在修《明史》时和《钦定续文献通考》的作者采取了类似的看法，把勋卫和散骑舍人混为一谈了。保守推断，洪武年间的勋卫至少应该是公爵的嫡子。

　　勋卫在永乐一朝没有授予的记录，不过在仁宗短短几个月的时间里就有多位勋卫就职。如郭登，"洪熙初，以勋戚子弟召见，授勋卫"[⑤]。洪熙元年三月，"命太师、英国公张辅子忠为勋卫"[⑥]。四月，"擢太保、宁阳侯陈懋子昭为勋卫"[⑦]，等等。朱棣通过政变夺取政权，和前朝公侯有一定的心理距离，靖难新贵则大多壮年，子嗣相对年幼，未必适合授勋卫，这应是永乐朝未见授予勋卫的重要原因。仁宗即位时，靖难新贵大多老去，需要对其子嗣适当拉拢，连续任命多个勋卫或与此有关。另从勋卫的前辈身份来看，此时的勋卫出身已经下滑到侯爵。陈昭任勋卫，《实录》用了"擢"字，即晋升，暗示父祖为公侯并非勋卫的充分条件。那么，勋卫的选择还有什么

---

①　《明太祖实录》卷一六〇，洪武十七年三月戊戌条，第 2484 页。

②　《明太祖实录》卷二八上，吴元年十二月丁未条，第 424 页。

③　（清）张廷玉等：《明史》卷七四《职官三》，第 1805 页。

④　（清）张廷玉等：《明史》卷七四《职官三》，第 1805 页。

⑤　《明宪宗实录》卷一〇三，成化八年四月丙申条，第 2027 页。

⑥　《明仁宗实录》卷八上，洪熙元年三月己卯条，第 254 页。

⑦　《明仁宗实录》卷九下，洪熙元年四月癸丑条，第 292 页。

标准呢？

万历时，兼管京营戎政的右副都御史魏时亮曾在建言京营训练时提到勋卫的选拔。

> 查得营内各官，并无年幼勋臣一员在营教习，大与臣昔巡视时事体不同……盖文武人才，未有不储养而得者。世禄之家骄惰易生，储养尤急，若不及早查复旧制，恳请严饬，又安望继此得武勋之济美，而朝廷有资于世臣之报效哉？……查得祖宗朝，凡见袭公侯伯未曾任事者，及公侯伯应袭年十五以上者，俱送京营，听总协大臣教习弓马策论，讲读《武经七书》、《百将》等传，春秋两次会同巡视科道考试，中有才器超卓者，会本奏荐。见袭者推南北五府等缺，应袭则授锦衣卫勋卫，附记将材簿内。遇有将领员缺并推。先年如灵璧汤世隆，怀宁孙世忠，彰武杨炳，伏羌毛登，泰宁陈良弼，则以见袭而荐用者也。嘉靖四十四年如徐文璧、张元功，万历四年如陈胤兆，九年如徐廷辅，俱授勋卫，管红盔将军，则以应袭而荐用者也①。

明制，文官最高只能授伯爵，所以勋臣绝大多数都是武职。从前文提到的临江侯陈镛成为散骑舍人之前曾"以功臣子练习武艺"②来看，勋臣子弟入伍学习是明朝的祖制，所以魏时亮虽然谈的是晚明时期的京营，但15岁以上入伍学习应是惯例，而具备相当的军事技能，可入选"将材簿"应该是成为勋卫的主要条件。尽管明前期未必有将材簿，但应该有类似的要求。

不过魏时亮说"应袭则授锦衣卫勋卫"，即勋卫只能授予勋臣嫡长子则未必尽然。勋卫中确实有很多爵位的法定继承人。这从史籍中不断出现勋卫被允许袭爵可以看出来。如嘉靖四年三月，"命故成

---

① （明）魏时亮：《为勋裔失教缓急乏人乞赐申饬旧制务敦预养以责成世臣报效疏》，《明经世文编》卷三七一，第4028—4029页。

② 《明太祖实录》卷一八二，洪武二十年六月庚子条，第2748页。

国公朱辅子麟袭爵。麟先为勋卫，以罪废，屡乞承袭……上特允之"①。六月，"命锦衣卫带俸勋卫王洪袭封成山伯"②。成国公朱应槐，"万历辛卯授勋卫侍卫，辛丑承袭祖爵"③。万历四十一年六月，"命锦衣卫带俸勋卫张嘉猷袭彭城伯爵"④。泰昌元年九月，"准勋卫陈光裕袭宁阳侯祖爵"⑤。十二月，"准勋卫杨崇猷袭彰武伯祖爵"⑥，等等。

不过，勋卫当中同样存在很多没资格袭爵的勋臣子弟。如天顺二年，锦衣卫指挥佥事逯杲奏准："勋卫郭璟乃坐罪削爵都督佥事郭登弟，不宜带刀侍卫，合令锦衣卫镇抚司带俸。"⑦ 郭璟显然没有继承权。又如成化二年十二月，"革勋卫陈晟职。晟，宁阳侯润庶兄也"⑧。成化九年，"平江伯陈锐陈其叔祖仪麓川之功，乞以其叔祐袭指挥佥事。上以仪自勋卫历升，法不当袭。不许"⑨。陈仪也不是长子。"以嘉靖甲午授锦衣勋卫，时年十七"⑩，长期主持锦衣卫事务的朱希孝，是成国公朱希忠的弟弟。可见，勋卫在明代始终不是勋臣嫡长子的专利。另从平江伯陈锐的叔祖陈仪曾做勋卫来看，至迟到正统年间，伯爵子弟已经可以做勋卫。由此可见，勋卫的门槛一直在降低。

门槛的不断降低预示着勋卫的数量将会不断增加甚至出现冗滥化的趋向。孝宗即位之初，大力清理冗滥官员。兵部一口气列出十四款共714人，其中就包括勋卫和散骑舍人。虽然孝宗表示"勋卫、

---

① 《明世宗实录》卷四九，嘉靖四年三月辛酉条，第1231页。
② 《明世宗实录》卷五二，嘉靖四年六月癸丑条，第1311页。
③ 《明神宗实录》卷四七一，万历三十八年五月壬申条，第8901页。
④ 《明神宗实录》卷五〇九，万历四十一年六月癸卯条，第9642页。
⑤ 《明熹宗实录》卷一，泰昌元年九月戊子条，第50页。
⑥ 《明熹宗实录》卷四，泰昌元年十二月辛酉条，第200页。
⑦ 《明英宗实录》卷二八六，天顺二年正月庚辰条，第6127页。
⑧ 《明宪宗实录》卷三七，成化二年十二月癸卯条，第724页。
⑨ 《明宪宗实录》卷一二一，成化九年十月甲子条，第2335页。
⑩ 〔明〕张居正：《特进光禄大夫柱国太傅兼太子太傅掌锦衣卫事后军都督府左都督赠太傅谥忠僖朱公神道碑》，见《张居正集》卷三十二，第3册第265—266页。

散骑及皇亲、锦衣卫指挥同知孙纯宗等五十一员俱仍旧"①，但可见在士大夫眼中，勋卫已经可与匠人、舍人、旗校、勇士等相提并论，不再是不可一世、高高在上的勋戚②。上文中提到的勋卫王洪、张嘉猷等都是无事可做的"带俸"官亦证明勋卫确实存在冗滥的问题。

和勋卫冗滥化对应的必然是选拔条件降低。有证据显示，到明中叶，勋卫甚至可以乞请而得。如天顺元年四月，兴济伯兼礼部尚书杨善奏准："臣男副千户宗、正千户容、所镇抚能及庶男宏同诣南宫迎驾有功，乞加微职，以图补报。上命宗为勋卫，宏为副千户，容、能俱升一级。"③ 弘治五年，"授保国公朱永子晖为锦衣卫勋卫，从其请也"④。据秦博考察，勋卫从天顺朝开始"俸秩比正千户"即与杨宗有关。天顺元年四月，"命宁远伯任礼子、正千户寿为勋卫，随侍"⑤ 亦可作为佐证。

洪武朝，勋臣及指挥以上武官子弟均有机会入选为散骑舍人，只有徐添福等少数几个人可以荣升为勋卫。与散骑舍人相比，勋卫只是地位更高，在职事上并没有明显的差别，可以说是散骑舍人当中的佼佼者⑥。在锦衣卫成立后，二者一起成为锦衣卫的一部分。随着门槛的降低，勋卫数量逐渐增加，与散骑舍人做适当切割成为客观需要。天顺朝将和散骑舍人一样可以带刀侍卫的勋卫俸秩提高到与正千户同级，即正五品，远高于散骑舍人的正八品，在层级上正式完成了二者的分割。层级提高之后，在职能上必然需要相应的调整。

前引魏时亮的奏疏显示万历时京营当中已经没有勋臣子弟"在

---

① 《明孝宗实录》卷五，成化二十三年十月戊子条，第90—91页。

② 武宗即位之初，兵部再一次把勋卫放进冗滥范围可为另一旁证。见《明武宗实录》卷五，弘治十八年九月壬午条，第151页。

③ 《明英宗实录》卷二七七，天顺元年四月甲寅条，第5920页。

④ 《明孝宗实录》卷六二，弘治五年四月壬戌条，第1202页。

⑤ 《明英宗实录》卷二七七，天顺元年四月癸卯条，第5908页。

⑥ 勋卫在各类典礼中所处的位置说明了这一点。如大朝贺时，"御殿。掌领侍卫官……一员侍殿内东，一员侍殿内西。勋卫分立于其下，少后"。勋卫仅次于主官。见万历《大明会典》卷一四二《兵部二十五·侍卫》，第1997页。

营教习"。秦博考察指出明世宗晚期已经开始有意识的授予部分勋卫管事之职，期望通过徐徐教养，实际历练改变勋臣子弟普遍纨绔化的现状，但从魏时亮的报告来看，皇室的苦心显然没有达到预期效果。无力执掌军政，又不能全部寄禄养闲人，那就只能从其侍卫本职寻找出路了。

大致随着土木之变，元老勋臣损失殆尽开始，勋臣群体在军中的地位已成鸡肋之势，有能力带兵打仗，上阵杀敌的勋臣子弟越来越少，相反，服务于皇家禁卫军中的勋戚则日渐增加。秦博指出，英宗，特别是天顺朝是专任勋戚管领侍卫部队的重要节点，成、弘年间日渐普遍化。日后形成的大致格局是一名驸马掌管大汉将军，三千营红盔将军、明甲将军等则由勋臣统领。

笔者所见勋卫以军官身份参与管理红盔将军等侍卫群体的事例开始于嘉靖四十五年。当年二月，世宗"命勋卫应袭张元功、徐文壁俱管理红盔将军"①。此后，不断有勋卫出现在管领侍卫的军官队伍里。例如：万历四年，"以丰城侯李环、平江伯勋卫陈胤兆管理红盔将军"②；万历九年十二月，"以永康侯徐乔松、武定侯郭大诚、定国勋卫徐廷辅管理红盔将军"③；万历十一年二月，"以圣驾躬诣山陵……命镇远侯顾承光同左都督李文全、勋卫孙承恩统领带刀府军等卫官三十员，大汉将军三百名，随直圣驾往回"④；万历二十三年十二月，"以永康侯勋卫徐应坤管理红盔将军"⑤；万历三十五年十月，"命武定侯勋卫郭应麒管义刀、围子手"⑥；等等。

以勋卫出任京营将官的事例也在不久后出现。如隆庆二年三月，"命临淮侯应袭勋卫李言恭充五军营游击将军"⑦。不过，当年六月

　　① 《明世宗实录》卷五五五，嘉靖四十五年二月己丑条，第8940页。
　　② 《明神宗实录》卷四八，万历四年三月乙未条，第1090页。
　　③ 《明神宗实录》卷一一九，万历九年十二月丙辰条，第2232页。
　　④ 《明神宗实录》卷一三三，万历十一年二月壬子条，第2491页。
　　⑤ 《明神宗实录》卷二九二，万历二十三年十二月乙巳条，第5404页。
　　⑥ 《明神宗实录》卷四三九，万历三十五年十月戊寅条，第8322页。
　　⑦ 《明穆宗实录》卷一八，隆庆二年三月辛未条，第516页。

李言恭即调离五军营，改为和勋卫王学诗一起管理红盔将军①。类似的还有宣城伯应袭勋卫卫国本，隆庆二年五月"充神枢营佐击将军"②，不久即因袭爵离职。隆庆六年七月，卫国本也出现在管理红盔将军的队伍里③。短暂任职就离开京营，一方面说明明廷仍然期望勋臣以及勋卫们能承担大任，另一方面亦显示这种期许难以落到实处，勋卫们依旧难堪重任。

即便是在事务性、程序性工作居多的侍卫队伍里就职，勋卫们依旧不时出现纰漏甚至违法现象。例如：嘉靖十四年五月，"以大祭方泽，勋卫张岳、朱岳护卫不到，下法司问"④；万历九年，"平江勋卫陈胤兆占用直军一百名，革俸半年"⑤；万历二十七年，以宿卫官军缺伍过多，"夺勋卫王继芳等俸半年"⑥；等等。

由于数量较多，并非所有勋卫都有机会协助管理侍卫部队。《万历野获编》中记载："公侯伯子弟称勋卫者，为带刀散骑舍人，其秩八品，在试百户之下，而出外则皆僭系金带、衣麟蟒，体貌甚盛。总之此辈纨裤，非可以理喻法绳者。"⑦ 称勋卫为带刀散骑舍人，客观揭示了二者的关系，指其在试百户之下，应系不了解内廷制度所致，而"纨裤"二字则直接点出了这些世代豪门的腐朽样貌。纨绔子弟中当然选不出几个合格的领导者。崇祯年间的翰林检讨杨士聪描述当时的锦衣卫是"戚畹皆于堂上列衔，而不与卫事，亦不至卫到任，勋卫亦然"⑧，可见不仅在卫内"寄禄"吃闲饭的勋卫比比皆是，即便是有职事的勋卫也已是尸位素餐，彻底腐化。

---

① 《明穆宗实录》卷二一，隆庆二年六月癸巳条，第411页。
② 《明穆宗实录》卷二〇，隆庆二年五月戊午条，第552页。
③ 《明神宗实录》卷三，隆庆六年七月戊申条，第108页。
④ 《明世宗实录》卷一七五，嘉靖十四年五月癸酉条，第3800页。
⑤ 《明神宗实录》卷一一九，万历九年十二月庚戌条，第2231页。
⑥ 《明神宗实录》卷三三三，万历二十七年四月丁丑条，第6170页。
⑦ （明）沈德符：《万历野获编》卷二一《舍人校尉》，第539—540页。
⑧ （明）杨士聪：《玉堂荟记》卷上，《中华野史》丛书"明朝卷四"，第4087页。

四　锦衣卫内的杂差——听差舍人

朱元璋开创的以操练舍人、演武余丁名义征召候补舍余提前入伍的政策作为维持军队战斗力的有效方式被后世继承了下来。稍有变化的是，明成祖朱棣在京营中专门设立了一个幼官舍人营，"掌操练京卫幼官及应袭舍人"①。舍人营由专人主持训练。如宣德五年四月，"命成国公朱勇提督在京诸卫幼军舍人操练"②。不久，锦衣卫指挥同知张轨也奉命到舍人营"总督各卫舍人操练"③。与永乐朝不同的是，宣德时期的舍人营不再限于京卫应袭舍人，而是扩展到了地方卫所。宣德八年五月，行在户部上奏：

> 成国公朱勇选行在锦衣卫舍人褚麟等一千九十三人，外卫舍人一千七百九十九名训练，请给月粮。上曰：军官舍人宜精练。彼既食父兄之禄，今又欲给月粮，岂不太过？在京者月给米人三斗，外卫者令悉归，以待后命。④

从表面上看，停止征召外卫舍人是为了减少财政开支，实则与当时的军事战略有关。从仁宗即位开始，明廷即放弃进攻型的军事战略，对蒙古等潜在敌对势力采取守势，因而对北边地区的士兵需求非常旺盛，宣德六年时，明廷即曾"停选蓟州、镇朔等卫舍人操练，存留备边"⑤，以弥补边防军力的不足，因此宣德八年遣返外卫舍人在很大程度上更像是顺水推舟。

另外，由于战争基本平息，从永乐时期开始，京卫官军包括舍余即不断被用于工役。如永乐十九年，翰林院侍读李时勉等在建言

---

① （清）张廷玉等：《明史》卷八九《兵一》，第 2176 页。
② 《明宣宗实录》卷六五，宣德五年四月辛未条，第 1527 页。
③ 《明宣宗实录》卷八九，宣德七年四月庚子条，第 2041 页。
④ 《明宣宗实录》卷一〇二，宣德八年五月乙卯条，第 2277 页。
⑤ 《明宣宗实录》卷七六，宣德六年二月乙卯条，第 1771 页。

中指出："近年营建北京，官军悉力赴工，役及余丁，不得生理。衣食不给，有可矜悯。宜敕军官加以抚恤，增给月粮，宽余丁差徭，使给起家。"① 在此背景下，维持舍人营日常训练象征意义远大于实际需求。给予参训舍人超低标准的月粮也暗示了这一点。不过，舍人营并没有因此撤并，而是一直保留了下来。如指挥同知高昇的儿子高亮，"正统十四年选送舍人营操备"②。安平县人宋祥，"伴送舍人，营操。景泰元年跟总兵官、武清侯石亨前往大同巡边"③。

既然存在幼官舍人营，自然免不了入伍历练。永乐六年七月，明廷犒赏参加安南战役的将士，其中包括"旗甲、军人、力士、校尉、舍人、土兵、象奴、军伴、余丁、户丁"等人员④。这其中的校尉肯定来自锦衣卫，力士也有出自锦衣卫的，如锦衣力士刘均，"永乐四年从征安南有功，擢锦衣卫百户"⑤。象奴，不排除有锦衣卫驯象所成员。据此推断，"舍人"当中应该也有包括锦衣卫舍人在内的京营幼官舍人营成员。

永乐九年，礼部、兵部议定下西洋官军锡兰山战功升赏例，其中的受奖励者也包括舍人⑥。下西洋是明代著名的大型外交活动，由于路途遥远，途中有诸多敌对势力存在，所以需要大批军士随行保护，锡兰山之战就是其中的一次规模较大的军事行动。出使是锦衣卫的基本职能之一，所以这次战斗中有诸多锦衣卫成员，包括舍人参战。

陆地上的诸多出使行动也有大批锦衣卫官舍参加。例如：永乐六年九月，"锦衣卫千户朵儿只等使泰宁、朵颜、福余等卫还。赐朵儿只钞五十锭，百户三保钞四十锭，舍人、旗军答兰等各钞三十

---

① 《明太宗实录》卷二三六，永乐十九年四月甲辰条，第2265页。
② 《府军前卫选簿》，《中国明朝档案总汇》第49册，第100页。
③ 《羽林前卫选簿》，《中国明朝档案总汇》第51册，第22页。
④ 《明太宗实录》卷八一，永乐六年七月癸丑条，第1085—1086页。
⑤ 民国《福山县志稿》卷七《宦绩》，民国二十年烟台福裕东书局铅印本。
⑥ 《明太宗实录》卷一一八，永乐九年八月甲寅条，第1499页。

锭"①；宣德四年六月，"锦衣卫舍人白兰等九人奉使亦力把里还，赐钞及纻丝袭衣绢布有差"②；等等。

明代的使团出访往往路途遥远，且会经过很多潜在敌对势力控制的区域，所以必须有军队随行。这些奉命加入使团的锦衣舍人和常规参加战事的舍人营成员一样，都属于战斗人员，属于明廷征召舍余参战政策的执行者。

进入明中叶，锦衣舍人成规模参战的机会越来越少。正德十四年，广西龙州发生土官争袭事件。土官岑璋等"赂镇守太监傅伦，舍人王祥等，诡称锦衣舍人，奉旨调兵，送璋入州"③，引发严重冲突。这次虽然是冒充锦衣舍人，但从侧面证明锦衣舍人奉旨传令、调兵的职能依然存在。另外，明中叶有很多锦衣成员主动到前线寻找立功升职的机会。如"正德十三年四月，陆锦，年三十二岁，大兴县人，系锦衣卫锦衣中所擎盖司冠带舍人，山东、河南军前卫执旗牌，升冠带总旗"④。类似的个案很多，恕不枚举。尽管这类参战很多和"冒功"等腐败行为有关，但也可以视为舍人依旧保持原有职能的一个畸形反映。

在舍人营之外，还有一个舍人们相对固定的服役单位，即保卫太子的随侍营。不过随侍营的门槛很高，"凡随侍官舍，于公侯伯、都督、都指挥、指挥、千百户之家，选人物端正、年力相应者充，指挥二员管领。从神枢营提调"⑤。随侍营共有"官舍一百五十六员名……将所选舍人分为三班带刀，每班五十二员名。内除官舍二员名领班。每朔望，照例轮班"⑥。

永乐年间，朱棣曾专设一支幼军负责保卫皇太孙，并置府军前

①　《明太宗实录》卷八三，永乐六年九月辛亥条，第1111页。
②　《明宣宗实录》卷五五，宣德四年六月乙丑条，第1314页。
③　《明武宗实录》卷一七一，正德十四年二月辛卯条，第3310页。
④　《锦衣卫选簿》，第252页。
⑤　万历《大明会典》卷一四二《兵部二十五·侍卫》，第2002页。
⑥　万历《大明会典》卷一四二《兵部二十五·侍卫》，第2002页。

卫管领。"洪武时，府军等卫皆有习技幼军"，还有"带刀舍人"①。上文在讨论参侍舍人时曾提到寿州人夏秉"洪武十一年除府军前卫参侍舍人"②的例子以及合肥人苏成、松滋县人林茂调到府军卫舍人所任职。综合这些零散史料推断，参侍舍人似乎和太子以及府军卫有某种特定的联系，甚至不排除府军卫内的参侍舍人就是府军前卫幼军乃至后来随侍营的前身。

和散骑舍人一样，锦衣卫内的普通官下舍人除了入伍操练之外，也要接受部、院、台、司等文职机关或宦官衙门的差遣，做一些辅助性的工作。如宣德四年，锦衣卫舍人张恕，"奉工部差，往江西取逃匠并其家属赴京"③。正德五年五月，"兵部差锦衣舍人王诰驰驿赍文至镇江府"，递送"吏部公文"④。嘉靖十八年，"锦衣卫舍人刘珍赍捧圣谕、御制诗歌赋"⑤赐予居家的大学士顾鼎臣。顾鼎臣给皇帝上书也是由锦衣卫舍人韩效⑥、周绂⑦等送到北京，说明重要臣僚的身边也可以有锦衣卫的派出人员服侍。明初建都南京时，为了制作木犀花饼，甚至专门从京卫中抽调了500名舍人负责摘木犀花，并称其为拣花舍人⑧。这些承担杂差的舍人起初没有固定的报偿，正德八年十一月，经都督同知朱宁奏请，"给锦衣卫听差舍人四十九人食米，月四斗"⑨。这一标准后来成为定例，被载入《会典》⑩。四斗的待遇和没有家小的卫军等同，证明在明廷眼中，这些听差舍人地

① （清）张廷玉等：《明史》卷七六《职官五》，第1863页。
② 《安南卫选簿》，第252页。
③ 《明宣宗实录》卷五二，宣德四年三月壬戌条，第1251页。
④ （明）杨一清：《西征日录》，《中华野史》丛书"明朝卷一"，泰山出版社2000年版，第537页。
⑤ （明）顾鼎臣：《钦奉圣谕密疏》，《顾文康公文草》卷二，见蔡斌点校《顾鼎臣集》，上海古籍出版社2013年版，第65页。
⑥ （明）顾鼎臣：《问安疏》，《顾文康公文草》卷二，第62页。
⑦ （明）顾鼎臣：《钦奉圣谕密疏》，《顾文康公文草》卷二，第65页。
⑧ （明）李诩：《戒庵老人漫笔》卷一《拣花舍人》，中华书局1982年点校本，第4页。
⑨ 《明武宗实录》卷一〇六，正德八年十一月庚午条，第2170页。
⑩ 万历《大明会典》卷四一《户部二十八·杂支》，第762页。

位极低。后人评价这些舍人"仅供台使监司差遣，既猥贱不足齿"①，可谓一针见血。

锦衣卫中另有一类特殊的舍人，即皇亲。这类舍人进入锦衣卫主要是为了享受相应的待遇，"皇亲、驸马子孙俱以舍人授官"②。即便日后授职，领实职的也不是很多。因为对财政的压力较大，兵部经常会发表反对他们袭职或晋升的意见，和皇帝做小小的博弈。如弘治十六年，锦衣卫指挥佥事周贤以自己不是普通舍人，是举人出身，请求"量与进职，以示优异"。"兵部覆奏，谓前无此比。上特准升一级，为指挥同知。"③ 正德七年，"锦衣卫舍人万瑞求袭父岩百户职。兵部以非军功，不可许。得旨：瑞系英庙宸妃侄，准袭一辈，不为例"④。嘉靖十二年，锦衣卫舍人李霁请求借袭其兄李沾的指挥佥事职，兵部又以作为皇亲，李霁的前辈已经袭职两辈为理由反对，嘉靖帝敕谕：

> 武职官不由军功升授，子孙不许承袭，乃祖宗旧典。今后皇亲子孙但无世袭字样者，都不许承袭。有世袭字样者，止袭一辈，著为令。其袭过数辈者，依拟裁革。⑤

嘉靖帝以外藩入主，与此前的诸多皇亲大多没有瓜葛，因而能采纳兵部意见，对皇亲舍人的袭职做出明确的约束，暂时扼住了皇亲在锦衣卫军官队伍中泛滥的势头。不过，在涉及和他本人有关的皇亲时，嘉靖帝就不是公正无私的面目了。如嘉靖四十年，康妃的侄子杜继宗请求袭职，因其父杜友已任一辈，"例不当请袭，上特许之"⑥。又如嘉靖帝的外戚陈万言，按嘉靖帝制定的制度只能袭职一

---

① （明）沈德符：《万历野获编》卷二一《舍人校尉》，第539—540页。
② 《明孝宗实录》卷一九九，弘治十六年五月癸未条，第3691页。
③ 《明孝宗实录》卷一九九，弘治十六年五月癸未条，第3691页。
④ 《明武宗实录》卷六五，正德五年七月丁卯条，第1421—1422页。
⑤ 《明世宗实录》卷一五三，嘉靖十二年八月乙酉条，第3470页。
⑥ 《明世宗实录》卷四九七，嘉靖四十年闰五月乙卯条，第8241页。

辈，"缘以世庙元后之家，节奉特旨，准令承袭，是以（陈万言之子）陈书得减袭都指挥同知，陈应龙得减袭指挥佥事，通计已减袭三辈矣"。万历十四年，陈家居然再次请求让陈书的儿子陈尚思递减承袭。兵部以陈氏"系世庙元后懿亲，与别戚不同，而陈应龙授职未久，旋即病故，情亦可悯"为由，把皮球踢给皇帝，请求圣裁。万历帝无奈，只好下旨："陈尚思准袭副千户一辈，以后再不许越例陈乞。"① 正是由于皇帝自己经常破例，致使皇亲舍人不断违例袭职的现象终明之世也没能彻底消除。

结　语

明承元制，继续实行军户及武官世袭制度。在割据江南期间，为维持军力，朱元璋政权开创了舍人、余丁提前入伍参战的新制，并由此诞生了演武余丁和操练舍人等名目。发展到极致时，甚至会将现役军官改为舍人使用。如勾容县人蒋顺，"丙申年选充军，洪武十七年升小旗，二十年兑调府军卫舍人"②。基于使用方向的不同，操练舍人又分化出专门为朱元璋服务的宿卫舍人和参随舍人等名目，在保卫其安全的同时，客观上发挥了控制属下的人质功能。明朝建立后，宿卫舍人逐渐演化为散骑舍人和参侍舍人。散骑舍人从其出现伊始就是勋臣及都督、指挥等高级武官子嗣的专利。成为散骑舍人一方面是父兄得到皇帝赏识的象征，另一方面是这些新贵子弟相对便捷进入军中高层岗位的阶梯。参侍舍人群体中间虽然有大量中下级军官子弟，但因为历练机会较多，亦方便其快速熟悉军内事务，可以"无缝对接"，顺利袭职。从参侍舍人的个案不时与府军卫、舍人所等同时出现推断，至少部分参侍舍人和后来出现的专门保卫太子、太孙的幼军、随侍营等有一定的瓜葛。笔者推测这也是散骑舍人后来成为洪武十五年成立的锦衣卫内的"无定员"群体乃至演变

---

① 《明神宗实录》卷一七〇，万历十四年正月乙卯条，第3074—3075页。
② 《柳州卫选簿》，《中国明朝档案总汇》第58册，第288页。

为可世袭职务而参侍舍人在洪武朝之后迅速离开历史舞台的一个原因。

由于很多出身贵戚家族，散骑舍人群体逐渐发生分化，从中分离出一个独特的勋卫群体。由于特殊的政治生态，原本不轻授，仅限于公侯子弟的勋卫在英宗，特别是天顺朝大幅度增加，不但下滑到伯爵子弟可以出任，而且可以公开乞请而得，勋卫也因此从令人仰望的存在逐渐堕落，到明中叶已成为士大夫眼中的冗余，和传奉官相提并论。这既是勋卫冗滥化的反映，也是武官群体地位急剧跌落的结果。

为提高军官群体的素质，明廷也曾有意识地将这些高级武官子弟送入京营历练，甚至制定了对应的将材簿制度，但世代承袭，荣华富贵完全依赖于大明帝国正常延续的勋卫们显然没有体谅皇帝的苦心，不仅成才、可以出京领兵打仗者寡少，即便是礼仪性、事务性工作居多的统领侍卫、红盔将军也难以胜任，反而时不时出现违法违纪现象，成为士大夫眼中不折不扣的纨绔。即便清军入关之后，这些人仍是主要盯防的对象。如 1644 年七月，摄政王多尔衮谕令："故明勋戚赡田已业俱准照旧，乃朝廷特恩。不许官吏侵渔、土豪占种。各勋卫、官舍亦须加意仰体，毋得生事扰民。"① 逃到南京的勋卫则仍是一副烂像。"时东川侯勋卫胡家奴作横……命清厘之"②，丝毫没有重整江山的态度。

明初，锦衣卫内的舍人尚且遵照朱元璋开创的操练舍人制度进入幼官舍人营操练，并不时参战或参加保卫使团等工作。承平日久，他们也和勋卫、散骑舍人一样逐渐沦落，最后变成部院宦寺等部门使唤的杂差。由操练舍人变成听差舍人不仅仅是名称的变化，更是其地位"猥贱不足齿"的直观反映。

---

① 《清世祖实录》卷六，顺治元年七月乙未条，中华书局 1985 年影印本，第 67 页。
② （清）计六奇：《明季南略》卷三《二月甲乙史》，中华书局 2006 年标点本，第 162 页。

第 六 章

明代的社会变化与锦衣卫
制度的变革

　　一项制度从其诞生之日起，就注定了在未来的运行过程中会随着制定者的态度、实施环境、执行人员的素质等因素发生一定的变化，由于朱元璋立下了"祖制不可变"的遗训，严重束缚了继承者的手脚，致使明初制定的各项制度在未来的调整不得不在尽力寻找符合祖制大框架的"帽子"基础上沿着畸形的道路前进，从而产生一系列不良后果。锦衣卫作为大明帝国国家机器中拥有广泛政治资源的暴力工具，是维护帝国存在的核心部件之一，这就注定了它的变化会较其他制度更为缓慢和困难。

　　明中叶，社会出现了很多与前代迥异的变化，手工业生产日渐兴旺，商品流通异常活跃，雇佣经济因素持续扩大、商人阶层开始作为一个整体曲折地发出自己的声音，旧有的社会秩序、规范、价值观念遭到自上而下、自下而上的交互式破坏，异端流行。面对社会纷繁复杂的持续变化，大明帝国的上层建筑必须做出相应的回馈。锦衣卫制度虽然反应相对迟钝，但也有着些许的变化，有些变化甚至带有质变的成分。这些变化在某种程度上代表了最高统治阶层的态度。本章即以这些变化作为讨论重点。

第一节　皇权交接时的群体异动

　　锦衣卫既是一项制度，也是一个特定群体。与其他卫所不同，锦衣卫原则上"不以世而以能"①，是数以百计的军卫中最具流动性的卫，这就给统治者调整其人员组成提供了足够的空间。这些调整的出发点各不相同，但客观上都促成了人员的流动。人员的流动理论上可使其保持充分活力，但有时候也是一种无奈的选择。

一　从建文到永乐——锦衣卫第一次大规模人员置换

　　1398 年，朱元璋去世，皇太孙朱允炆即位。因为史料缺乏，我们无法窥知建文帝是否调整过锦衣卫人员。建文帝登基后，削藩是决策层最主要的目标之一。在准备对燕王下手时，建文君臣先于洪武三十一年十一月，"以工部右侍郎张昺为北平左布政使，以谢贵为都指挥使"，"俾察燕府动静，徐为之计"②。当时齐泰建议："今边报北虏声息，但以防边为名，发军戍开平，其燕府护卫精锐悉调出塞，去其羽翼，无能为矣。"③ 建文帝表示认可。次年三月，乃"命都督宋忠调缘边各卫马步官军三万屯开平，燕府精壮悉选调隶忠麾下。胡骑指挥关童等在燕府者，悉召入京师。以都督徐凯练兵于临清，都督耿瓛练兵于山海关而张昺、谢贵则密伺动定，约期俱发"④。从建文君臣的部署上看，徐凯、耿瓛所部处在第二线，在一线执行削藩任务的三个人张昺、谢贵、宋忠才是关键。需要注意的是，在这三个人中，除了张昺是文官外，其他两人都出自锦衣卫。

---

　　① （明）邱濬：《大学衍义补》卷一一八《治国平天下之要·严武备·宫禁之卫》，第1853 页。

　　② （明）陈建：《皇明通纪法传全录》卷一一，续修四库全书丛书影印本，第 188 页。

　　③ （明）陈建：《皇明通纪法传全录》卷一一，续修四库全书丛书影印本，第 188 页。

　　④ （明）陈建：《皇明通纪法传全录》卷一二《建文皇帝纪》，洪武三十一年十一月条，第192 页。

　　谢贵，洪武时为锦衣卫指挥佥事，洪武二十五年十月升任河南都指挥佥事①。宋忠，原为锦衣卫指挥佥事，洪武二十九年十月晋升指挥使②。当年十一月，"锦衣卫有百户坐法当死者，欲自陈于上前。指挥使宋忠为言，上弗许"③，科道因此连续对他展开弹劾，朱元璋无奈，只好于次年正月将其外放到凤阳中卫④。"洪武三十一年，都督齐让讨西南夷无功，以忠代为参将。以虏功奏，革除君尤任之。"⑤除了保卫皇帝，锦衣卫对太子也有保护的责任。朱允炆此前与太子朱标生活在一起，洪武二十五年被册立为皇太孙，与锦衣卫官兵有多年的交集，不排除和宋忠、谢贵等有过接触。从两人被委以重任来看，建文帝对洪武朝的锦衣卫官兵应该比较信任，至少是不排斥。

　　另有史籍记载，建文元年朱棣曾进京朝见。当年二月二十三日，锦衣校尉潘安，"钦拨，随侍燕王还北平任坐，以拿张昺功升职"⑥。此时建文帝即位不过半年，估计来不及从民间召募新校尉。与潘安类似的例子还有武清县人高名。高名"洪武二十三年充力士，洪武三十二年拨燕山前卫，洪武三十四年升除燕山中护卫百户"⑦。洪武三十二年即建文元年。高名显然是老兵，在建文元年北上，应和潘安北上大体同时。派校尉、力士等随朱棣北归，一方面是为了展示建文帝尊亲之道，另一方面也不排除有暗中监视的目的。从锦衣卫抽调人员北上，从侧面说明建文帝即位后并没有对锦衣卫做大的调整。只是谢贵等人都辜负了建文帝的期望，潘安、高名等则干脆投靠了朱棣，前者积极参与了抓捕张昺的行动，后者在靖难之役中十分卖力，"三十五年小河战胜，升本卫实授百户。平定京师，升锦衣

---

　　① 《明太祖实录》卷二二二，洪武二十五年十月壬戌条，第3241页。
　　② 《明太祖实录》卷二四七，洪武二十九年十月癸巳条，第3589页。
　　③ 《明太祖实录》卷二四八，洪武二十九年十一月甲戌条，第3599页。
　　④ 《明太祖实录》卷二四九，洪武三十年正月庚午条，第3608页。
　　⑤ （明）黄佐：《革除遗事》卷一《宋忠传》，续修四库全书丛书影印本，第610页。
　　⑥ （明）屠叔方：《建文朝野汇编》卷二，中国野史集成续编编委会、四川大学图书馆编：《中国野史集成续编》丛书，巴蜀书社2000年影印本，第191页。文中"任坐"，怀疑是"住坐"之误。
　　⑦ 《雅州守御所选簿》，《中国明朝档案总汇》第57册，第503页。

卫副千户"①。

张昺、谢贵等遇害后，朱棣随即发动靖难之役。持续四年的战争，战场上的不断失败，对锦衣卫的忠诚度是个严峻考验。洪武朝的锦衣卫保有强大的野战能力，建文帝也延续了锦衣卫的这一功能，派出锦衣卫官兵参与北伐。如卫镇抚杨本、所镇抚周拱元，前者"常持三十斤铁棒临阵，北军披靡，无敢前，屡取胜"②，后者"从征，引步兵防饷有功"③。但在不断的失败面前，身居前线的锦衣卫官兵难免会有人动摇，转而投到北军阵营。如河南密县人张信，本是锦衣卫指挥佥事葛德的妻侄，"洪武二十五年除散骑舍人，二十七年除世袭百户，三十四年大营朝见，升锦衣卫指挥佥事"④。直隶六安州人黄瑾，洪武十八年调守云南金齿卫，"三十三年调锦衣卫。白沟河朝见，升密云后卫指挥佥事"⑤。右军都督佥事袁义的次子袁兴，"上兵至灵璧，兴以锦衣卫散骑舍人来朝"⑥。类似张信、黄瑾这样的阵前倒戈者应该不在少数。倒戈者的出现，势必使锦衣卫内部发生严重的分裂。朱棣将黄瑾安置到相对处于后方的密云后卫，说明他对这些降兵降将也不是很信任。无论是部分倒戈，还是另行安置，对锦衣卫而言都是人员上的损失，这为朱棣未来的调整创造了必要的条件。

1402 年六月，靖难军杀进南京，建文帝不知所终。朱棣称帝后，对于昔日对手的心腹护卫军自然不会信任，但此刻的亲军卫已经是自己的臣民，对于急于稳定政局的永乐君臣来说，公开清理或报复明显不适合，于是，朱棣采取了一系列"合法"的置换工作。

---

① 《雅州守御所选簿》，第 503 页。
② （明）陈建：《皇明通纪法传全录》卷一二《建文皇帝纪》，建文元年十二月条，第 200 页。
③ （明）陈建：《皇明通纪法传全录》卷一二《建文皇帝纪》，建文元年十二月条，第 200 页。
④ 《锦衣卫选簿》，第 346 页。
⑤ 《密云后卫选簿》，《中国明朝档案总汇》第 67 册，第 66 页。
⑥ 《明太宗实录》卷一三，洪武三十五年十月庚午条，第 242 页。

　　大量调用靖难之役中的有功之臣进入锦衣卫是他的首选。朱棣做燕王时，有皇家配给的仪卫司部队。现在做了皇帝，仪卫司名正言顺地要并入锦衣卫。个案资料显示，确实有大量原仪卫司官兵在战后进入锦衣卫。如洪武三十五年十一月，升仪卫正袁江为锦衣卫指挥佥事①。永乐元年八月，"以锦衣卫校尉李政平内难有奇功，超升本卫指挥使"②。中下层军官也不少，如献县人马良，"洪武四年取充仪卫司校尉。三十二年取广昌……三十五年克金川门，除锦衣卫亲军所百户"③。吴桥人韩润，"洪武五年充校尉，三十三年攻围济南，升小旗……三十五年平定京师，钦除锦衣卫中所百户"④。大兴县人张保，"洪武六年取充校尉……三十五年渡江，钦升锦衣卫锦衣前所百户"⑤。新乐县人李显，"洪武四年佥充校尉，拨北京前仪卫司。三十二年克雄县，升小旗。三十三年白沟河大胜，升本司试典仗，东昌阵亡"。其子李祥，"袭升本司实授典仗。永乐二年改除锦衣卫亲军所百户。本年钦依，仍回北京锦衣中所管事"⑥。迁安县人何林，"洪武二十九年充仪卫司校尉。三十三年济南升小旗……三十五年克金川门，钦除锦衣卫中后所百户。永乐二年钦与世袭"⑦。清苑县人蒋福，"洪武四年选校尉，二十九年充小旗，三十二年郑村坝升总旗，白沟河升典仗，存留守城。永乐二年升锦衣卫前所旌节司百户"⑧。深州大章社人张英，"祖父张受，洪武四年充仪卫司校尉，三十三年白沟河升小旗，六月病故。父张义补充小旗。三十四年夹河升总旗，三十五年灵璧县大战，永乐二年升锦衣卫左所百户"⑨。类似的例子还有很多，不胜枚举。

---

① 《明太宗实录》卷一四，洪武三十五年十一月戊申条，第267页。
② 《明太宗实录》卷二二，永乐元年八月乙亥条，第415页。
③ 《献陵卫选簿》，《中国明朝档案总汇》第53册，第319页。
④ 《沈阳右卫选簿》，《中国明朝档案总汇》第54册，第352页。
⑤ 《沈阳右卫选簿》，第358页。
⑥ 《献陵卫选簿》，第413页。
⑦ 《献陵卫选簿》，第355页。
⑧ 《献陵卫选簿》，第372页。
⑨ 《留守左卫选簿》，《中国明朝档案总汇》第54册，第164页。

从上述例子来看，燕府仪卫司校尉大多是洪武四年、洪武五年、洪武六年前后取充，且基本来自当时的北平布政司或北京周边地区。朱棣在洪武三年封燕王，洪武十三年三月才之国①，上述这些校尉显然是在其之国之前特意从锦衣卫前身之一的仪鸾司中选取出来的。不仅有朱元璋配给的校尉，朱棣在靖难之役期间还曾大量扩充仪卫司。如大兴县人李斌，"洪武三十二年充仪卫司校尉。三十三年济南升小旗……三十五年渡江除百户。永乐二年与世袭"②。新城县人祁能，"洪武三十四年自备报效，授充前仪卫司校尉。永乐元年，拨本卫所"③。同为新城县人的杨清和赵素也是洪武三十四年（建文三年）主动投充入伍，前者"将领本县民人五十六名，钦升校尉总旗。克金川门，钦除锦衣卫中所百户"④，后者"招集本县民人尹原等三十七名。本年十月升校尉总旗……除锦衣卫中所实授百户"⑤。大战期间主动投附过来，忠诚度基本不用怀疑，将其纳入仪卫司校尉系统既能扩充"御中军"的实力，又能展示对新兵的信任。祁能的例子则显示这些仪卫司有功将士确实是在朱棣进入南京不久即被编入了锦衣卫⑥。

前引例子中的李祥、何林、蒋福、张义、李斌等都是永乐二年授职或获得世袭资格，显示朱棣直到进入南京两年后才着手论功行赏。像高名这样从燕山中护卫转入锦衣卫的军官，更是到永乐三年才"钦与世袭"⑦。那么，之前的两年，除了调动大批旧部进入锦衣卫外，朱棣又在做什么呢？

---

① 《明太宗实录》卷一，第1页。

② 《骁骑右卫选簿》，《中国明朝档案总汇》第54册，第211页。

③ 《锦衣卫选簿》，第301页。

④ 《富峪卫选簿》，《中国明朝档案总汇》第66册，第66页。

⑤ 《富峪卫选簿》，第88页。

⑥ 由于靖难之役持续时间较长，靖难军兵源有限，所以也有部分仪卫司军官被调往其他卫所。如永平府永年县人高朗，"国初，以人才选充仪卫司校尉，随侍成祖于藩邸，以功历升仪卫司副，寻转大宁前卫中所正千户"。见（明）张文宪《明诰封太中大夫两淮都转运盐使司运使推庵高公墓志铭》，《新中国出土墓志·北京·壹》（下册），第240页。

⑦ 《雅州守御所选簿》，《中国明朝档案总汇》第57册，第503页。

　　洪武朝的锦衣卫下辖有 19 个千户所，兵力雄厚。为应对叛军，建文帝还曾大量召募新兵补入锦衣卫。这些官兵在战争中会有一定损失，但总人数依然很可观。要大量调入嫡系，势必先要给这些旧军做适当安置。先请看下面这几个例子。

　　　　①福建德化县人刘韬，原为锦衣卫百户。其子刘聚"比袭锦衣卫百户，永乐元年调云南临安卫前所"①。

　　　　②直隶寿州人郑福，洪武二十三年袭龙江卫世袭百户职，"拨锦衣卫带俸。永乐元年随军调临安卫中左所"②。

　　　　③江西南昌县人余谦，"洪武十七年起取赴京，拨锦衣卫。二十四年，以年深校尉，充小旗。永乐元年调蔚州卫前所"③。

　　　　④江西星子县人孙福，"（洪武）二年充旗手，充总旗，十七年钦取赴京，除府军前卫右所百户。永乐元年调云南后卫"④。

　　洪武末，西南地区局势不稳，部分土司先后叛乱，明廷不得不调遣军队前往镇压，如洪武三十年九月，命锦衣卫指挥使河清、凤阳卫指挥使宋忠为参将，辅佐总兵官杨文前往征讨⑤。建文元年奉命于临清练兵的中军都督府都督佥事徐凯洪武二十九年五月领命"署四川行都指挥使司事"⑥。他也率本部军队参加了平叛。史载：

　　　　洪武三十一年二月甲辰，都督佥事徐凯等平卜木瓦寨，执叛酋贾哈剌送京师，诛之。贾哈剌，麽些土豪也。初，王师克建昌，授以指挥，俾领其部落。后与月鲁帖木儿叛，走据卜木瓦寨。其地峻险，三面斗绝，下临大江，江流悍急，不可行舟，

---

①　《临安卫选簿》，《中国明朝档案总汇》第 59 册，第 165 页。

②　《临安卫选簿》，第 242 页。

③　《蔚州卫选簿》，《中国明朝档案总汇》第 70 册，第 358 页。

④　《云南后卫选簿》，《中国明朝档案总汇》第 59 册，第 397 页。

⑤　《明太祖实录》卷二五五，洪武三十年九月乙亥条，第 3680 页。

⑥　《明太祖实录》卷二四六，洪武二十九年五月庚申条，第 3567 页。

惟有一道，仅可通人行。官军至，辄自上投石，遂为所扼，不得进。及是，凯等至断其汲道以困之，寇不得水，日就穷促。凯乃督将士直抵其寨，悉力攻之，寇不能支，遂就擒。①

　　平叛结束后，徐凯、宋忠先后调往北平及周边地区做削藩准备。两人不可能只身前往，估计都从前线带了一部分军队过去。靖难之役爆发后，建文君臣调集了百万大军北上平叛，西南地区的卫所军也被大量调用。这些军队在战争中肯定会有一定损失。从洪武十四年明军征南开始，京卫部队即不断抽调到西南地区，填充新设立的卫所，包括锦衣卫在内的亲军卫官兵也大量被调往西南地区。锦衣军士调到景东卫、临安卫、安南卫等西南卫所的个案在前面章节中已经多次罗列，这里不再重复。既然京卫军士有调往西南地区的传统，现在西南卫所兵力又出现不足，继续抽调锦衣卫军士前往填充也就不必担心出现极端反弹了。例①、例②正是锦衣卫旧军被调往云南的例证。例④证明被调离京城的不仅有锦衣卫，和洪武时期一样，也包括其他亲军卫分的将士。例③则显示锦衣卫旧军不仅被调往西南地区，另有一部分被用来填充靖难之役中有人员损失的北平周边卫所。

　　战前，锦衣卫是有着近两万人的大卫，悉数调离京城既不现实，也没有足够的兵力填补空缺，所以，在一进一出的同时，朱棣君臣还需要尽可能地笼络现有卫军。对于原锦衣卫军官，朱棣一般采取升级的方式予以安抚。如进入南京城后不久，即"升锦衣卫指挥金事缪忠、潘谓、陈敬、程远、李忠俱为本卫指挥同知"②，"升锦衣卫指挥金事刘智、萧逊、葛能、李敬俱为指挥使"③，等等。这些得到提拔的军官，有的以实际行动对新主表示效忠，如潘谓在永乐二年九月上书弹劾曾率军与朱棣对垒的李景隆"拘虏北京良民之子，

---

① 《明太祖实录》卷二五六，洪武三十一年二月甲辰条，第3702—3703页。
② 《明太宗实录》卷一三，洪武三十五年十月丙辰条，第231页。
③ 《明太宗实录》卷一四，洪武三十五年十一月癸未条，第251页。

阉为火者，又僭用金绣龙文服饰、器皿等物，宜正其罪"①；有的则在日后被调离出京，如陈敬在永乐元年四月被任命为副总兵，和襄城伯李濬一起，"往江西操练军民，镇守城池，节制江西都司并护卫官军"②。

对在靖难之役期间曾立功得到升职的军官，则暂时予以认可。如锦衣卫亲军所百户汤全，"三十四年西水寨阵亡，无儿男"，其亲侄汤广于"三十五年仍袭锦衣卫亲军所世袭百户"③。汤广后来被调往天津右卫中所，仍为百户。直隶全椒县人、小旗姚政，"二十八年并枪总旗。三十五年除百户，调锦衣卫斧钺司。永乐十六年降充总旗，病故"④。山东昌乐人卞铎，"洪武十八年本县以力士举保赴京，二十年并充小旗，二十三年选充将军小旗，二十六年并充总旗，三十二年除试百户，升实授百户，续升锦衣卫水军所副千户"。其子卞昱在其去世时年仅5岁，"旧选簿查有：永乐七年三月……父原系总旗。革除年间升除试百户。洪武三十五年八月内升除前职，未定流、世，病故。敬准合伊父原役总旗升一级，敬与百户，全俸优给"⑤。可见，对曾经的敌人，朱棣虽然没有大肆打击，但多年后仍以不承认革除年间升职合法性的方式，给予了一定的报复。至于汤广，之所以未被降职，估计和他已离开锦衣卫，且天津右卫地处南粮北运的交通关键节点，需要稳定军心有关。

对于一般军士，则以赏赐拉拢为主，如建文四年（洪武三十五年）八月，"赐锦衣卫侍卫将军王翔等四百余人钞各五锭"⑥。永乐二年，下令"锦衣卫将军月粮并全给米"⑦。

与此同时，为确保禁宫安全，朱棣大量从外卫选补合格军士进

① 《明太宗实录》卷三四，永乐二年九月庚申条，第602页。
② 《明太宗实录》卷一九，永乐元年四月甲戌条，第351页。
③ 《天津右卫选簿》，《中国明朝档案总汇》第68册，第52页。
④ 《留守左卫选簿》，《中国明朝档案总汇》第54册，第145页。
⑤ 《（南京）锦衣卫选簿》，《中国明朝档案总汇》第73册，第116页。
⑥ 《明太宗实录》卷一一，洪武三十五年八月壬子条，第175页。
⑦ 《明太宗实录》卷三三，永乐二年八月癸巳条，第591页。

入锦衣卫，如洪武三十五年十月，"命五军十三卫选银牌杀手，有膂力、胆量，身长五尺以上者，充将军，备宿卫"①。同月，"命陕西、河南、山西、山东、凤阳诸府州县选力士三千五百人"②。选拔力士以及高素质军士进入锦衣卫是洪武旧制，即便是政治上的反对者也无从质疑。

外卫军官调入锦衣卫的例子也不少。例如：洪武三十五年七月，"以故都指挥使高昂之子真袭父旧职为锦衣卫指挥使"③；十月，升神策卫、骁骑右卫指挥佥事戴彬、刘征为锦衣卫指挥同知④；"升密云后卫镇抚杨起为锦衣卫指挥佥事"⑤；"升中军都督佥事宋晟为后军左都督。擢晟子瑛为府军右卫指挥使，从子端为锦衣卫指挥佥事"⑥；等等。

在调出部分官兵、增加新血液稀释原有锦衣卫官兵占比的同时，朱棣还改变了单纯由锦衣卫保卫皇城、宫城的制度，"置五军、三千营，增红盔、明甲二将军及义刀、围子手之属，备宿卫"⑦。

在锦衣卫的使用方式上，朱棣也做起了文章。史载：

> 燕王初起，帅师荡山东，度临邑。临邑书生纪纲叩马首请效，王与语，悦之。纲善骑射，颇谙法家言……钩人意所向，先发以为绩，王日益幸爱之。既即位，擢纲自忠义卫千户为都指挥佥事，治锦衣亲兵，复典治诏狱。天子既由藩国起，以师胁僭大位，内不能毋自疑，人人异心，有所寄耳目矣。纲觇之，益布其私距。日夜操切阴计闻上，上大以为忠，昵之，謦咳亡

① 《明太宗实录》卷一三，洪武三十五年十月乙亥条，第244页。
② 《明太宗实录》卷一三，洪武三十五年十月戊午条，第233页。
③ 《明太宗实录》卷十下，洪武三十五年七月癸卯条，第169页。
④ 《明太宗实录》卷一三，洪武三十五年十月辛亥条，第228页。
⑤ 《明太宗实录》卷一三，洪武三十五年十月辛未条，第242页。
⑥ 《明太宗实录》卷一三，洪武三十五年十月己卯条，第247页。
⑦ （清）嵇璜、曹仁虎等：《钦定续文献通考》卷一二六《兵考·禁卫兵》，第516页。

间。即淇、成诸公，号元勋，见则自匿引，不敢以身比数。①

　　对于纪纲的调职，王世贞的记载有些模糊。据《实录》记载，永乐八年八月，"升锦衣卫指挥使纪纲为都指挥佥事，仍掌锦衣卫事"②。据此推断，纪纲应从朱棣夺位不久即掌握锦衣卫大权，开始协助朱棣在朝堂上人为制造恐怖气氛，"以危法中人"③，并为此恢复了锦衣卫的刑讯权。在充满恐怖气氛的政治环境中，即便是建文帝的支持者也不敢再随意发声，已不掌握领导权的前朝遗留下来的锦衣卫官兵自然更不敢造次。可以说，通过纪纲等心腹实施恐怖统治在很大程度上是确保进行了大范围人员置换的锦衣卫效忠于新主的最后一道保险索。

　　与此同时，朱棣仍不时提拔亲信，以确保对锦衣卫的完全掌控。例如：永乐五年六月，"升锦衣卫千户林观、牛林为本卫指挥佥事。观等自少事上于潜邸，盖最久云"④；永乐十四年十二月，"超授总旗苏斌为锦衣卫指挥佥事。初，斌为仪卫司校尉，随征渡江，累著勋绩，而有司失其籍。至是自陈，故有是命"⑤；等等。

　　不过朱棣通晓张弛之道，在已确保统治不会遭到内部抵抗之后，于永乐十四年果断拿下纪纲及其党羽，"磔纲、敬于市，籍其家，无少长咸谪戍边"⑥。随着纪纲团伙的覆灭，明朝历史上第一次大规模置换锦衣卫人员的行动宣告彻底结束。

二　调入旧臣和清理"冗余"——仁宣时开创的新模式

　　永乐二十二年（1424 年），朱棣意外病逝于北征途中，太子朱

---

　　① （明）王世贞：《锦衣志》，中国野史集成丛书影印本，第 283 页。关于纪纲的出身，史籍大多记载为书生，只有姜清称其为辽王府卫士，"以入贺留侍，历官锦衣指挥使"（见《姜氏秘史》卷四，《中华野史》丛书"明朝卷一"，第 87 页），因系孤证，暂不采用。
　　② 《明太宗实录》卷一〇七，永乐八年八月癸丑条，第 1385 页。
　　③ 《明太宗实录》卷一七八，永乐十四年七月乙巳条，第 1940 页。
　　④ 《明太宗实录》卷六八，永乐五年六月戊戌条，第 960 页。
　　⑤ 《明太宗实录》卷一八三，永乐十四年十二月丁亥条，第 1974 页。
　　⑥ 《明太宗实录》卷一七八，永乐十四年七月乙巳条，第 1941 页。

高炽匆忙即位，是为明仁宗。朱高炽虽然是嫡长子，但并不受朱棣赏识，因而皇太子的位置长期处于不稳定状态，汉王朱高煦一直蠢蠢欲动。永乐十五年三月，纪善周歧凤因为得罪高煦，被其借故送入锦衣卫监狱。锦衣卫是天子亲军，兼有保护太子的职责，完全没有接受亲王命令的义务。"锦衣卫非王府狱"①，发生这样的事情只能说明锦衣卫对太子不是十分尊重，这显然和朱棣的暧昧态度有关，因此，仁宗对父皇留下的禁卫力量也不是很满意，但作为正常承袭大位的新君，无故大规模调整禁卫力量，显然是不合适的。另外，仁宗享国短暂，很多想法都没有来得及具体实施，要留待其子宣宗去落实。于是，仁宗、宣宗父子合力开创了一种变通调整禁卫力量的新模式。

　　旧制，守卫皇城皆亲军诸卫军士，不得更番。仁宗悯其久劳，或经月不得归见父母妻子，命选散卫军之精壮者助其守卫。兵部尚书吕庆言："守卫事重，散卫军何可尽信？"仁宗笑曰："人未可尽信，亦未可尽疑，为人上在布德施仁以得众心耳。诚得其心，仇敌可化为父子；苟失其心，素所亲信有反目相噬者。古人云舟中敌国，盖既往多有之矣。"②

　　按照《实录》的记载，仁宗下诏从散卫选拔禁卫军发生于永乐二十二年十月。就在当月，仁宗还下诏，"以天寒，命光禄寺每三日一赐卫士酒肉"，又"召荆州右卫指挥使钟信为锦衣卫指挥使，改锦衣卫指挥使刘昊为浙江观海卫指挥使、指挥佥事袁麟为浙江宁波卫指挥佥事"③，"调锦衣卫指挥同知高曠任金乡卫指挥使司"④。次年二月，又"升锦衣卫指挥同知张祯为南京锦衣卫指挥使，指挥佥事

①　《明太宗实录》卷一八六，永乐十五年三月丙午条，第1994—1995页。
②　（明）余继登：《典故纪闻》卷八，第148页。
③　《明仁宗实录》卷三上，永乐二十二年十月壬寅条，第87页。
④　《明仁宗实录》卷三下，永乐二十二年十月癸亥条，第125页。

徐斌为南京锦衣卫指挥同知"①。

中下层军官也有被调离者。如顺天府大兴县人、锦衣卫百户李斌，"洪熙元年调骁骑右卫"②。北直隶深州人、锦衣卫左所百户张受，永乐二十二年病故，"英系嫡长男，本年袭本卫所世袭百户。洪熙元年调骁骑右卫前所"③。北直隶吴桥人、中所百户韩润之子韩贵"于永乐十六年替，洪熙元年改调沈阳卫右所"④。

从外卫抽调精干军士补充宿卫力量是朱棣的发明，朱高炽在施恩于卫士，定期赐酒肉的同时从散卫选拔军士，且以现有宿卫军不得更番休息为理由，让人找不出任何不妥之处。至于调换部分高级将领，也有足够理由。明初，倭患猖獗。永乐十七年，明军在辽东望海埚取得大捷，大大打击了以对马岛倭寇为核心的"三岛倭寇"。同年，朝鲜军队也对对马岛发动了袭击，虽然没有取得军事上的巨大胜利，但在战略上震慑了倭寇。在此形势下，倭寇不得不放弃从北线侵扰中、朝两国的方案，逐渐把注意力集中于大明帝国的东南沿海。永乐十八年正月，"有倭寇三百余人、船十余艘于金乡、福宁及井门、程溪等处登岸杀掠，复东南行"⑤。永乐二十年，倭寇再次侵扰浙东，"朱亮祖、徐忠击败之。亮祖破之于温州，忠破之于桃渚"⑥。两年后，倭寇再次出现在浙东，不仅攻破了象山县，而且杀死了县丞宋真和教谕蔡海⑦。洪熙元年五月二十日，"倭寇自蚶礶、亭屿二港入攻桃渚千户所城。官军御之，众寡不敌，城几陷。千户徐忠、李海率兵力战，擒贼三人、斩首十级。贼被伤，乃走。忠、海皆被伤"⑧。持续不断的倭寇袭扰逼迫明廷必须大力整顿东南海防。

---

① 《明仁宗实录》卷七上，洪熙元年二月戊申条，第233页。
② 《骁骑右卫选簿》，《中国明朝档案总汇》第54册，第211页。
③ 《留守左卫选簿》，《中国明朝档案总汇》第54册，第164页。
④ 《沈阳右卫选簿》，《中国明朝档案总汇》第54册，第352页。
⑤ 《明太宗实录》卷二二〇，永乐十八年正月乙巳条，第2185—2186页。
⑥ （明）郑若曾：《筹海图编》卷五《浙江倭变记》，中华书局2007年版，第321页。
⑦ （明）郑若曾：《筹海图编》卷五《浙江倭变记》，中华书局2007年版，第321页。
⑧ 《明宣宗实录》卷二，洪熙元年六月乙卯条，第40页。

刘昊、袁麟、高瓛等高级将领不约而同地被调往浙江沿海卫所，估计就是打着整顿东南海防的旗号。事实上，锦衣卫将领调到海防前线是朱棣开的先例，如永乐十四年六月，锦衣指挥佥事庄敬即曾以副总兵的身份，辅助总兵官蔡福，"率兵万人于缘海山东巡捕倭寇"①，朱高炽此举表面上不过是沿袭旧例。

除了平调离京，还有一部分锦衣卫高级武官以表面升职的方式离开了锦衣卫。如永乐二十二年八月，"升锦衣卫指挥同知邹溶为辽东都司都指挥佥事，备御开原。指挥佥事赵诚为浙江都司都指挥佥事"②，"升锦衣卫指挥佥事林观、刘俨俱为陕西都司都指挥佥事"③，等等。

至于李斌、张英等下级军官被调离锦衣卫的理由，《卫选簿》资料中有类似个案可为参照。

> 洪熙元年九月，韩资，系锦衣卫前所世袭百户韩贵堂弟。堂兄系多余官，病故。钦调沈阳左卫中所。④
> 洪熙元年十月，李敬，系锦衣卫锦衣中所世袭百户李恭嫡长男。父系多余、失陷。本人照例调沈阳右卫右所。⑤

韩资和李敬都是新承袭职位的军官，他们的父亲都是所谓的"多余"军官，也就是因为超过编制，没有实际职事的带俸军官。将他们调出锦衣卫，既可以安排具体职事，不再闲置，也能减少锦衣卫不必要的军饷开支。上文中提到的张英，永乐二十二年才袭职，未经任何历练，即便其父不是多余官，他也很难在锦衣卫内立足。李斌、韩贵的情形估计和"多余"近似。

---

① 《明太宗实录》卷一七七，永乐十四年六月丁卯条，第1932页。
② 《明仁宗实录》卷一下，永乐二十二年八月乙未条，第25页。
③ 《明仁宗实录》卷一下，永乐二十二年八月甲子条，第30页。
④ 《沈阳左卫选簿》，《中国明朝档案总汇》第54册，第281页。
⑤ 《沈阳右卫选簿》，第334页。

　　韩资、李敬袭职时，仁宗已经去世。就在仁宗驾崩不久，宣宗"调行在旗手卫指挥佥事李得于行在锦衣卫"①，"以随侍旧劳，升行在锦衣卫百户李顺为本卫指挥佥事"②。可见，宣宗皇帝继续着乃父的"事业"。这其中，李顺应是仁宗的潜邸旧臣。仁宗因为享国短暂，估计尚未来得及充分提拔旧部，只能留给宣宗去完成。

　　其实要深究起来，仁宗、宣宗在提拔潜邸旧臣的同时抽取外卫军进入禁卫系统，又外放"多余"官兵的做法是自相矛盾的。既然禁卫力量不足，为何不从多余官兵中抽取？因此可以说，仁、宣二帝是采用了一种温和的方式，实现了对锦衣卫人员的局部调整。

　　宣宗之后的英宗因为是冲龄即位，没有调整禁卫的需求。倒是实际主持政务的"三杨"对锦衣卫的冗员做了一定的削减。"先是，有小技者及各王公主守庄墓者、四夷降附老弱者，皆于锦衣卫带俸。至是，行在户部奏：近制，事从撙节，此辈坐食，亦宜汰之。上令有技者自食其技，守庄墓者自食其力，四夷老弱就食于南京"③。

　　土木之变后，景帝匆忙即位。当时的禁卫力量在土木之变中有很大损失，明廷首要的任务是尽快补充禁卫力量，如临危受命，"专领护驾将军"④的中军都督佥事张辄在景泰元年十月奏准："旧制，将军一千人。自土木陷没之后，今止六百余人。凡遇卤簿驾设及外夷朝贡、上直、贴直，不足于用。乞遣官于山西、山东、陕西、河南、北直隶军民中选其身力相应，公私无过者补役。"⑤另外，景帝之前也不是太子，和锦衣卫的交集很少，所以也没有调整现有人员的需求。这期间，虽然有少量高级军官离开锦衣卫，如正统十四年九月，"升锦衣卫指挥使李鉴为署都指挥佥事，往贵州地方领兵杀贼"⑥；景泰元年正月，"调锦衣卫带俸都指挥同知汤节于广东都司，

---

① 《明宣宗实录》卷六，洪熙元年闰七月乙卯条，第162页。
② 《明宣宗实录》卷五，洪熙元年闰七月癸卯条，第134页。
③ 《明英宗实录》卷二一，正统元年八月辛卯条，第418页。
④ 《明英宗实录》卷一八二，正统十四年九月戊寅条，第3537页。
⑤ 《明英宗实录》卷一九七，景泰元年十月戊子条，第4185页。
⑥ 《明英宗实录》卷一八三，正统十四年九月癸巳条，第3575页。

领军杀贼"①，但都应看作是国内安全形势恶化背景下正常的职务调整，和景泰帝的个人好恶应该没有关系。

景泰八年，英宗在石亨等人的拥戴下，发动政变，夺回皇位。由于此时的锦衣卫已经是景泰帝的心腹亲军，英宗复辟后，必然要进行一番清洗，锦衣卫因此迎来又一次的大规模调整。不过这次调整的主动权，似乎不在皇帝手中。

史载，天顺元年正月，石亨奏准："今将早晚效勤、采探事情人员开报，乞将校尉邓玉升指挥佥事，家人夏清升副千户，鸿胪寺主簿万祺升主事……校尉逯呆升实授百户，杨完升试所镇抚……"②"命钦天监舍人汤贤、汤赞，太医院舍人徐埙俱为锦衣卫正千户。大兴县民匠钱旻、张鉴、史得、戴长孙、周福缘，宛平县民匠朱祥、袁比受、倪官音保、汪记生，光禄寺厨役蔺小九俱为锦衣卫试百户。以太监吉祥奏其有夺门保驾功也。"③"自是求请无虚日，冒报功升职者至四千余人，锦衣之滥自此始。"④

与石亨、曹吉祥等肆意为亲信求请，英宗无奈只能接受相比，对所谓"郕府旧党"的清算反而显得有些滞后。当年二月，兵部才"具录官军一千七百七十五人，请裁处"。英宗下令："军官景泰年间恩升者，革其升职，俱照原职调山东都司沿海卫所。校尉改充军，并旗军俱调在京缺军卫所。"⑤ 除了千户刘勤、百户艾崇高等少量景帝宠幸的锦衣卫军官被杀外，总体上看，英宗对景帝亲信的处置是比较温和的。

之所以没有对"郕府旧党"做极端处置，一方面是因为数量太大，过分报复会带来严重动荡，不利于政权平稳过渡，另一方面和曹吉祥、石亨等事实上专权，影响了英宗心理有一定关系。由于对

① 《明英宗实录》卷一八七，景泰元年正月壬午条，第3774页。
② 《明英宗实录》卷二七四，天顺元年正月己丑条，第5818页。
③ 《明英宗实录》卷二七四，天顺元年正月辛卯条，第5821页。
④ （明）徐学聚：《国朝典汇》卷一三九《锦衣卫》，四库全书存目丛书影印本，第191页。
⑤ 《明英宗实录》卷二七五，天顺元年二月丁酉条，第5833—5834页。

群臣缺乏信任，加之需要尽快掌控政权，英宗将锦衣卫的秘密侦缉权极端化，任用逯杲等严密监视满朝文武。逯杲等也充分发挥了鹰犬的职能，把石亨叔侄先后送进监狱，又激变曹吉祥团伙。尽管通过极端方式铲除了曹、石集团，英宗对锦衣卫的使用依然没有放松，甚至为此不惜牺牲流落草原期间始终陪伴在自己身边的袁彬，"上欲法行，不以彬沮"①，只要求留他一条性命即可。这样疯狂的使用必然造成诸多不良后果，迫使后来者不得不采取一系列拨乱反正的措施。

三　边清理边冗滥——明中叶锦衣官兵置换的怪圈

天顺八年正月，宪宗即位。当月，宪宗即下令将"锦衣卫掌卫事都指挥同知门达，指挥同知郭英、陈纲，指挥佥事吕贵俱调贵州边卫。达都匀，英安南，纲赤水，贵平越，皆带俸差操"②。次月，又召回遭门达陷害，带俸于南京锦衣卫的都指挥佥事袁彬，"复任锦衣卫事"③。不久，又将"笃实可用"的金吾左卫指挥佥事赵能调入锦衣卫管事④。这些人事调整的目的都是化解前朝政坛的恐怖氛围，力求制造一股清新的政治空气。

门达等政治恐怖气氛的制造者可以轻松拿下，但英宗留下来的另一项遗产就不是很好处理了。锦衣卫作为近侍衙门，可以随时得到皇帝的召见，加之职能广泛，很多其他部门不便处理的事务都可以以特旨的名义交给锦衣卫去办理，所以皇帝出于方便或其他目的，从很早就开始安排一些特殊人员进入锦衣卫带俸，以便随时召用或作为临时的过渡。这些特殊人员大致可以分为四类。

（一）带俸于锦衣卫的画师与工匠

一是才能出众的工匠或艺术人才。按照明朝的制度，工匠本属

---

① （明）尹直：《謇斋琐缀录》卷四，第 520 页。
② 《明宪宗实录》卷一，天顺八年正月壬午条，第 30 页。
③ 《明宪宗实录》卷二，天顺八年二月辛丑条，第 53 页。
④ 《明宪宗实录》卷二，天顺八年二月甲辰条，第 55 页。

工部管辖，另有部分军匠隶属于相关卫所，但从明初开始，即不断有工匠被授予锦衣卫军职。如洪熙元年闰七月，"升行在锦衣卫千户徐英为本卫指挥佥事，仍隶御用司"①。洪熙元年九月，"升行在锦衣卫正千户韩秀实为本卫指挥佥事，仍隶御用司"②。徐英、韩秀实都是明代有名的宫廷画家，从其此前的职务都是锦衣卫正千户来看，他们获得锦衣卫军职的时间最晚不会晚于永乐年间。御用司是宦官机构御用监的前身。史载，宣德元年六月，"改御用司为随驾御用监，命行在礼部铸银印给之"③。据《明史》记载：

> 御用监，掌印太监一员，里外监把总二员，典簿、掌司、写字、监工无定员。凡御前所用围屏、床榻诸木器及紫檀、象牙、乌木、螺甸诸玩器，皆造办之。又有仁智殿监工一员，掌武英殿中书承旨所写书籍、画册等，奏进御前。④

御用监初设于吴元年。当年九月，"置内使监，秩正四品。设监令，正四品。丞，正五品。奉御，从五品。内使，正七品。典簿，正八品……后改置内使监、御用监，秩皆正三品。各设令一人，正三品。丞二人，从三品。奉御，正六品。典簿，正七品"⑤。洪武三年九月，内使监、御用监级别都被降为从三品⑥。洪武六年，又改御用监为供奉司，"秩从七品，设官五人"⑦。在朱元璋称帝过程中，按照礼部制定的册立皇后、皇太子等重大礼仪，御用监的任务大多是"奏请皇帝服衮冕"⑧，即管理皇帝的礼服等用具。据此推断，御

① 《明宣宗实录》卷六，洪熙元年闰七月癸丑条，第147页。
② 《明宣宗实录》卷九，洪熙元年九月壬戌条，第255页。
③ 《明宣宗实录》卷一八，宣德元年六月壬午条，第487页。
④ （清）张廷玉等：《明史》卷七四《职官三》，第1819页。
⑤ 《明太祖实录》卷二五，吴元年九月丁亥条，第365—366页。
⑥ 《明太祖实录》卷五六，洪武三年九月乙巳条，第1093—1094页。
⑦ 《明太祖实录》卷八三，洪武六年六月辛未条，第1482页。
⑧ 《明太祖实录》卷二八下，吴元年十二月乙丑条，第441页。

用监从成立之日起就是一个为皇帝个人服务的宦官机构，且品级一直在降低。

据个案资料显示，供奉司至迟在永乐年间已经改称御用司。如江西建昌南城县人高旺的哥哥补役于长沙某卫所，"永乐中，有事至京，以艺供奉御用司。天顺戊寅，官□□百户，直仁智殿。成化壬辰，百户□公之仲子明精世业，被选，寻官工部文思院副使，亦直仁智殿。未几，循武资改锦衣中所镇抚，升百户，进千户"①。

由于是宦官机构，徐英等人作为正常人，不适合担任御用监的职务，这应是其带俸于锦衣卫的重要原因，但其个人在御用监供职则不受影响。

除了这样的艺术人才，还有一些拥有特殊技能的人员在永乐年间进入锦衣卫。如浙江钱塘县人易卜剌银，"洪武二十五年选充天文生，永乐四年升本监刻漏博士，八年升五□监候，十年升所镇抚。十四年升副千户，十八年调南京锦衣卫中后所带俸"②。北直隶遵化人石玉，"父石友文，洪武二十三年充锦衣卫中所力士，三十五年故。玉补役。永乐三年选习梳篦，八年随征。二十二年钦除锦衣卫中所百户，支俸不管事。正统七年钦与流官"③。永乐二十二年十一月，"升锦衣卫千户刘复为本卫指挥佥事，仍官其二子济为本卫千户、浩为百户。复以工艺事太宗皇帝及上四十余年，小心恭慎，夙夜不懈。二子皆习父艺，效用有年。至是，复以老疾辞职。上怜之，故有是命"④。刘复父子授职发生在仁宗即位后，但刘复本人的锦衣千户职务肯定是在朱棣在位期间取得的。易卜剌银、刘复等人虽然职务较高，但实际职事应该都没有变化，都属于"支俸不管事"类型。

---

① 《明故封武略将军锦衣卫副千户高公墓志铭》，见《新中国出土墓志·北京·壹》（下册）第 109 页。

② 《（南京）锦衣卫选簿》，第 144 页。

③ 《锦衣卫选簿》，第 246 页。

④ 《明仁宗实录》卷四下，永乐二十二年十一月戊子条，第 149 页。

宣德四年七月，"行在兵部奏：锦衣卫带俸百户黄胜因匠役得官，今告老，乞以子代职"。宣宗予以否决，"武官皆由艰难积累，所以传之子孙。然自开国之初从军效劳，今尚有为旗军者。此等工艺，一时蒙特恩，果何劳而欲世官"①？可见，徐英等人授锦衣卫军职都属于"特恩"，不能享受世袭的待遇。

宣宗否决黄胜世袭请求，是对武官世袭制度的尊重，但此前仁宗对刘复两个儿子的加恩已经在客观上允许这些特恩军职变相世袭，难免不会有人援以为例。宣德十年十一月，"升锦衣卫指挥佥事商喜、徐英、韩秀实为指挥同知"②。此前，徐英已经退休在家，由其子徐麟袭职为指挥佥事。"至是，上复召用英，且进秩为指挥同知。英乞复原职，而以所进秩授其子"③，刚即位不久的英宗表示同意，于是升锦衣卫带俸指挥佥事徐麟为指挥同知。可见，徐英在宣宗在位时已经获得世袭权利。徐英父子都是画师，且受皇帝赏识。据此推测，黄英不被允许职务世袭，或许是因为其子的工匠技艺不精所致。另外，英宗即位时不过九岁，未必对画画感兴趣。当时"三杨"受命辅政，掌权伊始就借草拟即位诏书的机会对宣宗追求享乐的行为予以事实上否定，要求"各处买办诸色纻丝纱罗段匹及一应物件，并续造段匹、抄造纸札、铸造铜钱、烧造饶器、煽炼铜铁、采办梨木板及各处烧造器皿、买办物料等件，悉皆停罢。其差去内外官员人等，即便回京，违者罪之"；"各处打鹰及打捕鸟兽，采取虫鱼、花草、果木、石山之类，诏书到日，悉皆停罢。差去内外官员人等，即便回京。所占用官军，各回原卫。所管事著役民回原籍当差，不许拘留，违者罪之"④。因此，"三杨"不可能同意为徐英等画师升职。估计升职的命令实际来自后宫，太皇太后张氏或孙太后的可能性较大。

---

① 《明宣宗实录》卷五六，宣德四年七月庚戌条，第1330页。
② 《明英宗实录》卷一一，宣德十年十一月癸未条，第208页。
③ 《明英宗实录》卷一一，宣德十年十一月癸巳条，第211页。
④ 《明英宗实录》卷一，宣德十年正月壬午条，第12—13页。

　　授画师锦衣军职的现象在后世依然存在。如景泰三年六月，"升锦衣卫千户谢庭循、府军卫千户殷善俱为指挥佥事，仍旧带俸，以其善绘事也"①。景泰五年十月，"命锦衣卫善画军匠甯祯为所镇抚"②。天顺三年七月，"命指挥佥事千百户殷善等九人俱升一级，印钞局大使等官俞友文等十人为所镇抚，军匠刘晋等二十一人为试百户，革职百户屠芝仍与旧职，俱仍在御用监专理绘事"③。

　　可见，在宪宗即位之前，授画师军职的现象有增无减，而且从锦衣卫延伸到了府军卫等亲军卫所，大有愈演愈烈之势。宪宗即位后，曾试图遏制这一现象。如成化二年，画师、锦衣卫千户陈珏去世，其侄陈锡请求袭职。兵部尚书王复上言："珏以画艺进，虽先帝有旨，令世袭百户，然非军功，难以袭授。"④可见，英宗时已经正式破例，允许这些凭技艺获得军职的人员世袭。类似恩典也曾施与工匠。如正统十一年十一月，"命锦衣卫带俸指挥佥事李效良子荣代职。效良初以银匠供役御用监，累升是官"⑤。对于王复的建议，宪宗表示支持，"珏画艺非军功比，况又无子，一时暂假之恩，岂后世常行之典？勿令袭是"⑥。但很快，宪宗就回到了前辈的老路上。

　　成化十七年，商英之子商祚请求袭父职锦衣卫指挥同知，"祚祖喜初以善画，供事内府，累升至指挥同知，仍命世袭。至是，兵部以其无军功为请。诏特准袭"⑦。成化二十年十月，"命锦衣卫带俸都指挥佥事李昺子应祺代为指挥使。昺世为银工，于御用监供事。祖效良历升指挥同知，有宠于宣庙，父荣升指挥使，昺升副千户，皆出自内批。及荣老，昺应代指挥使。兵部格以例。未几，特许之。

①　《明英宗实录》卷二一七，景泰三年六月庚寅条，第 4693 页。
②　《明英宗实录》卷二四六，景泰五年十月己卯条，第 5331 页。
③　《明英宗实录》卷三〇五，天顺三年七月乙酉条，第 6435 页。
④　《明宪宗实录》卷三一，成化二年六月癸丑条，第 619—620 页。
⑤　《明英宗实录》卷一四四，正统十一年十一月己卯条，第 2893 页。
⑥　《明宪宗实录》卷三一，成化二年六月癸丑条，第 620 页。
⑦　《明宪宗实录》卷二一九，成化十七年九月乙未条，第 3795 页。

既而又以内批特升都指挥佥事。至是，乞老。遂有是命"①，银匠李效良一家由此实现了连续四代世袭锦衣军职。

不仅兵部的反对意见被连续否决，宪宗还绕开六部，直接以传奉的方式为他喜爱的画师授职。例如：成化十三年九月，"太监覃昌传奉圣旨：……御用监画士祝珝、朱伟、刘节、谢昂、张静，人匠王刚等五人俱为文思院副使"②；成化二十年十月，"太监覃昌传奉圣旨：画工杨鉴等二十八人于锦衣五所食粮，月一石，送御用监供事"③；等等。祝珝、杨鉴等人虽然没有被授职为带俸军官，但较之普通工匠、画工已经大大前进了一步。

（二）逐渐取得实权的皇亲

第二是皇亲。皇亲又主要包括两类人：一是后妃亲属，即外戚；二是公主的子孙。对于外戚，朱元璋有祖训："凡外戚，不许掌国政，止许以礼待之，不可失亲亲之道……其官品不可太高，虽高亦止授以优闲之职。"④ 对这一防止外戚干政的制度安排，后世子孙一直严格遵守。例如：永乐九年三月，升"府军卫千户郭琮为旗手卫指挥佥事，舍人郭玹为锦衣卫指挥佥事。琮、玹皆故武定侯郭英孙。时英二女孙，长为皇太子庶妃，次为汉王庶妃，琮、玹以亲，俱食禄不任事"⑤；景泰三年六月，"命（皇后的哥哥）杭聚为锦衣卫带俸正千户"⑥；等等。类似恩典也惠及一般女官。如洪武三十一年九月二十日，建文帝下诏，"以张凤等为锦衣卫千百户等官有差"。

> 初，太祖崩于西室，室人殉葬者若干人。其近亲张凤、李衡、赵福、张弼、汪滨、孙瑞、王斌、杨忠、林良、李成、张

---

① 《明宪宗实录》卷二五七，成化二十年十月庚午条，第4345页。
② 《明宪宗实录》卷一七〇，成化十三年九月辛卯条，第3089—3090页。
③ 《明宪宗实录》卷二五七，成化二十年十月乙亥条，第4349页。
④ （明）朱元璋：《祖训录》，见张德信、毛佩琦主编《洪武御制全书》，黄山书社1995年版，第366页。
⑤ 《明太宗实录》卷一一四，永乐九年三月庚午条，第1451页。
⑥ 《明英宗实录》卷二一七，景泰三年六月庚午条，第4681页。

敏、刘政等以锦衣卫所试百户、散骑带刀舍人，进官本卫千户百户。靖难初，革建文间升除官，张凤等亦在革中。文庙曰："他每这几家都是孝顺的，职事不动，都调孝陵卫支俸、不管事。"今尚称太祖朝天女户官，世世袭授。①

正统八年二月，宣宗弟、襄王瞻墡奏准："第四女母王氏及宫人徐氏家属王雄、徐亮俱以女户隶锦衣卫，乞就本府居住。"② 可见，亲王的嫔妃亲属也享受带俸于锦衣卫的女户的待遇。

在明代的官制体系中，除了带俸官，只有一个地方的实职可以由皇亲担任。这个地方就是中都。如成化六年，中都正留守缺员，兵部因中都"例应皇亲协守"③，于是推荐了徐达的后裔、南京锦衣卫指挥佥事徐显隆，宪宗批准，任命他"署中都留守司正留守事"④。

对于公主的子嗣，明廷采取同样的方式。如宣德十年六月，"命故驸马都尉宋琥子铉为南京锦衣卫指挥佥事，食禄不任事。从安成公主奏请也"⑤。

皇亲不能授实职的祖训在天顺朝一度遭到挑战。天顺元年初，定襄伯郭登提出八项建议，除了建议放弃景泰年号，马上改元、立太子外，还建议将会昌伯孙继宗升职，与安远侯柳溥、右都督张轨一起统率团营，同时"将本卫百户袁彬升授指挥、管事。又会昌伯弟、指挥使孙显宗系朝廷至亲，乞暂令与彬同管卫事，以关防机密"⑥。郭登在土木之变期间驻守大同，英宗被瓦剌裹挟北返经过大同时曾呼叫郭登开城迎接，被郭登拒绝。英宗复辟后，郭登心中难免不安。袁彬在草原和英宗几乎是相依为命，孙氏兄弟则是英宗生

---

① （明）姜清：《姜氏秘史》卷一，《中华野史》丛书"明朝卷一"，第61页。
② 《明英宗实录》卷三三，正统二年八月乙亥条，第645—646页。
③ 《明宪宗实录》卷八一，成化六年七月癸卯条，第1588—1589页。
④ 《明宪宗实录》卷八一，成化六年七月癸卯条，第1588—1589页。
⑤ 《明英宗实录》卷六，宣德十年六月戊辰条，第125页。
⑥ 《明英宗实录》卷二七四，天顺元年正月癸未条，第5789—5790页。

母孙太后的家人。郭登推荐他们并建议改年号，"以尊临卑"，在很大程度上是为了讨好皇帝。好在英宗以"孙继宗、显宗系勋戚，不许干预军政"①为由拒绝了郭登的建议，只是晋升袁彬做了指挥佥事。

英宗虽然没有接受郭登的建议，但数日后即封孙继宗为会昌侯，以示安慰。当年四月，先是敕令"忠国公石亨、会昌侯孙继宗总管五军营"②，数日后又"命会昌侯孙继宗理后军都督府事"③。孙继宗由此成为外戚中第一个掌握军政大权的人。也许是看到英宗已无意遵守祖训，兵部在当年五月建议选拔总兵官领京军驻扎宣、大时，把孙继宗和太平侯张轨、安远侯柳溥一起列为候选人④。如果被选中，孙继宗将成为外戚中第一个掌握军事指挥权的人。好在英宗头脑还算清醒，选择了柳溥。

英宗不遵守祖训，宪宗自然不会在意。成化五年，宪宗下诏，"命锦衣卫带俸指挥同知孙瓒理本卫事"。这一任命遭到科道官的反对。给事中秦崇、御史丁川等奏：

> 会昌侯孙继宗叨居戚里，掌握重兵。皇上广亲亲之爱，又命其子瓒理锦衣卫事，是虽出自宠恩，而继宗父子即当省躬加畏，累牍连章，以求辞避可也。今乃处之泰然，若所固有。臣窃以继宗既握五军大权，而瓒又司亲军禁旅，内外之权，归于一门，谓之宠爱则可矣，然非所以保全之也。⑤

秦崇等人虽然没有直接批评皇帝违反祖训，但批评孙氏父子掌握了过多的军权，实际指向已经表露无遗。宪宗估计也感觉到了压

---

① 《明英宗实录》卷二七四，天顺元年正月癸未条，第5789—5790页。
② 《明英宗实录》卷二七七，天顺元年四月癸丑条，第5919页。
③ 《明英宗实录》卷二七七，天顺元年四月己未条，第5927页。
④ 《明英宗实录》卷二七八，天顺元年五月辛未条，第5942—5943页。
⑤ 《明宪宗实录》卷七一，成化五年九月丁亥条，第1391—1392页。

力，于是以"朕念皇祖妣遗德，故特用瓒。今尔等陈保全之道，深得治理"① 为由，罢免了孙瓒。

成化十五年八月，孙继宗上疏自陈年逾八十，请辞军职，"且欲及今得见其子瓒授官为幸"。宪宗或许是吸取了此前的教训，只是勉励他"力疾莅事，不许退休。瓒姑置之"②。

成化十八年，孙继宗的弟弟孙纯宗上疏陈乞管事。孙继宗已经于成化十五年十一月去世，孙氏家族不再掌握兵权，宪宗于是晋其职为指挥同知，"管镇抚司事"③。孙氏家族中终于出了一个掌握锦衣卫权力的人。

有了孙氏家族的先例，其他外戚难免攀比。成化二十三年五月，徽王朱见沛上奏："母魏氏蚤丧，幸母有弟昂，蒙授锦衣卫百户；冕，所镇抚。乞令实授管事。"兵部以"皇亲管事，乃出特恩"为由，推给皇帝裁决。或许是受了祖先严格限制藩王势力的影响，宪宗没有同意，"诏昂、冕仍旧带俸"④。

在外戚逐渐获得实际权力的同时，宪宗对皇亲的军职袭替也开始松口。例如：成化五年九月，"锦衣卫副千户杭昱子锦告袭父职。兵部以昱系王亲，非军功，例无承袭，请令原卫听继戎伍。上特命为所镇抚"⑤。成化六年正月，"命锦衣卫带俸指挥使栢珍子杞代父职。珍，贤妃父也，初为指挥佥事，缘戚属，进升指挥使，以老乞代。兵部言后二级系恩升，无袭代例。上特允之，不为例"⑥。

（三）争袭的勋臣子孙

第三个特殊人群是勋臣子孙。在大明帝国建立之前，朱元璋对武将子弟就非常重视，大量召到身边充作宿卫。称帝后，这一做法被延续下来。锦衣卫成立后，武官子弟进入锦衣卫的途径主要有两

① 《明宪宗实录》卷七一，成化五年九月丁亥条，第1391—1392页。
② 《明宪宗实录》卷一九三，成化十五年八月丙申条，第3413页。
③ 《明宪宗实录》卷二三三，成化十八年十月己丑条，第3974页。
④ 《明宪宗实录》卷二九〇，成化二十三年五月癸卯条，第4897页。
⑤ 《明宪宗实录》卷七一，成化五年九月辛丑条，第1396页。
⑥ 《明宪宗实录》卷七五，成化六年正月丙午条，第1452—1453页。

个。一是被封为公侯伯的武官，其嫡子可以"勋卫"的身份进入锦衣卫，例如：洪熙元年，郭登"以勋戚子弟召见，授勋卫"①；天顺元年十一月，"命安远侯柳溥子承庆为勋卫"②；弘治五年四月，"授保国公朱永子晖为锦衣卫勋卫"③；等等。勋卫在明中前期一般以带俸身份参与宿卫，需承袭时可及时离开。明后期因为锦衣卫职能的局部变化，勋卫开始授实职，权力近似于勋臣，如隆庆二年六月，"命勋卫李言恭、王学诗管理红盔将军"④ 等。

二是没有袭爵资格的子孙及伯爵以下武官子弟则可以"散骑舍人"的身份进入锦衣卫。散骑舍人因为出身高贵，往往越级升职。如永乐三年，"升散骑舍人朱秃儿为锦衣卫指挥佥事，赐金带，食禄不视事"⑤。永乐十四年，"擢锦衣卫散骑舍人张轨为旗手卫指挥使"⑥。永乐二十二年，"擢散骑舍人萧让为中都留守司正留守"⑦，等等。

无论是勋臣还是散骑舍人，总量都是可控的，但有一类军官的数量却是随机的，这就是争夺爵位继承权的勋臣子嗣。最典型的争袭就是武定侯郭英的后人。

成化十五年，郭英的后人郭良在奏疏中这样介绍本家亲属争袭的过程：

> 曾祖英洪武间起军功，累封武定侯爵。永乐间，以事停袭。英庶长子振尚永嘉公主。庶次子铭生子玹，玹之姊为仁庙贵妃，特命玹袭爵。宣德间，永嘉公主奏其子珍为英嫡孙，宜令袭爵。宣庙以先朝所定，不敢更易，授珍锦衣卫指挥佥事。正统间，

---

① 《明宪宗实录》卷一〇三，成化八年四月丙申条，第 2027 页。
② 《明英宗实录》卷二八四，天顺元年十一月庚午条，第 6088 页。
③ 《明孝宗实录》卷六二，弘治五年四月壬戌条，第 1202 页。
④ 《明穆宗实录》卷二一，隆庆二年六月癸巳条，第 411 页。
⑤ 《明太宗实录》卷四六，永乐三年九月己亥条，第 711 页。
⑥ 《明太宗实录》卷一七八，永乐十四年七月癸巳条，第 1937 页。
⑦ 《明仁宗实录》卷三下，永乐二十二年十月丁巳条，第 115 页。

玹故，永嘉公主又以珍为请。玹之子聪亦请袭。乃以争袭，不许，止授聪锦衣卫指挥佥事。天顺初，诏武定侯子孙仍袭侯爵。珍之子昌当袭，弟昭争之，不得。昌袭未久而故。臣为昌之长子，当袭。诏令俟年长以闻。及长，又为聪所争，止得锦衣卫指挥佥事。①

从郭良的奏疏中可以发现，明廷在遇到争袭，又难以做出判断时，往往采取活稀泥的方式，授予争袭者锦衣卫军职。郭良是郭昌之子，因为争袭，在成化四年二月被授予锦衣卫指挥佥事职，"时良欲袭爵，其家有与之争袭者，事未得白故也"②。与他争袭的郭聪仍为指挥佥事。此后，郭良连续上疏陈请，结果激怒皇帝，一度被投入监狱。尚书尹旻等人认为"聪与良皆授指挥，报功之典已为过厚。而乃兴词互争不已，宜治如律"，于是宪宗下诏警告郭良："若复来奏扰，当夺其职。"③

争端无法解决的时候抹稀泥，争袭有结论时，明廷也会给失败者授职，以示安慰。如成化十二年六月，命广宁侯刘安的侄子刘瓛袭广宁伯爵。

荣三子，长湍，次淮，次安。湍袭爵，早卒，无嗣。淮亦卒，其子瓛方幼，安乃借袭。正统己巳守大同，以功进封广宁侯，卒。至是，其子璇与瓛争袭，屡上疏各自陈。下所司议。谓瓛为荣嫡次子之子，当为祖后。而安之功，亦在所论。故命

① 《明宪宗实录》卷一八九，成化十五年四月己丑条，第3361—3362页。
② 《明宪宗实录》卷五一，成化四年二月戊戌条，第1032页。
③ 《明宪宗实录》卷一八九，成化十五年四月己丑条，第3362页。郭良争袭一案到弘治十五年才有定论。当年四月，"命锦衣卫指挥佥事郭良袭武定侯。良，故武定侯昌之子。昌卒于成化中，时以族人有袭争者，止授良指挥佥事。至弘治初，上以良屡请袭爵，革其职。既而复命为指挥佥事。至是，良母许氏为请袭爵。上再命吏部会官廷议。众以争袭爵革，议久不决。礼部侍郎焦芳独曰：争爵之罪小，开国之勋大，岂可以争爵之小故，废开国之大勋？众服其言，议遂定。故有是命"。见《明孝宗实录》卷一八六，弘治十五年四月癸丑条，第3426页。

以爵归瓘，而授璇为锦衣卫正千户。①

又如定襄伯郭登没有儿子，侄子郭嵩过继，先为散骑舍人，后袭爵。郭嵩死后，其子郭参因为不是郭登后裔，"止命袭为锦衣卫指挥使，带俸"②。

像这类因为争袭进入锦衣卫的人员数量虽然有限，但影响并不小。加之一般授予高级武职，所以直接影响到有关实职岗位的选拔。

（四）授官入卫的宦官弟侄

如果说匠艺、皇亲、勋臣子弟进入锦衣卫还可以把责任推到远祖，第四类进入锦衣卫的特殊人群，即宦官弟侄则完全是明英宗的责任。正统时，太监王振得势，朱元璋立下的宦官不得干政的祖训被抛到九霄云外。在前朝，御用司（监）供职的画师、巧匠不断有人被授以锦衣军职，主管太监的品级却很低，难免会产生比附之念，因而在以王振为首的太监掌权后很快就出现宦官弟侄被赐锦衣军职的现象。正统十一年正月，因麓川宣慰使思任发被函首京师，征伐麓川的战事暂时平息，"赐司礼监太监王振并各监太监钱僧保、高让、曹吉祥、蔡忠白金、宝楮、彩币诸物。仍命振侄林为锦衣卫世袭指挥佥事，僧保侄亮、让侄玉、吉祥弟整、忠侄英俱为锦衣卫世袭副千户"③。太监的亲属不仅入卫为官，而且直接获得了世袭资格，待遇远高于凭匠艺得官者。

口子打开后，被授官者源源不断。如正统十三年八月，镇守宣府少监赵琼的侄子赵礼"授锦衣卫带俸所镇抚"④。同年十月，"命司设监太监吴亮侄江为锦衣卫百户，因亮叙年劳以请故也"⑤。景泰帝即位后，也有样学样，如景泰六年五月，"命太监王诚侄敏，舒良

①　《明宪宗实录》卷一五四，成化十二年六月庚寅条，第 2810 页。
②　《明宪宗实录》卷一七四，成化十四年正月乙丑条，第 3137 页。
③　《明英宗实录》卷一三七，正统十一年正月庚辰条，第 2720 页。
④　《明英宗实录》卷一六九，正统十三年八月丙寅条，第 3262 页。
⑤　《明英宗实录》卷一七一，正统十三年十月乙卯条，第 3287 页。

弟玉，张永兄琮，郝义侄安，王勤侄贤俱为锦衣卫带俸世袭百户"①。

英宗复辟之后，因为太监曹吉祥等夺门有功，宦官弟侄授官入卫现象迅速泛滥。如天顺元年正月，"以迎驾功，升太监曹吉祥嗣子、锦衣卫带俸指挥佥事钦为都督同知，吉祥侄铉及太监刘永诚侄孙聚、蒋冕弟成、叶达兄成俱为锦衣卫世袭指挥佥事"②。不久，曹钦晋封昭武伯，"又官其兄铎、从兄□皆都督。内臣子弟封爵，自钦始"③。同年四月，"命内官李雍等十人弟侄为副千户，王定等五人弟侄为百户，俱世袭，锦衣卫带俸"④；"赐锦衣卫百户牛绥诰，封赠其祖父母。以绥所后父玉乃太监，无给诰例故也"⑤。十一月，赐"太监王受侄真为腾骧左卫百户"⑥。

清朝人陈僖在总结宦官弟侄授职锦衣卫一事时说：

> 中官弟侄升指挥等官，不得在卫见任管事，惟带俸而已。惟有礼仪房一衙门中官秉笔者，为提督中官，家子弟有官都指挥者，亦呼为堂上官，管礼仪房事，是亦锦衣之杂职也。⑦

这一结论如果是针对英宗朝，基本成立，因为英宗一朝宦官弟侄虽然受封人数众多，但基本处在"带俸"状态，确实没有什么实权。不过，如果往下推延到成化朝，就有问题了。

成化朝的宦官弟侄获得锦衣卫军职的现象依然故我，且有进一步发展。如成化三年，御马监太监叶达请求放弃"征江西长河峒"的功劳，"乞升臣兄、锦衣卫千户叶成官"。兵部反对，认为"前无

---

① 《明英宗实录》卷二五三，景泰六年五月癸酉条，第5475页。
② 《明英宗实录》卷二七四，天顺元年正月丁亥条，第5805页。
③ （明）尹守衡：《皇明史窃》卷二五《宦官传》，续修四库全书丛书影印本，第63页。
④ 《明英宗实录》卷二七七，天顺元年四月庚戌条，第5918页。
⑤ 《明英宗实录》卷二七七，天顺元年四月乙巳条，第5909页。
⑥ 《明英宗实录》卷二八四，天顺元年十一月庚午条，第6088页。
⑦ （清）陈僖：《客窗偶谈·锦衣卫·官役进身》，见氏著《燕山草堂集》卷四，第572页。

此例，宜勿许"，宪宗却成全了叶达，升叶成为指挥佥事①。后人称此举为宦官"辞赏乞升之始也"②。

叶达开了先例后，不断有宦官效仿，宪宗无一拒绝。如成化十四年九月，"锦衣卫副千户张庆自陈为故太监裴当之侄。当累效军功，尝荫授臣弟荣为百户。今荣死，乞以荣职并升与臣。遂命升庆二级"③。成化二十三年六月，御马监太监刘回寿的侄孙刘文请求将父亲刘玉的军功和自己的军功合并，兵部认为"武职父尊子卑，制许弃子职而袭父职，不与重职。如文所陈，非例"④，宪宗特许刘文升职为锦衣卫署都指挥同知。

英宗朝的恩赐，除曹吉祥等个别人外，大体是一个宦官一次只能恩赐一个亲属为锦衣军职，宪宗则突破了这一限制。如成化二十一年十月，"升南京锦衣卫指挥佥事黄琳为指挥同知，与世袭；百户黄灏副千户；所镇抚黄渌、校尉黄润百户；黄泽、黄淇所镇抚；黄澧、黄溶，冠带总旗；黄瑛袭为百户，俱管事。黄玉等六人充御马监勇士。琳等以故太监黄赐家属乞恩也"⑤。一次恩赏达十五人之多。

更值得留意的是，黄赐的亲属授职后都"管事"，也就是授的都是实职，不再是单纯的带俸。成化十一年十一月，黄赐曾通过传奉的方式，授其弟黄宾为锦衣卫世袭指挥佥事⑥。但很快黄宾就卷入了项忠一案中。由于曾号召联名奏革西厂，兵部尚书项忠得罪了汪直。汪直于是"嗾东厂官校发江西都指挥使刘江与指挥黄宾奸私事，谓宾为求于其兄太监黄赐，使镇抚尤鉴属忠并武选司郎中姚璧，得由京卫选江西都司事"⑦。很快此案形成定论，项忠于成化十三年六月被革职为民，连带黄宾也被撤职，黄赐降为长随。

① 《明宪宗实录》卷四九，成化三年十二月丁巳条，第1009—1010页。
② （明）王世贞：《弇州史料前集》卷一一，四库全书存目丛书影印本，第398页。
③ 《明宪宗实录》卷一八二，成化十四年九月甲申条，第3292页。
④ 《明宪宗实录》卷二九一，成化二十三年六月丙申条，第4934页。
⑤ 《明宪宗实录》卷二七一，成化二十一年冬十月壬寅条，第4581页。
⑥ 《明宪宗实录》卷一四七，成化十一年十一月丁巳条，第2704页。
⑦ 《明宪宗实录》卷一六七，成化十三年六月甲辰条，第3024页。

不久，监察御史戴缙上言请求"禁内官弟侄、家人恃势害人"，宪宗批复："内官并文武大臣子侄及凡功升、钦升任事者，兵部与锦衣卫严加拣选。间有廉能者，任事如故，余惟养之以禄。是后不许滥补员缺。"都指挥牛循有所顾忌，不愿得罪内官，于是以"到任日浅，各官贤否，未能周知"为由，请求兵部派员和他一起考察。最后牛循和兵部侍郎滕昭一起拣选，"以千户赵承文等三十三员廉能，令如旧任事。罢千户朱升等十三员见任"①。可见，在项忠一案爆发之前，至少有 46 名宦官弟侄或朝臣子弟出身的军官实际管事，在锦衣卫内已经是一股不可忽视的力量。牛循不敢独立拣选，确属无奈，同时亦说明在很大程度上形同恩荫的势要亲属在卫内只带俸不管事的不成文规定在成化朝已经被彻底抛弃，只要"廉能"即可。

虽然有部分宦官弟侄被剥夺管事的权利，但授官即管事的现象并没有得到遏制。如司礼监太监李荣之从子李珍，成化时"管镇抚司事"，到弘治朝已经"进掌卫事，升（都指挥）同知"②。太监弟侄掌握锦衣卫最高权力，对于中央政局以及锦衣卫未来的发展都将产生深远的影响。

除了上述四类人群不断冲击锦衣卫的军官体系，造成严重冗员，在成化朝已经造成诸多不良影响外，还有两类人也曾发挥类似作用。一是纳粟军职。土木之变对明朝政府是个沉重打击，为筹措军费，明廷不得不开放捐纳，允许纳粟补官。因为事出仓促，没有充分筹划，景泰初的纳粟者都授实职，可谓一本万利。景泰三年十二月，留守左卫小旗徐靖建言："近年中外富豪之家纳粟补官者俱实授锦衣卫，此辈累无汗马之劳，惟恃钱谷之富，擢隶近侍，岂服人心，乞调卫为宜。"经部院大臣会议，认为此言有理。景泰帝于是下诏："锦衣，宿卫之职，惟皇亲及原任官可留，其余兵部查勘以闻。"③数日后，兵部回奏：

---

① 《明宪宗实录》卷一六八，成化十三年七月己卯条，第 3045 页。
② 《明孝宗实录》卷一五四，弘治十二年九月壬戌条，第 2734 页。
③ 《明英宗实录》卷二二四，景泰三年十二月乙未条，第 4864 页。

得钦调并纳粟补官报效升职注锦衣卫者二百三十六员。诏：都指挥李文、所镇抚招赛系土人，不调；都指挥佥事马显、王喜，指挥使王琦，令还武成后等原卫；百户尚敳等十一人调府军前卫；所镇抚胡巇等五人调武功中卫；百户郭庆等二人调武骧右卫；其余俱调留守五卫。①

虽然经过调职在一定程度上减少了损失，但此例一开，总会有人寻找制度漏洞。如成化末年，明廷再开捐纳。

大学士万安议令山西、陕西所在军民舍余人等纳粟补武官者，听巡抚官定拟卫所。既而巡抚大同都御史左钰奏：今在京、河南、山东、北直隶人俱许纳粟补官，以实大同边储。户部议在京除锦衣卫外，余如钰奏行之。时工部尚书刘昭镇守陕西，内官欧督、都督同知白玘下舍人刘绮、欧山、欧全、白珍俱于陕西纳粟补锦衣卫千百户等官。至是，（锦衣卫舍人沈）震乃援绮等例自陈，愿纳粟补官锦衣卫。上命所司看详以闻。户部言：刘绮等官由兵部定拟，乞自圣裁。上谓锦衣卫乃近侍，遂不许震。户科参称户部所奏纳粟补官事例最为著明，刘绮、欧山、欧全不应补官锦衣，白珍隶籍锦衣，不应纳粟，今皆越例补官，事属蒙蔽，使震得以借口，宜从纠正。于是兵部左侍郎阮勤等言：万安所奏山西、陕西纳粟事例日月在前，左钰所奏不许锦衣卫纳粟事例在后，且止是大同一处。况绮等纳粟，实在陕西，初非越例蒙蔽。且依违其说，欲调绮等于别卫。上谓绮等铨注已定，不必调。其余不许。②

这一事例反映出三个问题。一是开放捐纳已经成为明廷弥补财

① 《明英宗实录》卷二二四，景泰三年十二月丙午条，第4875页。
② 《明宪宗实录》卷二六七，成化二十一年六月壬寅条，第4520—4521页。

政不足的常态化手段。二是明廷已经注意到锦衣卫军职不应在捐纳范围内，但制定相关政策时，由于事涉户、兵两部，时常存在不协调的现象，以致出现制度漏洞。三是由于纳粟者大多是势要子弟，即便发现漏洞，相关部门也不愿承担责任，故意依违其间。宪宗最后的态度事实上也是在纵容这种行为。

各方的纵容并没有换来纳粟者的正面回应。刘昭在陕西主持的纳粟允许"民输粟授武职，然例不得管事及支全俸"，但其子刘绮钻空子，纳粟授锦衣千户，且蒙皇帝恩准，不必调卫后仍贪得无厌，又"夤缘得全俸，且典銮舆事"①。成化二十二年底，刘绮事发下狱，连带已升任户部尚书的刘昭被革去太子少保衔，勒令致仕。刘昭父子虽然受到惩处，但作为高级文官的儿子，通过纳粟争取进入为文人士大夫所不齿的锦衣武夫行列，折射出当时人们的价值取向已经出现明显变化。

通过捐纳进入锦衣卫，因为明廷的有意堵截，对锦衣卫军官群体的实际影响相对有限。相比之下，另一类人的影响反而要大一些。这就是获官的杂流。

（五）名目繁多的入卫杂流

严格来说，像画师、工匠等人员在明朝士大夫眼中都属于杂流，可这些人毕竟拥有独到的本领。另有一些人进入锦衣卫的方式更显异类。如景泰朝靠进献宝石获锦衣副千户、百户职的屠宗顺、屠芝②，靠献性药获百户职的太医院医士艾崇高③，因姐姐"惜儿自教坊司入侍得幸"，授百户职的伶人李安④，天顺元年以所谓迎驾功超升锦衣卫带俸都指挥同知、世袭指挥使的厨役杜清⑤，等等。这一类杂流进入锦衣卫，令实际履行锦衣卫各项职能的官兵的地位更加

① 《明宪宗实录》卷二八五，成化二十二年十二月癸酉条，第4817页。
② 《明英宗实录》卷二六一，景泰六年十二月戊辰条，第5589页。
③ 《明英宗实录》卷二六八，景泰七年七月辛巳条，第5684页。
④ 《明英宗实录》卷二六八，景泰七年七月乙酉条，第5685页。
⑤ 《明英宗实录》卷二七四，天顺元年正月戊子条，第5812页。

尴尬。

发展到成化朝，这一类杂流大多和所谓传奉官搅和在一起。明中叶传奉官的出现有诸多原因，不能一概而论，对此，本书会在下一节具体分析，但不管怎么说，传奉官对明朝原有官制体系的冲击是非常严重的。传奉现象在成化初年即十分明显，史载，成化二年十月，传奉圣旨：

> 升尚宝司司丞凌敏本司卿、汪容少卿，太仆寺寺丞季淳、周庠俱光禄寺少卿，中书舍人金溥、王恒、顾本俱光禄寺寺丞，王颐、张颁、夏文振、董序俱大理寺左评事，匠人徐端锦衣卫所镇抚，朱贵营缮所所丞。初，宣德间，文华门东廊置中书舍人数员，写门帖、聚扇之类。后杂进者多，遂与中人相凭结，写佛经道书以希宠，其类渐盛。自是而后，升进滥矣。①

对于这一现象，明人李乐将其归纳为"是时，四方白丁、钱虏、商贩、技艺、革职之流以及士夫子弟，率夤缘近侍内臣，进献珍玩，辄得赐太常少卿、通政、寺丞、郎署、中书、司务、序班，不复由吏部，谓之传奉官。阁老之子若孙，甫髫龀已授中书，冠带牙牌，支俸给隶，但不署事朝参。大抵多出于梁方之门"②。

李乐的归纳没有提到锦衣卫，实际上，传奉进入锦衣卫的各类杂流数量也很可观。成化十七年四月，兵部尚书陈钺等上奏：

> 锦衣卫官校环卫殿廷，典掌禁狱，岂可滥容奸诈麤鄙之徒？且锦衣五所千百户、所镇抚、总小旗俱有定额，例不得妄图转调挽夺。迩来不遵旧制，任情告补。每所正副千户多至二十余员，百户旗役增加数倍，一遇有缺，纷纭争补。至如各边总兵

---

① 《明宪宗实录》卷三五，成化二年十月丁巳条，第701—702页。
② （明）李乐：《见闻杂记》卷一，《中华野史》丛书"明朝卷三"，第2648页。

等官及内臣、文职子弟，亦多妄冒铨注。奔竞成风，莫此为甚。自今各所有缺，宜从本卫，照例于病故官旗应继子孙推选，相应开缺奏补。果有不足，方许别推多余带俸之数。其余新除、添除员缺，不必一概顶补。原在七所、镇抚司，不许调补锦衣五所。其内外文武官员子弟及充家人、舍人等有功升授职役，止许仍报本处卫所，或注在京别卫，不得冒注锦衣卫。其在前冒注者，俱令首改，如此则体统正而奸伪绝矣。疏奏，不允。①

可见，授武职的传奉官，相当一部分都是隶籍锦衣，且不像李乐所说"不署事朝参"，而是纷纷谋求实授管事。

成化二十一年正月初一傍晚，举国上下欢度新年之际，突然发生星变，"有火光自中天少西下坠，化白气，复曲折上腾有声。逾时，西方有赤星大如碗，自中天西行近浊，尾迹化白气，曲曲如蛇行良久，正西轰轰如雷震"②。从这段描述来看，似是一次规模较大的陨石雨。按照传统政治哲学，这次星变属于上天示警。宪宗不得不下诏自省并征求纠弊建议。应诏言事的臣僚乘机纷纷批评传奉。如兵部尚书张鹏等建议："成化元年以来，传奉升授军职八百有余，月支俸给，岁支银绢。锦衣卫指挥、都指挥又有皂隶雇直，所费不赀。除勋戚、荫叙并额设外，宜悉令冠带闲住，待缺奏补。其有匠艺不可缺者，月支米一石。今后非有军功，陈乞军职者，宜加裁抑。"宪宗批示："传奉军职，除勋戚、功升、荫授、录用不革外，其余令冠带闲住，有缺取用。内有为事妄冒并乞恩升授者，查究定夺。匠官艺精者留之，令支半俸。"③

得到批示的兵部马上着手清查，二月即报告"传奉、升除者，除勋戚、功升、荫授、录用外，通得五百三人。勋戚异姓、外亲升授者六，内官弟侄、家人升授者一百二十，军民人等升授者六十六，

① 《明宪宗实录》卷二一四，成化十七年四月癸亥条，第3724—3725页。
② （清）张廷玉等：《明史》卷二七《天文志三》，第419页。
③ 《明宪宗实录》卷二六〇，成化二十一年正月己丑条，第4394—4395页。

为事罢黜妄冒升用者一，军民人等乞恩升授者九，技艺工匠升授者二百六十，皆具其出身、履历以闻。于是御笔点阅之，如文职例留者，三百九十四员，余皆令闲住"①。503 人中留用了 394 人，占总数的 78% 以上，清理效果非常糟糕。

虽然宪宗的态度很勉强，但总算是清理掉一批。可过了没多久，宪宗即故态复萌。当年五月，御马监内官王允中通过同监内官李聪上言，请求恢复"以灾异陈言，罢职"的养子王福坚的职务，宪宗随即"命王福坚复任锦衣卫百户"②。六月，南京兵部尚书王恕等奏报清查结果，包括南京锦衣卫 27 人，结果宪宗的批示居然是"俱不必动，令任事如故"③。不仅如此，宪宗又在八月命此前被减半俸的锦衣卫带俸指挥同知杨辂等十二员恢复全俸④，九月下令"增给锦衣等卫带俸指挥等官柳纯三等百四十二员月米五斗。纯三等皆内府工作，糜费不赀，以灾异减俸。至是，夤缘乞请。故有是命"⑤。群臣的一番努力，等同白费。

事后，传奉现象反而更趋严重，规模一次比一次大。如当年十二月，"太监韦泰传奉圣旨：升舍人马玉为锦衣卫百户，僧录司左讲经贞理为左阐教，锦衣卫都指挥使倪端给皂隶四人，会州卫千户胡宣、画士张鉴等十五人、人匠吴监等九十四人俱锦衣卫带俸食粮"⑥。次年三月，传奉"义勇后卫前所副千户吴林、金吾前卫前所百户霍政、金吾左卫中所百户王永安俱转锦衣卫带俸。旗军苏志等九名、画士牛琰等一百四十五名、人匠龚礼等七十六名，俱令于锦衣卫五所，人月支食粮一石。光禄寺人日支粳米八合。俱送御用监上工"⑦。

频繁的传奉致使锦衣卫军官数量激增，耗饷无数。皇帝滥授军

---

① 《明宪宗实录》卷二六二，成化二十一年二月己未条，第 4437—4438 页。
② 《明宪宗实录》卷二六六，成化二十一年五月己巳条，第 4508 页。
③ 《明宪宗实录》卷二六七，成化二十一年六月庚寅条，第 4516 页。
④ 《明宪宗实录》卷二六九，成化二十一年八月癸卯条，第 4552 页。
⑤ 《明宪宗实录》卷二七〇，成化二十一年九月癸酉条，第 4570 页。
⑥ 《明宪宗实录》卷二七三，成化二十一年十二月丁亥条，第 4600 页。
⑦ 《明宪宗实录》卷二七六，成化二十二年三月癸丑条，第 4645—4646 页。

职的行为又得不到遏止，朝野上下无可奈何，只能等待明君出世。

成化二十三年八月，宪宗去世。次月初，孝宗即位。新君即位不久，给事中韩重等、监察御史陈毂等纷纷上书抨击李孜省等祸乱宫廷，孝宗以这些人"引用奸邪，左道害正，宜置诸重罪。但宅忧中，姑从宽"，将李孜省、邓常恩、赵玉芝等"俱谪戍甘州等卫"，"梁芳、韦兴、陈喜，降南京御用监少监闲住"①，万贵妃亲属万喜等降职。

同日，监察御史谢秉中等上疏：

> 近年幸门大开。或由异端方术，或以奇技淫巧、琴棋书画、厮养胥徒，多夤缘传旨，升授官职，糜耗国用，滥污名器。番僧入中国，多至千余人。百姓逃避差役，多令子弟从学番教。僧道官自善世真人以下，不下百数。佛子、法王、大国师例铸金印，供用拟于王者。又京师射利之徒货鬻宝石，制为奇玩，交通近侍，进入内府，支价百倍，币帛、钱物，车载而出，虚耗府库。请悉追究治罪。诏冗员令司礼监官及吏、礼、兵、工四部查处，僧道官礼部查处，鬻宝石者，锦衣卫根究以闻。②

得到皇帝允准后，兵部迅速做出回应，在十月即上报"传升武官锦衣卫指挥佥事王荣等七百一十四员"，具体又分为 14 类：

> 曰皇亲，曰保母，曰女户，曰恩荫，曰录用，曰通事，曰勋卫，曰散骑，及匠人、舍人、旗校、勇士、军民人等，仍请行南京兵部及各巡抚巡按一体奏革。上是之，命勋卫、散骑及皇亲锦衣卫指挥同知孙纯宗等五十一员俱仍旧；其皇亲指挥同知王荣，正千户郭勇、章瑄、张俊、王清、王钦、潘成、岳秀、

---

① 《明孝宗实录》卷二，成化二十三年九月丁未条，第 28 页。
② 《明孝宗实录》卷二，成化二十三年九月丁未条，第 29 页。

王敏、姚福员十员降百户。邵安、邵喜降冠带小旗。百户李祥、陈经、万安、万泰革职。保母指挥同知吕永昌，佥事胡瑶，千户张浩等六员，女户百户吴宽、张铭并勇士王端亦仍旧。余女户，千户韩全、刘瓒、施仁降百户。百户祝瑁等九员降冠带小旗。恩荫太监韦泰等孙、百户韦玺等三十八员不动，余太监裴当、张敏等仅指挥使张质，千户裴安、裴玺等十五员降百户录用。太监孙清仅千户孙通等三员不动，余太监陈玄、覃礼仅千户陈泰、覃安等七十五员降冠带小旗。其匠艺舍人、旗校、勇士、监生、军民人等，出身传升者二品，降正千户；三品，副千户；四品，百户；五品，冠带总旗；六品，冠带小旗，各带俸着役，差操终身。内各项官员原有功升功袭及原系通事者，仍查其功次，定与职役。闻奏，其款目有未载者，止革传升职事，存其旧职云。①

仔细审视孝宗的处理结果可以发现，这714员，要么留用不动，要么降级使用，仅有李祥、万安等四人被革职。

次年五月，南京兵部查出传升、乞升者共53人，"事下，兵部以为宜如在京例降革"，孝宗的最后决定是"俱如例递降，夺其见任。所降职不由军功者，不得世袭"②，只有汪瑚、汪瑄等五人因系冒功被革职充军。

弘治二年七月，吏部在奏疏中表示："前此传奉官员，本部因科道交章论劾，已奏汰五百六十余员。"③但据方志远考察，这五百多人中只有李孜省等14人被充军，其他人同样只是降职降级④。可以说，孝宗对前朝传奉官的处理仅仅是局部满足了科道官的请求，对官员总量并没有实质削减。相反，这些传奉官在清理之后反而获得

---

① 《明孝宗实录》卷五，成化二十三年九月戊子条，第90—91页。
② 《明孝宗实录》卷一四，弘治元年五月乙亥条，第338—339页。
③ 《明孝宗实录》卷二八，弘治二年七月壬戌条，第607页。
④ 方志远：《"传奉官"与明成化时代》，《历史研究》2007年第1期。

了合法的身份。

不仅如此，对父皇的诸般"劣迹"，孝宗几乎全盘继承了下来，甚至还有所发展。弘治元年十二月，"金吾右卫带俸指挥佥事倪端援随侍东宫恩例，乞改注锦衣卫带俸。兵部言端未有军功，而锦衣卫又无缺，请治其违制奏扰之罪。诏特允之。端以画工得幸者也"①。这是匠艺授官的例子。弘治四年五月，"授仪宾王宪之子道为锦衣卫百户。仪宾故无荫子例，宪尚景皇帝女固安郡主，主卒，宪上疏乞恩，特允之，仍令世袭"②。弘治七年二月，"升锦衣卫副千户蔡遇为正千户，及其弟百户遵俱与世袭。遇、遵，淳安大长公主子也"③。这是破格优待皇亲的例子。弘治六年四月，"改万全都司都指挥同知杨荣为锦衣卫都指挥佥事，管事。荣，卫圣恭僖夫人之侄也"④。弘治十六年八月，"升锦衣卫指挥使杨玉为都指挥佥事，仍旧管事。玉之姑，卫圣恭僖夫人，上保母也，因乞升职。许之"⑤。这是优待保姆子侄的例子。如此等等，不一而足。

不仅如此，孝宗还曾绕开兵部，直接调保姆翊圣夫人之子、蔚州左卫带俸都指挥佥事陈云于锦衣卫管事⑥。虽然遭到科道官交章弹劾，孝宗依旧不肯纠正，只是承诺"今后锦衣卫堂上官有缺，令兵部从公推举如例"⑦。

对于即位之初遭到群臣集体抨击的传奉，孝宗也不排斥。弘治三年九月，兵科给事中刘聪等上言：

> 皇上昔在春宫，灼知诸司官奔竞之弊。即位以来，凡传乞冗官，次第裁革殆尽，天下传颂，以为太平盛事。近锦衣卫正

---

① 《明孝宗实录》卷二一，弘治元年十二月癸丑条，第496—497页。
② 《明孝宗实录》卷五一，弘治四年五月辛卯条，第1015页。
③ 《明孝宗实录》卷八五，弘治七年二月乙丑条，第1587页。
④ 《明孝宗实录》卷七四，弘治六年四月丙申条，第1377页。
⑤ 《明孝宗实录》卷二〇二，弘治十六年八月丙申条，第3749页。
⑥ 《明孝宗实录》卷四六，弘治三年十二月壬申条，第938页。
⑦ 《明孝宗实录》卷四八，弘治四年二月己酉条，第960页。

千户王清等七员复有转升、乞升之事，彼既无汗马功劳，又不由将材推举，乃夤缘奔竞，投隙而进。他日谁肯冒矢石，犯锋镝，以死国事乎？乞收回成命，用全大信于天下。监察御史武清等亦以为言。上曰：各官业已升用，其已之。①

这是笔者所见弘治朝传奉官进入锦衣卫的较早的例子。此后，传奉现象日渐增多。弘治十二年九月，"监察御史燕忠等言：近年以来传奉日多，工作日兴，庄田拨赐日广，其老懦无为奔竞无耻之人充布庶位，似与初政不侔。乞敕吏、兵二部自弘治四年以来凡传奉乞升官员，不由资格功勋补授者，尽革之"。对此，吏部回复：

太祖钦定官制，自尚书下至杂职，计万四千二百九十一员。在京官千一百八十八员，皆因事设官，因官制禄。列圣相承，恪守成法。皇上即位之初，患京官冗滥，凡革去传奉、乞升文职官五百六十四员。今六年之间，复传升至五百四十余员。末流之弊，尚不止此……故两京科道，每因灾异，即陈言及此。盖以为弊政之大者，无过于此也……兵部亦具列弘治四年以来乞恩传奉武职，自锦衣卫指挥周璋等二百十七人，请悉行裁革。上俱命已之。②

可见，孝宗朝的传奉官员，并没有比前朝少多少。弘治朝号称是君臣关系和谐，社会秩序重回正轨的中兴时期，面对不断出现的传奉，群臣也确实尽到了谏诤的义务，但孝宗要么不予理睬，要么拒绝采纳，致使本朝的传奉现象较前朝有增无减。弘治十二年十月，南京刑科给事中史后等奏请革去南京已故守备太监陈祖生的家人陈禄、陈玠等的职务，吏部和兵部也附议，孝宗不仅不批准，反而在

① 《明孝宗实录》卷四二，弘治三年九月癸丑条，第 867 页。
② 《明孝宗实录》卷一五四，弘治十二年九月甲戌条，第 2743—2744 页。

当日传旨，"命御用监办事锦衣卫指挥同知张玘之子锦，指挥金事赵俊之子奎俱代父职。府军前卫指挥同知殷偕调锦衣卫带俸并世袭。锦衣卫副千户宛亮等三人俱升正千户，百户吕纪等三人俱副千户，所镇抚郑名等八人俱百户，冠带小旗姚宣等十二人俱所镇抚，义官吴伟、舍人李升俱锦衣卫百户。金吾左卫百户赵瑛升锦衣卫副千户、带俸。冠带人匠刘瑾等三十九人俱工部文思院副使，王佐等二十三人俱皮作局副使，并仍旧办事"①，一次性升授了近百人，似乎有意和群臣较劲。类似的现象曾反复出现，令人不得不对士大夫笔下的"中兴"打个大大的问号。

弘治十八年（1505 年）五月，孝宗去世，武宗即位。武宗在历史上虽然以荒唐，不守礼法著称，但即位之初，在大学士刘健、李东阳、谢迁等的督促下，也曾对前朝的传奉官做过一番清理。如弘治十八年八月，吏部清理出传奉官 763 员，武宗下诏："传升、乞升官，有点者十七员，三品、四品者降三级，五品、六品者降二级，七品以下者减半俸办事，其余俱革之。内有职事者，与冠带闲住。匠役月支米一石供事。今后敢有仍前夤缘传乞者，科道并诸司指实奏闻。"② 又如正德元年四月，兵部上奏：

> 两京锦衣等卫官旗全由传乞应革者，王汉等十一人；由恩应革、由功应存者，陈禄等八人；由乞升遇例未尽革，今应尽革者，黄灏等二十七人；总小旗由乞而充今应革役者，孙昂等五人；由他卫传调锦衣卫，今应还卫者，陶琦等二人。请如诏处分。其南京锦衣卫千户尹果，百户尹惠、尹隆乃含山大长公主之曾孙，去留惟命。上曰：果等三员，朕念大长公主故，特留之。余从所奏。③

---

① 《明孝宗实录》卷一五五，弘治十二年十月庚子条，第2775 页。
② 《明武宗实录》卷四，弘治十八年八月戊寅条，第142 页。
③ 《明武宗实录》卷一二，正德元年四月辛亥条，第363 页。

不过，这样的清理并没持续多久。弘治十八年十二月，前朝保姆昌国太夫人的侄子金琦才被查革，降为正千户，就因"琦陈乞不已"，命其"仍管镇抚司事"①。正德元年二月，兵科都给事中艾洪等上言：

> 给事中葛嵩等前此清查留守中等七十一卫官军匠余，议拟存留裁革。在司苑局者，别处五百名立嘉蔬所，应革七百一十一人；在尚膳监者，应革四百一人；在锦衣卫者，应革一十一项，为七千五百七十七人。俱奉旨送操，诸司不得设辞沮挠。今乃以太监魏兴、萧寿，指挥赵鉴有言，遂降不必送操之旨。迩者，边境数耸，行伍缺乏，议者尚欲召募以充之。况应革之人，皆廪食之数，顾使之受役巨室，办纳月钱，而坐耗国储，亏损邦政……皆不听。②

当年，武宗又传奉司礼监太监高凤的侄子高得林为都指挥佥事，"管锦衣卫事"。虽然都给事中艾洪、监察御史潘镗等连续上书反对，强调"凤内为心膂，得林外为牙爪，非朝廷之体，亦非高氏之福"③，请求遵从兵部推选面简之例，武宗却坚决不接受。

正德二年到正德五年，是宦官刘瑾擅政时期。刘瑾专权期间对旧制做了大量修改，对士大夫也很不尊重，和朝野上下乃至宦官集团都发生了一系列冲突并由此注定了他的悲剧命运。但令士大夫们颇为尴尬的是，正德年间真正对锦衣卫内的传奉及其他滥授的官员进行相对彻底的清理整顿恰恰来自刘瑾。

正德四年二月，宪庙保姆庄靖夫人之孙史玉的孙子史宾申请袭锦衣百户职。皇帝批示："宾仍准替百户，终其身。凡保母子孙得

① 《明武宗实录》卷八，弘治十八年十二月己卯条，第266页。
② 《明武宗实录》卷一〇，正德元年二月乙丑条，第314页。
③ 《明武宗实录》卷一八，正德元年十月癸丑条，第537—538页。

官，准袭原职，通前三世而止。因著为令。"①

同年，锦衣卫指挥同知高得林奏请清查本卫老幼废疾等军官。皇帝随即下诏"令兵部并查指挥而下履历及夤缘投托升调之故，戒毋得徇私隐情"。

> 于是兵部开具姻戚子孙周贤等一百二十二人，实系后妃、驸马同姓子孙弟侄，宜存留。其姻戚异姓在京者，俱退回原卫所。在外者，令回籍及附近卫所。保母子孙杨玉等一十九人，宜如旧例，止袭三辈。女户子孙张仁等十人及各监局匠役官旗张锦等七十八人，非本卫出身者，俱宜退回原卫及五府属卫，止终本身。文职子孙胡震等六十七人，宜改注原籍附近卫所，无籍者改五府属卫所。武职子孙杨瓒等一百三十三人，果系本卫所子孙者，准令铨注，其余俱令回原卫及原籍附近卫所。原系各卫节年升调本卫官旗吴英等五百九十六人及左千户等所、镇抚司升调锦衣五所官旗王琦等七十二人，宜将洪武、永乐、洪熙、宣德年间改调选拔者，准令照旧；其正统、景泰、天顺、成化、弘治、正德等年者，俱令各回原卫原所。系仪卫司回还者，仍注镇抚司数内。指挥李景系归附，梅昆等十四人俱内臣弟侄，不必动。原系本卫为事并近日调卫复回本卫，及选退、带俸、复任官旗张端等三百七人，俱系有过人数，宜令回原卫及原籍附近卫所。原无改调者，俱令本卫所带俸。老幼废疾刘琦等六十四人，亦令本卫所带俸。②

按照兵部的清查结果，共有1483人成为清理对象，其中保留原职，完全没有变化的皇亲、内官弟侄等，只有137人，仅占总数的9.2%，力度可谓空前。

---

① 《明武宗实录》卷四七，正德四年二月辛卯条，第1079页。
② 《明武宗实录》卷五五，正德四年闰九月庚午条，第1236—1238页。

虽然兵部报上去的人数空前，却没有得到表扬，相反，皇帝批答：

> 锦衣卫近年以来多有夤缘请托希图荣幸，或为事调卫复求回卫，或自镇抚司、七所改注五所，或自各卫升调，或乞升、传升，遇例比例自陈，或因皇亲、保母、女户，或因文武职官子孙升调，或老幼废疾不堪任事，以致冒滥数多。已令兵部备查履历，尚未甚明。还选差户、兵二科给事中各一员，监察御史二员，从公明白查勘。各官旗姓名、脚色，先以何功铨注、改调如前款目开写，或仍旧存留，或应还原卫司所，或应革去管事及有所别处，令兵部斟酌定拟停当以闻。内有遇例实授者，皆假登极之恩，巧立名色，徇私作弊，莫此为甚。时内官、长随管事者，俱革任降减，而文武官乃得实授，其例昉于何人？宜并查，从实具奏。①

于是兵部又报上"百户郭纶之祖郭敬等六十三人，俱宣德十年以来遇例实授，惟天顺元年实授者，又得世袭。其弘治十一年诏书，止有试、署文职实授之条，指挥赵良、千户陈顺奏乞比例实授，即系开奏起例之人"。皇帝最后批示："凡遇例实授子孙，至今袭替者，各减革一级，仍与其初当授职役。本身遇例实授而见存者，革之，仍与试、署……以后试、署职役，非军功者，不许一概朦胧轻拟实授。"②对于奏乞实授的始作俑者赵良、陈顺，则降两级，带俸差操，以示惩罚。

正德五年十二月，锦衣卫指挥同知樊瑶，指挥佥事蔡遇、马良、樊琦，千户蔡遵，百户马循、蔡迻、樊琼等公主之子纷纷因"以诏例递降级"③，请求复职。这一事例说明原来兵部建议不动的皇亲也

① 《明武宗实录》卷五五，正德四年闰九月庚午条，第1238页。
② 《明武宗实录》卷五五，正德四年闰九月庚午条，第1238—1239页。
③ 《明武宗实录》卷七〇，正德五年十二月戊申条，第1557页。

在这次清理中被降级。

刘瑾能专权多年，除了武宗默许外，和其掌握批红大权有关，上述皇帝批示，反映的应该都是刘瑾的意志。这次清理的提出者高得林是宦官"八虎"之一的高凤的侄子，主持清理的兵部主官则是刘瑾的主要党羽之一——尚书刘宇。可以说，这次清理完全是刘瑾及其党羽合力完成的①。

可惜刘瑾集团在次年即被打倒，从樊瑶等纷纷获得复职来看，正德四年的这次清理成果也随着刘瑾的倒台而付诸东流。

四　"复制"藩邸——明世宗掌控锦衣卫的"新"思路

刘瑾死后的武宗一朝依旧是政局混乱，各种规则被肆无忌惮地践踏，混入官僚队伍的办法花样繁多，传奉已是小巫见大巫。正德十六年三月，武宗驾崩。四月二十二日，世宗从外藩入主。当日，在大学士杨廷和等人草拟的即位诏书中出现了大量拨乱反正的内容，其中包括"自正德元年以来，诸色人等传升、乞升大小官职尽行裁革。吏、礼、兵、工四部各将查革过传升、乞升文武、僧道、匠艺官员名数，类奏查考。其皇亲及公主所生子孙，原无出身正途，朝廷推恩升授者，不在此例"②。六月，明廷宣布"查革锦衣卫冒滥旗校三万一千八百二十八名"③。七月，又查革锦衣等卫及各监局寺厂等衙门投充新设旗校、勇士、军匠人役148771人④。

嘉靖朝清理的冒滥共分十三款："一曰传升，二曰乞升，三曰例外奏带，四曰报效，五曰一人数处报功，六曰一时数处报功，七曰并功，八曰冒籍，九曰各边不曾馘斩巧立名目，十曰兵部拟赏奉旨

---

① 廖心一在《刘瑾"变乱祖制"考略》一文中指出："不论从执政的具体内容看，还是从造成悲剧的原因看，刘瑾都不是历史舞台上的'丑角'。他是明代中叶，也是宦官史上值得研究的人物之一。"这一观点是否合适可以继续探讨，但仅就这次清理来看，刘瑾集团无疑是有功绩的。见《明史研究论丛》第三辑，江苏古籍出版社1985年版。

② 《明世宗实录》卷一，正德十六年四月二十二日条，第12—13页。

③ 《明世宗实录》卷三，正德十六年六月丁酉条，第138页。

④ 《明世宗实录》卷四，正德十六年七月丙子条，第202—203页。

升级，十一曰缉捕妖言奸细一应升级，十二曰大同应州冒滥功次，十三曰纳职加升。"奉旨查核的给事中夏言等一共查出"锦衣等卫应革者三千一百九十九员名"①。这一数字虽然和《实录》中记载的三万一千余名有很大的差距，但并不矛盾。因为前者指的是军官，后者则包括总小旗及一般校尉、军士。经过这次清理，锦衣卫"指挥而下汰什之八，旗校汰什之五，岁省度支数十万计"②。

在清理冒滥的同时，嘉靖帝又于嘉靖元年六月接受兵部尚书彭泽的提议，"禁奄人弟侄勿得陈乞锦衣官以挠国是，著为令"③。前朝的冒滥大部分和宦官有关，现在限制宦官的手脚，在很大程度上可以起到釜底抽薪的功效。

从成化皇帝即位开始，明廷即在皇位交接之际陷入锦衣卫官校清理、冗滥，再清理、再冗滥的恶性循环，因而在嘉靖君臣大幅度清理正德朝冒滥之际，仍有不少人按照习惯的套路上疏奏辩，请求官复原职，銮舆等司旗校王邦奇等甚至连续七次奏辩。明廷最后明确："但系弘治十八年以前升授职级，都照旧不动。正德元年以后升授的，尽行查革，不许再来奏扰。"④ 右所副千户杨忠等还因此下狱。看起来成化、弘治、正德三朝边清理边冗滥的怪圈要彻底终结了，"于是中外鼓舞，若获更生矣"⑤。

但令士大夫们失望的是，在嘉靖帝即位不久便开始大量提拔原王府旧臣，仅在正德十六年五月就连续提拔了若干批。如五月初五（丙辰），"录从龙功，升群牧所正千户骆安为锦衣卫指挥同知；仪卫副张镗、石宝，副千户赵俊俱指挥佥事；典仗杨宗仁、刘俊、刘鲸，百户王銮、柳时、许通、张安、柳俊，所镇抚姜雄俱正千户；书办官翟谷、吕钊俱副千户；张爵及冠带总旗于海、王纪、陈昇、

① （明）范守己：《皇明肃皇外史》卷一，四库全书存目丛书影印本，第8页。
② （明）范守己：《皇明肃皇外史》卷一，第9页。
③ （明）王圻：《续文献通考》卷九五《职官考》，第590页。
④ （明）张原：《论王邦奇等七次奏辩罪状》，见氏著《玉坡奏议》卷三，景印文渊阁四库全书本，第392—393页。
⑤ （明）范守己：《皇明肃皇外史》卷一，第5页。

吴纶、赵昂，军校乔鉴、范纪俱所镇抚，仍各令世袭"①。十三日（甲子），"升藩邸书办官倪旻、陆松俱锦衣卫副千户，冠带军校郑镛、张栢龄、曹琪、张辅俱所镇抚，仍各世袭"②。廿二（癸酉）日，"升藩邸仪卫司仪卫正李勋，正千户蔚聚俱锦衣卫指挥同知；副千户陈寅，指挥佥事；典仗所百户刘海、王继、刘深、陈彝、谷铭、王凤俱正千户；书办官葛锐、曹铠，冠带总旗朱龄、马荣及总旗乔成等六名，俱百户，仍各世袭"③。廿四（乙亥）日，"升锦衣卫副千户翟裕为本卫正千户，百户王纪、于海、吴纶、赵昂俱副千户，仍各世袭。裕等皆藩邸侍从……复援例乞加升。许之"④。

世宗从外藩入主，将原王府仪卫司官兵部分甚至整体并入锦衣卫都不是大问题，当年朱棣入主时就曾这么做过。出现少量仪卫司以外的人员，如群牧所正千户骆安、书办官翟谷、吕钊等人，因为是藩邸旧臣，亦可以理解，但翟裕等人经求请获得升职已经和正在清理的传升、乞升没什么区别，就不免令人担心了。

正德十六年十一月，嘉靖帝再次"录藩邸旧劳"，"升兴府总旗刘大、赵得、马见为锦衣卫试百户；小旗沈大经等五人为本卫总旗，军校李镇等一百七十人、民厨方浩等五人为小旗"⑤。这次惠及厨役，更加让人怀疑嘉靖帝是否也会像前几个皇帝一样，一边清理前朝传奉，一边传升自己的近臣。数日后，新近提升的所镇抚乔鉴等人上书乞求升职，兵部不敢再放任，拒绝批准，但"上特与之"⑥。十二月，葛锐等藩府书办官旗"复比例陈乞升级"，兵部这次态度更进了一步，直接认定他们属于"冒滥"，嘉靖帝又以下不为例为由，"准升副千户"⑦。

---

① 《明世宗实录》卷二，正德十六年五月丙辰条，第75—76页。
② 《明世宗实录》卷二，正德十六年五月甲子条，第94—95页。
③ 《明世宗实录》卷二，正德十六年五月癸酉条，第104页。
④ 《明世宗实录》卷二，正德十六年五月乙亥条，第106页。
⑤ 《明世宗实录》卷八，正德十六年十一月壬子条，第287页。
⑥ 《明世宗实录》卷八，正德十六年十一月丁卯条，第298页。
⑦ 《明世宗实录》卷九，正德十六年十二月己丑条，第328页。

嘉靖元年正月初三，"兴府候缺良医等官念宗等六十三人援凰从恩例"，乞求升职。这次吏部出面，"言此辈皆虚名隶籍，与在府供事者不同，觊非其分，宜按治如律"。当时"旗校殷通等千三百余人亦援例乞升"。兵部的反应很明确，直接将之与正德朝比拟，"祖宗之法，武职非军功不授。正德间始以恩幸窜籍锦衣。陛下登极诏书，裁革略尽，人心快之。此辈皆空名无用，不可一概行赏。乞以通等分隶亲军卫所，食粮当差，以杜觊幸之门"。或许是感到了压力，嘉靖帝这次没有完全拒绝臣下，而是做了一定让步，命将念宗等人予以黜罚，但"经事有劳之人，特许量补京秩"。殷通等人不予升职，但"俱隶籍锦衣卫总、小旗，照旧替补。仍人给银三两，以示优恤。不许再行渎奏"①。

殷通等人虽然没有授官，但隶籍锦衣卫还是能被批准的。看到这一风险，群臣纷纷上书劝谏。如御史王以旗提出"慎重名器，爱惜人才。锦衣卫所及卿寺衙门宜择人任事，不得滥用旧人"②，给事中安盘、张原等也上书论奏。张原更是明言"陛下已尝汰冗员、革冒功，今无故升此一千三百余人，其冒滥何如也？陛下身自行之，曾未几时，乃复自背之，失天下大信，破天下大闲，臣窃为陛下不取也"③。嘉靖帝只是批答"该部知道"④，未做任何表态。

为防止皇帝故态复萌，兵部职方司主事霍韬在五月主持武选清黄时又极言武选之弊，顺带提出"兴府护卫军士不宜尽取北来升授官职"⑤。七月，御史汪珊在疏陈皇帝行事渐不如初的"十渐"时，又把这一条列了进去，"初裁革锦衣冒滥，今大臣近侍以迎立封爵、锦衣世荫，藩邸旗校尽补亲军，冒滥如此"⑥。

嘉靖二年二月，世宗下诏，"升锦衣卫指挥同知骆安署都指挥

---

① 《明世宗实录》卷一〇，嘉靖元年正月辛亥条，第366页。
② 《明世宗实录》卷一〇，嘉靖元年正月丁卯条，第379页。
③ （明）张原：《止殷通等乞升职世袭疏》，见氏著《玉坡奏议》卷二，第365页。
④ （明）张原：《止殷通等乞升职世袭疏》，第364页。
⑤ 《明世宗实录》卷一四，嘉靖元年五月壬申条，第486页。
⑥ 《明世宗实录》卷一六，嘉靖元年七月戊申条，第503页。

使，命掌卫事，提督官校。署都指挥使王佐提督巡捕，指挥佥事刘宗武、署指挥使王兰、指挥佥事陈寅俱佥书管事"①。这几个人当中，刘宗武、王兰的身份不是很清楚，但据《明史》记载："帝初嗣位，掌锦衣者朱宸，未久罢。代者骆安，继而王佐、陈寅，皆以兴邸旧人掌锦衣卫。"② 可见，新提拔的这几个人基本都是兴府旧臣。

骆安等执掌锦衣卫的过程在兵科都给事中许复礼的奏疏中有所反映。按照许疏，先是兵科给事中张原上疏弹劾了锦衣卫几位官员，世宗接受意见，下诏："朱宸、周傅、陈升等俱革了任，着带俸闲住。该卫掌印管事员缺，你部里便从公访推通晓文义，练达事体，立心操行素有誉望的七八员来看。"③ 兵部于是推荐了署都指挥张铭等八员。世宗不满意，要求再推七八员。结果引起群臣怀疑，"物议纷纷，莫知其故"，"咸谓人数过多，必有贪缘请托之者，如正德年间事也"。许复礼于是上疏，请求皇帝遵循成化、弘治年间旧例，由兵部推举三四人，皇帝从中点选一二人。世宗在嘉靖二年二月初四日批答"兵部知道"④，未做其他表示。

许复礼提到的给事中张原的上疏保留在《玉坡奏议》中。值得注意的是，张原弹劾的锦衣卫官员既包括掌印朱宸，指挥使周傅，千户魏颐、陈升，也包括兴府旧臣骆安，"指挥使周傅素行不谨，秽德彰闻，而指挥同知骆安则又贪取略同，才猷未著，既皆未孚于人望，曷可委任于所司"⑤。但从许复礼的上疏来看，朱宸、周傅、陈升在遭弹劾后都被革职，唯独未提及骆安。按照《实录》的记载，骆安、王佐等人被任命为锦衣卫管事主官的时间是二月壬午日，即二月十一日，距离批答许复礼的上疏只过了七天。据此推断，世宗之所以让兵部反复推举，就是因为兵部没有摸清皇帝的意图，推荐

---

① 《明世宗实录》卷二三，嘉靖二年二月壬午条，第658页。

② （清）张廷玉等：《明史》卷三〇七《佞幸传·陆炳》，第7893页。

③ （明）许复礼：《谨用人以图治安以免物议事》，见（明）张卤辑《皇明嘉隆疏钞》卷一二，续修四库全书丛书影印本，第501页。

④ （明）许复礼：《谨用人以图治安以免物议事》，第501页。

⑤ （明）张原：《论锦衣卫朱宸等罪状》，见氏著《玉坡奏议》卷三，第382页。

的候选人中没有兴邸旧臣。由骆安掌卫事早就在世宗计划之内，张原的上疏无意中干扰了他的既定部署。在事实上驳回许复礼的谏言后，世宗迅速做出决定，直接任命中意的旧臣是不想再起波折。至此，大家才发现，世宗即位后大规模提拔兴府旧人进入锦衣卫既是对旧人的奖励，也是在为全面掌控锦衣卫铺路。

由于在进入北京之前就和武宗旧臣发生龃龉，致使劝进程序只能在行殿举行，嘉靖皇帝对朝中臣僚有一定的排斥。正式即位后，很快又在是继统还是继嗣，以什么礼节迎接母后入京等问题上与以杨廷和为首的士大夫群体发生严重冲突，掀起旷日持久的"大礼议"之争。在这场斗争中，嘉靖帝急需援手，掌握特权的锦衣卫无疑是一个重要选择。至于大肆提拔兴府旧臣，既是为抓住锦衣卫的大权做准备，同时也可以试探群臣的态度。

在掌握了锦衣卫之后，嘉靖帝一方面对兴府旧臣继续放手任用，甚至孩童都获得入卫资格，如兴府良医戴文润之子戴经，"今皇帝以亲藩入继大统，国中旧臣皆用恩泽升。锦衣年甚少，补环卫"[1]，成年即主持镇抚司事务，后累升至指挥使。一方面着手拉拢士大夫们不屑为伍的群体——宦官。嘉靖元年三月，世宗下诏奖励定策并迎立诸臣。其中前朝遗留下来的太监"张锦荫弟侄一人，锦衣卫世袭指挥佥事"，司礼监太监"扶安、温祥、赖义、秦文、张钦、张淮各岁加禄米三十六石，荫弟侄一人为锦衣卫世袭指挥同知。萧敬岁加禄米三十六石，荫弟侄一人为锦衣卫世袭指挥使。黄伟、鲍忠各岁加禄米二十四石，荫弟侄一人为锦衣卫世袭指挥佥事"[2]。从藩邸随行至京的宦官黄英等 26 人也获得不同层级的锦衣荫叙。

在即位之初，顺应舆情，嘉靖帝曾处置了正德朝声名狼藉的大宦官谷大用、丘聚等 30 余人。这次同时奖掖藩邸内侍和前朝大宦官萧敬等，相当于在事实上宣布对前朝为恶宦官的处治已经结束，未

---

① （明）归有光：《戴锦衣家传》，见氏著《归震川全集》卷二六，上海中央书店排印本，1936 年版，下册第 31 页。

② 《明世宗实录》卷一二，嘉靖元年三月壬申条，第 445 页。

被处治的宦官只要尽心侍奉新主，将和藩邸宦官享有同样的待遇。

与此同时，对于被裁革的十余万锦衣官校和匠役人等，嘉靖帝也改变态度，面对夤缘求复者，"上虽不许，颇优容之"。"礼部尚书席书请捕治一二以示警，且言中外贵官自今毋再升锦衣诸秩，以开幸门"，兵部也附议，嘉靖帝却以"书所言窒碍难行"① 为由，予以否决。

正德朝被清理的传奉等官人数庞大，且或多或少都和宦官有些牵连。嘉靖帝对前朝宦官和夤缘求复职者采取优容态度，可以减少树敌，同时拉拢和宦官有瓜葛的大批人员到自己的阵营，这样，就把士大夫群体割裂开来，方便其利用"大礼议"的机会打击前朝阁臣及其他"异己"势力，打造忠于自己的官僚队伍，确立和巩固自身的统治。但裁革冗滥官役，"岁省京储米百五十万石"②，好处是显而易见的，故嘉靖帝虽然态度优容，却始终没有实质性的开口子。后人称嘉靖初是"裁革未几，滥授如故"③，实际是一种误解。嘉靖帝确实把大批藩邸旧人送进了锦衣卫，但总量不过一千余人，较之裁革的十几万人，完全不在一个量级。另外，他虽然维持了恩荫宦官弟侄入锦衣卫的不良制度，但几乎完全摒弃了通过宦官传奉的恶习，即便是当世人亦称"毅皇帝以来垂八十年，未有中使之荐；肃皇帝以来亦四十余年，未有传奉之官"④。

相反，对于皇亲、外戚进入锦衣卫的无序状态，嘉靖帝主动做了一定的厘清。如嘉靖八年，府部大臣会议外戚封拜事理，世宗最后定议："外戚封爵古未有，我皇祖亦未有制典。魏、定二国公虽为戚里，实开国佐命、靖难元勋，难同其功。彭城、惠安二伯亦有军功居半，都着照旧袭封。其余以为戚里滥膺重爵，名器既轻，人不

① 《明世宗实录》卷四五，嘉靖三年十一月壬戌条，第1153—1154页。
② 《明世宗实录》卷四五，嘉靖三年十一月壬戌条，第1153页。
③ （清）孙承泽著，王剑英点校：《春明梦余录》卷六三《锦衣卫》，北京古籍出版社1992年版，第1223—1224页。
④ 《明神宗实录》卷三四五，万历二十八年三月丙寅条，第6437页。

知劝，见任的都当查革。但其中有于先朝恩命及已封者，姑与终身，子孙不许承袭。"① 对皇亲，嘉靖十二年八月，下诏："武职官不由军功升授，子孙不许承袭，乃祖宗旧典。今后皇亲子孙但无世袭字样者，都不许承袭。有世袭字样者，止袭一辈，著为令。其袭过数辈者，依拟裁革。"②

可以说，从明世宗开始，明中叶反复出现的皇权交接时一边裁革冗滥一边出现新的冗滥的怪现象终于被消除了。

明穆宗即位后也曾裁革锦衣卫冗滥官员。如隆庆元年四月，"革锦衣卫冒滥官旗米万春等八十二人"③。二年六月，"简汰锦衣卫冗滥员役三百五十九人"④。三年十二月，"汰锦衣卫冒滥官旗黄浦等一千一百一十五人，降革减替有差"⑤。这几次加起来不过1556人，其中还包括米万春这样的书画大家和黄浦这样隆庆初才进入锦衣卫的人员⑥。嘉靖帝在位45年才出现一千余冗滥员役，说明明中叶裁革与冗滥并存的怪现象确实在嘉靖朝已经被遏止。

不过，嘉靖帝大肆提拔藩邸旧臣的行为却被后世继承。如隆庆帝即位不久即"加恩藩邸侍卫、直宿、执事厂卫官校。提督太监黄锦荫弟侄一人锦衣卫指挥佥事。提督太保兼太子太保、左都督朱希孝进兼太子太傅。轮直都指挥使孙钰升署都督佥事。都指挥佥事张大用升都指挥同知。指挥佥事李永升指挥同知。理刑千户谭宏、百

① （明）张居正：《论外戚封爵疏》，见《张居正集》卷八，第387—388页。
② 《明世宗实录》卷一五三，嘉靖十二年八月乙酉条，第3470页。
③ 《明穆宗实录》卷七，隆庆元年四月甲午条，第200页。
④ 《明穆宗实录》卷二一，隆庆二年六月乙巳条，第581页。
⑤ 《明穆宗实录》卷四〇，隆庆三年十二月甲辰条，第989页。
⑥ 《明穆宗实录》卷八，隆庆元年五月庚辰条记载："先是，司礼监太监黄锦当荫弟侄为锦衣卫指挥，乃奏辞新命，而为其侄黄浦乞复都督衔，仍金书锦衣卫事。下兵部议。会锦死，事遂寝。已而太监滕祥等复为浦奏，且乞授其族人黄保等六人为锦衣卫官，为锦守墓，仍令黄斌等三十人充御马监勇士，以示存恤。上皆许之。至是，给事中严用和、管大勋、御史陈联芳、张榿等交章言浦等前已不职罢，不当复叙。而保等欲藉守墓冒授官职，斌等以厮卒欲借勇士之名，以糜廪饩，皆不宜听许。惟陛下为国家爱惜名器，慎重法纪，悉收回成命，仍予以应得恩荫。兵部覆请，从之。"见第238页。

户白一清各升一级。其余官校、力士，下兵部拟奏，升赏有差"①。

为了减少重塑政治局面的阻力而加恩前朝及本府宦官的行为也被后世当作先例予以发扬。如隆庆帝"岁加司礼监太监黄锦禄米二十四石、荫弟侄一人锦衣卫指挥佥事；王本、冯保各弟侄一人锦衣卫正千户；胡明、乔朗、曹宪各弟侄一人锦衣卫百户。从龙太监梁钿、李芳，岁加禄米三十六石、荫弟侄一人锦衣卫指挥同知……俱世袭"②。

崇祯帝也曾在即位之初，"以藩邸随侍功，荫御前牌子太监王佐、陈秉政、齐本正、张承庆、王永年各弟、侄一人锦衣卫百户。又荫藩邸随侍今乾清宫管事太监司之礼、周世治、商辅明各弟侄一人锦衣卫正千户……俱世袭"③。

崇祯帝即位前只是未之国的亲王，没有专门的保卫部队，所以从龙诸臣中没有出现锦衣卫或京卫官兵的影子。万历皇帝以冲龄即位，也没有藩邸。光宗、熹宗父子在藩邸时因为不受神宗喜爱，东宫臣属寥寥，且登基时是东林党人主持大政，也没有大肆提拔藩邸旧臣的条件。

结　语

锦衣卫是明朝皇帝最主要的保卫力量之一，忠诚是其能否有效履行各项职能的大前提，因而备受皇帝重视。明成祖朱棣和世宗朱厚熜均从外藩入主，对前任留下的锦衣卫缺乏足够信任，因而进行了大规模的调整，只是前者直接将原锦衣卫成员大批次地调往外卫，后者仅将藩邸旧部悉数并入锦衣队伍。事实上，在英宗和景帝兄弟之间的反复皇位交替过程中也存在大规模调整禁卫的需求，但土木之变消耗了过多的禁卫力量，景帝只需尽快补充齐备即可，英宗复辟时则被曹石集团"抢了戏"，大部分精力被耗在安排曹吉祥、石亨

---

① 《明穆宗实录》卷四，隆庆元年二月戊戌条，第113—114页。
② 《明穆宗实录》卷四，隆庆元年二月辛丑条，第117—118页。
③ （清）汪楫：《崇祯长编》卷二，天启七年十月丁酉条，第48—49页。

等人推荐的夺门功臣上，对需要施与报复的"旧党"反而只能宽大处理，否则只会为曹石集团提供更多的锦衣空缺。

在其他时段，皇位基本正常交接，除了会循例提拔一部分东宫旧臣回归锦衣卫外（锦衣卫也承担部分保卫太子的工作），不会有大的变动。只是由于社会变化，皇帝的价值观开始逐渐远离太祖朱元璋的期望，由此对锦衣卫的人员组成开始形成冲击。先是画师、巧匠进入锦衣卫带俸，后来一些杂流也获得锦衣军职。这些没有实际权力的人员尚可入卫，逐渐掌握部分权力的宦官集团自然不甘落后，于是从正统时期开始，锦衣军职就成为受宠宦官恩荫弟侄的基本选择之一。

与此同时，为享受较好待遇，大批皇亲、外戚、勋臣子弟也纷纷申请入卫，于是"自正统后，贵妃、尚主、公侯、中贵子弟当授官者，俱寄禄卫中"①，进而扩展到传奉泛滥，"杂然并进，而且传之子孙，纪纲大坏"②。虽然"荫叙军职，不得管事"③，传奉官实际领取俸禄者也不是很多④，但对原有统治秩序的冲击非常大，因此新君即位时都会向士大夫群体做做样子，对锦衣卫武职做一番清理，但因传奉等现象并非单纯违背祖制那么简单，背后隐藏着很多深层原因，所以清理结束后，很快会出现新一轮暴涨，形成恶性循环。

成化年间开始推行武官考选制度，理论上，包括带俸官在内的所有军职都有可能被选中，获得实际主事权。在这一背景下，锦衣卫内的皇亲、宦官弟侄纷纷请求实际管事。孙继宗是外戚中第一个获得军政大权的人，曹吉祥的侄子曹钦因为较早获得统兵权，也在事实上成为宦官弟侄实际管事的"拓荒者"，可以说，是明英宗帮助这两个集团在成化之前就突破了荫叙军官只带俸不管事的传统。此

---

① （明）范守己：《皇明肃皇外史》卷一，第9页。
② 《明世宗实录》卷六，正德十六年九月戊寅条，第268—269页。
③ 《明世宗实录》卷五三，嘉靖四年七月丙戌条，第1324页。
④ 如弘治时，马文升上言："京官额一千二百余人，传奉官乃至八百余人，内实支薪俸者九十一人，冗官莫甚于今日。"见（明）李乐《见闻杂记》卷一，第2648页。

后，这两个集团中的人士在锦衣卫中获得实际权力的人数日渐增多，其中，更接近皇帝，更有实权的镇抚司更是成了他们眼中的香饽饽。至于杂流入卫者，虽然大多没有薪俸，但要么可以通过个人技艺获得升迁，要么可以通过参战、奏带等途径谋取功劳，进而获得升职乃至管事的机会。这些多重因素叠加的武职，也成为日后清理的一大难点。哪些功劳属实、哪些功劳符合授职条件、世袭的基础是否合法等问题经常纠缠不清，从而出现大量反复奏辩的现象。

锦衣军职的暴增甚至影响到社会风气。明中叶，文官群体的地位全面上升，完全压过武职，但在锦衣武职泛滥的背景下，一些已经获得文职的官员也开始谋求"投笔从戎"。如"两浙盐运司同知刘瑄升锦衣卫指挥佥事，平谷县知县杨某升锦衣卫所百户"①，正德十二年，"改授陕西谷县知县张宜为锦衣卫百户"②，等等。

这一恶性循环的终结者其实是两代君王。一个是武宗，一个是世宗。武宗时期，一方面对前朝传奉的清理完全流于形式，另一方面传奉等现象尽管依旧存在，但规模却不如前朝。因为武宗一朝原有政治规则几乎完全被废弃，"奏带之数太多，纪验之次失实，武选之法尽坏。如镇守官奏带例宜五名，今至三四百人，往往安居京师，寄名边徼。有一人而数处奏名，一时而数方获功者。其不在斩馘之列，又巧为名目，曰运送神枪，曰赍执旗牌，曰冲锋陷敌，曰军前效劳，曰三次当先。纪验无审核之公，铨序无驳勘之实。其改正、重升、并功、加授之类，不可枚举"③，相比之下，传奉途径显然不再是优先选择。

另外，锦衣卫校尉、力士由地方政府从民间推选的制度遭到破坏。正德二年十月，锦衣卫都指挥同知高得林奏准："本卫五所旗校及七所、镇抚司士军数少，乞以户内余丁收充军役五千人，给之月

---

① （明）王世贞撰，魏连科点校：《弇山堂别集》卷九《皇明异典述四·文臣改武》，第162页。

② 《明武宗实录》卷一五三，正德十二年九月辛卯条，第2958页。

③ （明）范守己：《皇明肃皇外史》卷一，第8页。

廪、冬衣，以充诸役。"当时人评价："校尉盖自有收充之请，而坐食之蠹日滋矣。"① 可以说，武宗用一种极端手段打开了另一道大门，引离了意图传奉者的注意力，同时也把对锦衣卫制度的破坏推到了巅峰。

世宗继位，很自然地要对这种极端破坏进行修正，短短数月即清理了十余万人，一方面满足了士大夫群体的要求，另一方面又为提拔藩邸旧臣留出了足够的空缺。另外，由于反对滥用旧人的声音过于高亢，世宗也有些顾忌，因而虽然对奏辩者相对优容，但始终没有迈出实质性的一步，传奉泛滥的现象由此宣告终结。

对于正德朝胡乱收充锦衣军役的问题，世宗朝也曾试图清理。如嘉靖八年五月，"命清汰在京锦衣等卫、在外各卫旗校、力士、军匠。有诡名顶补及一家重役冒支月粮者，裁革"②。嘉靖二十三年正月，兵科给事中杨上林报告说"锦衣卫军余丘敖等五千人托名帮工，以糜费廪饩"，世宗下令尽数革去，且要求"本卫官校旗军有再假帮工希求恩泽者，即奏闻重治，著为令"③。不过，正德年间开创的自行召募军士的政策却被继承下来，如陆炳即曾为了加强秘密侦缉力量，召募"缇骑之骁黠者以数千计"④。

不时地召募难免给投托、买闲者提供机会，以至于明廷不得不隔一段时间就清理一次。嘉靖四十年，明廷重新确定编制，"令内府各监局司库等衙门将各匠役定以一万七千一百名，锦衣卫各旗校定以一万六千四百名，光禄寺役定以三千六百名，太常寺役定以一千一百名，各为额数，如有事故，止许在册余丁查补，不得逾数滥收"⑤。锦衣卫定编为16400名，看似很多，但按当时下辖18个千户所计算，实际还没有到额定编制，估计这是又一次清理后的成果。

<hr>

① 《明武宗实录》卷三一，正德二年十月乙未条，第781页。
② 《明世宗实录》卷一〇一，嘉靖八年五月戊戌条，第2384页。
③ 《明世宗实录》卷二八二，嘉靖二十三年正月丁卯条，第5487—5488页。
④ （明）姜埰：《因事陈言疏》，见氏著《敬亭集》卷七，第204页。
⑤ 万历《大明会典》卷二〇《户部七·赋役》，第863页。

万历十四年三月，户部尚书毕锵在条陈中提到"锦衣卫官较（校）粮册数至一万七千四百员名有奇"①。天启七年仓场总督苏茂相在上疏中言及"万历四十八年，锦衣卫官旗等项仅一万七千七百六十余员名"②，可见嘉靖时期确定的编制，在隆、万年间大体也得到了遵守。

锦衣卫人员再次严重泛滥实际开始于光宗时期。泰昌元年八月，锦衣卫主官骆思恭题：

> 祖宗朝设旗尉以供法驾，盖十万人。渐减至今，止存一万。看守服役等用正身，不足派及余丁。今典礼举行，驾差繁重，乞下部查照嘉靖年间事例，酌议选补。奉旨：该部作速议补。③

骆思恭所谓的嘉靖年间事例，不知道具体指什么，因为据笔者所见，嘉靖年间从来没有出现过锦衣卫员役达到十万的记载。光宗不问青红皂白，就做出迅速补充的决定，等于给后世提供了大规模收充的依据。史载，"自逆珰乱政以来，三四年间，增至三万六千三百六十余员名。此前增一万八千六百余员名，岁多支米二十二万有奇。文思院匠官册载仅有七百五十二名，今增至五千二百八十八名，岁多支米三万余石"④。

天启七年户部审查时，"锦衣卫造册军士四万五千二百一十五名"⑤。崇祯帝即位后要求清理，锦衣卫都督郑士毅声称"旧额旗役三万人"⑥，依据的估计就是光宗下旨后陆续增加的数字。郑士毅的

---

① 《明神宗实录》卷一七二，万历十四年三月戊申条，第3141页。

② （清）汪楫：《崇祯长编》卷三，天启七年十一月庚寅条，第145页。

③ 《明光宗实录》卷四，泰昌元年八月乙卯条，第122页。

④ （清）汪楫：《崇祯长编》卷三，天启七年十一月庚寅条，第146页。

⑤ （明）毕自严：《度支奏议·堂稿卷四·进缴圣谕锦衣军粮布花疏》，续修四库全书丛书影印本，第170页。

⑥ 《明□宗□皇帝实录》（作者、卷帙不详），天启七年十二月丁巳条，中研院史语所1962年校勘影印本，第58页。

申请虽然被驳回，但崇祯元年户部奏报的锦衣卫军士数字仍有"四万四千五百五十六名"①，几乎和清理前没什么变化。为减少开支，同时降低清理难度，户部尚书毕自严曾提请修改锦衣卫的编制，"今即曰如四十六年一万六千为少，不有如户、兵二部所议，以二万五千为定额"②，但未得到明确反馈。可见，随着明末政局陷入全面混乱，明廷连做做样子的清查都没兴趣了。

第二节　明中叶的社会变革与锦衣卫的"新增"职能

明初的五十余年总体上是一个相对严苛的单一社会，政治领域以高压为主，专制色彩浓重，经济形态单一，统治思想单一，意识形态单一，甚至文学风格都是单一的台阁体。从仁宣时期开始，除了西南方向仍在和麓川思氏不时刀兵相见外，明廷在总体上已放弃进取型的国策，南方从安南全面撤出，北方对逐渐恢复元气的蒙古部众亦开始采取守势，大体进入一个和平发展的阶段。虽然一度发生土木之变，但土木之变本身带有一定的偶然性，且激烈冲突的时间持续不到一年，没有对明王朝的统治基础造成实质性的损害，总体上并没有对和平发展的态势造成根本性冲击。

大致从成化、弘治时期开始，中国社会发生了很多与前代迥异，带有一定质变色彩的变化。政治领域的严酷气氛基本化解，经济发展逐渐进入快车道，社会财富加速积累，明初朱元璋君臣创立的那套以农业经济为基础的国家治理制度因此出现一系列的不适应，急需进行上层建筑方面的革新。锦衣卫制度作为大明帝国国家机器的核心部件之一，面对纷繁复杂的社会变化，也开始出现缓慢的调整。

---

① （明）毕自严：《度支奏议·堂稿卷四·进缴圣谕锦衣军粮布花疏》，第 170 页。
② （清）孙承泽：《山书》卷五《仓庾糜耗》，浙江古籍出版社 1989 年标点本，第 104—105 页。

一　明中叶的三大变化与锦衣卫的"错乱"职责

从总体上看，明中叶的社会变化主要表现在以下几个方面。

（一）财政紧缩：商品经济蓬勃发展的悖论

在经济领域，商品经济取得了长足发展，商贸活动频繁。但明朝政府并没有享受到经济发展的红利，财政收入反而处于持续下降状态。按照洪武君臣的设计，明廷的税收绝大部分来自土地。据嘉靖八年詹事霍韬奏报："洪武初年天下田土八百四十九万六千顷有奇，弘治十五年存额四百二十二万八千顷有奇，失额四百二十六万八千顷有奇，是宇内额田存者半，失者半也。"对此，霍韬等人不禁惊呼："赋税何从出，国计何从足耶？"[①]

明廷无力从商业繁荣中获利，一方面缘于朱元璋祖制不可变的僵化规定，无法修改税收法则，另一方面缘于士大夫群体的整体无能。传统儒家强调"不患寡而患不均"[②]，"君子喻于义，小人喻于利"[③]，不屑于研究理财。明太祖朱元璋本人也对理财持反对态度。洪武十九年三月，他曾晓谕户部官员：

> 善理财者，不病民以利官，必生财以阜民。前代理财窃名之臣，皆罔知此道，谓生财裕国，惟事剥削蠹蚀，穷锱铢之利，生事要功。如桑弘羊之商贩，杨炎之两税，自谓能尽理财之术，殊不知得财有限而伤民无穷。我国家赋税已有定制，撙节用度，自有余饶。减省徭役，使农不废耕，女不废织。厚本抑末，使游惰皆尽力田亩，则为者疾而食者寡，自然家给人足，积蓄富盛。尔户部正当究心，毋为聚敛以伤国体。[④]

---

① 《明世宗实录》卷一〇二，嘉靖八年六月癸酉条，第2403—2404页。
② 杨伯峻译注：《论语·季氏篇第十六》，中华书局2006年版，第195页。
③ 杨伯峻译注：《论语·里仁篇第四》，第42页。
④ 《明太祖实录》卷一七七，洪武十九年三月戊午条，第2681—2682页。

在此观念影响下的士大夫群体尽管知道国家财政紧张，但拿不出办法，只好把太祖的"撙节用度"端出来，一味地强调节用。如天顺元年四月，刑科都给事中乔毅、左给事中尹旻等上言："禁奢侈以节财用。谓财有限，用无穷。近来豪富竞趋浮靡，盛筵宴，崇佛事，婚丧礼文僭拟王公，甚至伶人、贱工俱越礼犯分，宜令巡街御史督五城兵马严禁之，犯者收问如律，仍罚米以赈贫民。"① 成化七年，光禄寺少卿陈钺借星变上言，建议"停不急以节财用。谓匠人倪忠等画佛雕像，食米岁费五百六十余石，工银岁费三千五百余两。况又多以技艺升官，乞俱裁罢"②。

六部中，与财政关系最紧密的户部、兵部也持类似看法。如户部尚书马森强调"生财未若节财，多取不如俭用"③，嘉靖间兵部回复给事中苏应旻等的议补团营军士提案时亦称"今日之事不在足兵而在选兵，不在生财而在节财"④。

在没有也不屑寻找理财良方的同时，明廷反而不时出台一些阻碍商品经济发展的政策。商品经济的发展需要市场上有足够流通的货币。明初仿效前朝发行纸币（大明宝钞），但因为不了解纸币流通的经济原理，致使宝钞币值一路下跌，无法履行一般等价物的职能。正统元年，户部尚书黄福上言："宝钞本与铜钱兼使。洪武间，银一两当钞三五贯。今银一两，当钞千余贯。钞法之坏，莫甚于此。宜量出官银，差官于南北二京各司府州人烟辏集处，照彼时直，倒换旧钞，年终解京。俟旧钞既少，然后量出新钞，换银解京。"⑤ 黄福的奏疏一方面说明宝钞的币值已经严重下跌，另一方面说明明廷对如何维持宝钞的币值并没有抓住关键。按照黄福的想法，只要市面上的宝钞流通量减少了，币值自然会回升。但当时市面上还有铜钱

<hr>

① 《明英宗实录》卷二七七，天顺元年四月己酉条，第5917页。
② 《明宪宗实录》卷九九，成化七年十二月辛巳条，第1903—1904页。
③ 《明穆宗实录》卷一五，隆庆元年十二月戊戌条，第414—415页。
④ 《明世宗实录》卷二六九，嘉靖二十一年十二月甲辰条，第5313页。
⑤ 《明英宗实录》卷一五，正统元年三月戊子条，第293页。

和白银流通，单纯减少已经严重丧失信用的宝钞流通量，只会加速其退市的进程。即便是这一未必有效的方案也遭到户部的反对，最后以"即今凡事务从减省。若又差人出外，未免动扰军民，待一二年后议行"① 了事。

旧钞没有批量回收，新钞继续发行，结果币值进一步下跌。正统十三年，监察御史蔡愈济上疏请求出榜禁止使用铜钱，因为"时钞既通行，而市廛仍以铜钱交易。每钞一贯，折铜钱二文"②。如此低的币值已经形同废纸。对此，蔡愈济的建议是禁止使用铜钱，试图利用政府力量强行推进宝钞的使用，明廷居然接受了这一建议，不仅出榜禁约，而且"令锦衣卫、五城兵马司巡视，有以铜钱交易者，擒治其罪，十倍罚之"③。锦衣卫的职能因此扩展到经济领域。

商品经济的发展离不开合格的货币，随着明中叶海外白银的输入量日渐增加，白银逐渐发挥了贵金属货币的职能。但白银的价值过高，不适宜日常小额消费使用，宝钞又没有信用，于是流通了一千多年的铜钱逐渐成为小额消费的主要信用货币。成化十四年八月，都察院奏准："先因南直隶并浙江、山东有私铸铜钱者，揭榜禁约。今掌锦衣卫事都指挥同知牛循奏河南许州民亦多私铸，请通行天下禁约。"④ 从这一政令来看，铜钱的合法货币地位已经被成化朝廷认可，但又出现了民间私铸铜钱的现象。牛循主动奏报河南地区出现私铸现象，说明锦衣卫的缉查对象已经从查禁铜钱变成了确保官钱流通。

从汉武帝时期开始，货币发行就由政府垄断。私钱流通必然冲击正常经济秩序。嘉靖十五年，巡城御史闫隣等上言：

> 国朝所用钱币有二，首曰制钱，祖宗列圣及皇上所铸，如

---

① 《明英宗实录》卷一五，正统元年三月戊子条，第294页。
② 《明英宗实录》卷一六六，正统十三年五月庚寅条，第3209页。
③ 《明英宗实录》卷一六六，正统十三年五月庚寅条，第3209页。
④ 《明宪宗实录》卷一八一，成化十四年八月丁未条，第3269页。

洪武、永乐、嘉靖等通宝是也。次曰旧钱，历代所铸，如开元、
祥符、太平、淳化等钱是也。百六十年来，二钱并用，民咸利
之，虽有伪造，不过窃真售赝，其于原制犹不甚相远也。迩者，
京师之钱轻裂薄小，触手可碎，字文虽存而点画莫辨，甚则不
用铜而用铅、铁，不以铸而以剪裁，粗具□好，即名曰钱，每
三百文才直银一钱耳。作之者无忌，用之者不疑，而制钱、旧
钱返为壅遏。夫利权之操在主上，今奸民顾得而牟之。又诡异
乖戾，无复钱制，恐非盛世所宜有也。乞敕都察院榜示五城，
许以旧、制二钱通行，其伪造私藏者，期以半月，自行销毁，
犯者缉捕，论如律。又言嘉靖八年尝申禁例，而当时奸党私相
结约，各闭钱市，以致货物翔踊，其禁遂弛。昔既得计，今必
踵而袭之。臣请密刺其首事者而置之罪，奸乃可戢也。因以所
获伪钱进呈。上亦恶其滥恶诡异，命都察院亟揭榜禁约，敢有
仍前铸造、使用及阻抑者，许巡城御史及缉事衙门严侦捕之，
治以重罪。[①]

　　闫隣等人的上书实际上已经告诉我们明中叶出现私铸铜钱的原
因。通常，每个朝代都会发行本朝铸造的铜钱，不会随意允许前朝
铜钱继续使用。明廷允许前朝旧钱继续合法使用，说明明朝政府实
在没有能力生产足够市场使用的铜钱，这和技术无关，更多的是因
为铜的开采量不足所致。事实上，在宋代即存在"钱重"，即铜钱供
应不足引发的通货紧缩问题，这也是宋代出现铁钱、纸币等货币形
态的主要原因之一。铜产量不足的难题到明代依然存在，甚至更为
严重，这才出现明廷允许旧钱合法使用的现象。而质量低劣的私钱
能够流行，说明即便加上旧钱，依然无法满足市场需求。

　　私铸既是一种严重的违法行为，同时也是商品经济长足发展催
生出来的一个畸形产业。从当时出现"奸党私相结约，各闭钱市，

---

① 《明世宗实录》卷一九一，嘉靖十五年九月甲子条，第4029—4030页。

以致货物翔踊"的问题来看，其中固然有奸商牟利的因素，客观上也是合法货币发行量严重不足的曲折反映。从闫隣等人的上书中可以发现，明廷曾严禁使用私钱，但根本扛不住市场的剧烈反应，只好解禁。但私钱横行只会冲击明廷本已很脆弱的经济管理能力，于是只能再次严令查禁。和以前一样，锦衣卫这次依旧是查禁私钱的主力军，且明确要求动用秘密侦缉权。只是这种治标不治本的办法注定不会收到预期效果。

面对蓬勃发展的商品经济，统治阶层拿不出分享红利的办法，只能把目光重新投回到土地上。正统元年，户部尚书黄福上奏："田赋之制，自古有之，未有有田而无赋者。近见南北京畿之内并各边境水陆田地，权豪势要，占为己业。宜差官从实踏勘，悉令报数起科。"① 可见，当时已经出现土地兼并的苗头。景泰三年，南京锦衣卫军匠余丁华敏上书，请治理"内官苦害军民十事"，其中包括"广置田庄，不纳粮刍，寄户府县，不当差徭。彼则田连阡陌，民则无立锥之地，其害五也。家人中盐，虚占盐数，转卖与人，先得勘合，倍支钜万，坏国家之权法，夺客商之利息，其害六也。奏求塌房，邀接客旅，倚势赊卖，昏赖不还，商人受害，莫敢谁何，其害七也"②。这其中，第五条反映的是兼并土地，第六条是利用垄断特权谋利，第七条则是直接侵害商人利益。可见，权势阶层面对新兴经济模式，只会利用手中的权力进行盘剥，做商品经济发展的绊脚石。

（二）等级秩序紊乱：价值观念多元化的冲击波

上文中提到天顺元年，刑科都给事中乔毅等人提出"禁奢侈以节财用"等五条建议，明英宗只是批准了其中的两项，对节财用等建议只是"令所部斟酌以行"③。成化七年光禄寺少卿陈钺的建议也没有得到宪宗的允准。之所以是这样的结果，和明中叶的另一项变

---

① 《明英宗实录》卷一五，正统元年三月戊子条，第293—294页。
② 《明英宗实录》卷二二〇，景泰三年九月辛卯条，第4747页。
③ 《明英宗实录》卷二七七，天顺元年四月己酉条，第5917页。

化有关。

明中叶，伴随着商品经济的蓬勃发展，各地城市趋向繁荣，人们对物质财富的占有欲变得日渐强烈，价值观念也随着财富的增加日渐多元化，从明初强调简朴，以做官为唯一上升通道逐渐变为追求物质和精神享受，以经商致富为重要目标。与之相伴而来的传统社会秩序开始不断受到挑战。

正统元年五月，监察御史李辂等上书言事，其中谈到"文武百官每日朝参及遇节行礼，多有不循礼法，纵横往来，嬉笑自若。或嘱托公事，议论是非，或于外朝见辞官员，班内与亲识讲说事情。及至立班，多不依品级，搀越班次。又有将带家小，在朝房住坐者"，"在京文武百官多有僭服麒麟等项花样，五品亦系金带。又有五品以下，令人引道，虚张声势，越礼犯分"。① 这些都是统治秩序遭到破坏的反映。

成化六年十二月，户科都给事中丘弘等上言：

近来京城内外风俗尚侈。不拘贵贱，概用织金宝石服饰，僭儗无度。一切酒席，皆用簇盘糖缠等物。上下仿效，习以成风。民之穷困，殆由于此。其在京射利之徒屠宗顺等数家，专以贩卖宝石为业，至以进献为名，或邀取官职，或倍获价利，蠹国病民，莫甚于此。乞严加禁革。如有仍前僭用服饰，大张酒席者，许锦衣卫官校及巡城御史缉捕。及将宗顺等倍价卖过宝石银两追征入官，给发赈济，以警将来。疏奏，命有司详议以闻。于是刑部尚书陆瑜上议，以为弘等所言深切时弊，宜申明旧制，备榜禁约，并逮宗顺等数人，各治其罪，追其所得价利以充赈济，庶足以革蠹弊而示劝惩。有诏：宗顺等姑置不问，所言诸事，皆备榜申明禁约，犯者不宥。②

① 《明英宗实录》卷一七，正统元年五月丁亥条，第337—339页。
② 《明宪宗实录》卷八六，成化六年十二月庚午条，第1676—1677页。

　　事实上，刑科都给事中乔毅等建议节用，针对的也是"豪富竞趋浮靡，盛筵宴，崇佛事，婚丧礼文僭拟王公"① 等现象。成化七年，陈钺建议节财用时，更是明言以技艺升官的倪忠等人画佛雕像浪费钱粮。两人的建议不约而同地遭到杯葛，和皇室的态度有关。

　　如本章上一节所述，从宣宗时开始，就不断有画师、巧匠等因高超的技艺得到皇帝赏识，进而被授予不同等级的锦衣卫军职，丘弘等人抨击的以贩卖宝石为业的屠宗顺父子也曾在景泰年间成为锦衣卫带俸军官。据方志远考察，明中叶喧闹一时的传奉官中的核心人物，主要是士人，其次是医生和道士。核心传奉官的职业主要是文书、医术、方术、道术、书画、器物、异术、天文等，"他们用自己的职业或专长为皇帝、贵妃及其他皇室成员以及在宫中服役的宦官、宫女和相关衙门乃至普通民众提供各种服务，传奉升授正是对他们的服务给予的酬劳"，"从一定意义上说，恰恰是大众的需求和喜好、民间的风尚和追求，影响和刺激了皇室的消费和追求"②。臣下为了节省财政开支，要求皇帝放弃诸般享受，当然不会得到正面的回应。丘弘等要求惩治屠宗顺父子，成化皇帝"姑置不问"，也是这个原因。

　　皇帝消费观念都起了变化，臣下自然会效仿。史载：

　　　　京师人家能蓄书画及诸玩器盆景花木之类，辄谓之爱清。盖其治此，大率欲招致朝绅之好事者往来，壮观门户；甚至投人所好，而浸润以行其私，溺于所好者不悟也。锦衣冯镇抚瑶，中官家人也。亦颇读书，其家玩器充聚。与之交者，以冯清士目之。成化初，为勘理盐法差扬州，城中旧家书画玩器，被用计括掠殆尽，浊秽甚矣。③

---

① 《明英宗实录》卷二七七，天顺元年四月己酉条，第 5917 页。
② 方志远：《"传奉官"与明成化时代》，《历史研究》2007 年第 1 期。
③ （明）陆容：《菽园杂记》卷五，中华书局 1985 年点校本，第 62 页。

善于殖产的锦衣军官不只冯瑶一个。又如千户刘显，"武德通才，有心计，不获展用，常以其余理家，绰如也。王宜人又克节俭相佐，买田城东，课僮辈力作，岁有获入，以故积致余羡。又课僮辈行钱假贷……晚益致巨数千金产，京师称雄赀焉"①。即便是官声不错的都指挥使王佐，也富有资产，"佐有子不肖，好博而售其资产……犹有一墅，最雄丽"②。

对于这种奢靡之风，一些相对守旧的官员忧心忡忡，如曾任吏部尚书的张瀚写道：

> 第习俗相沿久远，愚民渐染既深，自非豪杰之卓然自信，安能变而更之。今两都若神京侈糜极矣。金陵值太祖更始，犹有俭朴之遗。至于诸省会，余所历览，率质陋无华，甚至纤啬贫蒌；即藜藿不充，何暇致饰以炫耳目。吾杭终有宋余风，迨今侈靡日甚。余感悼脉脉，思欲挽之，其道无由，因记闻以训后人。③

上行下效，相沿成风，这是明中叶的普遍现象。不过，皇帝对于为自己提供"特殊"服务的人员可以不加惩罚，但统治秩序必须维护，所以成化六年刑部尚书陆瑜等提出出榜禁约，宪宗还是支持的。正德二年，礼部曾奉命出榜申明礼制。

> 先是，有旨：文武职官礼仪等级各有旧制，礼部即查先年榜例，申明禁约。至是，右侍郎刘机等言：累朝制度，损益因时。今即长安左右门悬布旧榜，参之礼仪定式，以衣冠、服色、

---

① （明）滕霄：《明故武德将军锦衣卫正千户刘公墓志铭》，见《新中国出土墓志·北京·壹》（下册），第159—160页。

② （明）赵善政：《宾退录》卷三，《中华野史》丛书"明朝卷三"，泰山出版社2000年版，第2740页。

③ （明）张瀚著，盛冬铃点校：《松窗梦语》卷七《风俗纪》，中华书局1985年版，第139页。

房舍、伞盖、鞍辔、器皿、床帐、帽靴、朝参、筵宴、公座、公聚、仪从及乘轿、用扇诸品级等差，类开，上请裁处，出榜申明禁约，务使文武职官一体遵守。又据《大明集礼》，有公卿大臣得乘安车之制，亦并及之。得旨：累朝榜例既查明，尔礼部即申明晓谕，令一体遵守。京城内安车、伞盖既年久不行，已之。轿、扇并筵宴位次，俱如例。服色特赐者，不在此限。①

其实，在此前后，明廷曾多次发布类似法令，例如："天顺二年，令官民人等衣服不得用蟒龙、飞鱼、斗牛、大鹏、像生、狮子、四宝、相花、大西番莲、大云花样并玄黄紫及玄色样，黑绿、柳黄、姜黄、明黄等色"②；闰二月，"京卫指挥千百户等官李春等十余人各服大云柳黄纻丝衣，锦衣卫捕获以闻。命各追纻丝二十匹，然后罪之"③；天顺三年，"禁民毋着皮鞋。时有着皮鞋入禁中者。上见之，命锦衣卫潜捕于路，一日得数十人，皆下狱。故命禁之"④；天顺六年九月，中书舍人何绂、解祯亮等违反丧制，丧礼期间穿靴朝参，被逮捕下狱⑤；成化二年，重申"官民人等不许僭用服色花样"；成化十年，"禁官民人等妇女不许僭用浑金衣服、宝石首饰"⑥；成化二十三年九月，令锦衣卫根究"鬻宝石者"⑦；弘治元年正月，下诏"今后有用马尾服饰者，令锦衣卫缉捕"⑧；"正德元年，禁商贩仆役倡优下贱，不许复用貂裘。十六年，禁军民衣紫花罩甲……缉事人擒之"⑨；等等。这些禁令，其实都是在试图维护传统

　　① 《明武宗实录》卷二三，正德二年二月壬午条，第635—636页。
　　② 万历《大明会典》卷六一《礼部一九·文武官冠服》，第1058页。
　　③ 《明英宗实录》卷二八八，天顺二年闰二月己未条，第6162页。
　　④ 《明英宗实录》卷三〇八，天顺三年十月丁巳条，第6483页。
　　⑤ 《明英宗实录》卷三四四，天顺六年九月丙辰条，第6967—6968页。
　　⑥ （明）徐学聚：《国朝典汇》卷一一一《礼部·冠服制》，四库全书存目丛书影印本，第743页。
　　⑦ 《明孝宗实录》卷二，成化二十三年九月丁未条，第29页。
　　⑧ 《明孝宗实录》卷九，弘治元年正月甲寅条，第192页。
　　⑨ （清）嵇璜、曹仁虎等：《钦定续文献通考》卷九三《王礼考·庶人冠服》，第540页。

等级制度。只是，这些新加给锦衣卫的职责，有些过于琐碎。

尽管禁令不断，效果却很令人怀疑。万历六年三月，礼科都给事中林景阳上言：

> 近日以来，朝仪不肃，人心滋玩。入掖则互叙寒暄，声闻上彻。及至丹墀，则转相回顾，嬉笑自如。侍班而唾涕不已，序立而倾跌失容，甚至称疾偷安，任情高卧。序班顾惜而不纠，御史容隐而不举，是可欺也，孰不可欺也。他若朝天宫习仪，虚位所当钦也，乃舆骑直驰于中道，厮徒嚣杂于两庑。承天门颁诏，纶音所当重也，乃未开读而奔逸以避雨。方入班而偃蹇以愆仪，救护则携茵褥以自随，祭祀则拥仆从以相掖。他至燕会以合欢，优戏以作乐，凡若此类，苟不严为整饬，何以挽颓风哉。礼部覆，如景阳议，从之。①

尽管获准整饬，但四年后，万历皇帝依然质问："朕近来每视朝，见百官穿杂色衣服，系杂色带，都不按品级。又行礼之际，咳嗽吐痰，孰为敬也，孰为不敬？"② 可见此前的整顿没有取得丝毫效果。群臣上朝有锦衣卫、鸿胪寺、纠仪御史等多重监督尚且如此，民间等级制度混乱的状态只会更糟糕。

据沈德符记载，晚明时，作为等级标志之一的舆服制度已经基本崩坏。

> 今武弁所衣绣胸，不循钦定品级，概服狮子；自锦衣至指挥佥事而上，则无不服麒麟者。人皆谓起于嘉靖间，后乃知事在景泰四年，锦衣指挥同知毕旺疏，援永乐旧例，谓环卫近臣，不比他官，概许麟服。亦犹世宗西苑奉玄，诸学士得衣鹤袍，

---

① 《明神宗实录》卷七三，万历六年三月丁巳条，第1579—1580页。
② （明）张居正：《奉谕整肃朝仪疏》，见《张居正集》卷十一，第469页。

犹为有说。至于狮子补，又不特卑秩武人，今健儿荷刀戟者，无不以为常服。偶犯令辄和衣受缚，宛转于鞭挞之下，少顷，即供役如故。孰知一二品采章，辱亵至此。①

可见，即便是有抓捕服饰、礼仪等方面违禁人员责任的锦衣卫官兵也已经视禁令为废纸，无所顾忌了。

（三）整体碾压：文武地位的全面失衡

明中叶的第三个显著变化是文官地位迅速提高，且在整体上压过武官群体。明初，由于大规模战事尚未结束，武官的地位很高。在中央，庶政优先考虑军事需要，在地方，军方更是不能招惹的存在。"国初，天下府僚，咸属卫官节制。朔望，郡官至卫作揖，生徒、里老等亦先诣听处分。吾郡自况公钟至，遂革其制。"②况钟出任苏州知府是在宣德年间，斯时文武地位已经开始出现逆转的迹象，不过虎威犹存，洪熙元年二月，"改兵部右侍郎张信为锦衣卫指挥同知，子孙世袭。信，英国公张辅从兄。上问辅所至亲，欲加恩。辅以信对，遂有是命"③ 即是证明。

正统初，"三杨"实际主政，文官地位明显提升。在土木之变中，大批元勋重臣战死，对维持武官地位更是一个沉重打击。虽然因为"夺门之变"，曾短暂出现以石亨为首的武臣主政以及门达蓄意打压文臣，但仅是昙花一现，大势已不可逆转，"使官校当众执之"，"屈体貌以听武夫"④ 渐成士大夫群体眼中的一大耻辱。晚明时，武官见文官低眉俯首已是常态，后人形容当时的状态是"武人至大帅者，干谒文臣，即其品级悬绝，亦必戎服，左握刀，右属弓矢，帕首绔鞾，趋入庭拜，其门状自称走狗，退而与其仆隶齿"⑤。

① （明）沈德符：《万历野获编·补遗》卷三《武弁僭服》，第870页。
② （明）祝允明：《野记》，《中华野史》丛书"明朝卷一"，第430页。
③ 《明仁宗实录》卷七上，洪熙元年二月甲寅条，第235—236页。
④ （明）李乐：《见闻杂记》卷一一，第2726页。
⑤ （清）黄宗羲：《明夷待访录》"兵制二"，见《黄宗羲全集》第一册，浙江古籍出版社1985年版，第32页。

　　在此背景下，武官要想立足，必须向文官群体靠拢，"本朝武臣，至是一大变，而人欲务文矣……且文臣轻辱鄙陵，动以不识字为诮。及其荐刾，则右文而后武，又不得不文以为自立之途。于是天下靡然从之，莫知其自为武矣"①。

　　这种风气也传染到锦衣卫中。嘉靖十八年，世宗南巡，途经赵州时曾传谕掌卫事都督同知陈寅："尔等职在扈从。道中乘舆撼摇，呼之不见，但能俯首屏足，效文臣为伪恭敬。朝廷牙爪之官，与大臣职事异，自当有武勇状。"②

　　虽然遭到皇帝批评，但锦衣军官们亲近文臣的劲头丝毫未减。如世宗藩邸旧臣戴经在镇抚任上时，"凡被系者，往往从其人问学，常保护之。御史杨爵、给事中周怡、员外郎刘魁禁系累年，三人已赦出，相谓曰：微戴君，吾等安得生至今日乎？聂尚书豹亦在系，甚称锦衣之德"③。同样来自潜邸的陆炳虽然位列师、保，权倾中外，却同样亲近文臣，"以折节礼下士夫，其恭谨有可嘉者。且当世庙时，每逮搢绅下锦衣鞫讯，或诏遣廷杖，彼皆缓刑以俟上怒之解，赖其保全者甚众，不可谓无功于搢绅也"④。即便是恶名在外的钱宁亦"敬礼士大夫，乐施予，虽诛，人颇有称惜之者"⑤。

　　明中叶，陆续有很多皇亲、宦官弟侄出身的锦衣军官获得主事权。这些人虽然出身和士大夫有很大的距离甚至处于对立面，但同样亲近士大夫。如上文中提到的有"冯清士"之称的冯瑶，其叔父为宦官，"景泰间，瑶纳草冠带，营入史馆书办。天顺初，凡预书办者，不复用。瑶独以南城功，得为翰林院典籍。明年，乞恩升锦衣卫副千户，理镇抚司刑。成化二年，升指挥佥事，管卫事"，"瑶起间阎布衣，藉其叔父雄资，获官禁卫。虽气习所染不免侈肆，然亦

①　（明）唐枢：《国琛集》卷下，《中华野史》丛书"明朝卷一"，第1113页。
②　《明世宗实录》卷二二一，嘉靖十八年二月癸亥条，第4600页。
③　（明）归有光：《戴锦衣家传》，见氏著《归震川全集》卷二六，下册第31页。
④　（明）张翰：《松窗梦语》卷七《权势纪》，第128页。
⑤　（明）王世贞：《锦衣志》，第289页。

不甚以声势凌人"①。司礼监太监李荣的侄子李珍，弘治年间掌卫事，"虽处贵盛，然谦厚不扰，亦为人所称"②。皇帝乳母、翊圣夫人刘氏的孙子季成成化年间世袭指挥同知，曾协同都指挥朱骥理卫事，时人称他"亲贤士大夫，喜蓄法书、名画及古彝器"③。重庆大长公主之子周贤，"成化丙午领京闱乡荐，孝肃太皇太后喜甚，宠赉有加"。其父周景去世后，周贤授千户，历升至都指挥金事。"贤不以贵势自骄，其莅卫事及管理街道、沟渠，安静不扰，搢绅间颇称许之。"④ 能得到缙绅称许，自然都是亲近士大夫的典范。

二　皇庄、开矿与锦衣卫

武官群体向士大夫靠拢，一方面是文武地位逆转的结果，另一方面也是整个社会价值观取向发生剧变的产物。按照方志远的归纳，明人的价值观经历了由明初单纯追求仕途到明中叶追求财富与仕途并存，再到追求精神享受（文化）三个阶段的变化。"多重价值标准依次出现及并存，标志着明代多元化社会的开始形成。它是与社会需求的多元化特别是社会财富控制的多元化相伴而来的"，"景泰以后特别是成化以后，拥有社会财富或者说拥有一定数量可供自由支配财富的……成为文化产品、精神产品的购买者"⑤。

在文化日渐成为上流社会彰显品位和地位的媒介的背景下，武官群体不管愿不愿意，都只能接受并尽力适应这个现实，因此，左手毛锥、右手刀剑的儒将名号成了大批武将的追求目标。以名将戚继光、萧如薰等为例。"蓟镇戚继光有能诗名，尤好延文士，倾资结纳，取足军府。如薰亦能诗，士趋之若鹜，宾坐常满。妻杨氏、继妻南氏皆贵家女，至脱簪珥供客，犹不给。军中患苦之，如薰莫能

---

① 《明宪宗实录》卷八三，成化六年九月丁亥条，第 1620 页。
② 《明孝宗实录》卷一五四，弘治十二年九月壬戌条，第 2734 页。
③ 《明故昭勇将军锦衣卫掌卫事都指挥金事季公墓志铭》，见《新中国出土墓志·北京·壹》（下册），第 115 页。
④ 《明武宗实录》卷一〇六，正德八年十一月辛未条，第 2172 页。
⑤ 方志远：《"山人"与晚明政局》，《中国社会科学》2010 年第 1 期。

却也。一时风会所尚，诸边物力为耗，识者叹焉。"[1] 有能力吟诗作赋者可以儒将自命，没能力一展文采者则可以在生活情趣上向士大夫靠拢，如上文中提到过的喜欢收藏名画古董的冯瑶、季成等人。

(一)"节财用"观念的松动

支撑这种文化高消费需要很强的经济实力，对臣僚如此，对君王也是如此。在士大夫劝谏皇帝"节财用"的奏章中，经常有意无意地把皇帝的娱乐玩赏型高消费拎出来，直白或暗示其为节约的对象，如大学士商辂曾在上书中说："朝廷货财多为下人侵耗，如哈密等处番人来京俱带玉石，多被细人诱引进贡，计嘱铺行人等，多估价直卖官，规取库藏银两。又番僧在京闲住者，往往自都纲、禅师升至国师、佛子、法王等职，给与金银、印信、图书。其有病故，徒弟承袭。又求造塔，殊为侵耗，宜行禁治，庶财无妄费。"[2] 表面说的是下人，实际是批评皇帝。

光禄寺少卿陈钺说得更直接。他在成化七年上言时弊时先是强调"近来虫蚁房并清河寺等处畜养猴、豹、鹰、犬之类，不下八千有余。计其费，每岁肉三万七千八百斤，鸡一千四百四十只，鸡子三千九百六十枚，枣栗四千六百八十斤，粳稻等料七千七百七十六石，直银通数千余两"，"岁时及斋醮等事所用果品，曩皆散撮，近乃黏砌皆用尺盘。往用八斤，近增至十三斤。试以二十卓计之，尺盘合用一千余斤，卓数、斤数日见加增"，随后直接指斥这类消费是"爱物之心重于爱民"，"求福、求嗣、祈雨、祈晴俱无实效，断不可信"，"乞念岁歉民贫，励精治道，谨修人事，不宜崇此无益之事，以费有限之财"[3]。

之所以出现这种现象，一方面确实是因为这些消费给国家财政造成了巨大压力，另一方面则缘于士大夫骨子里的优越感。如弘治年间的兵部尚书马文升在批评传奉现象时说：

---

[1] （清）张廷玉等：《明史》卷二三九《萧如薰传》，第6222页。
[2] 《明宪宗实录》卷一五五，成化十二年七月癸亥条，第2830—2831页。
[3] 《明宪宗实录》卷九九，成化七年十二月辛巳条，第1903—1904页。

我祖宗创业垂统，设武阶以待军功，实欲责其效死锋镝，以除国家之患。非有临阵斩获功者，不得轻授，授亦不得世袭。所以操持爵赏之大柄，奔走天下之豪杰，良法美意，万世无弊。今张玘辈，绘技小工，借曰勤劳，有官者支俸给，无官者支月粮，养之平日，用之一时，皆其分所当为。或赏以财帛，荣以冠带，已足偿劳。何至概授武职，铨注锦衣卫，径准替职，且得世袭？此于祖宗立法之意，太相悬绝也。①

大学士邱濬亦曾表示"技艺之流，旧制，当属工部。今因其能，而用以杂流，俾专司其业，岂不名称其实哉？顾乃以赏功之官为恩赐之具，彼得之而人讥之，固不足以为荣，彼何足惜"，"彼技艺之流有异能者，朝廷以特恩授之可也"②。

将匠艺出众者纳入锦衣卫军官系统的确与现行选官制度不符，冲击传统统治秩序，消耗过多财政收入，但不约而同地称之为"杂流"、"小工"，已明显反映出对这一群体的蔑视。

但与士大夫强调皇帝应该节财用的同时，民间却出现了相反的言论。如书法家陆深之子陆楫说：

论治者类欲禁奢，以为财节则民一可与富也。唁！先正有言，天地生财，止有此数，彼有所损，则此有所益。吾未见奢之足以贫天下也。自一人言之，一人俭则一人或可免于贫；自一家言之，一家俭则一家或可免于贫。至于统论天下之势则不然。治天下者，将欲使一家一人富乎？抑亦欲均天下而富之乎？予每博观天下之势，大抵其地奢，则其民必易为生，其地俭，则其民必不易为生者也。何者？势使然也。今天下之财赋在吴越，吴俗之奢，莫盛于苏杭之民，有不耕寸土而口食膏粱，不

①《明孝宗实录》卷一五七，弘治十二年十二月辛卯条，第2817—2818页。
②（明）陈九德：《皇明名臣经济录》卷一四《兵部一·赏功之格二》，四库禁毁书丛刊影印本，第233—234页。

操一抒而身衣文绣者，不知其几何也。盖俗奢而逐末者众也。只以苏杭之湖山言之，其居人按时而游，游必画舫肩舆，珍送良酿，歌舞而行，可谓奢矣。而不知舆夫舟子，歌童舞妓，仰湖山而待爨者不知其几。故曰：彼有所损，则此有所益。若使倾财而委之沟壑，则奢可禁。不知所谓奢者，不过富商大贾豪家巨族，自侈其宫室车马饮食衣服之奉而已。彼以粱肉奢，则耕者、庖者分其利；彼以纨绮奢，则鬻者、织者分其利。正孟子所谓通功易事，羡补不足者也。上之人胡为而禁之？若今宁、绍、金、衢之俗，最号能俭，俭则宜其民之富也，而彼诸郡之民，至不能自给，半游食于四方，凡以其俗俭而民不能以相济也。

要之先富而后奢，先贫而后俭，奢俭之风，起于俗之贫富，虽圣王复起，欲禁吴越之奢难矣。或曰不然。苏杭之境为天下南北之要冲，四方辐辏，百货毕集，使其民赖以市易为生，非其俗之奢故也。噫！是有见于市易之利，而不知所以市易者，正起于奢，故其相率为俭，则逐末者归农矣，宁复以市易相高耶？且自吾海邑言之，吾邑僻处海滨，四方之舟车不一经其地，谚号为小苏州，游贾之仰给于邑中者，无虑数十万人。特以俗尚甚奢，且民颇易为生尔。然则吴越之易生者，其大要在俗奢，市易之利，特因而济之耳。固不专恃乎此也。长民者因俗以为治，则上不劳而下不扰，欲徒禁奢，可乎？此可为智者道也。①

　　陆楫的言论实际就是要以消费促生产，按现代经济学理论，这确有本末倒置之嫌，但在当时已经是经济思想领域的巨大突破。在类似观念的影响下，民间追求物质和文化享受的风气并没有任何改变，反而有愈演愈烈之势。对此，皇室也意识到要维持原有的高消费，不能单纯指望从财政中划拨，必须另外寻找生财之道。

---

① （明）陆楫：《蒹葭堂杂著摘抄》，中国野史集成丛书影印本，第399—400页。

（二）从建皇庄到采矿：皇室的求财之道

由于经济思想落后，明中叶的皇族也把目标盯在了土地上。成化八年七月，文渊阁大学士彭时上言：

> 皇庄之名，自古无有。景泰存藩邸之旧，皇上因东宫之余，庄名曰皇，固已非理，然事因其实，犹为有说。近闻故太监刘永诚所献庄田亦欲立为皇庄，深骇人情。居者惧于骚扰不已，耕者惧为征科过旧，而街谈巷议，咸谓四海之内莫非王土，何独以此谓之皇庄？[①]

可见，在景泰年间，皇室已开始设立完全私有的皇庄。虽然遭到臣下反对，皇庄的发展却没有停止。上行下效，宦官、勋戚等势要群体也纷纷公开占地建立自己的庄田。弘治二年，户部尚书李敏上言："畿内皇庄有五，共地万二千八百余顷；勋戚、中官庄田三百三十有二，共地三万三千余顷。管庄官校招集群小，称庄头、伴当，占地土，敛财物，污妇女。稍与分辩，辄被诬奏。官校执缚，举家惊惶。民心伤痛入骨，灾异所由生。乞革去管庄之人，付小民耕种，亩征银三分，充各宫用度。"[②]孝宗不予接受，只是下令"戒饬庄户"而已。武宗时，皇庄发展更快，"武宗即位，逾月即建皇庄七，其后增至三百余处。诸王、外戚求请及夺民田者无算"[③]。

大量建立皇庄，固然可以为皇室提供私财，但直接冲击经济管理秩序，损害赋税收入，且容易激化阶级矛盾，因而到嘉靖年间已不可持续。嘉靖六年十一月，大学士杨一清等上言：

> 臣等切见近畿八府土田多为各监局及戚畹势豪之家乞讨，或作草场，或作皇庄。民既失其常产，非纳之死地则驱而为盗

---

① 《明宪宗实录》卷一〇六，成化八年七月庚戌条，第2071页。
② （清）张廷玉等：《明史》卷七七《食货一》，第1887页。
③ （清）张廷玉等：《明史》卷七七《食货一》，第1888页。

耳。既往无论已，愿陛下自今以来，凡势豪请乞，绝勿复许。小民控诉，亟赐审断，庶使畿内之民有所恃以为命。①

嘉靖帝对此建议深表赞许，说："卿等所言，深合朕意。近者，八府军民征粮地土多为奸人投献，势豪朦胧请乞，侵夺捶挞，逼取地租，虽时有勘断，终不明白。民失常产，何以为命？京畿如此，在外可知。今宜令户部推侍郎及科道官有风裁者各一人，领敕往勘。不问皇亲、势要，凡系泛滥请乞及额外多占、侵夺民业，曾经奏诉者，查册勘还。各项草场亦有将军民地土混占者，一体清理。外省令御史按行。诸王府及功臣家，惟祖宗钦赐，有籍可据则已，凡近年请乞及多余侵占者，皆还军民。各处势要亦有指军民世业为抛荒，及乘在官田土之闲废而猎有之，皆宜处置。僧寺之业佃租本轻，多为官豪违例典卖，倚势兼并。田连阡陌，科取重租。甚者，僧舍佛庐并为己有，亦宜改正。事竣，具上其籍。"②

嘉靖帝能够下决心整顿皇庄，一方面是由于皇庄及勋贵庄田的负面影响过大，必须严格限制，另一方面也和他从外藩入主，本身并不拥有皇庄，同时为集权需要适当打击前朝留下来的权贵勋戚有关。但嘉靖帝同样需要大量资财维护其高额消费，废弃了皇庄，必须另外寻找生财之道。据《明世宗实录》记载，嘉靖十五年十二月初四日，武定侯郭勋再次上疏，"言采矿无损于民，有益于国。蓟州西有瀑水矿洞，居人尝窃发之，获利妄算。请遣司礼监谨厚内臣及锦衣卫千户各一员奉敕往督，金家业殷实者为矿甲，熟知矿脉者为矿夫，所获矿银以十分为率，三分为官课，五分充雇办费，二分归之甲夫人等，用酬其劳。则彼此皆毕力于矿而所获自倍矣"③。按照《实录》的记载，郭勋首次建议开矿是在当年七月，但没有记录具体内容，当时户部回复："山东、河南、顺天等处原有矿场，可采取

---

① 《明世宗实录》卷八二，嘉靖六年十一月甲午条，第1844页。
② 《明世宗实录》卷八二，嘉靖六年十一月甲午条，第1844—1845页。
③ 《明世宗实录》卷一九四，嘉靖十五年十二月乙酉条，第4087页。

者，下抚按，设法采办，输委工部，以助营建之费。工毕停止。"①
户部的意见获得世宗认可。

在范钦辑录的《嘉靖事例》中保留了一篇《驳议差官采矿》，
从内容上看，应是对郭勋第一次建议的回应。从这份文件中可以发
现，郭勋的第一次建议大致是"要将山东、河南、蓟州汉儿庄等处
出有银矿地方通查，分委的当官员，编派矿甲、矿户，目其成色高
下，定以矿课多寡"②。在郭勋之后，浙江道监察御史陈襃、辽东自
在州抚住达官捕盗指挥同知王缓、吏部右侍郎张邦奇等先后附议或
提出类似建议，开矿的收益则主要用于"大工"。所谓大工，即嘉靖
帝要求的重修三大殿及泰享殿、慈庆宫等大型工程。

在这篇文书中，作者提到，据营州中屯卫后所正千户景时武下
舍余景时文禀称："嘉靖初年，有顺天府昌平州怀柔县民胡臻等专一
出钱供给矿徒，在于蓟州迤西接连平谷名瀑水偷矿为生。事发捉获，
罚银千两，将矿洞封闭。近奉采取矿银，所得不偿所费，未见成功。
莫若仍招日前已得矿利殷实之家，责令出钱供给器具……金充素有
身家曾做矿徒为首者为矿甲，报出平日善识矿脉军民为矿脉夫，协
力乞取矿砂，择一空去处立为炉场，委官课以眼同煎销。"

对于景时文这一建议，本文作者的意见是由"司礼监并锦衣卫
查照先年事例，拣选历练老成监官，或长随、奉御，及能干廉静千
户各一员，赍敕前去，会同参将、守备官，将景时文立为矿甲，胡
臻等编为供给矿户"③，择日开采。这一建议在当年十二月初二日获
得皇帝批准。据此判断，郭勋应该是看到皇帝对此议的批答后马上
又上书重提开矿，且明确说"蓟州西有瀑水矿洞"，希望趁热打铁，
马上落实。只是弄巧成拙，郭勋上书后按程序要先发户部拿出初步
意见，结果户部坚持要按照原来的批示，继续责成地方抚按。因为

---

① 《明世宗实录》卷一八九，嘉靖十五年七月庚申条，第3983—3984页。
② （明）佚名：《驳议差官采矿》，见（明）范钦辑《嘉靖事例》，北京图书馆古籍珍本丛刊
影印本，第73页。
③ （明）佚名：《驳议差官采矿》，第75页。

此前曾做过批答，世宗也不好自我否定，只好再次认可户部的意见。

不过从有关记载来看，此后进行的开矿活动，大多还是由锦衣卫派员主持或参与了的。如嘉靖十六年十一月，"顺天府房山县民傅得本等奏开水洞、银山口等处银矿，以济大工。诏遣锦衣卫千户一员往核实以闻"①。嘉靖十七年正月，傅得本又奏水洞山、浮图峪等处有银矿，"上命锦衣卫千户张玮验实。工部复奏，行抚按委官采取"②。同年四月，"命锦衣卫千户范镛等查勘各处矿山"③，准备在全国范围内开矿。此后，陆续有多地官民建议采矿。但开矿在嘉靖二十年六月遭遇明显挫折。史载：

> 先是，致仕通判赵璧、儒士王政、舍余王文登等各言浙江观海卫，于潜、开化、松阳、遂昌等县矿场可采。上命锦衣卫千户萧锃勘取。至是，巡按浙江监察御史王绅以所属矿场僻在山峪，而溪谷、小径通接徽、宁、江、闽等处，一闻坑冶获金，矿徒四集，甚至拒捕官兵，劫掠村落。况矿脉细微，得不偿费，乞通行封闭，严加防守。原差采办官员，各令回京。赵璧等欺罔，宜罪。巡抚云南都御史汪文盛亦言前舍余唐弼等所奏大理采矿事俱妄，宜重惩之。工部覆，皆如其言。上曰：各地方矿场，既经多官勘明，有损无补，即行巡按御史督委地方官照旧封闭，领敕内外官照例回京，赵璧、唐弼等俱下御史按问。④

浙江等地正统、景泰年间就因采矿引发叶宗留、邓茂七领导的大规模起义，虽然嘉靖帝很需要财富，但为帝国安全考虑，还是放弃了在当地继续开矿的计划。

嘉靖三十五年，明廷再一次恢复采矿。当年五月，"遣制敕房办

---

① 《明世宗实录》卷二〇六，嘉靖十六年十一月己卯条，第 4298 页。
② 《明世宗实录》卷二〇八，嘉靖十七年正月壬辰条，第 4316 页。
③ 《明世宗实录》卷二一一，嘉靖十七年四月壬申条，第 4359 页。
④ 《明世宗实录》卷二五〇，嘉靖二十年六月壬戌条，第 5019 页。

事左通政王槐、锦衣卫千户仝天爵同内使一人采矿银于玉旺峪。先是，有诏采矿。礼部议遣司官一员往。既行，上以天地之宝，不可不重。命追还原官，而以槐等代之"①。此前的开矿主要由户部负责，这一次却转到了礼部。这一记载似乎在暗示这一回的开矿有了不同以往的目的。

这次采矿小有收获。例如：当年七月，"王槐进玉旺峪矿银三千两并中上下矿砂各五斤"②。八月，"锦衣卫千户仝天爵复进矿银三千五百两"③。十月，"仝天爵复进玉旺峪矿银二千两"④。十一月，"户部主事沈应乾、锦衣卫千户李铉进河南嵩县等洞矿银二千两并矿石、矿砂各二罐"⑤。

在仝天爵第一次进献矿银的时候，嘉靖帝给内阁下了一道敕谕："昨玉旺峪之宝似胜于初，今可仰承天地之赐，令如法取上，不可自误。各处还有未开之场，仍令查访取用之，以显金玉露形之经旨，昭太上玄风焉。"史载，接到敕谕后，"户部上疏称颂圣德，因言帝锡嘉祉，不当壅阏于无用之地，请宣示天爵及四川、山东、河南各委官，务求实采取，其未开之所，仍令行各抚按官严督所属，一一挼访，以称天地降祥及夫圣主足国裕民之意"⑥。至此，我们终于明白为什么此次开矿要由礼部负责了，原来嘉靖帝打的是道教的旗号。

嘉靖帝信奉道教，且以道法为治国理念。其在位期间，道教得到大力宣扬，以至于士大夫们纷纷以撰写青词为能，希望借此取悦皇帝。嘉靖帝以矿银为上天所赐，是"金玉露形"⑦的表现，群臣自然不敢反对。只是这一次开矿很快又遇到困难。当年十月，仝天

① 《明世宗实录》卷四三五，嘉靖三十五年五月丁亥条，第7499页。
② 《明世宗实录》卷四三七，嘉靖三十五年七月戊辰条，第7513页。
③ 《明世宗实录》卷四三八，嘉靖三十五年八月辛亥条，第7526页。
④ 《明世宗实录》卷四四〇，嘉靖三十五年十月辛亥条，第7547页。
⑤ 《明世宗实录》卷四四一，嘉靖三十五年十一月丁丑条，第7553页。
⑥ 《明世宗实录》卷四三八，嘉靖三十五年八月辛亥条，第7526页。
⑦ 明代官修"正统道藏"开篇首部经书是东晋时期出现的古灵宝诸经之一的《太上洞玄灵宝无量度人上品妙经》。经文中有"说经九遍，地藏发泄，金玉露形"之语。

爵上奏说"天寒，工力不及，请暂免催办"，皇帝批示："俟来春二十五日取煎，不许欺怠。"① 但到了来年，《实录》中没有出现全天爵继续开采的记载，反而记录当年正月，"诏封闭迁安县荆子峪、抚宁县牛栏峪、昌平州大长峪矿洞，罢勿采"②。十二月，又以天冷为由，下令"暂停山东、保定、山西采矿，召先差采办主事张芹、锦衣千户张钺回京"③。

《实录》中记录了嘉靖三十六年一年的采矿收获：

> 玉旺峪银七千五百两，保定金二十八两、银九百二十八两，山东金八百五十二两、银八千一百四十三两，河南银一万五百两，四川金七百两、银一万一千二百两，云南金四百两、银一万两。④

总计得金一千九百八十两、银四万八千二百七十一两。在全国范围内开矿只有这么多收获，实在有些可怜。嘉靖三十七年正月，嘉靖帝再次以天寒为理由，"罢河南之采矿，召主事沈应乾、千户李铉还"⑤。嘉靖三十七年年底，辽东发生严重饥荒。右给事中魏元吉条陈救荒四策，其一为"开矿禁。请召集各处矿夫，听其从便采银，以四分输官，备赈济之用"⑥。据此推断，在年初召回沈应乾等人后，嘉靖帝应是再次颁下了停止采矿的诏命。之所以停止采矿，应该和收益过低有直接关系。

众所周知，万历年间的矿监税使曾引发严重的社会冲突，招致士大夫群体的普遍反对。从前面的分析可以发现，晚明时期的采矿实际开始于嘉靖年间，且同样有宦官参与，目的也是满足皇帝的享

---

① 《明世宗实录》卷四四〇，嘉靖三十五年十月辛亥条，第7547页。
② 《明世宗实录》卷四四三，嘉靖三十六年正月甲申条，第7574页。
③ 《明世宗实录》卷四五四，嘉靖三十六年十二月戊戌条，第7692页。
④ 《明世宗实录》卷四五四，嘉靖三十六年十二月戊戌条，第7692页。
⑤ 《明世宗实录》卷四五五，嘉靖三十七年正月癸亥条，第7701页。
⑥ 《明世宗实录》卷四六七，嘉靖三十七年十二月己酉条，第7867页。

受需要，为什么嘉靖年间的采矿没有招来普遍反对呢？笔者认为主要有两个原因。一是嘉靖帝以道术治国，故意显得高深莫测，让人摸不清其实际思想，加之"大礼议"期间对反对派的严厉打击，使士大夫轻易不敢逆其龙鳞。二是两次大规模的开矿都因为收益达不到预期很快终止，持续时间都不长，不良影响有限。

（三）锦衣军职成为捐纳对象

开矿达不到预期效果，宫殿的修建却不能停止，在财政无力支持的情况下，明廷只好再次拿出老办法——捐纳。早在嘉靖十七年，工部即曾奏准"开纳监生、吏农等项事例，以济大工"①。但这些收入明显不敷使用。为了吸引更多人来纳职，原本不允许作为捐纳对象的锦衣卫军职这次也被拿了出来。史载，嘉靖三十七年二月，锦衣卫匠余陈岳根据大工开纳事例，输银二千三百两，请求升职。"兵部奏授署都指挥佥事，注本卫南司管事，月支俸一石，子孙承袭一辈。兵科都给事中汤日新等言：锦衣，古虎贲、金吾之职也。入司扈从，出掌缉捕，国家非特恩不授，非异功不袭。而以一匠余丝粟之赀得之，且支俸、承袭，无乃已滥乎？夫朝廷虽急财，至于名器，则不可不重……切以为本兵前拟非是。上善其言，诏改岳注所分带俸，而夺兵部该司官俸三月。"②

事实上，允许纳职实际管事在此前早有先例。如嘉靖二十九年，为充实军饷，户部奏准开监生遥授、各卫所纳级事例。

> 锦衣卫舍余、小旗、校尉、军匠愿纳冠带总旗者，银三百两；纳署百户者，一千两；署副千户者，千五百两；署正千户者，千九百两；署指挥佥事者，三千三百两。总旗愿纳署百户者，银八百两；署副千户者，一千二百两；署正千户者，一千七百两；署指挥佥事者，二千二百两……以上送兵部，奏请填

①　《明世宗实录》卷二一九，嘉靖十七年十二月己酉条，第4509页。
②　《明世宗实录》卷四五六，嘉靖三十七年二月丙申条，第7711—7712页。

注本卫所衙门管事，俱照署职关支月俸，仍许子承袭一辈。其在京、在外纳级千百户指挥等官，并候缺引礼、典膳、良医及援例监生愿改纳锦衣职衔者，除原纳银两外，许令照总旗数加纳，亦署职、子承袭一辈，添注本卫所管事。中间有弓马熟娴、才略出众者，许送军门报效，有功一体升擢。例限三十二年终止。①

　　嘉靖三十五年，户部又奏准新的开纳办法，其中包括"锦衣卫官以事调京卫差操，愿赎罪者，指挥银二百四十两，千户、卫镇抚二百两，百户、所镇抚一百六十两；离京千里外者，各递加四十两；二千里外，各递加八十两；三千里外，各递加一百二十两；四千里外，各递加一百六十两；五千里外，各递加二百两，纳完回原卫，候管事"②。锦衣卫官兵因违纪被调卫者可以减轻处罚但严禁回卫任职是维护锦衣卫官兵整体军事素质的一项基本制度，现在居然也被拿来开纳，可见大工的消耗已经压得户部接近极限。

　　陈岳依据的大工开纳事例在《实录》中没有记载，但从此前的开纳事例推断，纳银授予实职是完全可能的，兵部拟任其为署都指挥佥事，管南镇抚司事未必是违规的。和此前相比，二千三百两的价码又降低了很多，足见明廷对银子的渴求程度。科道指责兵部拟职不当，嘉靖帝顺势取消陈岳实职，改为带俸，估计又是在施展道术治国的本领。

　　不论是开矿还是捐纳，都是皇室在放弃直接占有土地之后的敛财替代方法。锦衣卫参与其中，既是职能的客观扩展，也是明初"差遣干办"③这一带有包袱性的制度设计的"合法"应用。这种合法应用还体现在侦缉对象的拓展上。除了上文中提到的抓捕违反礼仪、服饰制度人员和私铸铜钱者外，另有一个群体也在明中叶成为

---

① 《明世宗实录》卷三六七，嘉靖二十九年十一月庚戌条，第6570—6571页。
② 《明世宗实录》卷四四二，嘉靖三十五年十二月癸丑条，第7569页。
③ 《明太祖实录》卷一二四，洪武十二年四月戊午条，第1990页。

锦衣卫缉事人员的打击目标，这就是山人。

（四）锦衣卫的新职责

1. 打击山人

随着经济水平提高、教育普及、科举名额有限和读书人口增加之间的矛盾日益凸显，对仕途矢志不渝者开始寻找捷径，试图利用卫籍等方面的制度漏洞，移民到名额较多的京师或教育水平相对较低的边疆地区参加科考，致使甄别"冒籍"成为主考部门的一大难题。另外一部分儒生甚至部分生员、举人则放弃进一步科考，改着山人服，游走于大江南北。这些山人之中的才华出众者要么出没于王府、世家，靠文才换取经济利益，要么上蹿下跳，力求进入某位大员的幕府，间接入仕。前者以诗文见长，甚至能引领文坛一时风骚，后者以智谋立身，有时也能成就一番事业，如嘉靖倭寇泛滥时，胡宗宪幕府中的徐文长、王寅、郑若曾等，万历援朝战争中的冯仲缨、金相等人，半途而废的沈惟敬也属于这类山人。

四处游走的山人群体固然可以在某些时候为国家效力，大部分时段扮演的却是搅局者或渔利者形象，"托迹山人，影借权贵，诈骗财物"①。如万历初的徐爵，"素娴刀笔，遂入大珰冯保幕，为洗罪籍，积官至锦衣都指挥同知，理南镇抚司"②，"凡上手敕优奖江陵公者，皆出其手"③，张居正对他也要"曲意礼接之，声势震远近"④，冯保失势后，徐爵才结束高光时刻，囚死狱中。

对这些试图曲线进入政坛的山人，明廷很早就将其列入打击范围。如万历十七年三月，巡城御史陈汴上疏请求驱逐山人、游客，"有旨：下锦衣卫捕逮，法司究罪"⑤。万历二十五年五月，主持援朝抗倭大局的总督邢玠亦陈请"有兵将造谤及山人、墨客、星相、

① 《明神宗实录》卷二四三，万历十九年十二月辛丑条，第4530—4531页。
② （明）沈德符：《万历野获编》卷二七《谈相徐爵遇神人》，第702页。
③ （明）沈德符：《万历野获编》卷二一《儒臣校尉》，第539页。
④ （明）沈德符：《万历野获编》卷二七《谈相徐爵遇神人》，第702页。
⑤ 《明神宗实录》卷二〇九，万历十七年三月辛未条，第3925页。

罢闲诸人求书引用，糜费钱粮者，乞严行禁缉"，得旨："游客诸人，假托谈兵，惑乱军事，在京者，厂卫、巡城缉拿；在外者，各该御史及管关主事访察，不许潜踪出入。"①

万历二十六年五月，万历帝在上谕中再次强调："今后敢有恣肆怠玩及借称山人、墨客、医卜、星术、变诈之徒，妄言乱政，摇惑人心的，着厂卫城捕缉事衙门不时访拿具奏，必罪不宥。都察院还行与各省直抚按官严行访拿究治。仍晓谕官员军民人等知悉。"② 万历二十九年十月，因册立太子，皇帝下恩诏大赦天下，诏书中又带上山人、游客。

> 近来风俗，专以私揭匿名，或虚捏他人姓名，阴谋巧计，无所不至。久不申饬，致令四方无籍棍徒、罢闲官吏、山人、游客潜住京师，出入衙门，拨置指使，及左道邪术，异言异服，扇惑挟诈，是非颠倒，纪纲陵夷，甚为政蠹。今后缉事衙门，不时驱逐访拿。若赃证的确者，照奇功事例升赏。③

虽然屡次下令打击，但山人群体始终存在，直到明亡也未灭绝。

2. 管理京城街道

与这种原有职能的拓展不同，明中叶附加到锦衣卫身上的另一项职能则可谓是纯粹的新增。这就是管理京城街道职能。晚明时，锦衣卫的堂上官，其一称"提督街道房官旗办事锦衣卫管卫事某官"④。锦衣卫东司房、西司房明初即存在，街道房系后来增设，但具体设置时间却不是很清楚。万历《大明会典》中记载"凡京城内外，修理街道，疏通沟渠。本卫指挥一员，奉旨专管，领属官二员，

---

① 《明神宗实录》卷三一〇，万历二十五年五月甲寅条，第5802页。
② 《明神宗实录》卷三二二，万历二十六年五月辛丑条，第5987页。
③ 《明神宗实录》卷三六四，万历二十九年十月己卯条，第6803—6804页。
④ （清）陈僖：《客窗偶谈·锦衣卫》，见氏著《燕山草堂集》卷四，第570页。

旗校五十名"①,也没有提供街道房的设立时间。"成化二年,令京城街道沟渠,锦衣卫官校并五城兵马时常巡视。如有怠慢,许巡街御史参奏拿问。若御史不言,一体治罪。"② 这是笔者目前见到的锦衣卫参与京城街道环境卫生管理的最早记载。另据《实录》记载,成化十年四月,因工部举报"街渠污秽、壅塞",中城兵马司指挥、巡城御史和锦衣卫官校被逮捕入狱,"令法司议罪以闻"③。成化二十一年,"命锦衣卫指挥同知刘纲提督疏浚京师沟渠"④。据此推断,至迟到成化初,街道房应该已经成立。

明代京城的街道、沟渠原本由工部直接管理,成化十五年还专门在工部虞衡司之下添设了一个员外郎,"专一巡视在京街道、沟渠"⑤。工部主要负责街道修建、沟渠开挖和疏浚,日常维护则由五城兵马司以及巡城御史负责⑥。三个部门参与京城街道管理工作,似乎没有必要叠床架屋,再增加一个管理部门。

成化十年六月,监察御史沈浩上言:"京城西南一带地势洼下,且被居民侵占街道,壅塞沟渠。凡遇霖潦,水无所泄,淹坏庐舍,人受其患。乞命内外臣董督疏通。"工部会议后,成化皇帝决定由"内臣张端、工部右侍郎刘昭督团营官军三千及时疏浚。有故违者,奏闻区处"⑦。可见,疏浚工役主要由京营军士承担。不过,重大工役调动军士参与早在明初即存在,工部完全能应付,居民侵占街道虽属违法行为,可似乎也无须强力机关介入,看来背后另有隐情。

弘治十六年六月,又到雨季。史载:"时勋戚之家大兴土木,多

---

① 万历《大明会典》卷二二八《锦衣卫》,第3005页。
② 万历《大明会典》卷二〇〇《工部二十·河渠五·桥道》,第2683页。
③ 《明宪宗实录》卷一二七,成化十年四月丁丑条,第2427页。此事在(明)余继登《典故纪闻》卷一五中也有记载,见第267页。
④ 《明宪宗实录》卷二六五,成化二十一年闰四月戊子条,第4489页。
⑤ 万历《大明会典》卷二〇〇《工部二〇·河渠五·桥道》,第2684页。
⑥ 参见高寿仙《明代北京街道沟渠的管理》,《北京社会科学》2004年第2期。
⑦ 《明宪宗实录》卷一二九,成化十年六月戊寅条,第2454—2455页。

市民居或隙地取土，长或二三十丈，深或及泉。已而复据附近街巷起土塞坑，致地形高下，沟渠壅塞。锦衣卫指挥余寘以为言。因命凡于京城穴地取土及街巷起土填坑者，皆罪之。"① 至此，真相终于暴露。原来是势要群体为一己私利侵占街道，随意开挖，才造成诸多恶果。五城兵马司级别过低，巡城御史势单力薄，工部只管工程不管人事，都没有能力阻止这些势要之家胡乱作为。要制止这种现象，要么增设一个专门的衙门，要么赋予现有某个衙门新的职能，有现场缉捕权，平时街道上有坐城校尉、捕盗校尉们活动，皇帝出行时有肃清街道职责且能方便上达天听的锦衣卫无疑是一个合适的选择。

事实上，对于侵占街道的行为，明廷曾多次出台法令予以制止。如成化六年，"令皇城周围及东西长安街并京城内外大小街道沟渠，不许官民人等，作践掘坑及侵占淤塞。如街道低洼、桥梁损坏，即督地方火甲人等，并力填修"②。成化十年，工部奏准："京城水关去处，每座盖火铺一，设立通水器具。于该衙门拨军二名看守。遇雨过，即令打捞疏通。其各厂大小沟渠、水塘、河漕，每年二月，令地方兵马，通行疏浚。看厂官员，不许阻当。"③ 弘治十三年，令"京城内外街道，若有作践掘成坑坎，淤塞沟渠，盖房侵占。或傍城行车，纵放牲口，损坏城脚。及大明门前御道、棋盘街并护门栅栏，正阳门外御桥南北，本门月城将军楼，观音堂，关王庙等处，作践损坏者，俱问罪，枷号一个月发落"④。但从弘治十六年余寘的上言来看，这些法令对势要群体并未产生足够威慑。

对于京城的街道状况，士大夫们其实很不满意。如嘉靖年间的大学士顾鼎臣在一封私信中即表达了对整饬街道的期望：

---

① 《明孝宗实录》卷二〇〇，弘治十六年六月壬子条，第3716页。
② 万历《大明会典》卷二〇〇《工部二〇·河渠五·桥道》，第2683页。
③ 万历《大明会典》卷二〇〇《工部二〇·河渠五·桥道》，第2684页。
④ 万历《大明会典》卷二〇〇《工部二〇·河渠五·桥道》，第2684页。

　　昨见锦衣陈君疏论街道沟渠事。此目前要切之务，非惟公私均受其患，而律之以先王经国畿疆封沟之制，似大不侔矣。四方远人，必有目击而心非之者。今圣君贤辅明明在上，岂宜因陋袭简如此？鼎臣每为之长太息，欲言而非其职也。若陈君，可谓能顾念职守者矣。第所云止于东西长安五府六部大街，而不及其他，惜乎太狭尔。愚意京城大小街道沟渠，孰非有司所当经理者乎？兹事幸遇公看详施行，必有非常规画，一举百年废坠，匪直区区小补、取具文移而已也。①

　　估计是势要群体的阻力太大，嘉靖十年，明廷又下令"京城内外势豪军民之家，侵占官街，填塞沟渠者，听各巡视街道官员，勘实究治"②，明确把势要群体列入打击范围。

　　万历三十九年八月，工部街道厅主事沈正宗上言：

　　京师连年水患，非问侵占，则沟渠必不通，非藉严法，则侵占必不可问，非务在必行，毫无假借，则法必不可行。臣顷略一清查，阻挠纷纷起矣。道之行也，三都可堕。法之玩也，一墙难折。积弛之余，若不大加创惩，必无以慑服奸豪，拯拔昏垫。相应再遵前旨，除非紧要去处及棚墙房屋不系压沟者，姑免究外，其余沟傍有买卖者，止许照万历八年例撑张布幔，不许搭搁，筑砌墙屋，违者，尽行毁拆，务使总会通街出水之沟疏浚深阔，处处通流无碍而后已。遇有阻挠，不拘何人，指名呈堂参处。坊官有仍前怠玩，染指狗私者，从重参究。但期法归画一，毋得假借。当拆即拆，不得两可，反滋衙役需索之端。当参即参，不得优容，以启奸猾营求之路。窃谓徙木立信，以行秦苛法，则不可以行周孔之制，虽圣王不能易此，在臣悾

　　① （明）顾鼎臣：《与致斋司马》，《顾文康公文草》卷一〇，见蔡斌点校《顾鼎臣集》，上海古籍出版社2013年版，第167页。
　　② 万历《大明会典》卷二〇〇《工部二〇·河渠五·桥道》，第2684—2685页。

谨奉行而已。①

此时距嘉靖十年又过去了八十年，从沈正宗仍在呼吁"不大加创惩，必无以慑服奸豪"来看，势要群体对所谓"勘实究治"并未放在心上。此前的万历十六年二月，工部员外郎冯时泰奏请疏通沟渠时，万历帝命其"会同厂卫及巡城御史严查修浚，如有势豪越占，参奏拿究"②，原本没有相关责任，打击能力更为强大的东厂也被拉进街道管理队伍，说明即便增加了锦衣卫街道房，京城的势要群体滥占、滥挖街道，破坏沟渠的现象也无法得到有效遏制。街道卫生环境混乱的状态实际上是晚明政治生态的一个缩影，已经不是增加某个管理部门可以解决的了。

结　语

明中叶，中国社会发生了翻天覆地的变化，上至帝王将相，下至乡野小民都自觉不自觉地卷入其中，或矗立潮头，或享受其中，或退避三舍，呈现为一幅五彩斑斓的画卷。锦衣卫作为皇帝最亲近的亲军侍卫，亦不可避免地扮演了多重角色。令人尴尬的是，首先卷入社会变化中的竟然是它伸缩性极强的包袱性制度设计——"差遣干办"。原则上，所有皇帝发出的指令，锦衣校尉都有成为执行者的可能。于是，面对逐渐为广大臣民接受并乐在其中的奢侈性消费，皇室也不甘落后，逐渐陷入其中甚至引领风骚。大批拥有"奇技淫巧"的艺术、匠艺等人才逐渐脱离工部系统的文思院，进入锦衣卫武官群体，享受更高水平的薪俸报偿。大批仍沉浸在仕途愿景中的人士则通过"传奉"方式进入锦衣卫或其他衙署，享受虽然几乎没有俸禄却地位超然的荣光。更有甚者，伙同内官群体，从皇帝口袋里牟利。如锦衣卫军余贵铎，"业巫祝，家素贫，与内局匠人凌安、

---

①　《明神宗实录》卷四八六，万历三十九年八月甲午条，第9161—9162页。
②　《明孝宗实录》卷一四八，弘治十二年三月癸酉条，第2603页。

徐茂辈市青红石饰为奇巧首饰、器用，托内侍之亲幸者以进，互相估直，得利百十倍，岁费内帑金钜万。数年来，府库殆空，诸人暴至富贵，屋舍、服用穷极奢侈，京师人多效慕之。一时侈物价贵，多于往时，不可计略云"①。靠贩卖宝石而屹立三朝而不倒的屠宗顺父子更是其中的奇葩。

过度消耗内帑对并不富裕的皇室而言明显是不合算的，一方面会招来士大夫群体的不断批评，另一方面也有坐吃山空的可能。于是，前有皇庄，后有采矿，皇室成员不断尝试寻找新的财源，锦衣卫亦因此承担了新的职能。上行下效，贵族勋戚们也开始寻找发财之路，土地兼并、滥用垄断特权等都是表现。在京城，滥占街道也成为势要群体宣泄特权的载体，迫使明廷不得不给锦衣卫增加了一项全新的职责：管理街道。但在画师、巧匠们的引领下，皇亲、勋戚、内官们早已把触角伸进了锦衣卫，占据了大量武职岗位，并各显神通，逐渐取得实际管事的权力。这些人原本就是势要群体的主要组成部分，由他们的子侄亲属管辖的锦衣卫怎么可能真对自己人举起皮鞭？于是，尽管三令五申，京城的街头依旧是灰土狼烟，粪溲遍地。

为了帝国的统治，锦衣卫也曾不断领命打击破坏舆服制度、礼仪制度，公然在街头宣示僭越者，但这类打击更像是自欺欺人地摆样子，有时甚至成为"服妖"们的免费宣传，同时对锦衣卫的严厉形象也有很大的腐蚀。面对纷繁复杂的社会变化，统治者甚至会出一些纯粹的昏着。比如为维护农业的本位地位，明廷一度让锦衣卫去抓捕屠杀耕牛者，如天顺六年十二月，"锦衣卫奏：捕获违禁屠牛人四十六人，共杀牛二千八百四十余头。诏每人追牛一百头，完日罪之"②。姑且不考虑当时是否有部分牛只是被正在形成的穆斯林群体所杀，即便是边方将士对此禁令也大为不满。"朝廷初亦慎重，诏

---

① 《明宪宗实录》卷二四八，成化二十年正月丙辰条，第4209页。
② 《明英宗实录》卷三四七，天顺六年十二月丙戌条，第7003页。

谕详审，至于再三。然诸大臣刑名欠精，不无窒碍。如杀一牛罪至罚十，行之数月，边将奏称军需缺乏。盖牛禁过重，人莫敢杀，皮骨筋角无处可买。朝廷悔而难改，乃谕东厂官校莫加刺访"①，荒唐禁令只好以暂停执行的方式宣告取消。

锦衣卫此前在人们心目中是威权、神秘甚至有些恐怖的形象。因为社会变化带给锦衣卫的"新"职能使其这一形象遭到一定程度的消解甚至破坏。不过，对锦衣卫"伤害"最大的不是这些新任务，而是基于文武地位的逆转带来的有意无意的向士大夫集团靠拢。锦衣卫的最大特点是独立，历朝皇帝都非常重视让锦衣卫与其他群体特别是外朝文武大臣保持尽可能大的距离，这是其履行"体外监察"等职能的先决条件。尽管地位优越，权力广泛，但面对"承平日久，视武弁不啻奴隶"②的现实以及士大夫动辄"武夫"、"武弁"等暗含褒贬的称呼，不可能对锦衣军校没有影响。但无论是生活情趣上的主动靠拢，还是私下里的交往、联姻，都会对锦衣卫的独立性造成难以逆转的影响。如果说武宗及之前的皇帝对此还比较重视的话，嘉靖朝则是个转折点。长期主持锦衣卫事务的陆炳非常愿意和士大夫交往，"初事分宜父子，既而以其武举座师、吏部尚书李默被诬事，与分宜失欢"，后又"结徐华亭为婚姻"③，与前后两位内阁首辅都有密切往来。按理，嘉靖帝对此应严厉制止，但不知是对陆炳过于信任，还是对自己的道术治国本领充满自信，抑或兼而有之，总之，嘉靖帝对此置若罔闻，没有丝毫表示。嘉靖帝的态度预示着锦衣卫制度将在不久的将来迎来更大的变化。

---

① （明）尹直：《謇斋琐缀录》卷八，《中华野史》丛书"明朝卷一"，第534页。
② 《明熹宗实录》卷八，天启元年三月丙寅条，第401页。
③ （明）沈德符：《万历野获编》卷五《忠诚伯》，第142页。

第三节　由"体外"到"体内"
——晚明锦衣卫军官群体的剧变

明中叶，士大夫群体的社会地位对武职群体已形成碾压之势，大批军户子弟转向修文，试图通过科举等途径改变自己的低下身份。锦衣卫虽然贵为天子亲军，亦难逃士大夫们的蔑视。成化至正德年间大批杂流进入锦衣卫，使之社会地位更显尴尬。但就在嘉靖初大力整顿前朝冗官冗员前后，原本对锦衣军职"多不屑就"①的士大夫子弟却纷纷改弦易辙，不断涌入锦衣卫，并最终对其产生了颠覆性的影响。

一　从不屑到慕羡：士大夫群体对武荫的态度

嘉靖元年三月，朱厚熜下诏表彰定策并迎立有功臣僚，其中，"大学士杨廷和、蒋冕、毛纪首先定策，忠义大节，功尤显著，俱进封伯爵，给与诰券，子孙世袭，食禄一千石，余官如故，俱仍在内阁办事。大学士费宏荫一子锦衣卫指挥使、世袭……礼部尚书毛澄加太子太傅，荫一子为锦衣卫世袭指挥同知"。杨廷和等不敢接受，纷纷请辞，"上皆温旨褒答不允。已复力辞，至以去就决之，始命改荫锦衣卫指挥使等官。廷和等仍坚请不受。给事中许复礼、张九功等，御史江良贵、秦武等及兵部主事霍韬各交章奏：封爵武荫，非诸臣所安，宜听辞免。寻许改荫文阶、世袭，然诸臣竟未敢拜命"②。

杨廷和等人坚持不肯接受锦衣卫武荫，与其正在主持裁汰正德朝传奉等冗员有关。杨廷和等人大多是正德遗诏的草拟人。拟稿时，"司礼诸中贵以其关内政者数条属廷和削去"，被杨拒绝，"于是蒋

---

① （清）张廷玉等：《明史》卷九五《刑法三》，第2339页。
② 《明世宗实录》卷一二，嘉靖元年三月壬申条，第444—447页。

冕及毛纪相继发危言，诸中贵语塞。已而诏下，正德中蠹政厘革且尽，中外加额，称新天子圣人。而所革锦衣等诸卫、内监局旗校工役，为数十四万八千七百，减漕粮百五十三万二千余石，其中贵义子传升、乞升，一切恩幸得官者殆尽。失职之徒，衔廷和切骨，入朝有挟白刃恫喝于舆傍者。事闻，诏以营卒百人为廷和出入卫"①。在大力裁汰前朝冗官冗员以及嘉靖帝不加选择地提拔藩邸旧臣进入锦衣卫之际，如果杨廷和等人再接受锦衣卫恩荫，如同自我否定，势必会对清理工作造成严重干扰②。

（一）明中前期散见的文官子弟主动入卫

杨廷和等人虽然拒绝了武荫，但此前很早即出现过文官子弟通过恩荫成为锦衣卫军官的现象。笔者目前见到的最早的例子是兵部尚书侯琎之子侯爵。侯琎景泰元年病逝于西南军中。次年，其子、山西泽州举人侯爵上奏："臣父琎始由进士，历官尚书。西讨南征，累著功绩。冲冒瘴厉，殁于军中。乞追录微劳，授臣军职世袭。"景泰帝准奏，"命爵为世袭正千户，锦衣卫带俸"③。不过在此前的正统七年，"工部虞衡司主事吴贤自陈其故父、少师兼工部尚书中累有军功，乞照例改授武职。上特命为锦衣卫带俸世袭百户，后不为例"④。这是笔者见到的第一个主动由现任文职官改任锦衣卫军官的例子。

此后，类似的现象仍不时发生。如景泰五年七月，荫太子太保兼兵部尚书仪铭之子仪海为锦衣卫百户⑤。景泰七年四月，"命太子太保、左都御史杨善子、正千户容，副千户宗，所镇抚能、春、贵

---

①　（明）焦竑：《玉堂丛语》卷二《政事》，中华书局 1981 年标点本，第 47—48 页。

②　如兵部尚书彭泽等在上言中即将杨廷和等人赐武荫与清查并列，请求"仍痛革锦衣卫所官员冒滥之积弊，将前项敕内……不必概受武职并令世袭"（《明世宗实录》卷一四，嘉靖元年五月丁巳条，第 476—477 页）。御史汪珊亦将"今大臣近侍以迎立封爵，锦衣世荫"视为冒滥（《明世宗实录》卷一六，嘉靖元年七月戊申条，第 503 页）。

③　《明英宗实录》卷二〇四，景泰二年五月癸卯条，第 4358 页。

④　《明英宗实录》卷九四，正统七年七月庚午条，第 1895 页。

⑤　《明英宗实录》卷二四三，景泰五年七月乙丑条，第 5289 页。

俱属锦衣卫"①。天顺元年三月，"授礼部右侍郎掌钦天监事汤序子祚为正千户，兵部右侍郎陈汝言子洪范为副千户，俱世袭，锦衣卫带俸"②。天顺元年八月，从致仕礼部尚书胡濙所请，封其子"长宁为世袭锦衣卫所镇抚，带俸不任事"③。天顺元年十月，"命故吏部右侍郎兼翰林院学士曹鼐孙荣为锦衣卫世袭百户"④，等等。其中，永乐年间即进入内阁的礼部尚书胡濙是笔者见到的第一个主动为儿子申请入卫任职者。英宗一朝是文武地位发生明显变化的年份，但武官群体尚未被士大夫群体整体超越，明初右武的风气仍存在惯性影响，胡濙等人主动为后人请求恩荫入卫，应该主要是这一影响的结果。上文中的吴贤请求"照例改授"，他所说的"例"，估计指的是仁宗时，皇帝主动"加恩"，将英国公张辅的哥哥、兵部右侍郎张信改授锦衣卫世袭指挥同知一事⑤。

　　成化朝是文武官地位发生逆转的关键阶段，但士大夫子弟主动进入锦衣卫为官的现象仍然存在。如成化四年二月，"命锦衣卫左所副千户王竚世袭。竚，尚书翱之子。翱存时，乞恩，得为千户。翱卒，疏其父军功，故得世袭"⑥。成化十年十二月，"兵部尚书白圭子镔自陈其父累立军功，乞量授武职。诏授镔锦衣卫百户"⑦。成化十二年二月，"致仕太子少保、户部尚书马昂自叙军功，为子恕乞官。上允之，命为锦衣卫百户"⑧。成化十六年五月，"命锦衣卫冠带总旗李玠为本卫署百户。玠，故少保贤次子也。初从威宁伯王越

①　《明英宗实录》卷二六五，景泰七年四月甲辰条，第5631页。
②　《明英宗实录》卷二七六，天顺元年三月己丑条，第5891页。
③　《明英宗实录》卷二八一，天顺元年八月丙午条，第6037—6038页。
④　（明）张元忭：《馆阁漫录》卷四，天顺元年十月乙未条，四库全书存目丛书影印本，第712页。
⑤　《明仁宗实录》卷七上，洪熙元年二月甲寅条，第235—236页。这一事例被诸多学者视为明初武官地位高于文官的关键证据。
⑥　《明宪宗实录》卷五一，成化四年二月乙未条，第1031—1032页。
⑦　《明宪宗实录》卷一三六，成化十年十二月戊戌条，第2556页。
⑧　《明宪宗实录》卷一五○，成化十二年二月己卯条，第2733页。

以军功授总旗，至是，自陈其父旧劳，乞恩补荫。故有是命"①。成化十七年三月，"命王昕为锦衣卫百户。昕，越之子也，以越荫授职，时年始八岁"②。成化十七年五月，"授故兵部尚书程信孙埙世袭锦衣卫百户。埙父左春坊左谕德敏政自陈父信历官中外，屡立战功，乞循例追录旧功，授武职于其子，故有是命"③。可见，士大夫子弟进入锦衣卫任职的现象并不少见，其中不乏李贤、程敏政等当世名臣的后人，更有多人是由其父直接申请得官的，如吏部尚书王翱、户部尚书马昂等人。

不过上述例子当中，除了胡濙、杨善与军队没有什么关系外，其他人要么其父有军功，要么本人有从军经历，似乎有军功是申请入卫任职的前提条件。成化二十三年三月，原兵部尚书程信之子、詹事府主簿程敏德"历叙其父旧劳，乞改授军职，下锦衣卫狱。狱上，言敏德妄引事例，奏事不实，命对品调外任"④。如前所述，在此前的成化十七年，程信的孙子、程敏德的侄子程埙已经成为锦衣卫世袭百户，程敏德有重复奏讨之嫌，所谓"奏事不实"，或与此有关。

与此同时，也有部分士大夫子弟主动要求退出锦衣卫，如成化十四年八月，"右副都御史陈钺子澍前以奏捷升锦衣卫冠带小旗。至是，钺言澍常为生员，不能操练，乞入国学自效。因引前都御史李秉子华、项忠子绶俱以奏捷升所镇抚之例。事下兵部，尚书余子俊请免澍旗役，而令冠带入监。从之"⑤。不过陈钺此举更像是故作清高装样子，因为二年后其子陈澍不仅回到了锦衣卫，而且已经是正千户。"澍初为父、都御史钺自辽东报捷，升冠带小旗，乞恩改冠带监生，寻复以监生报捷，升锦衣百户。又自陈斩获功，升副千户。

①　《明宪宗实录》卷二〇三，成化十六年五月庚子条，第3557页。
②　《明宪宗实录》卷二一三，成化十七年三月癸卯条，第3711页。
③　《明宪宗实录》卷二一五，成化十七年五月丙戌条，第3735页。
④　《明宪宗实录》卷二八八，成化二十三年三月丙寅条，第4876页。
⑤　《明宪宗实录》卷一八一，成化十四年八月乙卯条，第3276页。

至是，仍称文官三品，例应送子入监，乞以军功递升，而有是命。"①

　　主动陈乞入卫的现象在弘治朝依然存在。如弘治十二年八月，百户程墥"陈其祖、南京兵部尚书信军功，乞恩升秩。上念其父翰林学士敏政春宫旧劳，特允之"②，升其为副千户。弘治十三年正月，升百户陶荆民为世袭副千户。"荆民祖成，浙江按察司副使。正统末年，讨流贼，殁于阵。父鲁以荫，授广东新会县丞，累立战功，历升广东按察使，加布政使。荆民荫授百户。至是，复援例陈乞。因有是命。"③

　　如果说从正统到弘治年间士大夫子弟进入锦衣卫还只是零星个案，正德朝则是一个转折点。一方面，传升、乞升等现象不仅存在，而且有泛滥之势，如正德八年五月，"准纳级都指挥同知白埈注锦衣卫。埈，故刑部尚书昂之子，冒功升世袭副千户，复纳级至指挥同知。至是，以父昂有剿贼功，乞加录荫，并注锦衣卫。内批特许之，不为例"④。十二年八月，"授故都御史陈天祥子邦政为锦衣卫百户、世袭。邦政援父山东、贵州杀贼功陈乞。兵部议不可，特许之"⑤。十二年九月，"改授陕西谷县知县张宜为锦衣卫百户。宜……自叙其叔祖、太监敏有保护劳，愿嗣百户守冢，为兵科所驳。诏特允之"⑥，等等。

　　另一方面，此前进入锦衣卫的士大夫子弟大多是带俸官，偶尔有获得实际主事权者。如弘治六年，"故兵部尚书余子俊男、举人寘，乞录其父军功，上命置为锦衣正千户，子孙世百户"⑦。弘治十四年，有军官建议轮值锦衣千百户的行粮在长安门仓支领。提出此

　　① 《明宪宗实录》卷二〇三，成化十六年五月辛丑条，第3557页。
　　② 《明孝宗实录》卷一五三，弘治十二年八月癸卯条，第2715页。
　　③ 《明孝宗实录》卷一五八，弘治十三年正月己卯条，第2845页。
　　④ 《明武宗实录》卷一〇〇，正德八年五月辛未条，第2073页。
　　⑤ 《明武宗实录》卷一五二，正德十二年八月甲辰条，第2938页。
　　⑥ 《明武宗实录》卷一五三，正德十二年九月辛卯条，第2958页。
　　⑦ （明）沈德符：《万历野获编》卷一五《进士百户》，第404页。

建议的正是已升任指挥佥事的余寅①。可见，余寅已经获得实际管事权。

相比之下，正德朝获得实际管事的士大夫子弟明显多了起来。如上文中提到的白埈在正德十年又提出了"升职管事"的请求。"兵部言：埈已蒙升授，不宜复准。得旨：令南镇抚司管事。"②《武宗实录》的作者在记述了这件事之后，小结道："是时权门武弁陈乞纷纷，积习既久，文臣子弟亦效之。"③可见，在正德朝士大夫子弟谋求进入锦衣卫已经是一股小规模的风潮。

原来已经获得实际权力的余寅等人则开始为家下人考虑。如正德四年正月，兵部上报"广西柳、庆平贼功次"，擅政的刘瑾审核后，删去了个别拟赏人员，"锦衣卫公差千户李钺，以非奏带之数，不准升赏。兵部所拟升一级不赏者，内有余珞等五人，盖指挥余寅家僮，而梁次摅，则学士储之子也。瑾以其夤缘冒功，俱押发原籍为民，遂谴寅而褫其职"④。上年九月因为畏惧刘瑾已经主动致仕的指挥同知余寅因此失去了"有司岁给人夫二名、月给米二石"⑤的退休待遇。对此，《武宗实录》的作者也不得不承认"瑾因是裁抑侥幸，可谓察矣"⑥。大量士大夫子弟混迹于锦衣卫中，这和同时期士大夫已经取得对武官的压倒性优势地位颇有些不和谐。

正德朝是明中叶最为混乱的一个时代，明武宗颇有尚武之风，对士大夫集团口中的各种规则颇为不屑，随意践踏，致使在总体上处于优势地位的士大夫集团和皇帝的关系非常紧张，进而形成了一个政坛怪现象：一方面，士大夫群体是政坛总体的主导者，另一方面受皇帝宠幸、大权在握的却是被士大夫视为寇雠的宦官群体以及颇为不屑的武官群体。正德皇帝即位时年龄并不大，在其主导下形

① 《明孝宗实录》卷一八二，弘治十四年十二月丁巳条，第3350页。
② 《明武宗实录》卷一三二，正德十年十二月辛巳条，第2635页。
③ 《明武宗实录》卷一三二，正德十年十二月辛巳条，第2635页。
④ 《明武宗实录》卷四六，正德四年正月戊午条，第1053—1054页。
⑤ 《明武宗实录》卷四二，正德三年九月甲寅条，第980页。
⑥ 《明武宗实录》卷四六，正德四年正月戊午条，第1054页。

成的武职群体掌握大权的现象究竟会持续多久谁也无法准确判断，因而难免会有一批士大夫为个人或家族、群体利益考虑主动向现实低头或暂时放下士大夫的架子，这应是此前处于零星状态的士大夫子弟主动进入锦衣卫任职现象在正德朝形成一个小高潮的重要原因。

此外，从成化时期开始，不断有皇亲、宦官弟侄在进入锦衣卫后获得实际主事权。太监掌控的东厂有秘密缉事权，现在镇抚司等令士大夫群体颇为忌惮的机构又不断被宦官亲属掌握，作为对立面的士大夫必须有所作为，除了尽力吸引李珍、季成这样的锦衣主官向自己靠拢外，直接掌握相关权力无疑是最好的选择。像白玦那样通过陈乞、行贿获得主事权固然令主流士大夫不齿，但其背后带来的实惠未必不为士大夫所接受。

（二）从扭捏到接受：改变入卫态度的高层士大夫

士大夫群体的这一变化逐渐被决策层掌握，因而原本向宦官等群体开放的奖励性荫官也开始向士大夫们开放。如枣强县令段世高在正德六年死于抵御刘六、刘七起义的战斗中，明廷在封赠、抚恤之外，又"荫其子崇文为锦衣卫百户"[①]。正德十二年五月，

> 以山西岢岚并辽东开原等处斩虏功及四川盗息，赏内阁大学士梁储、蒋冕、毛纪各银五十两、彩段二表里，储、冕仍荫子侄一人为锦衣卫世袭正千户。于是储、冕上疏辞曰：……况我祖宗之制，武阶世荫必由军功。近时，文臣子孙虽尝有受荫为锦衣千百户者，然或因提督军务，与将帅同事，或因职掌兵戎，运筹画策，厥功可录者，乃间有之，固未闻文墨供奉之官，而可与督兵、本兵同受军功荫赏者。此臣等所以揣心知分，不敢冒昧登受者也……诏曰：卿等忠诚体国，朕所倚毗，特加赏荫，以酬劳绩。而乃具疏辞免，情词恳切，今勉从所请，准辞

---

① 万历《枣强县志》卷三《编修任丘县李时记》，《国家图书馆藏明代孤本方志选》，中华全国图书馆文献缩微复制中心 2000 年影印康熙增修本，第 491 页。

世荫武职，其银两、表里不必辞。吏部仍查改荫文职例以闻。已而荫储子为尚宝司丞，冕子中书舍人。①

　　从这一事例可以看出，在决策层眼中，世袭锦衣卫武职已经是"重大"军事胜利后的一种奖品，且授予范围不再局限于前线官兵。梁储、蒋冕拒绝接受武荫只是顾忌非军功不得授职、世袭的旧制，不愿担负破坏祖制的罪名，未必是心里排斥武职②。嘉靖元年杨廷和等拒绝接受封爵和武荫，估计也有类似考虑。正德十六年九月，兵科给事中夏言在条陈查革冒滥事宜时，其中一款言及"内外中官、大臣及镇守总兵、巡抚，有因军功以武职升授其子弟及改文职，见查未尽者，请悉罢之。自后诸臣俱不许假以武荫"③。这里把大臣和总兵、巡抚并列，指的应是和前线无关的文官。可见，正德朝存在非前线臣僚接受武荫的现象，并不是所有人都像梁储、蒋冕那样扭捏。

　　虽然嘉靖初的士大夫因为多重考虑对荫子入卫持排斥态度，但其不屑为伍的宦官弟侄却没有放弃这一福利，不仅张锦、扶安、温祥等三十余名宦官在杨廷和、蒋冕拒绝接受封伯之际获得恩荫特权，此后又有大批宦官弟侄循此途径进入锦衣卫或获得管事权。如嘉靖三年，太监俞太义子、锦衣卫百户俞贤"以传升管事"④。次年，太监扶安病故，"以恩录锦衣者八人"⑤。嘉靖五年，以《皇考实录》修纂完成，"命荫（张）佐等各弟侄一人，以酬其劳。佐，指挥佥事；黄英、戴永，俱正千户；杨保，百户；陈清，总旗，俱锦衣卫世袭……时佐、英、永已用扈驾功赐荫，心不自安，上疏辞。上嘉

----

　　① 《明武宗实录》卷一四九，正德十二年五月壬辰条，第2905页。
　　② 比如梁储之子梁次摅此前即曾纳粟充输粟为锦衣卫冠带舍人，后又"冒广东十三村之功，升总旗"。正德六年，"复乞升职"，又升为百户。事见《明武宗实录》卷七六，正德六年六月丁未条，第1681页。
　　③ 《明世宗实录》卷六，正德十六年九月戊寅条，第268页。
　　④ 《明世宗实录》卷四三，嘉靖三年九月己巳条，第1115—1116页。
　　⑤ 《明世宗实录》卷五八，嘉靖四年十二月甲辰条，第1392—1393页。

其诚恳，许之，仍令原荫指挥使张琦于锦衣卫堂上管事，指挥同知黄寿升指挥使，指挥佥事戴仁升指挥同知"①，等等。

与此同时，用锦衣军职奖励有功臣僚的政策也在延续。如嘉靖三年正月，"擢用死事都御史孙燧之子、千户堪，副使许逵之子、千户场，各填注锦衣卫管事"②。

早在弘治年间，士大夫群体就已注意到宦官亲属掌握军权的潜在威胁，如名士李梦阳在上书中称："且夫锦衣卫，爪牙之司也。今内官之家人子弟官之；团营兵之精也，今内官参之；内兵又共专掌之。陛下乃何独而不为之寒心耶？"③现在，宦官弟侄在继续涌向锦衣卫，如果士大夫继续如杨廷和等人那样扭捏回避，锦衣卫迟早会成为宦官手中的利器。晚唐神策军之害历历在目，士大夫们决不能容忍其再现于大明，所以，在局势逐渐明朗后，士大夫子弟亦开始主动向锦衣卫靠拢，"嘉靖间，惟夏贵溪暴贵，自拟世袭锦衣。夏既伏法，且无后。翟诸城亦如之，则自以故相行九边得之者"④。夏言倒台后，"严分宜惩其事，但用擒虏功，以其孙鹄受正千户，且即于南镇抚司管事，则现任辅臣子孙所未有也。徐华亭缘此亦得世锦衣，不复辞。而穆宗朝，高新郑、张江陵，亦以军功得千户。至今上初年，张江陵之子简修遂进指挥，理南司，如严氏故事，未几削夺，亦与分宜同。今阁臣世荫锦衣者，惟杨新都之孙宗吾，翟诸城之子汝敬，徐华亭之曾孙有庆，承袭用事，他未见尽拜官也"⑤。

《明史》中称锦衣军职"文臣子弟多不屑就。万历初，刘守有以名臣子掌卫，其后皆乐居之"⑥。但如上所述，万历之前有很多名臣，包括李贤、王翱、徐阶等都有后人进入锦衣卫任职，大思想家

① 《明世宗实录》卷六五，嘉靖五年六月辛巳条，第1507页。
② 《明世宗实录》卷三五，嘉靖三年正月戊子条，第889页。
③ （明）李梦阳：《应诏上书疏》，见（明）陈子龙辑《明经世文编》卷一三八，第1374页。
④ （明）沈德符：《万历野获编》卷五《世官》，第144页。
⑤ （明）沈德符：《万历野获编》卷八《宰相世赏金吾》，第216—217页。
⑥ （清）张廷玉等：《明史》卷九五《刑法三》，第2339页。

王守仁之子王正亿也在嘉靖三十九年十一月"愿授武荫，图报效"，补荫为锦衣卫左所副千户①。即便是嘉靖初拒绝武荫，此后又在大礼议中和嘉靖帝闹得不可开交的杨廷和的后人杨宗吾也接受了补授的武荫。《明史》的说法显然并不准确。

其实，类似说法明代即存在。对此，沈德符的解释是"史所云但不掌本卫大堂印耳。此不特先朝为然，即嘉靖末年分宜相之孙严绍庭，今上初年江陵相之子张简修，俱仅理南镇抚司。二相何等权势，不闻乃嗣登大堂也。即如近代锦衣帅最著者，嘉靖间则王佐起自卒伍，继则陆松及子炳起自兴邸，朱希孝虽荫叙，固乃兄成公武弁恩也。盖是时公卿大臣，尚视金吾为粗官，胄子自爱，亦不慕羡缇骑之长"②。

沈德符说嘉、隆间没有士大夫子弟成为锦衣卫堂上主官是事实，但是否是士大夫"胄子自爱"则需要具体分析。皇亲、宦官弟侄乃至杂流在嘉靖之前就有成为堂上官的先例，但这些人群早在正统年间就已经接受武荫，此后更是不断在锦衣卫内耕耘，才逐渐获得管事权，进而步入堂上官行列。士大夫子弟到正德年间才开始群体性向锦衣卫"出击"，嘉靖初又连续遭遇清查前朝冗员、大礼议等变故，和皇帝的关系相对紧张，获得武荫的机会自然少了许多，加之皇帝长期以藩邸旧臣，如骆安、陈寅、陆松等主持锦衣卫，陆炳更是垄断锦衣卫超过二十余年，士大夫子弟要进入堂上官行列自然非常困难。这应是堂上官难寻士大夫子弟的主要原因。至于"视金吾为粗官，胄子自爱"之类言论，更像是遮羞布，不宜当真。

按照沈德符的说法，刘天和之孙刘守有掌印后，"自是世家子孙，求绾卫篆，如登碧落，兼领铜山，曰讲，曰攘，曰抢，以至明攻暗击，蔑人闺门"③，似乎士大夫对武荫的态度是因刘守有的示范作用而逆转。其实，这只是表面现象。士大夫子弟能够进入堂上官

① 《明世宗实录》卷四九〇，嘉靖三十九年十一月戊寅条，第8153页。
② （明）沈德符：《万历野获编》卷二一《世锦衣掌卫印》，第536页。
③ （明）沈德符：《万历野获编》卷二一《世锦衣掌卫印》，第536页。

行列，和锦衣卫被纳入一项制度的行用范围有关，这就是军政考选。

二　军政考选：士大夫子弟执掌卫印的"捷径"

明承元制，世袭武官，只要通过比试或并枪，即可袭祖职。由于明初战事频繁，不断有立功的士兵晋升为武官，致使武官队伍越来越庞大，逐渐超过武官的实际需求，卫所武官因此逐渐分化为有职有权的管事武官和只有薪俸、没有实际职事的带俸差操武官两大类。管事武官有能力高下、官声优劣等方面的区别，需要及时调整，带俸武官亦有实际主事的需求，因此，必须有一种可以使两类武官进行常态化角色转换的制度来平衡二者的利益冲突，军政考选制度就是在这一背景下产生的。

不过，军政考选制度出台的直接原因是武官贪腐现象日渐严重。成化二年，云南巡按王祥提出"武臣廉能谋勇者少，贪污酷暴者多，近以简选之例行，颇知警厉……乞定三年、五年一行简选，量为进退，以昭示劝惩"的建议，兵部认为可行，奏准"自成化二年为始，以五年为期，令各处巡抚、巡按等官考选都司、卫所军职"①，"以见任掌印、带俸差操及初袭职官一体考选"②，军政考选制度就此诞生。成化十三年，"令两京通考以为常"，京卫由此进入被考选之列。在此基础上，成化十四年春，经兵部尚书余子俊、英国公张懋奏请，中外军政官考选成为定制③，每五年一次，在全国范围内开展。

在考选年份，外卫由驻节当地的督抚、巡按御史等官主持，京卫则由兵部直接负责。考选时，先由"两京五军都督府、戎政衙门、巡视京营科道、锦衣卫、腾骧等四卫及南京兵部并亲军卫所、各处抚按等衙门，各转行所属都司卫所"，将被考察武官"预先访察，博采贤否，填注考语，密切封送该考衙门"秉公考选，其中京卫武官

---

① 《明宪宗实录》卷二八，成化二年闰三月庚寅条，第558—559页。
② （清）万斯同：《明史》卷七八《选举八·铨选下》，续修四库全书影印本，第340—341页。
③ （明）余继登：《典故纪闻》卷一五，第271页。

由兵部武选司"当堂从公逐一考选。除见任各官能修职业、才识可取及有年近六十、精力未衰，公勤服众者照旧存留外，其老弱罢软、懒惰贪克、耽酒不谨等项，俱各黜退差操"①。考选合格的军官额数，嘉靖三十八年重申执行成化年间确定的额数，"每卫不拘指挥使、同知、佥事，共三员，掌印一员、佐贰二员，卫镇抚一员。如无镇抚，选相应千户署管。每所正、副千户一员，所镇抚一员，百户十员，专管军政。锦衣卫各所千百户不时上直，不限员数"②。"其选用官员……先尽本卫，次及别卫。凡带俸不预金书及为事年久能改过自新者，一体选用。如果卫无指挥使可铨用者，则于指挥同知、佥事内选补。各所无正千户可铨用者，则于副千户内选补。及洪武、永乐年间额设管军百户，俱照先年题奉钦依内事理，一体考选。"③

锦衣卫参加考选的起始时间，《会典》记载为正德十年④，万斯同等编撰的《明史》亦采用了这一说法⑤。但《武宗实录》明确记载正德十年二月，"都督同知朱宁请免锦衣卫军政考选，允之"⑥，倒是此前的正德五年，有记载显示锦衣卫在形式上参加了当年的考选。史载：

> 兵部覆查锦衣卫考选本卫并镇抚司千百户等官郝凯等贤否老幼等第，凡九百一十三人，疏名上请。得旨：职业不修等项并年老官员，但系文职子孙，各调原籍附近卫所，其余俱调在京别卫带俸差操。其公勤干济，抚恤军士，才识可取，政务不废者，俱存留办事。既而兵部复具列各调注卫分以闻。诏以年

---

① （明）丁宾：《考选军政官员疏》，见氏著《丁清惠公遗集》卷二《奏疏》，四库禁毁书丛刊影印本，第53—54页。
② 万历《大明会典》卷一一九《兵部二·考选》，第1715页。
③ （明）丁宾：《考选军政官员疏》，第54页。
④ 万历《大明会典》卷一一九《兵部二·考选》，第1714页。
⑤ （清）万斯同：《明史》卷七八《选举八·铨选下》记载："锦衣卫官自正德十年始。"见第341页。
⑥ 《明武宗实录》卷一二一，正德十年二月己亥条，第2435页。

六十以上者免调，仍令本卫带俸，待子孙袭替日奏来裁处。余如议。①

　　之所以说是形式上参与是因为在兵部提出"会锦衣卫掌印官，考选本卫千百户以下"武官时，当时的掌印官杨玉"尝引例欲免考"，擅权的太监刘瑾未予允许，但"令本卫自考选"，于是杨玉"遂不会兵部，任意去留。阴受赂者，辄署上考。其谨愿可用者，以无赂或至调卫"②。可见，兵部在七月上奏的913名军官的考选结果实际是锦衣卫内部自考的产物，兵部并没有实际参与其中。

　　尽管只是走形式，但也能反映出一些问题。如明确将文职子孙单列，说明正德朝士大夫子弟进入锦衣卫为官的数量已经很可观。之所以将文职子孙调往原籍附近卫所应该和文官致仕后需离京返回故乡的制度有关，不过一般情况下锦衣卫武官只有在犯有较大错误时才调卫且即便被赦免也不能再返回原卫任职，文官子孙仅仅因为考选不合格就调卫，处罚力度明显过大，刘瑾这么操作估计有故意打击士大夫群体的目的。

　　不过这一决定尚未得到彻底执行，正德皇帝就在八月份撤回原旨，"锦衣卫官为杨玉考察，改调别卫并在外者……俱留管事。新有旨调卫者免调，今后有仍前职业不修，贪淫剥削，罢软无为者，令堂上官指名参奏罢黜"③。这一变化估计和当月刘瑾倒台并被凌迟处死有关。

　　锦衣卫武官参加考选实际开始于成化十三年，也就是两京卫所纳入考选范围那一年。据《会典》记载，当年，"凡锦衣卫官……令见任管事有系中官并文武大臣弟男子侄及各卫钦升者，兵部会同该卫堂上官严加考选，果廉能可用，仍旧；不堪者，俱令带俸"④。

――――――――――

① 《明武宗实录》卷六五，正德五年七月辛未条，第1425页。
② 《明武宗实录》卷六四，正德五年六月癸卯条，第1409页。
③ 《明武宗实录》卷六六，正德五年八月辛丑条，第1447页。
④ 万历《大明会典》卷一一九《兵部二·考选》，第1716页。

从这一记载可以看出，锦衣卫内原属于官军户系统的世袭武官并未参加本次考选，估计就是因为本次考选只有部分武官参与，相关史籍才没有把成化十三年当成锦衣卫参加考选的起始时间。成化二十一年，锦衣卫掌印主官朱骥奏准："迩者，兵部奏请考选各卫军职。本卫见任官员乞照武骧等卫事例免考。"① 可见，每到考选之年，兵部应该都把锦衣卫纳入了考选范围，只是因为皇帝特恩才免于考察，并非先天享有免考特权。

嘉靖十九年三月，掌锦衣卫事都督同知陈寅曾奏准："今年当军政考选之期，而兵部以锦衣卫类题。锦衣系近侍直差之臣，须历练闲熟，卒难更易。乞照嘉靖三年例免考。"② 可见嘉靖三年锦衣卫仍处于免考状态。成化二十一年朱骥申请免考参照的是御马监所属武骧等卫免考事例，不过"腾骧四卫官考选，自嘉靖八年始"③，锦衣卫由此失去参照对象。所以嘉靖八年是锦衣卫在嘉靖朝实际参加考选的起始年份。

当年十二月，"诏锦衣卫各所千百户，五年考选如例"④。不过这次考察仅限于千百户，锦衣卫堂上官不在考察之列。次年，兵科都给事中张润身对此提出异议，"锦衣卫堂上官以近侍，故优容不与考选。中间不职甚多，岂如文臣自陈例，取自上裁。有幸免者，听言官指名参奏"⑤。所谓自陈，即自我总结，是对高级官员的一种礼遇。一般情况下，自陈者在叙述完自己的"功绩"后都会表示能力有限，不能完全令皇帝满意，申请离职。皇帝一般会温旨安慰，个别情况下会顺势将其罢免或调离。科道官如果认为自陈者有不称职表现，则会在自陈状上交后适时发起弹劾。

嘉靖初，为全面掌控锦衣卫，嘉靖帝大肆提拔藩邸旧臣，嘉靖

---

① 《明宪宗实录》卷二六五，成化二十一年闰四月丙申条，第4492页。
② 《明世宗实录》卷二三五，嘉靖十九年三月癸卯条，第4808页。
③ 万历《大明会典》卷一一九《兵部二·考选》，第1714页。
④ 《明世宗实录》卷一〇八，嘉靖八年十二月庚寅条，第2558页。
⑤ 《明世宗实录》卷一二〇，嘉靖九年十二月庚午条，第2861页。

八年的锦衣卫堂上官已经基本由藩邸旧臣骆安等把持。对于张润身的提议，嘉靖帝并不认可，只是要他"指名参奏，不必令自陈"。不料张润身竟然真的上书弹劾，且目标直指藩邸旧臣，"掌卫事署都指挥使骆安、指挥佥事刘宗武奸贪不职，宜罢"，把嘉靖帝逼到一个尴尬的境地。由于是奉旨弹劾，嘉靖帝只好下诏"降安指挥佥事，与宗武俱闲住"①。

锦衣卫堂上官参加考选开始于嘉靖二十九年。当年九月，嘉靖帝接受给事中杨允绳的建议，下诏，命"五府、府军前卫、锦衣卫堂上官，每遇考选军政之年，各疏自陈。仍许科道拾遗"②。同年，明廷还对锦衣卫武官的参考范围、程序等做出了具体规定：

> 锦衣卫除皇亲带俸，原不管事；达官营操，不系管理军政等官，难以考选外，其余若指挥在所管事并千户以下等官，不拘见任、闲住，俱听本卫堂上掌印正官从公开注贤否、履历，先期送部，临期会同议拟，与腾骧四卫一并严加考选，果有廉能可用，仍旧管事，如行止不堪，一体带俸、革任。③

另外，此前从未纳入考选范围的镇抚司和象房官员也在这一年被纳入考选范围，"南北镇抚司与象房管事指挥，兵部临期会同锦衣卫堂上掌印正官逐一考选论奏，去留取自上裁"④。

嘉靖二十九年的考选是锦衣卫第一次按照卫内考评/堂上官自陈—兵部考核—皇帝批复—科道拾遗的程序完整参加的考选。当年十二月，"兵部会五府、锦衣卫考选军政官，拟上存留、选补、调补指挥李铉等六千六百五十八人，革职带俸指挥袁英等一千一百九十二

---

① 《明世宗实录》卷一二〇，嘉靖九年十二月庚午条，第 2861 页。
② 《明世宗实录》卷三六五，嘉靖二十九年九月戊午条，第 6535 页。
③ 万历《大明会典》卷一一九《兵部二·考选》，第 1716 页。
④ 万历《大明会典》卷一一九《兵部二·考选》，第 1716 页。

人。得旨：如拟，被黜人员有挟私捏告者，照例参治"①。同月，堂上官"各疏自陈"。兵部依据自陈状，建议"都督同知袁天章，都指挥使朱希孝，指挥使张爵，指挥佥事刘鲸宜留。右都督高恕，都督佥事张锜，指挥佥事杜承宗宜罢"。嘉靖帝对此大体接受，令"恕、锜致仕，承宗冠带闲住"②。按照这一记载，包括指挥佥事在内的锦衣卫武官都在自陈范围。皇帝对自陈者做出裁定后，都给事中俞鸾等人开始按照"有不协公论者，许言官纠拾"③ 的制度，"考选军政拾遗"，"锦衣卫南镇抚司指挥同知李寰、指挥佥事魏颐"在这一程序中被科道官指斥为"不职"，"宜闲住"并获得皇帝的认可④。

兵部对锦衣卫武官考选时的主要标准，笔者在史籍中没有找到，但从有关官员的奏疏中可以窥测一二。如嘉靖三十九年的考选，兵部尚书杨博的两份奏疏即分别涉及镇抚司、象房官员的考评和堂上官的自陈。

对于前者，杨博在上疏中云：

> 武选清吏司案呈，照得南北镇抚司并象房千户所官不该自陈，例该本部会同锦衣卫堂上掌印正官，逐一访其平日履历、行检，如果公论不协者，具实论奏。即今正在考选，乞为查处等因。案呈到部。臣等从公会考，得南北镇抚司与同驯象所各掌印、佥书等官，除尚堪供职者不议外，如南镇抚司掌印指挥佥事张铿，年老目昏，殊绝官常之望，纵妻虐子，全失天性之恩。佥书指挥同知戴仁素履之咎，大拂乎舆情，衰迈之年，久妨乎贤路；张濂孝道既亏，官箴亦坏，整日惟知私营，经年不赴公座。指挥佥事刘卿殴詈父妾，具见忘亲之罪，欺凌母弟，

---

① 《明世宗实录》卷三六八，嘉靖二十九年十二月甲戌条，第6586—6587页。
② 《明世宗实录》卷三六八，嘉靖二十九年十二月癸亥条，第6579页。
③ 万历《大明会典》卷一一九《兵部二·考选》，第1715页。
④ 《明世宗实录》卷三六八，嘉靖二十九年十二月戊寅条，第6589页。

弗思鞠子之哀；郑承宗放歌纵饮而威仪已失，挟妓宣淫而廉耻尽丧；张玺昔任东厂，贪暴有声，今在南司，乖戾无状。以上六臣，相应革任闲住带俸者也。但系近侍人员，臣等不敢定拟。

嘉靖三十九年十二月十三日题，奉圣旨：张镗等俱革任闲住。钦此。①

南北镇抚司和象房官员，嘉靖二十九年才纳入考选范围。从杨博单独上疏来看，这两个机构的武官考选是单独一个系列，和其他千户所的千百户分开进行，且兵部只负责提供考评意见，没有决定权，最终结果要由皇帝决定。这六名武官中，戴仁属于年迈，郑承宗和张玺都有严重违法行为，即便不在考选之年，也应受到处分或者替职。其他三人，张镗、张濂、刘卿都有严重违背伦理道德的行为，要么不孝，要么不慈。张镗还和戴仁一样老迈，张濂则存在长期不在岗位工作的"旷工"行为，只有刘卿是纯粹的违背封建道德标准。从兵部对这六个人的评价来推断，军政考选会涵盖以下几个方面：一是年龄是否适合该岗位需要；二是有无违法行为；三要考虑官声如何；四是私德是否符合要求。

对于堂上官的自陈，杨博的上疏涉及右都督黄浦等人。

看得锦衣卫堂上官体貌隆重，必得精敏端方之人，方称任使。臣等虚心评品，不敢不慎。除右都督黄浦历任尚浅，指挥使许场、高鹏奉职无疵，合当议留外，如指挥使张爵、周京行检虽修，年龄已迈，所当令其致仕者也。右都督麦祥誉望不足服人，庸劣每致偾事；指挥佥事郭朝廉性资贪戾，大拂舆情，疾病侵寻，难以自振，所当革任带俸者也。但均系近侍官员，去留出自朝廷。

_____

① （明）杨博：《考选锦衣卫南北镇抚司等官黜退疏》，见氏著《杨襄毅公本兵疏议》卷五，续修四库全书丛书影印本，第234页。

　　　　嘉靖三十九年十二月十四日题，奉圣旨：黄浦、许场、高鹏照旧供职，张爵、周京着致仕，麦祥、郭朝廉革任带俸。钦此。①

　　从评价内容上看，同样涉及年龄、官声和私德，和对镇抚司、象房官员的评价大体一致。估计对其他千百户的考评大体也从这几个方面展开。

　　不过值得注意的是，杨博在上疏中提到的都是金书官，并没有提到当时锦衣卫的两位主官，陆炳和朱希孝。据《实录》记载，嘉靖三十九年十二月，"掌五军都督府事成国公朱希忠，英国公张溶，定国公徐延德，遂安伯陈镴，恭顺侯吴继爵，掌锦衣卫事左都督陆炳、朱希孝各以考选军政自陈乞罢。不允"②。可见，陆、朱二人肯定是递交了自陈状的。陆炳当时是太保兼太子太傅、左都督③；朱希孝是成国公朱希忠的弟弟，嘉靖三十七年九月因"门工完，录内外效劳诸臣……加锦衣卫左都督朱希孝太子太保"④。两人都已经进入公孤之列，品级远在尚书之上，兵部显然不适宜去品评他们的工作业绩。据此推断，锦衣卫堂上官的自陈状虽然也是由兵部提出初步意见，但如果堂上官的品级过高，则会跳过兵部这一环节，直接由皇帝做最后评定。

　　在嘉靖二十九年之后，锦衣卫基本按照兵部的部署参加考选，从笔者目前掌握的资料来看，只有天启五年提出过免考选的请求，但实际掌握大权的太监魏忠贤未予批准，反而斥责兵部不负责任，"五年军政，你部既说祖宗成法，遵行已久，如何又请圣裁？担当何

---

　　① （明）杨博：《覆锦衣卫金书官自陈分别去留疏》，见氏著《杨襄毅公本兵疏议》卷五，第 234—235 页。
　　② 《明世宗实录》卷四九一，嘉靖三十九年十二月辛丑条，第 8168 页。
　　③ 如《明世宗实录》卷四七二，嘉靖三十八年五月己亥条记载："赐太保兼太子少傅、掌锦衣卫事都督陆炳母赠一品夫人范氏祭四坛，工部遣官造坟，不为例。"见第 7937 页。
　　④ 《明世宗实录》卷四六四，嘉靖三十七年九月辛卯条，第 7832 页。

在？还着照旧例行"①。另外，万历三十八年的考选因为皇帝怠政，被长时间留中，到万历三十九年四月，"军政疏停已半年者，废黜者不得离任，应补者不得管事，奸弊丛生"②，在大学士叶向高等人的反复催促下，才在万历四十年恢复举行。在这次考选中，锦衣卫堂上官"左都督王之桢，都督佥事李桢国，南镇抚司指挥佥事田尔耕，指挥同知骆思恭等俱免"③，堂上几乎为之一空。不过这只是万历皇帝一时气愤之举，没过多久骆思恭等人就回到任上。

锦衣卫定期参加军政考选对于士大夫子弟无疑有巨大的帮助。他们大多自幼游走于公卿之家，和士大夫群体有着天然的联系，主持考选的兵部不可避免地会对其有所照顾。如果说嘉靖朝皇帝偏向使用藩邸旧臣，兵部尚难有机会推动本集团成员子弟染指堂上官缺，嘉靖之后则几乎不再有什么障碍。第一个士大夫子弟出身的锦衣卫掌印官是万历初年的刘守有。据秦博考察，刘守有和名臣梅国桢是表兄弟关系，和名士王世贞等也来往频繁，梅国桢和张居正则有私交，因此张居正特地将刘守有推到掌印位置上，以便更好地利用锦衣卫为其整顿朝纲服务④。

自刘守有掌印后，士大夫子弟以之为榜样，纷纷朝掌印位置发起"冲击"，"自是世家子孙，求绾卫篆，如登碧落，兼领铜山，曰讲，曰攘，曰抢，以至明攻暗击，蔑人闺门。以余所见，如许忠节之后名茂橪者，孙忠烈之后名如津者，皆以地位逼近次当掌印，而终不得，愤恨如不欲生，他无赖者又无论矣"⑤。

到明末，"士大夫以得金吾荫为荣"⑥ 已成为普遍现象。士大夫

① 《明熹宗实录》卷六五，天启五年十一月庚午条，第3086—3087页。
② 南炳文、吴彦玲辑校：《辑校万历起居注》，第2802页。
③ （清）谈迁：《国榷》卷八一，万历四十年十一月辛卯条，第5054页。
④ 秦博：《南明永历朝佞幸严云从事迹考——兼论明代"文职荫武"群体的政治庇护》，见中国明史学会、贵州省文史研究馆、安龙县历史文化研究会编《南明史学术研讨会论文集》，云南人民出版社2017年版，第241—242页。
⑤ （明）沈德符：《万历野获编》卷二一《世锦衣掌卫印》，第536页。
⑥ （明）茅元仪：《暇老斋杂记》卷六，续修四库全书影印本，第621页。

群体利用掌握考选、推选等权力的机会，大力提拔本群体子弟，对于非本群体出身的武官则另眼相待。"余见二三缇帅谈金吾近例，以从列校奋者为贱隶，即贵至极品，不许南司理事，况登大堂。又称中贵子北荫者为传升官，视同唐之斜封墨敕，禁不使大用。间有挟首珰势以请者，必百计龉龊之，其人亦不敢争。此又起于今上中年，正与旧制相反，而在事大臣，为子孙计，亦利有此等议，相沿成故事矣"①。由于士大夫群体的一致努力，晚明时甚至已经出现了锦衣掌印官"不在武健，惟忠诚醇谨者独当之"，"惟儒而后能当此任"②的说法。

　　不过，考选以及推选制度本身是一把双刃剑，士大夫群体可以利用它最大限度地推举本集团成员，对立群体同样可以利用它打击锦衣卫内的异己势力。如天启年间，东林党和阉党展开持续的权力斗争，部分倾向于东林党的锦衣武官从不同角度对受到打击的东林人士提供保护或帮助，以魏忠贤为首的阉党于是利用天启五年军政考选的机会，一面表扬本集团的田尔耕能"发奸防弊，具见公忠"，一面将不依附阉党的"王荩民、王永孝革任闲住，张学书着本卫提问究治"③。同年十二月，又利用评定自陈状的机会，指责管卫事都指挥佥事李不矜等人"投身邪党，大坏官评。着削籍为民，追夺诰命"④。次年十月，"锦衣卫拟堂上金书，以都督佥事徐本高、都指挥同知沈光谷请。得旨：徐本高久依门户，沈光谷素有恶名，俱削籍为民，追夺诰命"⑤。十一月，又以"锦衣卫指挥梁维揆为赵南星邪党，削籍为民"⑥。从属于阉党的田尔耕、许显纯等则陆续顶替他们的位置，全面掌控了锦衣卫，使之成为阉党专权乱政的"有力工

---

① （明）沈德符：《万历野获编》卷二一《世锦衣掌卫印》，第536页。
② （明）张鼐：《贺史金吾晋秩序》，见氏著《宝日堂初集》卷九，四库禁毁书丛刊影印本，第228页。
③ 《明熹宗实录》卷六五，天启五年十一月甲戌条，第3099页。
④ 《明熹宗实录》卷六六，天启五年十二月甲申条，第3130页。
⑤ 《明熹宗实录》卷七七，天启六年十月癸卯条，第3702页。
⑥ 《明熹宗实录》卷七八，天启六年十一月庚辰条，第3757页。

具"。

另外，由于政治生态的日益腐败，晚明时的军政考选同样出现了很多腐败现象。如万历十四年十二月，吏科左给事中张养蒙上疏：

> 新升锦衣卫都指挥同知、堂上佥书管事罗秀本太监滕祥家奴，抱琵琶而入侍者也。凭藉主赏，累息钜万，贿官该卫，殊骇听闻。往岁即营求上堂管事，兵部尚书王遴持正不从，中蜚而去。未几，考选军政，啧有烦言。秀贿嘱多门，竟尔漏网。王遴之去，曾几何时，已由镇抚司贿上大堂矣。命下之日，朝臣相与目笑心诽，下至九衢吏胥、三尺竖子，亦喧传为奇事。兵部公然推之，物议纷纷，其故盖难言矣。伏乞皇上洞察贱流贿进之由，亟加褫黜。仍乞谕戒本兵张佳胤忠清报国，勿以篚篚损名。章下所司，部覆，革任回卫。上令致仕。①

如前文所言，斯时和宦官有密切关联的锦衣武官在士大夫眼中纯属"斜封墨敕"，是不能"使大用"的，类似明中叶宦官弟侄成为堂上官的现象是士大夫们不能接受的，但出身宦官家奴的罗秀不仅通过贿赂躲过了考选沙汰，而且还通过贿赂成为了堂上高官。尽管没有证据证明是兵部尚书张佳胤收受了贿赂，但兵部属员的受贿以及兵部主官的失察肯定是存在的。

三　锦衣武官主体"士大夫化"的利与弊

作为由皇帝直接掌控的一支力量，锦衣卫官兵原本不能和朝廷官员有过多私人交往，大量士大夫子弟进入锦衣卫直接破坏了这一基础，使原本可为利器的"体外监察"基本失去了遂行的可能。不过，在晚明政治生态日渐恶化的背景下，锦衣武官主体被士大夫子弟占据，有利也有弊。

---

① 《明神宗实录》卷一八一，万历十四年十二月辛酉条，第3371页。

晚明时，明廷财政紧张，嘉靖朝曾一度进行的开矿在万历二十四年又被恢复。按前朝成例，锦衣卫军官和宦官一道成为采矿的主要负责人。如当年七月，"差承运库太监王虎同户部郎中戴绍科、锦衣卫金书张懋忠于真保蓟永等处开采样沙进览"①。"差镇抚金书杨宗吾往河南开矿"②。张懋忠是户部尚书张学颜之孙，杨宗吾则是杨廷和的曾孙，两人都是名臣后裔。据方兴考察，杨宗吾对采矿持反对态度，重视保护当地民众，张懋忠也曾提出不同意见③。他们的行为对于减少开矿对民间的伤害以及在一定程度上缓和阶级矛盾是有帮助的。

不过张懋忠在另一件事上扮演的却是不甚光彩的角色。据《万历野获编》记载：

> 武职五年军政，一如京官六年大计，其典至钜至严。锦衣一官，尤无再振之理，今上中年犹然。顷岁值军政，友人张念堂（懋忠），有议其人负才艺、交名流，故司马（学颜）孙也，诸公竞出全力救之，归德沈相国贻书本兵李霖寰，至比之黄祖杀祢衡，然不免革任，已无复燃之想矣。今忽南司登大堂晋一品，需次握篆。盖近日新例，文武两寮，虽罹永锢，俱开生路，诸与张同废者俱欣欣弹冠矣。此又迩年朝廷一大变格也。④

文中提到的"本兵李霖寰"指兵部尚书李化龙。李化龙于万历三十六年十一月由戎政尚书，"署掌兵部印务"⑤。次年正月，"仍以少保、兵部尚书，回部管事"⑥。据此可知，这次考选应发生在万历

① 《明神宗实录》卷二九九，万历二十四年七月乙酉条，第5606页。
② 《明神宗实录》卷二九九，万历二十四年七月丙戌条，第5608页。
③ 参见方兴《明万历年间"矿监税使"的阶段性考察》，《江汉论坛》2016年第3期。
④ （明）沈德符：《万历野获编》卷二一《锦衣官考军政》，第537页。
⑤ 《明神宗实录》卷四五二，万历三十六年十一月癸卯条，第8544页。
⑥ 《明神宗实录》卷四五四，万历三十七年正月辛丑条，第8572页。

四十年①。张懋忠之所以获得差评，估计和此前主持开矿有关，因为在万历三十七年正月，四川道御史张尔基曾上疏弹劾他"开矿敛臣，不宜虎踞禁卫。懋忠自以与左都督王之祯有郄为辞，尔基并之祯劾奏之"②。不过这些都不是主要的，更关键的是在其获得差评后竟有大批文官主动救助，甚至连内阁大学士沈鲤也加入到救助队伍当中。

万历朝，士大夫文人相轻、偏爱拉帮结伙的缺点日渐明显。

> 士风之弊，始于万历十五年后。迹其行事，大都意气所激，而未尝有穷凶极恶存乎其间。且不独松江为然，即浙直亦往往有之。如苏州则同心而仇凌尚书，嘉兴同心而讦万通判，长洲则同心而抗江大尹，镇江则同心而辱高同知，松江则同心而留李知府，皆一时蜂起，不约而同，亦人心世道之一变也。③

这里虽然说的都是浙直士人，但放到其他士大夫头上，大体也是成立的。张懋忠是肥乡人，和归德人沈鲤同为河南人，主持考选的兵部尚书李化龙则是河南长垣县人，沈鲤能公开致函李化龙，估计河南籍文官之间也有乡谊之类的联系，尽管较之浙党、宣党、楚党等群体紧密程度要差很多。另外，张懋忠被革职后，于万历四十六年十一月重获重用，辽东经略杨镐推荐他为"金、海之间督运，以资弹压"④。杨镐也是河南人，且和沈鲤一样，同为归德府人氏。杨镐推荐张懋忠，不排除也有乡谊的因素。张懋忠的这次"遭遇"，说明士大夫群体内容易出现派系的缺陷已经渗入禁卫队伍当中。

不仅置身于团伙之中，文官的一些不良习气也感染了部分锦衣武官。如在万历四十年的军政考选中，都指挥使陈居恭被"御史万

---

① 《明神宗实录》卷五〇一，万历四十年十一月辛卯条记载："兵部以考选军政……都指挥使张懋忠纵恣不简，宜革去金书管事，以原官回所支俸。"见第9477页。

② 《明神宗实录》卷四五四，万历三十七年正月丁酉条，第8569页。

③ （明）范濂：《云间据目抄》卷二，《中华野史》丛书"明朝卷三"，第2476页。

④ 《明神宗实录》卷五七六，万历四十六年十一月壬寅条，第10905—10906页。

崇德论刑余冒荫，遂称病径去"①。因某些原因主动挂冠而去是士大夫展示其文人风骨的常用手段之一，陈居恭虽然不是士大夫子弟，但一遭弹劾即称病离职，显然也是受了士大夫习气的影响。文官离职影响有限，毕竟还有副手可以随时递补，强调一元化管理、主官负全责的武官离职则会造成很大的混乱，甚至造成严重恶果。因此，陈居恭私自离职后兵部马上"以擅自离任纠参"，万历帝亦认为"职列禁卫，大干法纪"②，下令将其免职。

类似的还有崇祯朝的南镇抚司金书张道浚。崇祯元年五月，"御史袁弘勋劾大学士刘鸿训入相浃旬，削职、免官、引退无虚日，未必尽由皇上内降。且奉使朝鲜，貂、参满载"，职专禁卫的张道浚居然也在朝堂上仿效文官，站出来附议。为此，工科给事中颜继祖上言"张道浚出位乱政，非重创之未有已也"③，崇祯帝认可颜继祖的意见，惩罚了他。

士大夫子弟占据大量武职岗位带来的利弊在万历朝著名的妖书案中得到全面的体现。万历二十五年末，京师街头出现一本郑贵妃作序的小册子——《闺范图说》，在太子未立之际，郑贵妃此举不免招来非议。次年秋，有人以"朱东吉"的名义，为《闺范图说》作"跋"，名《忧危竑议》，以一问一答的方式，称《闺范图说》是为贵妃夺嫡张目，贵妃作序则是为自己母仪天下做舆论准备。结果舆论哗然，满朝文武纷纷上书要求早定国本，册立皇长子常洛。万历帝顶不住压力，不得不于万历二十九年十月立长子常洛为太子，但福王依旧留在京城未就藩。支持朱常洛的臣子不免担心郑贵妃还有后手。

万历三十一年十一月十二日，一本名为《国本攸关》，副题为"续忧危竑议"的小册子突然大量出现在朝房以及勋戚大臣居所。书中直指万历帝要改立福王为太子，并开列了九个人，称之为附议郑

①　《明神宗实录》卷五〇三，万历四十年十二月辛丑条，第9554—9555页。
②　《明神宗实录》卷五〇三，万历四十年十二月辛丑条，第9554—9555页。
③　《崇祯实录》卷一，崇祯元年五月己巳条，第18—19页。

贵妃的党羽，"文则有王公世扬、孙公玮、李公汶、张公养志，武则有王公之桢、陈公汝忠、王公名世、王公承恩、郑公国贤，而又有郑贵妃主之于内，此之谓十乱，鲁论所谓有妇人焉，九人而已"①。由于是匿名册子，所以被人称为"妖书"。

对于匿名文书，本来可以直接销毁，但东厂太监陈矩考虑不周，"将妖书据实奏闻。前妖书起，虽未严究，神庙已蓄恨在心，兹妖书复出，遂勃然震怒，着东厂多布旗校，用心密访，并着在京各缉事衙门、在外各抚按通行严捕，务在必获"②。

由于在此前的争"国本"以及推举阁部大臣、对内外官员的考察过程中产生了诸多的争议和矛盾，士大夫群体以地域为畛域、以师友为纽带、以小团体利益及脾味相投为归依，逐渐形成了不同的派系。妖书案的爆发，给各派系提供了一个施展"才华"的舞台，由此形成了著名的"妖书案"，与士大夫联系越来越紧密的锦衣卫也因此被卷入其中。

由于在书中被点名指斥为"十乱"，锦衣卫掌卫事左都督王之桢，千户王名世、王承恩以及尚书李汶之子、锦衣卫都指挥佥事李桢国纷纷上疏自辩，李祯国还提出辞职。"提督东厂司礼监太监陈矩以'朝夕左右，帝前之主'一语，亦上疏自辩，求闲住"，神宗均予以拒绝，并下令"大破常格叙赏"③。

同样在书中被点名的大学士沈一贯和朱赓的反应则相反。朱赓一味避嫌家居不出，首辅沈一贯则在避嫌家居的同时开始密谋化被动为主动，指使党羽把与自己有矛盾且与东林有瓜葛的礼部右侍郎郭正域和另一名内阁大学士沈鲤拉进案中。御史康丕扬"管中兵马司，一副指挥刘文藻者，湖广承天所属人，即正域同乡，奉一贯、丕扬颐指，即物色毛尚文为正域书办、沈令誉为正域往来医官，围

---

① （明）刘若愚：《酌中志》卷二，中国野史集成丛书影印本，第 156 页。
② （明）文秉：《先拨志始》，《中华野史》丛书"明朝卷四"，第 3997 页。
③ 《明神宗实录》卷三九〇，万历三十一年十一月庚午条，第 7350—7351 页。

屋搜寻，意在妖书"①。

　　不久，沈一贯的党羽、刑科给事中钱梦皋又上疏，有意识地诱引王之桢等人。"言王之桢辩疏内言'此委曲，惟臣卫奸人知之'。李桢国辩疏则云'奸贼嗔臣异己'，臣再四详看，皆有所指，似明知其人者。至王承恩、王名世辩疏俱奉旨，'本内既称有奸恶，着指名奏来'。四臣奏词同而奉旨未一，况王之桢见管卫事，尤不可含糊隐忍。上是之，于是王名世首指周嘉庆。已而王之桢、李桢国、王承恩相继攻之，四人所指称皆同。嘉庆亦具疏自辩。上令府部九卿科道等官会同东厂从公勘议。"②

　　对于王之桢等攀引周嘉庆的原因，戎政尚书王世扬称"大金吾王之桢与北镇抚司掌刑周嘉庆有隙，欲乘机害之，遂擒嘉庆家人袁鲲单词锻炼，满堂人皆可信为实也"③，但未说明原因。沈德符的解释则更具体。

　　　　周掌镇抚时，已官都督佥事，上大堂佥书管事矣。又数年为癸卯，周以次当柄用，时掌卫者为蒲州王之桢，正用事，知周欲得其位，切齿恨之，适妖书事起，王遂指书出于周手，逮其父子妻女一家，备用全刑，周濒死数度，终不肯承。赖上圣明，止勿再拷，仅夺官归。④

　　为干掉周嘉庆，王之桢"以周嘉庆书办袁鲲与皦生光素常往来，因捕治之，遂言细审袁鲲，知嘉庆果为主谋，乞敕东厂亲鞫"⑤。同

---

　　① （明）佚名：《万历三十一年癸卯楚事妖书始末·原任四川道御史乔应甲奏为备陈楚宗受戮受两群小杀人媚人恳乞圣明早为昭雪以弭灾变以息烦嚣以慰列圣在天之灵事》，北京图书馆古籍珍本丛刊影印本，书目文献出版社1998年版，第392页。

　　② 《明神宗实录》卷三九〇，万历三十一年十一月癸酉条，第7356—7357页。

　　③ （明）刘若愚：《酌中志》卷二，中国野史集成丛书影印本，第158—159页。

　　④ （明）沈德符：《万历野获编》卷二一《镇抚司刑具》，第538—539页。

　　⑤ 《明神宗实录》卷三九一，万历三十一年十二月己亥条，第7383页。

时，毛尚文"供称探听妖书单词，锻炼几成狱矣"①。但东厂太监陈矩对袁鲲等人的供述并不认同，致使沈一贯借机打击郭正域以及周嘉庆的舅父、吏部尚书李戴的计划未能达到目的。

王之桢等人虽然欲搬倒周嘉庆，但"止知与嘉庆有仇恨，不即置嘉庆于死，岂知一贯弄嘉庆为李戴，以戴与嘉庆为姑表至亲，易动皇上疑也。又宁知害李戴为沈鲤，以鲤与戴俱河南人，相厚，易取皇上信也"②。由于表面目的一致，王之桢对周嘉庆一案非常关注。当东厂对供词提出质疑时，"之桢疏奏，要著到厂听记。先监曰：本监例有听记，密以上奏。今卫里欲增添听记，将奏谁耶？奏旨：不允"③。"听记"是皇帝利用东厂监视群臣的一种手段，"凡中府等处会审大狱，北镇抚司拷讯重犯，本厂皆有人听记，其口词一本，拶打数一本，于当晚或次早奏进"④。现在王之桢要求到东厂听记，虽然未获批准，但客观上有增加锦衣卫权力，与东厂分庭抗礼的趋势。

按照刘若愚的记载，在听记要求被驳回后，王之桢彻底和沈一贯等站到了一个阵营。

> 之桢又密恳四明沈相公，差家人李管家密见先监，说某是正犯，其仆可证。又欲波及归德、江夏诸君。先监曰：多拜上，尔老爷我内相是一辈的人，独不记荷花儿之狱，倘久后另有正犯，恐大家子孙种祸不浅。尔老爷如要坚执如此结局，可具揭奏知万岁爷，我好遵旨行事，本厂才不落不是，一切关系劳尔老爷担担罢。李语乃塞，之桢心方已。盖之桢欲借皦生光，牵扯多人主使，为一网打尽之计也。⑤

---

① （明）文秉：《先拨志始》，第3997—3998页。
② （明）佚名：《万历三十一年癸卯楚事妖书始末·原任四川道御史乔应甲奏为备陈楚宗受戮受两群小杀人媚人恳乞圣明早为昭雪以弭灾变以息烦嚣以慰列圣在天之灵事》，第393页。
③ （明）刘若愚：《酌中志》卷二，第158页。
④ （明）刘若愚：《酌中志》卷一六《内府衙门职掌》，第220页。
⑤ （明）刘若愚：《酌中志》卷二，第158—159页。

《先拨志始》等史籍亦记载沈一贯、王之桢等人的图谋，"因东厂陈矩坚拒不从，乃得中止"①。可见，原本士大夫不屑为伍的东厂宦官在避免妖书案过多牵扯朝中大臣，保护被污蔑者方面反而发挥了关键作用。

此后不久，"锦衣直房一日忽得匿名帖云：'妖书已有人，协理掾张魁受银三百两，求他主的文告人郑福成。'厂卫诸人见之，咸惭且怒。后不数日，遂缉获皦生光"②。虽然皦生光在酷刑之下始终不肯承认自己是妖书的作者，但各方经反复较量，权衡利弊之后达成一致，胁迫皦生光认罪，最后以其被凌迟处死结案。

妖书案是明末党争的重要表现平台，是晚明政治生态极端恶化的反映，就其中与锦衣卫有关的部分而言，我们可以归纳出以下几点：

首先，前面的章节曾提到从明中叶开始，东厂走到前台，且地位日渐上升，锦衣卫的侦缉职能逐渐滑落到东厂辅助者的地位，以至于不得不改变了侦缉对象，把重点转到京城治安管理上。随着士大夫子弟的大量涌入，这一态势有所扭转。万历初，去世后的张居正遭到清算，被其提拔上来的刘守有"方惴惴虑株连波及"，"不能出一语"③，"每谒首珰必叩头，归邸面如死灰，盖刘儒家子弟，尚不甘侪奴隶也"④。到万历中叶，锦衣卫的地位则有明显提升，"缇帅体甚隆，与东厂并重，朝廷有大狱，则不复专任北司，惟锦衣帅与厂珰并谳。如今上元年大臣事，则朱希孝与冯保鞫之。癸卯皦生光事，则王之桢与陈矩鞫之。且冯、陈俱司礼印公，而并列共事，无低昂也"⑤。

在妖书案中，撇开立场不谈，单从形式上看，锦衣卫已经拥有

---

① （明）文秉：《先拨志始》，第3997—3998页。沈德符在《万历野获编》卷六《东厂》中亦称"皦生光事起，时次相沈归德几不免，亦赖矩力，抗诸异说而得解"。见第154页。

② （明）文秉：《先拨志始》，第3998页。

③ （明）沈德符：《万历野获编》卷一八《刘东山》，第464页。

④ （明）沈德符：《万历野获编》卷二一《锦衣帅见首珰礼》，第537页。

⑤ （明）沈德符：《万历野获编》卷二一《锦衣帅见首珰礼》，第537页。

独立的话语权，且曾尝试对东厂听记，客观上发挥了对东厂的制衡作用，厂与卫之间开始有互相监督的迹象。这是好的一方面。

其次，文官集团的种种缺陷随着士大夫子弟的涌入而进入了锦衣卫，前文中提到的陈居恭擅自挂冠而去是一例，妖书案中王之桢等人对同僚周嘉庆的残酷迫害更是文官集团偏爱拉帮结派，"善于内讧"作风的直接展示。

最后，由于士大夫子弟占据锦衣卫主要领导岗位，致使锦衣卫的独立性受到严峻挑战，王之桢等人与阁臣沈一贯的密切配合，几乎使锦衣卫彻底沦为外廷斗争的工具。面对威权下移，万历帝似乎毫无办法，只能靠东厂陈矩等人的个人努力来制止局势恶化。一旦东厂与锦衣卫的关系发生变化，势必造成严重恶果。天启朝阉党对东林党的残酷打击，在很大程度上就是皇帝放弃对厂卫的掌控，威权下移的结果。

其实，锦衣卫和阁臣之间的"合作"在明中叶即已出现。如弘治初年，"李文祥、吉人、汤鼐、邹智犹以言事被谴，以刘吉尚当路也。时锦衣卫承吉风旨，诬邹智与汤鼐等往来，诽谤朝政，欲处以死，无足恓者"[1]。随着越来越多的士大夫子弟进入锦衣卫，阁臣与锦衣卫的关系越发紧密，发展到嘉靖朝，甚至公开和阁臣联姻。大学士徐阶在位时，"已与陆武惠、刘太保二缇帅缔儿女姻，一在荆之景陵，一在黄之麻城"[2]。锦衣卫与阁臣连为一体，对士大夫是个福音，因为当他们与皇帝或其代理人发生激烈冲突时，掌握诏狱和廷杖的锦衣卫可以适当予以保护。如嘉靖朝之陆炳，"世宗时有严谴下诏狱者，每为调护得全，缙绅德之"。万历初，"江陵在事，以同乡麻城刘太傅（守有）领锦衣，寄以心膂。适台臣傅应桢、刘台等以劾江陵逮问，赖刘调护得全。夺情事起，五君子先后抗疏，拜杖阙下，亦赖其加意省视，且预戒行杖者，得不死垂楚"[3]。不过，如果

---

① （明）张元谕：《篷底浮谈》卷九《谈史》，续修四库全书丛书影印本，第49页。

② （明）沈德符：《万历野获编》卷五《世官》，第144页。

③ （明）沈德符：《万历野获编》卷二一《陆刘二缇帅》，第534—535页。

阁臣之间发生冲突，锦衣卫必须做出抉择，否则必然发生内部分裂，妖书案中王之桢等人的行为即是明证。

发展到明末，阁臣与锦衣武官几乎已经是焦不离孟的关系。如徐阶的孙子徐本高万历三十八年袭职为锦衣千户，次年即与有储相之称的庶吉士钱龙锡联姻。崇祯时，钱龙锡入阁，徐本高则已是管卫事左都督。虽然徐本高强调当初联姻时两人都是"卑冷之秩，原无扳附党援之图"，"臣与龙锡虽属姻家，而素安愚拙。自其入相，未尝造次请见"①，但事实上的联系难免让人猜疑。又如骆安的后人骆养性，"（首辅）周辅延儒特用也"②。

天启时，阉党大肆打击东林党，与东林有些瓜葛的锦衣武官则尽可能地予以保护，为此有多人被阉党利用推选、考选的机会罢免。如天启四年，"锦衣卫指挥同知、署北镇抚司刘侨以宽汪文言，削籍。许显纯代之"③。天启六年十月，都督佥事徐本高、都指挥同知沈光峪先后被安上"久依门户"，"素有恶名"的罪名，"削籍为民，追夺诰命"④，等等。但在崇祯朝，有些蜕变的东林党人为了权力竟然和昔日的仇敌东厂扯上了关系。首辅薛国观"夙与东林为难"，投入东林的吴昌时"自为大行，即树东林帜……月前，昌时忽语人曰：'国观辈必败，吾已于厂遍处张四面网矣。'国观等知之，然无如之何，不数月果败。予曾询钱主政位坤，云有之。但视吏部升一美官，昌时必以小纸报东厂，云国观得银若干，厂皆以闻，他日赐死追赃本此"⑤。不仅如此，吴昌时还曾对锦衣掌印骆养性下手。"吴铨曹昌时与吴金吾孟明密，及骆金吾养性以楚人继，尽革孟明诸厂役与昌时相通者，昌时怒，欲除养性，以己心腹代。适朱侍御国昌疏纠养性，养性所费几及十万方解。"⑥为了打击对手，不惜与昔日仇敌

① （清）汪楫：《崇祯长编》卷三七，崇祯三年八月乙卯条，第2250页。
② （明）李清：《三垣笔记·中·崇祯》，第55页。
③ （梁本）《明熹宗实录》卷四二，天启四年五月甲寅条，第2357页。
④ 《明熹宗实录》卷七七，天启六年十月癸卯条，第3702页。
⑤ （明）李清：《三垣笔记·上·崇祯》，第34—35页。
⑥ （明）李清：《三垣笔记·中·崇祯》，第69页。

联合，完全以利益为出发点，以清流自诩的东林党人尚且如此，由士大夫子弟为主组成的锦衣武官群体出现内讧也是很自然的事。

结　语

自正统年间开始，不断有皇亲、宦官弟侄乃至匠艺出众者成为锦衣卫武职，且其中陆续有获得实际主事权甚至掌印者，对原本就处在被缉查地位的文官群体施加了新的压力。为避免成为砧板鱼肉，士大夫群体逐渐改变态度，从零星接受武荫、陈乞武职，发展到正德朝现象级的规模接受武职恩荫。

嘉靖帝入主后大肆提拔藩邸旧人进入锦衣卫，为安抚前朝遗留下来的臣僚，嘉靖帝在大力裁减前朝锦衣冗员的同时，扩大了锦衣武荫的使用范围，虽然杨廷和等人因为多重考虑不敢接受武荫，但大部分时段内的士大夫对锦衣武荫还是乐于接受的。加之军政考选在锦衣卫得到比较彻底的落实，文官群体利用掌握考选的机会，得以大力提拔本集团子弟占据各级领导岗位。另外，锦衣军职的选拔方式在明中叶也发生了改变，"凡锦衣卫五所当驾千百户、所镇抚，洪武以来旧额本卫堂上官就于各所原系锦衣卫官子孙承袭，平日行止端方，人物爽利，备知事体，带俸官内推选具奏，行部铨补"①。士大夫获得的武荫大多有世袭的资格，这更有利于士大夫群体长期掌握锦衣卫，但因为嘉靖朝的锦衣堂上官位大多被藩邸旧臣占据，士大夫子弟难以获得实质大权，因而不免产生酸葡萄心理，视锦衣武职为粗官，故作清高。

嘉靖之后，皇权进入稳定交接阶段，新皇帝虽然会提拔潜邸旧臣，但因数量有限，对士大夫子弟难以形成规模冲击。为便于施政，内阁阁臣也开始有意识地提拔自己人成为锦衣掌印官，试图通过掌控这一强力机构来为自己服务，刘守有因此成为第一个幸运儿。随着刘守有成为锦衣主官，士大夫群体看到了希望，纷纷各施手段，

① 万历《大明会典》卷一一九《兵部二·推举》，第 1718 页。

对堂上高位发起冲击，甚至因此酿成一系列的内部冲突，对锦衣军职的藐视言论也彻底消失于明末史籍，锦衣军职的地位也由此大大提升。"镇抚司有南北二司。南司管本卫官役俸粮，掌司者必堂上佥书，其列衔者大率多文荫。文荫者，大臣有军功，荫一子千百户秩，最清高，亦称南堂，与掌卫官平处"，"北镇抚司亦有起自文荫世职者，然多由厂卫掌刑升转，见掌卫行半属礼"①。为了维护自己的位置，部分军官甚至弃传统伦理道德于不顾，如陈用宾之子陈斗昭"以父军功荫锦衣世千户，为北镇抚理刑。其父逮入诏狱，尚呵殿出入，视事如故，人咸以为骇"②。

随着士大夫群体占据大部分锦衣武职岗位，锦衣卫这一强力机构也由此从"体外"回到了"体内"。为巩固这一成果，明末甚至出现了"此带刀宿卫之选，宜稍郑重之，非世荫勋戚，不得推堂上官。其出身旗尉者，虽有年劳，止许带俸"③的主张。

士大夫群体掌控锦衣卫有利亦有弊。一方面，部分激怒皇帝或在政治争斗中失败的士大夫可以在诏狱或廷杖行刑过程中或多或少得到一定的庇佑，一方面不可避免地要在政治争斗中做出抉择。一旦朝堂派系斗争处于势均力敌状态，源出于不同派系的锦衣武职必然发生分裂，进而对政敌展开残酷打击。锦衣卫作为禁卫机构，令行禁止，绝对服从主官调遣是保持战斗力的大前提，锦衣武职的分裂直接破坏了这一前提，对锦衣卫是致命的打击。"初冯珰谋陷高相，明以危语协内外，而言官无应之者，且缇帅为挽回甚苦。至沈四明不悦归德，初未形辞色，而台琐揣摩意旨，坐以妖书，且缇帅又借以倾所憎。夫四明之权，非张、冯比也，而悬绝如此，世道日下矣。"④

沈德符哀叹的世道日下其实在其称道的万历初已经存在。布衣

---

① （清）陈僖：《客窗偶谈·锦衣卫·衙门》，第 570 页。
② （明）沈德符：《万历野获编》卷二七《武定四叛》，第 753 页。
③ （明）杨士聪：《玉堂荟记》卷上，《中华野史》丛书"明朝卷四"，第 4087 页。
④ （明）沈德符：《万历野获编》卷六《东厂》，第 154 页。

名士宋懋澄的父亲与张居正相识。张居正当权时，"选人多贷于京，以夤缘诸司。江陵恶其乱法，分布校尉，逻贷金者。同乡进士被逻，将逮东厂。先君以文交金吾诸贵人，居间得脱。人或以默讽，先君曰：'君亦见夫龟乎？夫龟吞声委婉，饮食于气，有触掷嗅之者，则敛支缩首尾以听，自以为能全生矣。苟逢餧虎之齿，则甲肉俱镕，向之懦退，将焉用之？人命有定，非慎默可逃。'"①。贷款行贿明明是犯罪行为，宋父利用私人关系将其救出本身也是藐视王法的行为，居然还头头是道，讲出一番自以为是的大道理，说明在当时的士人眼中，维护自己和亲朋的利益才是首选，根本没有原则可言。

　　锦衣卫从诞生之日开始，就是皇帝最信任的侍卫亲军，现在脱离皇帝掌控，势必削弱皇帝对朝堂的控制。加之从万历帝开始，明末的几个皇帝都没有什么政治才华，对锦衣大权旁落的危害缺乏准确认识，没有做出相应的调整，致使在帝国大厦将倾之际，这一亲军队伍不但没有起到力挽狂澜的作用，反而因为和士大夫群体合流，主动卷入了各种争斗，成为帝国掘墓人的一部分。这一结果想必是大明君臣都没有想到的。沈德符称"锦衣固蛇虺之窟。祖制不欲清流握柄，意深远矣"②，或许是提前预见到了这一恶果吧！

　　①　（明）宋懋澄：《先府君本传》，见氏著《九籥集》卷六，中国社会科学出版社 1984 年版，第 141 页。
　　②　（明）沈德符：《万历野获编》卷二一《世锦衣掌卫印》，第 536 页。

第 七 章

明清易代之际的锦衣卫

作为大明帝国国家机器最核心的部件之一，锦衣卫本应在帝国存亡之际发挥柱石作用，但因为不同层面的社会变化不断地冲击，锦衣卫的职能乃至组成人员都发生了重大的变化，与皇室形如一体的紧密联系不断松懈，甚至在局部走向反面，因而未能在明清易代之际勇敢地冲上潮头，反而"选择"了随波逐流。随着李自成起义军攻入北京和清军南下，明廷的有效统治范围迅速萎缩。尽管如此，锦衣卫仍以不同的变异形态存在于南明各政权当中，甚至在清廷也曾短暂地存在了一段时间。本章重点对锦衣卫在最后时刻的"表演"做一分析。

第一节　晚明政治生态的恶性延续：
弘光朝的锦衣卫

明朝实行两京制度，严格来说，在北京沦陷的情况下，建立于南京的弘光政权是明朝中央政府的合法继承者，是明政权的一个组成部分，并不适合归入南明时段。不过，弘光时期的很多措置对后来的南明隆武、永历等政权有着直接的影响，因而本章将弘光朝的锦衣卫与南明隆武、弘光政权中的锦衣卫放在一起来讨论。

一　重建锦衣卫

崇祯十七年五月初三，福王朱由崧宣布监国于南京。数日后，兵部郎中万元吉提出保留南京名号、设置京营等建议，同时建议"大汉止用军校三百名，锦衣卫校止用军校五百名。其锦衣卫堂上止用一员，加提督官旗办事衔。南、北镇抚官不必用，既昭缓刑，且杜告密"①。这一建议得到时任兵部尚书的史可法的认可，并代为奏请。福王随即表示采纳。

福王监国只是称帝前的一个过渡，锦衣卫作为皇帝亲军的核心组成部分，负有仪仗、保卫等多重职责，且在登基典礼过程中不可或缺，因而设置锦衣卫是福王称帝前的必要准备工作之一。但兵部认可的万元吉的建议似乎并不这么简单。

明朝的锦衣卫初创于南京。朱棣迁都北京后，南京锦衣卫一分为二，一部分随之北上，一部分留在南京。前者后来发展成为一个权力广泛的强力机构，后者则逐渐向普通军卫靠拢，但二者之间始终存在人员交流、业务合作等多方面的联系。北京沦陷后，北锦衣卫随之瓦解，但南京锦衣卫并未受到冲击。按理，如果单纯为福王登基做准备，只需把南京锦衣卫进行重新编组、装备、训练即可，无须做大规模的调整，而万元吉的建议则把锦衣卫的规模限制在八百人，且明确提出不设镇抚官，显然有更深层的目的。

按照明朝的卫所制度，每个卫所下面都设有专门的镇抚司，主要承担与本卫所人员有关的司法事务，锦衣卫自然也不例外。自锦衣卫设置直属于皇帝的北镇抚司之后，其原有的镇抚司改称南镇抚司。北镇抚司与臭名昭著的诏狱直接关联。明末，特别是天启年间，锦衣卫被阉党控制，和东厂一道成为迫害以东林党人为主的忠直之士的暴力工具，在士大夫心目中留下了极为可怕的阴影。万元吉提请不设镇抚官，且明言"昭缓刑"、"杜告密"，目的显然是要借着

---

① （明）李清：《南渡录》卷一，浙江古籍出版社1988年版，第9—10页。

国事混乱、皇位更迭的机会，彻底废掉这道时刻威胁着士大夫群体的紧箍咒。只是同时废置南镇抚司，未免给人留下违反祖制的口实。

万元吉所说的"大汉"指锦衣卫中的直殿军士，本来称作"天武将军"，因为向来是"选躯体丰伟有勇力者为之"①，所以后人依元代旧俗，称之为"大汉将军"，年深日久，后者反而取代前者成为官方认可的称谓。大汉将军因为"专选人才长大者"②，身材普遍偏低的南方人入选的不多，南京锦衣卫中可供选择的军士估计也不会很多。加之大汉将军只"充朝仪"③，在国势倾颓、财政紧张的情况下，把数量限制在300名倒也说得过去。

在兵部提请福王审议的同日，吏部尚书张慎言提出的"中兴十议"获得批准。在其第三条建议中，张慎言提出把南迁的皇室暂时安置到东南省份，"府第、护卫、官署，暂从节省"④。此时的福王理论上还是藩王，既然决定让其他藩王暂时降低待遇，本人自应以身作则，所以万元吉削减锦衣卫员额的提议很快获得批准。

四天后，福王正式继位称帝。称帝之后，朱由崧循例封赏翊戴功臣，"予司礼监太监韩赞周、卢九德各弟侄一人锦衣卫指挥佥事，银币有差"⑤，江北诸将黄得功、左良玉、刘泽清等各恩荫"一子锦衣卫正千户、世袭"⑥，大学士马士英也获恩荫一子为锦衣卫佥事⑦。次月，又"予王铎弟镛、子无党世袭锦衣指挥使"，"俱崼从有功者也"⑧。

不久，弘光帝又大肆封赏福王府旧臣。六月，"授福府书堂官陶瀚等六人各锦衣卫指挥佥事，子孙世袭本卫千户"⑨，七月，"荫从

---

① 《明太祖实录》卷八二，洪武六年五月乙丑条，第1479页。
② （明）田艺蘅：《留青日札》卷一五《大汉》，第281页。
③ （明）陆容：《菽园杂记》卷四，第44页。
④ （明）李清：《南渡录》卷一，第8页。
⑤ （明）李清：《南渡录》卷一，第21页。
⑥ （清）顾炎武：《圣安纪事·上》，上海古籍出版社2012年版，第33页。
⑦ （明）李清：《南渡录》卷一，第14页。
⑧ （清）计六奇：《明季南略》卷二《封常应俊》，第67—68页。
⑨ （明）李清：《南渡录》卷一，第30页。

龙内臣屈尚忠、田成、张执中等各弟侄都督同知，世袭锦衣卫指挥使"①。

受到封赏的还有南逃期间帮助过福王的臣民，如在大雪中背负他逃亡数十里的皮匠常应俊，开始时被封为左都督，锦衣世袭，六月廿二日又晋封襄卫伯②；八月，"授杜光祖等锦衣卫千户，寻加指挥佥事，子孙世袭千户。授千户者凡三人，皆上寓淮时居停主也"③。

弘光帝恩荫大量藩邸旧臣、拥戴自己登基的宦官及高官子弟为世袭锦衣卫军官，虽有滥授的嫌疑，但因为是嘉靖以来的惯例，所以并未招致群臣的反对。至于常应俊等人，因有护驾之功，虽然恩赏过高，招致一些非议，"人以为溢望"④，亦未伤及大雅。

不过，令以东林、复社成员为主体的弘光朝忠直大臣没有料到的是，刚刚被废止不久的锦衣卫司法、缉事权却被陆续南逃而至的宦官们破坏了，而且成为阉党们把持朝政的突破口。

二　三大弊政之争

清军进入北京后，军事重点在追击西撤的大顺军，暂时没有南下。从北京宫中逃出来的宦官们纷纷借机南下，涌进南京。南京没有藩王，江西等邻近地区的藩王府中虽有宦官，但数量有限，且对宫廷事务缺乏了解，因而在福王登基过程中只能依靠南逃而来的宦官。这些宦官对于迅速落实内廷各项事务有很大帮助，但也把很多坏毛病带到了南京，其中之一就是贪财恋权。"弘光登极，从龙诸珰势渐张，又时若窘急，日思出为渔猎计"⑤，"韩赞周以守备首翌戴掌司礼，而从龙则有屈尚忠、田承，来自流离，甚贫，故好贿，且

---

① （明）李清：《南渡录》卷二，第65页。
② （明）李清：《南渡录》卷一，第49页。
③ （明）李清：《南渡录》卷二，第94页。
④ （明）李清：《南渡录》卷一，第49页。
⑤ （明）陈贞慧：《过江七事·禁缉事》，《中国历史研究资料丛书》，上海书店1982年铅印本，第200页。

多妄动。而自北来者亦皆窘甚，竞乞差讨缺，非营催钱粮，则开缺厂"①。不久，宦官群体开始谋求恢复权力广泛的东厂。

此时的内阁由高弘图、姜曰广等人主持，他们和史可法等人政治立场接近，在不久前刚刚获准不再设置锦衣卫南北镇抚司的情况下，说服他们同意恢复以侦缉为基本职责的东厂，无异于与虎谋皮。于是，宦官们把目标瞄向了和马士英等人立场接近的东阁大学士王铎。王铎碍于舆论压力，不敢站出来公开表态，于是把包袱甩给了姜曰广。就在姜曰广等人头疼的时候，右佥都御史祁彪佳于五月份上了一道奏疏，指陈缉事、诏狱、廷杖为三大弊政，力请禁革。祁彪佳的奏疏影响颇大，为便于表述，先照录于下。

> 向来缙绅愁惨，小民毒痛，道路侧目，群情解体者，其弊政有三：曰诏狱，曰缉事，曰廷杖。臣请备言之。
> 先是，洪武初年，官民有犯，或全收系。锦衣卫用事者，因以非法凌虐。高皇帝乃于十三年焚其刑具，以系囚送刑部审理，是祖训原无诏狱也。后乃以锻炼为功、以罗织为事，虽曰朝廷之爪牙，实为权奸之鹰狗。口词从逼勒而来，罪案听指授而定。即举朝莫不知其枉，而法司无敢雪其冤……此诏狱之大弊也。
> 洪武十年，改仪銮司为锦衣卫，专值法驾、侍卫等事，未常闻其缉事也。迨后东厂设立，始有告密之端。用银而打事件，得贿而鬻刑章。无籍者多倚籍以投充，有罪者反交通以幸免。飞诬多及善良，赤棍立致巨万。招承多出于吊拷，怨愤充塞于京畿。欲绝苞苴，而苞苴托之愈盛。欲清奸宄，而奸宄因之益多。此缉事之大弊也。
> 若夫刑不加于士夫，原祖宗忠厚立国之本。及乎逆瑾用事，始有去衣廷杖者。刑章不归于司政，扑责多及于直臣。本无可

---

① （明）李清：《三垣笔记·下·弘光》，第116页。

杀之罪，乃加必死之刑。当其血溅玉阶、肉飞金陛，班行削色，气短神摇，即恤录随颁，已魂惊骨削矣。见朝廷徒受慆谏之名，天下反归忠直之誉，此廷杖之大弊也。①

实际上，廷杖是明朝直接沿用的金、元旧制，诏狱虽然在《祖训》中没有明确记录，但锦衣卫参与审案及监察百官，则是从洪武朝就开始的。祁彪佳故意将其出现的时间延后，显然是为了规避"祖制不可变"的"天条"。从其强调"东厂设立，始有告密之端"来看，其上疏的目的在于阻止恢复东厂。至于强调滥用廷杖始于乱政弄权的刘瑾，目的也在于宣扬宦官掌权的危害，未必真是为了废除廷杖之刑。

祁彪佳上疏不久，户科给事中吴适亦上疏指出"先帝十七年忧勤，曾无失德，止有厂卫一节，未免府怨臣民"②，反对恢复东厂。

祁彪佳等人的奏疏虽然有故意"歪曲"前朝史实的嫌疑，但却给了姜曰广等人一个台阶。按规定，臣僚奏疏上呈后，需要先交内阁票拟。姜曰广于是在祁彪佳的奏疏后条旨：

所奏三大弊政，虽系旧制，实为府奸。生事害人，屡见事前。失祖宗忠厚立国之意，结臣民怨恨解体之端。朕痛心之日久矣！览奏，洞悉情隐，犁然当心。有裨新政，其如议行，且著为令！并播告天下，示朕更始之意，今后敢有奏请者，以违制论。科道官立行纠参，阁臣拟谕，朕将览焉。③

姜曰广的票拟完全附和祁彪佳，不仅支持废除三大弊政，而且

---

① （明）祁彪佳：《三大弊政疏》，见冯梦龙《甲申纪事》卷九，《冯梦龙全集》第17册，江苏古籍出版社1993年版，第164—165页。疏中对锦衣卫的设置时间、焚毁锦衣刑具的时间等有诸多错误，但与其主旨无关，可撇开不论。

② （清）杨陆荣：《三藩纪事本末》卷一《三藩僭号》，《南明史料集》丛书，贵州人民出版社2011年整理本，第813页。

③ （明）陈贞慧：《过江七事·禁缉事》，第200页。

试图"著为令",一劳永逸地废掉文官群体头上的这道紧箍咒,这和宦官们的立场完全相反,自然不会得到他们的支持。姜曰广的票拟上呈后,随即被驳回,要求重新拟。姜曰广拒绝修改,在宦官们的反复催促下,才重新拟定批复意见:

> 国家新造,人情未附。朕多难孤立,时凛渊冰。若寡恩多事,府怨臣民,朕虽凉德,不至于此!所奏三弊政,洞悉至隐,深当朕心。但先朝署建缉事,原为判送营干,关系匪轻。奸恶不剪,良善不安,如有前情,着五城御史不时纠察以闻。其知情容隐,及不留心体访者,俱以溺职论。①

与上次的票拟相比,这一次姜曰广虽然强调缉事有必要继续存在,但只是交付五城兵马司、巡城御史,仍然没有在恢复东厂和锦衣卫缉事问题上让步。

姜曰广的票拟拟定不久,发生了大宦官孙承绣弃职逃跑,却未受任何处分的事件,这和姜曰广此前提出的对他的处理意见完全相左,于是姜曰广在上呈票拟的同时,上了一道奏疏,指出朝廷法度"君与天下共守之,不宜有偏私。若夫君有短垣,而君自逾之,其又何诛",反对放过孙承绣,同时捎带论及东厂缉事:

> 又先朝缉事之设,贻毒最深。汪直、刘瑾乘之窃弄,既凶于国,亦及其身。先帝初年,误听尝试。究使利归群小,怨结朝廷。末造虽除,已成噬脐之悔。矧今何日,而有此声?将使釜鱼风鹤之民,转益惊怖,不至鸟兽散不止。若然,宗社不可知,何厂卫也?诚宜以此时昭示,遏绝其原,不意重烦乾断,臣不敢奉诏不谨,亦不取顿负初心。伏乞陛下自为宗社计,少

① (明)陈贞慧:《过江七事·禁缉事》,第200—201页。

凝睿听，断于持法，毋使奸人得窥浅深。①

因有孙承绣一事在前，弘光帝自觉理亏，为避免姜曰广在孙承绣一事上纠缠不休，只好表示认可姜曰广的意见，搁置恢复缉事一事。

不甘心失败的宦官们决定故意激起皇帝发怒，"于是令群小珰，故以坐厂分司者书之幛扇矣。出入扬扬，意得甚也"。弘光帝压力陡增，于是再次询问内阁，姜曰广于是草拟了一份上谕，称"禁缉事，断自朕衷"，"君臣之道，期无相负"，同时上疏，请求皇帝采用这道谕旨。姜曰广的奏疏循例发内阁票拟，另一位大学士高弘图于是条旨："缉事允属弊政。览卿奏，洵救时针砭，着申饬行。谕即宣部院。"②

如果采纳姜、高二人的意见，丝毫无助于弘光帝减轻压力，高弘图的票拟因此被驳回。高弘图拒绝修改，弘光帝果然如宦官们预想的那样大发雷霆，指责姜、高等人"党同把持，视圣旨为故纸"，耿直的高弘图当庭反驳，坚持"缉事乱政，必不可行"③，并以辞职相抗。弘光帝这才让步，不再坚持恢复缉事。

虽然姜曰广等暂时取得了胜利，但君臣间的裂痕因此迅速扩大，"识者已知厂卫必复矣"④，高弘图等也慨叹"数月君臣鱼水之欢，是日已尽失"⑤。宦官群体在明后期势力庞大，弘光朝作为崇祯朝的延续，很难做到和前朝彻底切割。姜曰广等人追求一劳永逸，幻想从此"更始"，只会加剧统治群体内部的争斗，把宦官群体彻底推到马士英等阉党余孽一边。此后，竟有"阁臣与内臣称雁行饮酒者"⑥，连主持司礼监的大太监韩赞周都为之扼腕叹息。

_____

① （明）陈贞慧：《过江七事·禁缉事》，第201页。
② （明）陈贞慧：《过江七事·禁缉事》，第202页。
③ （明）陈贞慧：《过江七事·禁缉事》，第203页。
④ （明）李清：《南渡录》卷二，第53—54页。
⑤ （明）陈贞慧：《过江七事·禁缉事》，第203页。
⑥ （明）李清：《三垣笔记·下·弘光》，第116页。

更糟糕的是，姜曰广等人的胜利持续了不到一个月。八月初一，给事中吴希哲上疏，称"都城假宗、冒戚、伪勋、奸弁横行虐民，请旨严缉"。既然要严厉缉查，单靠五城御史显然不敷，于是弘光帝顺势宣布恢复锦衣卫缉事权，"命掌锦衣卫冯可宗遣役缉事"①，数日后又提升冯可宗为都督同知②，以示重视。自成化年间开始，锦衣卫的侦缉就和东厂缉事纠缠在一起，既然锦衣卫的缉事权得到恢复，代皇帝监督锦衣卫的东厂自然也应恢复，于是，东厂在六天后复设③。给事中熊汝霖、袁彭年等先后上疏反对，结果都受到处分。

祁彪佳提出的三大弊政的核心是缉事，现在侦缉权重新回到锦衣卫手中，廷杖和诏狱的回归是迟早的事。当年十月，生员何光显上书请求召回史可法，"拟（马）士英操、莽。廷杖杀之"④，显示廷杖已被行用。至于诏狱，弘光朝先后出现的伪太子案和童妃案均由皇帝交给锦衣卫官主持审理，可为恢复之明证。如在审理伪太子一案时，"时三御史登大理寺堂，安圣旨于中，三法司与锦衣卫皆侧坐，御史坐稍后，前此未有也。指挥皆由张孙振，左都李沾虽堂官，无如之何"⑤。弘光元年三月，太监乔尚外放，总督两淮盐课，身边带有锦衣理刑千户⑥。理刑千户是锦衣卫镇抚司的属员，证明福王监国时曾批准的不设锦衣镇抚司的政策也已经被抛弃。理刑千户主要承担审案职责，是诏狱必不可少的环节，恢复镇抚司应与恢复诏狱制度有密切关系。

三　在扩编中灭亡

锦衣卫的侦缉范围很宽泛，东厂缉查也需要从锦衣卫抽调人手，

---

① 钱海岳：《南明史》卷一《安宗本纪》，中华书局 2006 年版，第 19 页。

② （明）李清：《南渡录》卷二，第 94 页。

③ 复设东厂的时间，黄宗羲在《弘光实录钞》卷一（中国野史集成丛书影印本，第 674 页）记载为七月丙辰，与他书有别。

④ （清）黄宗羲：《弘光实录钞》卷一，第 667 页。

⑤ （明）李清：《南渡录》卷五，第 241 页。

⑥ （明）李清：《南渡录》卷五，第 233 页。

原定的五百名限额自然不敷用。在甄别伪太子时，弘光帝曾"召晋王及旧锦衣曾侍太子者十人质之"①，显示从北京陆续逃到南京的原锦衣卫成员已经被部分重新起用。当年九月十八日，天启年间曾主持锦衣卫事务的刘侨和曾管理西司房的于之英、管御道的徐同贞等人被任命为锦衣卫佥书②，进一步证明南来锦衣卫官校已经成为弘光朝锦衣卫的重要补充。

刘侨在家居期间，曾投入张献忠起义军，并因此遭到御史黄澍的弹劾。史载其"送马士英赤金、女乐等，士英笑曰：此一物足以释西伯。遂诳先帝，复职"③。天启年间，刘侨曾保护一批东林党人免遭迫害，并因此被魏忠贤免职。此时刘侨靠行贿阉党人物复职，却未见以忠直自诩的士大夫反对，估计是昔日的旧情在发挥作用。只是此举未免令人怀疑宣称坚决不与阉党同流合污的士大夫们的道德杠杆并未持平。

南来的锦衣卫官校终归有叛逆的嫌疑，弘光元年二月，明廷还曾下令清查"北京锦衣卫各官逃回求改南者曾否从贼，不得轻题"④，因而只能断断续续地补充进锦衣卫，不能立即解决其人手不足的问题，于是弘光帝在当年十月批准"锦衣卫旗校补足二千名"⑤。

在锦衣卫扩军的同时，弘光帝开始大量封赠锦衣卫军职。如当年九月，"荫孟津监生王镛、王无党世锦衣卫指挥，皆辅臣铎子弟，以从驾渡河荫"⑥；十月，"荫内臣李国辅弟侄锦衣卫千户"⑦；十一月，"授曹国栋、牛宽、王文学锦衣卫千户，世袭百户，以护从微劳

① （清）佚名：《鹿樵纪闻》卷上《两太子》，中国野史集成丛书影印本，第588页。
② （明）李清：《南渡录》卷三，第110页。
③ （清）计六奇：《明季南略》卷一《黄澍辩疏》，中华书局2006年标点本，第58页。
④ （明）李清：《南渡录》卷四，第204页。
⑤ （明）李清：《南渡录》卷三，第143页。
⑥ （明）李清：《南渡录》卷三，第125页。
⑦ （明）李清：《南渡录》卷三，第126页。

得之"①，"予郑彩荫一子锦衣卫千户。授黄魁世锦衣卫指挥佥事，黄政、黄芳各千户，以护卫微劳。授李胤兰锦衣卫百户，河南承差"②，"准锦衣卫百户张翁之入锦衣卫职。其后以佥事掌南镇抚司，张凤翔子也"③；十二月，"荫内臣李国辅侄李守贞为锦衣卫都指挥佥事，以微劳功也"④；次年二月，"荫刘有锡锦衣卫千户，以随皇太后驾也"⑤，"赐罪诛内官刘元斌、王裕茂祭葬，荫子锦衣卫指挥使。旧府厨役各授百户"⑥；等等。

在大量授予身边近臣中高级锦衣军职时，弘光帝却对为国殉难的臣僚非常吝啬，如巡抚卫景瑗、朱之冯仅被恩荫一子为锦衣卫百户⑦。弘光元年正月，兵部请求赐予死难左副都御史施邦曜锦衣世荫，弘光帝却命再议，理由是"锦衣世荫原酬军功"。时人不禁感叹，"滥荫者比比，乃独勒殉国一臣，可慨也"⑧。

滥授军职的最大危害是浪费粮饷。因为员额不断增加，弘光帝不得不于次年三月命令"户部严核锦衣卫冗役，以省糜饷。旨谓祖宗朝文武廪禄俱有定制，不应俸给外又加公费。又该卫旗尉尽堪服役，不应每员更设跟役，致人冗糜饷"⑨。当月，由掌印官冯可宗提出的增募番役的要求也因此被驳回。

不过，此时的兵部由马士英掌握，兵部对锦衣卫军官有考选权，为私利计，马士英"视金吾不及敝袴，滥请者甚众，不能枚举也"⑩。马士英把持朝政大权，皇帝节约粮饷的目的自然不可能实现。

在滥授军职的同时，锦衣官校的扰民问题开始日渐严重。福王

---

① （明）李清：《南渡录》卷三，第149页。
② （明）李清：《南渡录》卷三，第156页。
③ （明）李清：《南渡录》卷三，第155页。
④ （明）李清：《南渡录》卷四，第172页。
⑤ （明）李清：《南渡录》卷五，第210页。
⑥ （清）计六奇：《明季南略》卷三《二月甲乙史》，第165页。
⑦ （明）李清：《南渡录》卷四，第184页。
⑧ （明）李清：《南渡录》卷四，第199页。
⑨ （明）李清：《南渡录》卷五，第237页。
⑩ （明）李清：《南渡录》卷五，第255页。

登基不久，即下令充实后宫，"中使四出，民间女子稍有姿色，即以黄纸贴额，选入宫中，闾里骚然"①。史载，"选女旨下，有较（校）尉人役突入民家搜索，女子有投水自尽者"②。挑选秀女是宦官和地方官员的事情，锦衣校尉卷入其中，说明锦衣卫与宦官的结合在福王称帝之初即已出现。

崇祯十七年十二月，"时卫讯问丁象乾一案，内干连数人，疑吏部书役所匿，番役遂登堂索之。尚书张捷呵使退，咆哮弥甚。捷怒，疏参其横，然仅云姑不究而已"③。

有鉴于此，御史秦镛上疏：

> 京都重地，法行自近。今形格势禁，殆非一端。如金吾缉事，原有专司，今则金堂等官并侵职掌，奸徒窜役，遍地拿诓，冒名恐吓，所在而是。词讼问理，巡城专责，今则部司、戎政、总理、都督各处受状，动拘小民，牵累诬枉。凡此弊风，总累首善……④

迫于压力，弘光帝不得不下令禁止"锦衣卫金堂擅受词状，拿禁平人"⑤。

虽有禁令，但因时局日渐混乱，锦衣官校扰民的问题不但没有解决，反而愈演愈烈。次年三月，就连锦衣卫的掌印官冯可宗也不得不承认"卫役诈伪横行，京城百里内鸡犬无存"⑥。为平息民愤，锦衣卫金事赵世臣及其手下掌班等人因越权"准状拘人，兼以人役诈诓"⑦，于弘光元年四月被免职提究，但已于事无补。

---

① （清）佚名：《鹿樵纪闻》卷上《福王上》，第 583 页。
② （清）顾炎武：《圣安纪事·上》，上海古籍出版社 2012 年版，第 43 页。
③ （明）李清：《南渡录》卷四，第 171 页。
④ （明）李清：《南渡录》卷四，第 168 页。
⑤ （明）李清：《南渡录》卷四，第 168 页。
⑥ 钱海岳：《南明史》卷一《安宗本纪》，中华书局 2006 年版，第 43 页。
⑦ （明）李清：《南渡录》卷五，第 256 页。

对于士大夫们而言，锦衣卫侦缉带来的最大威胁是蓄意陷害。崇祯十七年九月，大学士姜曰广离职，掌权的阉党余孽阮大铖伙同不法锦衣官校，"以蜚语"逮捕了昔日带头痛骂自己的主事周镳，连及山东佥事雷缜祚，一并"系狱严讯"。时"校尉四出，诸人跟跄奔避，善类为空"①。

不过锦衣卫的侦缉并非一无是处。当时"罪废诸臣投刺白日"，弘光帝不得不接受户科给事中吴适的建议，"命五城御史及锦衣卫缉逐罪废诸臣潜京钻营者"②。当年十月，锦衣卫即捕获进京向左都御史李沾行贿的江阴知县③；十二月，缉获冒充崇祯皇帝的妖僧大悲，送至戎政衙门④；代禁锢监狱的周仪、曹镳行贿马士英的御史陈丹衷也被"厂役缉获，故例转长沙知府"⑤。

虽然于时政有少许贡献，但远不足弥补其带来的诸多弊端。弘光元年四月，清兵攻破扬州，弘光帝胆丧，随即逃离南京。次月，赵之龙、钱谦益等献南京投降，弘光小朝廷灰飞烟灭，作为皇帝亲军的锦衣卫随之解体。

结　语

福王登基时，明廷尚有半壁江山，且控制着绝大部分财富之区，如果君臣协心，官府一体，完全有机会重整河山，至少可以和清廷抗衡一段时间。很多士大夫亦对此抱有厚望，如著名理学家陆世仪曾针对锦衣卫的职能提出改革建议：

> 禁卫，天子之亲兵……自后锦衣卫官，宜于世臣之家，极意拣选有文武才略者，使任其职。较（校）尉、力士，皆择四

---

① （清）佚名：《鹿樵纪闻》卷上《福王上》，第583页。
② （明）李清：《南渡录》卷三，第139页。
③ （清）计六奇：《明季南略》卷二《十月甲乙总略》，第101页。
④ （清）黄宗羲：《弘光实录钞》卷三，第691页。
⑤ （明）李清：《三垣笔记·下·弘光》，第123页。

方绝技绝力者充之，统之心膂重臣，以时操统，使常有居中制外之势。①

陆世仪强调恢复锦衣卫的军事征战职能可谓切中要害。锦衣卫的本质是一个军事机构，如果保持其正常的征战职能，其主官的配置、兵员的选择以及后勤保障等都要以作战为基本出发点，其他职能只是附属。正是因为不再外出作战，锦衣军校的素质要求才会不断降低，侦缉、刑狱等职能才会日渐突出，并成为人们攻击的目标。如果以征战为基本职能，宦官势力也不会相对容易地介入锦衣核心事务。只是弘光朝廷的士大夫们看不到这一点，而是把目光专注于诏狱、廷杖、侦缉这些具体细节，看到了"果"，而没有发现"因"，进而在这些具体问题上和宦官及其附属群体吵成一团，虽然一度延缓了锦衣侦缉和东厂重建的步伐，却把可以适当争取的宦官群体彻底推到了对立面。重建后的锦衣卫也因此失去了一次涅槃再生的机会，反而把昔日冗员浪费、滥用权力、压榨百姓等弊病发挥到了极致，彻底沦为结党乱政者的帮凶。

第二节 "中兴"旗帜下的"改革"：隆武时期的锦衣卫

南京沦陷后，潞王和鲁王曾先后以监国身份组织抵御清军，唐王朱聿键则捷足先登，率先在福建称帝，且在当月即宣布改元，以当年七月为隆武元年之始，建立起隆武政权。隆武帝心怀大志，即位之初即宣布要御驾亲征，收复南京，再次"中兴"大明帝国，军事整肃因此成为隆武政权的首要任务，作为特殊军事机构的锦衣卫也因此迎来改革的机遇。

---

① （明）陆世仪：《禁卫议》，见冯梦龙《甲申纪事》卷十二，第240页。

一 "完美"的重建

唐王称帝主要依靠福建郑氏家族的支持,因而郑广英被授予都督职衔①,主持锦衣卫。由于福州办公用房短缺,遂"以按察司为平彝侯府,都司为锦衣卫,盐运司为通政司,巡抚衙门为吏部,海道衙门为户部,提学道衙门为都察院,税课司为南察院,余各官皆租民房受事。一时创制,耳目更新"②。在六部中的四个部都要租民房充作临时衙门的情况下,锦衣卫能拥有独立的办事衙门,显示隆武帝对其非常重视。

福建没有锦衣卫的分支机构,要重建锦衣卫,首先要组织起它的军官架子。综合诸家记载来看,隆武政权主要采取了三种方式。一是从本地卫所中调用。如福州右卫指挥使胡上琛,因受到皇帝赏识,"加升锦衣卫"③。二是收拢投奔过来的原锦衣卫官校。如奉弘光皇帝差遣,前往云南颁诏,于隆武二年四月回到福州的锦衣卫百户徐某④。原贵州巡抚郭子章之孙、"荫授锦衣卫千户"的郭承昊,"隆武元年,赴闽陛见,以积资掌锦衣卫事"⑤。崇祯年间投入太监高起潜门下,"窜入锦衣卫籍,冒授都司",后转任广东都指挥使的马吉翔,也在唐王称帝后,"解粤饷赴行在,自陈原系锦衣世职,遂冒升锦衣卫指挥"⑥,又擢升"锦衣卫都督佥事,与锦衣郭承昊比"⑦。三是提拔部分文官,改任锦衣卫军职。如隆武二年正月,朱聿键下诏"复旧辅臣张居正原荫锦衣卫指挥、世袭",随即将其曾孙张同敞改授军职,并对他说:"尔文,不当受武职,强为朕服锦衣

---

① (清)佚名:《隆武遗事》,中国野史集成丛书影印本,第186页。
② (清)陈燕翼:《思文大纪》卷二,中国野史集成丛书影印本,第137页。
③ (清)陈燕翼:《思文大纪》卷八,第185页。
④ (清)瞿其美:《粤游见闻》,中国野史集成丛书影印本,第6页。
⑤ (清)王夫之:《永历实录》卷二四《佞幸列传·郭承昊》,岳麓书社2011年标点本,第545—546页。
⑥ (清)江之春:《安龙纪事》,《南明史料集》丛书,贵州人民出版社2011年整理本,第185页。
⑦ (清)王夫之:《永历实录》卷二四《佞幸列传·马吉翔》,第543页。

官，毋过辞。"① 在晚明重文轻武之风盛行，文武官的地位已经固化的背景下，隆武帝强硬要求张同敞到锦衣卫任职，既是对锦衣卫加倍重视的体现，也是其强调整军备战，为北伐做准备的一个反映。

基本的架子搭起来后，下一步的工作就是填充士兵。当年八月十二日，隆武帝"命锦衣卫堂上金书陈绩选大汉将军二十人以备郊天大礼用，月给米三石。红盔、红甲、快靴、服色、铜金瓜锤仪仗，俱着工部制造"②。按旧制，大汉将军月饷为二石，现在增加到三石，预示隆武帝对锦衣卫将有更大的动作。

果然，两天后，隆武帝敕谕锦衣卫：

> 卫有军有尉军，则其中先选旗尉二千五百名，为擎捧卤簿，所谓王之爪牙，务要人人精壮。其衣帽俱察照两京制度，并分中、前、后、左、右五所，每所五百名。每所设正、副千户二员，每百名设管事百户一员、候差百户三员。其南、北镇将抚官等，定清侯察照两京全设定制条奏。郑芝豹挑选四千名，督练成一劲旅，名曰锦衣卫禁军。凡朕亲祭坛庙，一切出郊达远近，分守宫城等处督捕。更分作五营，每营八百，设正、亚营将指挥二员。设千户四员，每员管军二百；百户八员，每员管军一百。再另定名目曰大管旗，每旗管五十名；又曰小管旗，每旗管二十五名。五名中立一伍长，以次统率，总于郑芝豹。郑广英督陈佐练之。官该卫捕官及十堂专管，止任旗尉之事。其禁军四千，止令于各堂官行属礼。惟有锦衣卫印官，则兼管锦衣军、尉。其佐练之官，则又管军不管尉也。其五营，名曰禁（锦）衣卫天武中、前、后、左、右营，每营正将给与关防，正千户给与条记，其文曰锦衣天武中等营关防，曰锦衣天武中等营一威、二威以至八威等条记。一百户之军名之曰一威。旗

---

① （清）徐鼒：《小腆纪年附考》卷一六，《南明史料集》丛书，贵州人民出版社2011年整理本，第593页。

② （清）陈燕翼：《思文大纪》卷二，第141页。

尉千户，亦并给与关防。①

　　这道谕令文字不多，但内涵极为丰富。第一，锦衣卫军士被分成了两大部分：旗尉和禁军。旗尉共 2500 名，分属五个所，其职责是"擎捧卤簿"，相当于仪仗队，另外承担巡捕等职责。禁军共4000 名，分作五个营，职责是扈卫皇帝。五个营分别称作天武中营、天武前营、天武后营、天武左营、天武右营。各营属下八个百户之军称为"威"，依次为一威、二威以至八威。天武将军本来是明初履行早晚朝列侍殿庭及宿卫扈驾职能的部队，是锦衣卫的中坚力量。现在隆武帝将锦衣禁军各营称为天武营，虽然与祖制略有不同，但在体现系亲军核心力量这个层面上则是一致的。

　　第二，隆武皇帝仰赖郑氏家族的支持，因而郑芝豹成为这支禁军的总管，此前被任命为锦衣卫主官的郑广英负责主持训练禁军。但谕令中明确规定"其佐练之官，则又管军不管尉"，也就是说，郑广英只负责训练禁军，无权过问五所旗尉，只有锦衣卫掌印官"兼管锦衣军、尉"，这等于间接剥夺了郑广英锦衣卫主官的职位。至于谁出任掌印官，自然由皇帝决定。锦衣卫是皇帝亲军，隆武帝如此布置，暗含有适度摆脱郑氏家族控制的目的。

　　第三，禁军的军官系统从上到下依次是正营将—亚营将—千户—百户—大管旗—小管旗—伍长。这与以往的卫所官制和明朝中期兴起的营兵军官体系都不一样，而是结合了二者的特点。比如大管旗与卫所中的总旗属下兵数一致，小管旗则比小旗多统领了 15人。因为小管旗属下兵额增加，所以增设伍长以为辅助。千户名目虽然与卫所官制一致，但统率兵士缩减到二百名，便于战地指挥，营将则完全是营兵制下的产物。隆武帝立志北伐，锦衣禁军自然要随之出征，军官设置上向营兵制度靠拢显然有适应实战需要的目的。如果完全采用营兵军官体系，将与其他部队没有什么区别，无法体

———————————

① （清）陈燕翼：《思文大纪》卷二，第 142 页。

现天子亲军的地位，也与祖制完全背离，设计一套糅合二者特征的新的军官体系，则可兼顾二者的需要。

不过锦衣禁军的军官体系似乎并不局限于谕令。如锦衣卫承旨房主管张鸣凤在奉命领兵出征时举荐"禁旅都司金事加三级胡上琛"，获准令其"与偕行"①。如前文所述，胡上琛已经是锦衣卫官员。这里所说的禁旅，应该是指锦衣禁军。那么，锦衣禁军中应该存在"都司"这一在营兵体系中广泛存在的职务②。

第四，明代的锦衣卫有后七所和前五所的区别。前五所主要由校尉组成，承担大量礼仪工作及皇帝临时安排的事务，地位较其他所要高一些。隆武帝将负责仪仗事务的2500名旗尉分成五个所，且"衣帽俱察照两京制度"执行，应是遵从了祖制。

与天武各营禁军相比，锦衣五所的士兵强调务必身强力壮，是"王之爪牙"，且不归郑广英管辖，是最亲近皇帝的部队，与原来的锦衣卫前五所的性质大体一致。后七所部队在明初不时执行作战任务，后来随着京营的腐化，逐渐丧失作战职能。隆武帝诏令设置的天武五营本质上和后七所接近，只是强化了军事素质，恢复了原有的军事作战职能。

第五，谕令中要求遵照旧制设置"南、北镇将抚官等"，其中的"将"字怀疑是衍文③。去掉这个字之后，这句话应该理解为设置南、北镇抚官。南镇抚司是锦衣卫原有的基本配置，北镇抚司则是挂靠于锦衣卫的特殊机构，与诏狱、侦缉等职能直接关联。根据有关记载来看，隆武政权中确实存在诏狱。如隆武二年三月，在浙江一带以监国身份自立的鲁王朱以海派遣行人林必达到福建争取支持，结果被隆武帝"逮下诏狱"。同年五月，锦衣卫官王之臣迎合上意，

---

① （清）陈燕翼：《思文大纪》卷四，第155页。

② "都司金事"一职颇显突兀，此前未见于史籍，也不排除是"都督金事"的误写，或以金事衔行都司事。

③ 本段文字中有多处衍文，最明显是"五营名曰禁衣卫天武中、前、后、左、右营"中的"禁"字。结合下文看，显然是"锦"字。"官该卫捕官及十堂专管"中的"官"字，情形类似。

上书弹劾此前在奏疏中影射后宫干政的佥都御史田辟"诡兵冒饷，遂下诏狱"①。至于侦缉职能是否得到恢复，因史料不足，暂时难以判断。不过，从隆武帝恢复北镇抚司这一点来看，恢复锦衣卫的侦缉职能应在其计划之列。

第六，谕令中提出"该卫捕官及十堂专管，止任旗尉之事"。巡捕寇盗是锦衣卫维护京城治安及周边地区社会安全的重要职责，同时和锦衣卫的侦缉职能有业务上的交叉。谕令明确规定巡捕等事务属于旗尉的职责范围，一方面有利于禁军五营专心于军事征伐，另一方面也符合旧制，同时把锦衣卫的核心职能悄无声息地从郑氏家族成员手中拿了回来。

二　强化战斗力

在对锦衣卫的军制做出一系列的调整后，隆武帝对锦衣卫的很多具体事务也做出了布置。晚明时期的宫禁守卫十分松懈，无关人员进入皇宫的事情屡屡出现，以至于发生了"梃击"案这样的恶性事件。此前的八月初六，隆武帝曾敕谕锦衣卫官员：

> 国家新创，禁门启闭，一以更定漏尽为期。朝日，大臣许带三人、小臣许带一人，其直科抄疏诸臣许各带十人。钟鸣之时，俱于午门外伺候。如有青衣小帽杂于班联之后，或借用僭戴冠帽者，即行拏究。各官护短争执者并究。各官应带牙牌，工部察究。②

在敕谕更定锦衣卫军制的当日，隆武帝又直接确定了宫禁守卫的日常部署：

---

① （清）瞿其美：《粤游见闻》，第9页。
② （清）陈燕翼：《思文大纪》卷二，第140页。

派卫军守禁城七门。西、南二门紧要处，各派七十五名；东、北二门，各派六十二名；井楼、汤水部三门，各派六十名。每门各设一百户督之，而以中、左、右三卫指挥，轮季统辖，务令昼夜严防。至不时察核巡视，委之巡城御史，如国初差御史、给事中往来巡视例。①

这里所说的禁城守卫指的是皇城各门门外侧的守卫，至于门内的把守，则由锦衣卫负责。这与明朝旧制基本一致，只是隆武帝的关注点更为微观，细致到各门具体的卫兵人数。

隆武帝锐意北伐，对军士的素质非常重视。隆武二年五月，他曾"敕令黑夷十名隶戎臣吴春枝管下训练，照例开粮。至乡兵精练奋勇者，通准作御前亲兵"，随后又"命锦衣卫官招募极有勇力者十名，作御营标下用"②。此时的隆武帝已经准备御驾亲征，御前亲兵是其直接指挥的标兵，按常理，应纳入锦衣卫序列。这是历史上第一次在锦衣卫中出现黑人士兵的身影。

训练禁军的目的是征战，对此，隆武帝并没有停留在口头上。如隆武二年五月，命令"锦衣卫都督杨耿发兵捕剿沿海寇盗。时周骏、崔芝、林云龙等或募贼入港行劫，或倚贼垂涎绅民，上以不可为训，故发兵剿之"③。锦衣卫军官王承恩、张鸣凤等也被陆续派往前线带兵并获得皇帝的大力支持。如王承恩曾"疏请三眼铳百门、弓百张、皮套百个、弩百把、腰刀百把、藤牌百面、钟百枝、火药千斤"，隆武帝毫不犹豫，"俱照数发与之"④。

为尽快恢复旧疆，隆武帝还曾"遣锦衣卫康永宁如安南"⑤，准备从安南借兵，又提升马吉翔为都督同知，"领敕招抚流贼李锦"⑥。

---

① （清）陈燕翼：《思文大纪》卷二，第 142 页。
② （清）陈燕翼：《思文大纪》卷六，第 171 页。
③ （清）陈燕翼：《思文大纪》卷七，第 176 页。
④ （清）陈燕翼：《思文大纪》卷七，第 175 页。
⑤ （清）瞿其美：《粤游见闻》，第 5 页。
⑥ （清）瞿其美：《粤游见闻》，第 5 页。

锦衣卫原本即负有出使职能，康永宁出使是这一职能在隆武时期的具体体现。马吉翔出外虽然是为了招安李自成起义军的余部，不属于外事，但有着钦差的身份，与康永宁的出使有类似之处。只是两人都不中用，前者以遭遇大风为由，根本没有登陆，后者也是毫无成果，干脆滞留湖广军中，没敢回朝复命。

结　语

隆武帝是个颇有大志的皇帝，他对锦衣卫的改革不仅使其恢复了初创时的军事征战职能，而且是其锐意北伐的一个标志。不过这样的改革只是发生在局部，并没有动摇锦衣卫制度的根基。恩荫高官[①]、诏狱等都被保留，秘密侦缉也隐隐有重现的苗头，但在强调振武中兴的大背景下，这些曾备受士大夫指摘的行为并没有引起人们太多的反感。如果隆武政权能够稳定存在下去，锦衣卫改革的最大成果估计也就是回到明初的状态。只是随着隆武帝北伐事业的迅速失败，这一颇有看点的改革随之烟灭，未能激起几丝涟漪。

第三节　凌乱、杂凑中的"砥柱"：
永历政权中的锦衣卫

1646 年八月，福州被清军占领，隆武政权覆灭。两广总督丁魁楚、广西巡抚瞿式耜、锦衣卫军官马吉翔等于是拥立桂王朱由榔监国。十月，桂王下令"补马吉翔、郭承昊、严云从、吴继嗣等为锦衣卫使"[②]，郭承昊加升左都督，掌锦衣卫印，着手重建锦衣卫。

---

① 如隆武元年十一月，赐辅臣路振飞第三子"名太平，授锦衣百户"，次年又恩荫路振飞一子为锦衣卫正千户、世袭。事见（清）瞿其美撰《粤游见闻》第 4 页、（清）陈燕翼撰《思文大纪》卷四第 155 页。
② （清）戴笠：《行在阳秋》卷上，《南明史料集》丛书，贵州人民出版社 2011 年整理本，第 125 页。

一　职兼讲读、票拟的锦衣官

前三人都是锦衣卫旧人，且有拥戴之功；吴继嗣则有护驾之功，"崇祯十六年，献贼陷衡州，皇考、皇兄及上偕宫嫔自永州奔粤西，行李萧然。过道州，州人不纳，反羁縻行驾索赂。及贼入城，赖继嗣夫妻以肩舆卫上及国母于难。上失金册，继嗣亦失所佩州印。贼踞城四十余日，无兵卫，继嗣密约粤西镇杨国威引兵复城。国威过道州，觅得州印，继嗣亦获金册，献之"①。

十一月十八日，桂王在肇庆称帝，改元永历。即位之初，永历帝即昭告天下"不立东厂，不选宫人"，士大夫深受鼓舞，称之为"善政之始"②。

厂卫缉事曾是祁彪佳抨击的三大弊政之一。围绕是否恢复东厂，在弘光朝曾引起轩然大波。永历帝此番明确表态废置东厂，的确有利于收拢早已涣散的士大夫的心。但大批旧臣的存在，注定了永历朝廷不可能与旧政恶习做彻底切割。以祁彪佳所说的另一弊政廷杖为例，在桂王称帝后不久，御史童琳即险些遭此酷刑，在大学士瞿式耜的谏争下才得幸免，而锦衣卫恰恰是以旧人为班底重建起来的。

永历政权建立不久，清兵南下，很快攻占广州等地。十一月，"诏幸南宁。驾自象州欲往南宁，忽为焦琏乱兵阻道，文武诸臣皆微服而行。马吉翔左右御舟，力挽浅水间。上见之，挥泪，乃命阁臣王化澄、吏部尚书吴贞毓间道护三宫往南宁。马吉翔、严起恒翼上，仍溯十八滩还桂林"③。因为护驾有功，在桂林期间，都督马吉翔接替郭承昊，执掌锦衣卫印。

永历元年（1647 年）三月，军阀刘承胤领兵至全州。为把持朝政，刘承胤先是赶走了司礼太监王坤，又拉拢锦衣卫官员，于四月

---

① （清）戴笠：《行在阳秋》卷上，第 125 页。
② （清）屈大均：《安龙逸史》卷上，《南明史料集》丛书，贵州人民出版社 2011 年整理本，第 160 页。
③ （清）戴笠：《行在阳秋》卷上，第 132 页。

奏准，封"马吉翔为文安伯，郭承昊泰和伯，严云从清江伯"①。
"御史毛寿登参金吾无矢石功，何得援边例"，马吉翔等人怀疑毛寿
登是受了他人的鼓动，于是说服皇帝，将其与御史吴德操、给事中
万六吉绑缚午门外，处以廷杖之刑②。

五月，永历帝被刘承胤挟持到了武冈州。马吉翔"因内阁乏员，
黉缘掌丝纶房事，司票拟焉"③。武官司票拟，这在明朝历史上是前
所未有的。

八月，清军大举进攻湖南地区，占领宝庆等地。刘承胤率部投
降，郭承昊随之降清，后被杀④。另一锦衣卫高官严云从虽未降清，
但在追赶永历帝到广西后，"加太子太保、左都督，掌后军都督府
事"⑤，离开了锦衣卫。

"承胤之降也，百官未知，上先知之，独与太后仓皇出奔，惟锦
衣卫马吉翔步从。"⑥ 永历帝先是逃到靖州，后又逃往柳州、象州、
南宁等地。"武冈陷，上自靖州走苗峒，出柳州，两宫洎车驾蒙尘草
莽。上不能骑，吉翔奉篮笋，步行扶掖，行羊肠，夜则通夕巡警，
勤敏有加。慈圣太后与上益眷倚之。"⑦ 这一路上的共患难，令永历
皇帝母子对马吉翔青睐有加，不久，晋封他为文安侯，仍掌锦衣卫，
并"管文书房敕旨"⑧。"自乘舆播迁，班行零落，纶扉无旧词臣，
甚则阁员不备，周鼎瀚以讲读摄票拟。及上在柳、象间，马吉翔以
缇帅典丝纶。"⑨ 马吉翔虽然不再直接票拟章奏，"委票拟于内阁，
不合其意，辄以朱批改票"⑩，基本掌控了朝政。这一局面直到永历

① （清）王夫之：《永历实录》卷一《大行皇帝纪》，第 358 页。
② （清）瞿其美：《东明闻见录》，中国野史集成丛书影印本，第 16 页。
③ （清）冯苏：《见闻随笔》卷下，中国野史集成丛书影印本，第 393 页。
④ （清）王夫之：《永历实录》卷二四《佞幸列传·郭承昊》，第 546 页。
⑤ （清）王夫之：《永历实录》卷二四《佞幸列传·郭承昊》，第 546 页。
⑥ （清）瞿其美：《东明闻见录》，第 18 页。
⑦ （清）王夫之：《永历实录》卷二四《佞幸列传·马吉翔》，第 543 页。
⑧ （清）王夫之：《永历实录》卷一《大行皇帝纪》，第 359 页。
⑨ （清）王夫之：《永历实录》卷三《朱天麟传》，第 384 页。
⑩ （清）王夫之：《永历实录》卷二四《佞幸列传·马吉翔》，第 544 页。

君臣重返肇庆才有所改观。

二　党争中的锦衣卫

永历二年三月，李成栋等在广州反正，宣布拥戴永历帝，永历帝封其为广昌侯。李成栋上疏，请求永历帝回銮肇庆，大学士瞿式耜则希望皇帝前往明军重新得势的湖南一带，以振奋民心。因为此前瞿式耜曾弹劾自己擅权，马吉翔对之颇为忌惮，遂与"贪东省之饶"① 的王化澄、朱天麟等人合伙，说服皇帝东下肇庆。

八月，永历帝回到肇庆。李成栋觐见，被封为惠国公、翊明大将军。其养子李元胤授锦衣卫指挥使，"掌丝纶房事"②，不久又晋升左都督。在弘光朝曾上书反对恢复东厂因而声名鹊起、追随李成栋父子反正的袁彭年出任左都御史。

在永历帝驻跸南宁的时候，军阀陈邦傅驻兵浔江，"上下倚以为重，因以其子陈曾禹为锦衣，比吉翔；而邦傅亦以复钦、廉功，封思恩侯"。李成栋封公爵，陈邦傅大为不满，于是"亦晋邦傅庆国公，并封其中军胡执恭为武康伯。成栋闻之，亦为其下杜永和、阎可义、郝尚久、罗成耀、黄应杰、杨大福、张道瀛等七人请封，皆得伯爵，而元胤亦锦衣侍卫，比陈曾禹焉"③。这样，永历朝廷里就出现了三个可以参与内阁事务的锦衣卫高官，马吉翔的权力在客观上受到限制。这既是锦衣卫制度上的重大变化，也是永历朝廷内部党派纷争、各方势力暂时相对均衡的反映。史载：

> 时朝士各树党，从李成栋至者，袁彭年、曹晔、耿献忠、洪天擢、潘曾炜、毛毓祥、李琦，自夸反正；从广西扈行者，朱天麟、严起恒、王化澄、晏清、吴贞毓、吴其雷、洪士彭、雷得复、尹三聘、许兆进、张孝起，自恃旧臣。久之，复分吴、

① （清）王夫之：《永历实录》卷二《严起恒传》，第377页。
② （清）寓舫：《劫灰录》"永明王僭号始末"，中国野史集成丛书影印本，第320页。
③ （清）冯苏：《见闻随笔》卷下《李元胤传》，第412页。

楚两党：主吴者，天麟、孝起、贞毓、李用楫、堵胤锡、王化澄、万翱、程源、郭之奇，皆内倚马吉翔、外结陈邦傅；主楚者，袁彭年、丁时魁、蒙正发、刘湘客、金堡，皆外结瞿式耜、内倚李元胤。元胤，成栋子也，彭年等附之，时号五虎。于是，互相攻讦无虚日。王知群臣水火，令盟于太庙；然党结益固，不可解。①

马吉翔因为多次与皇帝共患难，深得信赖，尤其受慈圣太后赏识。"吉翔外巽内惨，以曲谨奉慈圣，凡所欲为，皆令夏国祥达太后，令必行。上虽知其不可，而慈圣命严，上不敢违。物论起，则慈圣于帘中引群臣涕泣……上亦不能以意行也。"② 国势稍振，"四方观望歆动，求仕者满辇下，争持督抚札委空衔求敕印，或冀内补"，"四方勋镇请封爵晋秩者，辇金帛香药赂行在阁部大僚"③，马吉翔地位特殊，遂成为这些人巴结的重点，其势力因此迅速壮大。

为安抚各派势力，永历帝晋封李元胤为南阳伯，统率李成栋留下的两千标兵，负责护卫皇帝。马吉翔改为提督戎政，"司礼太监庞天寿提督勇卫"④。戎政尚书原属文官系统，主要负责京营事务，后改由勋臣总督戎政。马吉翔此时贵为文安侯，职任戎政，符合旧制。"勇卫营即腾骧、武骧四卫也，其先隶御马监，专牧马。庄烈帝锐意修武备，简应元及黄得功、周遇吉等训练，遂成劲旅。"⑤ 弘光朝也曾设立勇卫营，"定勇卫营万五千人"⑥，"以总兵徐大受、郑彩，分领水陆"⑦，且循旧例，由太监李国辅任监军。权臣马士英试图把这支劲旅控制在自己手里，谎称"徽、池、严、信之间有云雾山，乔

① （清）杨陆荣：《三藩纪事本末》卷一《三藩僭号》，第815页。
② （清）王夫之：《永历实录》卷二十四《佞幸列传·马吉翔》，第545页。
③ （清）王夫之：《永历实录》卷二《严起恒传》，第377页。
④ （清）王夫之：《永历实录》卷一《大行皇帝纪》，第360页。
⑤ （清）张廷玉等：《明史》卷二六九《孙应元传》，第6921页。
⑥ （清）计六奇：《明季南略》卷二《边镇诸将》，第124页。
⑦ （清）黄宗羲：《弘光实录钞》卷一，中国野史集成丛书影印本，第667页。

木蔽山，宜采为大工用，遂请敕国辅往"①，后来虽被李国辅识破，但勇卫营已经成为马士英幼子、锦衣都督马锡的掌中物。此次永历帝把勇卫营交给太监庞天寿，也符合旧制。

永历逃离武冈时，"天寿与马吉翔皆有劳勚，由是益为上所亲信"②。庞天寿和马吉翔曾共患难，有一定的情谊，永历帝把三支禁旅中的两支交给他们，不排除有牵制李元胤的目的。但马吉翔所部"步兵二千人，皆市井乌合，不堪见敌"③，庞天寿的勇卫营虽然号称有三千人，但实际仅千余人，"亦尪疲市民，无能为有无"④。与李元胤手中久经战阵的两千劲旅相比，庞天寿和马吉翔的部队根本不在同一档次。

因为实力占优，李成栋一系在处事上难免有些跋扈。袁彭年"素负时望，掌台纲，于是刘湘客、丁时魁、金堡、蒙正发等皆与之善，持论侃侃，专以尊主权、别流品、斥倖授为事，远近望而畏之"⑤。其中的金堡更是直接上疏，提出"吉翔有扈卫之功，酬以侯封足矣，不当使与国政"⑥，又和袁彭年等一起弹劾马吉翔的旧部、御史吕尔玙，公开与马吉翔一系决裂。李成栋本人亦心胸狭隘。原隆武朝锦衣卫指挥使、宣忠伯王承恩从建阳山中招来弋阳王标下彭鸣京所部，原隆武朝都御史田辟等也率本部数千兵士追随王承恩到了广东。李成栋不仅没有与之同仇敌忾，共赴国难，反而于永历三年正月将其杀害⑦。同月，李成栋又指使锦衣卫，将东阁大学士、宗室朱由楱逮捕下狱⑧，并将其害死。不出意外，受其指挥的锦衣卫，应该出自李元胤麾下。当时的形势是"一年来，文官之命制于武臣

① （清）王夫之：《永历实录》卷二五《宦者列传·李国辅》，第548页。
② （清）王夫之：《永历实录》卷二五《宦者列传·庞天寿》，第551页。
③ （清）王夫之：《永历实录》卷二四《佞幸列传·马吉翔》，第544页。
④ （清）王夫之：《永历实录》卷二五《宦者列传·庞天寿》，第551页。
⑤ （清）冯苏：《见闻随笔》卷下《李元胤传》，第412页。
⑥ （清）王夫之：《永历实录》卷二四《佞幸列传·马吉翔》，第544页。
⑦ （清）瞿其美：《东明闻见录》，第29页。
⑧ （清）瞿其美：《东明闻见录》，第30页。

之手，身登两榜，时为武弁挥拳屈膝，五虎一狗，笑破人口"①。

三月，李成栋在赣南阵亡，久被压制的反对派终于迎来反击的机会。随着李成栋的败亡，永历政权在战场上迅速陷入被动。次年正月，永历帝召集内阁和锦衣卫官员商讨移跸，瞿式耜、金堡等力争不应放弃广东，未能如愿。永历帝登上龙舟，驻泊于城南江上，随时准备出逃，后在安定侯马宝的保护下迁往梧州。此时已兼任吏部尚书的李元胤决定留守肇庆，马吉翔"念诏狱且兴，而己欲避其名，乃自请留肇庆督援东军，以锦衣卫印授其党康□□，使得逞"②，遂兼任兵部尚书，督守肇庆。永历帝到了梧州以后，"欲以舟为家，有旨命陈邦傅统兵护驾，马吉翔护三宫舟先行"，③ 同时任命新安伯康永宁接掌锦衣卫。

永历四年二月，陈邦傅等领兵赶到梧州。有了靠山的吴、楚两党吴贞毓、万翱、程源、张孝起等先后上疏弹劾金堡等人专横、误国，于是金堡、丁时魁、刘湘客、蒙正发等被罢官，"发诏狱"④。左都御史袁彭年因为有反正之功，加之丁忧不在朝，免于追究。当时的锦衣卫在梧州并没有监狱，于是"以五显庙权之"⑤，当月接替康永宁主持锦衣卫事务的张鸣凤受命审理此案，"受密旨，欲因是杀堡于古庙中。陈刑具，用厂卫故事，严鞫之"⑥，"榜掠招赂以数十万计，尽以充饷"⑦。

金堡等下狱后，瞿式耜、张同敞等上疏申救，称"下言官于诏狱，拷掠追赃，戕仅存之元气，宜速宥出"⑧，未获批准。后金堡和

① （清）华复蠡：《两广纪略·序》，中国野史集成丛书影印本，第70页。
② （清）王夫之：《永历实录》卷二四《佞幸列传·马吉翔》，第545页。
③ （清）戴笠：《行在阳秋》卷上，第140页。
④ （清）杨陆荣：《三藩纪事本末》卷一《三藩僭号》，第815页。
⑤ （清）黄宗羲：《永历纪年》，《南明史料集》丛书，贵州人民出版社2011年整理本，第116页。
⑥ （清）徐鼒：《小腆纪年附考》卷一七，第605页。
⑦ （清）戴笠：《行在阳秋》卷上，第140页。
⑧ （清）王夫之：《永历实录》卷一《大行皇帝纪》，第36页。

丁时魁被充军，刘湘客、蒙正发"赎配追赃"①。瞿式耜等称此案系诏狱，王夫之则在《永历实录》中称此案是"开北镇抚狱"②，无论如何称谓，都意味着当年祁彪佳批判的三大弊政之一的诏狱又重现于世间。永历帝即位之初因宣告不复设东厂而积攒起来的人气至此消耗殆尽。

三 伴君流亡

永历四年十月，广东、湖南相继沦陷，清军多路杀奔梧州。永历帝"奔窜无路，故不及催调在外诸军，惟令勇卫、戎政二营及溃亡之卒扈从移跸"③。此前倚重的陈邦傅不但没有护驾，反而试图劫驾，"不得，邀卤簿舟之在后者，并杀从官董英"④。至此，曾三足鼎立的锦衣卫因陈邦傅叛变、李元胤失势⑤，又回到马吉翔一家独大的局面。

此后的永历朝一直处于颠沛流离状态，直到永历六年二月抵达贵州安龙才暂时安稳了下来。

在安龙期间，为巩固自己的权力，马吉翔没有秉公办事，反而矫诏杀害了募兵颇有收获的勇卫营总统林时望⑥，兼并了他的部队。

在安龙期间，马吉翔迎合原大西军将领孙可望，反对孙可望专权的吴贞毓等"十八先生"试图召同为大西军旧将的李定国引兵来救主，被马吉翔一伙发觉，吴贞毓等随即被孙可望处死。李定国赶走孙可望后，"工弥缝"的马吉翔不但没有失势，反而"仍以文安

---

① （清）杨陆荣：《三藩纪事本末》卷一《三藩僭号》，第815页。
② （清）王夫之：《永历实录》卷二《瞿式耜传》，第374页。
③ （清）屈大均：《安龙逸史》卷上，第165页。
④ （清）寓舫：《劫灰录》"大临始末"，第340页。
⑤ 永历五年时，永历君臣曾就去向发生争论。"文安侯马吉翔具疏力请幸黔，南阳侯李元胤具疏力请出海。"后马吉翔的意见占据上风。李元胤随即领兵奔赴广东，离开了小朝廷，后兵败遇害。事载（清）罗谦本《残明纪事》，中国野史集成丛书影印本，第483页。
⑥ （清）罗谦本：《残明纪事》，第483页。

侯入阁办事"①，永历十一年正月，更是直接被授予大学士头衔②。

尽管马吉翔本人一再弄权乱政，但锦衣卫的禁卫军性质并没有改变。永历十一年九月，黔国公沐天波在奏疏中还曾建议"再传密旨与锦衣卫等官，叫他们用心防守"，可见，在其眼中锦衣卫还是可以信任的。只是永历帝对锦衣卫的信心并不足，没有派锦衣卫回复，而是派宦官杨德泽上城传密旨，称"朕内有机密之事，自有近侍杨德泽到卿帐下可也"③。

永历十三年，清军大兵压境。迫于无奈，永历小朝廷派出锦衣卫军官丁调鼎和考功司杨生芳出使缅甸④，这是锦衣卫最后一次履行其外交职能。就在当年的五月初九日，行人司行人任国玺突然提出"请设厂卫"⑤，试图通过恢复东厂来加强皇帝的权力，抵消权臣的影响。只是败亡在即，任国玺此举更像是临死前的绝望呼喊。

永历十五年六月十九日，避难缅甸的永历臣僚三十余人遇害，其中包括锦衣卫堂上官任子信、张拱极、刘相来等。同日，大批宗室、官员自杀殉国，留下名姓的 26 个人中，锦衣卫官兵占了 12 个⑥。据此可知，在永历帝逃亡境外之际，仍有大批锦衣卫官兵扈从左右。不论其德行如何，他们在捍卫主上这一点上，终归是尽了职的。其中的赵明鉴等还曾试图"奉世子逸出"⑦，并处死擅权误国的马吉翔和大太监李国泰。只是因为泄露了消息，未及实施。

结　语

与弘光、隆武政权相比，永历君臣显然要凄惨得多。虽然存续

①　(清)冯苏：《见闻随笔》卷下，中国野史集成丛书影印本，第 399 页。

②　(清)戴笠：《行在阳秋》卷下，第 148 页。马吉翔出任大学士的时间，诸家记载有差异。(清)屈大均《安龙逸史》卷下（第 176 页）记载为永历十二年二月；黄宗羲《永历纪年》则称是永历十四年正月，见《南明史料集》丛书，贵州人民出版社 2011 年整理本，第 122 页。

③　(清)杨德泽：《杨记》，中国野史集成丛书影印本，第 550 页。

④　(清)戴笠：《行在阳秋》卷下，第 150 页。

⑤　(清)戴笠：《行在阳秋》卷下，第 150 页。

⑥　名单见《行在阳秋》卷下，第 153 页。

⑦　道光《兴义府志》卷四五《大事志》，贵州人民出版社 2009 年版，第 765 页。

时间最长，且与清廷在长江中游地区进行过较长时间的拉锯，但永历帝本人不仅长时间居无定所，颠沛流离，而且没有可以依靠的武装力量，不得不委身于军阀，成为对方行私的工具。在这样的境遇中，多次身处险境却忠贞不贰的臣僚就显得分外珍贵，马吉翔恰恰就是永历母子眼中这样的股肱之臣、中流砥柱。因此，尽管他欲壑难填，弄权、受贿、残害异己一类劣迹不断，却始终能得到皇帝的选择性忽略，长期屹立不倒。

如果说在弘光、隆武两朝锦衣卫还是一个完整的制度的话，在永历朝，锦衣卫几乎可以与马吉翔画等号，锦衣卫的每一步变化都与之密切相关。恢复诏狱，打击"五虎"如此；高级军官获得参与内阁事务乃至步入昔日文官群体专属的大学士行列如此；就连李元胤、陈曾禹进入锦衣卫，参与丝纶房事务也是如此。试想，如果没有马吉翔的存在，李元胤或者陈曾禹及其身后的军阀势力要么会一支独大，要么发生火并。正是因为有了马吉翔，才有了恐怖的三角平衡，直到其中的某一方因为背后的支持不复存在，主动退出。可以说是马吉翔在无意中帮助了永历帝，使之没有彻底沦为军阀争夺的筹码。

永历政权是凌乱、杂凑出来的政权，锦衣卫出现的种种有悖祖制的"革命性"变化，与其说是其制度本身的变革，不如说是马吉翔个人经历的写照。马吉翔的形象无疑是矛盾的，一方面贪恋权势、财富，即便身处异国，也忘不了把缅甸政府提供的稻谷"据为己物，私其所爱者"，甚至对反对者当庭大打出手，"邓凯不平，于朝上大骂之。时有吴承爵者，乃吉翔之旗鼓，猝仆凯于地，损一足"[1]；另一方面对皇上无比忠贞，始终追随左右。江之春说他"及至安龙，见国事日非，遂与管勇卫营内监庞天寿谋，逼上禅位秦王，以图富贵"[2]，明显是误解。笔者认为马吉翔对皇帝的忠诚就像天启朝见到

---

[1]　（清）戴笠：《行在阳秋》卷下，第151页。
[2]　（明）江之春：《安龙纪事》，第185页。

皇帝落水马上跳入水中救驾，丝毫不顾及自己不会游泳的魏忠贤一样，完全是出于本能。明朝的宦官是皇权的寄生体，拥有强权的锦衣卫同样依赖皇权才能存在，这种延续了近三百年的依附关系已经渗透到了血液中。正因为如此，我们才会看到有那么多锦衣卫官兵追随皇帝来到异邦，在最后时刻还试图奉世子出逃，直到自杀殉主。

另外，永历政权从一开始就是一派衰败气象，即便是最风光，人咸"谓旦夕奏廓清"的李成栋反正时期也是如此。史载，"马吉翔首为导谀，修卤簿，备法驾。戚畹王维恭、债帅侯性、严云从，辄矜豪侈。李元胤以将家子官环卫，军中故有乐部。吉翔与诸戚弁日酣歌纵饮，卿贰台省稍相师师，中夜炬烛相望，识者为之寒心"[1]。众人都生活在醉生梦死当中，如何要求一个手握大权的锦衣高官做独醒的干城？

永历朝的锦衣卫近乎于马吉翔一个人，不过很多旧制度依旧顽强地延续了下来，最典型的就是高级文官恩荫。如永历二年三月，恩荫陈子壮"一子中书舍人，锦衣卫世袭"，荫张家玉的弟弟张家珍为锦衣卫佥事[2]。十三年，荫遇害的贵州巡抚冷孟铤之子冷子旭世袭锦衣卫佥事[3]，"追赠吴贞毓少师……荫子锦衣卫千户"[4]，等等。其他如诏狱、廷杖、出使外邦等，无一不是旧制。这些制度的延续既是惯性使然，同时也说明即使到了最落魄的时刻，锦衣卫制度仍然在发挥着些许凝聚流亡政权向心力的作用。

第四节　短暂存留的清初锦衣卫

崇祯十七年（1644年）三月十九日，李自成率大顺军攻进北

---

① （清）王夫之：《永历实录》卷一七《黄奇遇传》，第489页。
② （清）戴笠：《行在阳秋》卷上，第134页。
③ （清）屈大均：《安龙逸史》卷下，第179页。
④ 道光《兴义府志》卷四五《大事志》，第765页。

京，崇祯帝自缢于煤山。大顺军进入北京后迅速腐化，且不注意采取有效措施缓解阶级矛盾，尽快稳定统治，反而不加选择地对明朝臣僚施以酷刑，搜刮财富，结果大失民心。明山海关守将吴三桂投靠清廷，在山海关外大败大顺军。缺乏远略的李自成溃退回京后匆忙举行称帝大典后即离京西撤。五月初二，多尔衮率清军进入北京。按照清廷纪年，明崇祯十七年即清顺治元年。为迅速巩固统治，多尔衮进京后并未采取极端行动，而是大体延续了明朝的统治政策，锦衣卫因此得以在清初保留了一段时间。

一　效忠新主的锦衣旧臣

顺治元年五月初一，多尔衮率清军抵达通州，"知州率百姓迎降，谕令薙发"①。两天后，多尔衮又谕令兵部，除限期薙发外，"朱姓各王归顺者，亦不夺其王爵，仍加恩养"。又谕令故明内外官民人等，"各衙门官员俱照旧录用，可速将职名开报"，"避贼回籍、隐居山林者，亦具以闻，仍以原官录用。兵丁愿从军或愿归农者，许该管官送至兵部，分别留遣。凡投诚官吏军民，皆着薙发，衣冠悉遵本朝制度"②。率众出城迎接清军的大学士冯铨、锦衣卫掌印左都督骆养性等首先得到重用，以为榜样。前者保留原职，后者"以原官总督天津等处军务"③。优待明朝皇室的政策也很快收到效果，东原王长子朱弘橚等纷纷奉表归诚④。

五月初四，多尔衮下令"官民人等为崇祯帝服丧三日"。为收揽人心，多尔衮特地允许明朝臣民在"除服后"再"遵制薙发"⑤。廿四日，看到薙发令引起普遍不满，多尔衮决定暂缓实行这一激进政策，转而谕令兵部，"予前因归顺之民无所分别，故令其薙发，以别

---

① 《清世祖实录》卷五，顺治元年五月戊子条，中华书局1985年影印本，第57页。
② 《清世祖实录》卷五，顺治元年五月庚寅条，第57页。
③ 《清世祖实录》卷五，顺治元年六月己未条，第61页。
④ 《清世祖实录》卷五，顺治元年五月己酉条，第59页。
⑤ 《清世祖实录》卷五，顺治元年五月辛卯条，第57页。

顺逆。今闻甚拂民愿，反非予以文教定民之本心矣。自兹以后，天下臣民照旧束发，悉从其便"①。

在京城局势基本稳定后，多尔衮于六月廿七日下令将明朝诸帝的灵位从太庙中迁出，移进历代帝王庙，并煞有介事地撰写了一道祭文，祭文中称："兹者，流寇李自成颠覆明室，国祚已终。予驱除逆寇，定鼎燕都。惟明乘一代之运以有天下，历数转移如四时递禅，非独有明为然，乃天地之定数也。"② 正式宣布明朝灭亡。

眼看大局已定，投降清廷的明朝遗臣纷纷各显神通，表示效忠。如六月廿一日，锦衣卫副千户宋运臣上书请求领兵参与西征。

　　锦衣卫衣中所副千户宋运臣谨揭为圣朝政治通新，小臣不才思奋，伏乞殿下□部察推以效犬马以襄治安事。职□前朝锦衣卫副千户，因擒贼有功，复请缨剿寇，加升参将，于本年二月二十七日兵部推职山海车右营参将。正在候命，突遭流寇叛逆纠党弑君，幽拘职身，拷掠濒死，家产抄尽，性命悬线。恭遇大清皇帝应运握符，拯民水火，提义旅扫贼至，廓清寰宇，莫安人民，令旨时颁，汇罗才俊……伏念职矢志办贼，未竟其猷，欲尽所长，用武无地……恭恳殿下鉴职愚衷，不拘京外冲腹，敕部循资推用，或使恢办流孽，或使抚安中原，誓此顶踵以答栽培之圣德。③

从文中看，宋运臣显然是在大顺军占据北京期间遭到了酷刑拷掠追赃，请求参战既是对新朝的效忠也含有复仇的目的，而骆养性受命总督天津军务，无疑也使其看到了希望。宋运臣的请求多尔衮没有直接答复，另一些遗臣则有切实的表现机会。如六月廿九日，

①《清世祖实录》卷五，顺治元年五月辛亥条，第60页。
②《清世祖实录》卷五，顺治元年六月癸未条，第65页。
③（清）宋运臣：《锦衣卫副千户宋运臣揭帖》，中研院历史语言研究所编印：《明清史料（甲编）》第一本，商务印书馆（代发行）1930年版，第66页。

锦衣卫百户危列宿报告："臣招抚至天津地方，咨访流寓及在籍官员党崇雅、张端、高尔俨、戴明说等四十三员。招回逃海难民一万七千余名。"① 多尔衮下令尽力安抚并量才录用。

明朝中后期勋戚大臣占据了大量的庄田地土，既影响了国家财政收入，又在一定程度上激化了阶级矛盾。多尔衮明确宣布明朝国祚已终之后，这些前朝奏讨来的土地能否继续保留成了前朝勋戚们的一块心病。

七月初五，同样遭到过大顺军拷掠的明朝驸马冉兴让之子、锦衣卫副千户冉印孔上文：

> 职父冉兴让，前朝驸马都尉，尚寿宁大长公主，给有赡养田土，坐落顺天等府昌平州、武清县、无极县、蓟州、藁城县、香河县、玉田县等处，共田一千五百余顷。旧例：所在有司征解子粒，以资用度。父生不□，遭流贼入城，国破家亡，父子惨死，幸蒙王师仗义雪愤除凶，定鼎京师，万民有主。职叨父余荫，备员宿卫，得随在廷，诸臣之后仍受旧职，叨沐隆恩，实为再造，所有前项田土，原系公家之物，今舆图入圣朝，普天莫非朝廷，又职父在日，私家铢积，置有薄地数处，肥饶不等，□职□等子息众多，赖以存活，今一并开请，不敢隐匿，伏望敕下户部，将子粒田土即与开除，令州县征解太仓，以充国用。其私置产业，或念职等茕茕无依，父死未葬，仍赐管业，则职父骸骨免于暴露，壹家多□□□即填沟壑，皆我王上优恤至仁，职顶戴天恩无穷矣。职不胜悚息哀恳之至，为此□亲斋谨具启。计开：钦赐赡田一千五百余顷，坐落顺天府昌平州、武清县、无极县、蓟州、藁城县、香河县、玉田县，以上官征子粒，官差解交。价买顺天府宛平县、大兴县、房山县、漷县、顺义县、通州、涿州、香河县、文安县、武清县、保定府定兴

---

① 《清世祖实录》卷五，顺治元年六月乙酉条，第65页。

县、蠡县、高阳县、涞水县看滩、楼梓庄等村共地二百五十余顷。①

明中后期大批皇亲、勋戚子弟进入锦衣卫任职，冉印孔也是其中之一。从其呈文中可以发现，在归顺后，他的锦衣军职并未被剥夺。暂时保留归降明军的原有编制是清初稳定统治的手段之一，冉印孔是这一政策的受益者。冉印孔上书请求交回赐田，保留私买土地既是效忠的表示，也是一种试探。此后，又有多人提出类似请求。如当月初十，"锦衣卫官舍李谏善启进自置庄田"②。李谏善的请求较冉印孔更进了一步，干脆连自己的私有田产一并拿了出来。收回这些人的土地固然可在一定程度上弥补军需的不足，但牵扯多方利益，清廷不能不慎重处理，因而多尔衮在接到李谏善的上书后批示：

> 故明勋戚赡田己业俱准照旧，乃朝廷特恩。不许官吏侵渔、土豪占种。各勋卫官舍亦须加意仰体，毋得生事扰民。③

得到清廷明示后的勋戚们喜出望外，有些人更是得寸进尺，希望明确确权，以免亲属争夺。如锦衣卫都指挥使臣陈大猷在八月初二呈文：

> 原锦衣卫带俸都指挥使臣陈大猷谨启为启明地土方敢承业事。臣系明朝孝安皇太后之正裔，为明穆宗之原配，向蒙封曾祖固安伯之职。始今世守典礼，恩叨世爵。不意三月十九日流寇破都，遍觅勋戚大小诸臣，锁拿挟拷，将臣获住，苦遭惨毒，

---

① （清）冉印孔：《原任管理大汉将军少师驸马都尉今死难冉兴让嫡长孙冉宗儒男锦衣卫副千户冉印孔帖》，见"明清内阁大库档"，台北中研院史语所藏，档案号：085780。转引自詹绍威《台北故宫档案中所见之清代锦衣卫》，《历史学研究》（开源期刊）2016 年第 4 期，汉斯出版社。原引文中的文字或标点错误，本文引用时径自改正，恕不一一注明。
② 《清世祖实录》卷六，顺治元年七月乙未条，第 67 页。
③ 《清世祖实录》卷六，顺治元年七月乙未条，第 67 页。

身无完肤。后于四月二十七日贼败西逃，杀掠惨甚。臣携眷属逃乡遁迹，苟存残喘。幸蒙圣朝天兵剿寇救民，亿万臣民皆赖再生。故如先朝诸臣愧无寸功，不敢叨脟，方启恭进之本，虽仰奉明旨，"前朝勋戚赐田己业，俱各照旧。已有旨了，户部知道"之明旨，乃诸臣实出望外。如臣保定府安肃县有地一百三十五顷七十五亩，在顺天府丰润县地九十七顷五十八亩三分三厘，在大兴县大黄庄地八十五亩，在石婆营地五十亩，在永定门外柘榴庄地十五亩，共五顷地未启恭进，何敢承业？虽照例遵旨耕种，恐有臣族非而正脉强来霸认，而佃户藐顽不遵，反受侠辱。犹恐后来遭有荼毒，受害不浅……伏乞天恩，敕下该部，俾臣得以耕种，获袭衣冠……①

如果明确予以确权，势必会给日后的调整带来麻烦。因此，多尔衮只是批示"户部知道"，敷衍了事。不过，另外一件事却不便敷衍。七月，归顺的前朝司礼监太监曹化淳等上文，指出前朝妃嫔在亡国后纷纷回到娘家生活，多有不便，请求"合无另择空闲府第一处，准令聚居，稍隔尘嚣。即一应人役与夫日用养赡当令自觅自备可也"。呈文中还曾提到"又见百户李国安一本，启为困苦流离枵腹堪怜等事。奉令旨：前朝宫人本当收还禁御，今准在私家随便居住，即为特恩，不必纷纷比例辄求养济。该衙门知道"②。可见，多尔衮对前朝妃嫔回家居住一事早就知晓，且曾在批示中将此举视为恩典。在曹化淳等上书后，多尔衮发现需要调整政策以显示新朝的浩荡皇恩，于是批复："前朝妃嫔俱准与任贵妃同府居住，内□侍女各随带一二名，不必太多。日用养赡，户部量给。礼部知道。"③

---

① （清）陈大猷：《锦衣卫陈大猷启本》，中研院历史语言研究所编印：《明清史料（甲编）》第一本，第 75 页。
② 《原任司礼监秉笔太监曹化淳启请拨给空第令前朝妃嫔居住》，见张伟仁主编《明清档案》第一册，台湾联经出版事业公司 1986 年版，第 B159—B160 页。
③ 《原任司礼监秉笔太监曹化淳启请拨给空第令前朝妃嫔居住》，见张伟仁主编《明清档案》第一册，台湾联经出版事业公司 1986 年版，第 B159—B160 页。

按照明朝制度，妃嫔的直系男性亲属会被授予锦衣卫带俸军职，这些人虽然在卫内不发挥实质作用，但对稳定军心会有不良影响。清廷集中养赡妃嫔、允许继续经营庄田，无疑有利于锦衣卫正常履行各项职能。

八月，清廷正式确定了在京文武官员的薪俸标准，总体上"仍照故明旧例"，其中，"锦衣卫都督，一百六十八两。都督同知、都督金事、都指挥使、都指挥同知，各一百四十四两。署都指挥金事、都指挥金事、指挥使，各一百二十两。指挥同知，九十六两。指挥金事，七十二两。带俸都指挥使等官，四十八两。经历，三十六两。岁额直堂二十六名，共银二百六十两。镇抚司千户、镇抚岁额柴薪银，各四十八两。岁额直堂四十三名，共银四百三十两……"① 锦衣卫的主官本来是正三品的指挥使，但在明朝中后期，主官的职级越来越高，以至于有"缇帅"之称。清廷明确规定了锦衣卫都督、都指挥等系列的薪俸标准，一方面是对晚明处于差遣状态的缇帅身份的正式确认，使锦衣卫成为清初级别最高的军卫，同时也通过此举宣示锦衣卫正式被保留下来，给锦衣官兵吃了一粒定心丸。

二　从锦衣卫到銮仪卫

京城局势稳定后，顺治帝开始做进京准备。为此，礼部于九月启准："圣驾至京，文武百官迎接礼仪应行豫定。先期，工部、锦衣卫修治道途，设行殿于通州城外、南向。司设监设帷幄御座于中，尚衣监备冠服。锦衣卫设卤簿仪仗，旗手卫设金鼓旗帜，教坊司设大乐，俱于行殿西候驾，至前导。先期一日传报。"② 在此前的八月廿八日，锦衣卫都指挥同知王鹏冲已经启奏：

> 启为请给服色、佩刀、銮带以便扈卫，以壮观瞻事。旧制：

---

① 《清世祖实录》卷七，顺治元年八月己巳条，第80页。
② 《清世祖实录》卷八，顺治元年九月己丑条，第84页。

凡臣卫堂上官俱颁给大红蟒袍，衣飞鱼服色、胄背麒麟各一件，绣春刀一把、銮带一条，遇有郊祀、庙享诸大典礼则穿带随侍，此载在《会典》，向来通行者也。臣侍前朝，领过服色等，舛遭流贼之难，俱失落无存，今圣驾将至，臣等赴通恭迎君，只以常服随侍，恐非所以。伏以乞上睿鉴，臣鹏冲、臣可用等二员应给服色、绣春刀、銮带等件。①

王鹏冲是明末吏部尚书王永光之孙，崇祯朝仕至锦衣堂上金书。多尔衮进京不久，锦衣卫原长官骆养性被外放总督天津等处军务，锦衣卫主官应该已经落到王鹏冲头上。顺治元年十二月，清廷赏赐群臣，其中赏"锦衣卫掌印指挥王鹏冲及彻回山西总兵官吴惟华、左都督骆养性等鞍马各一匹"②也证明了这一点。王鹏冲提前申请赐服既是迎驾所需，也是在展示其效忠的积极性。但新朝完全沿用前朝仪仗、服色未免不妥，因此，多尔衮批复："王鹏冲、乔可用二员所领服色、銮带，该部察例给与，佩刀免领。其管理各官应否并给服色，还行该部衙门确查。"③绣春刀由此退出历史舞台。

礼仪职能是锦衣卫最基本的职能之一，除此之外，锦衣卫的其他职能在顺治初也有所体现。如六月廿二日，王鹏冲报告西司房理刑千百户蒋文举、旗尉胡德裕、王文宝等人访获盗劫库银850余两的嫌犯王守仁等人④，这一案例显示锦衣卫的捕盗校尉们仍在正常履行职责，且沿用了秘密缉查的方式。

当年九月，为给顺治帝进京创造良好氛围，多尔衮谕令内阁、

① （清）王鹏冲：《锦衣卫掌卫事都指挥同知王鹏冲等帖》，见"明清内阁大库档"，台北中研院史语所藏，档案号：185049008. 转引自詹绍威《台北故宫档案中所见之清代锦衣卫》。

② 《清世祖实录》卷一二，顺治元年十二月甲子条，第115页。另据《掌锦衣卫事王鹏冲奏本》（顺治元年十月初五）显示，当时的王鹏冲已经自称"锦衣卫掌卫事指挥同知"。可见，至迟在十月份，王鹏冲已经是锦衣卫最高领导。见中研院历史语言研究所编《明清史料·丙编》第五本，商务印书馆1936年版，第452页。

③ （清）王鹏冲：《锦衣卫掌卫事都指挥同知王鹏冲等帖》。

④ 《顺治元年六月二十二日之二，锦衣卫都指挥同知王鹏冲启报伏劫库银复审情真请旨定罪并请议叙捕盗人员》，见张伟仁主编《明清档案》第一册，第B13—B15页。

部院等机构查处传播清军"于八月屠民"、"圣驾至京，杀万人祭纛，纵兵抢掠三日"①等谣言者。锦衣卫也是该任务承担者之一。这一职责类似明朝的查处妖言，势必也会用到秘密巡缉。

明代，锦衣卫是皇帝最信任的侍卫亲军。清廷以满洲人为统治上层，且在稳定局势后很快即推行剃发、易服等极端政策，再由完全由汉族官兵组成的锦衣卫执行保卫任务显然不合适。因此，清廷在顺治帝入京并落实一系列基本政策后，开始着手改组锦衣卫。

顺治元年十二月，清廷"以内大臣、辅国将军锡翰总理锦衣卫事"②，显示改组正式提上日程。按照清代史籍的记载，锦衣卫在顺治二年被裁撤，改组为銮仪卫。如官修《清通典》记载："初制，自顺治元年置锦衣卫指挥使等官，二年改为銮仪卫。四年罢指挥使，置銮仪使及副使等官。五年，罢銮仪副使，定銮仪使，满洲、汉人员额各二。九年，始以内大臣掌卫事。"③《日下旧闻考》亦载"銮仪卫署，在长安右门外，即明锦衣卫旧署。本朝顺治二年改为銮仪卫"④，但都没有记载銮仪卫成立的具体时间。

据《清实录》记载，顺治二年正月，清廷"予殉难招抚侍郎王鳌永祭葬。荫其子橒为锦衣卫世袭指挥佥事"⑤。五月初六，赏赐包括锦衣卫在内的多个部门冰块，"著为例"⑥。五月十七日，"叙迎顺各官功。授恭顺侯弟吴惟华为恭顺侯。锦衣卫提督东司房太子太傅左都督骆养性为太子太师。海运副将都督同知海时行为右都督。锦衣卫指挥同知吴惟蕃为指挥使。锦衣卫指挥佥事吴惟庄为指挥同知"⑦。可见，至迟到顺治二年五月中旬，锦衣卫依然存在。

① 《清世祖实录》卷八，顺治元年九月壬辰条，第85页。
② 《清世祖实录》卷一三，顺治元年十二月己卯条，第117页。
③ （清）官修：《清通典》卷三〇《职官八》，景印文渊阁四库全书本，第383页。
④ （清）于敏中、英廉：《日下旧闻考》卷七二《官署十一》，景印文渊阁四库全书本，第140页。
⑤ 《清世祖实录》卷一三，顺治二年正月甲午条，第120页。
⑥ 《清世祖实录》卷一六，顺治二年五月丁亥条，第142—143页。
⑦ 《清世祖实录》卷一六，顺治二年五月戊戌条，第145页。

到六月份，《实录》的记载出现了变化。六月初三，"恤守怀庆、援济源阵亡将士。予副将常鼎祭二坛、全葬，荫一子銮仪卫指挥佥事、世袭。参将陈国才祭一坛，荫一子銮仪卫百户、世袭"①。闰六月廿五日，"以殉难副将常鼎子启侯荫銮仪卫指挥佥事，参将陈国才子其忠荫銮仪卫实授百户"②。这两条记载说明两个问题。一是銮仪卫的成立时间应在五月下旬或六月初三之前。二是銮仪卫成立之初还保留了武官世袭的明朝旧制，但从次月常鼎和陈国才之子荫授官职不变却不再世袭来看，清廷应该是在当月取消了武职官员的世袭特权，延续了几百年的卫所世袭武官制度至此寿终正寝。

虽然取消了军官的世袭特权，且去掉了诸多的职能，"专司銮舆、仪仗"③，但锦衣卫对銮仪卫的影响依旧很深。

首先，在八旗高官依然存在世袭权力的情况下，銮仪卫属官的世袭特权并未彻底消失。如顺治八年五月，清廷议定：

> 遵奉太祖配天恩诏，议有功汉人大小世袭武职，俱以銮仪卫、外卫所用，照新入八旗官员例，给与世袭敕书，酌定汉名品级。一等精奇尼哈番称为銮仪卫都指挥使、正一品。二等精奇尼哈番称为銮仪卫都指挥副使、从一品。三等精奇尼哈番称为銮仪卫都指挥同知、从一品。一等阿思哈尼哈番称为外卫都指挥使、正二品……④

顺治元年，清廷仿照汉制，"加封功臣公、侯、伯世爵，锡之诰券。时公、侯、伯下无子、男，副、参即其爵也。四年，改昂邦章京为精奇尼哈番，梅勒章京为阿思哈尼哈番，扎兰章京为阿达哈哈

---

① 《清世祖实录》卷一七，顺治二年六月甲寅条，第149页。
② 《清世祖实录》卷一八，顺治二年闰六月乙巳条，第164页。
③ （清）于敏中、英廉：《日下旧闻考》卷七二《官署十一》，第144页。
④ 《清世祖实录》卷五七，顺治八年五月辛卯条，第449页。

番，牛录章京为拜他喇布勒哈番。授爵自拖沙喇哈番始"[1]。"乾隆元年，定精奇尼哈番汉字为子，阿思哈尼哈番为男，阿达哈哈番为轻车都尉，拜他喇布勒哈番为骑都尉，拖沙喇哈番为云骑尉，满文如故。"[2]

按照顺治八年的规定，汉族将领获得子爵世袭爵位时，均隶籍于銮仪卫，且使用都指挥使、都指挥同知等称号，获得世袭男爵者则隶籍于外卫。换句话说，銮仪卫都指挥系列武官的职务仍是可以世袭的。另外，将这一系列的世袭武职放在銮仪卫显然也是受到了明代锦衣卫高级武官寄禄带俸制度的影响。

顺治六年二月，清廷"以原任銮仪卫官骆养性为浙江掌印都司"[3]。顺治元年十月，时任天津总督的骆养性因擅自迎接弘光政权北上议和的使团而遭到处罚，"革总督任，仍留太子太保、左都督衔"[4]。骆养性归降时是以左都督衔执掌锦衣卫，革任后，应该是回到锦衣卫领取对应的薪俸。据顺治六年的记载称其为"原任銮仪卫官"来看，在锦衣卫改组为銮仪卫之后，原来锦衣卫内的官员应是整体并入銮仪卫，然后再逐渐清理，另行安置的[5]。骆养性估计是因为级别太高，不便出卫安置，所以官籍才一直没有离开銮仪卫。

其次，锦衣卫秘密侦缉制度在銮仪卫成立后仍然存在了一段时间。顺治三年，史科给事中张国宪上书：

> 臣闻官各有守，爹则滋扰。明朝锦衣之设也，初以备仪卫、重警跸而已。嗣后日近左右，渐窃事权，巧秘入告，小信结主，天下臣民重足而立。盖此辈半出棍徒，巧于捏造，或诱人妄首，引之成词；或窥人厚藏，诈之使贿；或以无为有，私拷示威；

---

① 赵尔巽等：《清史稿》卷一一七《职官四》，中华书局1977年标点本，第3362页。

② 赵尔巽等：《清史稿》卷一一七《职官四》，第3362—3363页。

③ 《清世祖实录》卷四二，顺治六年二月戊午条，第342页。

④ 《清世祖实录》卷九，顺治元年十月甲子条，第98页。

⑤ 如顺治五年闰四月，"裁銮仪卫官一百一十四员"。见《清世祖实录》卷三八，顺治五年闰四月甲辰条，第308页。

或以是为非，饱囊卖法。势之凶横，如虎如狼。计之罗织，如鬼如蜮。迄今言及厂卫，犹有悚然惊喟。然叹者幸我皇上洞见前弊，易锦衣为銮仪。仰见圣睿渊微，令此辈顾名思义，洗涤肺肠，尽其职掌，无复再逞故智也。

臣等办事科中，闻有缉事员役在内院门首，访察赐画。夫赐画，特典也。内院，重地也。有何弊端，容其缉访？内院可访，则在外有司何所不至哉？此而不禁，弊将更甚前朝矣。况今各衙门，满汉同堂，精白一心，凡有举动，中外咸见，又何用此辈缉访？无非欲因循假借，为之渐复旧习而已。伏乞皇上严敕该衙门，令执事员役各尽銮仪职业，无复侵预别事。如有大奸巨恶，悖纪犯法者，专责应治有司。庶小人不得行其奸，有裨圣政匪浅鲜矣。①

顺治帝喜欢绘画，且喜欢时不时赏赐给臣下。按照有关制度规定，接受赏赐需要有一系列的礼仪规范。銮仪卫缉事人员在内院附近蹲守，"访察赐画"，估计就是察访这类违制行为。清初，满人行事粗糙，对相关礼仪不是很尊重。对这类行为，清廷往往含糊处理，但如果有人据此举报，则不能不处理。缉事人员的访察无形之中给清廷增加了很多麻烦。张国宪以此为切入点建议废止缉查，可谓抓住了一个不是要害的要害，因而得到廷臣们的热烈响应。顺治三年七月廿一日，清廷下令"革銮仪卫缉访人役，永著为令。从给事中张国宪请也"②。

对于革除缉访人员的时间，史籍中有不同记载。如《客窗偶谈》记载为"本朝改锦衣为銮仪，缉捕如故。顺治四年春，銮仪使王鹏冲奏罢缉访，专司法驾，以内大臣领之，改衙门为二品，长安中除

---

① （清）张国宪：《请禁访役》，（不著辑者）《皇清奏议》卷二，续修四库全书丛书影印本，第32—33页。
② 《清世祖实录》卷二七，顺治三年七月乙丑条，第229页。

一大病，不然，秦法偶语，武氏告密，岂盛世所宜有哉"①。

这段记载有些过于笼统，容易让人产生误解。第一，以内大臣管领銮仪卫始于遏必隆。顺治九年四月，清廷"以公鳌拜巴图鲁总管侍卫，公遏必隆、公额尔克戴青俄齐尔管銮仪卫事"②。同年十一月，兵部议准："总理銮仪卫事内大臣公遏必隆衔名应为銮仪卫掌卫事。其满洲各官品级衔名应与汉官同。"③可见，内大臣管领銮仪卫是顺治九年以后的事。

第二，按《实录》记载，顺治四年九月，清廷"更定銮仪卫官员品级。銮仪使，正二品。銮仪副使，从二品。冠军使，正三品。冠军副使，从三品。云麾使，正四品。云麾副使，从四品。治仪正，正五品。治仪副，从五品。整仪尉，正六品。整仪副尉，从六品"④。这一时间距离张国宪上书已经过去了一年多，清廷的反应不会如此迟钝。

据《实录》记载，顺治十六年七月，"降銮仪卫銮仪使王鹏冲四级，冠军使参特黑、满辟永铠各三级。冠军使刘永灏一级，俱仍留原任。以上祭太庙失备銮驾故也"⑤。王鹏冲在顺治元年即掌锦衣卫事，顺治十六年仍在銮仪使任上。顺治朝的銮仪使共四名，"五年，罢銮仪副使，定銮仪使，满洲、汉人员额各二"⑥。据此推断，銮仪卫初创时，王鹏冲就是銮仪使。按常理，张国宪提出建议后，清廷应征求銮仪卫官员的意见，由于缉事员役主要是汉人，汉族銮仪使王鹏冲的意见就显得十分重要。估计王鹏冲投了赞成票并在废止缉事职能过程中发挥了协调各方利益的作用，《客窗偶谈》的作者才把罢缉访的功劳记到他的头上。

第三，明代锦衣五所各领十司，十司校尉承担有关的仪仗、銮

① （清）陈僖：《客窗偶谈·锦衣卫》，见氏著《燕山草堂集》卷四，第572页。
② 《清世祖实录》卷六四，顺治九年四月乙卯条，第500页。
③ 《清世祖实录》卷七○，顺治九年十一月壬寅条，第553页。
④ 《清世祖实录》卷三四，顺治四年九月甲戌条，第280页。
⑤ 《清世祖实录》卷一二七，顺治十六年七月丁卯条，第983页。
⑥ （清）官修：《清通典》卷三○《职官八》，第383页。

驾擎持、摆设等任务，銮仪卫对这一体系完全承袭，只是在规模上做了压缩。史载，顺治十一年六月，管銮仪卫事内大臣公遏必隆等会同兵部议准：

> 旧会典开载，明季锦衣卫衙门设有左、右、中、前、后共五所。每所各有銮舆等十司，共五十司。我朝定鼎以来，每所止存一司，共五司。今议每所应设二司。左所，銮舆司、驯马司。右所，擎盖司、弓矢司。中所，旌节司、旛幢司。前所，扇手司、斧钺司。后所，戈戟司、班剑司。此十司俱应给印。又驯象所设东、西二司，亦应给印。其印信俱令满员掌管。左所銮舆司、驯马司管大辂、玉辂、大马辇、小马辇、香步辇、凉步辇、大仪轿。右所擎盖司、弓矢司管伞、大刀、撒袋、豹尾枪、方天戟。中所旌节司、旛幢司管旛幢、龙纛、小旗、马金钺。前所扇手司、斧钺司管蚌柯等扇、金器、椅踏、蝇拂、御杖、星篦头、□荐、静鞭、品级山。后所戈戟司、班剑司管星宿纛、立瓜、卧瓜、吾仗。又旗手卫原有五所。每所各有十伍，共五十伍。今旗手卫设左右二司，亦给印信。其卫司印仍令旗手卫官掌管。①

与锦衣卫相比，銮仪卫除了削减掉很多职能外，最大的变化就是强化满蒙王公大臣的主导权。如銮仪卫掌卫事大臣，只能以"王公、满洲蒙古武大臣管理"，下辖五所掌所印冠军使只能由满人出任，所下两个司的掌印云麾使，也是"满洲二人"②，等等。

结　语

清朝的典章制度以"清承明制"为总的特点。入关后，为迅速

---

① 《清世祖实录》卷八四，顺治十一年六月壬申条，第660页。
② （清）官修：《清通典》卷三〇《职官八》，第381页。

稳定局势，对明朝制度乃至官员几乎是全盘接收，然后再在制度细节上施以零敲碎打式的调整以及人员配置上的满、汉兼置。定都北京以及顺治皇帝进京都需要一系列的配套礼仪和道路整治、京城治安防范等辅助措施，兼具多种职能的锦衣卫在此背景下得以保留。多尔衮允许明朝勋戚继续占有庄田以及集中安置前朝嫔妃的政策稳住了大批锦衣武官，重用骆养性则为准备效忠新朝的武官们做了一个示范。

在清廷的有效措置下，锦衣卫在顺治元年很好地发挥了作用。但皇帝的安保工作明显不宜由"原装"的锦衣卫承担，因此清廷很早即开始改造锦衣卫，取消颁赐绣春刀迈出了第一步，以内大臣锡翰总理锦衣卫事则为彻底改组锦衣卫吹响了冲锋号。但在惯性影响下，锦衣卫的秘密侦缉等职能一度被銮仪卫继承，经过一段时间的过滤后，銮仪卫才完全成为由满蒙王公贵族把持，专司銮舆、仪仗，兼有保卫职能的清朝皇家仪仗队。存在了近三个世纪的锦衣卫最终失去了借尸还魂的可能，彻底成为历史名词。

总　　结

　　中国传统制度体系在两宋之际发生明显的变化。宋初，惩晚唐、五代主弱臣强、武臣擅权之流弊，官制体系名义上承袭唐制，实则叠床架屋，在旧机构之侧增设新机构以分割宰相及省部寺监的权力，重差遣之权，人为造成官制体系混乱，名不副实的现象。宋神宗元丰改制，在职事官与差遣官合并的同时，撤并了大量机构，事实上实现了一次职官体系的简省化。南宋时，又做了进一步的合并，如并卫尉寺入兵部、太仆寺入驾部、少府监入工部，等等。先后入主中原的金、元两朝由于核心统治阶层自身文化积淀有限，原有的制度非常粗疏，不成体系，不得不大量借鉴宋朝制度，从而进一步发扬了简省化的改革"传统"。

　　明王朝作为古代中国最后一个以汉族为统治主体的政权，舆论上宣传"恢复中华"，实则大量承袭元朝制度，从而形成独具特色的融合了大量北方民族异质文化因子的新型中华典章制度体系，而简省化的趋势也在这一体系中得到充分体现，职能空前宽泛的锦衣卫制度则是这一大趋势背景下的极端化成果。

　　蒙古帝国诞生前，还处在军事酋长制盛行的阶段，首领具有至高无上的地位。由于发展过于迅速，这一传统没有经过充分洗涤即进入文明时代。反映在元朝典制当中，即君臣之间浓厚的主从（主奴）关系以及私属性极强的怯薛制度、亲军卫制度等。这些因素在锦衣卫当中或多或少都有所体现。

怯薛是蒙元大汗（皇帝）的私有直属部队，兼具大中军、侍卫团、传令兵、勤务人员等多重角色。锦衣卫作为明朝皇帝最亲密的护卫部队，在成立之初既具有大规模野战能力，沿袭宋朝名称的锦衣快行背后是怯薛远箭士、近箭士乃至贵由赤的影子。大汗和宗王均拥有四怯薛和校尉的制度也在明代校尉制度中大体再现，甚至以只孙服为代表的典礼服装都没有变化。只是结合中原实际，怯薛的勤务团功能在明朝被拆解，大部分交给了宦官二十四衙门，少量留给了锦衣军官主持的礼仪房等机构。锦衣卫内的勋卫和散骑舍人则是蒙元贵族遣子加入怯薛旧俗和中原周秦以降贵胄子孙宿卫朝堂传统的成功嫁接。

蒙元黄金家族至高无上的地位对明初的皇帝极权专制无疑是有影响的。朱元璋在称帝之前就曾组织了一支独立于大都督府的亲军队伍，在反元和平定群雄过程中发挥了主力军或战略预备队的作用，只是由于和中华传统典制明显冲突，才在1364年划归大都督府。明朝建国后，历经波折，朱元璋重建了直属的亲军卫，并在胡惟庸案件的直接刺激下最终成立了锦衣卫。

出于对臣下的极度不信任，在战争年代熟稔军事谍报人员使用方式的朱元璋沿用了宋朝皇城司的察事制度，在锦衣卫中设置了以秘密缉查手段打击大奸大恶以及异己势力的东、西司房。元、明卫所中都有独立的司法部门——镇抚司和监狱，胡惟庸案持续多年，为便于御审，不免会有很多人犯被直接投入到锦衣卫监狱中。尽管洪武二十年朱元璋象征性地焚毁锦衣卫刑具，宣布镇抚司不再审理卫外案件，但锦衣卫狱以及行事校尉的恐怖形象在士大夫心底留下了足够的阴影，并在后世随着北镇抚司的出现以及特定时段（如英宗朝）滥用行事校尉而扩大化。

随着时间推移，宋代很多制度在金元时期已经被消化乃至发展，这在锦衣卫制度中也得到了体现，最典型的就是侍卫将军制度。宋代的天武将军主要发挥的是仪仗队功能，身材高大的镇殿将军在元代已经被形象地称为大汉将军。锦衣卫内的侍卫将军虽然兼具仪仗和护卫职能，明初还一度恢复使用天武将军的番号，但受惯性的影响，天武将军番号很快被丢进故纸堆，大汉将军番号被重新捡起来，甚至把名副其实的大汉将军和普通侍卫将军混同，都称为大汉将军，并堂而皇之地走进官方文书。

与前朝不同的是，在沿袭元代军户世袭制度的同时，在锦衣卫中占有很大比重的校尉和力士采用了以民间佥充为主的组建方式。虽然是新变化，但其目的无疑是为了保证校尉队伍的精干和力士的战斗力，和蒙元大汗（皇帝）追求高素质的怯薛队伍在精神上是一致的。

作为职能广泛的机构，锦衣卫职能的"博"在某种程度上甚至可以作为包袱使用，现有制度体系不便安置的人员都可以送进锦衣卫，交给镇抚司或经历司带管。明前期不断归附的达官达兵可以入卫，需要优待的皇亲可以入卫，受皇帝青睐的画师、工匠等特殊人才也可以入卫，这在前朝是不可想象的。数以千计的达官达军不能一味地"寄禄"，消耗粮饷，于是衍生出一项附加职能——参与各类出使活动，既可以是翻译官，也可做使团卫队甚至使团"团长"（代表大汗出使，原本也是怯薛高官的正常职责之一）。进入锦衣卫为鸿胪寺高水平的通事、有特殊才能的匠艺人才等的晋升打开了一个通道，避免了人材壅滞，客观上是有益的，但冲击了士大夫群体心目中的良好等级秩序，结果成为他们抨击的对象。在不懈批判传奉官的同时，勋卫、散骑、通事等也被连累，集体进入士大夫们的鄙视链。

作为"私有财产"，明朝皇帝非常重视锦衣卫的独立性，严禁其与外廷文武臣僚私下交往，并为此多次发出严厉敕谕，警告不轨者，但类似现象不仅无法禁绝，反而越来越多。出现这样的问题，一方面缘于制度设计，另一方面是受社会变化的大环境影响。制度上，锦衣官兵无法避免和外廷文武面对面交流。传宣诏命的对象是外廷文武，受命管理的官房主要是文武大臣居住，维护京城治安需要和五城兵马司、巡城御史配合，行事校尉们办结的大案要案需要移交法司复审定案，礼仪房召用隐婆、奶婆更少不了州县官的辅助。即便是承担秘密缉查职责的行事校尉、捕盗校尉，也是由地方政府间接选拔上来的。诸多的环节决定了锦衣官兵无法完全规避与文武大臣接触。在社会层面，儒家伦理长期盘踞意识形态领域，以致中国传统上就是个人情社会，法治只是辅助。现实的社会无法为锦衣卫提供一个封闭的内循环的条件，比如锦衣官兵户下人丁的婚姻对象就无法限定在卫内，因为锦衣官兵在制度上是流动的。即便限制在亲军卫内，都有现实的困难。

无法切断锦衣卫与外界的联系，自然无法避免锦衣卫本身随着社会变化而"变质"。

成、弘以降，中国社会发生明显的变化，锦衣卫作为国家机器的核心部件，其职能也对社会变化做出了曲折的回应。在经济领域，锦衣卫时而被用于禁用铜钱，时而用于打击伪钱；先是分兵参与管理皇庄，后来又去打击滥占田地，最后终于在奉命开采矿藏时与皇权达成一致。在政治领域，锦衣卫一方面成为维护旧制度的武器，上街巡查违反舆服制度的"服妖"人群，另一方面又要成立专门的街道房，维护京城街巷秩序，打击滥挖滥占街巷地土的势要群体。这些错杂无序的变化还不是主要的，更关键的变化是与士大夫群体的关系。

土木之变，元勋宿将损失殆尽，武官的地位由此发生转折，至成化年间已经彻底被士大夫集团压制。在把握了话语权的士大夫眼中，武官不过是"厮役之徒"，文官才是"股肱之任"。在这样的价值导向下，锦衣卫中涌现出一批亲近士大夫的官员，低层次的效仿文人雅士的生活习惯，高层次的不仅识文断字，而且直接倒向士大夫群体，成为后者的客观保护人。即便是曾令士大夫望而生畏的行事校尉们，也借着妖言泛滥的机会，开始重点打击妖言和恶性案件，把秘密监察士大夫不法行为的职责甩给了走上前台的东厂。

　　作为对立面的士大夫群体也开始转变态度。大致从正统年间开始，大量皇亲和宦官弟侄涌入锦衣卫做官，其中一部分甚至获得实职。为减轻士大夫们的抱怨及平衡二者的利益，皇帝也曾以恩荫的方式允许高级文官子弟进入锦衣卫为官，但并没有得到足够的响应，大多数士大夫仍以做武官为耻。直到正德年间，这一现象才出现改变，文官群体在总体上开始接受恩荫入卫。此后，士大夫群体利用掌握锦衣考选的权力逐渐把本群体出身的武官安排到各级军职岗位上，从而成为锦衣卫的主导者。锦衣卫由此从皇帝的私属摇身一变，成为士大夫群体的附属品。

　　从嘉靖议礼开始，士大夫群体由于政见不同开始出现分化，进而在万历年间演化为激烈的朋党之争。由文官子弟把持的锦衣卫也不可避免地沾染了这种坏风气。万历皇帝怠政，听之任之，更加剧了这一政治乱象。天启朝，以魏忠贤为首的宦官势力纠合暂时失势的齐党、楚党、昆党等士大夫群体组成阉党，和东林党展开激烈斗争，并在得势后对后者进行了残酷的打击。《明代特务政治》等论著经常把天启年间东厂、锦衣卫对东林党的残酷镇压视为明代专制独裁以及锦衣卫是特务机构的例证。事实上，在阉党着手报复东林党之初，刘侨、徐本高等倾向东林党的锦衣卫主官纷纷离职，为阉党卖命的是由其一手扶植起来田尔耕、许显纯等人。从很大程度上讲，锦衣卫参与的对东林党的迫害并不是皇权极端专制的反映，更不是特务政治，而是在皇权旁落的背景下，由宦官集团参与并主导的士大夫群体内部的激烈内讧。

　　事实上，晚明时期的锦衣卫从来没有主动打击过士大夫，即便是在激烈的嘉靖大礼之争时，皇帝也没有动用过锦衣卫的力量，反而涌现出很多像陆炳这样的亲近士大夫，主动与士大夫联姻的锦衣卫主官。倒是万历皇帝需要对天启朝的乱局负一定责任。正是由于他的不作为，使朋党之争不断加剧。锦衣卫最终被士大夫群体掌握也是发生在他主政期间。

　　名列阉党"五彪"之一的许显纯尤其值得注意。他是世宗之女、嘉善公主的孙子。按理，作为皇亲，本应坚决抵制阉党这种挖自家墙角的行为。可他却投入魏忠贤的怀抱，坚决做起了自家家奴的鹰犬，虽然其道德品质恶劣是主要因素，但亦不排除有士大夫群体掌握锦衣卫军官考选后没有为皇亲、宦官弟侄留少许位置，从而招致激烈报复的因素。

局面一旦形成，即很难扭转。崇祯帝即位后可以严厉打击阉党，却解决不了朋党，即便是最值得信赖的锦衣卫也和皇帝离心离德，与阁臣反而关系更亲近。管卫事的徐本高和大学士钱龙锡是亲家，骆养性也是"周辅延儒特用"①。崇祯帝处死熊开元的密令被骆养性杯葛多日固然是可敬的举动，但也是皇帝无力再全面驾驭锦衣卫的表现。

纵观锦衣卫的历史可知，这个几乎与明王朝相始终的机构并不是朱元璋的突发奇想，而是在宋元制度传统的影响下产生的一个职能高度宽泛的"博"官机构。在它身上既有前朝宫禁制度、礼仪制度的影子，又有来自北方草原的亲军制度的大量因子，同时还有明廷独特的包袱性创造（既可以在必要时吸收不同人群，也可以随时以"差遣"名义附加其他机构不具备的职能）。相比之下，备受士大夫诟病的秘密监察只是它的一小部分功能。在残害士大夫过程中发挥了很糟糕作用的北镇抚司则是一个锦衣卫无权干预的挂靠机构。作为一个有着诸多特定资源的强力机构，锦衣官兵中间确实出了很多欺压良善的奸邪之辈，从这个角度，将其视为皇权专制的产物乃至帮凶未为不可，但将其视为特务机构无疑是以偏概全。

成也萧何，败也萧何。职能广泛的锦衣卫可以帮助明廷应对很多不可预知的问题，但也因此给自己招致了太多的批评。清承明制，对明朝制度几乎全盘接收，唯独只允许锦衣卫存在了一年，就将其废除，将其职能部分分解给新成立的銮仪卫，部分彻底抛弃，其原

---

① （明）李清：《三垣笔记·中·崇祯》，第55页。

因就在于晚明时期的锦衣卫获得了太多的骂名，是腐朽明朝廷合格的替罪羊，因而也就成了清廷争取舆论支持的首选。

将过多的职能安排在一个机构身上很容易因为个别环节出现疏漏而影响整个机构的正常运作甚至酿成严重后果，这是锦衣卫制度留给后人的一个重要警示。

主要参考文献

一　古籍文献

（一）实录、档案

《明太祖实录》，台北中研院史语所 1962 年校勘影印本。

《明太宗实录》，台北中研院史语所 1962 年校勘影印本。

《明仁宗实录》，台北中研院史语所 1962 年校勘影印本。

《明宣宗实录》，台北中研院史语所 1962 年校勘影印本。

《明英宗实录》，台北中研院史语所 1962 年校勘影印本。

《明宪宗实录》，台北中研院史语所 1962 年校勘影印本。

《明孝宗实录》，台北中研院史语所 1962 年校勘影印本。

《明武宗实录》，台北中研院史语所 1962 年校勘影印本。

《明世宗实录》，台北中研院史语所 1962 年校勘影印本。

《明穆宗实录》，台北中研院史语所 1962 年校勘影印本。

《明神宗实录》，台北中研院史语所 1962 年校勘影印本。

《明光宗实录》，台北中研院史语所 1962 年校勘影印本。

《明熹宗实录》，台北中研院史语所 1962 年校勘影印本。

《明□宗□皇帝实录》，中研院史语所 1962 年校勘影印本。

《崇祯实录》，台北中研院史语所 1962 年校勘影印本。

《崇祯长编》，台北中研院史语所 1962 年校勘影印本。

南炳文、吴彦玲：《辑校万历起居注》，天津古籍出版社 2010 年版。

南炳文：《校正泰昌天启起居注》，天津古籍出版社 2012 年版。

（清）黄宗羲：《弘光实录抄》，浙江古籍出版社 1985 年版。

（清）王夫之：《永历实录》，《中国野史集成》丛书，巴蜀书社 1993 年影印本。

《清世祖实录》，中华书局 1985 年影印本。

［朝鲜］《李朝太宗实录》，日本学习院东洋文化研究所昭和二十九年（1954）影印本。

［朝鲜］《李朝世宗实录》，日本学习院东洋文化研究所昭和三十一年（1956）影印本。

（宋）钱若水修，范学辉校注：《宋太宗皇帝实录校注》，中华书局 2012 年版。

《中国明朝档案总汇》，广西师范大学出版社 2001 年版。

中研院历史语言研究所编印：《明清史料（甲编）》，商务印书馆（代发行）1930 年版。

中研院历史语言研究所编：《明清史料·丙编》，商务印书馆 1936 年版。

张伟仁主编：《明清档案》，台湾联经出版事业公司 1986 年版。

　　（二）编年、纪传体史籍

（唐）魏徵、令狐德棻：《隋书》，中华书局 1973 年版。

（宋）薛居正等：《旧五代史》，中华书局 1976 年版。

（元）脱脱等：《宋史》，中华书局 1977 年版。

（元）脱脱等：《金史》，中华书局 1975 年版。

（明）宋濂等：《元史》，中华书局 1976 年版。

（清）张廷玉等：《明史》，中华书局 1976 年版。

（清）万斯同：《明史》，《续修四库全书》丛书，上海古籍出版社 2002 年影印本。

（清）屠寄：《蒙兀儿史记》，民国武进屠氏刊本。

赵尔巽等：《清史稿》，中华书局 1977 年版。

（宋）司马光：《资治通鉴》，中华书局 1956 年版。

（宋）李焘：《续资治通鉴长编》，中华书局 1979 年版。

（宋）李心传：《建炎以来系年要录》，中华书局 1956 年版。

（宋）李心传：《建炎以来朝野杂记》，中华书局 2000 年版。

（宋）留正：《皇宋中兴两朝圣政》，北京图书馆出版社 2007 年版。

（宋）叶隆礼：《契丹国志》，上海古籍出版社 1985 年版。

（明）陈建：《皇明通纪法传全录》，续修四库全书丛书影印本。

（明）佚名：《秘阁元龟政要》，《四库全书存目》丛书，齐鲁书社
　1996 年影印本。

（明）尹守衡：《皇明史窃》，续修四库全书丛书影印本。

（清）谈迁：《国榷》，中华书局 1958 年版。

（清）张岱：《石匮书》，续修四库全书丛书影印本。

（清）查继佐：《明书（罪惟录）》，齐鲁书社 2014 年版。

（清）傅维鳞：《明书》，四库全书存目丛书影印本。

［朝鲜］郑麟趾：《高丽史》，韩国奎章阁藏本。

（三）政书等

（宋）欧阳修：《太常因革礼》，续修四库全书丛书影印本。

《至正条格》，韩国学中央研究院 2007 年校注本。

方龄贵校注：《通制条格》，中华书局 2001 年版。

陈高华等点校：《元典章》，中华书局、天津古籍出版社 2011 年版。

正德《大明会典》，景印文渊阁四库全书本，台湾商务印书馆 1986
　年版。

万历《大明会典》，台北文海出版社 1984 年版。

（明）徐学聚：《国朝典汇》，四库全书存目丛书影印本。

（明）范钦辑：《嘉靖事例》，《北京图书馆古籍珍本》丛刊，书目文
　献出版社 1998 年影印本。

（宋）马端临：《文献通考》，中华书局 2011 年版。

（明）王圻：《续文献通考》，续修四库全书丛书影印本。

（清）朱奇龄：《续文献通考补》，清抄本。

（清）嵇璜、曹仁虎等：《钦定续文献通考》，景印文渊阁四库全书本。

（清）嵇璜、曹仁虎等：《钦定续通典》，景印文渊阁四库全书本。

（清）官修：《清通典》，景印文渊阁四库全书本。

怀效锋点校：《大明律》，法律出版社1999年版。

（明）雷梦麟著，怀效锋、李俊点校：《读律琐言》，法律出版社2000年版。

（清）薛允升：《唐明律合编》，法律出版社1999年版。

（宋）王溥：《五代会要》，上海古籍出版社1978年版。

（清）徐松：《宋会要辑稿》，中华书局1957年版。

（清）龙文彬：《明会要》，续修四库全书丛书影印本。

（宋）李纲：《李忠定公奏议》，续修四库全书丛书影印本。

（宋）曹彦约：《经幄管见》，景印文渊阁四库全书本。

（宋）蔡幼学：《育德堂奏议》，北京图书馆出版社2003年版。

（明）王琼：《晋溪本兵敷奏》，四库全书存目丛书影印本。

（明）郑晓：《郑端简公奏议》，续修四库全书丛书影印本。

（明）项笃寿：《小司马奏草》，续修四库全书丛书影印本。

（明）张原：《玉坡奏议》，景印文渊阁四库全书本。

（明）杨博：《杨襄毅公本兵疏议》，续修四库全书丛书影印本。

（明）宋应昌：《经略复国要编》，《四库禁毁书》丛刊，北京出版社1998年影印本。

（明）叶向高：《纶扉奏草》，四库禁毁书丛刊影印本。

（明）毕自严：《度支奏议》，续修四库全书丛书影印本。

（明）张卤：《皇明嘉隆疏钞》，续修四库全书丛书影印本。

（不著辑者）《皇清奏议》，续修四库全书丛书影印本。

（明）朱元璋敕录：《逆臣录》，北京大学出版社1991年版。

（明）佚名：《钦明大狱录》，《四库未收书》辑刊，北京出版社

1998 年影印本。

（四）笔记

（宋）林駉：《古今源流至论续集》，景印文渊阁四库全书本。

（宋）谢维新：《古今合璧事类备要后集》，景印文渊阁四库全书本。

（宋）章如愚：《群书考索别集》，景印文渊阁四库全书本。

（宋）高承：《事物纪原》，中华书局 1989 年版。

（宋）王偁：《东都事略》，齐鲁书社 2000 年版。

（宋）孟元老：《东京梦华录》，中华书局 1982 年版。

（宋）王象之：《舆地纪胜》，续修四库全书丛书影印本。

（宋）沈括：《梦溪笔谈》，中华书局 1957 年版。

（宋）陈骙：《南宋馆阁录》，景印文渊阁四库全书本。

（宋）洪迈：《容斋随笔》，中华书局 2005 年版。

（元）杨瑀：《山居新话》，《中华野史》丛书"辽夏金元卷"，泰山
　出版社 2000 年版。

（元）陶宗仪：《南村辍耕录》，中华书局 1959 年版。

（明）叶子奇：《草木子》，中华书局 1959 年版。

（明）刘辰：《国初事迹》，四库全书存目丛书影印本。

（明）钱谦益：《国初群雄史略》，中华书局 1982 年版。

（明）俞本撰，李新峰笺证：《纪事录笺证》，中华书局 2015 年版。

（明）张纮：《云南机务抄黄》，《中华野史》丛书"明朝卷一"，泰
　山出版社 2000 年版。

（明）姜清：《姜氏秘史》，中国野史集成丛书影印本。

（明）黄佐：《革除遗事》，续修四库全书丛书影印本。

（明）屠叔方：《建文朝野汇编》，《中国野史集成续编》丛书，巴蜀
　书社 2000 年影印本。

（明）李贤：《天顺日录》，《中华野史》丛书"明朝卷一"。

（明）彭时：《彭文宪公笔记》，《中华野史》丛书"明朝卷一"。

（明）李东阳：《燕对录》，《中华野史》丛书"明朝卷一"。

（明）杨一清：《西征日录》，《中华野史》丛书"明朝卷一"。

（明）何孟春：《余冬序录》，《中华野史》丛书"明朝卷一"。

（明）郎瑛：《七修类稿》，《中华野史》丛书"明朝卷一"。

（明）陆钎：《病逸漫记》，《中华野史》丛书"明朝卷一"。

（明）祝允明：《野记》，《中华野史》丛书"明朝卷一"。

（明）尹直：《謇斋琐缀录》，《中华野史》丛书"明朝卷一"。

（明）唐枢：《国琛集》，《中华野史》丛书"明朝卷一"。

（明）无名氏：《沂阳日记》，《中华野史》丛书"明朝卷一"。

（明）皇甫录：《皇明纪略》，《中华野史》丛书"明朝卷一"。

（明）余继登：《典故纪闻》，中华书局1981年版。

（明）叶盛：《水东日记》，中华书局1980年版。

（明）郑晓：《今言》，中华书局1984年版。

（明）陈洪谟：《治世余闻》，中华书局1985年版。

（明）陆容：《菽园杂记》，中华书局1985年版。

（明）马愈：《马氏日钞》，《中华野史》丛书"明朝卷一"。

（明）都穆：《都公谭纂》，《中华野史》丛书"明朝卷二"，泰山出版社2000年版。

（明）李乐：《见闻杂记》，《中华野史》丛书"明朝卷三"，泰山出版社2000年版。

（明）赵善政：《宾退录》，《中华野史》丛书"明朝卷三"。

（明）朱国祯：《涌幢小品》，《中华野史》丛书"明朝卷四"。

（明）范守己：《皇明肃皇外史》，四库全书存目丛书影印本。

（明）郑若曾：《筹海图编》，中华书局2007年版。

（明）张元忭：《馆阁漫录》，四库全书存目丛书影印本。

（明）顾起元《客座赘语》，中华书局1987年版。

（明）王世贞：《锦衣志》，中国野史集成丛书影印本。

（明）王世贞：《弇州史料前集》，四库全书存目丛书影印本。

（明）王世贞：《弇山堂别集》，中华书局1985年版。

（明）张瀚：《松窗梦语》，中华书局 1985 年版。

（明）何良俊：《四友斋丛说》，中华书局 1959 年版。

（明）沈德符：《万历野获编》，中华书局 1959 年版。

（明）焦竑：《玉堂丛语》，中华书局 1981 年版。

（明）陶承庆、叶时用：《大明一统文武诸司衙门官制》，四库全书
　　存目丛书影印本。

（明）刘斯洁：《太仓考》，北京图书馆古籍珍本丛刊影印本。

（明）刘若愚：《酌中志》，中国野史集成丛书影印本。

（明）范濂：《云间据目抄》，《中华野史》丛书"明朝卷三"。

（明）陆楫：《兼葭堂杂著摘抄》，中国野史集成丛书影印本。

（明）田艺蘅：《留青日札》，上海古籍出版社 1992 年版。

（明）王肯堂：《郁冈斋笔麈》，续修四库全书丛书影印本。

（明）佚名：《万历三十一年癸卯楚事妖书始末》，北京图书馆古籍
　　珍本丛刊影印本。

（明）雷礼：《皇明大政纪》，四库全书存目丛书影印本。

（明）过庭训：《本朝分省人物考》，续修四库全书丛书影印本。

（明）何乔远：《名山藏》，四库禁毁书丛刊影印本。

（明）蒋一葵：《长安客话》，北京古籍出版社 1982 年版。

（明）沈榜：《宛署杂记》，北京古籍出版社 1983 年版。

（明）徐树丕：《识小录》，上海书店出版社 1994 年版。

（明）沈长卿：《沈氏日旦》，续修四库全书影印本。

（明）伍袁萃：《林居漫录》，四库全书存目丛书影印本。

（明）张元谕：《篷底浮谈》，续修四库全书丛书影印本。

（明）茅元仪：《暇老斋杂记》，续修四库全书丛书影印本。

（明）李默：《孤树裒谈》，四库全书存目丛书影印本。

（明）佚名：《诏狱惨言》，《中华野史》丛书"明朝卷四"。

（明）吕毖：《明朝小史》，《中华野史》丛书"明朝卷四"。

（明）文秉：《先拨志始》，《中华野史》丛书"明朝卷四"。

（明）黄煜：《碧血录》，中国野史集成丛书影印本。

（明）杨士聪：《玉堂荟记》，《中华野史》丛书"明朝卷一"。

（明）史惇：《恸余杂记》，四库禁毁书丛刊影印本。

（明）朱长祚：《玉镜新谭》，中华书局 1989 年版。

（明）冯梦龙《甲申纪事》，中国野史集成丛书影印本。

（明）李清：《三垣笔记》，中华书局 1982 年版。

（明）李清：《南渡录》，浙江古籍出版社 1988 年版。

（明）陈贞慧：《过江七事》，上海书店 1982 年版。

（清）顾炎武：《圣安纪事》，上海古籍出版社 2012 年版。

（清）杨陆荣：《三藩纪事本末》，贵州人民出版社 2011 年版。

（清）计六奇：《明季南略》，中华书局 2006 年版。

（清）佚名：《鹿樵纪闻》，中国野史集成丛书影印本。

（清）佚名：《隆武遗事》，中国野史集成丛书影印本。

（清）江之春：《安龙纪事》，贵州人民出版社 2011 年版。

（清）瞿其美：《粤游见闻》，中国野史集成丛书影印本。

（清）陈燕翼：《思文大纪》，中国野史集成丛书影印本。

（清）戴笠：《行在阳秋》，贵州人民出版社 2011 年版。

（清）瞿其美：《东明闻见录》，中国野史集成丛书影印本。

（清）冯苏：《见闻随笔》，中国野史集成丛书影印本。

（清）华复蠡：《两广纪略》，中国野史集成丛书影印本。

（清）黄宗羲：《永历纪年》，贵州人民出版社 2011 年版。

（清）罗谦本：《残明纪事》，中国野史集成丛书影印本。

（清）杨德泽：《杨记》，中国野史集成丛书影印本。

（清）寅舫：《劫灰录》，中国野史集成丛书影印本。

（清）冯苏：《见闻随笔》，中国野史集成丛书影印本。

（清）徐鼒：《小腆纪年附考》，贵州人民出版社 2011 年版。

（清）孙承泽：《畿辅人物志》，北京出版社 2010 年版。

（清）孙承泽：《春明梦余录》，北京古籍出版社 1992 年版。

（清）孙承泽：《山书》，浙江古籍出版社 1989 年版。

（清）于敏中、英廉：《日下旧闻考》，景印文渊阁四库全书本。

（清）刘献廷：《广阳杂记》，中华书局 1957 年版。

（清）郑达：《野史无文》，中华书局 1960 年版。

（清）汪师韩：《韩门缀学》，续修四库全书丛书影印本。

（清）毛奇龄：《武宗外纪》，《中华野史》丛书"明朝卷一"。

（清）盛枫：《嘉禾征献录》，续修四库全书丛书影印本。

（清）方以智：《通雅》，景印文渊阁四库全书本。

　　（五）文集

（宋）司马光：《增广司马温公全集》，《宋集珍本》丛刊，线装书局 2004 年影印本。

（宋）孙觌：《鸿庆居士集》，景印文渊阁四库全书本。

（宋）韩元吉：《南涧甲乙稿》，景印文渊阁四库全书本。

（元）王恽：《秋涧集》，景印文渊阁四库全书本。

（元）黄溍：《金华黄先生文集》，续修四库全书丛书影印本。

（元）苏天爵：《元文类》，景印文渊阁四库全书本。

（元）张宪：《玉笥集》，景印文渊阁四库全书本。

（明）李时勉：《古廉文集》，景印文渊阁四库全书本。

（明）罗玘：《圭峰集》，景印文渊阁四库全书本。

（明）王鏊：《王鏊集》，上海古籍出版社 2013 年版。

（明）邱濬：《琼台诗文会稿》，海南出版社 2004 年版。

（明）王弘诲：《天池草》，海南出版社 2004 年版。

（明）邵宝：《容春堂集》，景印文渊阁四库全书本。

（明）孙承恩：《文简集》，景印文渊阁四库全书本。

（明）何维柏：《天山草堂丛稿》，广西师范大学出版社 2014 年版。

（明）韩邦奇：《苑洛集》，上海古籍出版社 1993 年版。

（明）赵时春著，杜志强整理：《赵时春文集校笺》，天津古籍出版社 2012 年版。

（明）赵善政：《宾退录》，《中华野史》丛书"明朝卷三"。

（明）霍韬著，霍与瑕增辑：《石头录》，广西师范大学出版社2015年版。

（明）周玺：《垂光集》，景印文渊阁四库全书本。

（明）顾鼎臣：《顾鼎臣集》，上海古籍出版社2013年版。

（明）张居正：《张居正集》，湖北人民出版社、荆楚书社1987年版。

（明）唐顺之辑：《荆川先生右编》，续修四库全书丛书影印本。

（明）丁宾：《丁清惠公遗集》，四库禁毁书丛刊影印本。

（明）艾穆：《艾熙亭先生文集》，四库未收书辑刊影印本。

（明）温纯：《温恭毅集》，景印文渊阁四库全书本。

（明）沈一贯：《喙鸣诗文集》，续修四库全书丛书影印本。

（明）张鼐：《宝日堂初集》，四库禁毁书丛刊影印本。

（明）归有光：《归震川全集》，上海中央书店1936年版。

（明）宋懋澄：《九籥集》，中国社会科学出版社1984年版。

（明）雷礼：《镡墟堂摘稿》，续修四库全书丛书影印本。

（明）姜垶：《敬亭集》，华东师范大学出版社2011年版。

（明）毕自严：《石隐园藏稿》，景印文渊阁四库全书本。

（清）陈僖：《燕山草堂集》，四库未收书辑刊丛书影印本。

（明）陈九德：《皇明名臣经济录》，四库禁毁书丛刊影印本。

（明）黄训：《名臣经济录》，景印文渊阁四库全书本。

（明）焦竑：《国朝献征录》，续修四库全书丛书影印本。

（明）陈子龙等：《明经世文编》，中华书局1962年版。

（清）朱彝尊：《明诗综》，景印文渊阁四库全书本。

钱伯城、魏同贤、马樟根主编：《全明文》（一），上海古籍出版社1992年版。

钱伯城、魏同贤、马樟根主编：《全明文》（二），上海古籍出版社1994年版。

张德信、毛佩琦主编:《洪武御制全书》,黄山书社 1995 年版。

　　(六)志书、碑刻及其他

咸淳《临安志》,景印文渊阁四库全书本。

弘治《徽州府志》,天一阁方志选刊影印本。

正德《琼台志》,海南出版社 2004 年版。

(明)李贤等:《明一统志》,景印文渊阁四库全书本。

嘉靖《秦安志》,台北成文出版社 1976 年版。

万历《枣强县志》,中华全国图书馆文献缩微复制中心 2000 年版。

道光《兴义府志》,贵州人民出版社 2009 年版。

光绪《广州府志》,台北成文出版社 1966 年版。

民国《福山县志稿》,民国二十年烟台福裕东书局铅印本。

(明)施沛:《南京都察院志》,四库全书存目丛书补编影印本。

(明)黄佐:《南雍志》,续修四库全书丛书影印本。

(明)葛寅亮:《金陵梵刹志》卷二,明万历刻、天启印本。

中国文物研究所、北京石刻艺术博物馆编:《新中国出土墓志·北
　　京》,文物出版社 2003 年版。

杨伯峻译注:《论语》,中华书局 2006 年版。

(明)邱濬:《大学衍义补》,海南出版社 2004 年版。

(明)凌迪知:《万姓统谱》,景印文渊阁四库全书本。

(清)黄宗羲:《明夷待访录》,浙江古籍出版社 1985 年版。

(宋)王应麟:《玉海》,景印文渊阁四库全书本。

(清)陈梦雷等编:《古今图书集成》,中华书局、巴蜀书社 1985
　　年版。

(清)东鲁古狂生:《醉醒石》,上海古籍出版社 1992 年版。

(清)艾衲居士:《豆棚闲话》,上海古籍出版社 1983 年版。

　　二　今人论著(按作者姓氏笔画排序)

　　(一)著作

丁易(叶鼎彝):《明代特务政治》,中外出版社 1950 年版。

吕思勉：《中国通史》，上海古籍出版社 2009 年版。

吕振羽：《简明中国通史》，人民出版社 1955 年版。

那思陆：《明代中央司法审判制度》，北京大学出版社 2004 年版。

吴晗：《朱元璋传》，百花文艺出版社 2008 年版。

余大钧译注：《蒙古秘史》，河北人民出版社 2007 年版。

金兆丰：《中国通史》，中华书局 1937 年版。

孟森：《明史讲义》，时代文艺出版社 2009 年版。

姚大力：《蒙元制度与政治文化》，北京大学出版社 2011 年版。

钱海岳：《南明史》，中华书局 2006 年版。

萧启庆：《内北国而外中国：蒙元史研究》，中华书局 2007 年版。

翦伯赞主编：《中国史纲要》，人民出版社 1983 年版。

（二）论文

于小秦：《明代锦衣卫冗员考》，《黑龙江生态工程职业学院学报》 2010 年第 3 期。

王军营：《北宋宽衣天武禁军考论》，《宋史研究论丛》第 16 辑，河北大学出版社 2015 年版。

韦占彬：《论明代京城治安管理的机制与措施》，《邯郸学院学报》 2006 年第 4 期。

方志远：《"传奉官"与明成化时代》，《历史研究》2007 年第 1 期。

方志远：《"山人"与晚明政局》，《中国社会科学》2010 年第 1 期。

方兴：《明万历年间"矿监税使"的阶段性考察》，《江汉论坛》 2016 年第 3 期。

叶新民：《关于元代的"四怯薛"》，《元史论丛》第 2 辑，中华书局 1983 年版。

史途：《锦衣卫究竟是一个什么性质的机构》，《历史教学》1983 年第 6 期。

史卫民：《忽必烈与武卫军》，《北方文物》1986 年第 2 期。

吕思勉：《千五百年前的特务》，《中国建设》1945 年第 2 卷第 1 期。

朱志刚：《北京新出土明锦衣卫北司建伏魔祠记碑考释》，《文物春秋》2012 年第 1 期。

刘长江：《明代风闻监察述论》，《信阳师范学院学报》2005 年第 2 期。

关树东：《辽朝的中央宿卫军》，《内蒙古社会科学》1995 年第 6 期。

李文军：《论明代中央司法权力的划分》，《河南科技大学学报》2009 年第 6 期。

杨希义：《"廷杖"首创于朱元璋？》，《西南师范大学学报》1981 年第 3 期。

杨震川：《从铲头说到廷杖东厂和锦衣卫》，《论语》总第 135 期。

吴晗：《明代的锦衣卫和东西厂》，《大公报·史地周刊》第 13 期，1934 年 12 月 14 日。

汪红亮、陈刚俊：《论明成化"妖言例"——兼论成化时期的国家控制力》，《江西社会科学》2013 年第 7 期。

张帆：《元朝的特性——蒙元史若干问题的思考》，《学术理想评论》第一辑，辽宁大学出版社 1997 年版。

张善诚：《评忠君道德》，《哲学研究》1980 年第 9 期。

张德信：《明代的法外用刑》，中国明史学会、南京大学历史系、南京中山陵管理局编：《第十届明史国际学术讨论会论文集》，人民日报出版社 2005 年版。

张宜：《明代文官犯罪检举路径初探》，《法学杂志》2012 年第 6 期。

陈伟：《厂卫体制：一个成功的内审制度创新》，《北大商业评论》2015 年第 8 期。

陈文秀：《"廷杖"考》，《晋阳学刊》1983 年第 5 期。

陈务去：《厂卫与明代政治》，《新中华》1947 年复刊第 5 卷第 16 期。

陈鸣钟：《明代的厂卫》，《新史学通讯》1954 年第 4 期。

陈晓辉：《明朝特别警察制度——厂卫的研究》，《湖北警官学院学报》2006 年第 4 期。

苗冬：《元代怯薛遣使初探》，《云南师范大学学报》2009 年第 4 期。

范学辉：《从崩溃到重建：论宋太祖时期的武德司》，《郑州大学学报》2006 年第 5 期。

赵雨乐：《试析宋代改武德司为皇城司的因由——唐宋之际武德使活动的初步探索》，张其凡、陆勇强主编：《宋代历史文化研究》，人民出版社 2000 年版。

胡丹：《明代东厂新政三说》，《西南大学学报》2010 年第 5 期。

钞晓鸿：《试析明初监察机制》，《陕西师大学报》1993 年第 4 期。

姚雪垠：《明代特务重心的移转》，《春秋》1949 年第 6 卷第 4 期。

姚雪垠：《明初的锦衣卫》，《中国建设》1949 年第 7 卷第 6 期。

秦博：《南明永历朝佞幸严云从事迹考——兼论明代"文职荫武"群体的政治庇护》，中国明史学会、贵州省文史研究馆等编：《南明史学术研讨会论文集》，云南人民出版社 2017 年版。

秦博：《明代勋卫与散骑舍人的制度特性》，《史学月刊》2020 年第 4 期。

聂卉：《明代宫廷画家职官状况述略》，《故宫博物院院刊》2007 年第 2 期。

晓克：《北方草原民族侍卫亲军制初探》，《内蒙古社会科学》2007 年第 5 期。

晁中辰：《明初封建制的再强化》，《辽宁师范大学学报》1991 年第 2 期。

徐连达：《明代锦衣卫权势的演变及其特点》，《复旦学报》1992 年第 6 期。

栾成显：《论厂卫制度》，《明史研究论丛》第一辑，江苏人民出版社 1982 年版。

高寿仙：《明代北京街道沟渠的管理》，《北京社会科学》2004 年第 2 期。

游伟：《论明代监察和监察系统的变异》，《云南教育学院学报》
　　1989 年第 4 期。

詹绍威：《台北故宫档案中所见之清代锦衣卫》，《历史学研究》（开
　　源期刊）2016 年第 4 期，汉斯出版社 2016 年版。

廖元琨：《锦衣卫与明代皇权政治》，《北方论丛》2008 年第 4 期。

廖元琨：《锦衣卫与明朝北京治安》，田澍、王玉祥、杜常顺主编：
　　《第十一届明史国际学术讨论会论文集》，天津古籍出版社 2007
　　年版。

廖元琨：《锦衣廷杖与明代官僚心态》，《南华大学学报》2009 年第
　　1 期。

廖心一：《刘瑾"变乱祖制"考略》，《明史研究论丛》第三辑，江
　　苏古籍出版社 1985 年版。

赛青白力格：《蒙古语"那可儿"词义的演变》，《青海民族大学学
　　报》2010 年第 1 期。

穆静：《五代控鹤军考》，《史学集刊》2008 年第 6 期。

魏天辉：《明代登闻鼓制度》，《广播电视大学学报》2009 年第 2 期。

魏天辉：《简论明代诏狱的管理》，《河南师范大学学报》2010 年第
　　6 期。

后　记

　　选择锦衣卫作为研究对象对个人而言纯属必然中的偶然。为什么这么说呢？因为确定这个方向完全是由于一次闲谈。记得大概是在2007年，几个朋友闲聊个人的学术规划。当时我刚刚完成"卫所军户研究"项目，书稿还没有着落，另一个山东海防方面的项目在所里立项不到一年，未来的规划还完全没有提上日程。我大致算了一下，军户研究大概用了八年时间，海防项目估计十年总该够了，于是信口说道："我在历史所估计也就能完成三个项目，一个军户，一个海防，下一个做锦衣卫。每个项目十年，做完锦衣卫应该就可以退休了。"事后自己都很含糊，怎么就扯到锦衣卫上去了？

　　仔细回想一下，应该是儿时的记忆过于深刻。我出生在北京农村，20世纪80年代，武打片大行其道，可频繁地停电总让人抓耳挠腮。堂弟家里搞来一个旧的蓄电池，于是我们在某个周日的下午，在小朋友们的艳羡中，看了一部闻名已久的《木棉袈裟》，在片中第一次见识到了锦衣卫的横行霸道。后来又看了一部香港武打片，不记得名字，只记得是东厂太监残害忠良，然后带着锦衣卫去抓捕忠良的后人，两个武将，一个北镇抚司，一个南镇抚司，干净利索地被男一号干掉了。以后又看了若干部片子，情节大致雷同，总归都是锦衣卫做反派，和太监们在一起，沆瀣一气，无恶不作，别的不记得，东厂、西厂、锦衣卫、三厂督主、镇抚司等名词倒是记得清清楚楚。

上大学后，通过正规的学习，知道了特务的提法，也粗略翻阅过《明代特务政治》一书，对锦衣卫的认识从影视转到了学术，但特务机构的印象反而更加清晰和深刻。不过总感觉哪里不对劲。汉、唐、明不是古代中国最繁荣发达的三个朝代吗？一个可与汉唐比肩的繁荣时代怎么可能被一帮流氓、无赖掌控、祸害了二三百年？满朝文武，那么多名人志士，怎么可能忍受厂卫持续欺压自己二百六十余年？估计就是这些模糊的想法让自己在朦胧中决定了未来的研究方向。

不管是什么原因，毕竟是说出去了。既然说了，就得兑现。不过当时的计划是等海防项目完成后再启动，十年后的事情，不急。结果人算不如天算，总是有意外等在前头。2009 年，研究室决定次年在本室刊物《明史研究论丛》上出一期"诏令研究"专题。和海防有关的诏令实在有限，难以完成任务，只好把《明实录》借回来，从头再翻阅。完整看一遍《实录》不容易，干脆把和锦衣卫有关的资料同时整理出来吧。结果锦衣卫在《实录》中是超高频词汇，有关海防的诏令没找到几条，锦衣卫的资料倒是抄了一大堆，远远超过预计。

2010 年，著名导演李仁港拍摄的《锦衣卫》上映，引发一个小小的热潮。《科技日报》的编辑和一位广东的锦衣卫后裔不知道从哪里知道我在研究锦衣卫，找上门问了一些问题。最关键的是《锦衣卫》开篇的几句台词，对我触动很大。片中虚构了一套钢刀——"大明十四势"，其中六把专用于处决，"一杀违旨抗命，二杀干政弄权，三杀贪赃枉法，四杀通敌叛国，五杀同袍相残"。"在英明之主下，他们能保家卫国。但当皇帝昏庸，却变得令人闻风丧胆。锦衣卫牵涉的都是军机大事，所以往往因外泄阴谋而遭歼灭。这正是锦衣卫之哀歌"。这和我们对锦衣卫特务机构的黑色认识完全不一样，五把钢刀杀的都是大奸大恶，怎么没一把针对良善？难道史学工作者的认识还不如娱乐圈？

宦官问题也一样。比如大太监刘瑾。明史学界几乎众口一词，斥之为擅权乱政，大奸大恶之徒。可在京剧舞台上的刘瑾形象却丰满许多。在《海舟出关》里是大反派，在《法门寺》中却是和关羽一样的红脸——正义的化身。看来文艺界对明代的宦官、锦衣卫等的认识比史学界还要超前一些、全面一些。这实在令人汗颜。

因为这些刺激，我改变了原有计划，着手同步进行海防和锦衣卫两个项目，并在 2010 年发表了第一篇文章《锦衣卫职能略论》。因为仓促成文，留下了很多尾巴，而且没有遵循一般规范，直到几年后才回过头来"翻家底"——系统整理既往研究成果。2015 年，我以"锦衣卫'体外监察'与明代社会演进研究"这个题目申报了国家社科基金项目。之所以强调"体外监察"，一方面纯属投机，希望借此吸引部分评委的眼球，另一方面也是为了突出个人的看法。结果这一投机行为给自己制造了更多的麻烦。为了论证锦衣卫不是纯粹的特务机构，我详细分析了它的各项职能，结果仅职能部分就写了近 20 万字，耗掉了原定计划篇幅的 80%。最后定稿虽然增加了很多内容，但职能部分依旧占了全稿近一半的篇幅，最后怎么分章节都显得不匀称。另外，"体外监察"的提法和传统观点差距过大，有离经叛道之嫌，不免在结项时引发争议，事实上也确实因此收获了评委们很多宝贵的批评意见。

本着"有则改之，无则加勉"的态度，我在随后的一年多时间里调整了章节顺序，增补或修改了部分内容。因为内容扩充，用"锦衣卫'体外监察'与明代社会演进研究"这个题目已经无法涵盖全文，包括主题也不再单纯围绕"体外监察"展开，所以书名改成《明代锦衣卫制度研究》。

虽然耗了十余年时间，拉拉杂杂写了几十万字，但锦衣卫的职能实在太广博了，像与之相关的宫禁制度、礼仪制度、传谕制度，等等，诸多问题还没有来得及展开。锦衣卫的很多职能涉及和其他部门的协调与分工，卫与厂的关系等虽然略有涉及，但远没有达到深入的程度。至于锦衣卫在社会不同层面的渗透和影响，更是无从谈起。这些都需要日后进行补充和完善。衷心期望能有同道参加到锦衣卫研究中，共同完成这些课题。

因为曾经是基金项目，自动被诸多出版基金"摒弃"，原本已经对资助出版不抱希望。2019年1月3日，在以习近平同志为核心的党中央亲切关怀下，中国历史研究院成立。成立后，研究院推出了一系列促进史学研究的举措，其中就包括不预设条件，只看学术质量的学术出版资助项目。看到了希望，刺激了进度。加之2020年新冠肺炎疫情肆虐，自我封闭在家，正好可以静下心来完善书稿，于是计划再次被打破，于当年五月提前完成全稿并通过中国社会科学出版社向历史研究院提交了参加第二批出版资助项目的申请材料。

本书能够顺利出版，首先要感谢五位社科基金匿审专家和三位历史研究院出版资助匿审专家的宝贵意见，感谢科研管理部郭子林先生和中国社会科学出版社马明先生在资助申请过程中的大力帮助，更要感谢刘艳女士在编辑过程中的辛勤劳动。

最后，向即将步入耄耋之年仍欣然为拙作作序的恩师致以最诚挚的谢忱和敬意！

张金奎
2021年3月29日
于朝阳门